A TRAVÉS DEL FUEGO Y DEL AGUA

La vida de Reb Noson de Breslov

Por
Jaim Kramer

Traducido al Español por
Guillermo Beilinson

Publicado por
BRESLOV RESEARCH INSTITUTE
Jerusalem/New York

Ninguna parte de esta publicación podrá ser traducida, reproducida, archivada en ningún sistema o transmitida de forma alguna, de ninguna manera, electrónica, mecánica, fotocopiada o grabada o de cualquier otra manera, sin el consentimiento previo, por escrito, del editor.

ISBN - 978-1-928822-34-9

Primera edición
2010
Título del original en Inglés:

Through Fire and Water

Para más información:
Breslov Research Institute
POB 5370
Jerusalem, Israel.

Breslov Research Institute
POB 587
Monsey, NY 10952-0587
Estados Unidos de Norteamérica.

Breslov Research Institute
c\o G.Beilinson
calle 493 bis # 2548
Gonnet (1897)
Argentina.
e-mail: abei1ar@Yahoo.com.ar

INTERNET: http//www.breslov.org

Diseño de cubierta: Ben Gasner
Impreso en Argentina

A la memoria de mi padre

Aarón ben Biniamin z"l

Quien, con inigualable generosidad,
llevó a la práctica la voluntad póstuma de

Reb Noson de Breslov:

"Su tarea será imprimir los libros del Rebe"

Estableciendo los cimientos pioneros
Para la difusión, en habla hispana,
De las enseñanzas de nuestro maestro

Rabí Najmán ben Feiga

Guía para este Libro

A Través del fuego y del Agua :relata la historia de la vida de Reb Noson de Breslov (1780-1844), quien fuera el discípulo más cercano del Rebe Najmán de Breslov y quien, luego del fallecimiento del Rebe, estableció los cimientos del movimiento de la Jasidut de Breslov tal cual es hoy en día. Muchos de los detalles de la relación de Reb Noson con el Rebe Najmán presentadas en las primeras secciones del libro toman un significado mayor a la luz de circunstancias producidas durante la última parte de la vida de Reb Noson.

Glosario: Las palabras en hebreo y en idish que aparecen en el texto sin una traducción que las acompañe están explicadas en el Glosario.

Notas: Las notas contienen material que se ha considerado demasiado detallado como para estar incluido en el texto principal, incluyendo información suplementaria sobre una amplia variedad de tópicos, discusiones sobre diversas discrepancias entre las fuentes, etc.

Fuentes y Bibliografía: Las fuentes principales de información para cada capítulo se encuentran al comienzo de las notas de ese capítulo. Otras fuentes se presentan en el texto con tipografía más pequeña. En la Bibliografía se ofrecen breves descripciones de las fuentes a las cuales se hace referencia en el texto.

Esbozos Biográficos: Diferentes personajes son mencionados en el texto en relación a los diferentes eventos en la vida de Reb Noson. Los lectores que deseen refrescar la memoria sobre la identidad de aquéllos que están mencionados en el texto pueden consultar los "Esbozos Biográficos", donde se presenta una breve información sobre cada uno de ellos.

Gemas de Reb Noson: La literatura de Breslov y las tradiciones orales transmitidas de generación en generación incluyen numerosos dichos de Reb Noson e historias sobre su vida que no pueden ser fechadas con precisión, por lo que no fueron incluidas en el cuerpo principal del texto. Se ha reunido una selección en "Gemas de Reb Noson", dando luz al carácter de Reb Noson y a su sabiduría.

Escritos: El texto principal contiene muchas citas de las obras de Reb Noson y un relato general sobre cuándo y por qué fueron escritas. Una información más completa se presenta en el Apéndice, "Los Escritos de Reb Noson".

Índice

Parte I: LOS PRIMEROS AÑOS

1. "¡Sube! ¡Pero aférrate!" 19
2. Los Primeros Años 23
      Rabí David Zvi Orbach 25
3. Un Mundo en Convulsión 28
      La Rusia de Reb Noson 31
4. Buscando 33
      Frustración 36
      El Rebe Najmán 39

Parte II: EL MENTOR

5. El Rostro en la Cima de la Escalera 45
6. "*Baki be-shuv* " 57
7. La Alforja 64
8. "Mi Ioshúa..." 72
9. Rabí Ishmael vs. Rabí Shimón 79

Parte III: CON EL REBE

10. "Un poco también es bueno" 89
11. El Escriba 95
12. Los Dolores de Parto del Mashíaj 107
13. El Exilio 115
14. Hacia Zaslov 122
15. "Mi fuego arderá hasta la llegada del Mashíaj" 130
16. El Libro Quemado 134
17. "Él ya *es* un Tzadik" 143
18. El Rab de Berdichov 152
19. "Quiero quedarme entre ustedes" 158
20. Umán 168
21. "Mi Rosh HaShaná..." 179
22. Los Últimos Días del Rebe 187

Parte IV: LA HERENCIA Y EL VACÍO

23. Un Nuevo Comienzo 201
　　El Primer Viaje a Umán 205
　　La Búsqueda de Fondos 209
24. Calamidad y Providencia 213
　　Rosh HaShaná, 5572 219
　　Kiruv Rejokim - Acercando a los Alejados 222
25. Fervor vs. Furia 229
　　Likutey Tefilot 230
　　Sipurey Maasiot 232
　　Semillas de Descontento 236
26. Anhelando por la Tierra / La Imprenta 241

Parte V: LA PEREGRINACIÓN

27. "Camina hacia la Tierra" 251
　　Odesa 256
28. Estambul 259
29. A Través del Fuego y del Agua 267
　　Alejandría 269
　　Sidón 273
30. Eretz Israel 275
　　El Viaje a Casa 278

Parte VI: ESPERANZAS Y DECEPCIONES

31. Esperanzas y Decepciones 285
　　"Enséñalas a tus hijos" 285
　　Conflicto 289
32. Los Decretos 297
　　Los Frutos del "Iluminismo" 298
　　El Decreto de los Cantonistas 300
　　Educación y Cultura 302
　　El Rebe Najmán y la Haskalá 303
　　Reb Noson y los Decretos 306
33. *El kloiz* 314
　　La Fábrica de Idishkeit 321

Shavuot HaGadol 327

Parte VII: LOS AÑOS DE OPRESIÓN

34. El Etrog 333
35. La Huída 346
    Shabat Jánuca 5595 350
    Sin restricciones 355
36. La Fábrica de Botas 358
37. Alegatos y Contra Alegatos 370
38. Prisión 378
    El Exilio 382
39. ¡Umán! ¡Umán! ¡Rosh HaShaná! 388
40. El Informante 395
41. Exilio y Vuelta al Hogar 403
    5596 (1837-1838) 410

Parte VIII: RECONSTRUYENDO

42. Reconstruyendo 417
    La Necesidad de Imprimir 420
43. Brody y Lemberg 427
44. *Likutey Etzot* 437
45. *Likutey Halajot* 446
46. ¡Nunca Pierdas la Esperanza! 457

Parte IX: LOS ÚLTIMOS DÍAS DE REB NOSON

47. Rosh HaShaná 469
    Sueños 475
48. ¡Directo hacia el Rebe! 478
49. ¡*Ashrav!* 487

Parte X: GEMAS DE REB NOSON

Gemas de Reb Noson 497
    Plegaria e Hitbodedut 497
    Devoción 501

Verdad y Fe 505
Consejo 507
Rebe Najmán 511
Encontrando Los Puntos Buenos 514
Rosh HaShaná 516
Mashíaj 516

NOTAS 521

APÉNDICE: LOS ESCRITOS DE REB NOSON

Los Escritos de Reb Noson 591
Likutey Halajot 592
Likutey Tefilot 612
Kitzur Likutey Moharán 619
Likutey Etzot 620
Imei Moharnat 620
Alim LeTerufá 622
Shemot HaTzadikim 623

ESBOZOS BIOGRÁFICOS 629
BIBLIOGRAFÍA 651
GLOSARIO 683
MAPA 691

Bendecid, oh pueblos, a nuestro Dios,
*   y haced oír Su alabanza.*

Él ha mantenido nuestras almas con vida
                              velo Noson -
*   y no ha dejado que resbale nuestro pie.*

Pues Tú nos has probado, oh Dios,
*   nos has acrisolado como se refina la plata.*

Nos atrapaste en la red,
*   cargaste aflicción sobre nuestros lomos*

Dejaste que hombres cabalgaran sobre nuestras cabezas -
*   Hemos debido pasar a través* **del fuego y el agua;**

Pero [al final], ¡nos llevaste a la abundancia!

                                                (Salmos 66:8-12)

Prefacio

"Él ha mantenido nuestras almas con vida
velo Noson - y no ha dejado que resbale nuestro pie".

velo Noson - "Si no hubiera sido por [Reb] Noson, hace mucho que habríamos resbalado".

(dicho de Breslov)

El Rebe Najmán de Breslov es reconocido universalmente como uno de los más notables maestros espirituales de todos los tiempos, cuyo legado de enseñanzas, cuentos y dichos son una inspiración, en el mundo entero, tanto para judíos como para no judíos. Aun así, incluso para los decididos seguidores del Rebe Najmán, el papel de su discípulo más cercano, Reb Noson parece, en general, haber sido el de un personaje incidental, uno que "casualmente estuvo allí" para oír las enseñanzas del Rebe y registrarlas para la posteridad.

Nada más lejos de la verdad. Para todo aquel que examine la vida y los escritos de Reb Noson, su talento como líder, erudito y maestro espiritual son claramente apreciables. El hecho es que, en su profunda humildad, Reb Noson dedicó toda su vida y cada fibra de su ser a la tarea de transmitir el legado del Rebe Najmán a las futuras generaciones de judíos.

Sólo Reb Noson pudo capturar en palabras el ardiente genio del Rebe Najmán, transcribiendo sus enseñanzas con una claridad que las hace accesibles para todos. Fue Reb Noson quien imprimió todas las obras del Rebe. Él mismo escribió de manera prodigiosa, explicando las ideas del Rebe y explorando sus ramificaciones. Sus ocho volúmenes de discursos cubren todo el cuerpo de la ley de la Torá, iluminando la dimensión espiritual de la práctica judía y relacionándola con todos y cada uno de los judíos. Sus fluidas plegarias hablan por todos nosotros, expresando nuestros anhelos más profundos por acercarnos a Dios y servirlo con todo nuestro corazón, con nuestras almas y con todas nuestras fuerzas.

No fue suficiente para Reb Noson que el legado del Rebe

Najmán sobreviviese como un grupo de libros en la estantería. Luego del fallecimiento del Rebe, fue Reb Noson quien movilizó a sus seguidores e inició el peregrinaje anual de Rosh HaShaná a la ciudad de Umán, el lugar de descanso del Rebe Najmán, construyendo allí la primera sinagoga de Breslov. Reb Noson encendió una nueva generación de jasidim en la senda del Rebe con una combinación de ardiente pasión y de absoluta honestidad, transformando lo que se hubiera vuelto una Jasidut muerta en un movimiento dinámico que aún continúa expandiéndose más de dos siglos después.

El Rebe Najmán dijo que muchas historias se contarían sobre sus seguidores (*Tzadik* #327). Esto es ciertamente así en lo que se refiere a Reb Noson. Siendo un prometedor erudito rabínico de veintidós años de edad, se vio afligido por el sentimiento totalmente moderno de que sus esfuerzos eran inútiles. Para unirse al Rebe Najmán, tuvo que luchar contra su padre, su esposa, su ilustre suegro e incluso contra el mismo Rebe, sacrificando no meramente su sustento y seguridad sino también el respeto de prácticamente todos sus pares.

El Rebe Najmán falleció cuando Reb Noson sólo tenía treinta años de edad. No era el más anciano de sus seguidores, ni tampoco tenía la mínima inclinación por transformarse en un líder -no tenía interés alguno por el poder ni por el prestigio. Fue su convicción de que el mensaje del Rebe era vital para todo el pueblo judío lo que lo impulsó a avanzar paso a paso, trabajando prácticamente solo para asegurar que la influencia del Rebe sobreviviera y creciera.

En 1822 Reb Noson dejó su nativa Ucrania en peregrinación a la Tierra Santa, pese al hecho de que la única manera factible de llegar allí implicaba viajar a través de la zona de guerra greco-turca. Al retornar a su hogar trabajó para fortalecer a su creciente grupo de seguidores y difundir más aún las enseñanzas del Rebe Najmán. Cuanto más crecía su éxito, más enfurecía a aquéllos de la comunidad judía que preferían la complacencia y las concesiones. Cuando las burlas, las agresiones y las piedras no lograron desviarlo de su camino, enviaron a asesinarlo, informaron sobre él al gobierno de Rusia, lo hicieron encarcelar y exiliar, trabajando para que lo enviasen a Siberia. A través de los años de persecución, Reb Noson se mantuvo firme, apoyándose sólo en la fe y en la plegaria esperando su salvación - la que en verdad sucedió finalmente.

El desarrollo de la vida de Reb Noson conforma una historia atrapante, pero es mucho más que eso. Es una enseñanza sobre cómo es posible volverse un verdadero *jasid* del Rebe Najmán y cómo *seguir* el sendero de la fe, de la plegaria y de la persistencia enseñado por él.

El Rebe Najmán enseñó que el Tzadik es como un sello. Es imposible leer las inscripciones grabadas sobre el sello, porque se encuentran invertidas. Sólo cuando son impresas sobre la cera puede uno reconocer las letras y los diseños del sello. De manera similar, es imposible comprender qué es el Tzadik en sí mismo, pues su gran santidad lo hace muy lejano de la mayor parte de la gente. La única manera de poder comprender en parte al Tzadik es contemplando a sus seguidores, sobre los cuales el Tzadik ha impreso la estampa de sus enseñanzas y devociones (*Likutey Moharán* I, 140).

Las enseñanzas del Rebe, sus dichos y sus cuentos, nos hablan a todos y a cada uno de nosotros. Pero, pese a toda su gracia y encanto, el Rebe mismo se mantiene como una figura totalmente evasiva y enigmática. Las devociones que él practicaba se encuentran mucho más allá de las capacidades de cualquiera en nuestra generación y todo lo que hizo estuvo repleto de impenetrables misterios. Reb Noson fue precisamente lo opuesto. La imagen que surge de sus escritos autobiográficos y de muchas de sus cartas que aún sobreviven, es la de un hombre eminentemente recto. Él siguió el sendero del Rebe Najmán con una asombrosa simplicidad, orando y estudiando con todas sus fuerzas, hablando con Dios de manera directa y fácil, cantando, bailando, compartiendo las alegrías y las penas de su familia y de sus amigos...

Reb Noson indica el camino para todo aquél que desee verdaderamente *vivir* las enseñanzas del Rebe Najmán, mostrándonos cómo interpretarlas sin sofisticación y cómo llevarlas a la práctica sin vacilar. Seguir la vida de Reb Noson es comprender la relevancia del legado del Rebe Najmán en el mundo de hoy y entender qué significa realmente ser un jasid de Breslov.

La fuerza y el coraje de Reb Noson muestran cómo una persona puede realizarse plenamente en este mundo, incluso frente a tremendos obstáculos y presiones, mientras se adhiera a la verdad. El mismo Rebe Najmán dijo, "Si no fuese por Reb Noson, no habría quedado ni una sola página de mis enseñanzas" (*Tzadik* #367). Agregaron los jasidim de Breslov: "[Dios] ha mantenido nuestras almas con vida y no ha dejado *velo Noson* - que resbale nuestro pie" (Salmos 66:12). "*Velo Noson* - Si no hubiera sido por [Reb] Noson, hace mucho que habríamos resbalado".

* * *

No hay límites a la gratitud que siento por Dios por haberme dado el privilegio de trabajar en esta biografía de Reb Noson. "¿Qué puedo devolverle a Dios por todas Sus bondades hacia mí?" (Salmos 116:12). La combinación de su ardiente sed por servir a Dios y el frío dominio de sí mismo tienen la particular capacidad de atraer a todos, incluso a alguien como yo, tan distante de Reb Noson y sus ideales. Cierta vez le dijo al Rebe Najmán, "Que el mundo no tenga idea de ti no es difícil de comprender. Pero, ¿qué mérito tengo yo para haberte conocido?". "Eso", respondió el Rebe Najmán, "tampoco es una pregunta" (*Siaj Sarfei Kodesh* I-297).

Comenzamos a concebir la posibilidad de escribir una biografía de Reb Noson luego de que el fallecido rabí Aryeh Kaplan nos presentó su cronología de la vida del Rebe Najmán, *Until The Mashiach*. Desafortunadamente -para el mundo en general y para nosotros en particular- el rabí Kaplan falleció súbitamente un mes más tarde, en enero del año 1983. La pérdida de este querido amigo, cuyas traducciones hicieron tanto para hacer accesible el legado del Rebe Najmán a los lectores de habla inglesa, será sentida durante muchos años. Aunque el rabí Kaplan no trabajó personalmente en esta publicación, su influencia en la concepción inicial y en su presentación es profundamente apreciada.

Pasaron varios años antes de que la biografía de Reb Noson pudiera nuevamente formar parte de nuestros proyectos. Otros trabajos urgentes fueron presentándose, y las restricciones financieras llevaron a posponerla una y otra vez. Aun así, este proyecto nunca estuvo lejos de mi corazón. Cada viaje al extranjero me permitía horas de "tiempo tranquilo" durante largos viajes en avión y en tren - tiempo que podía ser utilizado para leer y releer el material de las fuentes, preparando los textos para su traducción y ensamble. Aun así, no fue sino hasta el verano de 1991 que pude comenzar a escribir *A Través del Fuego y del Agua*. Tal como Reb Noson testifica una y otra vez, la vida no es fácil. Justo cuando estaba por terminar el primer borrador, mi esposa enfermó y necesitó muchos meses de cuidado en el hogar, de cirugía y de convalecencia. ¡Ella sufrió de tantas maneras, a lo largo de los años, desde que este proyecto fue concebido! Es mi plegaria que el mérito de Reb Noson la proteja. Puedan ella y nuestros hijos merecer ver la consolación de *Klal Israel* descrita tantas veces en los escritos de Reb Noson.

Se necesita un gran escritor y corrector para transformar el borrador de alguien en un libro bien escrito. Mi más profundo agradecimiento para mi querido colega Avraham Greenbaum, quien, una vez más, ha venido al rescate para ayudar a un amigo en dificultades. El mérito de Reb Noson es suficiente para todo. Pueda estar con él y con su familia por siempre, en este mundo y en el próximo.

Gracias a los demás miembros del Breslov Research Institute -Moshé Mykoff, Ozer Bergman, Alon Dimermanas, Benzion Solomon y Ioshúa Starret- quienes han contribuido a realzar esta obra. Un agradecimiento especial al rabí Najmán Burstyn, una verdadera enciclopedia andante de la historia de Breslov, por otorgar tan libremente de su tiempo para aclarar un punto tras otro. El rabí Dovid Shapiro merece nuestra más grande apreciación por su detallada investigación de muchas de las más oscuras cuestiones que fueron surgiendo. Nuestro profundo agradecimiento y aprecio también para el rabí Berel Wein de Monsey, New York, por su gracioso permiso para citar de su obra monumental, *Triumph of Survival*, un relato de la historia judía desde las masacres de Chmelnitzky en el año 1648 hasta el día de hoy.

También quisiera expresar mi gratitud a mis padres y familia, quienes hace mucho han venido soportando su parte en las batallas debidas a mi "conversión" a la Jasidut de Breslov. Debe haber sido la tenacidad de Reb Noson la que finalmente los convenció, pues ahora reconocen con aprecio los beneficios del estudio y de la práctica de las enseñanzas del Rebe Najmán. Para mi rabí y suegro, el fallecido rabí Zvi Aryeh Rosenfeld (1922-1978), quien me introdujo por primera vez, alumno reacio y rebelde como era, a las gemas del Rebe y de Reb Noson, las meras palabras son inadecuadas. Tampoco son suficientes para expresar mi deuda para con mi Rosh Ieshivá, el fallecido rabí Eliahu Jaim Rosen (1899-1983), cuya paciencia y sabiduría les dieron vida a las enseñanzas de Breslov. Quiera Dios que no sufran vergüenza por mi causa.

* * *

En la mañana del fallecimiento de Reb Noson alguien le leyó los dos primeros cuentos del *Sipurey Maasiot* ("Los Cuentos del Rabí Najmán"). Al final del segundo cuento, la novia le dice al novio, "¡Ven, volvamos a casa!". Al escuchar esto, Reb Noson hizo notar, "Sí. Es tiempo de volver a casa". En mérito a Reb Noson, quiera Dios otorgarle a todo *Klal Israel* el mérito de retornar a casa -la Tierra Santa- con la Llegada del Mashíaj, el Retorno de los Exilados y la Reconstrucción del Santo Templo, pronto y nuestros días, ¡Amén!

Jaim Kramer
Jerusalén
11 de Siván, 5752 / 12 de junio de 1992

Parte I

LOS PRIMEROS AÑOS

1
"¡Sube! ¡Pero aférrate!"

De todos los encuentros ocurridos en la historia judía, aquél entre el Rebe Najmán de Breslov y Reb Noson es de seguro uno de los más significativos. Reb Noson llegaría a ser el discípulo más cercano del Rebe, dedicando su vida a seguir y difundir las enseñanzas de su maestro, estableciendo los cimientos para la constante expansión de la influencia del Rebe Najmán hasta el día de hoy.

El Rebe mismo afirmó que sin Reb Noson, ni una sola página de sus enseñanzas, de sus historias y de sus dichos habría sobrevivido. Luego del fallecimiento del Rebe Najmán, fue Reb Noson quien construyó el movimiento jasídico de Breslov casi enteramente solo. Pese a una implacable persecución y a una interminable sucesión de obstáculos, Reb Noson imprimió todos los escritos del Rebe Najmán; escribió voluminosas obras propias; estableció reuniones regulares de los jasidim de Breslov; construyó las primeras sinagogas de Breslov. Y alentó a una innumerable cantidad de judíos a poner toda su energía en seguir la senda de la Torá y de la plegaria con una inflexible sinceridad y verdad.

Para el momento de su primer encuentro, el domingo 22 del mes de Elul del año 5602 (18 de septiembre de 1802), el Rebe Najmán, con treinta años de edad, ya era un destacado líder jasídico, nada convencional y muy controvertido, con una red de devotos seguidores diseminada en amplias áreas de la Ucrania rusa.

Reb Noson, con veintidós años de edad, debería haber estado trabajando por un futuro dorado. Su honestidad y sinceridad lo hacían amado de sus amigos. Su familia era rica y tenía un excelente *ijus* (linaje). Reb Noson estaba casado con la hija de uno de los más grandes y santos líderes rabínicos del área. El mismo Reb Noson era un excelente erudito de Torá. Tenía el potencial para llegar a ser una gran autoridad rabínica. O, dados los extensos intereses comerciales de su padre, podía haber combinado los estudios con el comercio y haberse vuelto un hombre de mundo.

Pero Reb Noson sufría de un problema totalmente moderno - un problema que oscurece todo lo demás: se sentía acosado por un sentimiento de inutilidad. Cada día se sentaba en el *beit midrash* para comenzar a estudiar, pero le resultaba imposible sumergirse en los estudios. A veces la interferencia provenía de temas comerciales; otras veces simplemente se sentía preocupado. Sólo era necesaria una pequeña distracción para sacarlo del tema durante el día entero. Luchaba por unirse a Dios y orar con devoción, pero siempre caía sobre él un sentimiento de pesadez, bloqueando todos sus esfuerzos por concentrarse. Un día seguía al otro, y siempre con la sensación de no haber logrado nada.

El mundo a su alrededor estaba en conmoción. Con Europa en la agonía de las Guerras Napoleónicas, el viejo orden de reyes, sacerdotes, aristócratas, burgueses y campesinos estaba siendo sacudido desde su raíz junto con todas sus creencias y supuestos. El mundo judío también estaba en convulsión. Hacía cuarenta años del fallecimiento del rabí Israel, el Baal Shem Tov, el fundador del Jasidismo. Los conflictos entre el floreciente movimiento jasídico y sus oponentes se encontraba ahora en su pico máximo, sin hablar de los conflictos dentro del movimiento mismo. Al mismo tiempo, una nueva amenaza estaba comenzando a carcomer el corazón de la tradición de la Torá: la asimilación.

La familia de Reb Noson, quien acariciaba las más altas esperanzas para un joven tan prometedor, tenía una respuesta simple ante los desafíos de la época: seguir adelante en el sendero tradicional de la Torá, tal como ellos lo conocían, con una puntillosa observancia de todos sus detalles, buscando, ante todo, la excelencia de la erudición en la Torá. Pero, por más que trataba, Reb Noson no podía elevarse por sobre la turbulencia de su propia mente.

Reb Noson había crecido en una atmósfera de hostilidad hacia el Jasidismo, especialmente por parte de su suegro, el santo rabí David Zvi Orbach. Pero cuando vio la intensa devoción de los jasidim con los cuales se encontraba, se llenó de envidia. Se sintió compelido a buscar la inspiración en nuevos horizontes. Pese a la fuerte oposición por parte de su familia, visitó una sucesión de líderes jasídicos.

Finalmente llegó hasta el rabí Leví Itzjak de Berdichov. En el verano de 1801, Reb Noson estaba sentado con algunos de los jasidim en una *melave malka*. Necesitaban algunos *beigueles* y echaron suertes para ver quién iría a comprarlos. Reb Noson fue el elegido, pero cuando estaba en camino, se sintió víctima de una profunda depresión. Incluso ahora que se había vuelto un jasid, aún sentía tantas subidas y bajadas en el servicio a Dios. "¿Para esto fui creado?", se preguntó, "¿para comprar *beigueles*?".

Reb Noson se sentía perdido. Había visto verdadera sinceridad en algunos de los jasidim más ancianos, pero pese a todas sus búsquedas y esfuerzos, la satisfacción que él sabía que existía estaba siempre un poco más allá. Una y otra vez volvía a caer. Un día, Reb Noson se retiró a una sección solitaria de la sinagoga y comenzó a recitar los Salmos. Se sentía tan quebrantado y angustiado que se derrumbó al suelo, llorando amargamente mientras leía un versículo tras otro, hasta que finalmente cayó dormido...

Soñó que veía una escalera que se extendía desde la tierra hasta los Cielos. Reb Noson comenzó a trepar por la escalera, pero se cayó. Trató otra vez y ascendió un poco más alto, pero volvió a caer. Cada vez subía más arriba, pero siempre volvía a caer. Cuanto más alto subía, más bajo caía. Aun así siguió tratando y casi llegó a la cima. Pero entonces volvió a caer, y esta vez perdió totalmente la esperanza. En ese momento, alguien apareció en la cima de la escalera y le dijo, "*Droppe zij, un halt zij!*" - "¡Sube! ¡Pero aférrate!". Este sueño quedó indeleblemente grabado en la mente de Reb Noson.

Fue cerca de un año más tarde, a mediados de septiembre del año 1802, que el Rebe Najmán se mudó a la ciudad de Breslov, ubicada sólo a algunos kilómetros de Nemirov, ciudad donde vivía Reb Noson. Los residentes de Nemirov que asistían al mercado en Breslov volvían a casa relatando que el Rebe Najmán despreciaba el hecho de que muchos jasidim hacían del comer y del beber el objetivo central de sus reuniones y no la devoción a Dios. El Rebe Najmán sólo hablaba de Torá y de plegaria. Hacía que sus seguidores derramasen sus corazones delante de él confesando honestamente sus pecados.

Aunque Reb Noson hubiese querido ir a ver al Rebe Najmán antes de que éste se mudase a Breslov, el largo viaje habría presentado graves problemas familiares. Pero ahora que el Rebe

Najmán estaba tan cerca, Reb Noson sintió que finalmente podía encontrar un mentor que lo ayudase a escapar de su turbulencia interior.

Reb Lipa, compañero de estudios de Reb Noson, quien había sido un jasid durante muchos años, visitó al Rebe Najmán en su primer Shabat en Breslov. Rosh HaShaná estaba cerca y las plegarias de *slijot* comenzaban al día siguiente. Reb Lipa, quien retornó a Nemirov el sábado a la noche, se sintió tan inspirado por el Rebe Najmán que estuvo de pie en un rincón del *shul* recitando fervientemente las *slijot* en voz alta. Reb Lipa era algo así como un "viejo" jasid, pero viendo cómo se había renovado, Reb Noson pensó, "Quizás ahora *también yo* pueda llegar a ser un buen judío".

Al día siguiente Reb Noson viajó a Breslov y fue a ver al Rebe Najmán. Luego de presentarse, el Rebe le dijo, "Ya no estoy más solo". Continuó: "Nos conocemos desde hace mucho, pero hace un tiempo que no nos vemos".

Reb Noson reconoció el rostro del Rebe. Era el rostro que había visto en su sueño del año anterior. Fue el rostro del hombre que le había dicho: "*Droppe zij, un halt zij*!" – "¡Sube! ¡Pero aférrate!". Y desde entonces, como escribió Reb Noson, "el Rebe Najmán me tomó bajo su ala y me acercó a él. Y me llevó, tal como 'la nodriza lleva a un niño de pecho' (Números 11:12)".

* * *

2

Los Primeros Años

La ciudad de Nemirov, donde nació y creció Reb Noson, está situada en la óblast de Vinnitsa en Ucrania. Hasta el año 1793, cuando Reb Noson cumplió 13 años, toda la región de Ucrania aún se encontraba bajo el gobierno del reinado de Polonia. Nemirov había sido una importante ciudad fortaleza y hay registros de asentamientos judíos allí desde los comienzos del 1600. En la década del 1630, durante el apogeo de la cultura de la Torá en Polonia, el rabí Iom Tov Heller, autor del *Tosafot Iom Tov* sobre la Mishná, y otras obras, sirvió como rabino de la ciudad. Más recientemente, el rabí Iaacov Iosef de Polonnoye, discípulo principal del Baal Shem Tov y autor del *Toldot Iaacov Iosef*, el primer libro jasídico impreso, había sido Rav en Nemirov.

En la primavera del 1648, Bogdan Chmelnitzky incitó a los cosacos ucranianos a la resistencia armada en contra de Polonia. Su derrota del ejército polaco señaló un levantamiento general en toda la región. Bandas de campesinos fueron de ciudad en ciudad y de pueblo en pueblo asesinando a miles de judíos. Los judíos residentes en las áreas circundantes buscaron refugio en Nemirov, pero los cosacos entraron a la ciudad y, con la cooperación de los habitantes ucranianos locales, masacraron a unos seis mil judíos. La carnicería de Nemirov se volvió un símbolo del sufrimiento judío durante el período de las masacres de Chmelnitzky, y en toda Polonia se guardaba ayuno el día veinte de Sivan en conmemoración de la masacre.

Luego de sofocada la rebelión cosaca, los judíos comenzaron a reconstruir sus vidas. Para mediados de 1770, cerca de setecientos judíos estaban registrados como viviendo en Nemirov. La gran sinagoga de Nemirov, erigida a comienzos del siglo XVIII, era notable por su esplendor.

Reb Noson nació en Shabat, 15 del mes de Shvat del año 5540 (Tu biShvat, 22 de enero de 1780). Él era el *bejor* (primogénito) de la familia.[1] Su padre, Reb Naftalí Hertz Sternhartz, era bastante joven -se había casado a la edad de trece años, como era costumbre en esos días- y era un rico y respetado mercader textil. En sociedad con otros dos era propietario de tres grandes tiendas en Nemirov, Berdichov y Odesa. Pero aunque era un hombre muy ocupado, mantenía una sesión diaria de estudio del Talmud y siempre repasaba el Midrash sobre la lectura semanal de la Torá (*Siaj Sarfei Kodesh* III-140). La madre de Reb Noson se llamaba Jaia Laneh. Reb Noson tenía tres hermanos y una hermana.[2]

Desde muy joven, Reb Noson fue muy consciente de lo corto de la vida del hombre y de lo valioso de cada momento. Su abuelo materno, Reb Itzjak Danzig, solía sentarse en la primera fila del *shul* junto con los otros ancianos líderes de la comunidad. Siendo niño, Reb Noson solía sentarse con su abuelo, y los ancianos disfrutaban de su compañía. Cierta vez, al llegar al *shul*, notó que uno de los ancianos no estaba allí. Le preguntó a su abuelo dónde estaba y Reb Itzjak respondió que el hombre había fallecido. "¿Qué quiere decir eso?", preguntó el joven Reb Noson. Reb Itzjak le explicó que la vida de la persona llega a un final y que entonces es enterrada.

"¿Es que la vida no lleva más que a la muerte?", preguntó Reb Noson. "Y si no es así, ¿cuál es el propósito de la vida?". Durante toda su vida el corazón de Reb Noson ardió con esta pregunta, buscando siempre la respuesta. "¿Cuál es el verdadero propósito de la vida?".[3]

Criado en un hogar confortable, Reb Noson pudo concentrarse en sus estudios. Cuando niño, en el *jeder*, fue un alumno diligente. La naturaleza del estudio Talmúdico es aclarar cada punto mediante una intensa dialéctica, pero Reb Noson estudiaba de una manera directa, sin hacer preguntas. Los otros niños de su grupo trataban de desarrollar complejos argumentos que comúnmente se alejaban del verdadero sentido del texto, pero Reb Noson solía decir, "¿Qué puedo hacer si no tengo preguntas?". Su maestro elogiaba el acercamiento directo de Reb Noson diciendo: "Prefiero la traducción simple de Reb Noson a las preguntas enrevesadas presentadas por los otros niños".

En 1792, cuando Reb Noson tenía veinte años de edad, su padre arregló un *shiduj* (arreglo matrimonial) para él con Esther Shaindel, hija del renombrado rabí David Zvi Orbach, quien era el rabino principal de Sharograd, Kremenetz y Mohilev.[4] Cierta vez, hablando sobre Reb Noson, el rabí David Zvi dijo, "Entre los jóvenes presentados para mi hija había algunos que era más eruditos que Reb Noson. Pero yo elegí a Reb Noson porque él tiene agradables [amplios] hombros" (*Siaj Sarfei Kodesh* I-615). Reb Noson y Esther Shaindel se casaron en Sharograd luego de Tisha beAv, en julio de 1793.[5]

*

Rabí David Zvi Orbach

Aunque el rabí David Zvi fue huérfano desde muy niño, el alma de su padre se le aparecía regularmente y le enseñaba Torá. Cuando la gente se enteró de ello, el padre dejó de presentarse. Durante cerca de cuarenta años, el rabí David Zvi no durmió en una cama. Dormía recostado sobre la mesa, sosteniendo una vela encendida entre los dedos. Cuando la vela ardía acerca de su mano, él se despertaba y rápidamente volvía al estudio de Torá.

Era extremadamente cuidadoso con la mitzvá de *netilat iadaim* (lavado de las manos antes de comer pan). Durante la semana sólo comía aquellas clases de pan que estaban exceptuadas del *netilat iadaim*. Sólo en Shabat comía pan luego de lavarse las manos cumpliendo con todas las restricciones de la ley (ver *Oraj Jaim* 158-162; *Siaj Sarfei Kodesh* I-583).

El rabí David Zvi era la autoridad halájica más importante de todo el distrito de Podolia, donde servía como cabeza del *bei din*. Era reconocido como un Tzadik y respetado por todos. Como Rav de Mohilev, siempre se le daba el honor de ser *sandek*[6] en todo *brit milá* (circuncisión). Cierta vez, estando el rabí David Zvi fuera de la ciudad, debió celebrarse un *brit*. Dado que el maestro jasídico rabí Baruj de Medzeboz estaba en ese momento de visita en Mohilev, el padre del niño lo invitó para que fuese el *sandek*. Sin embargo, el rabí David Zvi retornó antes del *brit*, dejando al padre con un dilema. "Ya se lo he pedido al rabí Baruj. Pero el Rav está aquí - ¿no debería honrar al Rav?". Cuando preguntó en el *beit din*, ellos declararon que el honor le pertenecía al Rav como rabino residente, mientras que el rabí Baruj simplemente estaba de visita. Cuando el rabí Baruj vio más tarde al rabí David Zvi caminando hacia el *brit*, hizo notar: "Es tan santo y recto que Elías el profeta danza delante de él" (*Siaj Sarfei Kodesh* I-784).

En una época, el mismo rabí David Zvi Orbach se había sentido atraído por la Jasidut. Visitó al rabí Pinjas de Koretz y quedó muy impresionado por sus devociones. Sin embargo, le dolía el hecho de que sus seguidores hablaban en contra del rabí Mijel de Zlotchov. Cuando visitó al rabí Mijel también quedó impresionado por sus devociones, pero preocupado por la actitud negativa de sus seguidores hacia el rabí Pinjas de Koretz y su círculo. Dijo el rabí David Zvi, "Éste rechaza al otro. El otro lo rechaza a éste. ¡Yo digo que ambos están en lo cierto!". Desde ese momento, se alejó por completo de la Jasidut y llegó a ser un importante *mitnagued* (oponente). Cada día solía disertar ante su familia sobre los "males" de la Jasidut.

La misma ciudad de Sharograd era un bastión de la oposición a la Jasidut. Unos años antes, el rabí Iaacov Iosef de Polonnoye, que era Rav de la ciudad, había visitado por primera vez al Baal Shem Tov quedando unido a él. Sus nuevas maneras despertaron tal oposición en Sharograd que fue forzado a dejar su puesto y a abandonar la ciudad.

Reb Noson permaneció en Sharograd con su suegro durante un poco más de dos años, desde el momento de su matrimonio en 1793 hasta luego de Sukot del año 1795.[7] Tan grande era el rabí David Zvi Orbach a los ojos de Reb Noson que en cierto momento no pudo comprender en qué era más grande Moshé mismo que su suegro.[8]

Reb Noson continuó los estudios con la diligencia habitual. Tenía mente aguda y filosa, y bajo las alas de su suegro, el *gaon* mundialmente conocido, las capacidades de aprendizaje de Reb Noson se vieron pulidas y refinadas. Con todo su tiempo dedicado al estudio, Reb Noson se elevó a grandes niveles de aprendizaje, llegando a estar plenamente versado en el Talmud y en los Códigos. El rabí David Zvi quería que Reb Noson ocupase su lugar como Rav en una de las ciudades donde él oficiaba, y por lo tanto le enseñó cómo determinar la ley y adjudicar en casos legales.

En el hogar de su padre, Reb Noson creció en un atmósfera de oposición al Jasidismo y ahora, en la casa del rabí David Zvi, expuesto a sus diatribas diarias, se sentía naturalmente inclinado a aceptar y sustentar los puntos de vista de su suegro. Sin embargo, incluso en esa temprana etapa de su vida, Reb Noson se sentía perdido. Buscaba plenitud en sus estudios y plegarias, pero aunque sobresalía en ello, se veía perturbado por conflictos internos. Se sentía instintivamente atraído hacia el servicio a Dios, pero era un pensador obsesivo y encontraba imposible alcanzar la paz interior que sabía que allí debería encontrar. El tiempo le pesaba: cada segundo era precioso - demasiado valioso para perderlo. La pregunta de su infancia sobre el propósito de la vida ardía dentro de él. "¿Cuál es el verdadero propósito de mi vida?".

* * *

3
Un Mundo en Convulsión

El año del matrimonio de Reb Noson con Esther Shaindel, 1793, fue uno de los menos auspiciosos en la historia judía. Fue el año en que Ucrania, donde Reb Noson pasó la mayor parte de su vida, dejó de ser una provincia de Polonia para pasar a estar bajo la soberanía de Rusia. Entre los años 1772 y 1795 Rusia anexó también a Lituania, a Volhynia y a la Rusia Blanca, poniendo bajo su mandato a cerca de un millón de almas judías. Y en poco menos de unos años quedó claro que los nuevos gobernantes rusos tenían la intención de erradicar por completo la tradicional cultura de Torá de los judíos.

En ninguna otra parte de la diáspora la vida de Torá había sido más vibrante que entre las comunidades de Polonia, donde por siglos los judíos habían disfrutado de una virtual autonomía, eligiendo sus propios rabinos y jueces y gobernándose a sí mismos mediante sus propias organizaciones comunales y agencias regionales.

Sin embargo, los estragos de la rebelión de Chmelnitzky (1648-9) habían dejado a las comunidades judías gravemente debilitadas, empobrecidas y desmoralizadas, generando divisiones internas que comenzaron a amenazar en su médula la cultura de la Torá. La declaración de Shabetai Zvi de que él era el Mesías (1665) fue recibida con olas de entusiasmo por todo el pueblo judío, pese a las advertencias de los líderes rabínicos. Incluso luego del abrupto retorno a la realidad causado, un año después, por la conversión al Islam de Shabetai Zvi, continuaron proliferando muchas células Shabetianas subterráneas.

El efecto de ese episodio sobre el judío simple fue dejarlo con la sensación de carecer de un líder en el cual poder confiar plenamente. Durante la mayor parte del exilio, la autoridad suprema de la Torá, Escrita y Oral, había sido aceptada sin disputas por la casi totalidad de los judíos. Sin embargo, desde ese momento, la alienación de la Torá y la búsqueda de la asimilación comenzaron a asumir proporciones cada vez más graves.

Los rabinos, por su parte, se volvieron desconfiados de todo aquél que discrepara, aunque fuera mínimamente, de las normas aceptadas. La vitalidad y la alegría enseñadas por el Baal Shem Tov (1698-1760) tenían el poder de inspirar incluso a los judíos más alejados, llevándolos hacia el amor a Dios, el amor a la Torá y a todos los seres humanos. Pero mientras que algunos de los más grandes Talmudistas de la generación se volcaron al Baal Shem Tov, y su influencia se difundió rápidamente desde Podolia hacia Polonia, Ucrania, Volhynia y Lituania, sin embargo el incipiente movimiento jasídico se encontró con una feroz oposición en Lituania.

Bajo el liderazgo del rabí Eliahu, el Gaon de Vilna (1720-1797) y sus discípulos, los *mitnagdim* se enfrentaron amargamente e incluso de manera violenta contra los jasidim, arrojando a un movimiento, cuyo único propósito era fortalecer la unión del judío con la Torá, hacia el papel de una secta marginal y antisocial. El *jerem* (prohibición o excomunión) emitida por los *mitnagdim* contra los jasidim en el año 1772 separó a familias, amigos e incluso a pueblos y ciudades enteras, y llegó incluso a la violencia física. Al mismo tiempo, graves conflictos surgieron dentro del movimiento jasídico, tales como aquéllos entre el rabí Shneur Zalman de Liady, el rabí Abraham Kalisker y el rabí Baruj de Medzeboz.

Mientras los jasidim y los *mitnagdim* discutían sobre cómo seguir el sendero de la Torá, otros estaban buscando minar el cimiento mismo de su observancia. Fue a finales del siglo XVIII que, entre los judíos de Alemania y especialmente entre los más adinerados, se hizo más patente el abandono de la ley judía. Había surgido una nueva escuela de judíos intelectuales. Aunque algunos de ellos poseían un extenso conocimiento de Torá, consideraban la búsqueda de la cultura secular como un valor supremo y de mayor importancia que la devoción a la ley de la Torá. Trataron de demostrar que sus propias ideas eran una expresión mucho más fiel de los auténticos valores judíos, más que las de la comunidad observante de la Torá, a la cual consideraban como arcaica y pasada de moda.

Los intelectuales de esta nueva escuela, que más tarde

llegaron a ser conocidos como los *maskilim* ("iluminados"), entendieron que las costumbres y las prácticas diferentes de los judíos eran lo que les había dado su identidad particular durante los largos años del exilio en la diáspora. Pero en lugar de percibir la diferencia judía como algo valioso, los *maskilim* la vieron como la causa de la hostilidad de los gentiles y se propusieron destruirla. Consideraron que su misión era difundir entre sus congéneres judíos su propia devoción a la cultura secular y quebrar su apego al modo de vida tradicional judío. Las enseñanzas de la *haskalá* ("iluminismo") proveyeron de una bienvenida justificación a todos aquéllos que ya estaban inclinados a abandonar la senda de la Torá.

Los escritores y los pensadores gentiles, influenciados por esas ideas, comenzaron a activar a favor de la emancipación judía, diseñando planes para transformar a los judíos en "ciudadanos útiles" e integrarlos a las sociedades más amplias dentro de las que convivían. La condición básica era que debían abandonar todas las marcas que los distinguían de la población que los rodeaba y abrazar la cultura dominante. Debían afeitarse sus barbas y cortar sus *peiot* (rulos a los costados de la cabeza); debían abandonar sus vestimentas tradicionales y dejar de hablar el *idish* nativo. Debían ser separados de sus comercios y corretajes financieros tradicionales y ser reeducados, exponiéndolos a la cultura secular. Entonces, y sólo entonces, serían aceptados como "ciudadanos".

En la Europa Occidental, especialmente en Francia, los líderes judíos abogaron a favor de la emancipación de las viejas restricciones y apoyaron la integración judía en la sociedad gentil. Más al este, en Polonia y en Rusia, la mayoría de los judíos continuaban inclinados hacia lo tradicional y tenía más peso la oposición rabínica a la nueva manera de pensar. Sin embargo, una cantidad de eruditos y de pensadores comenzaron a ser tentados por la aparente apertura de horizontes.

*

La Rusia de Reb Noson

Durante siglos el imperio moscovita había excluido rigurosamente a los judíos de sus territorios, considerándolos "enemigos de la fe" y haciéndolos sospechosos de intentar desviar a sus "piadosos" habitantes. La presencia de un millón de judíos en las regiones recientemente anexadas de Ucrania, Rusia Blanca y Lituania presentó una flagrante contradicción a la política tradicional rusa.

Inicialmente las autoridades mostraron un rostro liberal ante sus nuevos súbditos judíos, asegurándoles que su libertad religiosa y sus privilegios civiles se mantendrían inviolados. Al mismo tiempo, los políticos de San Petersburgo comenzaron a buscar una "solución" a lo que ellos veían cómo el problema judío ruso. Durante el reinado de zar Pablo I (1796-1801) los gobernadores de Lituania, de Rusia Blanca y de Ucrania recibieron la instrucción de consultar con las figuras líderes de sus regiones -los aristocráticos terratenientes- con respecto al futuro papel de los judíos. El material generado fue enviado al senado ruso, donde llegó a las manos del senador tradicionalista Gabriel Dyerzhavin. Luego de consultar con numerosos intelectuales y comerciantes judíos "iluminados", Dyerzhavin redactó el voluminoso "Opinión Concerniente a la Situación de los Judíos en Rusia". Esto quedó instituido como la expresión plena de la ideología subyacente en todos los subsecuentes tratamientos de los judíos en los territorios rusos. Dyerzhavin proponía un vasto esquema dedicado a eliminar la autonomía y la cultura judía, inculcando en los judíos ideas y valores seculares, e integrándolos al sistema estratificado del imperio ruso.

Los métodos de ingeniería social propuestos fueron rechazados por el ala más liberal dentro de los círculos gobernantes en San Petersburgo, a favor de admitir a los judíos dentro de la sociedad rusa sin imponerles reformas desde arriba. El debate entre esas dos tendencias estaba en su apogeo cuando el zar Pablo fue asesinado en marzo de 1801.

Bajo el nuevo zar, Alejandro I (1801-25), pronto quedó en claro la dirección que tomaría la política rusa durante la próxima centuria. En 1802, se le ordenó a un "Comité para el Mejoramiento de los Judíos" que redactase nuevas regulaciones gobernando la vida judía. Sobre la base de ese reporte se promulgó en 1804 el nefasto "Estatuto Concerniente a los Judíos".

El objetivo del Estatuto, que se apoyaba en el concepto intervencionista, debía efectuar una total transformación de la vida política, social, económica y cultural judía. Los judíos debían ser expulsados de las áreas rurales donde habían vivido durante siglos y forzados a abandonar muchas de sus ocupaciones tradicionales. El papel de los rabinos estaría limitado, de ahora en adelante, a los "asuntos espirituales". El hebreo y el *idish* debían ser erradicados de los documentos de negocios y públicos. Los judíos que participaran en la vida cívica debían abandonar su vestimenta tradicional. Si bien la adquisición de la cultura secular no era compulsiva, se ofrecía sobre una base voluntaria con la admisión de los judíos en las escuelas y universidades públicas en todo el imperio ruso. Esas disposiciones fueron un mero anticipo de los subsecuentes y sostenidos esfuerzos para imponer sobre los judíos la cultura gentil mediante la educación secular compulsiva, la conscripción forzada y demás.

Daniel tuvo cierta vez una visión tan tremenda que perdió toda su fuerza. Sus compañeros, Janania, Mijael y Azaria, también Tzadikim, no percibieron la visión, pero igualmente temblaron de temor (Daniel 10:1-9). "Si no fueron conscientes de la visión", pregunta el Talmud, "¿por qué estaban asustados?". Eso se debió a que "Aunque uno no 'vea', uno 'siente'" (*Meguilá* 3a).

Los conflictos internos y las preguntas que atormentaban a Reb Noson parecen reflejar el estado de fermento del mundo que lo rodeaba y las profundas fisuras dentro de las comunidades judías. Éstas debían tener una influencia decisiva en la formación de la vida posterior de Reb Noson. Mientras se preparaba para una carrera como rav, o quizás para ser un erudito-comerciante, Reb Noson era indudablemente inconsciente de lo que le reservaba el futuro: él no podía "verlo". Pero algo dentro de él lo estaba carcomiendo. Él podía "sentirlo".

* * *

4
Buscando

Habiendo pasado poco más de dos años con su suegro en Sharograd, Reb Noson volvió a Nemirov para Sukot, en el año 1795. Se le dio una habitación separada en la casa de sus padres, donde pudo vivir con su joven esposa. Aunque su padre continuó apoyándolo económicamente para permitirle seguir con los estudios, Reb Noson comenzó a tomar parte en las actividades comerciales de su familia. Aprendió el valor de las diferentes clases de mercaderías y ganó experiencia en el comercio. Con el correr del tiempo, se volvió un astuto comerciante.

Ese invierno, Reb Noson comenzó a estudiar en el *beit midrash* de Nemirov. Su compañero de estudios, Reb Lipa, había crecido entre los jasidim y se había casado con una joven de familia jasídica. Pero Reb Noson, cuya mente aún resonaba con las diatribas de su suegro, ni siquiera se inmutó.[1]

Podemos tratar de imaginar sus discusiones y argumentos. Los *mitnagdim* se veían siguiendo el sendero tradicional del judaísmo. Su objetivo principal era el estudio de la Torá. Sostenían que el desarrollo personal se producía primariamente mediante el desenvolvimiento intelectual y afirmaban que sólo un judío erudito sería capaz de continuar y trasmitir la soberbia herencia del judaísmo.[2] Pero los jasidim contestaban que, como resultado del acercamiento intelectual de los *mitnagdim*, el grueso del pueblo quedaba con una percepción superficial de la Torá. Esto los dejaba vulnerables a los ataques de los *maskilim*. Más aún, el exclusivo interés del *mitnagued* por el estudio de la Torá significaba que sus devociones tendían a ser secas y carentes de vida. Sentían poca calidez, entusiasmo espiritual o cercanía con Dios al orar o cumplir con las mitzvot. Los jasidim, por su parte, les daban igual énfasis a los otros aspectos de la práctica judía, especialmente a la plegaria. El sendero jasídico era uno en el cual el logro espiritual se alcanzaba poniendo todas las energías en la observancia regocijada de las mitzvot. Los jasidim valoraban los esfuerzos del judío simple aunque no fuese erudito.

Sin embargo, los *mitnagdim* consideraban que el punto de vista de la Jasidut fomentaba el descuido por los detalles de la ley de la Torá. Por ejemplo, había jasidim que ponían tal énfasis en la oración que si no se sentían dispuestos a orar de la manera apropiada en la mañana, retrasaban sus plegarias hasta haberse "preparado". Como resultado, oraban después del tiempo permitido para las Plegarias de la Mañana, en clara violación del *Shuljan Aruj* (ver *Oraj Jaim* 89:1).[3] Otro punto en conflicto era la propensión jasídica hacia la enseñanza abierta de la Kabalá. Esto era algo mucho más temido debido al uso de las enseñanzas Kabalistas que hicieran Shabetai Zvi y Iaacov Frank, descarriando a tantos otros.

Una y otra vez Reb Lipa y otros más discutían con Reb Noson los méritos del Jasidismo. Pero él se mantenía firme, adhiriendo al punto de vista de su padre y de su distinguido suegro, quienes lo habían tenido en gran estima antes de volverse un jasid - incluso solían disputar sobre con cuál de ellos debía quedarse (*Siaj Sarfei Kodesh* I-682). Todo un año pasó antes de que las palabras de Reb Lipa comenzasen a penetrar en Reb Noson.

Reb Lipa sostenía que los jasidim tenían un profundo temor al Cielo. Habiendo visitado a algunos de los Tzadikim más importante de su tiempo, era capaz de dar un testimonio personal sobre sus tremendos niveles espirituales y sobre la sinceridad de sus devociones. Y con este argumento, Reb Lipa tocó el punto doloroso de Reb Noson. Si "Dios es bueno" (Salmos 145:9), ¿por qué no *sentimos* esa bondad? Dado que el apego a Dios significa estar unido al bien, uno debería sentirse pleno de deleite al servir a Dios. Como gran *masmid* que era -y no importa cuánto se destacase en sus estudios- Reb Noson era muy consciente de su falta de inspiración tanto en los estudios como en la plegaria. Reconocía, al menos para sí, que era incapaz de concentrarse en las plegarias. Y ¿hacia dónde lo estaban llevando sus devociones?

Enseña la Mishná (*Avot* 4:17), "Mejor es una hora de arrepentimiento y de buenas acciones en este mundo, que toda la vida en el Mundo que Viene. Y mejor es una hora en el Mundo que Viene que toda la [buena] vida de este mundo". Esta Mishná enseña claramente que uno debe lograr un sentimiento en sus devociones en este mundo comparable a -e incluso más grande que- todo el

Mundo que Viene. Esto obviamente preocupaba a Reb Noson.

"¿Por qué no siento la alegría de la devoción?", se preguntaba Reb Noson. "Después de todo, hay grandes Tzadikim que la sienten, como se evidencia en sus devociones. ¿Por qué no yo?". Reb Noson sabía que debía buscar la manera correcta de servir a Dios. Debería utilizar los medios que sintiese necesarios para ayudarlo a descubrir la verdad del judaísmo y alcanzar una genuina devoción espiritual, aunque ello significase tomar una posición que disgustara a sus padres y suegros.

Mientras Reb Noson consideraba los méritos de la Jasidut, un hombre de Anipoli pasó por Nemirov. Invitado a comer, el hombre lavó sus manos para comer pan y recitó la bendición apropiada con una profunda concentración y entusiasmo. Reb Noson quedó muy impresionado por la devoción del hombre y le preguntó si conocía al rabí Zusia. "Por supuesto que lo conozco", respondió el hombre, "lo veo muy seguido. Todo el entusiasmo en mis devociones proviene de él". El jasid comenzó entonces a relatar el fervor del rabí Zusia. "Cuando llega el momento para *jatzot*,[4] el rabí Zusia salta de la cama y exclama, '¡Zusia! ¡Zusia! Levántate. ¡El resto puedes dormirlo en tu tumba!'". El jasid continuó entonces describiendo las otras devociones del rabí Zusia.

El entusiasmo del hombre en sus devociones y su relato del tremendo fervor del rabí Zusia fueron evidencia convincente de la vitalidad y viabilidad de la Jasidut. Reb Noson pudo comprobar que el jasid era realmente temeroso de Dios y comenzó a viajar para ver a los seguidores del Baal Shem Tov.

Los siguientes cinco años (1797-1802) transcurrieron en muchas de las cortes de los rebes jasídicos. Reb Noson visitó a los seguidores del santo Maguid de Mezritch que vivían en el cercana zona de Vinnitsa.[5] Entre ellos se encontraba el rabí Zusia de Anipoli, el rabí Leví Itzjak de Berdichov, el rabí Baruj de Medzeboz, el rabí Guedalia de Linitz, el rabí Sholem de Probisht, el rabí Abraham Dov de Chmelnik y el rabí Mordejai de Kremenetz, entre otros Tzadikim. Reb Noson comenzó a aprender cómo canalizar las energías hacia sus devociones, aumentando su deseo de servir a Dios tal como lo hacían los grandes Tzadikim.

Habiendo probado la calidez de la Jasidut, Reb Noson hizo notar: la diferencia entre un jasid y un *mitnagued* es como la diferencia entre un *knish* caliente y un *knish* frío. Ambos tienen los mismos ingredientes. ¡Pero el frío no llega a ser ni la mitad de sabroso que el caliente!

Frustración

Reb Noson comenzó a sentir una mejoría. Una nueva vitalidad se infundía en sus plegarias, en sus estudios y, en verdad, en todas sus devociones. Aun así sentía que no recibía la dirección adecuada. Era incapaz de alcanzar una concentración plena durante las plegarias y aún estaba sujeto a las repetidas distracciones cuando trataba de estudiar. Lo confundía el hecho de que estaba aprendiendo de algunos de los más grandes Tzadikim de la generación, tales como el rabí Zusia de Anipoli y el rabí Leví Itzjak de Berdichov -personas santas y eruditas que lograron infundir el fervor religioso a literalmente miles de jóvenes judíos- pero aun así se sentía frustrado. Lo que le faltaba era el modo de poner en práctica las enseñanzas que había recibido. "¿Cómo se aplican estas enseñanzas a mí? ¿Cómo puedo llegar a servir a Dios de la manera apropiada mediante estas enseñanzas?".

Escribió en su diario:

> Había recibido un poco de temor a Dios y mejorado en algunas áreas de las cuales yo sólo soy consciente. Aun así, estaba perdido en el sendero, incapaz de distinguir entre la derecha y la izquierda. Aún no tenía un maestro apropiado (*Imei Moharnat* I, #1).

El comienzo del siglo XIX fue un momento crucial en muchos aspectos. La revolución americana y la revolución francesa inauguraron una nueva era de nacientes democracias. La incipiente revolución industrial iba a alterar el rostro de la sociedad humana. Dentro del mundo judío, los decretos rusos y la difusión del movimiento de la *haskalá* traerían cambios devastadores. En ese momento crucial, cuarenta años luego del fallecimiento del Baal Shem Tov, el movimiento que él había fundado para revitalizar el judaísmo estaba comenzando perder su empuje.

En los primeros tiempos, los jasidim solían juntarse para intercambiar palabras de Torá y discurrir sobre la devoción religiosa. En esas reuniones, solían tomar un pequeño *shnapps*. Pero con el pasar el tiempo, el *shnapps* se volvió el centro, mientras que hablar sobre el servicio a Dios pasó a ser secundario (*Avenea Barzel* p.51, #9). Cuando Reb Noson comenzó a entusiasmarse por la Jasidut, pensó que esas reuniones eran útiles - en desacuerdo con Reb Zalman "der Kleiner", un amigo de Nemirov, quien argüía en contra de esa práctica. Sin embargo, poco tiempo después, Reb Noson comenzó a pensar de manera diferente.

Fue durante ese período que tuvo que salir a comprar los *beigueles* para un *melave malka* con los seguidores del rabí Leví Itzjak de Berdichov. El abatimiento frente a sus subidas y bajadas, incluso luego de haberse vuelto un jasid, hicieron que las preguntas de su infancia sobre el propósito de la vida se volvieran más amargas que nunca. "¿Fue para esto que fui creado, para comprar *beigueles*?".

Reb Noson estaba perdido. Por un lado, parecía tenerlo todo. Era un hombre joven de poco más de veinte años, proveniente de una de las familias más prominentes y ricas de la ciudad. Era extremadamente erudito, y su profunda sinceridad lo hacía querido por todos aquellos con quienes se encontraba. Por otro lado, aunque casado por más de seis años, aún no tenía hijos - Esther Shaindel había sufrido varios abortos, siempre en el segundo trimestre de su embarazo (*Tovot Zijronot* #5, p.111). Aún más frustrante era su falta de progreso en el servicio a Dios. Envidiaba a algunos de los ancianos jasidim de Nemirov, en los que percibía una verdadera sinceridad. Continuaba buscando a alguien que le infundiera el mismo amor y devoción a Dios. No importa cuánto se esforzara por subir la escalera, aún seguía cayendo.

Otro elemento más que se sumaba a sus problemas era el hecho de que su familia estaba disgustada con él. La mera mención de la Jasidut era suficiente para despertar la cólera del rabí David Zvi Orbach, y ni hablar de la idea de que su yerno, a quien veía como un diligente estudiante de la Torá con un brillante futuro, se hubiera embarcado en ese sendero. Durante los años en que Reb Noson comenzó a interesarse en la Jasidut, dudó e incluso temió visitar al rabí David Zvi. Sus amigos le aconsejaron que no lo hiciese para evitar la tremenda recepción que de seguro le estaba esperando. "Que tu esposa viaje sola", le dijeron. Pero al final, Reb

Noson decidió ir de todas maneras, y más tarde en su vida le agradeció a Dios por esa decisión. De no haberlo hecho, es muy probable que habría estallado un conflicto matrimonial que terminaría en el divorcio.

Un invierno, Reb Noson viajó para visitar a su suegro. Un amigo le pidió que le entregase una carta al rabí Mordejai de Kremenetz, que estaba cerca de Sharograd, donde el rabí David Zvi era rabino en jefe. Reb Noson tenía miedo de la ira de su suegro si éste llegaba a descubrir que había visitado al rabí Mordejai, de modo que no fue sino hasta después de Pesaj, varios meses luego de su arribo. El rabí Mordejai se preguntó por qué la carta había sido entregada tan tarde.[6]

Con su padre, su suegro e incluso su esposa en su contra, Reb Noson oscilaba dolorosamente. Su frustración le daba el impulso necesario para visitar a los Tzadikim. Pero la falta de progreso apreciable en sus devociones hacía tambalear su resolución, sin llegar a comprometerse como devoto jasid de alguno de los Tzadikim más importantes.

Es fácil comprender por qué Reb Noson no viajó para visitar al Rebe Najmán en esta etapa, aunque la reputación del Rebe ya se había difundido por toda Ucrania. En esa época, el Rebe Najmán aún estaba viviendo en Zlatipolia, lo que implicaba un viaje en carreta de cerca de cientocincuenta kilómetros. ¿Por qué Reb Noson se arriesgaría a una mayor oposición por parte de su familia cuando, en base a sus experiencias hasta la fecha, la esperanza de salvación era tan poca?

Otro factor era que en 1800 el Shpola Zeide había comenzado una campaña implacable en contra del Rebe Najmán, haciendo descender un velo de misterio sobre la verdadera identidad del Rebe. La oposición se hizo tan grande que en toda Ucrania, incluso tan lejos hacia el oeste como donde vivía Reb Noson, los seguidores del Rebe era ridiculizados y despreciados. El antagonismo hacia el Rebe Najmán y sus jasidim se volvió tan intenso que no había justificación alguna para considerar semejante viaje.

Tanto el padre como el suegro de Reb Noson pensaron que finalmente terminaría aceptando un puesto rabínico. Sin embargo y desde su juventud, Reb Noson le huía a eso. No quería utilizar la Torá como un medio para ganarse la vida, de acuerdo con la enseñanza rabínica: "No hagas de ella una pala para cavar..." (*Avot* 4:5). Para el verano de 1802 Reb Noson se había organizado una vida de estudio de Torá y de comercio. Pasaba la mayor parte del día en el *beit midrash* y varias horas dedicadas a ganarse la vida. Ocasionalmente hacía algún viaje de negocios a Berdichov y otras ciudades.

Para ser más útil a los negocios de su padre, Reb Noson decidió mudarse a la ciudad de Berdichov o a Odesa. Mientras se estaba preparando para la mudanza, su suegro le notificó que pronto pasaría por Nemirov. Por respeto a su suegro, Reb Noson pospuso el viaje. Así como resultaron las cosas, la visita del rabí David Zvi a Nemirov se retrasó hasta luego de Sukot. Esto se debió a una directa Providencia Divina. El rabí David Zvi Orbach era un formidable opositor de la Jasidut. ¿Quién hubiera pensado que fue su retraso en llegar a Nemirov lo que le permitió a Reb Noson volverse un jasid de Breslov? Pues ese septiembre (1802), poco antes de Rosh HaShaná, el Rebe Najmán se mudó a Breslov.

*

El Rebe Najmán

El Rebe Najmán nació en 1772 en Medzeboz, en la casa de su bisabuelo, el Baal Shem Tov, y allí fue criado. En 1785 el Rebe Najmán contrajo matrimonio y se mudó al pequeño pueblo de Ossatin, cerca de Medvedevka, junto al río Dnieper en Ucrania oriental. Desde el día de su boda, el Rebe Najmán comenzó a atraer seguidores, aunque hasta los veinte años se mantuvo oculto para la mayor parte de la gente. En 1791 se mudó a Medvedevka, donde se volvió un reconocido maestro jasídico.

Al igual que con todos los líderes jasídicos, el Rebe Najmán atrajo diversas clases de seguidores. Algunos eran gente simple de las áreas circundantes. Eran aquéllos que venían principalmente a escuchar enseñanzas de Torá. Otros buscaban Jasidut de un Tzadik que pudiera inspirarlos en el servicio a Dios. Al igual que los otros maestros jasídicos, el Rebe Najmán tenía un círculo interno de seguidores, quienes eran hombres verdaderamente grandes.

El Rebe Najmán enseñó que el Tzadik es como un sello. Es

imposible leer las inscripciones de un sello porque están al revés. Recién cuando son impresas en cera puede uno comprender las letras y los diseños del sello. De manera similar, es imposible comprender lo que es el Tzadik. La única manera de entender algo del Tzadik es contemplando a sus seguidores, sobre los cuales el Tzadik imprimió la estampa de sus enseñanzas y devociones (*Likutey Moharán* I, 140).

El círculo interno del Rebe Najmán incluía a varios hombres mayores que él. Reb Shimón, con cinco años más, fue su primer seguidor. El Rebe Najmán dijo de Reb Shimon que había quebrado todos sus rasgos negativos. Reb Iudel, ya maduro, estaba profundamente versado en la Kabalá. De Reb Shmuel Isaac se dijo que "el Rebe lo llevó sobre el filo de la espada", tan agudas e intensas eran sus devociones. Reb Ikutiel, un discípulo del Maguid de Mezritch, también era un *maguid* en Ucrania, con no menos de ochenta y cuatro pueblos y ciudades bajo su autoridad. ¡Reb Ikutiel tenía cerca de setenta años de edad cuando se volvió seguidor del Rebe! Su yerno, Reb Itzjak, y su seguidor Reb Itzjak Isaac, eran sobresalientes estudiosos quienes practicaban sus devociones con la mayor intensidad.

Otro de los seguidores importantes del Rebe Najmán, Reb Aarón, quien fue nombrado Rav de Kherson siendo aún adolescente, era un sobresaliente *halajista*. Cuando más tarde llegó a tomar la posición de Rav en Breslov, el Rebe Najmán dijo "No sólo debemos agradecerle a él por venir, debemos incluso agradecerles a los caballos que lo trajeron" (*Siaj Sarfei Kodesh*, 545). Reb Abraham Peterberguer era un hombre acaudalado, escritor y una persona muy inteligente. Fue él quien pasó por escrito varias de las lecciones del Rebe dadas en Medvedevka. Reb Ber, joven seguidor que influenció a Reb Iudel y a Reb Shmuel Isaac para que viajasen a visitar al Rebe, siempre daba el veinte por ciento de sus ingresos para caridad y decía, "con mi *jomesh* (veinte por ciento), no tengo nada que temer delante del Tribunal Celestial".

En 1798 el Rebe Najmán hizo su peregrinación a la Tierra Santa, retornando a Medvedevka al comienzo del verano de 1799. Al año siguiente, sin aviso previo, se mudó a Zlatipolia. Fue allí que comenzó la oposición. Uno de los *jazanim* de la ciudad se sintió disgustado de que el Rebe no apreciara sus proezas de cantor.

El Rebe dijo que el cantor "cantaba para su esposa" (para impresionarla). El cantor se vengó calumniando al Rebe ante Reb Aryeh Leib, el "Zeide de Shpola", quien durante mucho tiempo había mantenido una relación amistosa con el Rebe. Desde ese momento el Zeide comenzó una implacable campaña de persecución contra el Rebe Najmán y los jasidim de Breslov. Habiendo vivido en Zlatipolia, el Zeide gozaba de una considerable influencia. Al llegar a la ciudad puso a todos sus residentes en contra del Rebe. No contento con eso, el Zeide intentó incitar a otros líderes jasídicos en contra del Rebe Najmán, llamándolos para ponerlo en *jerem*. Esto fue vigorosamente combatido por las figuras jasídicas más importantes, incluyendo al rabí Leví Itzjak de Berdichov, al rabí Guedalia de Linitz, al rabí Baruj de Medzeboz y otros, todos los cuales le escribieron al Rebe Najmán dándole su apoyo y alentándolo.

Cuando la oposición del Zeide de Shpola se volvió insoportable, el Rebe Najmán fue a ver a su tío, el rabí Baruj, para pedirle un lugar donde pudiera vivir con tranquilidad y sin oposición. El rabí Baruj sugirió Breslov y arregló con los líderes de la comunidad de la ciudad, Moshé Jenkes, Abraham Pais y Reb Mordejai Rosenstat, para que el Rebe Najmán fuera aceptado allí.[7] Ellos se comprometieron a sustentar al Rebe y darle dinero para sus gastos de viaje, estableciendo más tarde una buena y amistosa relación con él.

El Rebe Najmán llegó a Breslov el martes 10 de Elul del año 5562 (7 de septiembre de 1802). Le dijo a Reb Iudel: "Veo un alma en Ucrania, cerca de Breslov" (refiriéndose a Reb Noson) y continuó hablando sobre la grandeza de esa alma.

El martes era día de mercado en Breslov, cuando la gente de las ciudades y pueblos de los alrededores asistían para comprar y vender. La gente venida de Nemirov volvió a su hogar con informes sobre la llegada del Rebe Najmán. Durante la semana, el Rebe se hizo conocido como alguien que rechazaba "las reuniones de *shnapps*".[8] Él había dicho, "Desprecio profundamente las festividades inventadas por ellos". Los informes decían que el Rebe Najmán hablaba sólo de Torá y de plegaria y que requería que sus seguidores se confesasen ante él. Debido a ello, los seguidores de ese entonces eran conocidos como los *vidiunikers* ("confesantes").

Alguien en Nemirov llamado Valtchi Nesanels se burló de los jasidim de Breslov debido al hecho de que se confesaban. Pero Reb Naftalí, amigo íntimo de Reb Noson desde de la niñez y quien también buscaba el sendero correcto, le dijo, "¿De esto te burlas? ¡Esto es precisamente lo que yo anhelo!".

Había un dicho popular, "*a pitkel, a guter id*" (por un precio módico uno puede ver un buen judío - un tzadik). Breslov sólo se encontraba a unas pocas millas de Nemirov y Reb Noson pensó que ahora, con el Rebe Najmán tan cerca, podría viajar para visitarlo, y quizás encontrar al fin un mentor, alguien que pudiera ayudarlo a descubrirse a sí mismo dentro del mar de turbulencia interior.

Reb Lipa pasó el Shabat siguiente (17 de septiembre) en Breslov con el Rebe Najmán, retornando a Nemirov el domingo por la noche para las primeras *slijot* - Rosh HaShaná era una semana más tarde. En el vigor y en la intensidad de la plegaria de Reb Lipa, Reb Noson y Reb Naftalí pudieron ver cuán inspirado había quedado por su visita al Rebe, pese al hecho de que había estado practicando las costumbres y las devociones jasídicas durante tantos años.[9] Lo que les interesó especialmente a ambos fue que en la plegaria de "*Aneinu*" ("¡Respóndenos!") hacia el final de las *slijot*, cuando la mayor parte de la gente tiende a apurarse al recitar las largas peticiones, Reb Lipa decía cada palabra con sentimiento (*rabí Eliahu Jaim Rosen*).

A la mañana siguiente, el domingo 22 de Elul (17 de septiembre), Reb Noson decidió que haría una corta visita a Breslov - quizás el Rebe pudiera ayudarlo. El padre de Reb Noson había partido a Berdichov en viaje de negocios, lo que eliminaba un obstáculo importante, de modo que Reb Noson salió inmediatamente en compañía de su amigo, Reb Naftalí.

* * *

Parte II

EL MENTOR

5

El Rostro en la Cima de la Escalera

La distancia entre Nemirov y Breslov es de aproximadamente trece kilómetros, un viaje de cerca de dos horas en los días de los carruajes a caballo. Al llegar a Breslov, Reb Noson y Reb Naftalí fueron primero a la casa de Reb Berel Duvrishis, quien contó una historia tras otra sobre las maravillas del Rebe. Reb Noson dijo, "Su casa está llena del Rebe".

Más tarde fueron a ver al Rebe. Se presentaron, hablándole sobre algunos de sus antepasados notables. "¡Todos buenos judíos!", respondió el Rebe. Reb Noson entonces le dijo al Rebe que eran parientes lejanos a través del abuelo del Rebe, el rabí Najmán Horodenker. El Rebe dijo, "Ahora no estoy más solo", agregando: "¡Nos conocemos desde hace mucho, pero hace un tiempo que no nos vemos!". El Rebe habló con ellos durante un largo tiempo y en el curso de la conversación les contó tres historias.

La primera era sobre un seguidor del rabí Mordejai de Neshkhiz. Uno de sus jasidim se le había acercado quejándose de su abyecta pobreza. El hombre había alquilado un departamento en un edificio que tenía otros apartamentos y una posada, pero tenía gran dificultad para alimentar a su familia, y ni hablar de pagar la renta. El rabí Mordejai dijo simplemente, "¡Yo quiero que toda la propiedad sea tuya!". Poco después de que el jasid volvió a su hogar, el dueño del edificio falleció y sus deudos se vieron forzados a venderlo. Desde ese momento la propiedad pasó por las manos de sucesivos compradores. Ninguno quería quedarse en la posada y la mayoría de los residentes se mudaron.

Finalmente la casa volvió a estar a la venta, pero la propiedad tenía una mala reputación. No había compradores y el precio cayó a casi nada. El jasid recordó entonces las palabras del rabí Mordejai -"¡Yo quiero que toda la propiedad sea tuya!"- y se apuró a comprarla. Tan pronto como tomó posesión, retornó la buena fortuna de la casa y el pobre jasid se volvió muy rico.

Más tarde fue a visitar a su Rebe. Cuando llegó el momento de volver a su hogar, fue a despedirse del rabí Mordejai pero, para su sorpresa, el rabí Mordejai le hizo entender que no aprobaba su partida. Esto sucedió una y otra vez y el hombre se quedó con el rabí Mordejai en Neshkhiz por un total de treinta años. Cuando el Rebe Najmán volvió de su peregrinación a *Eretz Israel* fue a visitar al rabí Mordejai y allí vio al hombre. Poco tiempo después de la visita del Rebe Najmán, el rabí Mordejai falleció y el jasid finalmente retornó a su hogar donde falleció de inmediato. Con esta historia, el Rebe Najmán les estaba aconsejando a Reb Noson y a Reb Naftalí que prestasen cuidadosa atención a todo lo que él decía, incluso sobre temas mundanos, pues cada palabra del Tzadik tiene significado.

La segunda historia era sobre un discípulo del rabí Shneur Zalman de Liadi, el Rebe de Lubavitch. Durante ocho años ese discípulo había estado dando discursos originales de Torá basados en una sola lección del rabí Shneur Zalman. Esta historia estaba dirigida a Reb Noson como una alusión a su futuro papel en la composición de discursos originales de Torá basados en las enseñanzas del Rebe Najmán.

La tercera historia era sobre el primer encuentro del rabí Mijel de Zlotchov con el Baal Shem Tov. Inicialmente, el rabí Mijel se sintió abrumado por el temor ante la presencia del Baal Shem Tov, pero luego esto fue decreciendo. El rabí Mijel pensó entonces en la enseñanza Talmúdica: "Cuando un ignorante ve por primera vez al Tzadik, lo considera como si fuese un valioso artículo de oro, pero más tarde lo ve como un artículo de plata. Luego, piensa en el Tzadik como si fuera algo de cerámica, de muy poco valor. Finalmente, desilusionado, mira al Tzadik como si fuesen trozos quebrados de cerámica que no pueden ser reparados" (*Sanedrín* 52b). El rabí Mijel pensó que la disminución de su temor podía significar que era un ignorante. Leyendo los pensamientos del rabí Mijel, el Baal Shem Tov lo aferró y le dijo, "¡Mijel! ¡¿Acaso tú eres un ignorante?!".

Reb Noson había tenido exactamente los mismos pensamientos y sentimientos al estar frente al Rebe Najmán. El Rebe lo tomó entonces de la mano y le dijo, "¡Mijel! ¡¿Acaso tú eres un ignorante?!". Reb Noson se sintió profundamente conmovido al comprender que el Rebe conocía sus pensamientos y sentimientos más íntimos. Comprendió inmediatamente que el Rebe Najmán era el mentor que había estado buscando durante tantos años. Aquí estaba el hombre que se le había aparecido en la cima de la escalera en su sueño, diciéndole: "*Droppe zij, un halt zij!*" - "¡Sube! ¡Pero aférrate!".

*

Mientras estuvieron en Breslov, Reb Noson y Reb Naftalí oyeron que el Rebe consideraba de gran importancia el hecho de que sus seguidores estuviesen con él para Rosh HaShaná, que sería exactamente dentro de una semana. Dado que no les sería posible quedarse en Breslov durante toda la semana decidieron retornar a Nemirov inmediatamente.

Unos días después, el padre de Reb Noson volvió de su viaje a Berdichov. Al oír que Reb Noson había visitado al Rebe Najmán, se disgustó sobremanera. Era suficiente bochorno para Reb Naftalí Hertz el que su hijo se hubiera vuelto un jasid: la idea de que se hiciese seguidor del Rebe Najmán, un *viduiniker*, ¡era el colmo de la vergüenza! Pero Reb Naftalí Hertz no sabía qué hacer para detenerlo.

Reb Noson había decidido no prestar atención a la oposición de su padre e hizo preparativos para pasar los *Iomim Noraim* en Breslov. Contrató una carreta y le dijo al cochero que lo esperase en las afueras de la ciudad. Fue a su habitación, tomó sus vestimentas de Iom Tov y partió. Viajó junto con Reb Naftalí, Reb Lipa y Reb Zalman "der Kleiner", llegando a Breslov al mediodía, el viernes 23 de septiembre.

Esa tarde, Reb Noson y Reb Naftalí fueron a ver al Rebe Najmán y conversaron durante un largo tiempo con él. El Rebe les dijo, "Los llevaré por un nuevo sendero por el cual ningún hombre ha viajado antes. En verdad es un sendero muy antiguo, pero es completamente nuevo". El Rebe dijo también: "Yo tengo tres grupos de seguidores. En el primer grupo están aquéllos que vienen a tomar *shiraim*. El segundo consiste de aquéllos que vienen a oír Torá. El tercero son aquéllos que están grabados en mi corazón...". Y volviéndose a Reb Noson y a Reb Naftalí, agregó: "Yo deseo que ustedes se encuentren entre aquellos que están grabados en mi corazón".[1]

Tanto el Rebe como Reb Noson eran recién llegados a la ciudad de Breslov. Cuando se acercaron a la sinagoga, el Rebe Najmán se detuvo a la entrada y le dijo a Reb Noson, "*Epes*, ¡no oímos a nadie aplaudir ni clamar durante *davening*!". Luego entraron y oraron. Más tarde, el Rebe Najmán le dijo a Reb Noson, "Yo creo en aplaudir y en orar en voz alta, a diferencia de la mayoría de la gente que dice que uno debe orar en voz baja como si se encontrase delante de un rey. Pero yo digo lo mismo que el Baal Shem Tov: ¡Ora con clamor, gritando y aplaudiendo! ¡Ésta es la manera de saltar hacia el Gan Edén con alegría! '¡Sirvan al Señor con alegría! ¡Agradézcanle y bendigan Su Nombre con clamor!' (cf. Salmos 100:2,4)".

Ese viernes por la noche, Reb Noson fue invitado a comer con el Rebe. Al sentarse a la mesa, sintió un temor Divino que nunca había experimentado antes. Esa ocasión lo inspiraría el resto de sus días. Sin embargo, mientras el Rebe Najmán y los jasidim comenzaron a cantar *Eshet Jail* (Proverbios 31:10-31), Reb Noson se sumió en sus pensamientos. Sabía cuánto se oponían a la Jasidut su padre y su suegro, en especial a los seguidores del Rebe Najmán, los *viduinikers*, quienes eran ampliamente ridiculizados por los *mitnagdim*. ¡Su familia había esperado que él retornase a su hogar para el Shabat! Pero cuando estaba con el Rebe Najmán sentía un poderoso despertar a Dios: ¡sabía que debería quedarse allí durante meses! ¿Qué debía hacer?

Al cantar *Eshet Jail* el Rebe repetía el versículo "Tiende su palma al pobre y alarga su mano al necesitado" (v.20). Reb Noson sintió que el Rebe estaba extendiendo *su* mano para fortalecerlo. El Rebe también repitió, "Ella no come el pan de la ociosidad" (v.27), y Reb Noson sintió que le estaba hablando a él directamente, aludiendo a que debía tener cuidado y no ser débil y perezoso.

La costumbre del Rebe era recitar el *kidush*, lavarse las manos, partir el pan y luego cantar *Azamer Bishvajin*.[2] El Rebe solía cantar las palabras de apertura de cada versículo y sus seguidores lo terminaban. Cuando el Rebe llegó a "Invitamos ahora a la nueva mesa", repitió la frase varias veces. Reb Noson recordó lo que el Rebe había dicho esa tarde sobre el hecho de que los llevaría por un nuevo sendero, y él y Reb Naftalí respondieron en voz alta: "¡Con el hermoso candelabro (el Rebe) que resplandecerá sobre nuestras cabezas!".

Al llegar a Breslov, el Rebe Najmán había criticado la falta de intensidad de las plegarias de la gente y dejó en claro que su objetivo era inspirar una revitalización del fervor y de la pasión con la cual oraban los primeros jasidim (*Tzadik* #204). Esa noche del viernes dio una lección de Torá sobre el concepto de aplaudir durante las plegarias, discurriendo sobre el gran poder y significado de esa práctica (*Likutey Moharán* I, 44). Ésa fue la primera lección que Reb Noson oyó del Rebe. Quedó tan entusiasmado que luego de la cena del Shabat salió al campo y corrió gritando, "Un fuego arde en Breslov. ¡Enciende ese fuego en mi corazón!" (*Siaj Sarfei Kodesh* I-689).

Por la mañana, Reb Noson volvió a la mesa del Rebe Najmán y sintió que el Rebe lo estaba alentando y le estaba dando fuerzas para enfrentar la oposición de su esposa y de su familia. Inmediatamente después del Shabat, Reb Noson pasó por escrito la lección del Rebe Najmán.

El domingo era Erev Rosh HaShaná. La familia de Reb Noson suponía que retornaría para el Iom Tov, dado que Breslov estaba muy cerca. El domingo también era día de mercado en Breslov y allí estaban algunos de sus conocidos de Nemirov.[3] Cuando vieron a Reb Noson, le preguntaron si iba a volver a su hogar. "No", dijo Reb Noson, "¡Mi día de mercado aún no ha terminado!".

*

Algunos de los seguidores más cercanos del Rebe, tales como Reb Iudel y Reb Shmuel Isaac, habían venido a Breslov para estar con él para Rosh HaShaná.[4] Cuando Reb Noson contempló la intensidad con la que oraban se sintió muy celoso y más consciente que nunca de su propia incapacidad para concentrarse en las plegarias. Aunque siendo un erudito, la mayor parte de los pensamiento que lo distraían estaban asociados con el *pilpul* Talmúdico, eso no era consuelo para alguien que quería *daven* con todo su corazón.

En general, Reb Noson se sentía extremadamente

quebrantado y abatido, se tenía en tan baja estima que se sentía inferior a todos. El Rebe Najmán le hizo notar a su hija Odil: "¿Qué puedo decirte? Es tan inteligente que con sólo mirar un edificio puede decirte cuáles son sus dimensiones. Pero se considera como si fuese barro" (*Tzadik* #338). El Rebe le había comentado a Reb Iudel sobre la grandeza del alma que había visto en Ucrania, pero cuando Reb Iudel vio a Reb Noson no pudo creer que ésta era la persona a la cual se había referido el Rebe. Después de todo, Reb Noson era tan joven, modesto y se veía tan deprimido.[5]

Reb Itzjak, el yerno del Maguid de Terhovitza, aún no se había encontrado con Reb Noson. Hablando con el Rebe Najmán, éste mencionó la grandeza y la humildad de Reb Noson. "¿Cómo podré reconocerlo?", preguntó Reb Itzjak. El Rebe le dijo, "Si le pidieses que fuese a comprar algo para comer por un centavo, él correrá a conseguirlo aunque no te conociera". Reb Itzjak salió a la calle y vio a un joven bien vestido desconocido para él. Habiendo oído que Reb Noson provenía de una familia adinerada pensó que ése debía ser él. Tomando una moneda le dijo: "Mira, tengo hambre. ¿Podrías conseguirme algo para comer?". Reb Noson aceptó inmediatamente y corrió a comprarle un *beiguel*.[6]

*

Rosh HaShaná del año 5563 comenzó en la noche del domingo 23 de septiembre de 1802. El Rebe Najmán pasó cuatro horas en la plegaria de la *Amidá*. Todos fueron a sus casas y al volver más tarde, aún estaba orando.

La enseñanza de Torá del Rebe en ese Rosh HaShaná se centró en el tema de los decretos Celestiales. En esa época circulaban rumores sobre la preparación de decretos en contra de los judíos, y en verdad menos de dos semanas después de Rosh HaShaná, el gobierno zarista estableció "El Comité para el Mejoramiento de los Judíos", cuyo objetivo era redactar nuevas regulaciones gobernando la vida judía. Éstas incluían algunos anticipos de las nefastas leyes de conscripción que más tarde diezmarían a muchas comunidades judías, y de la educación secular compulsiva, sobre la cual el Rebe dijo que destruiría las futuras generaciones de judíos.

El Rebe puso un gran esfuerzo en mitigar los decretos, algo que se reflejó en la mayor parte de la lección de ese año. Advirtió en contra de la complacencia, enfatizando la importancia de la plegaria. También enseñó métodos novedosos, tales como bailar y aplaudir: dijo que incluso cuando los judíos más simples bailan tienen el poder de endulzar los decretos severos. Dijo: "Si todos los Tzadikim se uniesen en esta tarea, yo sería capaz de anular por completo esos decretos. Pero así como están las cosas, he podido retrasarlos cerca de veinte años" (*Tzadik* #127; *Siaj Sarfei Kodesh* I-31).

La lección de Rosh HaShaná del Rebe comenzó con la enseñanza Talmúdica de que "Cada persona debe decir: 'el mundo fue creado para mí'" (*Sanedrín* 37a). Dado que fue creado para *mí*, entonces yo soy responsable del bienestar del mundo - debo orar por el mundo y ocuparme de su rectificación. El Rebe continuó hablando sobre la importancia de realizar las mitzvot con alegría y de poner tal fuerza en las plegarias que las palabras "truenen" en la mente y penetren en las profundidades del corazón. Un obstáculo muy importante para la verdadera plegaria son los pensamientos externos que atraviesan la mente. El Rebe conectó este problema con las dudas sobre la fe que afligen a tanta gente debido a que ven las disputas entre los Tzadikim. El Rebe explicó que el propósito profundo de ese conflicto es anular las fuerzas del mal (*Likutey Moharán* I, 5).

El rabí Natán comentó que esa primera lección de Rosh HaShaná que oyó del Rebe lo orientó para toda su vida (*Siaj Sarfei Kodesh* 508), aunque en ese momento no comprendió su profundidad. De una manera o de otra, los diferentes conceptos que trata hacen referencia a Reb Noson. Él se había quejado ante el Rebe sobre su excesivo pensar y el Rebe había tratado el remedio para los pensamientos extraños.

La enseñanza del Rebe sobre la disputa entre los Tzadikim resonó profundamente en Reb Noson. Parecía como si el Rebe hubiera incluido eso especialmente para él. Después de todo, su suegro era un reconocido líder y el Rebe Najmán mismo dijo cierta vez que el rabí David Zvi era un Tzadik. ¿Por qué entonces era un opositor tan acérrimo del Jasidismo? Más aún, la hostilidad del rabí David Zvi hacia el movimiento había sido encendida por los conflictos que observó entre los Tzadikim. Otra cosa que preocupaba a Reb Noson era la oposición del Shpola Zeide en contra del Rebe Najmán.

La enseñanza del Rebe ayudó a Reb Noson a reconciliarse con las preguntas que esos conflictos despertaban en él, dándole la certeza de que su búsqueda de la verdad era algo real. Reb Noson comprendió que no debía dejar que esos temas nublasen e interfiriesen con su búsqueda.

*

Durante los Diez Días de Arrepentimiento, Reb Noson tuvo la posibilidad de hablar a solas con el Rebe. Le habló sobre su deseo de servir a Dios y de dedicar todo su tiempo a la Torá y a la plegaria, contándole sobre todos los obstáculos que estaba enfrentando. Hablaron durante largo tiempo y el Rebe le indicó ciertas devociones. Una era estudiar todos los días dieciocho capítulos de la Mishná.[7] Otra era comer, un día a la semana, sólo vegetales (es decir, abstenerse de comer cualquier producto animal, incluyendo pescado, carne, huevos y productos lácteos). Dos veces durante su vida Reb Noson debía quedarse despierto durante dos días y una noche seguidos. También le prescribió ciertos ayunos.

Luego salieron y caminaron cerca de la sinagoga. Durante la conversación, el Rebe Najmán pasó su brazo sobre los hombros de Reb Noson y le dijo: "Y más aún, es muy bueno hablar con Dios desde tu corazón, tal como hablarías con un verdadero amigo".

Con estas palabras, el Rebe Najmán le transmitió a Reb Noson su enseñanza del *hitbodedut*, la plegaria personal, clave para el crecimiento espiritual. Las palabras del Rebe penetraron profundamente en el corazón de Reb Noson, como un fuego ardiente. Comprendió inmediatamente el poder de ese sendero para acercarlo a Dios. De ahora en más, no importa lo que sucediese, él hablaría directamente con Dios. Le rogaría a Dios que lo acercase a Él. Hablaría sobre todos sus pensamientos, sus obstáculos y confusiones, pidiéndole a Dios que lo guiase para ser un buen judío. Tan pronto como dejó al Rebe fue al *shul*, que estaba vacío, y comenzó a practicar el hitbodedut.[8]

En el *Shabat Shuva* el Rebe Najmán también dio una lección que guiaría a Reb Noson a lo largo de toda su vida (*Likutey Moharán* I, 6). Su tema era la humildad. El objetivo último del viaje espiritual es conocer a Dios. El Rebe enseñó que la única manera de aprehender la gloria de Dios es dejando de lado el propio honor. Esto significa aceptar en silencio la vergüenza y los insultos, algo que en sí mismo es la esencia del arrepentimiento. Ésta era la lección que Reb Noson necesitaría muchas veces en los difíciles años que le esperaban.

El Rebe continúa explicando que para llegar al verdadero arrepentimiento, uno debe poseer dos clases de pericias: saber cómo mantenerse cerca de Dios en momentos de elevación espiritual (*baki be-ratzó*) y ser capaz de encontrarlo en los momentos más bajos de la vida (*baki be-shuv*). Estas dos ideas, centrales para el crecimiento espiritual, son el corazón de la mayor parte de los discursos de Torá del mismo Reb Noson, compuestos subsecuentemente y dirigidos a inspirar a la gente hacia una búsqueda espiritual cada vez más elevada al tiempo de alentar a aquéllos que han perdido la esperanza.

El Rebe conectó las dos clases de pericias con la forma de la letra *alef*, que consiste de un punto superior y de un punto inferior unidos por una *vav*. El Rebe explicó que el punto superior corresponde a Moshé -el maestro- y el punto inferior a Ioshúa - el discípulo. Cuando uno "completa" esa letra *alef*, alcanza el verdadero arrepentimiento y logra el nivel del "hombre que se sienta sobre el trono" (cf. Ezequiel 1:26). Luego de dar la lección, el Rebe dijo, "Cada vez que se reúnen el maestro con el discípulo, son comparables a Moshé y a Ioshúa". El Rebe estaba aludiendo claramente a su relación con el nuevo discípulo.[9]

Habiendo completado la lección, el Rebe oró *maariv* e hizo la *havdalá*, luego de lo cual conversó sobre su lección con algunos de los seguidores de su círculo íntimo. Entre ellos había algunos que oraban con el *Sidur HaAri* (libro de plegarias con las intenciones Kabalistas del Ari). El Rebe dijo, "Díganme cómo es que esta lección contiene alusiones a las intenciones místicas de Elul".[10]

Escribe Reb Noson:

> Ellos estaban sentados allí, sin responder - porque realmente

es imposible que alguien pueda comprender por sí mismo cómo es que las intenciones místicas de Elul están aludidas en la lección. El Rebe pidió entonces una copia del *Sidur HaAri*, la abrió y les mostró la sección que trata de las intenciones místicas de Elul.

El Rebe comenzó entonces a revelar las maravillas más increíbles, explicando cómo todas las intenciones místicas de Elul están aludidas de una manera verdaderamente asombrosa... Pero lo que no puedo asentar por escrito son los sentimientos en mi corazón y la exquisita sensación de elevación espiritual que experimenté en el momento en que tuve el privilegio de oír todo eso (*Tzadik* #128).

*

¿Qué es lo que atrajo con tanta fuerza a Reb Noson hacia el Rebe Najmán como para elegirlo su mentor? Después de todo, el Rebe Najmán sólo era ocho años mayor que él. Reb Noson no era alguien que pudiera ser convencido con meros trucos. Se había volcado a la Jasidut, en contra de los deseos de toda su familia y debido a su ardiente deseo de espiritualidad. Todos los Tzadikim que había visitado eran mayores que el Rebe Najmán y, lógicamente, debían haber logrado mucho más que él. Pero ninguno de ellos había sido capaz de darle a Reb Noson lo que él estaba buscando. ¿Qué le daba la certeza de que ese hombre, relativamente joven, tenía la clave de su logro espiritual?

El Rebe Najmán es reconocido actualmente como un maestro jasídico verdaderamente original. Lo notable de sus enseñanzas es que, si bien el Tzadik es indudablemente la figura central, raramente interviene como tal en las vidas de sus seguidores. Más bien, observa y -más importante aún- aconseja, a veces con una inclinación de la cabeza, un gesto o incluso con el silencio. Muchos de los maestros jasídicos son famosos por sus milagros y actos heroicos, los cuales ilustran la grandeza de los Tzadikim que los realizaron. Pero el Rebe Najmán no era así. Sus respuestas a las dificultades de la vida deben encontrarse en sus enseñanzas de Torá. Depende del individuo tomar la iniciativa y *actuar* de acuerdo con el consejo del Rebe. Las lecciones del Rebe son universales, hablándole a cada individuo en su propio nivel de acuerdo con su única misión en la vida.

Siendo un notable erudito, Reb Noson era ciertamente receptivo a las enseñanzas de Torá y no podía dejar de sentirse impresionado por la gracia y el brillo de las lecciones del Rebe Najmán. Pero aun así, el Rebe tenía algo que tocó a Reb Noson mucho más profundamente que las enseñanzas jasídicas. Le estaba mostrando un sendero *práctico* que le permitiría realizar la conexión más importante entre la espiritualidad y su propio ser interior, satisfaciendo así los anhelos de su alma. Lo que le había faltado durante todos esos años era una manera de traducir en la acción las enseñanzas que recibiera. Ahora el Rebe Najmán le estaba mostrando cómo: mediante sus propias y privadas plegarias.

Sólo mediante una sólida trama de Torá y de plegaria podría Reb Noson llegar a concretar su deseo. El Rebe Najmán había dicho: "Los mitnagdim mantienen que lo más importante es el estudio, mientras que los jasidim dicen que lo más importante es la plegaria. Pero yo digo, ¡*davening*, estudio y *davening*!".[11]

Para Reb Noson, la "exquisita sensación de elevación espiritual" que había experimentado con el Rebe Najmán era un anticipo del Mundo que Viene, algo que él deseaba cada vez más. Y el Rebe, por su parte, también se alegraba de su nuevo discípulo. Dijo de Reb Noson: "Si mi único propósito al venir a Breslov hubiera sido acercar a Reb Noson, esto sólo habría sido suficiente" (*Tzadik* #12). La erudición de Reb Noson, combinada con su modestia y humildad, hacían de él un recipiente abierto para las enseñanzas del Rebe, absolutamente calificado para el papel que debía jugar al registrarlas por escrito y preservándolas para la posteridad.

Poco tiempo después de que Reb Noson se acercase a él, el Rebe dijo: "Le agradezco a Dios por enviarme a un joven que asegurará que ni una sola palabra mía volverá a perderse". Su intención era que Reb Noson registrase cada palabra que saliera de sus labios, sus discursos, sus enseñanzas e incluso sus conversaciones casuales, porque también ellas eran Torá. De ese modo, ni una sola palabra volvería a perderse.

En el mismo período, el Rebe le comentó a Reb Itzjak de Terhovitza que sabía que Reb Noson era un *baal majshavá* -un pensador profundo- una de las veinticuatro características que le dificultan a la persona acercarse a Dios (*Iad HaJazaká, Teshuvá* 4:5). Sin embargo, dijo el Rebe, lo iba a intentar. Pues, como le dijo a Reb Itzjak, que con respecto a decir Torá "Reb Noson es único en su generación" (*Tzadik* #324).

* * *

6
"Baki ve-shuv"

Cuando el Maguid de Mezritch visitó por primera vez al Baal Shem Tov, se quedó con él durante meses. Reb Noson también se sentía inclinado a quedarse con el Rebe Najmán durante un largo período para saborear el nuevo Gan Edén que había encontrado. Pero enseña la Torá: "Honra a tu padre y a tu madre..." (Éxodo 20:12), y en aras de la paz en su hogar, Reb Noson sabía que debía volver a Nemirov. Y así retornó el día después de Iom Kipur.

Había estado fuera de su hogar por casi dos semanas, habiendo partido tres días antes de Rosh HaShaná. En Erev Rosh HaShaná el padre de Reb Noson supuso que retornaría ese día para pasar el Iom Tov en casa. De modo que cuando no se hizo presente, Reb Naftalí Hertz se enfureció. Pero pese a toda su oposición a la Jasidut, "un padre conoce a su hijo" (cf. *Avodá Zará* 3a): Reb Naftalí Hertz sabía que su hijo era extremadamente inteligente y un notable erudito. No iba a dejarse engañar, ni siquiera en la Jasidut. Reb Naftalí Hertz comprendió que Reb Noson debía haber probado en Breslov algo extraordinario. Sin embargo, cuando finalmente volvió a su hogar, Reb Naftalí Hertz lo recibió con una manifiesta desaprobación.

La esposa de Reb Noson, Esther Shaindel, estaba menos contenta aún. La responsabilidad de llevar los negocios había recaído en ella. Aunque ella solía hacerse cargo de la tienda, Reb Noson se ocupaba al menos de la contabilidad y del inventario. Las preocupaciones adicionales debido a su ausencia durante dos semanas la disgustaron sobremanera.

En cuanto a Reb Noson, una de las lecciones más importantes que aprendió en Breslov era no permitir que los obstáculos generados por los que lo rodeaban lo distrajesen de su búsqueda, ni siquiera la oposición de los más cercanos. Si esa búsqueda era válida, finalmente ellos la aceptarían (como en verdad sucedió:

años más tarde su esposa y su padre lo apoyaron plenamente). Así, en su retorno a Nemirov, Reb Noson se volcó a sus devociones con todo el corazón, orando en voz alta, con aplausos y alegría, pues ésa era una de las cosas más importantes que había aprendido en Breslov.

Pero no había mucha alegría en Nemirov. Antes de conocer al Rebe, Reb Noson ya era una persona importante de la ciudad. Su padre era rico y un *lamdan* y Reb Noson era aún más respetado por la amplitud y la profundidad de su erudición. Pero su nuevo despertar al *avodat HaShem* (servicio a Dios) generó poderosos sentimientos de envidia en el rav del *shul* y en varios jóvenes *lamdanim* de la ciudad. Ellos urgieron a Reb Naftalí Hertz para que impidiese que su hijo viera al Rebe Najmán. "De otra manera", le dijeron, "se volverá uno de los *viduinikers*, y eso en verdad no iba a ser un honor para Reb Naftalí Hertz, y menos aún para el suegro de Reb Noson, el rabí David Zvi Orbach".

Estaba comenzando Sukot y Reb Noson quería cumplir con la mitzvá de visitar a su maestro durante la festividad (*Suká* 27b). Sin embargo y debido a la oposición de su familia, debió quedarse en Nemirov durante todo el *jag*. Tenía mucho que hacer. El Rebe le había dado un gran número de *shiurim*. Una de las razones era mantenerlo muy ocupado como para no tener tiempo siquiera de escuchar las quejas de su familia (*Siaj Sarfei Kodesh* I-698). Además, Reb Noson quería practicar el hitbodedut, pero enfrentaba muchos obstáculos. Por su propia naturaleza, el hitbodedut es una práctica privada, pero en la casa de su padre no tenía una habitación que pudiera llamar "propia". Incluso cuando encontraba algo de tranquilidad, la gente solía entrar súbitamente y sobresaltarlo.

Por lo tanto decidió salir a las afueras de la ciudad y orar en los campos y prados de los alrededores. Entonces surgió otro problema: dado que era muy conocido, la gente se preguntaba por qué iba al campo todos los días. Reb Noson decidió entonces salir en medio de la noche, cuando todos dormían. En su casa pensarían que estaba yendo al *shul* para estudiar. Eso funcionó durante un tiempo, hasta que algunos de los jóvenes de la ciudad lo descubrieron. Sin embargo y afortunadamente, también comprendieron la renuencia de Reb Noson a que eso se hiciese conocido y mantuvieron silencio al respecto.

Dado que había más de diez jasidim de Breslov[1] en Nemirov, decidieron formar su propio *minian*. Utilizaron como *shul* la *suká* de Reb Naftalí Hertz, que era bastante amplia y usaron su *Sefer Torá*. Oraban con gran fervor, clamando en voz alta y aplaudiendo, entonando las canciones y melodías que habían oído del Rebe Najmán cuando estuvieron en Breslov. Estaban contentos de poder cumplir con la mitzvá de "regocijarse en tus festividades" (Deuteronomio 16:14). El Rebe Najmán dijo cierta vez sobre ese *minian*, "Quién sabe lo que hubiera sucedido si el *minian* hubiese continuado. Su *minian* solía abrir los cielos" (*Tzadik* #331).

Celebraron *Simjat Torá* con Reb Noson, en la casa de su padre. Cuando hablaban sobre el Rebe y cantaban sus *zemirot* virtualmente "trepaban las paredes" de anhelo. Todos lamentaban no haber podido viajar para ver al Rebe durante Sukot. Decidieron alquilar un carruaje para ir a Breslov inmediatamente después de hacer la *havdalá* en la noche después del Iom Tov. Era una costumbre jasídica continuar la celebración de *Simjat Torá* durante la noche. Calcularon que dado que sólo llevaría dos horas llegar a Breslov, podrían pasar algún tiempo allí y retornar a casa sin que nadie se diese cuenta. La gente pensaría que estaban fuera, celebrando el final del Iom Tov con sus amigos.

Durante las celebraciones de *Simjat Torá*, Reb Noson continuó yendo a su habitación para estudiar el *shiur* diario de dieciocho capítulos de la Mishná. Su padre se preguntaba por qué dejaba a sus invitados, algo que no era de buen gusto. Le preguntó a su asistente qué es lo que estaba haciendo. El asistente respondió que Reb Noson estaba estudiando sus dieciocho capítulos de Mishná y agregó que estaba planeando viajar a ver al Rebe Najmán luego del Iom Tov. Reb Naftalí Hertz se puso furioso. "¿El Rebe le da a mi hijo la Mishná para estudiar?". También se sentía extremadamente disgustado sobre la propuesta visita a Breslov. Reb Naftalí Hertz llamó a Reb Noson y le dijo: "¡Si vas, no vuelvas a mi casa!".

*

Reb Noson no cedió. Ni siquiera volvió a su casa para cambiarse las ropas festivas por temor a la oposición a su viaje por parte de su familia. A medio camino de Breslov cayó una fuerte lluvia y se vieron forzados a guarecerse durante dos horas en una hostería al costado del camino. Las finas vestimentas de Reb Noson se ensuciaron con la lluvia. Al detenerse el aguacero, continuaron hacia Breslov, pero el viaje fue lento debido al barro (¡en esos días no había ni asfalto ni caminos pavimentados!).

Llegaron a Breslov cerca de una hora antes de la medianoche y comenzaron a cantar: "Regocíjense y canten, moradores de Breslov" (cf. Isaías 12:6), despertando a algunos de los residentes. Al llegar a la casa del Rebe Najmán lo encontraron sentado a la mesa con alguna gente del pueblo. El Rebe recibió al grupo de Nemirov con gran calidez, dándoles algo de beber y torta del Iom Tov. Las tortas del Iom Tov eran llamadas *lekaj*. El Rebe Najmán le dijo, "El versículo dice, 'Yo les he dado *lekaj tov* (buenos valores), no abandonen mi Torá'" (Proverbios 4:2). El Rebe dio entonces una lección de Torá sobre el concepto de la *suká* (*Likutey Moharán* I, 48) - algo sorprendente pues Sukot ya casi había terminado. Sin embargo, el Rebe había guardado la lección pues quería que Reb Noson la oyese.

Mientras tanto, llegó el cochero y dijo que era tiempo de volver a Nemirov. Le pidieron permiso al Rebe para retornar, pero él le dijo a Reb Noson, "Aún no te he pagado tus gastos. Y además, no me has rendido cuentas por el tiempo desde que retornaste a tu hogar hasta ahora". Reb Noson comprendió que el Rebe Najmán sabía de sus dificultades. Y por otro lado, anhelaba quedarse un tiempo con el Rebe. Los demás retornaron a Nemirov dejando a Reb Noson detrás.

*

Durante *Jol HaMoed Sukot* Reb Noson había llegado a un acuerdo con su padre y con sus socios, estipulando que Reb Noson viajaría a Berdichov para comprar mercaderías inmediatamente después del Iom Tov. El Iom Tov terminaba a finales del mes de octubre y era vital asegurarse de que el inventario estuviese completo antes del comienzo del duro invierno ucraniano, cuando el barro, la nieve y el hielo harían muy difícil viajar.

Todos los arreglos para el viaje habían sido terminados y el carruaje ya había sido contratado, pero cuando el Rebe le pidió que le hiciese un recuento de las últimas dos semanas, Reb Noson olvidó todo sobre los negocios. Se quedó con el Rebe toda la noche, que para él estuvo tan iluminada como el día. Temprano por la mañana, fueron a la *mikve* y oraron juntos en el *shul* del Baal Shem Tov, cercano a la casa del Rebe. El Rebe Najmán tenía un par de tefilín extras y dado que Reb Noson no había traído los suyos, oró con los tefilín del Rebe y con su talit de la semana. Más tarde en su vida Reb Noson solía decir, "¡Desde el momento en que me coloqué los tefilín del Rebe sentí como si hubiese adquirido una nueva mente!".[2]

Luego de orar, el Rebe le acercó a Reb Noson algo de torta y de café y le dijo, "Vayamos a conversar fuera del *shul* del Baal Shem Tov". Una gran viga de madera sobresalía de las fundaciones y allí se sentaron. Viendo la gran calidez que el Rebe le profesaba, Reb Noson abrió su amargado corazón y derramó todo lo que tenía -tanto su progreso como sus pruebas y desazones- desde el día después de Iom Kipur hasta ese momento.

Cuando Reb Noson describió el *minian* en la suká de su padre, el Rebe se entusiasmó y comenzó a repasar su lección de Torá de la noche anterior. En la lección explicaba que el concepto de la suká es el de una plegaria intensa, que puede ayudar a tener hijos. La exposición del Rebe de la conexión entre la plegaria intensa y los hijos fue una sorpresa para Reb Noson, pues hasta entonces no le había mencionado al Rebe el hecho de que no tenía hijos. El tema era muy apropiado, porque luego de varias pérdidas, Esther Shaindel nuevamente estaba embarazada y por primera vez estaba entrando en su noveno mes. Toda la familia estaba muy preocupada.[3]

Reb Noson le mencionó el problema al Rebe Najmán, quien dijo, "Para esto debes dar un *pidion* (redención)". Reb Noson replicó que de todas maneras le iba a dar un regalo al Rebe. Haciendo referencia entonces a la lección que había dado en el *Shabat Shuvá*, el Rebe Najmán sugirió que Reb Noson debía traer seis sillas correspondientes a la *vav* (numéricamente 6) que conecta el punto superior de la *alef* con el punto inferior. Luego fueron a la casa del Rebe para almorzar. Tiempo después Reb Noson le regaló al Rebe seis sillas - y tuvo cinco hijos y una hija. Más tarde dijo, "¡Si hubiese sabido que el número de hijos también dependía del *pidion*, le hubiese traído al Rebe una docena de sillas!".[4]

Luego de escuchar la lección del Rebe, Reb Noson se entusiasmó tanto que olvidó por completo volver a su hogar. El Rebe percibió esto y le dijo: "Ahora debes mostrar que tienes la segunda clase de pericia, *baki ve-shuv* (saber cómo fortalecerse en los momentos difíciles): debes volver a tu hogar". Reb Noson se sentía avergonzado porque aún llevaba las ropas festivas. ¿Cómo iba a viajar vestido de esa manera? El Rebe sugirió que saliese a la tarde como para llegar a Nemirov a la caída de la noche, cuando no fuese tan visible.

Reb Noson le contó entonces al Rebe sobre su proyectado viaje a Berdichov. Suponía que los otros ya habían partido sin él, lo que se sumaría a sus problemas porque había prometido viajar con ellos. "¿Quién sabe?", dijo el Rebe. "Quizás han tenido dificultades con el cochero que contrataron y tampoco han viajado". Cuando Reb Noson vio que el Rebe insistía en que debía volver a su hogar, no tuvo otra opción más que retornar a Nemirov, partiendo bien entrada la tarde.

Reb Noson entró a Nemirov luego del anochecer. Cuando llegó a su hogar, su esposa estaba en casa de su abuelo. Se cambió las ropas festivas y oró *maariv* en su hogar. Cuando su esposa volvió, Reb Noson estaba en medio de la *Amidá*. Oró durante tanto tiempo que ella se durmió esperándolo. Las devociones de Reb Noson incluían levantarse para *jatzot* e ir a la mikve, y de allí directo al *beit midrash*. Esa noche hizo lo mismo.

En el *beit midrash* escuchó que los otros mercaderes que iban a viajar aún no habían salido para Berdichov. ¡El cochero que habían contratado se había retractado del trato y se había ido a otra parte! Luego de las plegarias, Reb Noson volvió a su hogar, pero cuando su esposa intentó averiguar dónde había estado, los otros mercaderes llegaron para decirle que tenían otro carruaje esperándolos y que debía apurarse. En el ajetreo por preparar la comida y empacar las ropas no hubo tiempo de que Esther Shaindel volviese a preguntar y Reb Noson salió rápidamente de la casa.

Reb Noson recordaba el versículo, "Cuando los caminos de un hombre son del agrado de Dios, Él hace que hasta sus enemigos se reconcilien con él" (Proverbios 16:7). También estaba impresionado por el *rúaj hakodesh* del Rebe Najmán al insistir en que retornase a su hogar en ese momento. Si el Rebe lo podía ayudar tanto en temas materiales, cuánto más aún lo podría ayudar en su búsqueda espiritual. Esto aumentó su convicción de que el Rebe Najmán era su mentor. No importa lo que debiera pasar, no importa quién se le opusiese -familia, amigos, vecinos...- Reb Noson decidió que seguiría al Rebe.

Daría la impresión de que la preparación para la batalla no fue en absoluto necesaria. Reb Noson emprendió su viaje de negocios y volvió a su hogar. Continuó estudiando, incluso más que antes. ¿Qué había de tan terrible en el hecho de que se hubiera vuelto un jasid de Breslov? ¿Era ahora tan diferente? Pero Reb Noson era muy consciente de las pruebas que le aguardaban. Había encontrado al Rebe Najmán por haber retrasado su mudanza de Nemirov en espera de su suegro, cuya planeada visita continuaba dilatándose. Aún esperaban al rabí David Zvi Orbach quien podía llegar en cualquier momento. ¿Qué diría ese rabino mundialmente reconocido y acérrimo mitnagued sobre su yerno "recientemente convertido" en *viduiniker*?

* * *

7

La Alforja

El viaje de ida y vuelta a Berdichov le llevó cerca de una semana y Reb Noson retornó a su hogar hacia finales de octubre. Le tomó varios días ordenar y colocarle el precio a las mercaderías. Luego de diez días de intensa actividad comercial Reb Noson lamentaba las valiosas horas que había perdido por toda la eternidad. Decidió que necesitaba pasar al menos unas horas con el Rebe para desahogar su corazón.

Reb Noson partió para Breslov sin informarle a su familia. Su esposa solía quedarse en el negocio durante todo el día. Tomaba nota de toda compra hecha a crédito y de los pagos y solía revisar el inventario. Normalmente Reb Noson pasaba todo el día estudiando en el *beit midrash* y por la noche trabajaba en la contabilidad. Pero cuando Esther Shaindel volvió ese día a su hogar, Reb Noson ya no estaba allí. Pensando que se había quedado hasta tarde en el *beit midrash* fue a buscarlo. Al no verlo allí, comprendió adónde había ido y se sintió profundamente disgustada.

Cuando Reb Noson se encontró con el Rebe, le habló sobre su pérdida de prestigio a los ojos de los líderes de la comunidad de Nemirov. El Rebe le respondió mostrándole una lección que había dado algunos años antes cuando alguien en Medvedevka se había quejado sobre su pérdida de status. La lección explicaba cómo la concentración intensa en el estudio de la Torá tiene el poder de aumentar el prestigio.[1]

Reb Noson le mencionó al Rebe que incluso aunque su esposa se hacía cargo del negocio, él debía hacer la contabilidad diariamente. "¡¿Qué?!", dijo el Rebe. "¿Todas las noches debes hacer las cuentas y pasar tanto tiempo inmerso en temas mundanos? ¡Una vez por semana debería ser suficiente! Tu cuenta más importante debe ser prepararte para el Mundo que Viene". Esto era lo que Reb Noson necesitaba oír. Anhelaba dedicar todo su tiempo al estudio de la Torá y a la plegaria. Decidió que de ahora en adelante se ocuparía de todas las cuentas los sábados a la noche, y nada más.

Al volver a su hogar, Esther Shaindel no quedó nada contenta con su nueva actitud hacia los negocios. Comenzó a preguntarse sobre el cambio en su marido. Incluso antes de ver al Rebe Najmán, Reb Noson había sido un diligente *masmid*, pero ahora estaba estudiando más que nunca. No dormía más que cuatro horas por día. Cada momento lo pasaba en la Torá. Ni siquiera se dedicaba a una simple conversación. Todo era Torá, más Torá y sólo Torá. Cierta vez, cuando se le preguntó a Reb Noson cómo podía dormir tan poco, replicó, "Es mi naturaleza hacer todo muy rápido. Incluso mi dormir es rápido" (*Siaj Sarfei Kodesh* I-737). Pero lo que le molestaba a Esther Shaindel era que parecía que todas las devociones de Reb Noson eran a expensas de la familia y de sus responsabilidades financieras.

El rabí David Zvi Orbach llegó finalmente a Nemirov a comienzos del mes de noviembre. Tan pronto como oyó que Reb Noson se había vuelto un jasid de Breslov, comenzó a cavilar la idea de un divorcio en la pareja. Con Reb Noson eludiendo sus responsabilidades financieras, Esther Shaindel ya había pensado lo mismo, e incluso el padre de Reb Noson le aconsejó que le pidiese el divorcio. Pero entonces el rabí David Zvi Orbach le preguntó: "¿Reb Noson aún estudia Torá?". "Mucho más que antes", respondió ella. "Si está estudiando Torá", le dijo, "entonces no te divorcies de él".

Sin embargo las tensiones aún continuaban y de hecho empeoraron más todavía. Reb Noson fue forzado a ceder un poco y para aliviar el malestar se llegó a un acuerdo en el que él disminuiría sus viajes a Breslov e iría de vez en cuando para comprar mercaderías.

Cierta vez Reb Noson sintió que, por más que lo intentase, le era imposible concentrarse en la plegaria. Era difícil aceptar que a unos pocos kilómetros de allí vivía alguien que podía iluminarlo, pero que debido a la oposición de su familia le era imposible viajar. Reb Noson decidió ir a Breslov temprano por la tarde con la esperanza de hablar con el Rebe y de volver a su hogar esa misma noche. Pero una fuerte lluvia retrasó la partida.

Cuando Reb Noson se encontró finalmente con el Rebe, el

Rebe le dijo, "A ti debemos decirte, *'¡Sholem aleijem! ¡Tzetjem leshalom!'* ('hola y adiós') para mantener al mínimo la oposición". El Rebe dijo entonces, "Uno debe ir tras la verdad. Uno debe buscarla, allí donde esté".

El Rebe le transmitió entonces una lección sobre cómo la verdad es la clave para la concentración en la plegaria. Cuando la persona trata de orar se siente rodeada por toda clase de pensamientos y emociones externos a la plegaria, haciendo imposible que las palabras de las oraciones asciendan a Dios. Pero cuando alcanza la verdad, es como si la propia luz de Dios estuviese investida en la persona, porque la verdad es el sello de Dios, pudiendo entonces encontrar muchas aberturas para escapar de la oscuridad y del exilio interior. La porción de la Torá de esa semana era Noaj (Génesis 6:14-16) y el Rebe le mostró cómo todas las ideas de la lección estaban relacionadas con la ventana que se le dijo a Noaj que debía hacer en el arca. El Rebe dijo: "Todo aquel que tenga sentido y comprensión deberá orar y pedir todos los días poder llegar a ser capaz de decir una palabra a Dios con absoluta verdad, ¡aunque sea una sola vez en su vida!" (*Likutey Moharán* I, 112). Reb Noson volvió entonces a su hogar.[2]

Dos semanas más tarde Reb Noson volvió a ver al Rebe Najmán. Le dijo que ahora se ocupaba de la contabilidad sólo los sábados a la noche. El Rebe suspiró y dijo: "Quién sabe lo que hubiera dicho *Eliahu NaNavi*.[3] ¿Es necesario que hagas la contabilidad *todos* los sábados a la noche? Quizás puedas hacerlo una vez por mes. Hay muy poco tiempo", dijo el Rebe. "Éste pasa volando rápidamente. Antes que la persona se dé cuenta, su vida ya está detrás. Utiliza tu tiempo para servir a Dios".

Esther Shaindel no podía soportar el hecho de que Reb Noson sólo se ocupase de la contabilidad una vez por mes. Abrió su corazón ante el padre de Reb Noson, quien estaba extremadamente enfadado, cosa que le hizo notar a su hijo con muchas claridad. Pero Reb Noson estaba firme en su determinación de seguir el consejo del Rebe. Él deseaba ocupar toda su vida en el servicio a Dios. Sus amigos y parientes lo hostigaban una y otra vez: "¿Cómo es posible que seas tan cruel contigo mismo y con tu familia? ¡Debes ganarte la vida!". Pero Reb Noson estaba tan sumergido en su estudio de Torá y en sus devociones que no tenía tiempo siquiera de escucharlos.

El viernes, Rosh Jodesh Kislev (26 de noviembre de 1802), Esther Shaindel dio a luz a un niño.[4] El *bris* tuvo lugar el viernes siguiente (3 de diciembre) y el niño fue llamado Shajne. Unos días después del *bris*, Reb Noson volvió a viajar para ver al Rebe y pasó allí tres semanas, hasta después de Jánuca.[5]

Fue durante ese período que Reb Noson comenzó a transcribir las lecciones del Rebe Najmán. Ya anteriormente había puesto por escrito, para su propio uso, las lecciones que había escuchado, pero desde ese momento comenzó a registrar las enseñanzas del Rebe de manera más formal. El Rebe Najmán solía leer un párrafo en *idish* y Reb Noson lo transcribía al hebreo. Al final de la sesión Reb Noson solía leerle al Rebe toda la lección. Reb Noson sintió que las tres semanas que pasó con el Rebe y la Torá que pudo oír en el Shabat Jánuca lo inspiraron con *rúaj hakodesh* - inspiración santa.

*

Reb Noson dijo cierta vez, "En un viernes de invierno, por la noche, uno puede alcanzar niveles que pueden ser logrados en la noche del *Kol Nidrei*. En el invierno, las noches son largas y uno puede servir a Dios toda la noche. En la noche del Shabat el anhelo por Dios es tremendo" (*Siaj Sarfei Kodesh* I-507; *ibid*. I-80). Reb Najmán de Tulchin (quien fue el discípulo más cercano de Reb Noson) dijo: "El motivo por el cual Reb Noson recibió del Rebe más que cualquier otro de sus seguidores fue debido a esas largas noches del viernes, durante el invierno. El Rebe solía revelar las enseñanzas más tremendas el viernes por la noche y todos sentían un despertar a Dios. Pero luego se iban a dormir. Sin embargo, Reb Noson, debido a su ardiente deseo por la espiritualidad solía ir a las colinas junto al río Bug y orar toda la noche, pidiendo que el ardiente fuego del Rebe encendiese su corazón. Entonces, el Shabat por la mañana, oraba con una tremenda devoción, especialmente al decir la plegaria de *Nishmat* (*liturgia de la mañana del Shabat*). Fue gracias a esas devociones que alcanzó niveles tan elevados" (*Siaj Sarfei Kodesh* 664).

Mientras que algunos de los seguidores del Rebe sólo le prestaban atención cuando estaba dando sus lecciones, Reb Noson solía escuchar cada palabra que el Rebe decía, aunque sólo fuese una conversación mundana. Como enseñan nuestros Sabios: "Hasta las conversaciones más simples de los Tzadikim requieren estudio" (*Avodá Zará* 19b). Reb Noson dijo cierta vez que así fue como llegó a conocer al Rebe Najmán (*Sijot veSipurim* p.121). Dijo también, "¡Con cada palabra del Rebe yo perdía mi libertad de elección!" (*Siaj Sarfei Kodesh* I-721).

Quizás el logro más difícil para alguien tan brillante como Reb Noson fue el hecho de que desde que se encontró con el Rebe, abandonó por completo sus propias ideas. Oía una frase del Rebe Najmán... recibía una gota de inteligencia. Oía una segunda enseñanza del Rebe... recibía una segunda gota de conocimiento. Los jasidim de Breslov afirman que fue por eso que Reb Noson recibió del Rebe más que todos sus otros seguidores, grandes como eran individualmente. Mientras que los demás reconocían al Rebe Najmán como líder y figura central en sus vidas, aún retenían algo de sus propias ideas. Reb Noson, por otro lado, se había abierto al Rebe sin reservas. Se veía a sí mismo como totalmente dependiente de la guía del Rebe, como la Luna depende totalmente del Sol para su luz (*Avenea Barzel* p.20).

Cuando Reb Noson se quejó sobre los obstáculos y barreras que debía enfrentar, el Rebe le dijo, "¡Te he atrapado en mi alforja!". Reb Noson respondió, "¡Átala fuerte! ¡Anúdala fuerte para que no pueda escapar!" (*Siaj Sarfei Kodesh* I-129).

*

Cuando Reb Noson retornó a Nemirov a finales del mes de diciembre, luego de Jánuca, su esposa le arrojó las llaves de la tienda diciendo que ya no estaba más interesada en atender el negocio dado que toda la responsabilidad recaía sobre ella. El padre de Reb Noson se sumó a sus problemas diciéndole que ya no lo iba a mantener más y lo expulsó de su casa, confiscando toda la dote de Reb Noson, cerca de doscientos rublos y negándose a retornarle el dinero bajo ninguna circunstancia. Esther Shaindel se quedó en la casa de su suegro mientras que Reb Noson se vio forzado a instalarse en la casa de su abuelo, Reb Itzjak Danzig, quien, por el momento, lo apoyaba.

Nada de eso tuvo efecto alguno sobre Reb Noson, quien se dedicó a sus devociones con todo el corazón. Se enfrascó en sus estudios y en la plegaria con mucha mayor intensidad. Había querido una habitación privada donde poder estudiar y practicar el hitbodedut sin ser molestado. Eso había sido imposible en casa de su padre, pero la casa de su abuelo era bastante amplia y generalmente podía encontrar algún rincón aislado y silencioso (*Imei Moharnat* I, #82).

Esther Shaindel viajó a ver a su padre, el rabí David Zvi, en Kremenetz, y se quejó amargamente sobre el comportamiento de Reb Noson. El rabí David Zvi temía que Reb Noson se hubiese volcado a la Jasidut como un camino devocional que lo alejaría de sus estudios. "Desde el momento en que se volvió un jasid de Breslov", preguntó, "¿continuó estudiando?". "¿Qué puedo decir?", respondió Esther Shaindel. "Desde que comenzó a viajar a ver al Rebe Najmán, ¡estudia el doble e incluso el triple de lo que hacía antes! ¡Nunca se detiene, ni de día ni de noche!".

El rabí David Zvi respondió: "Si Reb Noson ha tomado el yugo de la Torá con tanta diligencia, debes hacer todo lo que esté en tu poder para compartir su carga". "Pero ¿qué hacer con la *parnasá* (sustento)?", preguntó ella. "¡¿Con un marido como ése preguntas por la *parnasá*?!", dijo el rabí David Zvi. "Pon tu nariz en la calle para mantenerlo. Toma una bolsa de sal, siéntate en el mercado y véndela. ¡Pero debes mantenerlo!".[6] El rabí David Zvi amaba la Torá. Cuando se enteró de cómo el Rebe Najmán había imbuido en Reb Noson ese amor por la Torá, dijo, sorprendentemente: "Uno debe agradecer un Rebe así".

Esther Shaindel estaba preocupada -incluso furiosa- por el comportamiento de Reb Noson. Estaba siendo forzada a llevar una carga impensada en el momento de su matrimonio. Pero aun así, por más que le disgustaban los cambios en la actitud de Reb Noson, habiendo sido criada en el hogar del rabí David Zvi, comprendía la vida de un estudioso de Torá y, de alguna manera, veía a Reb Noson como un hombre que, al igual que su padre, estaba completamente dedicado a la Torá y a sus valores.

Así, Esther Shaindel retornó a Nemirov algo aplacada por la amonestación de su padre. Sin embargo, el padre de Reb Noson aún estaba enojado con él, al punto en que se le agravó una enfermedad intestinal de la cual sufría. Reb Noson se vio forzado a permanecer en la casa de su abuelo. Éste le dijo, "¿Por qué le causas tanta irritación a tu padre?". Pero ello no detuvo a Reb Noson, quien volvió a visitar al Rebe un poco antes de Rosh Jodesh Shvat (24 de enero de 1803). El tío del Rebe Najmán, el rabí Baruj de Medzeboz estaba en ese tiempo de visita en Tulchin, cerca de Breslov. El Rebe Najmán fue a visitarlo allí y Reb Noson lo acompañó.

Poco tiempo después el Rebe partió a visitar a sus jasidim en Terhovitza, Medvedevka y la región de Tcherin.[7] La boda de su hija, Sara, con Reb Itzjak Isaac, el hijo de Reb Leib Dubrovner, también debía tener lugar durante el viaje. Reb Noson y algunos otros seguidores del Rebe lo acompañaron hasta Linitz, donde el rabí Guedalia de Linitz los recibió con gran calidez. Reb Noson no sabía que el Rebe estaba planeando quedarse en Medvedevka hasta luego de Pesaj y volvió a Nemirov.

Cuando llegó a su casa oyó que la esposa del Rebe había ordenado ciertas tortas de Nemirov para ser llevadas a Medvedevka para la boda de su hija, que estaba dispuesta para Rosh Jodesh Nisán (24 de marzo). Reb Noson comprendió que el Rebe estaría lejos de Breslov durante un largo tiempo y que probablemente no volvería sino hasta después de Pesaj. En los pocos meses desde que se había acercado al Rebe, Reb Noson había saboreado tal dulzura que no podía imaginar estar separado de él durante tanto tiempo. Sintió que debía viajar a Medvedevka. Sin embargo, la distancia era considerable, cerca de trescientos kilómetros. Temía no poder volver a su hogar a tiempo para Pesaj y se preguntaba si, de ir, alguna vez lo dejarían retornar a su hogar.

Al comienzo pensó en tomar uno de los costosos sombreros de su esposa como garantía. Sin embargo, Reb Lipa le aconsejó que no lo hiciese, diciendo, "Si te lo llevas, ella tendrá vergüenza de ir al *shul* sin él. Y de seguro que sobrevendrá el divorcio. Mejor confía en Dios". Reb Noson le quedó muy agradecido y siguió su consejo. Entonces tuvo otra idea. En Berdichov vivía una tía, hermana de su madre, quien era bastante adinerada y tenía algunos negocios. Ella sentía un gran respeto por Reb Noson: no tenía hijos y lo trataba como si fuese un hijo propio. Periódicamente le pedía que controlase sus libros y sus trabajadores y estaba dispuesta a ayudarlo financieramente. Hasta ahora Reb Noson lo había evitado debido a su deseo de dedicarse a la espiritualidad, pero ahora le dijo a su familia que estaba considerando viajar a Berdichov por algunas semanas. Dando a entender que se ocuparía de los asuntos de su tía y vería si ese trabajo le convenía.

La gente suele oír en general lo que quiere oír y su familia pensó que ese nuevo interés en los negocios era un evento positivo. Su esposa y su padre estuvieron de acuerdo. Dado que ahora era el final del mes de Shvat, Reb Noson dijo que esperaba estar fuera hasta cerca de Pesaj. Normalmente los meses de enero y de febrero en Ucrania son terriblemente fríos, con la nieve y el hielo dificultando la movilidad. Para el viaje de dos días entre Nemirov y Berdichov, Reb Noson cargó muchas ropas de abrigo, abundante alimento y las vestimentas del Shabat, etcétera, dejando Nemirov bajo los buenos deseos de su familia.

* * *

8

"Mi Ioshúa..."

Reb Noson no conocía el camino a Medvedevka y partió en dirección a Linitz pensando en preguntar sobre la ruta una vez allí. Tan pronto como dejó Nemirov, Reb Naftalí Hertz comenzó a sospechar que su hijo tenía la intención de viajar hacia el este, a Medvedevka, y le envió una carta al rabí Guedalia de Linitz pidiéndole que detuviese a Reb Noson impidiéndole ir a ver al Rebe Najmán. Reb Noson se extravió en el camino a Linitz y el mensajero de su padre llegó allí antes que él. Sin saber nada sobre la carta de su padre, Reb Noson fue a la casa del rabí Guedalia y pidió permiso para verlo. Se le dijo que el rabí Guedalia estaba descansando y que había llegado una carta de su padre. Reb Noson decidió no esperar, pidió que se le indicase la dirección a Medvedevka y abandonó la ciudad.

Desde Linitz, Reb Noson viajó hacia el sur, hacia Breslov, y de allí comenzó a viajar hacia el este. El viaje fue largo y arduo. Dos semanas más tarde, bien entrada la tarde del ayuno de Esther, la víspera de Purim, Reb Noson llegó finalmente a un pequeño pueblo, a doce kilómetros de Medvedevka, poco antes de la lectura de la Meguilá. Tanto como había querido ver y estar con el Rebe para la lectura de la Meguilá, ahora le sería imposible.

Los judíos del pueblo estaban muy contentos porque sólo había nueve de ellos y Reb Noson completaba el *minian*. Reb Iudel también estaba allí y leyó la Meguilá. Luego de la conclusión de la lectura de la Meguilá, Reb Noson quiso continuar su viaje a Medvedevka, pero el cochero se negó a partir. Ahora que había terminado el ayuno de Esther, uno debía comer, especialmente dado que comer en Purim es una mitzvá. Reb Iudel y Reb Noson pasaron juntos buena parte de la noche de Purim. Luego de comer, Reb Noson les pidió a los pobladores que contratasen un vehículo para que lo llevase a Medvedevka. "Aunque llegue luego de la medianoche, al menos estaré cerca del Rebe".

Los pobladores contrataron un carro y Reb Noson partió, llegando a Medvedevka después de la medianoche. Desconociendo el lugar, no tenía idea de adónde ir. Todas las posadas estaban cerradas y afuera estaba helando. Reb Noson se detuvo durante un tiempo pensando sobre la situación y decidió buscar el *shul*. Pero ni siquiera sabía dónde estaba y peor aún, no sabía adónde estaba el Rebe. Era una noche clara de luna llena. Reb Noson comenzó a caminar por el pueblo hasta que llegó a lo que pensó que era un *shul*. Comprobó que estaba cerrado desde adentro, lo que significaba que alguien estaba durmiendo allí. Golpeó, pero evidentemente quien estaba allí tenía miedo de abrir la puerta a esas horas de la noche. El hombre preguntó, "¿Quién está allí?".

Reb Noson respondió que había llegado de muy lejos y que estaba buscando al famoso descendiente del Baal Shem Tov, quien se suponía que estaba en Medvedevka para la boda de su hija. El hombre en el *shul* era el *shamesh* y seguidor también del Rebe desde la época en que había vivido en Medvedevka. Oyendo que el visitante estaba buscando al descendiente del Baal Shem Tov, el *shamesh* abrió la puerta y le preguntó a Reb Noson de dónde era, "¿Nemirov? ¿Cómo llegaste a conocer a un hombre tan santo?". Reb Noson le dijo que Nemirov estaba cerca de Breslov.

De pronto el *shamesh* le preguntó cómo se llamaba. "¿Para qué deseas saberlo?", dijo Reb Noson. "Bueno, luego de la lectura de la Meguilá yo estaba con el Rebe. La gente estaba bailando y divirtiéndose. Oí que el Rebe les decía: 'Mi discípulo, Ioshúa, cuyo nombre es Noson, desea profundamente estar con ustedes. Pero él va a completar la festividad de Purim en Shushan Purim'.[2] Nadie entendió lo que el Rebe estaba diciendo y todos temían preguntar. ¿Quizás tú nombre es Ioshúa Noson?".

Reb Noson respondió, "Mi nombre es Noson. Quizás el Rebe Najmán está orando para que yo sea salvado de mis oponentes, tal como Moshé oró por Ioshúa" (ver Números 13:16). El *shamesh* comprendió que el Rebe sabía que su seguidor estaba llegando e invitó amablemente a Reb Noson a su casa, que estaba junto al *shul*. El *shamesh* tomó la valija de Reb Noson y le sugirió que durmiese un poco, pero Reb Noson no quizo. Pidió que le mostrase el camino a la mikve y fue a sumergirse. Decidió que por la mañana primero oraría y escucharía la Meguilá -en ese *shul* oraban *vatikín* (con la salida del sol) como lo hacía él- luego comería algo y más tarde iría a visitar al Rebe con una mente más clara.

Cuando Reb Noson fue a ver al Rebe lo encontró tomando la comida de la mañana. Los seguidores del pueblo también estaban allí. El Rebe le dijo a Reb Noson, "Anoche estuviste en ese pueblo para la lectura de la Meguilá, pero tu alma estaba aquí, conmigo". El Rebe le ofreció a Reb Noson algunos *shnapps*, diciendo que aunque debía estar exhausto del viaje y probablemente no había descansado esa noche, aun así, en Purim uno debe emborracharse y así cumplir con la mitzvá de borrar a Amalek (ver *Oraj Jaim* 695:2). Reb Noson estaba de pie delante del Rebe Najmán con el mayor respeto y temor. El Rebe le dijo: "Ya has cumplido con 'Tus ojos verán a tu maestro...' (Isaías 30:20). Debes estar contento por eso y porque es Purim".

Reb Noson quería hablar con el Rebe sobre sus dificultades y especialmente sobre ese viaje, pero comprendió que, con toda la gente presente, el momento no era el más oportuno. El Rebe Najmán sabía lo que estaba pensando y dijo: "Quizás estés cansado después de tanto viaje. Necesitas descansar. 'Anda' y también 'combate a Amalek'" (Éxodo 17:9). Reb Noson comprendió que el Rebe estaba aludiendo a que debía pelear contra sus dudas -la palabra hebrea para "duda", *SoFeK*, tiene el mismo valor numérico que *AMaLeK* (240)- y decidió hacerlo. Partió entonces y durmió unas horas.

Hacia el atardecer volvió a ver al Rebe. Numerosas personas del pueblo se encontraban allí celebrando Purim con canciones y danzas. Tan pronto como Reb Noson entró, el Rebe le hizo señas para que se sentase junto a él. "Tengo mucho que hablar contigo, pero ahora no es el momento. Lo más importante ahora es: ¿recuerdas lo que tratamos en conexión con mi enseñanza sobre Moshé y Ioshúa, el maestro y el discípulo? Ahora debes saber que tú eres ese discípulo, aunque hay otros seguidores que son mayores que tú y que también son judíos muy piadosos. Pero debido a que 'Ioshúa era un hombre joven', por ese motivo 'él no dejaba la tienda'" (Éxodo 33:11).

Reb Noson bailó junto con los otros jasidim, pero en su corazón sentía cierta aprensión sobre la implicancia de la frase del Rebe al decir "él no dejaba la tienda". Tanto como disfrutaba del tiempo que podía pasar junto al Rebe, sabía de la angustia que debería sufrir por ello, debido a la oposición de su padre, de los miembros de la comunidad de Nemirov y, peor de todo, de su suegro el rabí David Zvi. Sabía que iba a tener que pagar muy caro ese viaje, dado que su familia se enteraría de que no había ido a Berdichov.

El Rebe sabía lo que él estaba pensando, lo llamó y le dijo: "¡No te preocupes! ¡*Simja*! ¡Debes tratar de estar contento todo el tiempo...! ¡Incluso cuando vuelvas a tu hogar!". Reb Noson sintió vergüenza de que el Rebe conociese sus pensamientos. El Rebe le dijo, "La vergüenza también es parte de esa lección. Pero uno debe ser *baki be-shuv*: debes saber cómo enfrentar los momentos difíciles. *Baki be-ratzó* fue cuando viniste aquí. Ahora necesitarás ser *baki be-shuv* - ¡más que nunca!". Reb Noson se sentía apabullado por la manera en como el Rebe relacionó la lección con su viaje.

Finalmente todos se fueron a dormir, cada uno a su posada. A la mañana siguiente, luego de orar, Reb Noson volvió a ver al Rebe y le dijo, "Me temo que luego de todo lo que nos enseñaste en Breslov, sobre el poder de la danza para endulzar los decretos severos, yo no llevé a cabo la mitzvá de danzar de la manera apropiada durante este Purim". El Rebe le contestó: "Muy bien, hoy es Shushan Purim, ¡y esto también es Purim!".

El Rebe continuó: "Ayer tratamos la lección sobre Moshé y Ioshúa. Ahora tengo algo nuevo para agregar como parte de la lección. Se relaciona con las tres mitzvot dadas a los judíos al entrar a la Tierra Santa: coronar un rey, construir el templo y borrar a Amalek (*Sanedrín* 20b). Pero ahora no es el momento para elaborarlo".

En el ínterin, llegaron numerosas personas que bailaron y cantaron hasta bien entrada la tarde. El Rebe le dijo a Reb Noson: "Ahora puedes ver que Shushan Purim también es Purim, y la luz de Mordejai y Esther brillará en ti. Tal como los judíos recibieron nuevamente la Torá en Purim (*Shabat* 88a), tú también serás capaz de desarrollar nuevas ideas de Torá". Reb Noson sabía que el Rebe tenía algo en mente para él, pero no comprendía aún de qué se trataba. Cuando todos se estaban retirando el Rebe le dijo Reb Noson, "Presumiblemente volverás antes de irte a dormir". Reb Noson dijo, "Volveré en una o dos horas".

Reb Noson volvió cuando el Rebe estaba por retirarse a dormir. El Rebe comenzó a mostrarle cómo las tres mitzvot se conectaban con la lección y dijo que todas aludían al arrepentimiento. Reb Noson le preguntó cómo, pero el Rebe respondió: "¡Eso lo dirás tú!".

Escribe Reb Noson:

> Inmediatamente comencé a pensar en ello y al volver desde su casa hacia donde estaba parando Dios me inspiró con algunas ideas hermosas. Tan pronto como llegué encontré gracias a Dios algo para escribir e inmediatamente puse por escrito lo que me había llegado. Ése fue el comienzo de mi entrenamiento para desarrollar nuevas ideas basadas en sus lecciones. ¡Con cuánta amabilidad y sutileza me introdujo en ello! Al día siguiente le llevé lo que había escrito, cosa que le agradó. Sonrió con alegría y dijo, "Podrás aprender si persistes en ello". Sin embargo, me vi obligado a suspender la práctica durante un tiempo, hasta haber cubierto mucho terreno en la literatura halájica y estudiado Kabalá. Entonces él me instruyó para desarrollar nuevas ideas y pasarlas por escrito (*Tzadik* #128).[3]

*

Luego de Purim, aunque el Rebe estuvo muy ocupado con los preparativos para la boda de su hija, Reb Noson se las arregló para pasar con él algún tiempo cada día. La boda tuvo lugar en Rosh Jodesh Nisán, el jueves 24 de marzo, y en el Shabat siguiente, durante *shalosh seudot*, el Rebe dio la lección del *Likutey Moharán* I, 49, que contiene alusiones a Nisán, a Sara, a Itzjak (el nombre del novio) y a los conceptos de "novia" y de "boda".

Escribe Reb Noson:

> El Rebe dijo que no estaba dirigida a nosotros sino que sólo la había dado debido al decreto de conscripción que, a causa de nuestros muchos pecados, había sido emitido recientemente en contra de los judíos. En ella el Rebe trata el tema de subyugar a las naciones paganas, "Porque Yo haré una *kaláh*, un final, para todas las naciones" (Jeremías 30:11; 46:28). Éste es el concepto de la novia, *KaLáH*, que está conectado con el concepto de *eKheLeH*, que "consume todo y trae el fin de todo". "Pero ustedes que están

unidos al Señor, vuestro Dios, todos ustedes están vivos este día" (Deuteronomio 4:4). Las palabras del Rebe son muy profundas y exaltadas.

Luego de terminar la lección el Rebe bailó mucho en honor de su hija, la novia. Aquél que no lo vio bailar nunca vio nada bueno en su vida. Pues aunque, gracias a Dios, fuimos dignos de ver bailar delante de la novia a una cantidad de Tzadikim, nada podía compararse con la manera en que danzaba el Rebe. Todos los presentes eran llevados ciertamente a un genuino arrepentimiento de todos sus pecados. Es absolutamente imposible describir por escrito la tremenda atmósfera de fervor y de elevación entre los presentes durante esa danza. El Rebe dio una gran cantidad de lecciones muy elevadas sobre el tema de bailar y aplaudir. El asunto de bailar también está tratado en esa lección.

Normalmente el Rebe solía bailar muy de vez en cuando. Pero en el curso del año en cuestión (1802-3) el Rebe bailó muchas veces: en Simjat Torá; en Shabat Jánuca y luego, durante la boda de su hija. El Rebe mismo dijo: "Este año he bailado mucho". Esto se debió a que durante ese año llegaron noticias sobre los decretos de conscripción. Es por eso que el Rebe bailó varias veces, porque a través de la danza es posible endulzar los juicios severos y anular los malos decretos (*Tzadik* #13; ver *Likutey Moharán* I, 10).

*

Al irse de Nemirov, Reb Noson pensó que estaría de vuelta a tiempo para Pesaj. Sin embargo, cuando oyó que el Rebe se quedaría en Medvedevka hasta después de Pesaj, decidió quedarse también, al menos hasta que el Rebe le dijese que debía volver a su hogar. En el ínterin, el Rebe no dijo nada. Reb Noson sabía lo que le esperaba al volver a Nemirov, pero decidió no preocuparse por ello: sentía que el Rebe lo había estado preparando para lo que tendría que enfrentar, mediante sus constantes referencias a la lección sobre Moshé y Ioshúa, que habla sobre el supremo valor de mantenerse firme frente a la humillación y a la ofensa.

Esa fue la única vez en la vida que Reb Noson pasó Pesaj cerca del Rebe. En la primera noche de la festividad, el *minian* se juntó en la habitación interior de la casa. Reb Noson recitó el Halel, con un tremendo fervor, para deleite del Rebe, quien dijo, "Afortunada la madre de tal hijo" (*Avot* 2:8).[4] Reb Noson siguió orando después que todos terminaron. Era costumbre del Rebe celebrar el Seder sólo con su familia. Cuando Reb Noson salió, vio al Rebe sentado a la mesa para el Seder. Reb Noson anhelaba ver al Rebe en el Seder de modo que volvió luego de terminar su propio Seder. Miró a través de la ventana y vio cómo el Rebe estaba de pie, sosteniendo su copa y recitando, "*Shefoj jamatejá...*" ("Derrama Tu ira sobre las naciones que no Te conocen..." (Jeremías 10:25; *Siaj Sarfei Kodesh* I-691). Esa fue la única vez en la vida que Reb Noson tuvo la oportunidad de ver al Rebe en el Seder, y siempre estuvo agradecido por ello.[5]

Luego de Pesaj, Reb Noson volvió de Medvedevka junto con el Rebe, atendiéndolo durante el camino. Nuevamente pasaron por Linitz, donde los jasidim de Breslov oraron con el rabí Guedalia y, tal cual era su costumbre, lo hicieron con fervorosa alegría, con gritos y clamores, especialmente Reb Noson. El rabí Guedalia le dijo al Rebe Najmán: "¡Cuando uno entra al palacio del Rey lo hace de manera silenciosa y reverencial!". El Rebe le respondió, "Yo estoy de acuerdo con los primeros jasidim, quienes solían saltar hacia dentro del palacio del Rey con sus ropas transpiradas".

Reb Noson se sentía tan inspirado por todo lo que había oído del Rebe durante el viaje de retorno que olvidó por completo que pronto debería volver a su hogar. Pero el Rebe le dijo: "Debes retornar ahora". El Rebe comprendió la preocupación de Reb Noson sobre lo que debía enfrentar y le dijo: "¡Recuerda! La persona debe atravesar un puente muy angosto. ¡Lo más importante es no tener miedo!" (*Likutey Moharán* II, 48).

Reb Noson necesitaba de ese aliento. Algunas de las ropas que su familia le había dado pensando que iba a ver a su tía en Berdichov, estaban ahora rasgadas y sucias, y su almohada se había deshecho, obligándolo a poner todas las plumas en una bolsa de arpillera. Todo eso le produjo una gran vergüenza al volver a su hogar. Para su padre fue la gota que rebalsó el vaso, expulsándolo definitivamente. Por primera vez, desde su matrimonio, Reb Noson se mudó a su propia casa y comenzó una vida independiente.[6]

* * *

9
Rabí Ishmael vs. Rabí Shimón

Debido a su gran anhelo por estar con el Rebe, Reb Noson comenzó a considerar mudarse a Breslov. De todas maneras debía comenzar una nueva vida en su propia casa. Sin embargo, el Rebe no lo aprobó. Comprendía plenamente el deseo de Reb Noson por estar con él para poder aprender cómo servir a Dios. Pero para ascender en la escala espiritual, uno debe enfrentar y superar los obstáculos, para llegar a ser *baki be-ratzó* y *baki be-shuv*. Los obstáculos mismos aumentan el deseo de elevarse más aún. Si Reb Noson se mudaba a Breslov iba a estar constantemente con el Rebe y no sería capaz de desarrollar el recipiente necesario para poder recibir de él (*Sijot veSipurim* p.132).

Era costumbre de los jasidim de Breslov reunirse con el Rebe para la festividad de Shavuot. Reb Noson también llegó para su primer Shavuot, durante ese mes de mayo. Sin embargo, el Rebe comprendió los límites de la paciencia de su familia -después de todo, Reb Noson había estado recientemente un par de meses con el Rebe en Medvedevka- y lo envió de vuelta a Nemirov antes de Shavuot (*Imei Moharnat* I, #35). Pero antes de hacerlo le habló con mucha calidez.

Escribe Reb Noson:
> Tenía la sensación de que el Rebe estaba algo disgustado por el hecho de que yo andaba rondando demasiado por su puerta, pues le había hecho varias visitas seguidas. Esta vez lo encontré en su casa próxima al *beit midrash*. Tan pronto como entré me saludó diciendo: "Hola y adiós", y sonrió.
>
> Siguió sentado donde estaba, cerca de la puerta que daba hacia fuera, hacia el viejo *beit midrash*, y entonces comenzó a hablarme y a confortarme diciendo: "¿Cómo sabes qué es lo que el Dios Todopoderoso quiere hacer de ti? Hoy eres esto y luego serás... Lo que pasará contigo es que serás...", y me hizo entender que me encontraría muchas veces en situaciones de mucho peligro, "...y casi, casi... Pero yo abriré para ti los caminos de la mente y tú

irás a través de los senderos de mis lecciones como aquél que viaja a través de maravillosos y tremendos palacios y estructuras...".

Explicó algo más diciendo que sus lecciones eran como entrar a un palacio que contiene toda clase de salas y habitaciones, de columnatas y portales de tremenda maravilla y belleza, con un piso sobre otro, todos diferentes, todos originales, todos únicos. Tan pronto como uno entra a una de las habitaciones y comienza a mirar alrededor y a maravillarse de la asombrosa y única originalidad que contiene, de pronto percibe un extraordinario portal que se ha abierto, que conduce a otra habitación, y de allí a otra más, y así de cuarto en cuarto y de un piso a otro.

En cada lugar se abren portales y ventanas hacia la próxima habitación y todo está conectado entre sí con el más asombroso planeamiento, con la sabiduría más profunda y la belleza más absoluta.... (Pero es imposible explicar nada de esto a aquél que no tenga al menos una pequeña comprensión de la profundidad de las enseñanzas del Rebe. Felices de aquéllos que han tenido el mérito de saborear la incomparable dulzura y profundidad de sus enseñanzas).

"Pero aun así", continuó el Rebe, "todavía no es tuyo. Tú eres como alguien que visita lo que les pertenece a los otros. Lo que yo quiero es que sea tuyo completamente. Y eso también sucederá. Tú piensas que es debido a tus buenas acciones. No. Es sólo porque yo así lo deseo".

Entonces me contó la historia de un gran Tzadik que muchas veces pensó: "Aunque termine siendo cenizas bajo los pies de los Tzadikim (como dicen los sabios sobre las almas de los malvados, *Rosh HaShaná* 17a) aun así, ¡al menos *seré algo y no nada*!". El Rebe dijo esto para darme ánimos. Ese gran Tzadik se deprimía constantemente, llegando al punto de pensar que ya no tenía más esperanzas. Entonces se dio vida con el pensamiento de que al menos nunca llegaría a ser absolutamente nada. Si los sabios dijeron que los malvados se volverían ceniza, al menos esa ceniza tiene una pequeña vida en sí, y eso también es bueno, pues "¡*seré algo y no nada*!".

Por lo que dijo el Rebe parecería ser que hubo muchos momentos en los que así fue como se dio vida. Estaba contento con servir a Dios cada día, con lo mejor de sus capacidades, aunque sólo llegase a eso. Confiaba en que Dios, en Su bondad, lo trataría bien (*Tzadik* #594).

*

Durante el verano de 1803, habiendo visto la diligencia de su hijo en el estudio de la Torá, en la plegaria y en las devociones, Reb Naftalí Hertz comenzó a hacer las paces con Reb Noson y aceptó devolverle el dinero de la dote. Al mismo tiempo les pidió a todos en la familia que hicieran lo posible para persuadir a Reb Noson de que volviese al mundo de los negocios. Ellos arguyeron diciendo que habiendo sido mantenido por su padre por cerca de siete años, era tiempo de que se ganase la vida por sí mismo. Estaban de acuerdo en que sus estudios y sus plegarias eran importantes, y sugirieron un arreglo en el cual él operaría un negocio de telas en Nemirov y Esther Shaindel lo atendería. Eso le daría a Reb Noson la libertad para estudiar y orar todo el día. Todo lo que debía hacer era viajar ocasionalmente a Berdichov para comprar mercaderías. En verdad, debería utilizar varios días para esos viajes y el resto del tiempo estaría libre para estudiar.

Pero Reb Noson pasaba casi todo el tiempo orando o estudiando, de modo que era muy difícil que su familia siquiera pudiese tratar el tema con él. En su hogar nunca tenía tiempo. Comía tan rápido como le era posible y volvía al *beit midrash* para continuar estudiando. Finalmente la familia envió al tío de Reb Noson al *beit midrash* para que hablase con él, y Esther Shaindel envió a su cuñado. Éste último lo visitaba muy seguido y Reb Noson le dijo cierta vez, "¡Tienes razón! Pero, ¿qué puedo hacer? Llegará un tiempo en que estaremos acostados en el suelo con los pies hacia la puerta".[1]

La constante presión tuvo su efecto en Reb Noson. El Talmud cuenta que el rabí Ishmael era comerciante y trabajaba unas pocas horas por día, mientras que el rabí Shimón bar Iojai se abstenía de toda tarea y pasaba todo el día inmerso en sus estudios. Enseñaron nuestros Sabios: "Muchos trataron de seguir al rabí Ishmael y tuvieron éxito. Muchos trataron de seguir al rabí Shimón y fracasaron" (*Berajot* 35b). Reb Noson se sentó a pensar. Quizás se suponía que debía salir a comerciar y eso también era considerado un servicio a Dios. Quizá debía ocuparse de un negocio y compartir el tiempo con el estudio. Por otro lado, no podía olvidar el corto lapso de la vida de un hombre. Cada hora, cada minuto, cada segundo pasado en lo material estaba perdido y nunca retornaría. ¿Cómo podría sacrificar lo espiritual en aras de lo material?

Luego de mucho cavilar Reb Noson comprendió que no tenía muchas opciones. Llegó a un acuerdo en el cual se encargaría de adquirir las mercaderías para la tienda, bajo la condición de que su familia hiciese todos los arreglos necesarios para el viaje, tales como contratar el carruaje con su cochero y preparar lo necesario para el emprendimiento. Incluso así, aceptó el acuerdo con renuencia y amargura.

Cuando llegó el día en que Reb Noson debía viajar a Berdichov decidió visitar primero al Rebe en Breslov. Su partida para Berdichov estaba dispuesta para la caída de la tarde. Pensó que si salía suficientemente temprano para Breslov podría hablar con el Rebe y volver a su hogar a tiempo. Su deseo de ver al Rebe era tan grande que, no pudiendo encontrar un carruaje, salió a pie. Finalmente pasó un carro que lo alcanzó hasta Breslov.

El Rebe llevó a Reb Noson a una larga caminata al final de la cual se sentaron al costado de un arroyo, donde el Rebe le dio una lección explicando el significado del *hitbodedut* como la clave para acercarse a Dios (*Likutey Moharán* I, 52). La lección enseña que uno debe salir al campo, luego de la medianoche, cuando todos están dormidos, y allí derramar el corazón delante de Dios, trabajando paso a paso para limpiarse de todo deseo material y refinando sus rasgos, uno tras otro.

Luego de haber aprendido del Rebe sobre el *hitbodedut* en Rosh HaShaná, Reb Noson ya había descubierto por sí mismo el valor de salir solo durante la noche. Cuando ahora oyó que el Rebe entretejía todas las ideas en una asombrosa lección, se entusiasmó tanto que quiso difundir esa enseñanza al mundo entero. Dijo, "Correré por las calles y por el mercado gritando, '¿En qué están pensando? ¿Qué hay de sus almas?'". El Rebe tuvo que aferrar literalmente a Reb Noson por sus vestimentas para frenarlo. "¡Detente!", dijo, "¡No te escucharán!".[2]

Reb Noson viajó entonces a Berdichov. Tan pronto como volvió a su hogar con las mercaderías y sin siquiera darse el tiempo de pasarle a su esposa los precios de las diferentes prendas, corrió directamente al *beit midrash* y se sumergió nuevamente en sus estudios. Pero Esther Shaindel era una joven madre, con muy poco conocimiento sobre cómo gerenciar una tienda y ni hablar de ponerle precios a la mercaderías. Cada vez que entraba un cliente para comprar algo ella debía correr al *beit midrash* para preguntarle a Reb Noson cuánto cobrarle. Su familia comprendió que ésa no era la manera de llevar adelante un negocio y buscaron a alguien que terminó ocupándose de comprar las mercaderías.

Esther Shaindel se quedó en la tienda, pero ésta daba muy poca ganancia. En el ínterin el propio negocio de Reb Naftalí Hertz comenzó a mermar, reduciendo su capacidad para ayudar a su hijo y a su nuera. Esther Shaindel, quien había estado acostumbrada a una vida confortable, primero en casa de sus padres y luego en la de sus suegros, vio ahora cómo sus ingresos iban disminuyendo y comenzó a agregar sus propios argumentos a los de la familia de Reb Noson, sobre la necesidad de ganarse la vida. Cierta vez Reb Noson se amargó tanto que fue a otra habitación y se sentó con el corazón apesadumbrado diciendo, "¡Dios! ¡Es necesario mucho tiempo para que una persona se vuelva un judío piadoso! ¡Por ahora, dame un ingreso!".

El versículo dice: "Antes incluso de que llames, Yo responderé" (Isaías 65:24). Poco tiempo antes de ese incidente, los socios de Reb Naftalí Hertz se habían encontrado con él para conversar sobre la situación de Reb Noson. Ellos arguyeron que Reb Noson era un prodigio excepcional - ¿cómo podía un padre darle la espalda a un hijo tan valioso? Reb Naftalí Hertz se defendió diciendo que había mantenido a Reb Noson por muchos años. Ahora, con la disminución de sus ingresos, ¿cuánto más se suponía que debía hacerlo, especialmente dado que también tenía otros hijos más jóvenes que necesitaban ayuda?

Los socios sugirieron que ellos podrían tomar el resto de la mercadería del negocio de Reb Noson, valuarla y agregarla al inventario de su negocio en Odesa. Reb Noson compartiría las ganancias y su padre le daría algo más. Eso le permitiría a Reb Noson un ingreso respetable sin ser una carga para la familia. Reb Naftalí Hertz estuvo de acuerdo y con ese ingreso Reb Noson pudo mantener a su familia por cerca de quince años.[3]

*

Durante el verano, el Rebe Najmán fue a visitar a su tío, el rabí Baruj, que estaba parando en Tulchin. Reb Noson también quizo ir pero el Rebe no se lo permitió. Reb Noson lo presionó, pero el Rebe le dijo, "No será bueno para ti el verme de esa manera", y Reb Noson comprendió que era mejor no ir. Así como resultaron las cosas, durante la visita hubo un fuerte desacuerdo entre el tío y el sobrino y desde ese momento el rabí Baruj comenzó oponerse al Rebe Najmán. El Rebe presintió que eso iba a suceder y obviamente no quiso que Reb Noson estuviera allí para verlo.[4]

Ese Shabat Reb Iudel estuvo en Breslov y lo pasaron juntos con Reb Noson que también se había quedado. Reb Iudel tenía consigo algunos manuscritos de las enseñanzas del Rebe Najmán de los años anteriores a la llegada de Reb Noson. Reb Noson pasó casi la totalidad del Shabat estudiando esas enseñanzas hasta bien entrada la noche siguiente. Comprendió que el Rebe volvería más tarde y que él mismo debía retornar a su hogar en Nemirov. Una de las directivas que le había dado el Rebe era que dos veces en su vida debía mantenerse despierto durante dos días y una noche, y Reb Noson decidió que ésa era una de esas ocasiones.

Cierta vez, durante ese mismo verano, Reb Noson estaba comiendo con el Rebe, cuando éste comenzó a insultarlo, diciendo, "¡Qué joven tan *importante*! ¡El yerno del gran rabí David Zvi Orbach y el hijo de Reb Naftalí Hertz!". Reb Noson continuó comiendo. El Rebe se volvió hacia él y le dijo, "Cuando alguien es insultado, ¿continúa comiendo?". Aun así Reb Noson continuó comiendo. El Rebe le dijo entonces, "¡Ahora te digo que debes parar de comer!", y Reb Noson se detuvo. El Rebe estaba probando a Reb Noson para ver si podía sobrellevar la humillación. Luego el Rebe salió de viaje. A su regreso se mostró nuevamente amable con Reb Noson, quien escribió que el Rebe lo trató "como un padre que castiga a su hijo, sólo porque se deleita en él" (Proverbios 3:12).[5]

*

Para Rosh HaShaná del 5564 (1803) Reb Noson estaba llegando al final de su primer año con el Rebe. Quizás la más importante de sus muchas ganancias fue el hecho de que ahora tenía esperanzas. Sus devociones tenían un nuevo significado. Estaba practicando el *hitbodedut*; había mejorado su concentración al orar; ahora era más productivo en sus estudios. Había comenzado a pasar por escrito las lecciones del Rebe y a transcribir el *Libro de los Atributos* del Rebe (*Tzadik* #434; *Imei Moharnat* I, 10).

Pero enfrentaba muchos obstáculos. Su esposa, su padre, su familia y sus parientes, todos se oponían a lo que estaba haciendo. Cada viaje que hacía para ver al Rebe, cada plegaria ferviente, incluso sus devociones más simples (tales como estudiar dieciocho capítulos diarios de la Mishná), todo debía llevarlo a cabo al costo de un gran dolor y de la hostilidad de todos los que lo rodeaban. Escribe Reb Noson: "No sé de dónde tomé la fuerza para enfrentar todos esos obstáculos. Eran casi imposibles de sobrellevar".

Pero se mantuvo firme. Era muy consciente de los deberes de un hombre hacia su familia, especialmente los de un nuevo padre: esto se vuelve claro a partir de sus escritos posteriores. Sabía que podía ser fácilmente acusado de eludir sus obligaciones financieras inmediatas. Ninguna de sus decisiones le llegaba con facilidad. Pero tenía una imagen más amplia de la vida, donde cada momento era fugaz y debía ser utilizado con plenitud en la búsqueda de lo eterno, en lugar de ser despilfarrado en lo pasajero. Sentía que su responsabilidad hacia la vida misma debía estar antes que todas las demás. Sin importar el costo, fue a visitar al Rebe cada vez que sintió la necesidad.[6] No podía retenerse de beber las dulces palabras de Torá que, sólo ellas, tenían el poder de calmar la sed de su corazón.

* * *

Parte III

CON EL REBE

10

"Un poco también es bueno"

El año 5564 (1803-1804) -el segundo año de Reb Noson con el Rebe Najmán- estuvo marcado por un aumento de las presiones sobre los judíos que vivían bajo el gobierno ruso. Ese invierno fue testigo de la promulgación del nefasto "Estatuto Concerniente a los Judíos", cuya intención era producir nada menos que la total transformación de la vida social, económica y cultural de los judíos, para minar su papel como grupo apartado del resto de la sociedad. Más inmediatamente, le asestó un devastador golpe a la base económica de la vida judía con su requerimiento de que para el año 1808 los judíos debían mudarse de las áreas rurales en las cuales habían vivido por siglos, donde se habían ganado la vida administrando las tierras de la nobleza y atendiendo las posadas de los caminos.

La comunidad jasídica sufrió su propia perdida durante el invierno de ese año con el fallecimiento del rabí Guedalia de Linitz, un importante discípulo del rabí Iehudá Leib de Polonoye, quien fuera seguidor del Baal Shem Tov. La pérdida del rabí Guedalia fue muy sentida, en particular, por los jasidim de Breslov dado que él había apoyado al Rebe Najmán ante los ataques del Zeide de Shpola. Éste último debía la mayor parte de su credibilidad al hecho de que era el jasid más anciano sobreviviente de la generación que había estado con el Baal Shem Tov. El fallecimiento de otros maestros jasídicos naturalmente parecía aumentar su autoridad.

Ese mismo invierno falleció Reb Itzjak Isaac de Terhovitza, uno de los seguidores más cercanos del Rebe Najmán. El Rebe dijo de él que "era un verdadero estudioso de la Torá". Los jasidim de Breslov sintieron mucho la ausencia de Reb Itzjak Isaac, aunque cuando se lo dijeron al Rebe, él los consoló diciendo, "Pero hoy tenemos a Reb Noson" (*Tzadik* #313; *Kojvei Or*, p.30-32 #25, 26).

Reb Noson también compartió su parte de tragedia durante ese año con el fallecimiento de su madre, Jaia Lane, el jueves 2 del mes de Kislev del año 5564 (17 de noviembre de 1803), un día después del primer cumpleaños de su hijo Shajne. Reb Noson dijo el *kadish* durante los acostumbrados once meses.

Por otro lado, los nuevos arreglos financieros hechos sobre la iniciativa de los socios de su padre le permitieron a Reb Noson dedicar todo su tiempo al estudio de la Torá y a sus devociones. Esther Shaindel ahora lo presionaba menos luego de la amonestación de su padre indicándole que debía apoyar a un estudiante tan diligente. Además, Reb Noson estaba viviendo en su propia casa, lo que reducía la oposición que debía enfrentar por parte de su familia. Estaba libre por tanto para viajar y ver al Rebe al menos una vez cada una o dos semanas (*Imei Moharnat* I, 14).

Reb Noson comenzó lo que iba a ser su rutina en los tiempos venideros. Consistía en una rica dieta de Mishná, de Talmud y de los Códigos, al igual que de otros estudios, incluyendo primero y ante todo las enseñanzas del Rebe Najmán.

Reb Noson escribe que antes de conocer al Rebe se encontraba lejos de un real aprendizaje:

> Yo quería ser uno de los *masmidim* (estudiosos persistentes) pero no podía lograrlo. Solía ir al *beit midrash*, pero sólo hacía falta un pequeño obstáculo para que no pudiese comenzar: todo el día terminaba perdido. Me decía que comenzaría a estudiar "mañana". Pero cuando llegaba mañana, algo sucedía que me alejaba del estudio hasta el día siguiente. Llegó un momento en que caí en la desesperanza y me convertí en un total holgazán (*Avenea Barzel* p.78, #65). [¡Esto dicho por una estudiante erudito y muy diligente!].

Una de las lecciones más importantes que el Rebe Najmán le dio a Reb Noson fue que "un poco también es bueno" - uno debe aferrarlo y estar contento con ello. Cuando uno sabe que deberá enfrentar interrupciones, debe fragmentar su programa de estudio en sesiones más cortas y manejables. Este consejo ayudó a que Reb Noson se volviese un estudiante mucho mejor de lo que ya era. Incluso cuando se le presentaban interrupciones, sabía que de a poco se va lejos. "Un poco también es bueno". Estudiaba entonces ese poco... y luego algo más... y más.... "Y así salí de mi desesperanza y me volví diligente y productivo en el estudio".

El Rebe también le enseñó a Reb Noson que no es necesario

que uno se apegue a una sola página hasta haber comprendido todos sus detalles. Frecuentemente sucede que uno llega a preguntas que no puede resolver de manera inmediata. En general la gente malgasta un tiempo muy valioso dedicándose a una larga y vana búsqueda de la respuesta llegando, como resultado, a despreciar incluso el estudio. "Recorre mucho terreno", enseñó el Rebe, "y el conocimiento amplio que adquirirás te ayudará a comprender más tarde lo que no pudiste comprender ahora". Después de todo, "La Torá es pobre aquí pero rica en otra parte" (*Ierushalmi, Rosh HaShaná* 3:5). Muy probablemente, al volver al texto se podrán ver con facilidad las respuestas a los problemas que allí se dejaron anotados (*Avenea Barzel* p.78, #65).

Pero aun así Reb Noson se desanimó cuando no pudo completar el régimen de estudio. Escribe lo siguiente:

> No me sentía bien por ello, pero cierta vez, cuando le hablé al Rebe sobre el tema él me tranquilizó diciendo: "En verdad esto es algo único en nosotros, el hecho de que queramos terminar todo rápidamente. En cuanto al resto del mundo, ellos pueden pasar tres o cuatro años en vacuidades y no ganar nada en absoluto de su tarea".
>
> Lo que él quería transmitir era que uno no puede nunca forzar el tema, no importa cuánto desee terminar todo de una vez. Si uno ve que es imposible y que los obstáculos surgen por todos lados, no debe dejar que eso lo desvíe de su objetivo. Con calma debe hacer lo que pueda, esperando la ayuda de Dios, hasta que al final logre completar la tarea.
>
> Todo aquél que así lo desee, podrá recibir una importante guía y aliento sobre cómo servir a Dios con determinación y vigor, mientras que, al mismo tiempo, no deberá forzar las cosas ni abandonar si las cosas no suceden como uno quiere. Siempre es necesario ser pacientes y esperar... y esperar... y esperar... hasta que Dios mire desde el Cielo y vea. Con la ayuda de Dios este consejo me ha ayudado grandemente y aún espero la ayuda de Dios con confianza, porque yo sé que finalmente Dios terminará las cosas para mí (*Tzadik* #435).

El consejo simple y directo del Rebe también guió a Reb Noson en sus otras devociones. Escribe:

> Cierta vez estaba hablando con él sobre la confusión y la

depresión que experimentaba cuando trataba de realizar ciertas mitzvot, tales como el lavado de las manos antes de comer pan. Me venían a la mente toda clase de dudas sobre si había cumplido con mi obligación de la manera adecuada.

"Ya te he dicho", replicó el Rebe, "que no debes prestarles atención a tales pensamientos". Hablé durante largo rato con él sobre esos problemas y le dije que el hecho mismo de que *yo sabía* que no debía prestarles atención a tales pensamientos era en sí mismo una fuente de ansiedad. Él dijo: "¡No te pongas a pensar en absoluto!".

Éste es un notable consejo que se aplica a todas las áreas de la vida. Sucede muy a menudo que la gente se siente abrumada por pensamientos confusos y que, cuanto más trata de sacarlos de su mente, más insistentes se vuelven. Lo mejor es no comenzar a pensar en ello: uno debe ignorarlos por completo y simplemente hacer su parte y continuar con lo que estaba haciendo (*Tzadik* #506).

En otra ocasión le estaba hablando al Rebe sobre mis problemas personales y le dije con amargura, "'Cansado estoy de clamar, mi garganta está seca, desfallecen mis ojos esperando a mi Dios' (Salmos 69:4)". El Rebe levantó la mano y dijo con suavidad: "Si es así, ¿qué se puede hacer?", pues está prohibido cuestionar los caminos de Dios, y en verdad Dios es recto. Luego me dijo, "Si el rey David dijo, 'Cansado estoy de clamar, mi garganta está seca', seguramente lo decía de manera literal: ya había llorado tanto que estaba físicamente exhausto y su garganta estaba literalmente seca. Pero en cuanto a ti, gracias a Dios, aún tienes fuerza..." (*Ibid.* #545).

El Rebe también compartió algunos de sus propios problemas con Reb Noson, para alentarlo con su ejemplo. En una ocasión el Rebe le dijo a Reb Noson: "El viernes pasado por la noche lloré amargamente. ¿Por qué todo lo que hago tiene que ser tan difícil?". Dijo que cada día, al levantarse, le era imposible abrir la boca y no podía comenzar con la plegaria. Reb Noson estaba totalmente asombrado por ello. Escribe:

> Si un Tzadik tan tremendamente santo como el Rebe tenía que hacer tal esfuerzo con cada plegaria y con cada acción santa, debiendo enfrentar los más serios obstáculos antes de poder hacer algo, cuánto más, personas como nosotros, debemos esforzarnos

con toda nuestra energía cuando llega el momento de hacer algo concerniente a la religión, y en especial a la plegaria. Debemos luchar, trabajar y esforzarnos día a día, especialmente cuando tratamos de orar, que es algo que a la mayoría de la gente le resulta muy difícil. Debemos utilizar toda nuestra energía y forzarnos de todas las maneras posibles con la esperanza de que podamos ser capaces de expresar al menos algunas pocas palabras de verdadera plegaria (*Tzadik* #136).

*

Ese año, poco después de Jánuca (diciembre de 1803), el Rebe Najmán le dijo a Reb Noson que debía incrementar el estudio del *Shuljan Aruj*. El Rebe lo estaba iniciando a la redacción de sus propios discursos originales de Torá (en los cuales utilizó las lecciones del Rebe para iluminar las leyes del *Shuljan Aruj*). El Rebe le sugirió que leyese, diariamente, cinco páginas del *Shuljan Aruj* con sus comentarios, completando así toda la obra en el lapso de un año. Aparentemente el Rebe quería que estuviese especialmente familiarizado con los Códigos y lo instruyó, por lo tanto, a que los estudiase con un ritmo rápido. Reb Noson pudo cumplir con ello durante medio año, en el cual completó *Oraj Jaim* y la mayor parte de *Iore Dea*, pero luego se presentaron varios obstáculos y se vio forzado a disminuir el ritmo.

El programa de estudios de Reb Noson era tan pesado que se veía muy presionado para cumplirlo, pero aun así el Rebe le dijo que debía tomarse un tiempo, cada día, para hablar con la gente. Quizás eso también estaba conectado con su futuro papel, pues necesitaría ser capaz de comunicarse con la gente. También era una manera de descansar la mente luego de un estudio tan intenso.[1]
Aun así, Reb Noson estaba perplejo. Le preguntó al Rebe:

"¿Debo hablar con ellos sobre el servicio a Dios?".
"¡Sí!".
"Pero no sé qué es lo que le preocupa a la otra persona".
"No necesitas saberlo".
"Entonces, ¿de qué manera puedo ayudarla?".
"¿Qué tiene eso que ver contigo?", respondió el Rebe.

Reb Noson comprendió entonces que el Rebe quería decir

que cada vez que alguien habla con otra persona sobre el servicio a Dios, *siempre* logra algo (*Tzadik* #325).

Cierta vez, durante el verano de 1804, Reb Noson se sintió compelido a viajar a Breslov. Fue junto con su amigo, Reb Naftalí. El Rebe le dijo a Reb Noson, "Yo te traje aquí... porque quería decirte que comenzases una nueva devoción. Quiero que comiences a estudiar el *Etz Jaim* ("Árbol de Vida", la obra más importante de la Kabalá del Ari)". Reb Noson le dijo, "Pero, ¿qué sucede si no lo comprendo?". El Rebe le respondió, "Estudia. Allí donde no entiendas haz una marca. La segunda vez que vuelvas a leerlo, verás que podrás borrar algunas de esas marcas. Y así será cada vez, hasta que finalmente habrás borrado todas las marcas" (*Imei Moharnat* I, #4; *Siaj Sarfei Kodesh* I-137).

El embarcarse en un estudio serio de la Kabalá fue un paso importante en el desarrollo de Reb Noson. Poco antes de haberse acercado al Rebe Najmán, el Rebe le había dicho que anhelaba tener un discípulo que fuera erudito y estuviese dotado, a la vez, de un notable poder de lenguaje. Entonces podría explicar los escritos del Ari con tanta claridad que incluso la gente joven que supiese cómo tomar un libro y comprenderlo sería capaz de estudiar y entender todos los escritos del Ari (*Tzadik* #363).

* * *

11

El Escriba

La lección del Rebe Najmán dada en el Rosh HaShaná del año 5565 (6 de septiembre de 1804), hablaba sobre cómo aquél que quiera enseñar Torá deberá primero derramar su corazón con palabras apasionadas y rogar a Dios con "palabras encendidas como carbones ardientes", hasta despertar el Corazón Supremo, la fuente de todas las enseñanzas de Torá, y hacer que fluyan esas enseñanzas - "Él abrió la roca y las aguas brotaron" (Salmos 105:41) (*Likutey Moharán* I, 20).

Reb Noson describe cómo fue dada esa lección:

> En Rosh HaShaná el Rebe solía empezar la lección a la tarde del primer día, justo al comienzo de la segunda noche. Estaba oscureciendo. Yo estaba sentado muy cerca de él, observándolo cuidadosamente. Pude ver que estaba diciendo las palabras "Nueve preciosas reparaciones les fueron dadas a la barba" (*Zohar* II, 177) con la mayor intensidad y temor, temblando y tiritando. Varias veces jaló de su barba con fuerza, cosa que es imposible describir. Cierta vez el Rebe comentó que antes de decir la primera palabra de una lección sentía que iba a fallecer (*Tzadik* #141).

La lección habla de la gran santidad de la Tierra de Israel y la importancia de anhelar estar allí. Dijo el Rebe: "Todo aquél que quiera ser un judío -lo que significa elevarse constantemente de un nivel a otro- sólo podrá lograrlo a través de la Tierra de Israel. Ésta es la victoria más importante".

Luego de la lección, Reb Noson le preguntó al Rebe, "¿A cuál aspecto de la Tierra Santa te refieres?". Dijo el Rebe Najmán, "Me refiero a Israel, literalmente, con sus casas y edificios". El Rebe dijo que cada judío debía ir a la Tierra Santa. Aunque tenga que enfrentar los obstáculos más difíciles, uno debe anhelar y desear visitar la Tierra Santa al menos una vez en su vida. Debe desear viajar allí a pie, tal como hizo nuestro padre Abraham.

Luego de concluir la lección, el Rebe Najmán dijo: "Hoy hablé sobre el fuego y el agua" (*Tzadik* #141). Reb Noson dijo que cuando oyó al Rebe dar esa lección sintió truenos y relámpagos en su cabeza (*Avenea Barzel* p.45, #68). Esto encendió en él un ardiente deseo por viajar a la Tierra Santa. Quería partir inmediatamente pero dejó de lado ese pensamiento. "Después de todo", pensó, "¿cómo puedo dejar al Rebe durante tanto tiempo?" (*Imei Moharnat* II, #2). Pero la idea del peregrinaje a la Tierra Santa nunca estuvo lejos de su mente, y finalmente se materializó unos diecisiete años más tarde.

Pocos días después de Rosh HaShaná, el Rebe Najmán enseñó inesperadamente otra lección importante (*Likutey Moharán* I, 22). Escribe Reb Noson:

> El Rebe había estado sentado con nosotros y le había pedido a alguien que trajese aceite de oliva y una mecha y que preparase una lámpara. Entonces él mismo encendió la lámpara tal como solía hacer de vez en cuando: de pronto encendía una lámpara de aceite de oliva, evidentemente para endulzar los juicios severos. Luego de encender la lámpara que estaba cerca de la mesa, el Rebe habló con nosotros con gran temor. De pronto pidió una copia de *Slijot*. Le trajeron un libro, lo abrió y recitó parte de una de las *Slijot* de Iom Kipur.
>
> Todo esto sucedió frente a nosotros: estábamos de pie a su alrededor y él estaba sentado en la silla cerca de la mesa, en su habitación. Comenzó entonces a hablar sobre el Jardín del Edén y Guehinom, y cómo ambos están en este mundo. Fue pasando de tema en tema hasta que completó toda la lección. Le llevó cerca de cuatro horas. Lo que sucedió en ese tiempo es imposible de relatar por escrito. ¡Feliz de la hora, feliz del momento en que estuvimos delante de él! Más tarde, en el Shabat posterior a Sukot, dijo que en aras de esa lección le había dado mil monedas de oro al guardián de la entrada de los ámbitos superiores (*Tzadik* #139).

Oír esa lección marcó un momento de inflexión muy importante en la comprensión de Reb Noson de la característica única de las enseñanzas del Rebe Najmán.

> Previamente, cuando oí la lección "Vi un candelabro de oro" (*Likutey Moharán* I, 8), pensé que las enseñanzas del Rebe eran similares a las del santo rabí Shimshon de Ostropol, de bendita memoria. Pero cuando oí esta lección puede comprobar que las enseñanzas del Rebe era total y absolutamente originales (*Siaj Sarfei Kodesh* I-690).[1]

El mes siguiente Reb Noson terminó de decir *kadish* por su madre. El día anterior, el Rebe Najmán había enseñado una lección en la cual entretejió el concepto del *kadish* (*Likutey Mohorán* I, 177). Al día siguiente, Reb Noson le preguntó al Rebe qué es lo que podía hacer para beneficiar el alma de su madre. El Rebe Najmán sabía que Reb Noson tenía que recitar una cierta bendición en ese momento y le dijo simplemente que recitase la bendición con sinceridad (*Avenea Barzel* p.71, #57).

Durante el curso del invierno siguiente, el Rebe llevó a Reb Noson un paso más adelante hacia el desarrollo de sus propias enseñanzas de Torá. La lección de Jánuca del Rebe incluía el tratamiento del papel de la imaginación en el desarrollo de ideas de Torá y la necesidad de protegerse para evitar ser engañado por conceptos falsos, especialmente aquellos que parecen plausibles a primera vista (*Likutey Mohorán* I, 54). El Rebe les dijo a sus seguidores: "Ya les he dado poderes de imaginación buenos y puros, ahora tienen permitido desarrollar ideas originales de Torá. Lo que yo comprendo a través de la sabiduría, ahora ustedes pueden aprehenderlo a través de sus poderes de imaginación".

Luego de dar esa lección, el Rebe instruyó a Reb Noson para que comenzase a desarrollar sus propias ideas de Torá. Por el momento no debía registrarlas por escrito, pero sus ideas y perspectivas se volvieron la base de los discursos que conforman su *Likutey Halajot* (*Biur HaLikutim* 54:4). El Rebe dijo que originar ideas de Torá es una manera de enmendar los pensamientos impuros, agregando que también es muy bueno incluso decir una sola palabra original. También dijo que eso beneficia las almas de los padres fallecidos y de los ancestros (*Tzadik* #521).[2]

Pero Reb Noson aún debía enfrentar muchas más tentativas dirigidas a alejarlo del camino que había elegido. Hacía cerca de un año y medio que su padre había aceptado ayudarlo financieramente, pero los negocios de Reb Naftalí Hertz estaban menguando y su ingreso se veía seriamente reducido. En esas circunstancias, el suegro de Reb Noson, el rabí David Zvi Orbach, lo urgió a tomar un puesto de rav.

Reb Noson se volvió al Rebe pidiéndole consejo. El Rebe le dijo que aceptase el cargo. Reb Noson le dijo al Rebe que temía esa tremenda responsabilidad. El Rebe le dijo, "¡¿Quién más debería ser un rav sino aquél que siente temor?!". Reb Noson le preguntó entonces:

"¿Es esto el *emes*- es lo correcto para mí?".
"¡Sí!" dijo el Rebe.
Reb Noson lo presionó:
"Pero, ¿es el *emeser emes* - es *realmente* lo correcto para mí?".
"¿Quieres la verdadera verdad?", respondió el Rebe. "Entonces no te vuelvas un rav" (*Siaj Sarfei Kodesh* I-175).

Reb Noson escribió más tarde que le agradecía a Dios haberlo salvado de tomar ese puesto, dado que le habría dificultado su propio crecimiento espiritual y la subsecuente difusión de las enseñanzas del Rebe Najmán.

*

Desde el momento en que Reb Noson se volvió seguidor del Rebe fue registrando por escrito la mayor parte de sus lecciones y muchas de sus conversaciones. En febrero de 1805 el Rebe le dijo a Reb Noson que hiciese una copia de todas las lecciones que tenía en forma manuscrita y las encuadernase en un volumen. Por el momento el Rebe no quería imprimir sus lecciones: aún deseaba que estuviesen ocultas de los que no eran sus seguidores. Sin embargo las quería accesibles para sus jasidim. Por espacio de tres meses Reb Noson trabajó con su amigo, Reb Naftalí. Reb Naftalí solía leer las lecciones palabra por palabra mientras Reb Noson las copiaba. Terminaron poco antes de Shavuot (mes de mayo).

Ese mismo año el Rebe le pidió a Reb Noson que recolectase los consejos prácticos contenidos en sus lecciones. Luego de escribir algunas páginas se las mostró al Rebe, quien no estuvo satisfecho. Reb Noson tomó entonces un camino diferente y el resultado de sus esfuerzos formó la base del *Kitzur Likutey Moharán* ("Resumen del Likutey Moharán"), que explica las ideas más importantes y los consejos espirituales prácticos contenidos en cada una de las lecciones del Rebe Najmán, tal cual están impresas en el *Likutey Moharán*. Cuando el Rebe vio la nueva versión estuvo satisfecho con ella. Como explicó más tarde Reb Noson en su introducción al *Kitzur Likutey Moharán*, el propósito subyacente de todas las enseñanzas del Rebe es llevar a la gente hacia la práctica, "porque lo más importante no es el estudio sino la acción" (*Avot* 1:17).

*

Justo antes de Rosh Jodesh Nisán del año 5565 (marzo de 1805), nació Reb Shlomo Efraím, el hijo del Rebe Najmán. El Rebe tenía las esperanzas más grandes para ese niño, indicando que su alma era muy exaltada y que sería de gran beneficio para el mundo. Reb Noson y otros seguidores del Rebe llegaron a Breslov el día antes del nacimiento de Reb Shlomo Efraím y se quedaron allí hasta unos días después del *brit*. El Rebe Najmán mismo fue el *sandek* y el *mohel*, y le dio a Reb Noson el honor de la *periá*.[3]

El Shabat antes del *brit* la gente llegó a presentar sus respetos al Rebe en el acostumbrado *shalom zajar*. Luego que la mayoría hubo partido, Reb Noson y unos pocos permanecieron allí.

Escribe Reb Noson:

> El Rebe vio que mi zapato estaba muy deformado. El talón estaba tan torcido que estaba girado hacia delante. El Rebe dijo, "Tu zapato tiene un rostro como una cachetada en la cara". Luego quedó en silencio durante un tiempo. Ciertamente sabíamos que nada de lo que decía era simple y que todas sus palabras contenían profundos secretos. Dijo entonces, "¡Nuestras conversaciones casuales!", haciendo hincapié en la palabra *nuestras*. "Que algún místico me diga cómo es que ese comentario contiene todas las intenciones místicas de la circuncisión y cosas que son superiores a las intenciones místicas".
>
> Las palabras comenzaron a fluir de sus labios con tremenda gracia y santidad... Mencionó varios comentarios de los Sabios implicando la idea de sandalias, todas las cuales apuntaban a cómo el concepto de la sandalia contiene profundos secretos de Torá. Su referencia a una cachetada en la cara toca el concepto del abuso del Pacto y del remedio para ello, que está unido con la idea de la circuncisión - el signo del Pacto.
>
> Entonces dio una lección completa (*Likutey Moharán* I, 63). Ninguno de nosotros sabía aún cuán lejos alcanzaba. Él no explicó la relación entre las diferentes partes de la lección. Todo fue presentado de manera alusiva en una sucesión de brillantes

chispas. Pudimos ver con nuestros propios ojos las maravillas del Creador y cómo incluso los comentarios casuales de los verdaderos Tzadikim incluyen profundos secretos como esos. Que Dios nos otorgue el mérito de comprender todo esto de manera completa (*Imei Moharnat* I, #5).

Aparte de las intenciones profundas de la lección, su significado superficial contenía un mensaje personal dirigido a Reb Noson, cuyo zapato torcido de alguna manera molestó al Rebe Najmán. Los Sabios enseñan precisamente que un estudioso de Torá no debe caminar por la calle con zapatos remendados (*Berajot* 43b). El Rebe le estaba dando a Reb Noson una cachetada en la cara de manera figurativa, especialmente en vista de su futuro papel como líder, lo cual también se encuentra aludido en la lección. El "sabio de la generación" es descrito allí como una "hormiga": la hormiga es un insecto notable por su diligencia, una cualidad que el Rebe Najmán apreciaba en especial en Reb Noson, diciendo que ciertamente debido a ello llegaría a ser un líder del pueblo judío.[4]

*

Entre Pesaj y Shavuot Reb Noson y Reb Naftalí visitaron seguido al Rebe, quien comenzó a mostrar cierto disgusto por sus visitas frecuentes. Eso les produjo cierta angustia pues finalmente ya no debían enfrentar obstáculos en sus hogares y tenían la libertad de visitar al Rebe a voluntad, pero ahora tenían que sopesar cada viaje en caso de que el Rebe se enojase. Aun así, también superaron ese obstáculo y continuaron visitándolo.

Luego de estar con el Rebe en Shavuot Reb Noson volvió a su hogar en Nemirov, pero ocho días después se sintió extremadamente "aletargado" en sus devociones y deseaba mucho volver a ver al Rebe. Sin embargo temía ir en caso de que el Rebe se disgustase. Finalmente se le ocurrió la idea de que iría a Breslov para encuadernar el manuscrito de las enseñanzas del Rebe. Después de todo, se dijo, el Rebe le había dicho explícitamente que no encuadernase el libro en Nemirov debido a los muchos opositores del Rebe que allí había. Reb Noson ahora tenía un motivo válido para viajar a Breslov, y pensó que mientras estuviese allí podría hablar con el Rebe.

Reb Noson llegó a Breslov temprano el viernes por la mañana, pero temía ir a ver al Rebe. Sin embargo, al salir de su habitación, el Rebe vio a Reb Noson y le preguntó por qué había ido. Reb Noson le dijo que quería encargarse de la encuadernación del libro. "¿Para eso viniste a Breslov?", preguntó el Rebe. Reb Noson no dijo nada por temor y respeto al Rebe.

Reb Noson fue entonces a casa del encuadernador, pensando que pasaría allí todo el día hasta el Shabat, controlando su trabajo - el Rebe había advertido de cuidar que los "de afuera" no vieran sus enseñanzas. Escribe Reb Noson:

> Pero la bondad y la misericordia del Rebe eran infinitas. Si él me alejaba un poco con su mano izquierda, me acercaba mucho más con su mano derecha, y en verdad, incluso su alejar era en realidad una asombrosa manera de acercar si uno realmente quería la verdad. De pronto envió a uno de sus seguidores a casa del encuadernador para que se quedase allí en mi lugar y me dijese de ir a verlo. Fui corriendo a la casa del Rebe quien estaba en su pequeña habitación junto al *beit midrash*. Se sentó en la cama y habló conmigo durante mucho tiempo con la mayor calidez y bondad, haciendo todo lo posible para alegrarme y dándome un gran consuelo y aliento. Sus palabras eran tan puras y placenteras, más dulces que la miel más dulce...
>
> Todo ese día el Rebe se quedó en su hogar conversando conmigo. No fue a la *mikve* sino hasta poco antes del atardecer, aunque su costumbre en *Erev Shabat* era ir al mediodía. Se explayó diciendo, "Qué difícil es ser una figura pública y un líder" - cuánto hay que sufrir, debiendo cargar con toda la responsabilidad sobre los hombros. "Ustedes piensan que la encuadernación de este libro no es muy importante. ¡Pero cuántos mundos dependen de ello!".
>
> Fue entonces que comencé a tener un atisbo de comprensión de la tremenda grandeza de todo lo que estaba conectado con sus libros y enseñanzas, al punto de que el solo hecho de encuadernar un libro era algo de lo cual dependían tantos mundos.
>
> Debido a los atrasos en la encuadernación, el trabajo recién estuvo terminado el jueves siguiente. El Rebe conversaba conmigo diariamente, durante largas tiradas. Todo lo que dijo era para alentarme y darme alegría. Dijo que incluso aunque alguien esté enfermo y yaciendo en cama, es necesario alentarlo y decirle que no se desanime, porque tener una actitud positiva es precisamente

lo que lo hace mejorar.

Me dijo que debía tener una actitud lo más positiva y alegre posible. "¿Estás deprimido? Tú, de todos los demás, deberías estar especialmente alegre, siempre. ¿Te dejarás hundir? ¡Mucho va a suceder! ¡Mantente firme, hermano mío! Dios está contigo. ¡No temas!" (*Tzadik* #371).

Cuando finalmente se terminó la encuadernación del libro, Reb Noson se lo llevó al Rebe quien nuevamente lo volvió a alentar. El Rebe le dijo a Reb Noson: "Aún no estás contento. Pero llegará un tiempo en que sabrás de mi grandeza". El Rebe entonces le reveló a Reb Noson por primera vez que había escrito otro libro en un plano mucho más elevado. Ése era el libro conocido ahora como el *Sefer HaNisraf*, "El Libro Quemado", del cual el Rebe dijo que nadie podía comprenderlo excepto aquél que fuese un Tzadik tan grande como para ser la luz guía de su generación y al mismo tiempo tan erudito como para estar plenamente versado en las siete sabidurías. Reb Noson transcribió más tarde esa obra, aunque finalmente el Rebe Najmán ordenó que fuese quemada, como veremos más adelante (Capítulo 16).

*

Mientras estuvo en Breslov esperando la encuadernación de las lecciones del Rebe, Reb Noson también se enteró de otro fruto muy importante de los esfuerzos del Rebe. Ése era el *Tikún HaKlalí*, el "Remedio General", que el Rebe había comenzado a revelar poco antes de la llegada de Reb Noson a Breslov el viernes anterior. El Rebe había enseñado que el remedio para una emisión nocturna era recitar diez salmos (*Likutey Moharán* I, 205), aunque en ese momento no reveló cuáles eran esos salmos. Simplemente dijo que sería deseable establecer cuáles diez salmos incluían específicamente a la diez clases de melodías sobre las que se basa el libro de los Salmos. (No fue sino hasta 1810 que el Rebe reveló cuáles eran esos diez salmos[5]). Reb Noson oyó hablar por primera vez sobre esa enseñanza por boca del yerno del Rebe, Reb Ioske,[6] y luego escuchó más detalles del Rebe mismo.

Escribe Reb Noson:

Durante ese mismo período el Rebe también me habló sobre su gran dolor y sufrimiento, especialmente debido a su nieta, quien estaba entonces gravemente enferma de varicela o sarampión. Me dijo que sentía cada uno de los dolores de la niña en su propio corazón, y que él mismo voluntariamente sufriría la enfermedad en lugar de ella.

Continuó diciendo que todos sus sufrimientos estaban relacionados con las maneras inescrutables de Dios, que él había tratado en su enseñanza de ese Shavuot (*Likutey Moharán* I, 56:11). Habló entonces de la historia que se encuentra en el *Sivjei HaAri* ("Alabanzas del Ari") sobre cómo el rabí Jaim Vital presionó cierta vez al Ari para que le revelase un secreto en particular, pero que el Ari no quería hacerlo, diciendo que de hacerlo se pondría en peligro. El rabí Jaim Vital continuó presionando al Ari hasta que finalmente se vio forzado a revelarlo, diciendo que sólo había venido al mundo para rectificar el alma del rabí Jaim Vital. Inmediatamente después el hijo del Ari enfermó y falleció como resultado de ello.

¿Cómo es posible comprender esto? El Ari se vio forzado a revelar el secreto porque el rabí Jaim Vital lo presionó, pero aun así fue castigado por hacerlo. Éste es un ejemplo de las inescrutables maneras de Dios. El Rebe continuó diciendo que todo el sufrimiento con sus hijos se debió a que estaba trabajando con nosotros para tratar de acercarnos a Dios. Sus intenciones eran puras y era ciertamente voluntad de Dios el que él trabajase para acercarnos, pero incluso así debía sufrir a causa de ello (*Imei Moharnat* I, #9).

Estos comentarios de Reb Noson nos dan una idea reveladora de la manera en la cual estaba comenzando a ver al Rebe Najmán en ese momento. Al volverse seguidor del Rebe, unos dos años y medio antes, había estado buscando un mentor que lo guiase en su propio camino de crecimiento espiritual y de servicio a Dios. Pero cuanto más conocía íntimamente al Rebe y a sus enseñanzas, más comenzaba a reconocer lo importante que era el Rebe para todo el pueblo judío. Esto fue especialmente así en ese momento, al trabajar para encuadernar las enseñanzas del Rebe y al escuchar sobre el *Tikún HaKlalí* y el *Sefer HaNisraf*. Ya no era cuestión de que las enseñanzas del Rebe Najmán iluminarían el mundo privado de Reb Noson. Como escribió Reb Noson, "Comencé a tener un atisbo de comprensión de la tremenda grandeza de todo aquéllo conectado con sus libros y enseñanzas...".

La comparación del Rebe Najmán con el Ari es significativa. El Ari fue el primero que tuvo permiso para explicar la Kabalá como un sistema completo. Antes de su tiempo, la Kabalá sólo era tratada en términos altamente esotéricos y sólo entre pequeños grupos de iniciados. El Ari abrió la puerta para todos, pero lo hizo a un gran costo personal. Por cada secreto que revelaba debía pagar un alto precio en sufrimiento.

El Rebe Najmán también sufrió terriblemente durante toda su vida. Perdió cuatro hijos y a su esposa. Enfrentó una amarga oposición por parte del Zeide de Shpola. Y hubo de soportar las agonías de la tuberculosis durante tres años antes de sucumbir finalmente a la edad de 38 años y medio. Reb Noson estaba comenzando comprender que, tal como el Ari había sufrido, de la misma manera estaba sufriendo el Rebe Najmán - debido a que estaba revelando enseñanzas de Torá que no solamente eran dirigidas a sus seguidores inmediatos sino destinadas a llevar a todo Israel al reconocimiento de Dios y a la aceptación de Su reinado.

El Rebe Najmán enseñó cierta vez que el Tzadik puede invocar la voluntad de Dios para ayudar a una persona en sus devociones, aunque esa persona haya actuado de una manera que la habría hecho merecedora del rechazo. Aun así, el Tzadik puede despertar el amor de Dios y hacer que Él la acerque y la ayude a servir a Dios. Pero el Tzadik no puede pedirle a Dios que haga todo Él Mismo. La persona debe tomar la iniciativa y *actuar* (*Tzadik* #330).

La pregunta es: ¿qué puede movilizar a la gente a tomar los pasos necesarios? ¿Qué puede llevarlos a reconocer a Dios? En época del Rebe Najmán, el sendero tradicional de la devoción se había oscurecido debido a las innumerables trampas y dificultades resultado de las controversias entre los jasidim y los mitnagdim. Además, la creciente influencia de las ideologías seculares estaba haciendo cada vez más difícil que muchos judíos vieran algún sentido o relevancia en su herencia.

Lo que el Rebe quería hacer era crear nuevos vehículos para sobrepasar las barreras de la gente y canalizar todo el poder terapéutico de la Torá hacia aquéllos afligidos con las formas más extremas de la enfermedad espiritual y de la alienación. El objetivo del Rebe era revelar la Divinidad de todas las maneras posibles, así fuese a través de lecciones de Torá, de dichos, parábolas, cuentos, canciones e incluso mediante las simples conversaciones cotidianas.

Pero para tener éxito, necesitaba de alguien que pudiera comprender su significado e intención y lo registrase para las generaciones venideras. Reb Noson era esa persona. En verdad, cuanto más conocía íntimamente al Rebe Najmán, más comprendía que cada una de sus palabras tenía el poder de impactar sobre todas las generaciones subsiguientes. Esto hizo que Reb Noson pusiese mucho más celo en registrar todo lo que oía del Rebe.[7]

Escribe Reb Noson:

> Él dijo que no quería que ninguna de las enseñanzas que reveló antes de su visita a la Tierra Santa fuese incluida en sus libros, sino sólo aquéllas que dio después. Y en cuanto a éstas, todas deberían ser registradas por escrito, incluso sus conversaciones casuales: todo debería ser puesto por escrito. Muchas veces nos dijo que registrásemos cada conversación que escuchásemos de él. "Cuando algo está escrito en un libro", dijo, "si la persona no lo recuerda hoy puede volver a mirarlo y volver a aprender de ello en otro momento. Pero las cosas que ustedes oyen de mis labios nunca más las volverán a escuchar. De modo que deben asegurarse de recordar cada palabra y de escribir todo, cada conversación, cada historia... Todo". Fue debido a esto que comencé a pasar por escrito algunas de las cosas que le escuché decir personalmente o de segunda mano, pero todo esto no fue más que una pequeña fracción (*Tzadik* #357).
>
> Pudimos escuchar muchas de sus lecciones a lo largo del año, aunque nunca en un momento predeterminado. Cualquier momento podía ser una oportunidad para que Dios nos hiciera dignos de oír de sus labios las más extraordinarias lecciones. A veces podía ser un viernes por la noche o el Shabat por la mañana, o luego de la partida del Shabat, después de la *havdalá*. Otras veces podía ser durante la semana. Muchas veces sucedía que a continuación de sus conversaciones sobre temas mundanos, sobre sucesos corrientes, etc. -pues él solía hablar mucho con nosotros sobre estas cosas y nosotros, por nuestro lado, decíamos aquéllo que se nos ocurría en el momento- escuchábamos de él muchas

enseñanzas de Torá que estaban conectadas a todo lo que habíamos estado hablando. Esto sucedía muy seguido.

Finalmente comenzamos a percibir con nuestros propios ojos que todo lo que él decía era totalmente Torá, incluso sus conversaciones cotidianas. Cada vez que prestábamos atención a lo que estaba diciendo comprendíamos que cada palabra contenía extraordinarias enseñanzas. Finalmente comenzamos a registrar por escrito algunas de sus conversaciones, pero esto fue menos que una pequeña fracción. Feliz el momento, feliz la hora, feliz el tiempo en que fuimos dignos de estar ante él y oir sus palabras. ¡Si pudiéramos tener una hora como ésas ahora! Nos arrastraríamos por el barro por miles de kilómetros para ser dignos de estar delante de él y escuchar palabras de sus santos labios, pues ellas eran exaltadas por sobre toda santidad (*Tzadik* #23).

* * *

12

Los Dolores de Parto del Mashíaj

El año 5566 (1805-1806) fue uno de los más intensos en la vida de Reb Noson hasta ese momento. Pasó gran parte del tiempo con el Rebe, la mayoría transcribiendo sus lecciones y otras obras que él ya había escrito.

Luego de Sukot, Esther Shaindel dio a luz al segundo hijo de Reb Noson, a quien llamó Meir. Reb Noson deseaba viajar a Breslov para estar con el Rebe, pero se quedó en su hogar hasta después del *brit milá*. Cuando volvió a ver al Rebe, éste le dijo que debía comenzar a escribir sus propias ideas originales de Torá. El Rebe le mostró entonces por primera vez el *Sefer HaNisraf*, aunque ya le había comentado sobre el libro en Shavuot. El Rebe le leyó algunos capítulos. Reb Noson dijo, "Estaba anonadado, pero no comprendí nada en absoluto". Más tarde, durante ese invierno, Reb Noson transcribió parte del Sefer *HaNisraf*.

Cerca de Jánuca, Reb Noson se quedó en Breslov durante tres semanas. En esa época había terminado de transcribir *El Libro de los Atributos*, que había comenzado en el verano de 1803.

Escribe Reb Noson:

> Al pasar por escrito *El Libro de los Atributos* el Rebe me dictaba, a partir de sus notas y yo lo registraba. Llevó un largo tiempo finalizar la obra, porque cuando comenzamos sólo escribí cerca de medio folio luego de lo cual no hubo oportunidad de continuar hasta tres o cuatro meses más tarde. Entonces me senté con él y escribí un poco más, pero luego de esto no pudo hacerse nada más durante un período de cerca de dos años. Entonces, antes de Jánuca 5566 (1806) me quedé en Breslov durante tres semanas y fue allí que terminé de pasar en limpio *El Libro de los Atributos*. Cada día me sentaba con él a escribir durante varias horas, sin pausa, hasta que concluimos la obra, gracias a Dios. Para el Rebe era una tarea muy difícil, pero en su amor al pueblo judío ponía toda su fuerza en aquello que era útil para beneficiar a

la comunidad en su totalidad.

Hubo una ocasión en que pasé casi un día escribiendo mientras él me dictaba. Al anochecer me dijo, "Hagamos un recuento de lo que hemos hecho hoy. Muy bien, oramos y también estudiamos un poco. Y luego escribimos, y eso también es estudiar, pues pasar por escrito enseñanzas de Torá es considerado una forma de estudio". Entonces agregó, "Sea lo que fuere que deba lograr, siempre quiero hacerlo y terminarlo de inmediato, sin falta y no dejarlo para otro momento. Si hubiera sido posible completar la escritura de *El Libro de los Atributos* en un solo día con gusto lo habría hecho" (*Tzadik* #434).

Al comienzo del verano siguiente, el Rebe les dio a Reb Iudel y a Reb Shmuel Isaac la copia del *Sefer HaNisraf* escrita por Reb Noson, instruyéndolos para que viajasen por Ucrania, de pueblo en pueblo, leyendo un poco en cada lugar. También les dijo que tomasen secciones de la copia manuscrita de las lecciones que él había dado públicamente (subsecuentemente impresas en el *Likutey Moharán*) y que dejasen algunas páginas en cada pueblo.[1] Luego de Pesaj, el Rebe Najmán le dijo a Reb Noson que le había dado una gran mitzvá al hacerle transcribir el *Sefer HaNisraf*. El Rebe le dijo entonces, "¡Tu libro ha comenzado a impactar en el mundo!".[2]

En esa época el hijo del Rebe Najmán, Reb Shlomo Efraím, que había nacido el año anterior, enfermó de tuberculosis. El Rebe le urgió a Reb Noson a que orase por el niño, diciendo: "Sabía que cuando le di el libro a esos dos (Reb Iudel y Reb Shmuel Isaac) ellas (es decir, las fuerzas del mal) se prepararían para atacar a este pequeño niño. En el momento en que se los di le urgí a uno de ellos a que orase y pidiese por la vida del niño" (*Tzadik* #74).

Luego de Shavuot, el Rebe Najmán viajó a Medzeboz, a la tumba del Baal Shem Tov, para orar por su hijo y también por uno de sus seguidores, Reb Jaim Saras. Al volver de la tumba del Baal Shem Tov, el Rebe le dijo a Reb Jaim Saras, "Tuve éxito para ti, pero no para mí" (*Kojvei Or* p.61, #43). Reb Shlomo Efraím falleció antes de que el Rebe retornase a Breslov. Tenía un año y dos meses de edad.

La muerte del niño fue un tremendo golpe para el Rebe Najmán, quien había tenido la más altas espectativas para él. Luego del período de duelo, Reb Noson y Reb Naftalí visitaron al Rebe. Escribe Reb Noson:

> Nos habló sobre el tremendo dolor y sufrimiento que sentía, proveniente de todas partes, de dentro de él y del mundo externo. Estaba gravemente enfermo y sufría un intenso dolor físico. Al mismo tiempo tenía que enfrentar una incesante persecución, sin motivo alguno - pues sus oponentes habían inventado todo de lo que lo acusaban, y habían fraguado cosas que nunca entraron en su mente. Todo eso además de todas las otras agonías que estaba sufriendo, pues el Rebe era alguien que sufría constantemente.
>
> Mientras estaba hablando nos dijo, "¿Cómo pueden ustedes saber del gran desastre que es para el mundo la muerte de este niño? Todo mi corazón está quebrado y arrancado de su lugar". Las lágrimas comenzaron a caerle por las mejillas. Nos sentimos tan avergonzados de verlo llorar frente a nosotros que salimos con un sentimiento de desolación, como si el mundo entero hubiera sido destruido (ver *Avenea Barzel* p.30, #32).
>
> Al día siguiente, un viernes, el Rebe nos dijo que si no hubiéramos bajado tan de prisa él nos habría dicho algo muy hermoso. Ese viernes enseñó una hermosa lección de Torá (*Tzadik* #154).

Esa lección fue "El Jardín de las Almas", que habla sobre un campo que contiene los árboles y las hierbas más hermosas y agradables -éstas son las almas santas que allí crecen- y sobre el Señor del Campo, que cuida las almas, y del sufrimiento que debe soportar para rectificarlas (*Likutey Moharán* I, 65). Ésta fue la primera vez que el Rebe Najmán aludió a su papel en la rectificación de las almas, especialmente de aquéllos que ya habían fallecido. Y esto jugaría un papel muy importante en su eventual decisión de mudarse a Umán antes de su propio fallecimiento en el año 1810.[3]

El Rebe Najmán dijo que Mashíaj debía llegar en un lapso muy corto y que él conocía el año, el mes y el día exacto. Sin embargo ahora, debido al fallecimiento de su hijo, Mashíaj no vendría. Para el *brit* de Reb Shlomo Efraím, Reb Iudel había ido a visitar al Rebe llevando un abrigo nuevo. El Rebe se había dirigido a él con alegría y le había dicho, "¡Con este abrigo recibirás al Mashíaj!". Pero luego del fallecimiento del niño, el Rebe dijo, "Mashíaj no vendrá al menos dentro de los próximos cien años".

Reb Iudel dijo, "¡¿Pero tú me dijiste que yo recibiría al Mashíaj con este abrigo?!". El Rebe contestó, "Eso fue lo que dije en ese momento. Ahora digo algo diferente" (*Siaj Sarfei Kodesh* I-132).

*

Un día de ese verano, el Rebe les dijo de pronto a Reb Noson y a Reb Naftalí que debían viajar a Medzeboz, a la tumba del Baal Shem Tov, y detenerse en el camino en Berdichov para visitar al rabí Leví Itzjak. Llegaron a Berdichov un viernes y fueron directamente a ver al rabí Leví Itzjak, quien les dijo que era un momento difícil para él porque el Zeide de Shpola estaba en la ciudad. Ambos dejaron al rabí Leví Itzjak inmediatamente por temor a que les dijese que debían abandonar la ciudad incluso antes del Shabat. Reb Naftalí sugirió que en verdad debían irse pero Reb Noson insistió en quedarse. Dijo que si el Rebe los había enviado a Berdichov al mismo tiempo en que allí estaba el Zeide de Shpola, debía haber sido para impedir que el Shpola hiciera daño calumniando al Rebe frente al rabí Leví Itzjak, quien tenía al Rebe en muy alta estima.

Justo antes del Shabat Reb Noson y Reb Naftalí volvieron a casa del rabí Leví Itzjak, quien dijo, "¿Aún está aquí?". Ellos contestaron, "¿Cómo podríamos estar en Berdichov y no pasar el Shabat con usted?". El Rav de Berdichov amaba a Reb Noson y sentía un gran respeto por él y realmente estaba contento de verlo. Era costumbre que luego de la plegaria de la noche del viernes, la gente del pueblo esperase en el *shul* para saludar al Rav con "*gut Shabes*". Tan pronto como terminaron de orar el Rav preguntó por Reb Noson, "¿Dónde está Nosele?".

Durante la comida del Shabat, Reb Noson y Reb Naftalí esperaron a que el Shpola se sentase antes de elegir sus propios lugares. Uno se sentó frente al Zeide y el otro a su lado, para poder intervenir en caso de que el Shpola intentase calumniar al Rebe. Durante la comida, el Rav de Berdichov le dio a Reb Noson el honor de servir el vino. Con Reb Noson presente, el Shpola fue incapaz de difamar al Rebe Najmán. Lo mismo sucedió durante las tres comidas del Shabat y el día transcurrió apaciblemente.

El domingo por la mañana el Shpola fue a ver al rabí Leví

Itjak y comenzó a calumniar al Rebe Najmán. Entre otras cosas, le dijo que debido a que el Rebe quería que sus jasidim orasen con intensidad, permitía que se tomasen unos *shnapps* antes de *davening*. Luego de la partida del Shpola, Reb Noson y Reb Naftalí fueron a despedirse del rabí Leví Itzjak, quien les comentó lo que le había dicho el Shpola, aunque sin revelar la fuente. Reb Naftalí se enojó mucho. Tomando al Rav de las solapas, le dijo, "¡Rebe! ¿También usted? ¡¿También usted dice esto?!". El rabí Leví Itzjak comprendió que los cargos eran completamente falsos y dijo, "¡No! ¡No! Yo no digo esto. Otro lo dijo".

Luego que Reb Noson y Reb Naftalí dejaron Berdichov, el rabí Leví Itzjak les dijo a sus seguidores: "Nunca he visto jasidim que amaran tanto a su Rebe como ellos dos". En cuanto al Zeide, cuando volvió a Shpola encontró que un hombre lo estaba esperando. Le preguntó de dónde era. El hombre respondió que venía de Nemirov. El Zeide de Shpola le dijo, "En Nemirov ustedes tienen a 'los guardianes de la tierra'", refiriéndose a Reb Noson y a Reb Naftalí.[4]

*

El domingo 5 del mes de Av (19 de julio), el *iortzait* del Ari, el Rebe Najmán partió para su viaje anual de verano hacia Medvedevka y Tcherin. Reb Noson y Reb Naftalí lo acompañaron durante una parte del camino junto con el yerno del Rebe, Reb Ioske (marido de Odil) y otros dos seguidores de Teplik.

En el carruaje el Rebe comenzó a hablar sobre Rusia y continuó revelando lo que sucedería hasta la venida del Mashíaj y de ahí hasta la Resurrección. El Rebe habló sobre ello por cerca de dos horas. Reb Ioske estaba sentado junto al Rebe, mientras que los dos seguidores de Teplik estaban de pie, en los peldaños del carruaje, uno a cada lado, mirando al Rebe. El Rebe les advirtió a Reb Noson y a Reb Naftalí que no debían revelar nada de lo que habían oído, diciendo: "Doy fe de que los otros no repetirán una palabra". Más tarde, Reb Noson quiso repasar con Reb Ioske parte de lo que el Rebe había dicho, pero era claro que éste no tenía idea de lo que había estado diciendo el Rebe. Reb Ioske dijo que las únicas palabras que había escuchado eran "un árbol con hojas de oro". En cuanto a los dos hombres de Teplik, no habían escuchado nada.

Incluso Reb Noson olvidó mucho de lo que el Rebe dijo, pero registró en código todo lo que recordaba: el manuscrito fue conocido como *Meguilat Sesorim* ("El rollo de Secretos").[5] Luego que el Rebe retornó de su viaje, Reb Noson le contó sobre la alegría que había experimentado cuando él había revelado esos secretos y el Rebe le respondió que él también había sentido una gran alegría. Escribe Reb Noson:

> Yo le dije: "En verdad esto es muy bueno y hermoso pero, ¿cuándo será?". Él respondió, "El hecho mismo de haber hablado sobre ello es, en sí mismo, algo muy grande. Haber traído a una conversación de este mundo secretos que estaban ocultos en los lugares más profundos es, en sí mismo, algo muy grande" (*Imei Moharnat* I #11).

Años más tarde Reb Noson reveló algunos de los secretos del *Meguilat Sesorim*. Dijo, "Gog y Magog no fueron mencionados. Esto quiere decir que la guerra de Gog y Magog no será una conflagración física sino una guerra ideológica producida por la ola de ateísmo que va a invadir el mundo". Reb Noson también citó al Rebe Najmán: "Mashíaj conquistará el mundo entero sin un solo disparo".[6]

*

Durante su viaje a Medvedevka, el Rebe Najmán comenzó a relatar sus famosos cuentos. Les dijo a sus seguidores: "Mis lecciones y mis conversaciones con ustedes no están teniendo efecto alguno para hacerlos volver a Dios - de modo que ahora debo comenzar a relatar cuentos". Fue entonces que contó la historia de "La Princesa Perdida". Reb Noson no estaba con él en ese momento pero cuando el Rebe volvió a Breslov lo repitió para él.

Como escribió más tarde Reb Noson en su Introducción a la primera edición impresa de los cuentos: los relatos del Rebe "son en su mayor parte historias completamente nuevas que nunca antes han sido relatadas. El Rebe las creó en base a las elevadas percepciones que obtuvo mediante inspiración divina. Vestía sus percepciones con una historia en particular que, en sí misma, expresaba las tremendas y elevadas percepciones que él experimentara y que había visto en el lugar que había alcanzado".

Dijo el Rebe: "Estos cuentos son originales y tremendos: contienen mensajes profundos y ocultos. Son aptos para ser leídos en público y uno puede ponerse de pie en la sinagoga y contar cualquiera de ellos... Aquél que haya purificado su corazón y que sea experto en los textos sagrados, especialmente en la Kabalá, será capaz de comprender algunas de las alusiones de los cuentos. Ellos contienen las enseñanzas morales más inspiradoras y tienen el poder de despertar el corazón y de acercar a la persona hacia Dios". El Rebe también dijo cierta vez: "¿De qué puede quejarse la gente? Después de todo, son historias muy agradables..." (*Los Cuentos del Rabí Najmán*, Introducción).

Unas semanas después, en Rosh HaShaná 5567 (13 de septiembre de 1806), el Rebe dio una lección en la cual explicaba el poder de los cuentos para despertar a la gente. "Hay gente que parece estar sirviendo a Dios, pero Dios no siente ningún placer de sus devociones. Aunque oren y estudien, están 'dormidas': no utilizan su mente en todo su potencial". El Rebe explicó que cuanto más profundo es el sueño espiritual de la gente, más elevado es el nivel de los secretos de Torá necesarios para despertarla. Pero la única manera de superar las barreras de la gente y canalizar la intensa luz de la Torá hacia ellos, sin abrumarlos, es vestir los secretos de la Torá -la "Torá del Anciano"- en la forma de cuentos. Tales relatos son llamados "cuentos de la antigüedad" (*Likutey Moharán* I, 60).[7]

Todos los que oyeron al Rebe dar la lección se sintieron profundamente conmovidos. Cuando dijo "El sonido del shofar es un mensaje: 'Despierten, soñadores, de su sueño'", toda la asamblea gimió y prorrumpió en llanto, forzando al Rebe a detenerse durante un tiempo antes de poder continuar la lección. Más tarde hizo notar: "La gente dice que los cuentos pueden ayudar a dormir, pero yo digo que los cuentos pueden despertar a la gente de su sueño".

Reb Noson se quedó en Breslov hasta después de Iom Kipur, que estuvo conmocionado ese año. En la noche del *Kol Nidrei*[8], durante las plegarias, se desató un gran incendio en Breslov y muchas casas se quemaron. Hubo un gran tumulto cuando la gente corrió fuera del *shul* para salvar a sus familias y a todo lo que pudieran sacar de sus hogares. Más tarde, pese al hecho de que el incendio ya había sido controlado, la guardia civil entró al *shul*, golpeando brutalmente a la gente y forzándola a extinguir por completo el fuego.[9]

La noche siguiente, el Rebe dijo que en ese Iom Kipur había querido que Dios le revelase la Torá tal cual se la había dado a Moshé en el desierto. Tenía numerosos argumentos a favor de sus esfuerzos que, si hubieran sido puestos por escrito, habrían llenado muchas páginas. "Había hecho un gran plan", dijo el Rebe, "pero debido a ese fuego se vio frustrado". Más tarde el Rebe les hizo comprender a sus seguidores que debido a lo que había querido lograr en ese Iom Kipur, se había levantado Arriba una gran acusación en su contra, como resultado de la cual sufrió la enfermedad y el dolor que lo afligió después. "Y esto", dijo, "pese al hecho de que toda mi intención sólo fue en aras del Cielo".

* * *

13

El Exilio

El año anterior, el rabí David Zvi Orbach, el suegro de Reb Noson, había sido nombrado rabino en jefe del distrito de Mohilev. Antes de Rosh HaShaná Esther Shaindel viajó a Mohilev con sus hijos para pasar los *Iomim Noraim* con sus padres, a quienes no había visto por cerca de dos años. Luego de Iom Kipur, Reb Noson dejó Breslov y fue a Nemirov, desde donde viajó a Mohilev para unirse con su familia.

El Rebe Najmán había predicho que ese nuevo año vería mucha debilidad y enfermedades. Al salir de la *mikve* en Erev Iom Kipur, le dijo a su ayudante, "Estoy palpando mi cabeza para ver si aún estoy vivo", debido al sufrimiento que preveía. El viaje de Reb Noson de Nemirov a Mohilev, una distancia de cerca de cien kilómetros, le llevó dos días. Fue afortunado en no retrasarse más aún, porque a lo largo del camino fue testigo de la enfermedad prevista por el Rebe.[1]

Reb Noson esperaba que su suegro estuviese en casa para los *Iomim Tovim* y que él mismo pudiese retornar a Nemirov con Esther Shaindel y los niños después de Sukot. Sin embargo, el rabí David Zvi tuvo que quedarse en Kremenetz, donde también actuaba como rabino en jefe. Cuatro años antes, en 1802, fue la repetida postergación de la visita que el rabí David Zvi debía hacer a Nemirov lo que permitió que Reb Noson se volviese un jasid de Breslov. Irónicamente, el presente atraso del rabí David Zvi en Kremenetz hizo que Reb Noson tuviera que quedarse "en el exilio" en Mohilev por un periodo de cerca de dos años.

Ante el inminente retorno del rabí David Zvi, Reb Noson no tuvo más opción que permanecer en Mohilev y esperarlo. La situación de Reb Noson allí no era de envidiar. Como jasid en la casa del rabí David Zvi Orbach, el archi-mitnagued, Reb Noson se encontraba en medio de "territorio enemigo". La gran ventaja de Reb Noson sobre la oposición era su obstinación de hierro. Escribe lo siguiente:

> Los obstáculos y la oposición que debí enfrentar para poder llegar a ser un seguidor del Rebe y que ahora casi habían desaparecido, comenzaron a despertar nuevamente. En los primeros años mi padre había aplicado la presión financiera, pero ello no me quebró. Al ver mi compromiso en el servicio a Dios y el hecho de volverme un seguidor del Rebe, la oposición comenzó a disminuir. En verdad las presiones financieras fueron realmente una bendición disfrazada, dado que una vez que estuve en mi propia casa pude viajar a Breslov y ver al Rebe al menos una vez cada tres o cuatro semanas, y a veces más frecuentemente aún. Hubo veces en que me quedé con el Rebe durante largos períodos, oyendo las "palabras del Dios vivo" - enseñanzas de Torá y conversaciones nunca oídas anteriormente... que incluso hoy en día dan fuerza y aliento a todos aquéllos que desean recibir de ellas.
>
> Pero difícil como fue estar exilado en Mohilev, pues me era imposible visitar al Rebe de manera frecuente, estaba de hecho más capacitado para soportar las presiones en mi contra. Esto se debió a que ya había gustado la dulzura de las enseñanzas del Rebe y tenía un mentor que podía enseñarme a servir a Dios de la manera apropiada. Sabía que nada podía impedir que fuese un jasid de Breslov (*Imei Moharnat* I, #14).

El rabí David Zvi aún seguía demorado en Kremenetz. Los días comenzaron a alargarse transformándose en semanas y las semanas en meses. Durante ese tiempo Reb Noson le escribió al Rebe y a otros jasidim de Breslov, quienes lo mantuvieron informado de lo que estaba sucediendo en Breslov. Al comienzo de Kislev[2] el Rebe Najmán tuvo un hijo, Reb Iaacov. Reb Noson lamentó no poder estar presente para el *brit*.

Con Jánuca acercándose, Reb Noson anhelaba viajar a Breslov: el Shabat Jánuca era uno de los momentos en los cuales los jasidim de Breslov se reunían con el Rebe. Pero el suegro de Reb Noson estaba por llegar de un momento a otro. ¿Cómo se vería el hecho de que su yerno no estuviese allí para recibirlo, junto con todos los demás? "Todos los hombres, las mujeres y los niños de Mohilev están esperando la llegada del rabí David Zvi", le dijo la familia a Reb Noson. "Todos los días se acercan a la puerta para ver si ha llegado o si hemos oído alguna novedad sobre su llegada.

Y tú, su yerno, jasid como eres, ¿estás pensando en irte en este momento, para viajar a ver a tu Rebe?".

La esposa y la suegra de Reb Noson estaban extremadamente enojadas y disgustadas con él. Además, no tenía dinero para los gastos del viaje, ni tampoco un cochero dispuesto a llevarlo. Durante días se angustió con ese dilema. Pero finalmente decidió que debía estar con el Rebe para el Shabat Jánuca, y superó todos los obstáculos. Escribe lo siguiente:

> Es una regla básica entre nosotros el hecho de que los obstáculos más importantes son los de la propia mente. Una vez que la persona decide qué es lo que va a hacer, desaparecen todas las barreras. Como enseñan nuestros Sabios, "Aquél que viene a purificarse es ayudado por el Cielo" (*Ioma* 38b). De alguna manera me las arreglé para encontrar los fondos y viajé para estar con el Rebe (*Imei Moharnat* I, #14).

Reb Noson contrató un carruaje y salió para Breslov, llegando el jueves por la noche, Rosh Jodesh Tevet (12 de diciembre). Inmediatamente fue a hablar con el Rebe, quien comenzó a contarle sus propios problemas y el sufrimiento que había debido soportar recientemente debido a las calumnias maliciosas que habían difundido en su contra - sufrimientos tales, dijo el Rebe, como nunca antes había experimentado en su vida.

Reb Noson pasó el Shabat Jánuca con el Rebe, cuya lección fue sobre la necesidad de encontrar un maestro sabio con el poder de llevar percepciones de Divinidad incluso a aquéllos que están muy alejados de la espiritualidad (*Likutey Moharán* I, 30). Reb Noson se quedó en Breslov unos días más y pudo hablar con el Rebe. Luego fue a Nemirov, donde su padre lo recibió calurosamente e incluso le hizo un regalo. Esperó en Nemirov hasta la tarde del martes, 12 de Tevet (24 diciembre) con la esperanza de encontrar un carruaje que lo llevase a Mohilev. Al no encontrar ninguno, volvió a Breslov pensando que si debía esperar un vehículo, era mejor hacerlo en Breslov, donde podría tener el beneficio de pasar un poco más de tiempo con el Rebe.

Reb Noson llegó a Breslov luego del anochecer. Esa noche era la última noche del mes en la cual se permitía recitar el *Kidush Levaná* (la "Santificación de la Luna").[3] Estaba muy nublado y Reb Noson temía no poder cumplir con la mitzvá. Preguntó si el Rebe ya había santificado la luna y se le dijo que sí. Reb Noson se sentía ahora mucho más perturbado. Quizás pensó que si el Rebe aún no había realizado la mitzvá le daría a él una mayor posibilidad de ver la luna y de recitar la bendición en mérito al Rebe. Cuando más tarde fue a ver al Rebe, Reb Noson estaba muy taciturno. El Rebe le preguntó por qué parecía tan triste, pero Reb Noson no respondió. Alguien le dijo al Rebe que la luna no había aparecido.

El Rebe se dirigió a Reb Noson y le dijo, "Ora a Dios por esto". Reb Noson respondió, "Ya lo hice". El Rebe Najmán le dijo, "Ora más aún". Alguien dijo a favor de Reb Noson, "Él quiere que el Rebe ore por él para que pueda cumplir con esta mitzvá". Escribe Reb Noson:

> No pensé en pedirle al Rebe que orase por mí por esto. Es verdad que me sentía muy disgustado por no poder santificar la luna. Sin embargo sentía que había temas mucho más importantes y urgentes por los cuales quería pedirle que orase. Por lo que no tenía la audacia de molestarlo con eso (*Imei Moharnat* I, #15).

Mientras tanto, alguien entró diciendo que la luna estaba comenzando a aparecer detrás de las nubes. El Rebe le dijo a Reb Noson, "Anda y recita *Kidush Levaná* inmediatamente. No esperes a que la luna esté perfectamente visible. Tan pronto como veas una silueta clara detrás de las nubes, recita la bendición".[4] Reb Noson salió. La luna apenas estaba visible detrás de las nubes. Reb Noson esperó un instante y la luna volvió a cubrirse por las nubes. Ahora se sentía peor que antes. Sentía vergüenza de volver al Rebe pues no había hecho lo que él le había dicho. En su amargura, se volvió a Dios, pidiéndole poder cumplir con la mitzvá del *Kidush Levaná*. Entonces la luna apareció más claramente que antes y Reb Noson recitó la bendición. Volvió al *shul* exultante.

El Rebe dijo: "¡Pueden ver que ahora es una persona totalmente diferente!", y estuvo muy contento con Reb Noson.[5] El Rebe Najmán le dijo entonces a sus seguidores, "¡Si estuviesen contentos, ello sería un tremendo beneficio para el mundo entero!".

Más tarde, el Rebe habló con sus seguidores e invitó a Reb Noson y a su yerno, Reb Ioske, a comer con él. Eso era algo inusual, pues el Rebe normalmente sólo comía con sus seguidores en Shabat y en las Festividades, excepto, como dice Reb Noson, "en raras ocasiones y en momentos de favor, cuando el Rebe se sentía excepcionalmente alegre".

Mientras estaban comiendo, el Rebe oyó a Moshé Jenkes recitar el *Kidush Levaná* con intensa concentración y sinceridad. Dijo el Rebe, "¡¿Ahora está orando mejor que su Rebe?! ¡Elisha pidió ser el doble de grande que su maestro Elías!" (Reyes 2, 2:9). El Rebe alabó mucho su plegaria y se entusiasmó y comenzó a revelar Torá sobre ese versículo. Enseñó que es posible que, en ciertos aspectos, un seguidor sea más grande incluso que su mentor - todo en el mérito de su maestro (ver *Likutey Moharán* I, 66).[6]

Cuando el Rebe dio esa lección, le hizo entender a Reb Noson que el profeta Elías había llegado a su elevado nivel gracias al hitbodedut. Reb Noson quedó tan inspirado que fue a un rincón del *beit midrash*, recitó Salmos y oró con un gran fervor. Alguien de la ciudad estaba haciendo un *tanaim* y quería invitar a Reb Noson. Lo buscaron por todo el pueblo y finalmente comprendieron que probablemente estaba dedicado al hitbodedut. Siguieron buscando y llamándolo, "¡Reb Noson! ¡Reb Noson!", hasta que finalmente él los escuchó y fue con ellos (*Avenea Barzel* p.61, #24).

Reb Noson se quedó en Breslov hasta después del Shabat. Llegaron varios invitados, incluyendo uno que había vuelto de la Tierra Santa. El Rebe le dijo que ciertamente debía haber tenido un tremendo deseo de estar en *Eretz Israel*, viendo que había superado todos los obstáculos y había llegado allí. El Rebe enseñó que la magnitud de los obstáculos ante cualquier objetivo espiritual está en relación directa con la importancia del objetivo, pero que esos obstáculos son enviados con un solo propósito: aumentar el deseo. ¡Con suficiente deseo es posible superar todos los obstáculos! Después del Shabat, el Rebe Najmán habló sobre traer al mundo el espíritu del Mashíaj. Luego entretejió todos esos conceptos dentro de la lección mencionada más arriba, una de las más largas del *Likutey Moharán* (I, 66). Escribe Reb Noson:

> ¡Si sólo hubiese venido al mundo para oír esa enseñanza, habría sido suficiente! (*Imei Moharnat* I, #15).

Poco después del Shabat, Reb Noson encontró un carruaje que salía para Mohilev. Se despidió del Rebe y partió temprano, el domingo por la mañana (29 de diciembre). Al llegar a Mohilev se enteró que su suegro, el rabí David Zvi, ya había vuelto. Como escribe el mismo Reb Noson: "Su recibimiento no fue precisamente cálido. Estaba extremadamente disgustado".

*

Con el invierno ucraniano bien asentado, ya no le fue posible a Reb Noson llevar a su familia de regreso a Nemirov y se resignó a pasar lo que quedaba del invierno en el "exilio". El Rebe Najmán ya había predicho que ese sería un año de muchas enfermedades y para entonces había llegado a Mohilev una feroz epidemia de gripe que afligía a toda la región. Toda la familia de Reb Noson cayó enferma. Él y Esther Shaindel se enfermaron en tres ocasiones separadas. Sus hijos, Shajne y Meir, también estuvieron enfermos, y su sirvienta falleció. Escribe Reb Noson:

> Tan pronto como enfermé pedí que le enviasen una carta al Rebe. La noticia de mi enfermedad le produjo una gran afición al Rebe, quien me respondió personalmente, escribiendo las palabras de aliento más dulces y revelando su extraordinario amor por mí. Su carta me devolvió la vida y me fortaleció tremendamente. No creo que hubiera podido superar el dolor de la enfermedad de no haber sido por su carta, la que literalmente me devolvió a la vida (*Imei Moharnat* I, #16).

Para Reb Noson, el quedarse en la casa de sus suegros podría haber conllevado constantes conflictos. Sin embargo, el rabí David Zvi Orbach mostró que se encontraba más allá de la intolerancia. Un viernes por la noche, durante el invierno, el rabí David Zvi recibió a un huésped distinguido. Cuando volvieron del *shul* todos cantaron *Shalom Aleijem* y *Eshet Jail*, como era costumbre. Reb Noson fue a la habitación contigua y cantó las *zemirot* del Shabat a su propia manera. Aún estaba en medio de sus devociones cuando la familia terminó. El huésped estaba indignado y le dijo al rabí David Zvi, "Usted, un *gaón* mundialmente reconocido, ¿debe esperarlo a él?". Pero el rabí David Zvi, brillante como era, mostró un aspecto suyo mucho más grande: la humildad. ¿Cuál fue su respuesta? "Pero Reb Noson es totalmente sincero".[7]

Una vez el rabí David Zvi envió a Reb Noson y a otro estudioso de Torá a visitar a ciertas personas con la finalidad de buscar donaciones para una causa caritativa. Luego de visitar a un hombre acaudalado (que no contribuyó tanto como debía haberlo hecho), el hombre notó que en su casa faltaba un objeto valioso. Pensando que ellos lo habían tomado, fue a ver al rabí David Zvi para transmitirle sus sospechas: estaba seguro que tendría una audiencia favorable, dado que conocía la actitud del rabí David Zvi hacia el Jasidismo.

El rabí David Zvi le contestó con una parábola: Un hombre encontró un gran diamante. Queriendo averiguar cuánto valía, fue a visitar a una cantidad de joyeros para que lo tasasen. Uno dijo que valía tantos miles, mientras que otro dijo que valía mucho más. Entonces un joyero dijo que no era más que pasta de vidrio y que no valía nada. El hombre le dijo: "Yo no soy experto en diamantes, de modo que no conozco el valor exacto de este diamante. ¡Pero soy lo suficientemente experto como para saber que no es pasta! ¡Si puedes estar tan equivocado, no tienes derecho a llamarte 'joyero'!".

"En cuanto a mí", continuó el rabí David Zvi, "no puedo decir que comprendo a Reb Noson ni que conozco su verdadero valor, pero esto sí sé: él no es ladrón, Dios no lo permita" (*rabí Eliahu Jaim Rosen*).[8]

*

En cuanto al mismo Reb Noson, el tiempo pasado en Mohilev le fue muy beneficioso de otra manera. Extrañaba tremendamente al Rebe Najmán y su imposibilidad de viajar para verlo le pesaba duramente. Aun así, Reb Noson nunca perdió de vista su papel de 'Ioshúa', reflejando la luz de su maestro. Fue esa separación la que le dio a Reb Noson el tiempo como para comenzar a escribir sus propios discursos de Torá, en los cuales utilizó las enseñanzas del Rebe para dar luz al significado espiritual de las leyes del *Shuljan Aruj*. Reb Noson tuvo mucho tiempo para repasar el *Shuljan Aruj* y en ese período escribió discursos sobre temas de toda la obra.[9]

* * *

14

Hacia Zaslov

Un poco antes de Purim (marzo de 1807) el Rebe Najmán dejó Breslov en un misterioso viaje a la región noroeste de Kiev, donde visitó las ciudades de Novorich, Ostrog, Brody y Zaslov. No se sabe nada sobre el propósito de ese viaje. Antes de partir, aplaudió y dijo, "Ahora algo nuevo está comenzando... si la gente conociese el motivo de este viaje, besarían mis huellas. Con cada paso estoy llevando al mundo hacia la escala del mérito..." (*Tzadik* #52).

Poco después de Purim, el Rebe llegó a Ostrog desde donde les escribió a sus seguidores de Breslov solicitándoles dinero para sus gastos. Les dijo que no se sentía bien y pidió que los jasidim orasen por él. Reb Naftalí, que mantenía al tanto a Reb Noson sobre todo lo que sucedía en Breslov, le escribió a Mohilev informándole sobre la carta del Rebe. Para entonces Reb Noson y su familia habían recuperado la salud. Reb Noson partió inmediatamente para Nemirov, donde conversó largo tiempo con Reb Naftalí. Éste le comentó sobre todo lo que había oído del Rebe durante la ausencia de Reb Noson, incluyendo algunos cuentos nuevos. Éstos no habían sido transcritos dado que no había nadie para hacerlo. Reb Noson se alegró de haber viajado pues, de haber esperado, esos cuentos se habrían perdido para siempre.[1]

Desde Nemirov, Reb Noson le escribió al Rebe:[2]

> Luego de ver una copia de la carta de nuestro Señor y Maestro que me enviara Reb Naftalí, me quedé temblando, atacado por dolores de temor. Amado Señor, Maestro y Rebe, amado del Supremo y de todas las almas de Israel, amado de nuestra alma: ¿qué puedo decir? Si pensase en consolar a nuestro Señor y Maestro y hablarle a su corazón, ¿quién se ajustaría los lomos y pondría su cabeza en semejante tarea?...
>
> Seguramente nuestro Maestro no ha olvidado los tiempos difíciles que han pasado sobre él durante su vida hasta el día de

hoy, y que Dios lo ayudó y mereció quebrar, desgarrar, demoler y destruir [todos los obstáculos] y construir lo que construyó y ascender al lugar que ascendió, aunque todo esto esté oculto de todos los seres vivientes... Y aunque fuese verdad que nunca antes sufrió un momento como el presente, confiamos en Dios que podamos ser dignos de ver pronto su alegría...

En cuanto a nosotros, estamos cumpliendo con sus instrucciones de orar por él. Quiera Dios tener piedad de nosotros y de todo Su pueblo Israel y despertar nuestros corazones ahora, de la manera apropiada, sobre un tema de semejante importancia. Si tuviésemos la mínima sensibilidad, estaríamos clamando en las calles y en los lugares públicos, para despertar el amor del Dios Supremo por él, por nosotros mismos y por toda Su creación, dado que estamos yaciendo en el lugar en el cual nos hemos hundido y esperamos y anhelamos refugiarnos bajo Sus alas...

La vergüenza es especialmente grande en mí, pues "Él me ha levantado del polvo y me ha alzado del muladar, y me ha sentado entre los príncipes" (Salmos 113:7-8) - y yo aún estoy desnudo y sin vestimentas, y quién sabe si he alcanzado siquiera a ser un niño de pecho, y no tengo a nadie más de quien tomar y traer bendiciones y vida excepto nuestro Señor y Maestro, quien es nuestra vida y la largura de nuestros días... (*Alim LeTerufá* #1).

Antes de Pesaj el Rebe envió a uno de sus seguidores a Breslov para que llevase a su esposa a Ostrog. Ella estaba enferma de tuberculosis y el Rebe quería que fuese tratada por el santo Reb Aarón ben Shimón Rofei (Dr. Gordon). Sin embargo la Rebetzin quería ser tratada en Zaslov, adonde viajaron poco antes de Pesaj.

Reb Noson se quedó en Nemirov hasta después de Pesaj. Luego fue a Breslov para hablar con Moshé Jenkes[3] y pedirle que enviase dinero a Novorich para cubrir los gastos del Rebe, cosa que éste hizo. Reb Noson volvió entonces a Mohilev. Luego de Pesaj, el Rebe Najmán les escribió a los jasidim de Breslov diciendo que estaba muy enfermo y pidiéndoles que orasen por él, pero poco tiempo después volvió a escribir[4] diciendo que se sentía con más fuerzas pese a no haber recurrido a ningún tratamiento físico. Esas cartas también fueron reenviadas a Reb Noson en Mohilev.

*

Era costumbre de los jasidim de Breslov reunirse con el Rebe para Shavuot. Pero sabiendo que debía quedarse en Zaslov por algunos meses, el Rebe les escribió a sus jasidim diciendo que ninguno debía intentar ir ese año a donde él estaba. El viaje era difícil, con una distancia de cerca de ciento cincuenta kilómetros - un viaje de cuatro días desde Breslov. Sin embargo, Reb Naftalí, quien solía estar en Breslov y había visto la carta del Rebe antes que ningún otro, le escribió inmediatamente a Reb Noson y a muchos otros jasidim de Breslov para asegurarse de que ellos *sí* viajarían para estar con el Rebe para Shavuot.

Reb Noson se encontraba en un dilema. El Rebe había dicho que no debían ir, pero él sabía que tenía que estar con él para Shavuot. El conflicto de Reb Noson se agudizó más aún por el hecho de que su suegro, a quien acudía la gente de las ciudades y pueblos vecinos para que juzgase en sus disputas, tenía intención de viajar a Kremenetz inmediatamente después de Shavuot. Le había dicho a Reb Noson que quería que se quedase en Mohilev para suplantarlo.[5]

¿Qué debía hacer? Sea lo que fuere que decidiera hacer, le costaría muy caro. Viajar a Zaslov sería literalmente "abandonar" al rabí David Zvi. Pero finalmente, el deseo de Reb Noson de estar con el Rebe Najmán superó todas sus dudas.

Cuando volvió a su hogar para empacar lo que necesitaba para el viaje, Esther Shaindel estaba fuera de sí y comenzó a llorar con amargura, aunque sabía que no iba a poder detenerlo. Fue entonces a despedirse de sus suegros, quienes estaban extremadamente disgustados e hicieron todo lo posible para detenerlo. Reb Noson no tenía dinero para los gastos, pero Dios estuvo con él y se encontró con dos personas que le prestaron el monto necesario para el viaje. Y -¡su *mazal*!- había llegado un carruaje de Nemirov y allí volvía ese mismo día. Todo sucedió muy rápido. Y así, Reb Noson salió para Nemirov. Desde allí iría a Breslov, en donde se encontraría para el Shabat con los otros jasidim de Breslov y el domingo viajarían a Zaslov.

Escribe lo siguiente:

> Es imposible describir las dudas que tuve sobre ese viaje, la dificultad de los obstáculos que enfrenté y la intensidad del

sufrimiento que debí atravesar. Pero Dios me ayudó a superar todos los obstáculos. Finalmente tomé la decisión de viajar y, pese al hecho de que me quedaba muy poco tiempo para semejante viaje, Dios me proveyó inmediatamente de un carruaje y de algún dinero para los gastos.

    Así es como Dios hace las cosas. Todo aquél que quiere ser ayudado es ayudado. Aunque parece haber obstáculos interminables e imposibles de superar, aun así, todos están en la mente. Tan pronto como uno moviliza el deseo y la voluntad necesarios y realmente anhela completar la tarea sagrada, ciertamente supera todas las barreras (*Imei Moharnat* I, #20).

Reb Noson salió para Nemirov en la tarde del jueves 4 de junio. Necesitaba llegar a Breslov antes del Shabat para poder unirse a los demás, dado que estarían saliendo para Zaslov poco después del Shabat. La preocupación de Reb Noson era no llegar a Nemirov lo suficientemente temprano, el viernes, como para poder encontrar otro carruaje que lo llevase a Breslov a tiempo para el Shabat. Sería imposible pasar por Nemirov sin visitar a su padre, pero él sabía que se opondría a su viaje. El desagrado que sentiría por la súbita llegada y su inmediata partida un viernes por la tarde no era algo que podía dejarse de lado. Reb Noson esperaba que el cochero se apurarse y pudiesen llegar a las afueras de Nemirov lo suficientemente temprano como para poder contratar otro carruaje directamente hacia Breslov, en lugar de desviarse a Nemirov.

Escribe Reb Noson:

    Incluso cuando uno comienza el viaje, habiendo superado el primer grupo de obstáculos, otro grupo se hace presente. Así era con nuestros viajes cuando íbamos a ver al Rebe Najmán y así es ahora, luego de su fallecimiento, cuando viajamos para estar junto a su tumba. Siempre hay obstáculos que enfrentar (*Imei Moharnat* I, #20).

Y así, al dejar Mohilev, Reb Noson se dio cuenta de que el carruaje en el que estaba viajando era muy grande y que sólo tenía dos caballos, cuando en verdad debía llevar normalmente cuatro o al menos tres. Reb Noson le preguntó al cochero a qué se debía. "Los otros caballos se enfermaron poco antes de llegar a Mohilev", replicó el cochero. "Tuve que dejarlos allí, pero los recogeremos en el camino". Esto llevó algo de tiempo pero Reb Noson aún esperaba poder lograrlo.

Poco después, antes incluso de llegar al pueblo en donde estaban los caballos enfermos, comenzó a llover y el camino se volvió muy barroso, haciendo más lento aún su andar. Finalmente llegaron al pueblo sólo para recibir las "buenas noticias" de que los caballos habían muerto. Más tiempo se perdió todavía mientras el cochero "lamentaba su pérdida" y hacía los arreglos para vender las carcasas y los cueros. Para cuando partieron ya estaba oscureciendo y se detuvieron para pasar la noche sólo a quince kilómetros de Mohilev, con otros cincuenta kilómetros más por delante para llegar a Nemirov.

Reb Noson se despertó en la mañana del viernes con el corazón quebrantado. No sabía qué hacer. Esa mañana avanzaron muy lentamente y fue casi al mediodía que llegaron a Marjeve, una ciudad ubicada a treinta kilómetros de Nemirov.

> Ahora era casi imposible llegar incluso a Nemirov antes del Shabat, ni pensar en contratar en alguna parte del camino un carruaje para Breslov. Pero si llegaba a Breslov después del Shabat, no tendría carruaje ni amigos para viajar a Zaslov. Comencé a considerar alquilar un caballo para cabalgar hasta Breslov, pero Marjeve era un pequeño pueblo y normalmente no es posible conseguir caballos rápidos en lugares así. Además, no tenía ni siquiera el dinero para alquilar un caballo.
>
> Justo cuando estábamos por entrar a Marjeve, mientras cruzábamos el puente, elevé una plegaria: "¡Señor del Universo! Dame un carruaje con cuatro caballos para que me lleve a Breslov - ¡Gratis!". Hasta el cochero me escuchó gritar. Llegamos a la posada y el cochero se tomó un tiempo para alimentar los caballos. También me senté a comer. Ya me había lavado las manos y estaba por recitar *hamotzi* cuando el cochero vino corriendo y me gritó, "¡Reb Noson! ¡Tus plegarias han sido respondidas! Justo ahora, ha llegado un carruaje con cuatro caballos que continúa viaje a Breslov. El mercader a quien pertenece te conoce ¡y está dispuesto a llevarte gratis!" (*Imei Moharnat* I, #20).

Reb Noson se sentía apabullado. Inmediatamente hizo la bendición sobre el pan, comió un poco y salió a buscar el carruaje. El mercader llevó a Reb Noson y llegaron a Breslov con tiempo suficiente antes del Shabat. No había más lugar en el carruaje a

Zaslov, pero había suficiente tiempo para contratar otro para Reb Noson y otro jasid que también iba con ellos. Salieron el domingo, Rosh Jodesh Sivan (7 de junio), llegando a Zaslov el miércoles. Shavuot era la noche siguiente. Escribe Reb Noson:

> Vi la Mano de Dios guiándome todo el camino y comprobé cómo Él oye cada plegaria. Mi plegaria se cumplió hasta en el mínimo detalle. "Bendito es Aquél que oye las plegarias de todos los labios...".
>
> Ésta es la manera para todos los que buscan la santidad. He escrito sobre este viaje con detalle para informar a las generaciones que vienen de los obstáculos que tuvimos que superar. Los otros seguidores del Rebe también tuvieron toda clase de dificultades similares. Muchos cayeron debido que no pudieron mantenerse frente a los obstáculos y perdieron lo que perdieron. Afortunados aquéllos que se mantuvieron firmes y lucharon hasta que quebraron todas las barreras y se unieron al Rebe, trayendo mérito para sí mismos, para las generaciones futuras y para todo el pueblo judío (*Imei Moharnat* I, #20).

Al llegar a Zaslov, los jasidim se dirigieron a una pequeña sinagoga conocida como "el *shul* de los sastres", donde oraron en voz muy alta como era su costumbre. Así era en especial cuando recitaban el *Sefirat HaOmer*. El *shamesh* se quejó ante el Rebe Najmán diciendo que habían llegado al pueblo unos "extraños" jasidim que habían tomado el *shul* y oraban sin parar, lo que le impedía cerrar el lugar como acostumbraba hacerlo. El Rebe simplemente sonrió y el *shamesh* comprendió que esos eran los jasidim del Rebe (*Siaj Sarfei Kodesh* I-170).

El jueves a la tarde, Erev Iom Tov, justo antes de Minjá, falleció la esposa del Rebe. El Rebe Najmán estaba presente en la habitación cuando ella dio su último suspiro. Dijo más tarde que cuando ella falleció sintió tanta tristeza que le fue muy difícil mantener la mente con las rectificaciones que ayudarían a su alma. Pero Dios estuvo con él y lo pudo lograr. La sociedad fúnebre trabajó rápidamente para asegurarse de que el entierro tuviese lugar antes del Iom Tov, dejando tiempo para que el Rebe se sentase para el período requerido de duelo antes del comienzo de la festividad.[6] Esto también fue beneficioso para los que fueron a verlo para Shavuot, pues ello significó que pudo dar una lección de Torá (*Likutey*

Moharán I, 67, que habla sobre las almas de los fallecidos).

El Rebe no habló con sus seguidores durante la primera noche de Shavuot. Durante la comida, estudió Torá entre plato y plato. Se sentó luego con sus seguidores para recitar el *Tikún Lail Shavuot* durante la noche y fue a la *mikve* antes del amanecer.[7] Durante la comida de la mañana el Rebe apenas dijo algunas palabras. Sólo en la noche del viernes se colocó el *shtreimel* por primera vez en ese Iom Tov, entonces su rostro comenzó a encenderse y cantó *Ata nigleisa* ("Tú Te revelaste..."; *liturgia de Rosh HaShaná*) con una hermosa melodía. Luego permaneció sentado toda la noche junto a algunos de sus seguidores. Durante la Tercera Comida del Shabat dio su lección y en *motzi Shabat* nuevamente se sentó con sus seguidores toda la noche.

Escribe Reb Noson:

> Agradezco a Dios por ayudarnos en ese momento tan trágico. Pese al hecho de que su esposa acababa de fallecer, no perdimos la lección que necesitábamos recibir. Pese al gran dolor por el que estaba atravesando, se sentó con nosotros durante tres noches seguidas. Sus maneras eran totalmente asombrosas. Su sabiduría y santidad eran tales que nada tenía el poder de hacerle perder el equilibrio. Pudimos ver que estaba atravesando el dolor más terrible, como él mismo indicó mediante algunos de sus comentarios, pero eso no le impidió trabajar para elevarnos espiritualmente (*Imei Moharnat* I, #23).

Ese sábado por la noche, cuando el Rebe salió de la habitación durante un corto lapso, Reb Noson y Reb Naftalí, quienes estaban completamente exhaustos, habiendo estado en vela tres noches seguidas, se acostaron en el piso para dormir. Cuando el Rebe volvió y los vio les dijo, "¡¿Por qué malgastan sus vidas durmiendo?!". Inmediatamente se pusieron de pie (*Siaj Sarfei Kodesh* I-171). El domingo, Reb Noson registró la lección del Rebe y se la mostró. Luego se despidió del Rebe.

Reb Noson viajó a Nemirov, donde fue a visitar a su padre. Sin embargo éste estaba extremadamente enojado con él, tanto por haber desechado la posición rabínica en Mohilev como por haber ido a Zaslov para Shavuot. Reb Naftalí Hertz se negó a que Reb Noson entrase a su casa. Fue entonces a la casa de su hermana, donde permaneció hasta después del Shabat. Luego viajó a Breslov. Escribe lo siguiente:

> Estaba desconcertado y preocupado. No tenía hacia donde volverme, sólo hacia Dios. El Rebe no estaba en Breslov. Tampoco encontraría paz en la casa de mi padre: simplemente se negó a recibirme. En Mohilev, mis suegros habían dejado bien en claro lo que pensaban de mi viaje a Zaslov. Yo había viajado de todas maneras. ¿Cómo podría volver allí? (*Imei Moharnat* I, #23).

Reb Noson esperó en Breslov durante unos días y entonces decidió retornar a Mohilev. Cuando llegó sus suegros ya habían partido para Kremenetz. Eso disminuyó en parte la presión. Reb Noson permaneció en Mohilev por el resto del verano.

* * *

15

"Mi fuego arderá hasta la llegada del Mashíaj"

Durante ese verano el Rebe Najmán se comprometió con su segunda esposa con quien se casó en Elul. Poco tiempo después de su compromiso el Rebe contrajo tuberculosis. Tan pronto como comenzó a toser predijo que esa enfermedad le llevaría la vida (*Tzadik* #15). Su salud se deterioró rápidamente y desde ese momento comenzó a hablar más y más sobre su muerte. Les dijo a sus jasidim que quería que fuesen a su tumba para estudiar, orar y recitar salmos, pues entonces él trabajaría para curar sus almas y beneficiarlos eternamente. "Deseo quedarme entre ustedes", dijo.

Sus jasidim quedaron profundamente conmocionados por lo que oyeron. "¿Cómo puedes abandonarnos?", dijeron. "¿A quién iremos? ¿Qué será de todos tus esfuerzos con nosotros? Hace tan poco tiempo que nos unimos a ti. ¿Nos dejarás tan pronto?".

El Rebe ya había comentado respecto de cómo el despertar espiritual inspirado por algunos de los más sobresalientes Tzadikim del pasado había perdido su ímpetu luego de su fallecimiento. Pero en cuanto a él mismo, dijo: "Mi fuego arderá hasta la llegada de Mashíaj". Fue en ese período que el Rebe comenzó a explicarles a sus seguidores lo que debían hacer para asegurarse de que su influencia se mantuviese viva. Primero y ante todo los instruyó a mantenerse unidos y a amarse los unos a los otros. Les dijo que no debían temer nada, en absoluto. Deberían seguir trabajando sobre ellos mismos y purificarse hasta llegar a ser los Tzadikim que él deseaba que fuesen. Incluso personas que no lo hubieran conocido en vida se unirían a ellos y se volverían Tzadikim, y ellos también formarían más seguidores... "Pues he logrado y *lograré*".

Reb Naftalí le escribió a Reb Noson informándole de la enfermedad del Rebe y de todo lo que estaba diciendo. La reacción de Reb Noson fue, "Cuando oí las noticias, me quedé allí temblando. Estaba desolado...".

Ya era cerca de Rosh HaShaná del año 5568 y el suegro de Reb Noson aún estaba en Kremenetz. Reb Noson comenzó a prepararse para viajar a Breslov para pasar Rosh HaShaná junto al Rebe. Esther Shaindel hizo lo posible para detenerlo pero sin resultado. Reb Noson salió para Nemirov, donde pasó con su hermana el Shabat anterior a *slijot*. También visitó a su padre, quien estaba comenzando a ceder al comprender que no sería capaz de ejercer influencia alguna sobre Reb Noson y que todo lo que él hacía era en aras del Cielo. Inmediatamente después del Shabat Reb Noson partió para Breslov, llegando a tiempo para *slijot*. Se quedó en Breslov para Rosh HaShaná (3 de octubre de 1807) permaneciendo allí hasta después de Iom Kipur.

*

La lección del Rebe de Rosh HaShaná de ese año, *Likutey Moharán* I, 61, puede verse en retrospectiva como una especie de última voluntad y testamento a sus jasidim y a las generaciones posteriores. Aludió a la catástrofe que estaba amenazando al pueblo judío como resultado del ataque a la educación de Torá y a las olas masivas de emigración que estaban por producirse - migraciones que ya estaban siendo previstas debido a la expulsión forzosa de los judíos de las áreas rurales decretada por las autoridades rusas para el año siguiente.

El Rebe ubicó las raíces de la profunda crisis en el "ordenamiento" de falsos líderes debido al crédito que la gente les otorgaba a figuras indignas de ese papel. El tema más importante de su lección era la necesidad de fortalecer la fe en los sabios de la Torá. Esto implica estudiar sus obras buscando derivar lecciones prácticas para aplicar en la propia vida, cuidando de no desviarse ni a la derecha ni a la izquierda de sus enseñanzas. La implicación era que incluso en ausencia de un verdadero líder, la fe pura en los sabios permitirá que mediante el estudio de la Torá uno encuentre toda la guía que necesita para las diferentes coyunturas de la vida.

Dirigiéndose a aquéllos carentes de fe, el Rebe dijo que el remedio era el *majloket* - la disputa. La oposición es algo equivalente a ser confrontado con preguntas, lo que fuerza a buscar respuestas, llevando a "descubrir" numerosos libros santos que anteriormente se habían descartado como carentes de valor debido a una fe inadecuada. La búsqueda lleva ahora a apreciar su gran valor. El Rebe dijo que ése es el significado del versículo "Y el hombre en conflicto conmigo escribió un libro" (Job 31:35). Declaró el Rebe: "Hoy en día hay muchos libros santos, y habrá más en el futuro, todos ellos son necesarios para el mundo".

Muchas de las alusiones del Rebe no fueron comprendidas en el momento en que dio la lección, pero parte de lo que quiso decir se volvió claro más tarde, durante ese mismo año, cuando sus enseñanzas fueron impresas por primera vez con la publicación del *Likutey Moharán*. Claramente, la redacción de libros y su impresión iban a jugar un rol vital en la supervivencia de la influencia del Rebe Najmán. La lección de Rosh HaShaná contenía así un poderoso mensaje para Reb Noson, quien, como dijo más tarde el Rebe, tenía "una gran parte" en su *Likutey Moharán*, y quien dedicaría toda su vida a publicar y difundir las enseñanzas del Rebe frente a la oposición más recalcitrante.

El Rebe enseñó que a veces la fe de la gente en los sabios es firme pero que aun así enfrentan oposición. Explicó que eso se debe a que carecen de fe en ellos mismos y en el valor de sus propias ideas originales de Torá, lo que hace que flaqueen en sus esfuerzos. La oposición que enfrentan los fuerza a "arrepentirse", dándoles una nueva apreciación de la importancia de sus ideas de Torá. El Rebe Najmán le estaba indicando a Reb Noson que el hecho de que sufriera tanta oposición, pese a su firme fe en los sabios, se debían a que no tenía fe en él mismo y que no consideraba dignos sus discursos de Torá.

El tratamiento del Rebe sobre la crisis de liderazgo se centraba en el concepto del "ordenamiento rabínico" -*smijá*, literalmente "apoyar las manos"- que tenía su raíz en el ordenamiento de Ioshúa por parte de Moshé, tal cual está descrito en la Torá: "Y Ioshúa el hijo de Nun se llenó del espíritu de sabiduría, pues Moshé había *apoyado sus manos* sobre él..." (Deuteronomio 34:9). Desde el comienzo mismo, el Rebe había indicado un paralelo entre su relación con Reb Noson y la relación entre Moshé y Ioshúa (ver Capítulos 5, 8), y esta lección, en la cual citaba ese versículo, fue vista como un ordenamiento implícito de Reb Noson como líder del movimiento de Breslov luego de su fallecimiento.

En la lección, el Rebe hace una conexión entre el ordenamiento del discípulo por la "mano" del maestro y la idea de la "mano que escribe". El ordenamiento de Reb Noson fue su ordenamiento para *escribir*. El mismo Reb Noson dijo más tarde que luego del fallecimiento del Rebe, toda su vitalidad e inspiración provino de la escritura de sus propios discursos originales de Torá. También dijo que se dedicó mucho a pensar cómo podría beneficiar al mundo e irradiar algo de la luz que recibió del Rebe, llegando a la conclusión de que la única manera de hacerlo sería a través de la redacción de libros explicando las enseñanzas del Rebe y difundiéndolas lo más ampliamente posible.

> Y la verdad es que todo el poder de la pluma de Reb Noson -"la mano que escribe"- provino del espíritu de sabiduría que el Rebe le irradió a través de la "mano que ordena" que puso sobre él (*Parparaot LeJojmá* 61:8).

Así escribe Reb Najmán de Tcherin, uno de los discípulos más importante de Reb Noson.

Continúa:

> Una de las ideas en la lección del Rebe de ese Rosh HaShaná es que hay un líder general y hay líderes individuales. Aquéllos de los seguidores del Rebe que eran mayores que Reb Noson encontrarían difícil ubicarse bajo el tutelaje de Reb Noson. Ellos eran líderes dignos de por sí pero, sin embargo, era líderes individuales. Reb Noson fue quien mereció el manto del líder "general", porque fue él quien llevó adelante las enseñanzas de su maestro haciéndolas accesibles a todos los judíos. Incuestionablemente Reb Noson también se hubiera sentido incómodo de haber sido forzado a aceptar el manto del liderazgo también sobre ellos. Pero tratándose de liderar a la nueva generación y de dirigirla en sus devociones, Reb Noson no tenía igual (*Parparaot LeJojmá* 61:8).[1]

* * *

16

El Libro Quemado

El Rebe Najmán estaba planeando ir a Lemberg (Lvov) luego de Sukot - un viaje largo y difícil en territorio gobernado por Austria en una época en que toda Europa estaba arrasada por las guerras napoleónicas. Reb Noson supo de las intenciones del Rebe el día después de Iom Kipur, cuando se despidió de él para retornar a Mohilev. Era suficientemente difícil para Reb Noson viajar de Mohilev a Breslov, ni hablar entonces de ir a Lemberg y no tenía idea de cuándo volvería a ver al Rebe.

Se suponía que Reb Noson debía viajar hasta Mohilev con un grupo de jasidim de Breslov que estaban yendo allí para realizar un negocio importante. En el camino debieron detenerse en Tulchin. Mientras estaban allí, fueron informados de que el negocio propuesto había sido cancelado y decidieron volver a Breslov. Le dijeron a Reb Noson que habían arreglado las cosas para que él siguiera viaje a Mohilev en una carreta que llevaba un envío de vidrio. Escribe Reb Noson:

> En verdad su información era errónea y ellos debían haber seguido viajando a Mohilev. De haberlo hecho, hubieran recibido el dinero que se les debía - ¡los fondos aún siguen allí! En cuanto a mí, les dije que no era digno para mí el viajar a Mohilev en una carreta comercial. Si hubiera sido cuestión de viajar para ver al Rebe, lo habría hecho aunque la única manera de viajar hubiera significado sufrir vergüenza. También lo habría hecho a pie. Pero volver a *casa* en una carreta así - eso no quería hacerlo. Mejor para mí era volver a Breslov con ellos, cosa que hice.
>
> Todo esto se debió a la Mano de Dios, Quien en Su Misericordia constantemente planea la rectificación del mundo en general y de cada alma en particular. Él hizo que los mercaderes sintiesen que debían retornar de Tulchin a Breslov, para que yo pudiese estar con el Rebe hasta que él partió para Lemberg.
>
> Hay mucho para contar sobre las maravillas de Dios y Su amorosa Misericordia al ordenar las cosas para que yo pudiese

retornar a Breslov nuevamente entre Iom Kipur y Sukot. Fue gracias a eso que pude terminar de transcribir el *Sefer HaNisraf* y entregarle al Rebe mi manuscrito del *Likutey Moharán*, haciendo posible que se imprimiese en ese año. También pude hablar con él durante largas horas y oír maravillosas enseñanzas - enseñanzas que inspirarán a mucha gente por generaciones. "¿Qué puedo devolverle al Señor por toda Su bondad para conmigo?" (Salmos 116:12) (*Imei Moharnat* I, #26).

Reb Noson retornó a Breslov ese mismo día, encontrando allí a su amigo, Reb Naftalí y a algunos otros jasidim. Esa noche cenaron con el Rebe y fue, tal como escribe Reb Noson, "un tiempo de favor, de alegría y de gran cercanía".

A la mañana siguiente, Reb Noson estaba terminando sus plegarias en el *beit midrash* cuando Reb Mijal, el asistente del Rebe, llegó de pronto y le indicó que el Rebe deseaba verlo. Reb Noson fue inmediatamente a ver al Rebe quien le dijo, "Muéstrame ahora tu *Sefer*" - es decir las lecciones del *Likutey Moharán* que Reb Noson había transcrito y encuadernado dos años y medio antes. Reb Noson corrió y trajo su copia. El Rebe Najmán la examinó en varios lugares y entonces le dijo a Reb Noson que hiciese una lista de las palabras de apertura de cada lección.

Reb Noson salió para cumplir con la tarea. Justo cuando la estaba terminando, el asistente del Rebe llegó corriendo diciéndole que el Rebe quería que fuese a verlo de inmediato con el libro, y que llevase papel para escribir, pluma y tinta. Reb Noson fue a la habitación del Rebe. El Rebe le dijo que se sentase y entonces sacó la obra que había comenzado a dictarle dos años antes - el *Sefer HaNisraf*.

Escribe Reb Noson:

> Siempre me preguntaba cuándo tendría el privilegio de completar la transcripción de esa obra tremenda y oculta. Ese mismo día Dios, en Su Misericordia, me dio el mérito de terminarla. Me senté junto al Rebe durante varias horas. Él dictaba el trabajo palabra por palabra y yo escribía. Todos los otros jasidim esperaban afuera. Cuando finalmente salí, no podía percibir la diferencia entre el día y la noche. Aunque no tenía idea de lo que había escrito, el lejano brillo de la comprensión que tuve sobre la asombrosa grandeza de esa obra me llenaba con tal fuego y pasión que casi

no sabía dónde me encontraba en el mundo... (*Imei Moharnat* I, #26).

Mientras escribían el *Sefer HaNisraf* el Rebe le dijo, "Si supieras lo que estás escribiendo". Reb Noson replicó, "Realmente no lo sé". El Rebe Najmán le dijo entonces, "¡No sabes qué es lo que no sabes!" (*Tzadik* #67). Años más tarde dijo Reb Noson: "No comprendí nada del *Sefer HaNisraf*. Lo que sí recuerdo es que hablaba sobre la grandeza de la mitzvá de la hospitalidad y de preparar la cama para los huéspedes" (*Siaj Sarfei Kodesh* I-699).

Reb Noson se quedó con el Rebe hasta después de Sukot. En Shmini Atzeret, el Rebe Najmán dio varias lecciones, entre ellas la mayor parte de su famosa enseñanza de *Azamra* sobre la manera de encontrar la alegría buscando los puntos buenos en uno mismo y en los demás (*Likutey Moharán* I, 282). El Rebe enfatizó la importancia de esa enseñanza. Reb Noson escribe que ella es fundamental para todo el que quiera acercarse a Dios. En años posteriores Reb Noson dijo que para él, esa lección siempre era nueva y que siempre buscó la oportunidad de compartirla con los demás.

En la noche de Shmini Atzeret, Reb Noson recibió noticias de que su esposa había estado gravemente enferma. Se lo dijo al Rebe quien, a la mañana siguiente, dio una lección que incluía referencias a la curación y al matrimonio.[1]

El día después de Simjat Torá el Rebe Najmán estaba apurado por salir para Lemberg. Le pidió a Reb Noson que le diese su copia del *Likutey Moharán*, aunque sin decirle que su intención era imprimirla. Reb Noson no comprendió que eso era lo que él quería hacer, dado que hasta ese momento el Rebe les había advertido a sus seguidores que no les revelasen sus enseñanzas a los demás. El Rebe partió entonces en su viaje.

Los mismos mercaderes que iban a llevar a Reb Noson a Mohilev antes de Sukot aceptaron ahora llevarlo allí luego de acompañar al Rebe en la primera etapa de su viaje hasta la ciudad de Krassnoi. Le dijeron a Reb Noson que viajase a Krassnoi en uno de los otros carruajes que también acompañarían al Rebe. Sin embargo, el Rebe salió con tanta prisa que esos carruajes no partieron sino un tiempo después.

Escribe Reb Noson:

> El atraso me causó una gran angustia, porque anhelaba la posibilidad de ver su rostro y de oír quizás alguna enseñanza de sus labios. Con la ayuda de Dios salí detrás de él, pero no pudimos alcanzar su carruaje. En mi confusión olvidé en uno de los pueblos del camino un arcón con mis manuscritos y tuve que enviar a recuperarlo. Me lo devolvieron en una de nuestras paradas. Allí encontré al Rebe pero no me dirigió la palabra y poco después de mi llegada volvió a partir. Me vi forzado a permanecer detrás mientras alimentaban a nuestros caballos.
>
> Partimos y yo me sentía muy ansioso por alcanzarlo, pero ya se había hecho de noche - había mucho barro y el andar era muy lento. Temía que el Rebe ocultase dónde estaba, como solía hacer al viajar, cuando iba a alguna taberna sin que nadie supiese adónde. No sabría dónde ubicarlo y él partiría a la mañana siguiente sin poder verlo.
>
> Sin embargo, esta vez no se ocultó. Toda la gente del pueblo sabía dónde estaba y fui a su posada. Al comienzo ni siquiera me habló, pero luego de la cena fui a su habitación. Algunos otros jasidim estaban con él. Me dijo: "¿Por qué estás tan triste? ¿Te apena lo que comenzaste?". Yo me sentía avergonzado. "No", dije en voz baja. "Entonces, ¿Por qué estás tan triste?". "Quiero ser un buen judío". "Si quieres ser un buen judío, ¿de qué estás tan preocupado? El mundo entero está trabajando para ti. Una persona viaja a Breslau (Wroclaw, Polonia), otra viaja a otro lugar... todo para ti". Sus palabras me alentaron y dije: "Pensé que hoy no te volvería a ver. Ahora he merecido verte y hablar contigo" (*Imei Moharnat* I, #26).

El Rebe Najmán le dijo entonces a Reb Noson, "Tenemos que volver a vernos otra vez. Nos *veremos* - una y otra vez...". El Rebe repitió esto varias veces. Le prometió a Reb Noson que volverían a verse muchas veces más, por siempre.

El Rebe partió temprano a la mañana siguiente. Reb Noson y Reb Naftalí, que aún no habían dicho sus plegarias, salieron corriendo detrás del carruaje del Rebe cuando oyeron su partida. Lograron alcanzarlo cerca de un puente en las afueras de la ciudad. El Rebe estaba contento de verlos y les preguntó, "¿Qué es lo que desean? ¿Que los bendiga o que diga Torá?". Reb Noson respondió, "Danos la bendición cuando vuelvas a casa con buena salud, Dios mediante. Por ahora, enséñanos Torá". Reb Noson sabía que si el Rebe no decía Torá en ese momento, la enseñanza se perdería para siempre. El Rebe Najmán estuvo de acuerdo y les transmitió el final de la lección de *Azamra* que había comenzado en Shmini Atzeret. Dijo que eso explicaba el motivo de su viaje. Entonces agregó, "¡Que tengan una larga vida!", y partió para Lemberg.

*

De Krasnoi Reb Noson continuó a Mohilev. Cuando llegó, se enfrentó con unos suegros totalmente exasperados. Está vez no sólo se debía a la oposición a la Jasidut por parte del rabí David Zvi. Más grave era el hecho de que Esther Shaindel había estado gavemente enferma. Sus padres habían pasado los *Iomim Tovim* en Kremenetz, y cuando Reb Noson partió para pasar Rosh HaShaná en Breslov la dejó sola acompañada únicamente por la sirvienta. La gente del pueblo tuvo que ocuparse de ella, lo que generó una gran conmoción. El rabí David Zvi estaba extremadamente enojado con su yerno. Sin embargo Reb Noson tenía un punto de vista muy diferente:

> Si mi suegro hubiera sabido incluso una milésima parte de lo que yo pude oír y lo que logré durante el tiempo que pasé con el Rebe, ciertamente habría estado de acuerdo con el viaje e incluso habría besado mis huellas. En cuando a mi esposa, el hecho de que ella aún estaba viva se debía totalmente al poder de la plegaria del Rebe y a la lección de Torá que él dio en Shmini Atzeret, dentro de la cual entretejió el problema de la enfermedad de mi esposa de la manera más notable, lo que la benefició tremendamente (*Imei Moharnat* I, #26).

*

El Rebe estuvo fuera casi ocho meses y no volvió a Breslov sino hasta la mitad del verano de 1808. Reb Noson escribe que "debido a nuestros pecados, perdimos las lecciones del Shabat Jánuca y de Shavuot, dado que no pudimos ir a Lemberg para estar con él".

Durante el invierno Reb Noson fue informado por Reb Naftalí

de que uno de los seguidores del Rebe que había estado con él en Lemberg había vuelto a Breslov con instrucciones para comenzar la impresión del *Likutey Moharán* (*Tzadik* #81). Reb Naftalí quería que Reb Noson fuese a Nemirov para viajar juntos a Lemberg y hacer imprimir allí el *Likutey Moharán*. Pero los obstáculos fueron demasiados para Reb Noson y no pudo viajar. Sin embargo, comenzó a preparar la página del título y la introducción al libro.

Mientras estaba en ello, llegaron rumores de que el Rebe había fallecido en Lemberg. Eso le causó una profunda angustia, aunque no solía tomar en cuenta los rumores. Poco tiempo antes de Purim, los jasidim de Breslov enviaron un carruaje a Mohilev para llevar a Reb Noson a Breslov para la preparación del *Likutey Moharán* para la imprenta. Había llegado un emisario del Rebe para controlar la impresión y eso disipó los rumores. Luego de un alegre Purim en Breslov, Reb Noson volvió a Mohilev. El hombre de Medvedevka se llevó el libro a Ostrog para hacerlo imprimir.

El Rebe Najmán envió entonces a Reb Zalman "der Kleiner" a visitar a muchos de los Tzadikim más importante de la generación buscando su aprobación. Cuando fue a visitar al *Jozé* de Lublín, Reb Noson y Reb Naftalí le pidieron que llevase un *kvitlaj* por ellos. Cuando el *Jozé* vio el *kvitlaj*, quedó más impresionado con Reb Naftalí que con Reb Noson. Al escuchar eso, el Rebe Najmán dijo de manera jocosa, "Él es el *Jozé* (en tiempo presente), porque él 've' lo que está sucediendo en este momento". Cuando miró el *kvitlaj*, Reb Naftalí estaba orando, mientras que Reb Noson estaba durmiendo.[2]

*

Antes de Pesaj, mientras el Rebe aún estaba en Lemberg, su condición se volvió crítica. Reb Shimón estaba con él en ese momento. El Rebe le dijo: "No tengo a nadie a quien pedirle consejo". El Rebe le dijo que tenía un libro en su casa por el cual había sacrificado a su esposa y a sus hijos. Ahora, debía enfrentar otra decisión grave - o bien quemaba el libro o de lo contrario moriría en Lemberg.

Reb Shimón le dijo al Rebe, "Si la cuestión es que tú o el libro deban sobrevivir, entonces ciertamente debes quemar el libro para salvar tu vida". Sin embargo el Rebe dudaba pues él, y sólo él, conocía lo exaltado de las enseñanzas contenidas en el libro. La conversación se dilató durante un tiempo mientras el Rebe se angustiaba ante la decisión a tomar.

Escribe Reb Noson:

> El Rebe le dijo finalmente al Rabí Shimón, "Si así es el caso, aquí está la llave de mi armario. Ve rápido. ¡Corre! ¡No te demores! Alquila un carruaje y viaja a Breslov. No te detengas ni por la lluvia ni por la nieve. Corre a Breslov tan rápido como puedas y cuando llegues toma los dos libros. Uno de ellos está en el cajón, el otro en el baúl de mi hija Odil. Toma ambos y quémalos". (Esos dos libros eran dos ejemplares del mismo texto, porque uno era copia del otro. Yo mismo había hecho la copia en su presencia, pero no bien la terminé él tomó ambos ejemplares, el original escrito por su propia mano y mi copia, y los escondió. Esos fueron los dos libros que ordenó quemar.) "Pero por Dios, ¡hazlo lo más rápido posible!".
>
> El Rebe le advirtió al Rabí Shimón que no tratase de ser listo y de ir en contra de las órdenes del Rebe, ocultando parte del libro en lugar de quemarlo todo. Debía cumplir con las instrucciones del Rebe lo más rápido posible.
>
> El Rabí Shimón contrató un carruaje y partió inmediatamente hacia la casa del Rebe en Breslov. Pero al llegar a Dashev, cerca de Breslov, enfermó súbitamente. Quedó postrado en cama y simplemente no podía levantarse. Comprendió que ésa era la obra del Malo, quien quería impedirle llevar a cabo las instrucciones del Rebe. (Ya habíamos descubierto que todo lo que el Rebe nos decía que hiciéramos inevitablemente encontraba innumerables obstáculos, especialmente algo tan importante como esto, de lo cual dependía la vida misma del Rebe).
>
> El Rabí Shimón dio órdenes de que lo colocasen en el carruaje y continuaran el viaje a Breslov. Había decidido que yacería en el carruaje y viajaría a Breslov mientras le quedase algo de vida. Lo único en lo que podía pensar era en llegar a Breslov, donde al menos podría decirle a alguien que quemase los libros en su presencia.
>
> Lo pusieron en el carruaje y continuó hacia Breslov. Tan pronto como llegó se recuperó inmediatamente y recobró la salud. Tomó los dos libros y los quemó.
>
> Es trágico para nosotros el que no hayamos sido dignos de

que sobreviviese un libro tan grande como ése. Debido a nuestros muchos pecados se decretó desde el Cielo que el libro fuese quemado. El Rebe dijo que ese libro no volvería otra vez al mundo. Debido a nuestros muchos pecados perdimos algo que nunca volverá. El Rebe dijo que ese libro tenía que ser quemado y que su otra obra, el *Likutey Moharán*, debía ser impresa y difundida por el mundo (*Tzadik* #66).[3]

*

En Erev Pesaj (11 de abril de 1808), nació Itzjak, el hijo de Reb Noson. Su *brit* tuvo lugar el séptimo día de Pesaj. Reb Noson quería que su suegro fuese el *sandek*, pero el rabí David Zvi estaba gravemente enfermo y demasiado débil para poder sostener al niño (*Siaj Sarfei Kodesh* I-779). Menos de un mes después falleció el rabí David Zvi Orbach. Reb Noson estuvo presente cuando exhaló su último aliento.

Reb Noson permaneció en Mohilev hasta principios de julio cuando se enteró que el Rebe Najmán había vuelto a Breslov. Reb Noson estaba extático de alegría. Partió inmediatamente para Breslov, llegando allí el viernes 8 de julio.

Escribe lo siguiente:

¡Literalmente volví a la vida! Sea alabado el Nombre de Dios eternamente por Su tremenda bondad para con nosotros y para con el mundo entero. El retorno con vida del Rebe desde Lemberg fue un milagro completo. Todos los médicos habían atestiguado de que no podría vivir más que un mes y que de seguro no podría sobrevivir el viaje desde Lemberg a Breslov. Pero Dios realizó los milagros más asombrosos. ¡No sólo el Rebe volvió a casa, sino que sobrevivió por más de dos años!

En esos dos años él nos llenó de vida y de inspiración, revelando las lecciones y las historias más asombrosas y tremendas - enseñanzas totalmente diferentes a todo en el mundo. Estaba tan débil que parecía que fallecería en cualquier momento, pero aun así, trabajó para elevarnos y para rectificar todos los mundos, incluso mucho más que antes (*Imei Moharnat* I, #27).

Continúa Reb Noson:

Creo con certeza que la mayor herencia que hoy tenemos del Rebe proviene de esos últimos años. Bendito sea el Nombre de

Dios para siempre por esa bondad. Todo aquel que desee estudiar las santas palabras del Rebe tal cual están registradas en sus libros y le preste cuidadosa atención a lo que dicen será capaz de obtener un atisbo de la bondad y del bien que Dios ha hecho con nosotros (*Imei Moharnat* I, #27).

Reb Noson permaneció diez días en Breslov y luego viajó a Nemirov. Cuando, cerca de dos años antes, se habían mudado a Mohilev, Esther Shaindel había querido quedarse allí. Sin embargo, desde ese entonces, ella había estado gravemente enferma varias veces y ahora había fallecido su padre. Esto hizo que quisiese volver a Nemirov. Su madre también se sentía insegura en Mohilev y quería mudarse. Mientras estuvo en Nemirov Reb Noson preparó una casa para su familia. Luego viajó a Mohilev para buscarlos, retornando con ellos a mediados de agosto, después de Tisha beAv. Luego de dos años de "exilio" en Mohilev, Reb Noson estaba exhultante: en Nemirov volvía a estar cerca del Rebe y podría visitarlo con frecuencia.

* * *

17

"Él ya es un Tzadik"

Luego de retornar de Lemberg, el Rebe Najmán le dijo cierta vez a uno de sus seguidores: "Te diré algo acerca de mi enfermedad. Incluso el mérito de mis ancestros no será suficiente para curarla. Sólo hay una cosa en la cual tengo algo de confianza - en el hecho de que he ayudado a mejorar a una cierta cantidad de personas". El hombre respondió, "Eso es verdad: Yo sé que Reb Noson llegará a ser un Tzadik". "Y puedes decir algo más", respondió el Rebe. "Te digo que él *ya es* un Tzadik" (*Tzadik* #579).

El que el Rebe Najmán llamase a Reb Noson "Tzadik" no era un cumplido vacío dicho por un maestro amoroso. El Rebe Najmán define al Tzadik como aquél que ha anulado totalmente sus malos rasgos de carácter (ver *Likutey Moharán* I, 8:5). La presente conversación tuvo lugar cuando Reb Noson sólo tenía veintiocho años de edad, justamente seis años después de que se acercara por primera vez al Rebe. Nos es difícil hacernos una impresión clara de los pensamientos y sentimientos más profundos de Reb Noson en esa etapa de su vida. Indudablemente estaba totalmente inmerso en sus estudios y devociones y en sus ideas originales de Torá. Pero en sus referencias a los eventos que tuvieron lugar en ese periodo habla muy poco sobre su propio crecimiento. El foco central de todo lo que escribe es el Rebe, su vida y sus enseñanzas.

Aun así, queda sobradamente claro que Reb Noson estaba lejos de lo que había sido seis años antes, un alma atormentada y angustiada en busca de inspiración. Ahora había encontrado su misión y estaba dispuesto a seguirla. Desde el momento en que se volvió seguidor del Rebe, éste había comenzado a transformar a Reb Noson en su rol de Ioshúa, el discípulo. Pero siempre quedó en manos de Reb Noson el decidir si quería continuar. La noche antes de que el Rebe dejase Krasnoi en su viaje hacia Lemberg, le había dicho a Reb Noson: "¿Te arrepientes de lo que comenzaste?". La respuesta de Reb Noson fue un decisivo: "¡No!".

El retorno del Rebe desde Lemberg marcó el fin de un período de cerca de dos años durante el cual Reb Noson estuvo casi siempre separado del Rebe. Ya había sido muy duro para él viajar desde Mohilev a Breslov. Cuando el Rebe fue a Zaslov, se volvió más difícil aún y en Lemberg fue casi imposible. El anhelo y el constante deseo de Reb Noson era estar en presencia del Rebe: siempre estaba buscando oportunidades para hablar con él y descargar su corazón. Pero aun así, cuando Reb Noson habla sobre la ausencia del Rebe en Lemberg, no lo hace lamentando el hecho de que no tenía el placer de su compañía o que no podía contarle sus problemas. Comenta de manera sintética:

> Nadie puede decir realmente lo que sucedió con el Rebe en Lemberg. Yo no tuve el mérito de estar allí ni siquiera una vez. Debido a nuestros muchos pecados, ese año perdimos las lecciones del Shabat Jánuca y de Shavuot (*Imei Moharnat* I, #26).

Lo que más preocupaba a Reb Noson del hecho de estar separado del Rebe era la pérdida de algunas enseñanzas - y eso pese al hecho de que ya había oído muchas e iba a recibir más aún. En una vena similar, cuando el Rebe partió de Krasnoi para Lemberg, le ofreció a Reb Noson la elección entre una bendición o una lección de Torá. Reb Noson eligió la enseñanza de Torá. ¿Por qué? Porque "si el Rebe no decía la lección de Torá en ese momento, se habría perdido para siempre".

La actitud de Reb Noson se hace muy comprensible si consideramos cada palabra del Rebe tal cual él lo hacía. El Rebe dijo, "Cada una de mis lecciones puede aplicarse a toda la Torá Escrita y Oral...". "Si estás bien versado en mis lecciones y conversaciones, serás capaz de encontrar cualquier conversación mundana en mis enseñanzas" (*Sabiduría y Enseñanzas del Rabí Najmán de Breslov* #201; ibid. #204). Así era como Reb Noson las veía. Cada palabra dicha por el Rebe era una inyección salvadora, otro medio de curar las dolorosas enfermedades espirituales que sufrió en esta vida.

Escribe Reb Noson:

> Una noche estuvimos alrededor de él hablando durante mucho tiempo sobre las diferentes enseñanzas que él había revelado. (Hoy en día ellas han sido publicadas, pero en ese

momento sus libros aún no habían sido impresos). Yo mismo mencioné una cantidad de diferentes lecciones que él había dado, alabando su asombrosa frescura y originalidad. Y en verdad todo lo que él enseñó era una completa novedad de por sí, despertando el alma con su dulzura y frescura. La conversación continuó durante un tiempo.

A la mañana siguiente, salí con él en un viaje que debía emprender. Él dijo: "Ayer desplegamos nuestra mercadería y la colocamos en orden. Gracias a Dios es en verdad una muy buena mercadería. Qué excelente sería si este negocio tuviera un asistente de primera clase que pusiera en orden toda la mercadería de manera prolija, doblando cada pieza y colocándola en su lugar adecuado con el borde mirando hacia fuera, tal como hace un asistente profesional. (Ellos pliegan la mercadería con prolijidad dejando sólo una pequeña parte saliente para que los compradores puedan ver qué hermoso es el producto tan pronto como entran en el negocio). En el momento en que alguien entra a comprar algo, el asistente puede mostrarle inmediatamente aquello que el cliente necesita y rápidamente desplegarlo delante de él. De esa manera puede mostrarle rápidamente el esplendor y la gloria de su excelente mercadería".

Lo que quiso decir el Rebe es evidente. Se necesitaba una persona que conociera en profundidad todas sus enseñanzas y que pudiera "ordenar" cada lección de manera apropiada, con el "borde mirando hacia fuera", si así pudiera decirse. Entonces cuando viniera alguien, con el deseo de acercarse al Rebe y de conocer sus enseñanzas, esa persona le sugeriría inmediatamente qué enseñanzas le eran las más apropiadas. Todas las enseñanzas del Rebe son universales en su alcance y cada individuo puede encontrar en ellas exactamente aquello que necesita. Lo único que se requiere es alguien que las conozca en profundidad y que pueda sugerir la enseñanza más apropiada en un momento determinado (*Tzadik* #375).

Esa persona era Reb Noson. Él comprendía el valor de las enseñanzas del Rebe y su capacidad para transformar y elevar a todo aquel que estuviera dispuesto a seguirlas con sinceridad. Cada una de las lecciones ofrece un nuevo acercamiento al servicio a Dios. Era por eso que toda lección perdida consituía una pérdida eterna. El sendero que podría haber revelado quedará oculto por siempre.

Hacia finales del verano del 1808, justo antes de Rosh HaShaná, se completó en Ostrog la primera edición impresa del

Likutey Moharán. Cuando los libros fueron llevados a Breslov, el Rebe dijo que la obra era "el comienzo de la Redención". Y continuó: "Y ahora que ha salido, deseo mucho que la gente lo estudie. Deben estudiarlo al punto de llegar a conocerlo de memoria".

El Rebe le dijo a Reb Noson: "¡En verdad mereces sentirte alentado al ver que tienes una parte tan importante en el libro!". El Rebe dijo que todo el libro era Reb Noson, porque sin él nunca habría llegado al mundo. El Rebe le dijo entonces: "Tú mismo conoces algo de la verdadera grandeza de este libro y de su santidad. E incluso más que eso, debes tener *fe* en su grandeza". El Rebe también les dijo a sus seguidores que deberían sentirse en deuda con Reb Noson. "Él tiene una gran parte en este libro. ¡En verdad, en todo él! Sin el trabajo de Reb Noson no habría quedado ni una sola página de mis enseñanzas" (*Tzadik* #369).

Durante ese período el Rebe solía ir a las afueras de Breslov, junto con algunos de sus seguidores, para caminar en los campos, tanto en bien de su salud como, en palabras de Reb Noson, por "otras tremenda razones que sólo él conocía" (*Sabiduría y Enseñanzas del Rabí Najmán de Breslov* #144). Durante esas caminatas el Rebe reveló muchas lecciones y cuentos. Una de las primeras fue la lección de "¿Aié?" (*Likutey Moharán* II, 12), donde enseña cómo incluso aquellos que se han hundido en las peores profundidades de la degradación espiritual pueden, aun así, elevarse. Este tema formaría más tarde el fundamento de algunos de los discursos más importantes y extensos de Reb Noson. Cuando el Rebe dio esa lección, le comentó a Reb Noson: "Ahora debemos comenzar a escribir un segundo libro - uno que será incluso más hermoso que el primero. Y aquí tenemos un comienzo para él".

Escribe Reb Noson:

> Con esas palabras me inspiró a poner todo mi esfuerzo en pasar por escrito todas sus enseñanzas. Y así lo hice hasta que pude recolectarlas formando la segunda parte del *Likutey Moharán*. [Éste fue impreso un año después del fallecimiento del Rebe]. Antes de su viaje a Lemberg, el Rebe solía escribir muchas de sus lecciones, mientras que yo pasaba por escrito otras que él me dictaba. Sin embargo, luego de su retorno de Lemberg ya no escribió nada más ni me dictó. Cada vez que yo oía una de sus lecciones tenía que esforzarme para registrarla por escrito,

especialmente aquellas muy largas y complejas que solía dar en nuestras reuniones fijas de Rosh HaShaná, Shabat Jánuca y Shavuot.

Pero Dios me dio el coraje como para molestarlo para que repasase cada lección conmigo, en privado, luego de haberla dado en público. Entonces yo salía y la escribía, mostrándosela más tarde a él. Los obstáculos que tuve que enfrentar antes de poder escribir cada lección son indescriptibles. Gracias a Aquél que le da fuerzas al débil, Quien me ayudó a escribir tales lecciones en beneficio de todas las generaciones futuras (*Imei Moharnat* I, #30).

Durante ese verano el Rebe Najmán también les dio a algunos de sus seguidores los aforismos que forman la segunda parte de su *Libro de los Atributos*. Reb Noson estaba en Breslov en ese momento, pero más tarde editó el material, ordenando los aforismos de acuerdo al tema y agregándolos a las secciones relevantes de la Primera Parte del libro que ya había copiado varios años antes. El Rebe dijo que los aforismos de la segunda parte se encontraban en un plano mucho más elevado.

*

En Rosh HaShaná del año 5569 (22 de septiembre de 1808), el Rebe estaba tan débil que parecía imposible que fuera capaz de decir Torá, especialmente dado que se encontraba allí muchísima gente. Aparte de la gente del pueblo, varios cientos de sus seguidores habían viajado a Breslov para estar con él para Rosh HaShaná. Pero finalmente, con la ayuda de Dios, el Rebe dio una lección muy extensa, enseñando que el destino final del judío es elevarse a un plano por sobre el plano de los ángeles. El Rebe trató también sobre cómo encontrar a un verdadero líder espiritual. Otro de los temas más importantes fue la enseñanzas de que la plegaria es el fundamento de la verdadera curación (*Likutey Moharán* II, 1).

Luego de Rosh HaShaná, el Rebe envió a su hermano, Reb Ijiel, a Medzeboz para orar por él en la tumba del Baal Shem Tov. Cuando Reb Naftalí se enteró, presionó a Reb Ijiel para que lo llevase con él, lo mismo Reb Noson, que también rogó para ir con ellos. Pasaron Iom Kipur en Medzeboz, donde Reb Noson les pudo mostrar el *Likutey Moharán* a algunas personas importantes y eruditas, quienes se sintieron profundamente conmovidas. Reb Noson pasó los primeros días de Sukot en Nemirov y luego fue a Breslov, donde permaneció hasta después de Simjat Torá.

Volvió a estar con el Rebe para el Shabat Jánuca (17 de diciembre de 1808). Luego de dar su lección, el Rebe hizo que los presentes recitasen una y otra vez el Salmo 124: "Una canción de ascensos de David; Si Dios no hubiese estado con nosotros cuando los hombres se levantaron en contra nuestra, ellos nos hubieran tragados vivos... nuestra alma escapó...". Luego, el Rebe les dijo a sus jasidim, "Hasta ahora, ustedes no pueden ser considerados seguidores míos. Vendrá un tiempo en que el mundo entero se levantará en mi contra. Todo aquél que me apoye y esté conmigo *en ese momento* será considerado un verdadero seguidor".[1]

Luego de su retorno de Lemberg, el Rebe suspendió sus viajes anuales a Medvedevka y Tcherin. Dado que estaba todo el tiempo en su hogar, Reb Noson pudo visitarlo frecuentemente, de modo que ese invierno pudo oír varias lecciones y cuentos. Luego de Pesaj, el Rebe hizo preparativos para viajar nuevamente a Lemberg. Tan pronto como la noticia llegó a Nemirov, Reb Noson se apuró a ir a Breslov donde encontró que las valijas del Rebe ya estaban cerradas y listas, pero para entonces el Rebe había cambiado de idea y permaneció en su casa.

*

Al acercarse Shavuot, Reb Noson comenzó a hacer los preparativos para viajar a la reunión de los jasidim de Breslov con el Rebe. Pero cuando llegó el momento de dejar Nemirov, los obstáculos nuevamente levantaron la cabeza. Reb Noson había criado en su hogar a una niña huérfana. Su casamiento debía tener lugar inmediatamente después de Shavuot, que ese año caía sábado por la noche. Si Reb Noson se quedaba en su casa para el *oirfruf*, al que toda su familia consideraba apropiado asistir, no podría viajar para estar con el Rebe para Shavuot.

Escribe lo siguiente:

> Mi único motivo para estar confundido era el hecho de que me sentía tentado a consultar al Rebe sobre si debía o no ignorar

los obstáculos e ir a verlo para Shavuot. De preguntarle, ciertamente *no* me habría permitido estar con él para Shavuot. Así era su manera: su verdadero deseo era que uno quebrarse todas las barreras del mundo para estar con él. Sin embargo, cada vez que la gente le preguntaba algo sobre alguna situación específica que implicaba un esfuerzo o un sacrificio extra para ir a verlo, siempre les advertía de que no debían hacer ningún sacrificio adicional para estar con él. Dijo de manera explícita, "Si alguien me pregunta, no tengo otra opción más que darle esa respuesta" (ver *Sabiduría y Enseñanzas del Rabí Najmán de Breslov* #214).

Sin embargo Dios fortaleció mi corazón, mi amigo Reb Naftalí me alentó mucho y me cuidé de no tratar el tema con el Rebe, en absoluto. Mi intención original era llegar a Breslov inmediatamente antes de Shavuot de modo que no hubiese tiempo para que él me enviase de vuelta a mi hogar. El problema era que tampoco podía quedarme en casa, debido a la oposición de toda mi familia, de todos en la casa de mi padre y en verdad de toda la ciudad. No tenía otra opción más que viajar a Breslov algunos días antes de Shavuot, pero hice todo lo posible para asegurarme de que el Rebe no fuese informado.

El viernes antes de Shavuot alguien le comentó al Rebe sobre los problemas por los que estaba atravesando. Pero no fui a verlo sino hasta después del mediodía, cuando ya sabía que era demasiado tarde para que él me enviase de vuelta. Él dijo, "No sabía que tenías tales problemas. De haberlo sabido, ciertamente deberías haberte vuelto a tu casa. Pero ahora que estás aquí... ¡Cuando una persona finalmente supera todo, ciertamente eso es mucho mejor!" (*Imei Moharnat* 1, #35; *Siaj Sarfei Kodesh* I-582).

*

Más tarde ese verano Reb Noson sufrió una tragedia personal cuando su segundo hijo, Meir, falleció a la edad de tres años y medio. En su relato sobre su vida durante ese período, el centro de la atención de Reb Noson está en el Rebe y en los episodios conectados con él. Sobre la pérdida de su segundo hijo y sobre el dolor que debe haberle causado, Reb Noson simplemente comenta: "Quiera Dios consolarme entre los deudos de Sión y de Jerusalén".

El domingo antes del *Shabat Najamú* (30 de julio), el Rebe

Najmán estaba de pie, con sus seguidores, frente a la ventana de su casa, observando una procesión fúnebre. La gente de la procesión estaba llorando y gimiendo como hace la gente en los funerales. El Rebe dijo: "Presumiblemente, el muerto se está riendo en su corazón por la manera en que ellos lloran por él. Cuando alguien fallece la gente llora por la persona como si dijera: 'Cuán bueno sería que hubieras seguido viviendo en el mundo, sufriendo muchas más pruebas y tormentos, y recibiendo muchas más amarguras'". Reb Noson le preguntó al Rebe:

"Pero ciertamente incluso allí no tendrá alivio del sufrimiento, pues no era lo suficientemente recto como para escapar de los dolores del Gueinom y de los tormentos de la tumba. Si es así, también allí sufrirá".

"Pero el menos ése será el fin de su dolor y de su sufrimiento", respondió el Rebe. "Una vez que haya pagado por sus pecados, disfrutará de la recompensa de todo aquello que haya logrado en este mundo por el camino de las buenas acciones".

"Pero ciertamente existe la reencarnación. Si debe ser reencarnado, ¿qué ha ganado falleciendo ahora y dejando detrás los problemas de este mundo?".

"Si él lo desea", dijo el Rebe, "puede ponerse firme frente al Tribunal Celestial y negarse a ser reencarnado nuevamente en este mundo en la forma que fuera".

"Pero aunque se niegue, ¿podrá eso ayudarlo?".

"Ciertamente lo ayudará", dijo el Rebe. "Si es lo suficientemente obstinado y dice, 'Hagan lo que quieran conmigo aquí [en el Cielo], hasta el último detalle, pero no me hagan volver otra vez al mundo físico - terminen todo aquí', ciertamente podrá lograr eso".

Continúa Reb Noson:

> Yo volví a insistirle al Rebe una y otra vez sobre este tema preguntándole si eso realmente podía ayudar, y él dijo que con seguridad ayudaría mientras el muerto se mantuviese firme en su pedido.
>
> Yo tomé muy en serio lo que dijo el Rebe y decidí fijarlo en mi mente para no olvidarlo. Espero ser capaz de recordarlo en el Mundo que Viene y hacer ese pedido delante del tribunal celestial para ser salvado de la reencarnación. No importa lo que pueda

sucederme, pues 'no sé en qué sendero me estarán llevando' (*Berajot* 28b), aun así es mejor que ser reencarnado y tener que quedar expuesto a los peligros de este mundo con todas sus vanidades. De ahora en adelante, que Dios nos haga volver a Él con un perfecto arrepentimiento de acuerdo con Su deseo (*Tzadik* #446).[2]

* * *

18

El Rav de Berdichov

Un día de otoño de 1809, el Rebe Najmán contó un sueño que había tenido:

> Era Iom Kipur y era obvio para mí que cada año en Iom Kipur, el *Cohen Gadol*, el sumo sacerdote, ofrecía a alguien como sacrificio. Ahora estaban buscando un sacrificio y yo me ofrecí. Me pidieron que confirmara esto por escrito y así lo hice. Luego, cuando llegó el momento en que debía ser sacrificado, cambié de idea. Yo quería ocultarme, pero con todos alrededor mío ¿cómo podía evitar que me viesen? Decidí irme de la ciudad. En verdad, comencé a caminar sólo para dar vuelta y encontrarme nuevamente en el centro de la ciudad. Pensé en ocultarme entre los gentiles, pero comprendí que si venían a buscarme, ellos de seguro me entregarían. Entonces encontraron a alguien que deseaba ser sacrificado en mi lugar. Aun así, todavía tengo miedo de lo que depara el futuro (*Tzadik* #211).

Durante el verano de 1809, poco tiempo antes de que el Rebe contase ese sueño, el rabí Leví Itzjak de Berdichov comenzó de pronto a viajar por Ucrania llegando tan lejos como Moldavia, algo muy poco común en él. Tan pronto como el Rebe Najmán oyó sobre ello, dijo que quería que sus tefilín fuesen inspeccionados. "Los tefilín son llamados *peer* - belleza, gloria (*Ketuvot* 6b)", explicó el Rebe, "y el Rav de Berdichov es la *peer*, la gloria de nuestra comunidad. Si él ha salido a viajar, con todas las indignidades que ello implica, quiere decir que el 'orgullo y la gloria' están dañados, y esto presenta dudas con respecto a la validez de los tefilín, que son nuestro orgullo y nuestra gloria".

El Rebe envió a Reb Noson para servir como asistente del Rav de Berdichov. "¿Acaso necesita gente de poca monta y ocupada de lo material para servirlo? ¡Ve tú!" (*Siaj Sarfei Kodesh* I-96). Reb Noson había estado cerca del Rav de Berdichov desde el momento en que comenzó a andar en la senda de la Jasidut. Cada vez que visitaba al rabí Leví Itzjak registraba para él sus lecciones y algunos de sus escritos fueron más tarde impresos en el *Kedushat Levi*.[1] El Rav de Berdichov sentía una gran estima por Reb Noson, a quien solía llamar "¡mi Nosele!" (*Siaj Sarfei Kodesh* I-610).

Cierta vez, mientras Reb Noson estaba viajando con el Rav de Berdichov, se detuvieron a orar en un cierto *shul*. Debido a que Reb Noson estaba orando en voz alta con su fervor usual, uno de los presentes se acercó a él y le dijo, "¡No disturbes las plegarias del Rav!". El rabí Leví Itzjak oyó eso y volviéndose al hombre le dijo, "Quizás soy yo quien lo está disturbando a *él*". En otra ocasión debían subir una elevada cuesta antes de llegar a la ciudad. Cuando el carruaje tirado por caballos comenzó su lento ascenso, Reb Noson descendió rápidamente y fue a sumergirse en una *mikve* cercana. Para el tiempo en que el carruaje alcanzó la cima de la colina, Reb Noson ya estaba de pie allí dispuesto a continuar. La velocidad con la cual hacía las cosas era algo excepcional, lo que le ganó una gran alabanza por parte del rabí Leví Itzjak (*Siaj Sarfei Kodesh* I-610; *ibid.* I-611).

*

Para Rosh HaShaná del 5570 (10 de septiembre de 1809) Reb Noson estaba en Breslov con el Rebe quien, pese a su gran debilidad, dio su lección más extensa - trataba sobre el tema del colapso de la fe y sobre cómo reconstruirla (*Likutey Moharán* II, 5). Luego de Rosh HaShaná se presentó otro problema más específico: era imposible obtener *etroguim* para Sukot. Pasó Iom Kipur pero aún no había *etroguim* a la vista. Sukot caía el domingo por la noche. La noche anterior -*motzi Shabat*- llegaron algunos *etroguim* a Nemirov, creando un gran revuelo, debido a la cantidad de gente que estaba esperando por ellos. La gente estaba dispuesta a pagar enormes sumas por un *etrog*. Por milagro, algunos fueron enviados a Breslov. Reb Naftalí viajó junto con el hombre que los había traído para asegurarse de que no los llevase a ningún otro lugar. Algunas horas antes del amanecer despertaron al Rebe Najmán, quien compró un hermoso *etrog*.

El Rebe dijo entonces que él sabía que habría *etroguim* debido al mérito de la plegaria del rabí Leví Itzjak de Berdichov, quien es la *peer* de la comunidad, al igual que el *etrog* que es llamado *peer*.[2]

"Pero", agregó el Rebe, "el que los *etroguim* hayan llegado aquí a Breslov, a la 'fábrica de Idishkeit' - ¡esto es verdaderamente maravilloso!". El Rebe estuvo tan alegre por su *etrog* que durante tres días no sintió ningún dolor debido a su enfermedad (*Sabiduría y Enseñanzas del Rabí Najmán de Breslov* #125).

Varias veces durante ese período el Rebe habló extensamente sobre la grandeza del *etrog*, y también dio una lección sobre el papel del Tzadik para acercar al pueblo judío a Dios (*Likutey Moharán* II, 66; ver *Sabiduría y Enseñanzas del Rabí Najmán de Breslov* #125). Reb Noson estuvo fuera de Breslov desde Iom Kipur hasta el día después de Simjat Torá, de modo que no pudo oír esas enseñanzas. El día que retornó, el miércoles 4 de octubre, los otros jasidim le comentaron sobre ellas, y él las pasó por escrito rápidamente. Esa noche fue a ver al Rebe y le mostró su manuscrito.

Escribe Reb Noson:

> El Rebe tomó el manuscrito y lo examinó cuidadosamente. Podía ver que algo estaba sucediendo. Se sentó allí como alguien profundamente perturbado. Sus ojos estaban llenos de lágrimas. Sin embargo no explicó el motivo de su angustia. No dijo nada. Sólo estaba sentado allí, en silencio (*Imei Moharnat* I, #39).

Dos días después, el viernes por la noche -era el *Shabat Bereshit*- Reb Aarón, el Rav de Breslov, estaba sentado a la mesa con el Rebe. Había estado lloviendo y debido a que el techo de la casa del Rav no estaba en buenas condiciones la lluvia se había filtrado dentro. El Rebe hizo notar de manera jocosa que la casa del Rav era como una suká. El Rebe dijo que esto se debía a que no había cabeza en esa casa - es decir, el Rav no se estado ocupando lo suficiente como un dueño de casa debería hacerlo. El Rebe continuó tratando otros temas con los que estaban a la mesa. Dijo entonces: "Conmigo ustedes no tienen nada. Aquéllos que están con otros Tzadikim pueden de hecho sentir que ahora es *Shabat Bereshit*, pero conmigo ustedes no ven nada".

Dijo, "En el *Shabat Bereshit* los Tzadikim tienen la costumbre de comentar sobre la conexión entre el comienzo y el final de la Torá, mostrando cómo '*Bereshit*-En el comienzo' (Génesis 1:1) está relacionado con '...ante los ojos de todo Israel' (Deuteronomio 34:12)".

El Rebe dijo, "Entonces yo también hablaré sobre esto..." -

pero inmediatamente cambio de opinión y dijo, "No puedo...". Entonces dijo, "Aun así, lo diré...", pero entonces volvió a cambiar de opinión y dijo, "No, no puedo". Continuó así, cambiando de opinión, hasta que finalmente dijo, "No importa lo que suceda, lo diré". Entonces dijo, "¿De qué estábamos hablando?". Yo mencioné algunos de los temas que habíamos estado tratando con él, pero él dijo, "Esto no es a lo que yo me estaba refiriendo... ¿No estábamos hablando sobre el hecho de que ahora no hay una cabeza de la casa?".

Continúa Reb Noson:

> El Rebe se sentó en silencio durante un tiempo y luego se inflamó de pasión y comenzó a desbordar carbones ardientes dando toda la lección de "'*Bereshit*'-'...ante los ojos de todo Israel'" (*Likutey Moharán* II, 67). Habló con un total temor reverencial, con los ojos llenos de lágrimas. Nadie en la mesa comprendió las alusiones de la lección relacionadas al fallecimiento del rabí Leví Itzjak. [Él había fallecido en Berdichov la noche del miércoles anterior, 4 de octubre, pero debido a la distancia las noticias no llegaron a Breslov sino el lunes siguiente (9 de octubre)].
>
> El domingo (4 de octubre) oímos un rumor sobre el fallecimiento del Rav de Berdichov, pero no queríamos creerlo. Esa noche le llevé al Rebe mi manuscrito de la lección mencionada. Él lo examinó cuidadosamente y nuevamente se sentó allí, desolado. Comprendí que esto era muy importante. Luego dijo el Rebe, "Mi Torá es muy exaltada: es todo espíritu divino (*rúaj hakodesh*). Uno puede conocer el futuro a partir de ella, y luego del evento de seguro es posible encontrarlo todo en mis enseñanzas".
>
> Al día siguiente llegaron más rumores sobre el fallecimiento del Rav de Berdichov. Mi mente estaba muy confusa y comencé a preguntarme si no sería verdad. Me sentía muy triste porque sabía que, de ser así, el Rebe iba a sufrir terriblemente. Mientras tanto, comencé a darme cuenta de que el fallecimiento del Rav de Berdichov ya estaba aludido en la lección que el Rebe había revelado el viernes por la noche. El Rebe había mencionado el fallecimiento y el ocultamiento de la *peer*, y nosotros ya sabíamos que el Rebe llamaba al Rav de Berdichov "*peer*". La noche anterior, yo había oído al Rebe decir que uno podía conocer el futuro a partir de sus enseñanzas y que, luego del evento, ciertamente uno podía encontrar todo allí. Todo eso fortaleció mi sentimiento de

que los rumores eran verdaderos y fui a hablar con mi amigo Reb Naftalí.

Antes de poder decirle una palabra, Reb Naftalí mismo dijo que el fallecimiento del Rav de Berdichov estaba aludido en la lección del Shabat del Rebe, y entonces vimos las maravillas de Dios y cómo las enseñanzas del Rebe incluyen todo lo que sucede en el mundo. Muchas veces habíamos podido comprobar lo mismo.

Sin embargo, tuvimos cuidado de no comunicarle explícitamente las noticias al Rebe, aunque comprendíamos que él lo sabía a través del *rúaj hakodesh*. Aun así, el solo hecho de hablar sobre algo deja una marca (*Imei Moharnat* I, #39).

El Shabat siguiente -*parashat Noaj*- el Rebe dijo que desde ese momento en adelante enseñaría Torá cada Shabat, y comenzó diciendo que *Bereshit* era una elegía por *Noaj* (ver *Likutey Moharán* II, 67). Las lágrimas comenzaron a fluir de sus ojos y los presentes también rompieron en llanto, porque todos sabían del fallecimiento del Rav de Berdichov. Aun así, durante un tiempo el Rebe no fue informado de manera explícita, hasta que llamó a alguien y le pidió que le contase sobre el fallecimiento del Rav. El hombre dijo que todos en la casa del Rebe le habían advertido de que no dijese nada al respecto. "¿Cómo podía no haberlo sabido?", dijo el Rebe, "¿Acaso no lo saben también en *Eretz Israel*?". El Rebe habló entonces durante largo tiempo sobre el tremendo golpe que era para todos el que hubiera fallecido la gloria de la generación, ese santo y tremendo Tzadik.

Escribe Reb Noson:

> Más tarde supe que él había fallecido la misma noche en que le había llevado [al Rebe] el manuscrito de la lección sobre el papel del Tzadik para acercar al pueblo judío a Dios (*Likutey Moharán* II, 66). Pude entonces comprobar las maravillas de Dios y cómo todo le era revelado [al Rebe] y se encuentra explicado en sus lecciones. Es imposible explicar por escrito todo lo que sucedió.
>
> Y otro aspecto de todo esto es el hecho de que los conceptos del ocultamiento de la *peer* y el fallecimiento del Tzadik tratados en la lección "'*Bereshit*'-'...ante los ojos de todo Israel'" hacen referencia al Rebe mismo... (*Imei Moharnat* I, #39).

En cuanto al sueño del Rebe Najmán sobre un sacrificio, Reb Noson escribe que no fue registrado de la manera apropiada y que falta la conclusión.

Pero recuerdo haber oído que fue el rabí Leví Itzjak, el Rav de Berdichov, quien estuvo de acuerdo en tomar el lugar del Rebe y en verdad fue poco tiempo después de ese sueño que él falleció. En cuanto a las palabras finales del Rebe, "todavía tengo miedo de lo que depara el futuro", eso también sucedió. El Rebe Najmán mismo falleció luego de Iom Kipur del año siguiente (*Tzadik* #212).

* * *

19

"Quiero quedarme entre ustedes"

Cuando Reb Noson estaba en su casa, en Nemirov, solía invitar para el Shabat al último visitante del *shul*, un huésped que aparentemente nadie más quería. Una vez, el invitado para el Shabat fue alguien particularmente sucio y con sus vestimentas desgarradas. El hijo mayor de Reb Noson, Shajne, se negó a sentarse a la mesa. Esto irritó a Reb Noson quien le dio una bofetada. Cada vez que Reb Noson iba a ver al Rebe, le contaba las diversas vicisitudes que le habían acaecido. Cuando le relató ese incidente, la respuesta del Rebe fue: "Primero, me gustaría que de ahora en adelante recibas un huésped respetable para poder hablar de Torá con él. Y segundo, ¿acaso se le pega a un niño?".[1]

La actuación de Reb Noson en esta historia nos brinda una buena indicación del punto de vista que tenía sobre él mismo y sobre los demás. Se sentía muy quebrantado por dentro y, en su humildad, sentía una fuerte afinidad con otros que también parecían quebrantados. Solía invitarlos como a uno de la familia - pese al hecho de que él mismo provenía de una familia respetable y rica. Habiéndose nutrido con las enseñanzas del Rebe Najmán sobre el punto superior -Moisés- y el punto inferior - Ioshúa, Reb Noson vio su papel en la vida como el de Ioshúa, aquél que debe salir a buscar a los que más necesitan de ayuda, aquellos que se encuentran en los niveles más bajos.

La dimensión espiritual de la misión de Reb Noson fue explicitada en una de las lecciones del Rebe Najmán en su último Shabat Jánuca, 9 de diciembre de 1809 (*Likutey Moharán* II, 7). El tema central de la lección es cómo influenciar a los demás para acercarlos a Dios. El Rebe explora las diferentes necesidades de aquellos cuyo nivel espiritual es muy elevado y de los que se encuentran muy distantes de Dios. El verdadero Tzadik tiene que guiar a cada una de estas clases de personas de maneras diferentes. A aquellos cuya percepción de Dios es muy elevada se les debe mostrar que aún no saben nada de Dios. Por otro lado, aquellos que se sienten tan disminuidos que "habitan en el polvo" (Isaías 26:9), requieren un acercamiento diferente. El Tzadik debe despertarlos y alentarlos, y mostrarles que en verdad están muy cerca de Dios y que siempre pueden buscar y encontrarlo, "pues el mundo entero está lleno de Su gloria" (*Ibid*.6:3).

El Rebe indica que el versículo sobre los que "habitan en el polvo" alude a Ioshúa, el discípulo. Las letras iniciales de las palabras hebreas *nevelati Ikumun, Hakitzu Veranenu SHojnei Afar* ("mi cuerpo muerto vivirá; despierten y canten quienes habitan en el polvo...") deletrean el nombre IHOSHuA (La letra hebrea *vav* a veces se pronuncia "v" mientras que otras corresponde a la vocal "o"). Ioshúa, el discípulo, tiene así una conexión especial con los que se encuentran en los niveles inferiores - aquellos que están espiritualmente "muertos". Incluso ellos pueden ser despertados por ese discípulo si desean recibir su luz, que es un reflejo de la del verdadero Tzadik (ver *Likutey Moharán* II, 7:final).

A partir de las alusiones a Ioshúa presentes a lo largo de la lección, los demás seguidores del Rebe que estaban allí comprendieron que estaba nombrando a Reb Noson como el que se ocuparía de que su influencia se mantuviese viva luego de su fallecimiento.[2] Antes de dar la lección, el Rebe comentó que varios líderes espirituales notables del pasado habían tenido un impacto importante en el mundo: le habían transmitido su sabiduría a sus seguidores acercando a Dios a un gran número de personas. Pero más tarde, la revitalización que inspiraron no pudo sobrevivir. "Nuestra tarea", dijo el Rebe, "es lograr algo que nunca se acabe". Dijo que cada uno de sus seguidores debería atraer a otros, y ellos a su vez traer más aún, y así por siempre. Un árbol tiene ramas y de las ramas salen otras ramas... Como ya había dicho el Rebe: "Mi fuego arderá por siempre. ¡Mi fuego arderá hasta la llegada del Mashíaj!" (*Tzadik* #172; #373; ver más adelante, Capítulo 46). Reb Noson fue el encargado de pasar la antorcha.

*

Luego de ese Jánuca, el Rebe Najmán pasaría sólo cuatro meses más en Breslov. Pocas semanas después de Pesaj del año 1810 se mudó a Umán, donde falleció algunos meses más tarde, el

18 de Tishrei del año 5571 (16 de octubre de 1810). Fue enterrado en el viejo cementerio de Umán, junto a las tumbas de los más de 20.000 mártires que habían sido asesinados en las masacres de judíos que tuvieron lugar allí unos cuarenta años antes, en el año 1768.

Casi toda la información que tenemos sobre los últimos meses del Rebe Najmán proviene de los textos de Reb Noson. A partir de muchos de sus comentarios queda claro, en retrospectiva, que llegó a percibir que todo estaba llevando hacia el fallecimiento del Rebe. Sin embargo, un comentario hecho por Reb Noson sólo unas pocas horas antes del fallecimiento del Rebe es altamente revelador. Habiendo salido de la habitación en donde estaba el Rebe yaciendo en cama, Reb Noson le dijo a Reb Ijiel, el hermano del Rebe, que estaba *comenzando a creer* que se acercaba la muerte del Rebe y le pidió a Reb Ijiel que lo ayudase a superar tales pensamientos (*Imei Moharnat* I, #62).

El Rebe había estado gravemente enfermo desde su retorno de Lemberg. A veces estaba tan débil que parecía imposible que pudiera seguir viviendo. Sin embargo, el comentario de Reb Noson sólo unas pocas horas antes del fallecimiento del Rebe deja en evidencia que antes de ello, nunca se permitió pensar en la posible muerte del Rebe. Mientras que todas las lecciones y conversaciones que Reb Noson oyó en ese período le dieron una profunda apreciación del significado de las enseñanzas del Rebe, no vivió esos meses con ninguna clase de sensación mórbida de aprensión por el inminente fallecimiento del Rebe. La preocupación más importante de Reb Noson, como siempre, era tomar de su maestro la mayor cantidad de Torá posible.

Sin embargo, para el Rebe, su fallecimiento estaba constantemente en sus pensamientos, tal como lo había estado desde el momento en que contrajo la tuberculosis. No era que tuviese miedo alguno de morir. Reb Noson nos dice que el Rebe se vanagloriaba de la ecuanimidad con la cual enfrentaba la perspectiva. Lo que preocupaba al Rebe era la continuación de su herencia única y que ésta fuese accesible para beneficio de todos los judíos. Con esa finalidad había comenzado a preparar a sus seguidores para el futuro, en especial a Reb Noson. Esto ayuda a explicar el gran énfasis que el Rebe puso sobre el *kiruv rejokim* -

atraer a los que están lejos de Dios- como explicó en gran detalle en su lección de Jánuca. En la misma lección el Rebe también alude a algo más que debía ser de absoluta importancia en la supervivencia de su influencia: su tumba.

Poco después de que el Rebe se enfermó por primera vez, les dijo a algunos de sus seguidores: "¡Quiero quedarme entre ustedes! Y ustedes vendrán a mi tumba" (*Tzadik* #94). Desde el momento de su retorno de Lemberg el Rebe habló constantemente sobre dónde debía ser enterrado. Dijo que deseaba ser inhumado en Breslov mismo. Mencionó que había considerado viajar a la Tierra Santa, pero dijo que, por un lado, temía no poder sobrevivir el difícil viaje, y por otro, que si fallecía en la Tierra Santa, la gente no iría a visitar su tumba. "La tumba no traería bien alguno. La gente no haría nada con ella". Cuando el Rebe volvió de Lemberg, comentó que habría querido morir allí, dado que es el lugar de descanso de muchos Tzadikim notables. Sin embargo dijo que Lemberg también estaba muy lejos de sus seguidores, quienes no podrían viajar fácilmente para estar junto a su tumba.

> El Rebe dejó en claro muchas veces y de diferentes maneras que era su deseo que la gente fuese siempre a su tumba a estudiar y a recitar muchos salmos, plegarias y súplicas. Dijo que sentiría un gran placer de toda persona que fuese a su tumba y recitase un salmo con verdadero fervor (*Tzadik* #59).

Durante su último mes en Breslov el Rebe habló repetidamente sobre su deseo de ir a Umán. Sin embargo, hasta ese momento, no les había revelado a ninguno de sus seguidores que era allí en donde deseaba fallecer. Pese a ello, frecuentemente mencionaba su deseo de ir a Umán. El Rebe tenía un grupo de seguidores en Teplik, que estaba cerca de Umán. Cuando fueron a visitar al Rebe en Breslov durante el invierno de 1809-10 le preguntaron varias veces si deseaba que le buscasen algún lugar para vivir en Umán. Su respuesta todas las veces fue "No".

Luego del Purim de ese año (finales de marzo de 1810), el Rebe reveló los Diez Salmos[3] que conforman el *Tikún HaKlalí*, el "Remedio General". Ya había hablado de ello cinco años antes, en 1805, cuando el manuscrito del *Likutey Moharán* estaba siendo encuadernado.[4] Cuando el Rebe reveló los Diez Salmos, designó como testigos a Reb Aarón, el Rav de Breslov, y a Reb Naftalí, y dijo:

> Cuando pasen mis días y yo deje este mundo, voy a interceder por todo aquel que venga a mi tumba, diga estos Diez Salmos y dé una moneda para caridad. No importa cuán grandes puedan haber sido sus pecados, yo haré todo lo que esté en mi poder, atravesando el largo y el ancho de la creación, para limpiarlo y protegerlo... "Lo sacaré del Gueinom tirando de sus *peot*". No importa quién sea o cuán gravemente haya pecado. Todo lo que tiene que hacer es tomar el compromiso de no volver a su locura (*Tzadik* #122).

Ningún Tzadik en toda la historia judía ha hecho semejante promesa.

*

Ese año Reb Noson ya había oído del Rebe dos extensos y exaltados cuentos, "Los Niños Cambiados", relatado poco después de Sukot (14 de octubre de 1809) y "El Señor de la Plegaria", que fue contado un mes después de Jánuca (enero de 1810).[5] Cerca de una semana después de que el Rebe revelara los Diez Salmos del *Tikún HaKlalí*, comenzó a contar la última y más exaltada de sus historias, "Los Siete Mendigos". Éste fue uno de sus logros más elevados. Dijo: "Si no supiera otra cosa más que esta historia, aun así sería algo muy extraordinario".[6]

La primera parte de la historia, hasta el final del cuento del Mendigo Ciego, fue contada un Shabat a la noche al final del mes de Adar (30 de marzo de 1810). Reb Noson no estaba presente en ese momento, aunque la historia llegó a ser contada debido a un comentario que él le había escrito a un compañero en una carta, diciéndole que debía estar alegre incluso en situaciones depresivas. El Rebe, que había visto la carta, dijo: "¿Qué saben ustedes sobre estar alegre luego de haber estado deprimido? Yo les contaré cómo es que la gente solía alegrarse...". Entonces comenzó a contar la historia.

Reb Naftalí estuvo con el Rebe ese Shabat. El martes siguiente volvió a Nemirov y le contó la historia a Reb Noson. Escribe Reb Noson:

Estaba apabullado y me quedé temblando. Aunque había tenido el privilegio de oír del Rebe lecciones y cuentos tremendos -enseñanzas que ningún oído ha oído desde el comienzo de los tiempos- aun así, todavía no había oído una historia como ésa. Partí inmediatamente para Breslov y conversé con el Rebe sobre ello. El Rebe me dio la versión correcta del cuento del Mendigo Ciego, colocando todos los detalles en su orden adecuado. El Rebe dijo, "Yo mismo anhelo oír el resto de la historia". (Ésa era su manera: solía comentar cuánto anhelaba oír y conocer la cosa misma que él había revelado; *Imei Moharnat* I, #42).

Las secciones siguientes de las historias fueron relatadas en diversos momentos durante las dos semanas siguientes, y la historia del Sexto Día fue contada el 10 de abril. Cada vez que sus seguidores se reunían con él, el Rebe solía preguntar por las últimas noticias. Solían presentarse toda clase de temas, que iban desde los eventos locales y comunitarios hasta la situación internacional (toda Europa estaba sumida en las guerras napoleónicas). Como sucedía con muchas de las enseñanzas del Rebe, generalmente algún comentario de la conversación iniciaba el relato de la siguiente parte de la historia. La historia del Tercer Día, que habla sobre el corazón perseguido, también refleja el dolor del Rebe por la enfermedad de su pequeño nieto, que falleció una semana después. Luego de que el Rebe relatara la historia del Sexto Día, uno de sus seguidores le contó un cuento. El Rebe dijo, "Ésa es la historia del Séptimo Día - ¡el mundo ya está contando mis cuentos!". Pero en verdad el Rebe mismo nunca relató la historia del Séptimo Día. En su viaje a Umán unas semanas más tarde, dijo que la historia del Séptimo Día no sería contada sino con la llegada del Mashíaj.

*

Pocos días antes de Pesaj, Reb Noson volvió a su hogar en Nemirov para prepararse para la festividad. Ese mismo día llegaron a Breslov algunos de los seguidores del Rebe provenientes de Teplik. Nuevamente volvieron a preguntarle si quería que le buscasen una casa para él en Umán. Esta vez el Rebe dijo, "¡Sí!".

Durante Pesaj hubo varios incendios en Breslov, aunque la casa del Rebe se salvó. En su lección elogiando al Rav de Berdichov (*Likutey Moharán* II, 67) el Rebe habló sobre el estallido de incendios. El Tzadik es una luz. Cuando se extingue la luz pura del Tzadik, la luz "no santa" -el fuego- se vuelve dominante, y esto explica por qué, luego del fallecimiento de un Tzadik, estallan los incendios.

Reb Noson viajó varias veces a Breslov durante Pesaj y después, y estuvo con el Rebe para el Shabat, Rosh Jodesh Iar (4 de mayo). Sentado a la mesa en la noche del viernes el Rebe dijo: "¡Juro por el santo Shabat que en este instante no sé absolutamente nada!". Repitió esto varias veces hasta que de pronto, dijo, "¡*shoin, shoin*! ¡Ya! ¡Ya!". Un incendio estalló en la calle y comenzó a propagarse rápidamente por todo el pueblo. Hubo una gran conmoción en la casa del Rebe quien salió de la casa y corrió hasta llegar cerca de la sinagoga. Allí le alcanzaron algunos abrigos para que no tomase frío - dado que para entonces ya estaba muy débil. De ahí vadeó a pie un pequeño río y trepó a una colina, donde se sentó a observar la conflagración, hasta que se incendió su propia casa. Los rollos de la Torá rescatados de la sinagoga y del *beit midrash* fueron colocados a su lado.

Poco antes del amanecer, Reb Noson, que había estado ayudando a retirar las cosas de la casa del Rebe, llegó a la colina donde encontró al Rebe en un estado de gran excitación, contemplando el pueblo incendiado. Reb Noson llevó al Rebe a la casa de Reb Shimón, que se encontraba en los límites de Breslov y se había salvado del incendio. El Rebe permaneció allí durante el resto del Shabat. A la mañana siguiente se trasladó a la casa de Reb Zelig, que estaba en el extremo opuesto del pueblo y que también había sobrevivido al incendio. Por la tarde, uno de los seguidores del Rebe proveniente de Teplik llegó a Breslov y fue a la casa de Reb Zelig para avisarle al Rebe que lo estaban esperando en Umán. Junto con él trajo un libro, *Iain Levanon*, que le había sido enviado al Rebe por tres judíos no religiosos de Umán con los cuales el Rebe había tenido tratos ocho años antes, como veremos. El libro era una señal de que el Rebe sería bienvenido en Umán. Escribe Reb Noson:

> El rostro del Rebe Najmán se puso totalmente colorado. Se encontraba en un estado de tremenda excitación y su rostro estaba enrojecido. En ese momento no supe por qué. Sólo más tarde comprendí que el Rebe sabía que estaba siendo llamado

a fallecer (*Imei Moharnat* I, #45).

Reb Noson anhelaba acompañar al Rebe en su viaje a Umán, pero el Rebe le había dejado entrever que, de viajar, probablemente lo haría con Reb Naftalí. Sin embargo, así como resultaron las cosas, Reb Naftalí se vio obligado a retornar a Nemirov unas pocas horas antes de la llegada del mensajero de Teplik. Viendo que el Rebe quería viajar ahora, Reb Noson tomó la iniciativa y comenzó a hacer los arreglos para el viaje, para que el Rebe lo llevase con él.

¡Y si sólo hubiera venido al mundo para hacer con él ese viaje, habría sido suficiente! Cuántos tesoros invalorables obtuve en ese viaje - enseñanzas y conversaciones tremendas que fueron y continuarán siendo una fuente vital de inspiración para mí y para toda la Casa de Israel, para todas las generaciones.

Cuando el hombre de Teplik llegó con el mensaje de que el Rebe podría viajar a Umán, yo quedé allí temblando, asombrado de las tremendas maravillas de Dios que podía contemplar con mis propios ojos. Durante todo ese invierno el Rebe había estado hablando sobre Umán, pero cada vez que los hombres de Teplik le preguntaban si debían organizar un lugar para él allí, el Rebe decía que no. Sólo ahora había aceptado finalmente la idea, y ellos habían partido para hacer los arreglos necesarios. Fue justamente en ese momento, cuando su casa se había quemado por completo: todo estaba absolutamente revuelto y sus posesiones estaban desparramadas por todo el lugar. La mayor parte de Breslov había sufrido el incendio, especialmente el área cercana a la sinagoga y el *beit midrash*, y no había lugar alguno en el cual pudiera quedarse el Rebe. Y precisamente en medio de toda esa confusión llegó el hombre de Teplik con la invitación para ir a Umán - ¡justo en el momento correcto!

Me es imposible explicar por escrito todos mis sentimientos, porque mundos sin fin están unidos a su viaje a Umán y al hecho de que yo tuviera el privilegio de viajar allí con él. En Umán el Rebe rectificó miles y decenas de miles de almas dañadas que no habían tenido manera de ser rectificadas sino mediante su fallecimiento, tal como él mismo afirmó de manera explícita y mediante varias alusiones. Y cuánto bien provino para todas las generaciones futuras de judíos del hecho de que él estuviera allí, porque él ya había revelado que ayudaría a todo aquél que fuese a su tumba y recitara los Diez Salmos. El viaje a Umán fue el comienzo y la preparación para todo eso... Es por ello que cada circunstancia y cada movimiento conectado con ese viaje estuvieron repletos de significado y sentido.

Todos los viajes del Rebe implicaron, a cada paso, profundos secretos y exaltados misterios. Esto fue especialmente así en ése, su último viaje al lugar en el cual debía fallecer. Nuestras mentes son incapaces de comprender los tremendos secretos y los sublimes misterios implícitos en cada paso y en cada detalle conectados con su fallecimiento (*Imei Moharnat* I, #46).

Reb Noson intentó alquilar un carruaje pero sin éxito. Eso fue un obstáculo. Otro fue el hecho de que Odil, la hija del Rebe, se oponía a que fuese a Umán, y la manera del Rebe era no insistir sobre nada. Sin embargo Reb Noson comprendió que el verdadero deseo del Rebe era ir a Umán, y finalmente contrató un carruaje por un precio mucho mayor que el usual.

El Rebe partió de Breslov un martes por la mañana, 4 de Iar del año 5570 (8 de mayo de 1810). Con él estaban su asistente, el hombre de Teplik y Reb Noson. Escribe Reb Noson:

> Mientras viajamos en carruaje hacia Umán, el Rebe habló de manera muy hermosa e inspiradora, y sus palabras estaban plenas de un profundo aliento espiritual. A partir de lo que dijo comprendí la grandeza del amor de Dios y cómo finalmente Él revelará la verdad y trabajará para nuestro bien último. Yo me sentía muy entusiasmado y le dije, "¿De modo que, después de todo, Dios completará las cosas de acuerdo con Su voluntad?". El Rebe me contestó con un tono de sorpresa, "¿Qué quieres decir con que 'Dios completará'? Evidentemente Dios está completando todo el tiempo".
>
> Explicar todo esto llevaría muchas páginas. En resumen, al principio él había pensado, cuando nos acercamos a él por primera vez, que completaría el *tikún* de manera inmediata, y muchas de las cosas que dijo indicaban eso. Pero más tarde, debido a nuestros muchos pecados, los pecados de la generación y la tremenda determinación del Satán que llevó a toda la oposición en su contra, todo fue trastornado y fue incapaz de finalizar lo que él había querido durante su vida. Aun así, él dijo que *había* completado y que *completaría*. Pues luego de su retorno de Lemberg, encontró un sendero y habló de manera tal como para asegurar que su luz nunca se extinguiría. El Rebe mismo dijo: "*Mein faierel vet shoin tluen biz Moshiaj vet kumen* - ¡Mi fuego arderá hasta la venida del Mashíaj!" (*Tzadik* #126).

En el camino a Umán atravesaron Ladizin donde mucha gente acompañó al Rebe hasta las afueras de la ciudad. Allí fue donde el Rebe reveló la enseñanza impresa al comienzo del *Likutey Moharán* sobre la grandeza del rabí Shimón bar Iojai, autor del *Zohar*. El Rebe dijo entonces, "Pero ahora hay un 'Arroyo fluente, fuente de sabiduría... - *Najal Novea Mekor Jojmá*'" (Proverbios 18:4). Las letras iniciales de las palabras hebreas del versículo deletrean *NaJMaN*.[7]

Hacia la noche, al acercarse a Teplik, comenzó a llover, pero el Rebe Najmán no quiso detenerse y continuaron su viaje hasta que llegaron a un pequeño pueblo donde pasaron la noche. A la mañana siguiente, al acercarse a Umán, el Rebe le habló a Reb Noson sobre su lección sobre el fallecimiento y el ocultamiento del Tzadik (*Likutey Moharán* II, 67). Le contó entonces a Reb Noson una historia sobre cómo el Baal Shem Tov había llegado cierta vez a una ciudad en donde había almas que habían estado allí por más de trescientos años y aún no habían sido rectificadas.

> Al llegar a la ciudad el Baal Shem Tov se sumió en una depresión muy profunda. La gente veía que estaba deprimido pero nadie se atrevía a preguntarle por qué. Esto siguió así durante un día y medio. Entonces, en la tarde del viernes, el Baal Shem Tov les pidió que hiciesen venir a todos los visitantes que estaban de paso en la ciudad, para que comiesen con él durante el Shabat. De hecho, no había muchos visitantes y sólo pudieron encontrar a dos, que estaban viajando a pie. Más tarde, se escuchó que el Baal Shem Tov tenía una discusión con ambos (*Tzadik* #87).

El Rebe dijo entonces que no recordaba muy bien los detalles de la historia, pero que la esencia del tema era que en ese lugar había almas que habían estado allí durante trescientos años sin poder elevarse a los mundos superiores. Con la llegada del Baal Shem Tov todas se acercaron a él, porque anhelaban constantemente por un hombre como ése que pudiera lograr su *Tikún*. Ese fue el motivo de su depresión, pues era una tarea muy pesada dado que la única manera de lograr su rectificación era falleciendo él mismo. Eso era muy duro para él por lo cual estaba deprimido. Pero Dios hizo que le fueran llevados esos dos hombres, lo que significó que el Baal Shem Tov pudo salvarse.

Ese mismo día, un miércoles, 5 de Iar (9 de mayo de 1810), llegaron a Umán.

20

Umán

La ciudad de Umán está situada en la ruta principal entre Kiev y la ciudad portuaria de Odesa sobre el Mar Negro. Hasta finales del siglo XVIII toda Ucrania estuvo bajo el gobierno polaco, siendo Umán una importante guarnición militar. En 1749 los Haidamacos se rebelaron en contra de los polacos y masacraron a varios miles de judíos de Umán, incendiando la mayor parte de la ciudad. En 1761 el conde Felix Potacki, el gobernador polaco, reconstruyó Umán, esforzándose en su desarrollo. Entre sus obras se encuentra el famoso Parque Sofiefka, nombrado en honor de su esposa, Sofía.

Algunos años más tarde, los Haidamacos volvieron a rebelarse y perpetraron una serie de masacres de judíos en la región de Kiev. Miles de judíos de las áreas circundantes a Umán entraron a la ciudad con la esperanza de encontrar refugio. En junio de 1768 Maxim Zelieznak, comandante de los campesinos, comenzó a avanzar sobre la ciudad. El nuevo gobernador, Mladanovich, tenía a su disposición un destacamento cosaco de la guardia de la corte polaca bajo el mando de Iván Gunta. Mladanovich envió a Gunta para pelear contra los Haidamacos, pero en su lugar se unió a ellos. Cuando los dos ejércitos llegaron a las puertas de Umán, Mladanovich negoció la paz y estuvo de acuerdo en admitirlos en la ciudad bajo la condición de que no tocasen a los polacos y sólo atacasen a los judíos.

Antes de la entrada de los Haidamacos, el santo rabí David Hazan se ocultó junto con otros judíos. Tan pronto como los Haidamacos entraron a la ciudad, se arrojaron contra todos los judíos que pudieron encontrar en las calles y los asesinaron bárbaramente. Tres mil judíos se refugiaron en la sinagoga. Gunta erigió un toldo en el patio de la sinagoga en el que colocó un crucifijo, anunciando que todo judío que saliese y se postrase delante salvaría su vida. Ningún judío salió. Los Haidamacos colocaron entonces un cañón frente a la entrada de la sinagoga, volaron las puertas y masacraron a todos los que estaban adentro. Asesinaron a todos los judíos que pudieron encontrar en la ciudad, al igual que a muchos polacos. El baño de sangre de Umán continuó durante tres días.

Cuando se apaciguó el fragor de la masacre, el rabí David Hasan y sus compañeros emergieron de su escondite para encontrar las calles llenas de sangre y de cuerpos mutilados. En los días que siguieron, enterraron a los judíos en dos grandes montículos en el viejo cementerio de Umán. Poco tiempo después fue reprimida la insurrección de los Haidamacos. Los historiadores modernos estiman que el número de judíos asesinados en la masacre fue de al menos 20.000.

En 1795, con la partición de Polonia, Ucrania quedó bajo la soberanía rusa. Por ese entonces Umán había sido reconstruida y ahora era famosa por una nueva clase de judío - uno cuyo aspecto era diametralmente opuesto al de los 20.000 mártires de 1768. Paradójicamente, Umán se había vuelto uno de los primeros centros en Rusia del movimiento de la *Haskalá*. Los asimilacionistas de la ciudad estaban encabezados por Jaikel Hurwitz y sus dos yernos, Hirsh Ber Hurwitz y Moshé Landau.[1] Estos eran conocidos en toda Rusia como personas muy eruditas, siendo Moshé Landau un médico altamente respetado. Tenían fuertes conexiones con el zar de Rusia, del cual habían recibido sables de oro como señal de honor.

Tan grande era su antipatía por la religión que habían jurado no mencionar nunca a Dios. Varios importantes maestros jasídicos, incluyendo el rabí Leví Itzjak de Berdichov y el rabí Iaacov Shimshon de Shepetevka, habían tratado de mudarse a Umán con la esperanza de revertir la marea, pero Jaikel, como líder comunitario, tenía suficiente influencia en la ciudad como para impedírselo. Él y sus yernos solían visitar a cualquier rabino importante de visita en la ciudad para burlarse de él.

En septiembre de 1802, cuando el Rebe Najmán se estaba mudando desde Zlatipolia a Breslov, atravesó Umán, pasando un Shabat en la ciudad. Jaikel Hurwitz fue a visitarlo. Cuando el Rebe le preguntó qué es lo que quería, él le dijo: "He oído que una gran persona ha venido a visitar la ciudad y quiero presentarle mis respetos". "Entonces, ¿por qué no va a visitar a ese importante general ruso que está parando del otro lado de la calle?", se mofó el Rebe, "Él es más su tipo de persona". Jaikel se sintió tocado e intrigado de inmediato y volvió más tarde junto con sus dos yernos.

El Rebe, quien estaba en medio de un discurso de Torá, comenzó a analizar un complejo problema geométrico discutido en el Talmud (*Suká* 8 a, b; ver Rashi y Tosafot *ad loc.*). Jaikel y su grupo comprendieron que el análisis del Rebe no estaba dirigido a sus jasidim sino a ellos mismos. Más tarde discutieron el problema con él y quedaron muy impresionados por la comprensión matemática del Rebe. Lo invitaron a quedarse en Umán, pero el Rebe les dijo que aún no era el momento. Les dijo que volvería cuando ellos le enviasen el libro *Iain Levanon*, de Naftalí Hertz Wiesel, su mentor. Ése era el libro que el mensajero de Teplik le entregó al Rebe en Breslov, el domingo después del incendio de la casa del Rebe.[2]

Al arribar a Umán (el 9 de mayo de 1810), el Rebe se alojó en la casa de Najmán Noson Rappaport, otro importante *maskil* que había fallecido cerca de un año antes. Estando el Rebe en la casa de Najmán Noson sus seguidores dijeron, "Es bueno para Najmán Noson el que esté habitando en su casa" (es decir, el Rebe rectificaría su alma). El Rebe les respondió: "Najmán (el Rebe), Noson (Reb Noson), es bueno" (*Siaj Sarfei Kodesh* I-125). Un Shabat, durante su estadía en la casa de Najmán Noson, el Rebe dijo: "Este *kidush* y la bendición sobre el vino se hacen en una casa en donde nunca antes se mencionó el nombre de Dios".

Reb Noson buscó por todo Umán un lugar apropiado para el Rebe y su familia. Una persona desconocida de la ciudad de Lukatch[3] le ofreció al Rebe habitar en su casa sin necesidad de pagar. Era una casa espaciosa con ventanas que daban a un jardín. Hubiera sido muy apropiada, especialmente dado que la condición del Rebe era grave y necesitaba un apartamento grande y aireado. Sin embargo, el trato no fructificó. En lugar de ello el Rebe alquiló la casa de un cierto Reb Iosef Shmuel, aunque no era suficientemente aireada y no tenía el espacio necesario para toda su familia (*Tzadik* #114). El Rebe debía mudarse luego de Shavuot. Como era usual, una gran cantidad de los seguidores del Rebe vino a pasar Shavuot con él. Sin embargo el Rebe se negó a decir Torá.

El día después de Shavuot el Rebe se mudó a la casa de Reb

Iosef Shmuel, mientras que Reb Noson volvió a Nemirov, habiendo estado con el Rebe cerca de seis semanas. Reb Naftalí se quedó en Umán con el Rebe. Unos pocos días después de la llegada de Reb Noson a Nemirov recibió una carta de Reb Naftalí diciendo que el Rebe quería que volviese inmediatamente a Umán. Reb Noson volvió y se quedó en Umán otros dos meses, hasta después del *Shabat Najamú* (12 de agosto).

*

Durante una visita al Rebe Najmán en el curso de ese verano, el Maguid de Terhovitza le preguntó por qué había ido primero a la casa de Najmán Noson (un pecador) y sólo más tarde a la de Reb Iosef Shmuel. El Maguid también le preguntó al Rebe por qué tenía tratos con los pecadores - es decir, los *maskilim*. Incluso los seguidores del Rebe encontraban extrañas e incomprensibles muchas de las cosas que él hacía. El Rebe le respondió: "La primera pregunta es una pregunta antigua - ¿por qué el mundo fue creado en un estado de caos y sólo después puesto en orden? En cuanto a la segunda pregunta: si los Tzadikim no me siguen, debo apelar a los malvados. Quizás pueda hacer de ellos buenos judíos" (*Tzadik* #105). Sin embargo, muchos de los detractores del Rebe veían en sus tratos con esos importantes miembros del movimiento de la *haskalá* una afinidad con su forma de pensar y una actitud negativa hacia la observancia tradicional de la Torá. Esto sólo sirvió para aumentar la ardiente oposición al Rebe.

En verdad el propósito del Rebe con los *maskilim* estaba muy lejos de lo que muchos sospechaban. Toda su misión con ellos, como con todo Israel, era implantar fe y Torá. Pero él comprendía su aspecto y sus actitudes, y utilizó con ellos un acercamiento muy diferente. Si bien les advertía a sus seguidores que se mantuviesen lejos, él mismo conversaba con ellos durante horas - los *maskilin* disfrutaban de su compañía y lo visitaban seguido. Discutían todos los temas posibles... salvo Torá, que el Rebe evitaba cuidadosamente. Un motivo era probablemente evitar toda posibilidad de que ellos tergiversaran sus palabras. El Rebe describía al ateo Hirsh Ber como "la cabeza de la serpiente" (el mal encarnado) de la generación (ver *Likutey Moharán* II, 4). Pero con el pasar el tiempo, Hirsh Ber -quien había jurado nunca pensar siquiera en Dios- dijo, "¡me siento compelido a decir que existe un Dios!".

Hirsh Ber y Landau estaban preocupados por una pregunta que su mentor, Wiesel, no había podido responder. Decidieron presentársela al Rebe Najmán. Cuando entraron, el Rebe mismo les hizo esa misma pregunta y la respondió para su satisfacción. "Tú eres más inteligente que Wiesel", dijeron, "pues pudiste responder la pregunta. Pero ¿cómo *sabías* que teníamos esa pregunta?". El Rebe les dijo que la persona que tiene una mente pura tiene el poder de leer las mentes de los demás. Ellos aceptaron eso, pero tan pronto como salieron se sintieron avergonzados. Eran conocidos como personas inteligentes. ¿Cómo podía el Rebe engañarlos tan fácilmente? ¿Cómo era capaz de leer las mentes de otras personas?

Cierta vez el Rebe Najmán los vio con un libro en griego. Les preguntó cuál era su contenido, pero ellos le dijeron, "Esto no es para ti". El Rebe insistió en ver el libro, pero ellos se negaron a dárselo. Finalmente el Rebe lo tomó de sus manos, leyó algunas páginas y se los devolvió. Entonces citó de memoria las pocas páginas que había contemplado, dejándolos totalmente asombrados.

Durante una de sus visitas el Rebe se sentó a jugar ajedrez con ellos. En medio del juego, Reb Noson y Reb Naftalí entraron para ver al Rebe. Su temor y respeto por el Rebe hizo que los *maskilim* se sintiesen avergonzados por su propio comportamiento informal con él. El Rebe les contó entonces un cuento sobre un rey que tenía un buen amigo con quien solía jugar al ajedrez. Solían quedar tan absorbidos en el juego que el rey olvidaba que era un rey y su amigo también olvidaba que estaba jugando en contra del rey. A veces el rey ganaba y a veces ganaba su amigo. Cierta vez, entraron los ministros reales, mostrando todo el respeto y el temor debidos a un rey. El amigo se avergonzó de su comportamiento informal y le pidió perdón al rey. El rey le dijo, "Éste no es tu asunto. Con ellos gobierno países. Contigo juego al ajedrez". El Rebe Najmán señaló entonces a Reb Noson y a Reb Naftalí y les dijo a los *maskilim*, "Con ellos, gobierno países. Con ustedes, juego al ajedrez".

El trabajo del Rebe con esos ateos fue uno de los motivos de su mudanza a Umán. Y de una manera extraña, fue en parte para beneficio de Reb Noson y de Reb Naftalí. Ambos ardían en anhelo y deseo por servir a Dios, pero siempre se sentían muy distantes de Él, lo que los dejaba frustrados y quebrantados. ¡Ver a esos ateos les permitiría consolarse con el pensamiento de que al menos ellos aún creían en Dios!

En cuanto a los *maskilim* mismos, el tiempo que pasaron con el Rebe ese verano los acercó un poco más el judaísmo. Al fallecer el Rebe, Reb Noson estaba llorando amargamente su pérdida. Hirsh Ber le dijo, "¿Tú echas de menos al Rebe? ¡Yo echo de menos al Rebe! Si el Rebe hubiera vivido un poco más, yo me habría arrepentido y transformando en un judío verdaderamente temeroso de Dios".

Pero no llegaron tan lejos. Hirsh Ber y Landau siguieron siendo *maskilim* y más tarde, en 1822, establecieron una de las primeras escuelas seculares para judíos en Rusia. Sin embargo, los esfuerzos del Rebe los hicieron retornar de una total negación a Dios hacia una aceptación al menos pasiva. Ésa fue otra manifestación de las maneras del Rebe de permitir que cada persona busque a Dios de acuerdo con su propio nivel. Ninguno de los otros líderes jasídicos pudo siquiera quedarse en Umán, y ni hablar de conversar con esos *maskilim*. Pero el Rebe Najmán se quedó y llegó a ellos de una manera que hizo posible que ellos le respondieran. Más tarde fueron muy amigables con Reb Noson, ayudándolo y solidarizándose con él durante algunos de sus momentos más difíciles.

*

Escribe Reb Noson:

> Cierta vez, cuando ya vivía en Umán, el Rebe estaba sentado, hablando con nosotros y dijo: "¿Recuerdan cuando comencé a hablar por primera vez sobre Umán?". Yo le dije que sí recordaba. Fue cuando llamó al Rabí Iudel y le preguntó sobre el "Sofiefka". El Rebe dijo: "Tú no sabes ni tampoco recuerdas. También hablé sobre ello antes. Cuando tuve esa conversación con el Rabí Iudel ya había avanzado en el tema y me había adentrado en mi estudio

de esta cuestión. Por entonces ya tenía el poder de incluir esto en mi conversación y hacerlo formar parte integral de lo que estaba diciendo". El Rebe continuó: "El resto de ustedes tampoco son sabios. Ustedes piensan que todo está conectado con Najmán Natán". En verdad, dijo, ésta no era sino una fracción infinitesimal del propósito de su venida.

A partir de lo que dijo sobre el tema quedaba en claro que tenía un motivo enorme y tremendo para ir a Umán y que desde hacía mucho tiempo había comenzado a comprender el significado de su misión. Tenía una explicación completa, en el más profundo de los niveles. Es imposible transmitir incluso una mínima porción de lo que fuimos capaces de comprender, pues todo lo que hacía el Rebe se remontaba a los motivos más insondables, y en especial aquello relacionado con su viaje para fallecer en Umán (*Tzadik* #89).

En Umán, además de su trabajo con los *maskilim*, el Rebe Najmán estaba cada vez más dedicado a rectificar las almas de los muertos. Incluso llegó a considerar dejar de lado su papel de líder para dedicarse exclusivamente a esa tarea. Escribe Reb Noson:

> Dijo el Rebe, "Lleva tiempo y energía ayudar a los vivos. Incluso si tratas de ayudar a un Tzadik en este mundo, si tratas de elevarlo y de llevarlo a un nivel más alto, también eso es un trabajo difícil, más difícil que ayudar y elevar a cientos de miles de almas de pecadores fallecidos. En este mundo la gente tiene libertad de elección y es por eso que es muy difícil llegar a alguna parte con ellos, pues significa quitarles la libertad para poder llevarlos así por el sendero verdadero. Es diferente con los muertos. Es posible que algunos de ellos hayan sido los más grandes pecadores, pero tan pronto como fallecen puedes hacer lo que quieras con ellos: harán todo lo que les digas, no importa cuán malos hayan sido.
>
> Entonces le dije al Rebe: "De seguro que si ayudas a una persona que *tiene* libertad de elección ello es un logro muy valioso". "Ciertamente", replicó el Rebe, y por su gesto y expresión indicó que era un logro de inestimable valor. "Eso es evidente. Lo que olvidas es el tiempo que lleva". No había dudas sobre cuán valioso era lograr algo con un agente libre. Pero trabajar con él llevaba mucho tiempo e incluso entonces era una incógnita saber si uno tendría éxito, debido a la dificultad en ayudar a personas que tienen libertad de elección. El mismo tiempo podía ser utilizado para elevar cientos de miles de almas muertas. Era por eso que el

Rebe tenía tales dudas sobre lo que debía hacer.

Evidentemente al Rebe ya se le había ocurrido partir y dejarnos, pero le era muy difícil porque esperaba ansiosamente Rosh HaShaná. Durante todo el verano en Umán estuvo anhelando el momento en que podría estar con todos sus seguidores reunidos para Rosh HaShaná. Y Dios en Su misericordia tuvo piedad de nosotros y de todo Israel y el Rebe no nos dejó... "¿Cómo puedo corresponderle a Dios por todos Sus beneficios para conmigo?" (cf. Salmos 116:12) (*Tzadik* #94).

*

Poco después del *Shabat Najamú* (comienzos de agosto de 1810), el Rebe Najmán se mudó de la casa de Reb Iosef Shmuel a la del hombre de Lukatch, quien la había ofrecido de manera gratuita. Fue en esa casa que el Rebe falleció cerca de dos meses más tarde. Poco después de mudarse, alguien de Umán vino a visitarlo saludándolo de la manera habitual augurándole vivir muchos años. Apuntando hacia afuera, el Rebe dijo, "¡Ese jardín! ¿Has visto cuán bueno y hermoso es?". El visitante supuso que el Rebe se estaba refiriendo al jardín que se encontraba bajo la ventana. Pero el Rebe apuntó hacia el cementerio, que era visible en la distancia. "A ese jardín me estoy refiriendo", dijo el Rebe. "No tienes idea de cuán santo y precioso es ese cementerio" (*Tzadik* #114).

Escribe Reb Noson:

> Una y otra vez el Rebe solía hablar con la gente sobre el cementerio de Umán, alabándolo en los términos más elevados. Ése era el lugar de descanso de miles de mártires que habían caído en la gran masacre de 1768. En diferentes ocasiones el Rebe había dicho cuán feliz estaría de ser enterrado allí debido a la gran santificación del nombre de Dios que se había producido en ese lugar (*Tzadik* #114).

*

Muchos de los antiguos seguidores del Rebe, al igual que otros nuevos, vinieron a estar con él para el *Shabat Najamú* (10-11 de agosto de 1810). Escribe Reb Noson:

> El viernes a la noche el Rebe dejó su cuarto privado y entró a la gran habitación donde estaban todos reunidos. Estaba muy débil y apenas tenía la fuerza suficiente como para hablar. Inmediatamente dijo el *kidush* y se sentó a la mesa. No volvió a su cuarto como solía hacerlo en tales reuniones luego del *kidush*. Se lo veía extremadamente alicaído y comenzó a hablar con una voz muy débil.
>
> "¿Por qué vienen a verme?", dijo. "¿No comprenden que en este momento no sé nada en absoluto? Cuando tengo una lección para enseñarles entonces tienen un motivo para venir a verme. Pero, ¿por qué han venido ahora? ¿No ven que no sé nada en absoluto? ¡Soy un *prustock* - un hombre simple!". El Rebe continuó así durante un tiempo, repitiendo una y otra vez que no sabía nada y que era una persona simple, un *prustock*.[4]
>
> Dijo el Rebe, "Lo único que me inspira es haber estado en la Tierra de Israel". Dijo que sentía una gran alegría por haber tenido el privilegio de estar en la Tierra Santa. Había encontrado toda clase de obstáculos y dificultades y había tenido muchos pensamientos desconcertantes. Barreras formidables se habían levantado en su camino y sufrió toda clase de cosas desagradables. Y los problemas financieros no fueron lo menos. ¡Pero aun así superó todas las dificultades y logró todo lo que él quería, porque al final pudo poner un pie en la Tierra Santa! (*Imei Moharnat* I, #51).

En medio de la charla, el Rebe comenzó a explicar cómo él mismo se había inspirado en el viaje a la Tierra Santa actuando con simpleza. Dijo, "Hay mucha simpleza en el mundo. Está la simpleza del ignorante. Está la simpleza del sabio cuando debe dejar sus estudios para dedicarse a los asuntos mundanos. Toda esa simpleza está sustentada en la simpleza del Tzadik. Incluso las naciones del mundo necesitan sustento".

Entonces el Rebe comenzó un largo discurso enseñando por qué los grandes Tzadikim caen al nivel de *prustock*, uniendo esto con la idea de la Tierra Santa y explicando cómo es que allí adonde van los judíos "conquistan" esos lugares y los santifican con la santidad de la Tierra Santa (*Likutey Moharán* II, #78).

> El Rebe estaba muy contento y nos pidió que cantásemos *Azamer Bishvojim*... Durante ese período el Rebe estaba muy débil

y normalmente no cantaba. Pero en ese momento estaba tan contento que nos pidió que cantásemos y él mismo cantó con nosotros.

Luego de partir el pan, el Rebe habló largo rato con nosotros con verdadera gracia y alegría. La atmósfera era tremenda y maravillosa. El Rebe pasó toda la comida con un estado de ánimo de extrema alegría, hablando y conversando con nosotros. Nos alentó de muchas maneras...

De pronto el Rebe clamó desde lo profundo de su corazón, "¡*Guevald*! *Zein ij nit meiaesh* - ¡Nunca abandones! ¡*Kein ieush iz gor nit farinzin*! ¡No hay motivo alguno para abandonar la esperanza!". Es imposible describir la entonación del Rebe y sus gestos, y el ilimitado entusiasmo que puso en esas palabras.

Ese Shabat por la noche fue de indescriptible gracia, belleza, santidad, temor y alegría. Entonces pudimos ver cómo Dios tiene siempre misericordia de Su pueblo. Al comienzo Dios parece estar oculto, pero eso en sí mismo nos lleva al reconocimiento. Al comienzo el Rebe no sabía nada, pero esa ignorancia trajo una gran revelación... Incluso en lo poco que nuestras mentes pudieron aferrar, vimos las tremendas maravillas que se encuentran más allá de toda posibilidad de descripción. Por sobre todo vimos la salvación de Dios. Porque Él tuvo misericordia de nosotros y reveló esas grandes cosas para inspirarnos y alentarnos.

No puedes imaginar lo que era estar sentados allí, con el Rebe. Cada palabra parecía estar dirigida personalmente a cada uno de nosotros, como si el Rebe estuviese hablando con cada uno de nosotros en particular. Pudimos utilizar sus palabras para inspirar a muchos otros. Dios aún está con nosotros aquí. Las palabras del Rebe todavía viven y son una inspiración para mucha gente. ¿Qué puedo decir? "Su misericordia es grande para con nosotros, y Dios es verdadero por siempre" (Salmos 117:2). Felices de nosotros que Dios nos ha tratado con tanta bondad y que hemos tenido el privilegio de ser miembros del santo pueblo judío (*Sabiduría y Enseñanzas del Rabí Najmán de Breslov* #153; *Tzadik* #112).

"Si el rabí Aba recibió del rabí Shimón bar Iojai sólo lo que está escrito en el *Zohar*, entonces nosotros recibimos mucho más del Rebe" (*Siaj Sarfei Kodesh* I-528).

El Rebe Najmán enseñó cierta vez: "La sabiduría más grande es no ser sabio... Después de toda la sabiduría -y esto se aplica incluso a alguien que ha alcanzado la verdadera sabiduría- uno tiene que dejar de lado la sabiduría y la sofisticación y servir a Dios de manera simple y sincera, sin ninguna sofisticación" (*Likutey Moharán* II, 44). La importancia de la simpleza ha sido tema de muchas de las lecciones y conversaciones del Rebe Najmán. Es la enseñanza del cuento "El Sofisticado y el Simple", que el Rebe relató poco más de un año antes. Una y otra vez el Rebe enfatizó la importancia de las devociones simples: estudiar Torá de acuerdo con el significado simple y cubrir mucho terreno; orar las plegarias establecidas con toda nuestra fuerza; recitar los Salmos y otras plegarias y súplicas adicionales; y por sobre todas las cosas, expresarnos ante Dios y conversar con Él, con nuestras propias palabras, en el *hitbodedut*. Esa enseñanza de simpleza, expresada con tal gracia y claridad durante ese *Shabat Najamú*, quedaría grabada en Reb Noson para toda la vida.

El día siguiente fue domingo y yo pasé por escrito la lección del viernes a la noche. Le llevé el manuscrito al Rebe y él lo tomó con sus frágiles manos. Estaba tan débil que el manuscrito se le escapó de la mano cayendo fuera de la ventana, en el jardín. Salí y levanté el manuscrito del suelo, devolviéndoselo al Rebe. Él lo miró y lo leyó del principio al fin. El Rebe dijo entonces, "¿Qué has escrito aquí? Esto es lo que yo me estaba diciendo". Las palabras son eternas (*Sabiduría y Enseñanzas del Rabí Najmán de Breslov* #153).

Poco después Reb Noson volvió a su casa en Nemirov. Allí se quedó las siguientes seis semanas, volviendo a Umán el martes anterior a Rosh HaShaná (25 de septiembre de 1810).

* * *

21

"Mi Rosh HaShaná..."

Desde el comienzo mismo de su relación con el Rebe Najmán, ocho años antes, Reb Noson había aprendido que el hecho de estar con él para Rosh HaShaná era un principio fundamental. Desde entonces Reb Noson había estado con el Rebe en cada Rosh HaShaná, y conocía el sabor único del Rosh HaShaná con el Rebe y su decisiva impronta en todo el año siguiente. El último Rosh HaShaná del Rebe iba a ser otra lección que quedaría marcada permanentemente en Reb Noson. Se hizo totalmente claro para él que el Rosh HaShaná con el Rebe debía continuar incluso luego de su partida. En verdad, el Rosh HaShaná del Rebe sería una de las claves principales, sino *la* clave misma, de la supervivencia de su movimiento.

En viaje desde Nemirov a Umán para pasar allí Rosh HaShaná, Reb Noson y Reb Naftalí se encontraron con Reb Aarón, el Rav de Breslov, quien viajaba en la dirección contraria. Venía de Umán y estaba en viaje de vuelta a Breslov. "¿Precisamente *ahora* vienes de estar con el Rebe?", le preguntaron con asombro. Reb Aarón les explicó que había ido a Umán para pasar Rosh HaShaná con el Rebe, pero que mientras estaba allí le había llegado al Rebe una carta de la gente de Breslov. Se quejaban de que no tendrían un Rav para los *Iomim Noraim* porque Reb Aarón se había ido para estar con el Rebe. El hecho de que el Rebe hubiera dejado Breslov era algo que podían aceptar. Sin embargo, le preguntaban por qué se había llevado a su Rav con él, y pedían que les enviase de vuelta a Reb Aarón.

Reb Aarón, que conocía la grandeza del Rosh HaShaná del Rebe, no deseaba ir.

"¿Debo retornar?", le preguntó al Rebe.

"Puedes imaginar mi angustia si no estás aquí", respondió el Rebe.

"¡Entonces no iré!", dijo Reb Aarón.
"Pero ellos tienen razón", dijo el Rebe.
"¿Debo ir entonces?", preguntó Reb Aarón.
El Rebe respondió como antes: "Puedes imaginar mi angustia si tú no estás aquí".

La conversación continuó de la misma manera durante un tiempo, hasta que finalmente Reb Aarón sintió que debía retornar, tal como les explicó a Reb Noson y a Reb Naftalí. "Aun así", le dijeron ellos, "no es correcto no estar con el Rebe Najmán para Rosh HaShaná. Aunque el Rebe nos echase, no lo abandonaríamos para Rosh HaShaná" (*Siaj Sarfei Kodesh* I-117).

*

Escribe Reb Noson:

Dijo el Rebe Najmán: "Mi Rosh HaShaná es más grande que todo. No puedo comprender cómo es que si mis seguidores realmente creen en mí, no son lo suficientemente escrupulosos como para estar conmigo para Rosh HaShaná. ¡Nadie debe faltar! Rosh HaShaná es toda mi misión" (*Tzadik* #403).

Nos dijo que debíamos hacer un anuncio público diciendo que todo el que se considerase seguidor suyo o que tomase en cuenta lo que él decía debería estar con él para Rosh HaShaná, sin excepción. Todo aquel que tenga el privilegio de estar con él para Rosh HaShaná tendrá derecho a estar muy, muy contento. "¡Vayan! Coman sabrosas comidas y beban [bebidas] dulces, pues la alegría del Todopoderoso es la fortaleza de ustedes" (Nehemías 8:10) - este versículo hace referencia a Rosh HaShaná (*Ibid.* #403).[1]

Alguien le dijo cierta vez al Rebe que prefería estar con él para el Shabat Shuvá más que para Rosh HaShaná. En Rosh HaShaná no había lugar ni siquiera para estar parado en la sinagoga y no tenía buenas habitaciones donde comer y dormir. Como resultado se sentía tan desorientado que era incapaz de concentrarse en las plegarias. Por eso prefería estar con el Rebe en cualquier otro momento y no en Rosh HaShaná. El Rebe le respondió: "Así comas o no comas; así duermas o no duermas; así ores o no ores (es decir con la concentración apropiada); ¡sólo asegúrate de estar conmigo para Rosh HaShaná, no importa lo que suceda! *Io essen nit essen, io shlofen nit shlofen, io davenen nit davenen - obi du zolst bai mir zain oif Rosh HaShone*" (*Ibid.* #404).

Él dijo: "Mi Rosh HaShaná es algo completamente nuevo, y Dios sabe que no es algo que heredé de mis padres. Dios Mismo me dio el regalo de conocer lo que es Rosh HaShaná. Está demás decir que todo lo que ustedes son depende de Rosh HaShaná. ¡El mundo entero depende de mi Rosh HaShaná!" (*Ibid.* #405).

*

Cerca de seiscientas personas se reunieron en Umán para el último Rosh HaShaná del Rebe (*Siaj Sarfei Kodesh* 488). Ésa fue la reunión más grande de Rosh HaShaná en vida del Rebe.

Escribe Reb Noson:

En la víspera del último Rosh HaShaná en Umán estábamos de pie alrededor del Rebe para darle nuestros *tzelaj*, trozos de papel con nombres, etc., y dinero para la redención. El Rebe preguntó por un cierto hombre de Nemirov que no había venido para Rosh HaShaná. Reb Naftalí comenzó a dar excusas por él, pero el Rebe no las aceptó y criticó fuertemente su ausencia. Luego, el Rebe habló sobre otra persona que tampoco había venido para Rosh HaShaná debido a una cantidad de problemas (Reb Aarón, el Rav de Breslov). Dijo el Rebe, "Fue muy desafortunado de su parte. Verdaderamente quería estar con nosotros para Rosh HaShaná".

Entonces el Rebe clamó desde lo más profundo de su corazón, "¿Qué puedo decirles? ¡No hay nada más grande!".

Había gente que durante todo el año no podía recibir su *tikún*, su rectificación. Sin embargo, también ellos podían recibirlo en Rosh HaShaná. El resto del año ni siquiera el Rebe era capaz de darles su *tikún*, pero sí podía hacerlo en Rosh HaShaná. Él dijo que en Rosh HaShaná podía lograr ciertas cosas y hacer ciertos *tikunim* de los cuales no era capaz durante el resto del año (*Ibid.* #406).

El Rebe dijo: "¡Si fuese digno de poder ver la clara y radiante luz del camino por el cual viajan para estar conmigo!". Dijo que con cada paso que daban sus seguidores para venir hacia él, se creaba un ángel. La gente a la cual le dijo esto le preguntó, "Pero, ¿qué hay de todos nuestros esfuerzos y pasos antes de contratar el carruaje para llevarnos?". "También ellos están incluidos", respondió el Rebe. "Cada uno de esos pasos también crea un ángel" (*Ibid.* #291).

Reb Noson indica que esas palabras fueron dichas por el Rebe en las últimas semanas de su vida. Él había ido a Umán para fallecer y sabía que le quedaban poco más de dos semanas de vida. Aun así recalcó una y otra vez la importancia de pasar Rosh HaShaná con él.

Ya sabíamos de la importancia de estar con él para Rosh HaShaná, pero a partir del tiempo que se tomó para hablar sobre ello y de sus tremendos gestos, comprendimos más aún cuán vital era. También comprendimos que él anhelaba profundamente que estuviésemos con él en Umán para Rosh HaShaná todos los años, incluso luego de su fallecimiento, y nada es más grande que eso. También aprendimos cuán decididos debemos ser para quebrar los obstáculos que se presentan en el camino a la realización de toda acción santa, en especial las barreras en contra de estar con el Rebe para Rosh HaShaná (*Tzadik* #406).

La clara convicción que quedó grabada en Reb Noson lo llevó a instituir los cimientos para la peregrinación anual de los jasidim de Breslov a Umán para estar junto a la tumba del Rebe en Erev Rosh HaShaná y orar juntos en la ciudad en Rosh HaShaná.[2]

*

Justo antes de Rosh HaShaná, el Rebe Najmán dejó la casa del hombre de Lukatch y retornó a la casa de Najmán Noson, a la que prefería como lugar para las plegarias de Rosh HaShaná. Allí se quedó hasta luego de Iom Kipur. Ese año Rosh HaShaná fue en Shabat y domingo (29-30 de septiembre de 1810). Para entonces Hirsh Ber se había dejado crecer la barba y oraba junto al *minian* del Rebe. Cuando su asistente llegó para que tomase una taza de café, Hirsh Ber dijo, "No. No antes de que hagan sonar el *shofar*".

La costumbre del Rebe era decir Torá el primer día de Rosh HaShaná luego de *tashlij*, justo antes de la puesta del sol y continuar bien entrada la noche. Solía comenzar a prepararse para lección luego de la comida de la mañana. Escribe Reb Noson:

> Ese Rosh HaShaná, sin embargo, cuando comenzaba a prepararse, tuvo un ataque de tos muy severo que fue empeorando cada vez más. Comenzó a toser sangre en grandes cantidades, algo que no había sucedido desde hacía mucho tiempo. En verdad él

había estado tosiendo constantemente durante su enfermedad, que había durado más de tres años, pero aunque solía toser con flema, nunca tosió sangre [en cantidad]. Esta vez, sin embargo, tosió sangre en tal cantidad que era literalmente como un manantial. Era algo que debía ser visto para poder creerlo. Llenó varios recipientes con sangre y vomitó mucho. Él dijo que nunca había vomitado en el pasado. Ésa fue la única vez. El ataque fue tan grave que casi falleció en ese momento.

El ataque duró varias horas. Llegó la noche y aún continuaba tosiendo. Todos estaban en la otra habitación, esperando y anhelando que pudiese salir y dar una lección. La multitud era muy grande. Había cientos y cientos de personas. Una enorme cantidad de los seguidores del Rebe había llegado desde fuera de la ciudad. Además, estaba la gente de Umán que también había venido a escuchar al Rebe. Todo el día habíamos estado esperándolo. La presión de la gente era insoportable, y en verdad podía haber sido muy peligroso. Esto continuó entrada la noche y aún el Rebe no llegaba debido a la severidad del ataque.

Finalmente el Rebe envió a alguien a que me llamase y fui a verlo. Ya habían encendido velas en la habitación y unas pocas personas estaban de pie junto a él, el Rabí Shimón, el Rabí Ijiel, su hermano y algunos otros. El Rebe me dijo: "¿Qué puedo hacer?". Le era imposible dar una lección.

Yo comencé a decir, "Bueno, al volver de Lemberg también parecía que no habría manera alguna de que dieras una lección", pues en verdad había estado muy débil, "pero aun así diste una lección ese Rosh HaShaná, ¡una muy larga!". Continué hablando de la misma manera.

"Si es así", dijo el Rebe, "daré mi última gota de fuerza y trataré". Levantó sus manos como diciendo: "Estoy dispuesto a sacrificar mi misma alma para enseñar Torá".

Me envió para hacer un lugar para su silla cerca de la puerta en caso de que hubiera necesidad de sacarlo a la mitad, Dios no lo permita. Le dije que su silla estaba del otro lado de la habitación y que sería muy difícil atravesarla debido a la multitud. El Rebe dijo, "Si no traen la silla aquí no diré Torá". Eso llevó bastante trabajo pero la silla fue finalmente trasladada.

Al final el Rebe apareció. En verdad estaba muy débil. Se sentó en la silla especial que le habían hecho para ser usada cuando daba una lección. Allí estuvo sentado durante un tiempo. Entonces comenzó su lección con una voz muy baja. Parecía que iría en contra de las leyes de la naturaleza el que fuese capaz de terminar la lección. Estaba tan débil que casi no podía decir nada, menos aún enseñar una lección tan grande y exaltada como la que estaba dando. Pero Dios lo ayudó y terminó toda la lección excepto la explicación final sobre el versículo de apertura, la cual dio luego de Iom Kipur. La lección fue una de las más extensas y llevó varias horas.

Mientras el Rebe hablaba, la presión de la gente se hizo tremenda y el ruido excesivo, pues había una muchedumbre y era imposible mantenerlos completamente callados. Eso nunca había sucedido antes. Generalmente, cada vez que el Rebe daba sus lecciones todos se mantenían en completo silencio. Pero en esta ocasión, aunque al comienzo hubo el usual llamado para quedarse en silencio, la presión fue tan insoportable que el nivel de ruido continuó elevándose. Varias personas corrieron verdadero peligro y tuvieron que salir para no desvanecerse. Pero aun así, tuvimos el privilegio de que el Rebe diera toda la lección completa. Tan pronto como terminó volvió directamente a su cuarto. Felices los ojos que pudieron ver todo eso (*Imei Moharnat* I, 52; *Tzadik* #116).

*

En los meses que siguieron, Reb Noson llegó a considerar esa última lección como la última voluntad y testamento del Rebe. El Rebe habló sobre la renovación de la creación en el futuro, cuando el mundo estará "lleno del conocimiento de Dios tal como las aguas cubren el mar" (Isaías 11:9). Entonces sonará una melodía de amor y de bondad ejecutada en un instrumento de setenta y dos cuerdas, y será revelado que todo se encuentra bajo la providencia de Dios - que todo es milagroso.

Para llevar al mundo hacia ese estado futuro, es necesaria la amonestación para hacer que la gente se arrepienta y pueda desarrollar su pleno potencial espiritual. Sin embargo, no todos son aptos para amonestar. Cuando una persona indigna amonesta a otra, ello tiene un efecto totalmente negativo, dado que vuelve a despertar el mal olor de las malas acciones de la persona, minando la vitalidad de su alma. La voz de la verdadera amonestación debe ser tomada de la canción del futuro ejecutada sobre setenta y dos cuerdas.

La plegaria es la clave para el despliegue de la secuencia de los eventos a través de los cuales el mundo llegará a su destino. La plegaria tiene el poder de liberar las almas caídas de su exilio entre las fuerzas de lo no santo. Las fuerzas del "Otro Lado" vomitarán literalmente todas las chispas sagradas, trayendo la restauración del espíritu profético, la perfección de la fe y la renovación de la creación.

La esencia de la plegaria es cuando otro judío se suma a la congregación. Con cada nuevo judío que se une, la plegaria se multiplica y se magnifica de manera tremenda. Pues "tres piedras construyen seis casas, cuatro piedras construyen veinticuatro, cinco construyen ciento veinte y demás... hasta que la boca no puede expresarlo y el corazón no lo puede concebir (*Sefer Ietzirá* 4:12 - es decir, tres unidades pueden combinarse de seis maneras diferentes, cuatro unidades pueden ser combinadas de veinticuatro maneras diferentes y demás, en una progresión exponencial). Con cada judío adicional el número de casas se multiplica agigantándose. Pues las piedras son almas, como en "las *piedras sagradas han sido desparramadas por todas las calles*" (Lamentaciones 4:1). Las "casas" son la Casa de Plegaria - pues "Mi Casa será llamada una Casa de Plegaria" (Isaías 56:7).

Cada vez que se agrega una nueva alma a la congregación de Israel, la Casa de Plegaria se agranda y se magnifica tremendamente. Porque cuando ahora se agrega otra alma más a la congregación de Israel, se crean muchísimas combinaciones nuevas y diferentes. Los números implicados en esto son incomprensibles. Cuando se agrega otro judío, la plegaria se vuelve incalculablemente más plena y grande..." (*Likutey Moharán* II, 8:6).

Con respecto a las "piedras" y a las "construcciones", el Rebe Najmán dijo una vez, "¿De qué tienen que preocuparse? Todo lo que necesitan hacer es traer los ladrillos y el cemento y yo construiré con ello los edificios más tremendos y asombrosos". Comenta Reb Noson: "En otras palabras, si nos dedicásemos a nuestras devociones con simpleza -estudiando Torá, orando y cumpliendo con las mitzvot- el Rebe llevaría a cabo su trabajo y haría con ello lo que él haría. Al decir esto, acentuó la palabra 'edificios' como enfatizando la extraordinaria belleza de las construcciones que formaría" (*Tzadik* #293).

Cuando el Rebe Najmán habló sobre las nuevas almas que

se suman a la congregación, no sólo estaba hablando en general sobre el *kiruv rejokim* - acercar a la Torá a las almas alejadas y llevarlas hacia la "Casa de Plegaria". Reb Noson también comprendió que el Rebe Najmán estaba aludiendo a la continuación del *kibutz*, la reunión de Rosh HaShaná en Umán, para las generaciones futuras. Las enseñanzas del Rebe continuarían dando frutos, y más y más almas vendrían a saborear su dulzura, acercándose a la persona digna de amonestar para despertar sus almas hacia Dios.

Mientras el Rebe estaba dando la lección, la multitud y el ruido hicieron muy difícil que Reb Noson pudiese oír todo lo que él dijo. Hirsh Ber, por otro lado, no tenía problemas. Debido a su prominencia en la ciudad, todos temían apretarlo. Luego de Rosh HaShaná, Reb Noson repasó la lección con Hirsh Ber y con varios de los otros seguidores del Rebe. Transcribió la lección y se la llevó al Rebe, quien hizo correcciones y agregó algunos pasajes que ellos habían olvidado. El Rebe le advirtió a Reb Noson que debía escribir sobre cuán importante era buscar a un verdadero Tzadik (ver *Likutey Halajot, Shlujin* 5:4). Reb Noson quería hablar con el Rebe sobre sus propios asuntos privados, pero se dio cuenta de que no podría hacerlo debido a la gran debilidad del Rebe.

* * *

22

Los Últimos Días del Rebe

Después de Rosh HaShaná la mayoría de los seguidores del Rebe se despidieron de él y volvieron a sus pueblos. El Rebe habló con cada uno de ellos individualmente sobre aquello que necesitaban y debido a esto nadie realmente pensó -o quiso pensar- que el Rebe iba a fallecer. De haberlo sabido, ninguno se habría ido. Incluso partieron las hijas del Rebe y sus yernos.

Escribe Reb Noson:

> Si realmente hubiéramos querido mirar la situación de la manera apropiada, habríamos comprendido que el Rebe se debilitaba más cada vez y que cada minuto que pasaba era un milagro. Pero debido a nuestros muchos pecados no quisimos aceptar esa realidad. Expulsamos de nuestras mentes la idea de la muerte del Rebe, diciéndonos que Dios nunca nos haría algo así. Como resultado, perdimos palabras de Torá y de aliento que podríamos haber recolectado del Rebe. Aun así, gracias a Dios por lo que quedó. Esto en sí mismo es suficiente para darle vida al mundo entero, por generaciones (*Imei Moharnat* I, #53).

*

En la víspera de Iom Kipur, aquellos seguidores del Rebe que aún estaban en Umán fueron a verlo para recibir una bendición. Ésa sería la última de él. Durante todo Iom Kipur el Rebe se quedó en su cuarto y oró solo. Reb Noson y Reb Naftalí anhelaban verlo. Antes de *Neilá* decidieron visitarlo con el pretexto de preguntarle quién debía dirigir el servicio. Sin embargo el Rebe movió su mano como diciendo, "Vayan. No tengo nada que ver con esto. Hagan lo que quieran".

El martes, el día después de Iom Kipur, el Rebe parecía estar mucho más contento. Algunos de sus seguidores de Teplik estaban con él y el Rebe los alentó y habló con ellos con mucha calidez.

Reb Noson quería repasar nuevamente con él la lección de Rosh HaShaná pero se sentía demasiado avergonzado como para molestarlo. Sin embargo le pidió al hermano del Rebe, Reb Ijiel, que lo apoyase y finalmente juntó coraje para acercarse al Rebe, quien se sentó con él y solos repasaron toda la lección, haciendo correcciones y agregados. El Rebe completó entonces la lección explicando cómo el versículo de apertura contiene todos los conceptos explicados en el cuerpo central de la enseñanza. Luego de eso, el Rebe Najmán no volvió a revelar más Torá.

Ese mismo día por la tarde el Rebe retornó a la casa del hombre de Lukatch, pero una vez mudado ya no parecía estar contento. Reb Noson y algunos de los otros seguidores se propusieron ordenar su habitación, pero el Rebe no estaba satisfecho con los lugares que elegían para colocar la cama. Finalmente Reb Noson movió algunos otros muebles y el Rebe estuvo de acuerdo. Solo fue más tarde que Reb Noson comprendió por qué el Rebe había sido tan preciso. Era en esa cama y en ese lugar que el Rebe fallecería una semana más tarde. Pese al hecho de que estaba tan débil, Reb Noson no quería pensar que el final estaba cerca e incluso consideró volver a Nemirov para Sukot. Siempre le agradeció a Dios el haberse quedado y haber podido estar con el Rebe cuando falleció.

Reb Noson pasó los días siguientes corrigiendo la lección de Rosh HaShaná. Cuando el jueves por la tarde volvió a ver al Rebe su condición se había deteriorado seriamente. Reb Naftalí le dijo a Reb Noson que había llamado a un médico, lo que enojó a Reb Noson. Él sabía cuánto les había advertido siempre el Rebe en contra de la confianza en los médicos. Pero por más que Reb Noson trató de impedir que llamasen al médico fue superado. Tal como escribe: "Es altamente probable que el médico haya acelerado la muerte del Rebe".

Desde ese momento el Rebe nunca se quedó solo. Esa noche le dio a Reb Noson su testamento personal, pidiéndole que separase trescientos *adumim* para la dote de su hija Jaia y para pagar la *ketubá* de su esposa, completa y con dinero en efectivo. El Rebe dijo entonces, "¿Hay algo más?". Respondió Reb Noson, "Tú mismo vivirás y casarás a tu hija". "Para Dios todo es posible", dijo el Rebe. "El hecho mismo de haber sobrevivido estos últimos tres años es un milagro". El Rebe agregó entonces, "Realmente necesito decirles algo más [como última voluntad] pero ustedes son gente muy pequeña". "Entonces la compasión para con nosotros es mayor aún", dijo Reb Noson. "Debes vivir para ayudarnos". Nuevamente dijo el Rebe, "Para Dios, todo es posible".

Esa noche, el Rebe fue empeorando progresivamente y siguió tosiendo sangre. A la mañana siguiente pidió una silla cómoda para poder sentarse. Le trajeron una silla adecuada y el Rebe se sentó durante treinta y seis horas seguidas, desde la mañana del viernes hasta el sábado a la noche, apoyando ocasionalmente su cabeza en la mesa a su costado. El viernes por la mañana, mientras llevaba puestos el talit y los tefilín, comenzó a toser terriblemente y parecía que iba a morir. Le pidió a Reb Noson que sostuviese su cabeza y su condición comenzó a mejorar un poco. Dijo Reb Noson, "¡Rebe! ¡Rebe! ¡Haz algo para ayudarte!". Pero el Rebe dijo, "No me siento como para hacerlo". Dijo Reb Noson, "¡Rebe! ¡Ten piedad de tus hijos y de tus seguidores!". Pero el Rebe simplemente movió su mano y dijo, "*Ut, ut*", como diciendo, "Ahora estoy muy lejos y no estoy escuchando en absoluto".

*

El primer día de Sukot fue Shabat. El Rebe estaba demasiado enfermo como para ir a la *suká*.[1] Por la mañana se sentó y oró todo el servicio, luego de lo cual llegaron a visitarlo algunas personas del pueblo. Debido a su condición, el Rebe habló sólo lo mínimo. El sábado por la noche estaba muy cansado y pidió que lo colocasen en su cama. Le dijo entonces a Reb Noson, "¿Recuerdas la historia que te conté?". Reb Noson le preguntó, "¿Cuál historia?". El Rebe respondió, "La historia que te conté cuando estábamos viniendo a Umán".

Reb Noson se asustó. Él sabía que el Rebe se estaba refiriendo a la historia de cómo el Baal Shem Tov había dicho una vez que la única manera en que podía rectificar ciertas almas sería falleciendo él mismo. El Rebe dijo entonces, "Hace mucho tiempo que tienen sus ojos puestos en mí para hacerme venir. Hay miles de almas aquí. ¡Miles! ¡Miríadas! ¡Miríadas! ¡Miríadas!". El Rebe habló sobre cuántos juicios habían sido ejecutados en Umán y cuantos mártires habían sido masacrados. Incluso se volvió hacia la pared y extendió sus manos como orando, como si dijera, "Me estoy sacrificando. Estoy listo y dispuesto a aceptar lo que deba aceptar, en aras de Dios".

El lunes por la noche, después de la medianoche, Reb Shimón y Reb Naftalí fueron a visitar al Rebe. Estaba sentado en la silla. Tomó la llave del armario y les pidió que tan pronto como él falleciese lo abriesen, tomasen sus escritos y los quemasen. Les advirtió que debían hacer exactamente lo que él les estaba diciendo. Ellos hablaron en voz baja entre sí sobre el hecho de que el Rebe obviamente se estaba preparando para morir. El Rebe dijo, "¿Por qué están hablando en voz baja? Pueden hablar sobre mi muerte delante de mí. No tengo miedo de morir. Quizás están preocupados por ustedes mismos. Pero, ¿por qué preocuparse viendo que yo estoy yendo antes que ustedes? Almas que ni siquiera me conocen están esperando mis *tikunim*. Ciertamente ustedes pueden tener confianza".

Agrega Reb Noson:

> Incluso aquellos que no tuvieron el privilegio de conocer al Rebe en vida pueden igualmente contar con él. Deben ir a su santa tumba, poner su confianza en él, estudiar sus santos escritos y seguir sus caminos tal cual están explicados en sus enseñanzas. Afortunados de ellos. Afortunada es su parte. "Nadie que se refugie en Él será abandonado" (cf. Salmos 34:23). El Rebe dejó bien en claro en muchas ocasiones y de muchas y diferentes maneras, tanto explícita como implícitamente, que el trabajo que hizo con nosotros no era sólo para nosotros, "sino para aquellos que están aquí con nosotros hoy... y también para aquellos que no están aquí con nosotros hoy" (Deuteronomio 29:14) (*Tzadik* #122).

Reb Noson estaba durmiendo cuando el Rebe tuvo esa conversación con Reb Shimón y Reb Naftalí. Luego de la medianoche Reb Noson llegó y ellos le comentaron al respecto.

Escribe Reb Noson:

> Comencé a temblar de temor. Pero aun así, hice el esfuerzo y tomé la determinación de no permitirme pensar en la muerte del Rebe. Me dije a mí mismo que esa era la manera del Rebe de prepararse para morir, pero aun así, Dios no nos haría eso. No

podíamos imaginarnos por un momento que Dios iría a tomar del mundo esa "luz de luces", pues aún no habíamos comenzado a saborearla - todos necesitaban recibir de él.

Y debido a pensamientos como ésos perdimos lo que perdimos. Si le hubiéramos creído al Rebe cuando dijo que estaba por morir -y él nos habló muchas veces sobre esto abiertamente y otras mediante alusiones- podríamos haber oído de él las enseñanzas más increíbles y asombrosas. Así era la manera del Rebe. Él quería que *nosotros* tomásemos la iniciativa y lo inspirásemos a revelar Torá, como sucedió innumerables veces. Pero en lugar de aceptar lo que él estaba diciendo, nosotros esperábamos que fuese a mejorar. Como resultado no lo incentivamos y perdimos esas palabras para siempre (*Imei Moharnat* I, #59).

El Rebe Najmán estaba sentado mirándolos a los tres. Reb Noson sugirió que Reb Naftalí fuese a descansar, pero él tenía mucho miedo debido a la advertencia del Rebe de quemar sus libros y quería quedarse para mirar su rostro. Sin embargo, poco después, Reb Naftalí no pudo mantenerse despierto y se fue a dormir. Reb Shimón se quedó pero se recostó en el piso y se durmió. La esposa del Rebe y su asistente también estaban durmiendo, dejando solo a Reb Noson con el Rebe.

Escribe Reb Noson:

> Esa última noche de su vida me quedé solo frente a él durante varias horas - desde la medianoche hasta el amanecer. El Rebe me miró fijamente con sus tremendos ojos. Su misma mirada era como una palabra hablada. Hoy comprendo cuánto aliento y apoyo contenía esa mirada. En mis momentos más difíciles, y especialmente cuando Dios en Sus asombrosas maneras me salva de los peores peligros, comprendo que todo estaba contenido en esa mirada.
>
> Es como si él me hubiese estado diciendo, "Piensa en los tesoros ocultos con los cuales te quedas. Piensa en lo que llegarás a ser... Muchos se levantarán contra ti... ¿Qué es lo que podrá hacer alguien tan débil como tú? Pero aun así...". Todo eso y mucho más, que no pude comprender, estaba contenido en la mirada del Rebe. Esa noche me miró una y otra vez. Cada vez fijaba sus ojos en mí y me miraba con firmeza durante largo rato (*Imei Moharnat* I, #60).

Después de un tiempo, el Rebe le pidió a Reb Noson que lo llevase a la cama. Reb Noson tuvo que prácticamente alzarlo. El Rebe dijo, "Despacio, despacio". Reb Noson se preguntó por qué el Rebe debía advertirle, pero el Rebe continuó, "Ahora estoy muy pesado". (Una persona agonizante es más pesada porque la vida está comenzando a salirse de ella; *Guitin* 56a).

> Él estaba aludiendo a que se encontraba cerca del fin, pero yo no quería admitirlo (*Imei Moharnat* I, #61).

Reb Noson le sirvió té con una yema de huevo para aliviar la tos. Reb Noson estaba muy contento de esa rara oportunidad de atender al Rebe, pues normalmente insistía en que fuese su asistente quien lo sirviese.

Al amanecer del martes, el cuarto día de Sukot, la gente de la casa comenzó a levantarse. Reb Noson fue a la *mikve*. Al volver encontró al Rebe sentado en la cama con el talit puesto y orando. El Rebe tomó el lulav y el etrog y recitó las plegarias de *Halel* y de *Hoshana*.

> Durante las *Hoshanot* incluso elevó un poco la voz y todos allí pudieron escuchar las palabras. Felices de aquellos que tuvieron el privilegio de verlo entonces y de oír su voz mientras sostenía las Cuatro Especies y recitaba el *Halel* y las *Hoshanot* en ese, el último día de su vida (*Imei Moharnat* I, #61).[2]

Había un *minian* en la habitación adyacente al cuarto del Rebe y Reb Noson oró allí. Luego fue a ver al Rebe. Al entrar, se sintió apabullado por el aspecto que tenía. Fue entonces que le pidió a Reb Ijiel, el hermano del Rebe, que le diera fuerzas y no le permitiese tener pensamientos sobre la muerte del Rebe. Reb Noson había estado despierto desde la medianoche y estaba extremadamente cansado. Fue a sus aposentos para recostarse antes de tomar la comida de la mañana, pero no pudo dormir. Comió y volvió a recostarse, pero aun así no podía dormir. Estaba demasiado preocupado por lo que le estaba sucediendo al Rebe. Pero aun así sentía que no podía dejar de dormir. "Si no duermo ahora tendré que dormir más tarde", se dijo a sí mismo, "¿y qué sucederá *entonces*?".

Decidió ir a descansar a la casa del Rebe. Cuando llegó, el Rebe estaba sentado, pero había pánico en la habitación pues parecía que el Rebe se estaba yendo. Le hicieron oler algunas sales para reanimarlo. Reb Noson dijo que debían colocar al Rebe en su cama, pero el Rebe indicó que prefería quedarse sentado. Poco tiempo después Reb Noson vio que el Rebe estaba pendiente de un hilo y les dijo que lo recostasen en la cama. Esta vez el Rebe no dijo nada. Mientras el Rebe era llevado a la cama, Reb Noson sostuvo amorosamente su mano. El Rebe le dijo a Reb Shimón que lo vistiese con sus mejores prendas y las ordenase de la manera apropiada, cuidando de que las mangas estuvieran abrochadas y que su camisa no saliera para fuera. Había sangre en su barba y pidió que la limpiasen.

El Rebe preguntó, "¿Qué novedades hay?". Sus seguidores no sabían qué responderle. El Rebe Najmán dijo, "¡Sin novedades no puedo vivir!" (*Siaj Sarfei Kodesh* I-246).

Escribe Reb Noson:

> Yacía en la cama muy relajado. Tomó una pequeña bola de cera y la hizo rodar entre sus dedos, tal como solía hacer en sus últimos días cuando pensaba profundamente. Incluso en esa última hora sus pensamientos estaban volando a través de tremendos mundos, y él hacía rodar la cera entre sus dedos con una gran lucidez mental. Le trajeron un poco de sopa. Él lavó sus manos, hizo la bendición y comió. Un poco más tarde quisieron darle más pero ya no podía comer.
>
> Mientras el Rebe yacía en su lecho hubo un tumulto en la ciudad. Había estallado un incendio en una calle próxima. Un viento excepcionalmente fuerte estaba avivando las llamas - el viento era tan violento que derribó la *suká* del Rebe. Casi todos corrieron al incendio. Yo me encontraba en un dilema. No quería dejar al Rebe por nada del mundo, pero me sentía impelido a correr al incendio para ver lo que estaba sucediendo - comprendí que él no moriría en tan poco tiempo. Mientras estaba corriendo, algunas personas me dijeron que el fuego ya se había extinguido por sí mismo, pese al viento.
>
> Para cuando volví, era obvio para todos que el Rebe estaba cerca del final. La gente comenzó a reunirse y a decir las plegarias para los Tzadikim que figuran en el *Maavar Iabok*.[3] Poco después parecía que él ya se había ido. Comencé a llorar y a clamar, "¡Rebe! ¡Rebe! ¡¿Con quién nos estás dejando?!". Él oyó, se movió un poco y se giró hacia nosotros como diciendo, "¡No los estoy dejando,

Dios no lo permita!" (*Imei Moharnat* I, #62-64).

Poco después, cerca de las tres de la tarde del martes 18 de Tishrei del año 5571 (16 de octubre de 1810), el Rebe falleció.[4]

Escribe Reb Noson:

> Fue reunido con su pueblo en gran santidad y pureza, radiante y brillando, sin confusión alguna ni extraña contorsión. Todos los presentes -incluso los de la sociedad fúnebre que habían sido testigos de muchas muertes- dijeron que nunca en su vida habían visto a alguien fallecer con tanta serenidad. Yo sólo estoy hablando de lo que somos capaces de comprender. En cuanto al significado intrínseco del *histalkut* (ascenso) del Rebe, simplemente no hay palabras para ello, como sabe todo aquél que ha estudiado sus libros, sus conversaciones y sus cuentos y comprende algo de su grandeza. Nunca hubo alguien como él y nunca habrá alguien como él...[5] ¿Qué puedo decir? "Cómo puedo retribuirle a Dios..." (Salmos 116:12) por el privilegio de haber estado presente en el momento en que su alma santa salió de él. Si sólo hubiera venido al mundo para eso, habría sido suficiente (*Imei Moharnat* I, #64).

*

Muchas de las personas en la habitación estaban sollozando. Sin perder un momento, Reb Shimón abrió rápidamente el armario, retiró todos los manuscritos del Rebe y los llevó a otra habitación donde había una estufa, para quemarlos, tal como había indicado el Rebe. Reb Noson fue con él, "llorando amargamente", como escribe, "para poder al menos respirar el humo sagrado de las enseñanzas que nuestra generación no tuvo el mérito de disfrutar". Para cuando retornaron, el Rebe ya había sido colocado en el suelo. Era ya entrada la tarde y Reb Noson insistió en que no sería respetuoso inhumar a una gran persona durante la noche, de modo que el funeral se pospuso hasta el día siguiente.

Cuando la *jevra kadisha* (la sociedad fúnebre) preguntó si los seguidores del Rebe preferirían hacer las preparaciones ellos mismos, Reb Noson respondió que eran los hombres de la *jevra kadisha* quienes debían atender al Rebe. Sabía que el Rebe siempre había querido que cada persona hiciese aquello para lo cual estaba capacitada. Reb Noson les dijo que tratasen al Rebe exactamente igual a como lo harían con cualquier otro judío.

A la mañana siguiente, muy temprano, mientras el Rebe aún estaba en el suelo antes de su preparación para la inhumación, Reb Noson se acercó y se sentó a su lado.

> Susurré en su oído y le dije todo lo que nunca fui capaz de decirle durante su vida. Lloré y lloré mientras estuve sentado allí junto a él en el suelo. Mientras tanto otras personas entraron y se quedaron allí llorando conmigo, pero nadie más se sentó en el suelo, pues "mis ojos conmueven mi alma más que a todas las hijas de mi ciudad" (cf. Lamentaciones 3:51) porque él mismo había dado testimonio de que yo sabía más sobre él que todos los demás (*Imei Moharnat* I, #63).

*

Se presentó una discusión en torno de dónde debía ser enterrado el Rebe. Los mártires de la masacre de 1768 llenaban virtualmente todo el viejo cementerio de modo que se había habilitado uno nuevo. Varias personas querían que el Rebe fuese inhumado en el cementerio nuevo. Algunos de los jasidim querían que el Rebe fuese enterrado en Teplik. Otros querían que fuese llevado a Terhovitza. El Rebe le había dicho explícitamente a Reb Noson que deseaba ser inhumado entre los mártires en el cementerio viejo pero nadie más mencionó siquiera esa opción y Reb Noson se encontró peleando solo. Estaba por perder la batalla cuando llegó Hirsh Ber quien le preguntó a Reb Noson qué es lo que el Rebe hubiera querido. Luego de escuchar lo que Reb Noson tenía que decir, Hirsh Ber fue a ver a las autoridades y, gracias a su influencia, obtuvo dos parcelas del viejo cementerio - para que fuera posible construir un pequeño *ohel* (casa) sobre la tumba.

El funeral tuvo lugar el miércoles por la mañana, el 19 de Tishrei del año 5571 (17 de octubre de 1810). Reb Noson dio instrucciones para desarmar la silla de madera donde se sentó el Rebe para dar su lección de Torá ese último Rosh HaShaná en Umán y utilizar los trozos para construir el ataúd. Miles de personas asistieron al funeral.

Así, el Rebe fue enterrado en Umán, la ciudad que eligió para fallecer. El lugar de su inhumación había sido preparado para él desde el momento de la Creación. El Rebe trabajaría desde allí para rectificar el mundo por generaciones - y especialmente a todo aquél que fuese a su tumba, recitase los Diez Salmos y diese algo para caridad. Afortunado el que merece llevarlo a cabo (*Imei Moharnat* I, #66).

El Rebe mismo había dicho: "*Ij vill bleiben tzvishen eij...* - quiero permanecer entre ustedes y ustedes vendrán a mi tumba".

Escribe Reb Noson:

Fue muy valioso para mí oír que el Rebe había dicho explícitamente: "Quiero permanecer entre ustedes". El mundo entero depende de esto (*Tzadik* #94).

Agrega Reb Noson:

Cuando el Rebe partió de Zlatipolia rumbo a Breslov su viaje lo llevó a través de Umán. Allí pasaron cerca del cementerio. Yo le escuché decir a alguien que viajaba con el Rebe que él dijo entonces: "Cuán hermoso sería ser enterrado en este cementerio".

Cuando escuché eso me quedé literalmente temblando. Claramente, él había sabido durante años que su lugar de descanso final sería en Umán. Él llegó a Breslov varios años antes de su muerte. Tantas cosas pasaron desde el momento en que fue allí por primera vez hasta el momento en que falleció. "Para describir incluso una pequeña fracción de lo que hizo, no serían suficientes las pieles de 'los carneros de Neviot' (Isaías 60:7) (cf. *Shabat* 11a; *Bava Kama* 92a). Pero "el consejo de Dios se mantiene por siempre" (Salmos 33:11), y pese a todo, el preciado tesoro ha quedado en nuestras manos. El tesoro ha sido guardado aquí, en nuestra propia región, en Umán, tal como él sabía que sería desde mucho antes. Esto es lo que aún nos inspira con la esperanza de que lograremos el bien duradero que él quería para nosotros. "La palabra de nuestro Dios se mantiene por siempre" (Isaías 40:8). Hay tanto que yo siento en mi corazón, pero me es imposible expresarlo debido a la oscuridad del mundo (*Tzadik* #114).

*

Reb Noson se quedó en Umán durante el resto de Sukot. Luego del *Iom Tov*, Reb Ioske, el yerno del Rebe y Reb Aarón el Rav llegaron de Breslov para poner en orden los asuntos del Rebe Najmán. Reb Noson, como ejecutor del testamento del Rebe, pagó la *ketubá* de su esposa y dividió la herencia entre los herederos. La viuda del Rebe pagó la construcción del *ohel* sobre la tumba del Rebe.

Reb Noson volvió entonces a Nemirov junto con Reb Naftalí, llevando consigo algunas de las pertenencias de las hijas del Rebe, Miriam y Jaia. Al llegar a Nemirov, Reb Noson se enteró que uno de sus hermanos más jóvenes había fallecido y tuvo que sentarse en *shivá*. Acongojado como estaba por la pérdida de su hermano, Reb Noson consideró su duelo como un velado "regalo" del Cielo. Tal como escribe:

> Llegué a mi casa quebrantado y deprimido, como un huérfano sin padre, un alma perdida sin nadie que la cuide. Así como un año antes había tenido que lamentar a un querido pariente luego del fallecimiento del Rav de Berdichov,[6] de la misma manera ahora tuve que lamentar a un querido pariente directamente después de la pérdida del Rebe. "Dios hace todo en su momento apropiado" (Eclesiastés 3:11). Era ciertamente apropiado tener que sentarme en *shivá* por la pérdida de esos grandes Tzadikim. Que Dios nos consuele y nos envíe su recto Mashíaj. Pues no puede haber verdadero consuelo para nuestras pérdidas hasta que llegue el Consolador de Sión y de Jerusalén, pronto y en nuestros días. Amén (*Imei Moharnat* I, #68).

* * *

Parte IV

LA HERENCIA Y EL VACÍO

23

Un Nuevo Comienzo

Luego de la pérdida del Rebe, incluso mientras aún estaba en Umán, Reb Noson comenzó a preguntarse qué debía hacer. Escribe lo siguiente:

> El Rebe Najmán no nos dejó ninguna última voluntad ni testamento directo sobre qué debíamos hacer luego de su fallecimiento. Sin embargo, no hay virtualmente nada en el mundo para lo que el Rebe no nos preparase y nos diese directivas. Todas sus palabras, desde el momento en que llegamos a él, nos dieron un claro sendero de acción para todos los días de nuestra vida. Esto fue especialmente así en sus enseñanzas, conversaciones y cuentos luego de su retorno de Lemberg: *todo* lo que él dijo era una última voluntad y testamento.
>
> Durante la vida del Rebe no comprendimos cuán abarcadoras eran muchas de las cosas que él decía. Pero las santas enseñanzas del Rebe están vivas y se mantienen, "un arroyo fluente" (Proverbios 18:4), "aguas profundas - consejo en el corazón del hombre" (Proverbios 20:5). Sus palabras están atesoradas en mi corazón y fluyen cada vez como agua fresca, enseñándonos y haciéndonos recordar cómo actuar en cada situación. Es imposible explicar esto por escrito...
>
> El Rebe contó cierta vez una historia sobre un Tzadik cuyo asistente era un hombre muy simple. El hombre atendía al Tzadik constantemente y oyó muchas cosas de él, pero no comprendía nada y no podía percibir nada importante en lo que escuchaba. Aun así, tenía una gran fe en el Tzadik y en sus santas palabras. Luego de muchos años, el Tzadik falleció. El hombre comenzó entonces a recordar toda clase de cosas que había oído. En cada situación se encontraba recordando algo más que el Tzadik había dicho, y se decía a sí mismo, "Así que esto es lo que él quería decir". En retrospectiva podía ver cómo todo lo que el Tzadik había dicho se refería a su vida y que entonces se estaba revelando (*Tzadik* #544). Todo eso reforzó mi determinación de tomar en cuenta cada palabra que había oído del Rebe. Esto me dio la fortaleza para

enfrentar todos los desafíos que se presentaron (*Imei Moharnat* I, #67).

Había dos cosas en particular que Reb Noson sentía que debía hacer. La primera era imprimir todas las lecciones que el Rebe había dado en los dos años y medio desde la edición del volumen original del *Likutey Moharán*. En el último año de su vida, el mismo Rebe Najmán le había insinuado varias veces a Reb Noson la necesidad de imprimirlas como un tomo suplementario. La segunda cosa que Reb Noson sentía como de crucial importancia era la necesidad de continuar con la reunión de Rosh HaShaná de los jasidim de Breslov. Así como siempre se habían reunido con el Rebe cuando estaba con vida, igualmente ahora debían ir a Umán para Rosh HaShaná.

En su viaje de retorno desde Umán a Nemirov, Reb Noson y Reb Naftalí pasaron por Dashev, donde se detuvieron y conversaron con los jasidim de Breslov que vivían en la ciudad. El tema era conseguir fondos para imprimir el segundo volumen del *Likutey Moharán*. Los jasidim se entusiasmaron y prometieron donaciones para ello. Se había dado un primer paso hacia la impresión de las lecciones del Rebe.

*

En su hogar en Nemirov, luego de la finalización de la *shivá* por su hermano, Reb Noson se sentía totalmente desolado. El vacío dejado en su corazón por el fallecimiento del Rebe era demasiado grande como para poder olvidarlo siquiera por un momento. "¿A quién puedo recurrir ahora? ¿Dónde está la luz para iluminar el sendero correcto? ¿Dónde está la persona que me pueda iluminar, no sólo a mí sino al mundo entero?". En Nemirov, Reb Noson estaba prácticamente solo. La ciudad no era solamente un bastión de la oposición a la Jasidut, sino que también existía una fuerte oposición al Rebe Najmán en particular, incluso por parte de algunos de los jasidim que allí vivían. Reb Noson pensó que sería imposible persuadir a nadie de seguir el sendero del Rebe Najmán. Lo único que esperaba era ser capaz, al menos, de mantenerse fuerte.

Pero Dios -quien, como escribe Reb Noson, "planifica todo para que el bien se manifieste en este mundo"- había hecho que

Reb Noson fuese el ejecutor del testamento del Rebe Najmán. Esto significaba que tendría que hacer frecuentes viajes a Breslov. Había dinero que se le debía a la herencia del Rebe proveniente de inversiones hechas con algunos de los más importantes comerciantes de allí, y Reb Noson, quien tenía un poder notarial de la familia, debía cobrarlo. Había regalos para las hijas del Rebe[1] al igual que algunas joyas de la madre que habían quedado. Había conversaciones sobre posibles *shidujim* para Jaia, la hija más joven del Rebe y Reb Noson, quien estaba a cargo de la dote, debía estar presente. Además, tenía que convencer a Reb Ioske, el yerno del Rebe, para que viajase a Medzeboz, donde el Rebe tenía algunas propiedades - la casa de sus padres y algunos negocios.

Poco después de la conclusión de la *shivá* por su hermano, Reb Noson pasó un Shabat en Breslov. Mientras estuvo allí, les repitió a algunos de los jasidim de Breslov del pueblo la última lección de Rosh HaShaná del Rebe Najmán. Todos se sintieron profundamente inspirados. Debe recordarse que, aparte de las lecciones que habían sido impresas en el *Likutey Moharán*, todas las transcripciones de las enseñanzas del Rebe hechas por Reb Noson sólo existían en forma de manuscritos y no eran accesibles para los otros jasidim de Breslov. Viendo la reacción a la lección de Rosh HaShaná, Reb Noson tomó más conciencia aún del gran tesoro que tenía en sus manos y de la necesidad de mostrárselo al mundo.

Con tan pocos jasidim de Breslov en Nemirov, no había mucho que Reb Noson pudiese hacer allí. La mayor parte de los jasidim estaban centrados en Breslov, donde el Rebe Najmán había vivido los últimos ocho años. También había muchos jasidim en Teplik, Terhovitza y otras ciudades en la región al este de Umán, tal como Tcherin y Medvedevka, donde el Rebe había vivido antes de ir a Breslov. Reb Noson pensó que lo menos que debía hacer era retornar a Breslov para comenzar a mover las cosas desde allí. Sin embargo tampoco eso fue fácil para él. Nuevamente debía enfrentar la oposición de su familia, aunque ahora había tomado un nuevo cariz: "El Rebe falleció. ¡Ahora no tienes motivo alguno para viajar a Breslov!". Pero Reb Noson podía utilizar la herencia del Rebe como excusa para viajar, aunque su motivo principal era alentar a los jasidim para que continuasen tomando del manantial de las enseñanzas del Rebe.

En vida del Rebe Najmán los jasidim que vivían en Breslov solían orar en el *beit midrash* adyacente a su hogar. Pero la casa era ahora una ruina carbonizada debido al incendio que se había desatado el Pesaj pasado. Como resultado, la mayor parte de los jasidim de Breslov ahora oraban en la sinagoga principal. El problema era la oposición por parte de los asistentes regulares. En vida, el Rebe tuvo muy pocos opositores en Breslov, e incluso nunca se manifestaron abiertamente en su contra. Sin embargo la furiosa oposición del Zeide de Shpola había dejado sus huellas y varios residentes del pueblo comenzaban a mostrar su disgusto por la manera expresiva y expansiva en que solían orar los jasidim de Breslov. Había mucha presión para que se controlasen, aunque "la paz" todavía reinaba en la sinagoga.

El Jasidismo se había estructurado de tal manera que la mayor parte de los habitantes de un pueblo en particular eran seguidores del Rebe local. Cuando éste fallecía, simplemente derivaban hacia otra dirección. A veces podían viajar hacia algún Rebe cercano. Otras veces seguían a algún discípulo importante del viejo Rebe, aunque viviese en alguna ciudad distante. Alguna gente se alejaba completamente. Mantener juntos a los jasidim fue de hecho una de las principales razones para el establecimiento de las "dinastías jasídicas", en las cuales el liderazgo pasaba automáticamente de padre a hijo sin tomar en cuenta si éste era un líder tan digno como su padre.

Muchos de los ahora huérfanos jasidim de Breslov estaban comenzando a alejarse. Reb Noson no se dejó engañar por la inestable paz que reinaba en la sinagoga de Breslov. La plegaria ferviente era uno de los principales pilares del camino del Rebe Najmán. A partir de cómo había disminuido la intensidad de las plegarias durante el medio año desde que el Rebe había partido de Breslov, Reb Noson pudo comprobar que su luz ya se estaba apagando. Reb Noson comprendió que sin un *shul* propio sería muy difícil que los jasidim de Breslov continuasen en el sendero. Les pidió que se quedasen después del servicio de *maariv* para conversar sobre la posibilidad de revivir la herencia del Rebe Najmán en el pueblo. Luego de algunas reuniones, Reb Noson logró entusiasmarlos y volvieron a orar con su acostumbrada calidez y devoción

La gente del pueblo preguntaba, "¿Por qué los jasidim de Breslov han vuelto de pronto a orar con tanta intensidad?". La respuesta era: "Reb Noson está aquí. Él les habla después de *maariv* y los alienta a orar de esa manera". Eso molestó a algunos de los mitnagdim, quienes convencieron al *shamesh* para que cerrase el *shul* a la noche, inmediatamente después de *maariv*, para que los jasidim de Breslov no tuvieran un lugar de reunión. Eso les generó una gran dificultad. Muy pocas casas tenían suficiente espacio como para hacer una reunión que se prolongase tarde en la noche. Reb Noson comenzó a alentar a los jasidim para construir su propio *shul*, pero para eso se necesitaba dinero. Reb Noson mismo contribuyó con una parte. Esto estimuló a los demás jasidim a recaudar los fondos necesarios y a comenzar la construcción. Reb Noson volvió a Nemirov. En unas pocas semanas ya había una habitación lista y los jasidim de Breslov tuvieron su propio lugar para orar con fervor y hablar sobre su futuro.[2]

*

El primer viaje a Umán

Durante Jánuca (diciembre de 1810) Reb Shimón visitó Nemirov. Había comprendido la importancia de imprimir las enseñanzas del Rebe y quería viajar junto a Reb Noson para recaudar los fondos. Reb Noson no podía viajar en ese momento, pero fue a Breslov con Reb Shimón para tratar el tema con los jasidim locales. Reb Noson sugirió que Reb Shimón fuese solo, pero los otros jasidim dijeron, "Si no vas tú mismo, la gente no dará nada. Reb Shimón no podrá hacerlo solo". De vuelta en Nemirov, Reb Noson comprendió que recaudar los fondos necesarios iba a ser muy difícil y pensó que difícilmente podría imprimir algo ese año. Escribe lo siguiente:

> Las barreras se levantaban como paredes de hierro con portales de bronce. No tenía idea de cómo podría llegar a imprimir los libros. Sin embargo, el Rebe nos había enseñado una y otra vez que no existen barreras en el mundo que no puedan ser superadas y que lo más importante es el *deseo* de hacerlo. Así fue como me di fuerzas y puse toda mi mente y

mis pensamientos en el proyecto (*Imei Moharnat* I, #70).

Se estaba acercando Rosh Jodesh Shvat (26 de enero de 1811). El Talmud enseña que hay cuatro Años Nuevos y que uno de ellos es el primero de Shvat (ver *Rosh HaShaná* 2a). Reb Noson sintió que si podía organizar un viaje a Umán para ese "Rosh HaShaná", sería un muy buen comienzo para establecer un peregrinaje permanente al Rosh HaShaná del Rebe en Tishrei. Trataron la idea con Reb Naftalí y estuvieron de acuerdo en que sería apropiado juntar un *minian* para la ocasión. Fueron a Breslov para hablar con los demás jasidim sobre el tema. Reb Ioske, Reb Aarón el Rav, Reb Zvi Aryeh, su hijo, y algunos otros estuvieron de acuerdo - suficientes como para llenar dos carruajes. Reb Noson concertó con los cocheros que les pagaría por día y que se detendrían cada vez que Reb Noson quisiese, pues tenía la intención de hacer algunos desvíos.

Arreglaron para dejar Breslov el martes, 22 de enero.[3] Ese día hubo una pesada tormenta de nieve con vientos muy fuertes. Reb Noson decidió que debían partir igualmente, pero luego de andar unos tres kilómetros se vieron forzados a retornar. "Pese a todos los obstáculos", escribe Reb Noson, "estábamos decididos a no dejarnos desanimar e hicimos todos los esfuerzos para mantenernos en un estado de ánimo elevado y alegre". Aunque las rutas estaban difíciles partieron al día siguiente.

Al llegar a las afueras de Breslov, Reb Noson le dijo al cochero que no fuese por la ruta establecida que atravesaba Heisin sino que viajase hacia el norte camino a Sidkovcy, donde vivía un cierto Reb Iaacov. Ese hombre era un discípulo de Reb Shmuel Isaac y había estado en Umán en el último Rosh HaShaná. Reb Noson quería que Reb Iaacov se uniese a ellos en el viaje. Llegaron a Sidkovcy y Reb Iaacov los recibió calurosamente. Reb Noson dijo, "Aquí tenemos un socio para nuestra mercadería, nuestra herencia. ¡*Nu*! Debemos hablar con él sobre esto. Él debe enterarse del gran valor de la mercadería de la cual estamos hablando". Reb Iaacov invitó a sus visitantes a sentarse, encendió velas en su honor y los convidó con torta y bebidas. Sin embargo Reb Noson dijo que no debían comer antes de *maariv*.

Oraron con gran intensidad lo que hizo una fuerte impresión en Reb Iaacov. Nuevamente les ofreció a sus invitados algo para comer. Antes de hacerlo Reb Noson le habló a su anfitrión. "Tú has tenido el mérito de estar en Umán el último Rosh HaShaná, junto con el Rebe y su *kibutz*. El Rebe dijo varias cosas: 'Todo aquel que quiera ser un buen judío debe venir a estar conmigo para Rosh HaShaná...'. 'He decidido levantarme y viajar muy lejos...'. 'Lo más importante es Rosh HaShaná. No hay nada más grande'. Más aún", dijo Reb Noson, "en su última lección el Rebe habló sobre la importancia de encontrar un verdadero guía y de cómo es necesario orar para encontrar un líder así y poder alcanzar una fe genuina. Además, cuando el Rebe dio su lección sobre la simpleza en el *Shabat Najamú* (ver más arriba, Capítulo 20) también habló sobre Rosh HaShaná... Todo eso aunque ya estaba muy enfermo y sabía que iba a fallecer".

Prosiguió Reb Noson: "Ciertamente, con todo ese hablar sobre Rosh HaShaná, el Rebe debe haber tenido la intención de que fuésemos allí para Rosh HaShaná, continuamente, hasta la llegada del Mashíaj. El Rebe mismo dijo que el Malo había glorificado a muchos falsos líderes, haciendo extremadamente difícil encontrar en dónde está Moshé - el verdadero Tzadik. Debes saber, mi amigo, que éste es el motivo por el cual hemos venido aquí: para unirnos a nuestra preciosa herencia con un lazo que durará todos los días de nuestras vidas".

Reb Noson les pidió entonces a todos que cantasen Ashreinu[4] -"¡Cuán afortunados somos, qué buena es nuestra porción!"- pues la Torá, la Torá del *Rebe*, es una herencia que nos pertenece a todos. Y allí bailaron con alegría. Reb Iaacov le dio entonces a Reb Noson un vaso para beber un *lejaim*. Reb Noson tomó a Reb Iaacov por la mano y dijo, "Éste será tu apretón de manos de que viajarás todos los años de tu vida al *tsion* del Rebe Najmán para Rosh HaShaná. Siempre estarás incluido en el *kibutz* de nuestro santo grupo". Reb Iaacov respondió, "Amén. Que así sea Su voluntad".[5]

Allí pasaron la noche y temprano por la mañana se levantaron para continuar en su camino a Dashev donde vivía Reb Shmuel Isaac. Estaban seguros de que si Reb Shmuel Isaac se enteraba de su viaje con seguridad se uniría a ellos. Llegaron a Dashev temprano por la tarde y se dirigieron a una posada para descansar. Poco tiempo después fueron a la casa de Reb Shmuel Isaac, pero su familia se negó a dejarlos pasar para hablar con él pues aún estaba ocupado con sus devociones diarias. Reb Shmuel Isaac solía levantarse para *jatzot* y orar y estudiar hasta el amanecer, cuando se ponía el talet y los tefilín y oraba *shajarit*. Pasaba la mayor parte del día en su cuarto privado, orando y estudiando con su talet y tefilín puestos hasta que llegaba el momento de *minjá*. Sólo entonces solía comer algo y tomar una bebida caliente, después de lo cual oraba *minjá* y luego *maariv*. Tan intensas eran sus devociones que Reb Shmuel Isaac dijo cierta vez, "Si un día llegase a recitar el Shemá sin ningún nuevo sentimiento, ya no tendría razón alguna para vivir" (*tradición oral*).

El primer pensamiento de Reb Noson fue esperar hasta que Reb Shmuel Isaac terminase sus devociones de la tarde y entonces comentarle sobre el viaje a Umán. Sin embargo comprendió que esto llevaría mucho tiempo y en lugar de ello sugirió que uno del grupo se quedase para informar a Reb Shmuel Isaac mientras que los demás continuarían a Umán. La persona que se quedase contrataría un carruaje para ir a Umán lo antes posible. El día siguiente era viernes y pese a lo corto de los días invernales, si salían muy temprano podrían alcanzar Umán antes del Shabat. (Dashev estaba a unos cuarenta y cinco kilómetros de Umán). Reb Zvi Aryeh, el hijo de Reb Aarón, se quedó allí.[6] Reb Noson, que sabía que Reb Shmuel Isaac vivía en la pobreza, dejó suficientes fondos como para contratar un carruaje y continuó viaje con los demás.

Más tarde, cuando Reb Shmuel Isaac se enteró de la visita de Reb Noson, se disgustó porque no lo habían informado en ese momento. Le dijo a Reb Zvi Aryeh, "En el rostro de Reb Noson uno ve la luz del rostro del Rebe".[7] Temprano, a la mañana siguiente, Reb Shmuel Isaac y Reb Zvi Aryeh salieron juntos para Umán.

Reb Noson y su grupo habían llegado a Umán con tiempo suficiente como para orar en la tumba del Rebe Najmán antes del Shabat. Esa noche tuvieron la comida del Shabat juntos y estuvieron muy alegres. La costumbre del Rebe era cantar él mismo las primeras palabras de cada versículo de *Azamer Bishvojin*, la canción de la noche del Shabat, mientras que los jasidim cantaban las demás palabras. Ésta era la primera vez que tantos jasidim de Breslov se reunían después del fallecimiento del Rebe. De pronto se sintieron incómodos: ¿cómo podían ellos cantar las primeras palabras de *Azamer Bishvojin* que el Rebe siempre cantaba? Mientras estaban allí, sintiendo su pérdida, Reb Noson dijo, "Así es como el '*Najal Novea Mekor Jojmá* - el arroyo fluente, fuente de sabiduría' (Proverbios 18:4) - quien nunca probó el pecado, comenzaría: *Azamer Bishvojin...* Y entonces nosotros cantaríamos después de él...". Todos los demás se le unieron entonces con alegría (*Siaj Sarfei Kodesh* I-568).

Para el momento en que Reb Shmuel Isaac y Reb Zvi Aryeh llegaron a Umán ya era casi Shabat. Sin tiempo para ir al *tsion* del Rebe antes del Shabat, fueron allí después de *maariv*. Reb Zvi Aryeh contó lo siguiente:

> Reb Shmuel Isaac, un hombre de más de 40 años, había llegado luego de todo un día de viaje. Sin embargo, fue al *tsion* y oró allí en el clima helado del invierno ucraniano hasta mucho después de *jatzot*. Los otros jasidim de Breslov pasaron la noche en el *beit midrash* con Reb Noson. A la mañana siguiente Reb Shmuel Isaac se enteró de que Reb Noson había pasado la noche hablando sobre el Rebe Najmán. Cuando oyó sobre la alegre atmósfera de la comida del Shabat Rosh Jodesh dijo, "Yo estuve en el *tsion* del Rebe. ¡Pero con esa alegría, Reb Noson se llevó al Rebe con él!" (*Tovot Zijronot* pgs. 132-133).

Ése fue el primer viaje que alguien hiciera a Umán luego del fallecimiento del Rebe. Ello dejó una impresión indeleble en todos los presentes. Luego del Shabat partieron a sus hogares. En el viaje de regreso Reb Noson se detuvo en Teplik, donde hizo un apasionado llamado para recolectar fondos para la impresión de las enseñanzas del Rebe. Los jasidim de Breslov de allí aceptaron el compromiso y Reb Noson volvió a Nemirov.

*

La búsqueda de fondos

De retorno en su hogar Reb Noson ahora tenía la oportunidad de dedicarse a la impresión del segundo volumen del *Likutey Moharán* - pero no tenía dinero. Su llamado a los otros jasidim solicitando su apoyo había generado muchas promesas pero, por lo pronto, ningún dinero en efectivo. Como escribe Reb Noson:

Es bien sabido que incluso luego de que alguien hace una promesa, es necesario mucho trabajo y esfuerzo para recolectar ese dinero. Y muchas promesas ni siquiera llegan a la etapa de recaudación. Esto, además del hecho de que los dineros prometidos no eran suficientes para cubrir ni siquiera un tercio de los gastos de impresión (*Imei Moharnat* I, 73).

Reb Noson comenzó con la búsqueda de fondos. Solía ir a Breslov con la intención de mantener unidos a los jasidim y verificar la construcción del salón de reuniones. Cuando éste estuvo terminado, solía visitar y hablar con los jasidim, recordándoles la grandeza del Rebe y el papel de ellos en la difusión de su luz en el mundo. Pero en cuanto a recolectar fondos, ¡no era más fácil entonces de lo que es hoy en día! Reb Noson mismo no tenía mucho dinero en efectivo y la mayor parte de los jasidim de Breslov eran pobres.

No sólo eso: aparte de aquellos que vivían en Breslov, los demás jasidim estaban dispersos en ciudades y pueblos por toda Ucrania. Para recaudar fondos, Reb Noson debía viajar a ver a todos los jasidim y probablemente sus gastos llegarían a ser superiores a lo que pudiese recolectar. Por motivos personales le era imposible viajar él mismo pero, tal como Reb Shimón y los otros jasidim le habían aconsejado, mandar a cualquier otro en su lugar simplemente no daría resultado.

Reb Noson quería dejar su hogar para viajar y recolectar los fondos necesarios, pero necesitaba una excusa válida. En ese tiempo, se hablaba sobre cierto *shiduj* entre una familia en Nemirov y otra en Dashev. Reb Noson estaba ligeramente involucrado. La familia en Nemirov quería viajar a Dashev para completar el *shiduj* y aunque Reb Noson nunca se dedicaba a la formación de parejas, se ofreció para ir también.

Así como resultaron las cosas, el *shiduj* no se llevó a cabo, pero para Reb Noson la oportunidad de viajar fue una bendición en el hecho de que le permitió comenzar a recolectar los fondos que necesitaba. Mientras estuvo en Dashev habló del proyecto con los jasidim de Breslov. También llamó a Reb Shimón para que lo acompañase. Intentaron contratar un carruaje por una semana, pero el clima y las condiciones de los caminos eran tan malos que no encontraron a ningún cochero deseoso de ir con ellos. Tuvieron que viajar a Teplik, donde con grandes dificultades lograron contratar un carruaje por una semana. Escribe Reb Noson:

> Por cada acción santa que uno intente, siempre se presentan muchos obstáculos. Pero los obstáculos a los cuales se enfrenta alguien que desea lograr una acción santa basada en las enseñanzas del Rebe Najmán son mucho más difíciles de superar (*Imei Moharnat* I, #73).

En todas partes era difícil materializar las promesas. La gente continuaba dilatando sus pagos por una razón u otra. Reb Noson se sintió muy descorazonado. Al llegar a Umán luego de unos días particularmente infructuosos, oyó que Reb Naftalí también estaba allí - había venido a orar en el *tsion* del Rebe por un niño enfermo. Reb Naftalí estuvo de acuerdo en reemplazar a Reb Noson. Antes de dejar Umán, el martes 18 de Shvat, la troika conformada por Reb Noson, Reb Naftalí y Reb Shimón estableció la costumbre de encender una *ner tamid* (llama eterna) en el *tsion* del Rebe.[8]

Reb Naftalí partió entonces con Reb Shimón. Fueron a Medvedevka, Tcherin, Kremenchug y varios otros lugares. Mientras tanto, Reb Noson volvió a Breslov y luego a Nemirov. Poco tiempo después del retorno a su hogar tuvo que ir a Medzeboz con Reb Ioske, el yerno del Rebe Najmán, para terminar de dividir la herencia del Rebe. Al retornar a Nemirov, Reb Noson comprobó que Reb Naftalí aún no había vuelto de su viaje. Ya era casi Purim (domingo, 10 de marzo de 1811) y aún no estaban ni siquiera más cerca que antes de llevar el libro a la imprenta.

Reb Noson comenzó a pensar en imprimir la obra en Mohilev, donde su *mejuten*, Reb Zvi, tenía una imprenta en sociedad con un tal Reb Leib. Pero Reb Noson ni siquiera tenía el dinero para los gastos del viaje y ni hablar de un depósito.[9] Un día, mientras Reb Noson estaba caminando por las afueras de Nemirov, se encontró de pronto con Reb Leib, que había venido de visita desde Mohilev. Reb Noson comprendió que Dios había arreglado esto para evitarle el gasto de tiempo y dinero implicados en un viaje a Mohilev. Allí mismo hizo un trato con Reb Leib y le dio diez rublos de plata como depósito. Se había hecho un pequeño comienzo.

Reb Naftalí no retornó sino hasta cerca de Pesaj, y sólo trajo una pequeña suma de dinero. Aun así, Reb Noson se consoló con el pensamiento de que esto también era algo. Después de Pesaj (finales de abril) pasó cerca de dos semanas viajando por los pueblos de los alrededores de Breslov y de Nemirov recolectando algo más de dinero. Todo ese tiempo había estado esperando oír noticias de los imprenteros en Mohilev y saber si habían comprado el papel y estaban dispuestos a comenzar la impresión. Finalmente, en la noche anterior a Shavuot (27 de mayo de 1811), Reb Leib vino a Nemirov y le solicitó a Reb Noson el dinero para el papel. Reb Naftalí lo había pedido prestado y junto con Reb Noson fueron corriendo a llevarle el dinero a Reb Leib. Le dieron veinticinco *adumim*, comenzando así la publicación de las obras del Rebe.

* * *

24

Calamidad y Providencia

El segundo día de Shavuot del año 5571 (jueves, 30 de mayo de 1811) se desató un incendio en Nemirov en el que fallecieron varias personas y que destruyó la mayor parte de la ciudad. La casa de Reb Noson no sufrió daños pero su padre, Reb Naftalí Hertz, perdió casi toda su fortuna - su casa, varias otras propiedades y casi todas sus posesiones. El hombre al cual Reb Naftalí le había solicitado prestado el dinero para la impresión perdió todo. Reb Noson consideró el pedido de los fondos por parte de Reb Leib la noche anterior a Shavuot como un recordatorio claro de la Providencia Divina. Si no hubiese recibido el dinero en ese momento, éste también se habría perdido, y eso habría detenido la impresión del libro del cual tanto dependía.

El domingo siguiente (2 de junio de 1811) otro incendio estalló en Nemirov. Esta vez la casa de Reb Noson quedó destruida al igual que el *shul*, el *beit midrash* y casi todas las casas restantes. Durante el pánico, los hijos de Reb Noson se dispersaron y muchas de sus pertenencias se perdieron, incluyendo algunos de sus manuscritos, aunque eventualmente Reb Noson pudo recuperar todo. A la mañana siguiente, su esposa, Esther Shaindel, comenzó a rogarle para que se fuesen de Nemirov. ¡Lo mejor sería mudarse a Breslov!

Reb Noson quedó atónito. Tanto había querido vivir en Breslov en vida del Rebe Najmán, pero había sido imposible y abandonó la idea. Ahora su esposa -quien había sido el principal obstáculo para la mudanza- quería concretar su anhelo. Luego del fallecimiento del Rebe, Reb Noson no había visto motivo alguno para mudarse a Breslov, pero ahora percibía que la mano de Dios lo estaba guiando. En Breslov podía construir sobre los fuertes cimientos establecidos por el Rebe y tendría un centro desde el cual difundir las enseñanzas del Rebe. Ese mismo día se mudó a Breslov (lunes, 3 de junio). Escribió más tarde:

> La magnitud de la eterna salvación que se produjo debido a

mi mudanza a Breslov es imposible de describir. Casi todo lo que pude lograr para la difusión de las enseñanzas del Rebe -la impresión de sus libros, acercar a la gente a Dios a través de sus obras, la composición y impresión del *Likutey Tefilot*- todo se logró aquí en Breslov (*Imei Moharnat* I, #77).

Otra importante semilla fue plantada también en el mismo día en que Reb Noson se mudó a Breslov. Uno de sus conocidos estaba pasando por Breslov en camino a la Tierra Santa. Recién mudado, Reb Noson aún no se había acomodado, pero invitó a su amigo a quedarse con él esa noche. Unos diez años más tarde, su amigo le devolvería el favor recibiendo a Reb Noson en la Tierra Santa. Reb Noson dijo que la visita de su amigo despertó su anhelo de visitar la Tierra Santa y que incluso consideró mudarse allí con su esposa y sus hijos (*Imei Moharnat* II, #3).

Al día siguiente (martes, 4 de junio) otro incendio volvió a arrasar Nemirov y también hubo un incendio en la cercana Tulchin. Durante los días que siguieron estallaron incendios en Berdichov y en varias otras ciudades de la región. Para los jasidim de Breslov la explicación podía encontrarse en la lección del Rebe Najmán donde elogiaba al Rav de Berdichov: "Cuando los verdaderos Tzadikim, que son antorchas de luz sagrada, dejan el mundo, se desatan fuegos (no santos)" (ver más arriba, Capítulo 18).

Otro fuego surgió en Breslov poco después de que Reb Noson llegase allí. Esther Shaindel quería mudarse nuevamente. Reb Noson levantó sus ojos al Cielo y dijo, "¿Adónde puedo huir de Ti?" (Salmos 139:7). Finalmente se quedaron en Breslov y alquilaron unos cuartos anexos a un carpintero. El ruido era muy molesto pero Reb Noson dijo -parafraseando al Simple del cuento del Rebe Najmán- "Él hace su trabajo y yo hago mi trabajo".[1]

Reb Noson fue a Umán para Erev Rosh Jodesh Tamuz. A su regreso recibió la noticia de que el papel había llegado a Mohilev, adonde viajó para supervisar la impresión de las obras del Rebe. Pese a los muchos obstáculos y a las abultadas deudas, estaba determinado a imprimir lo máximo posible. No sólo imprimió la segunda parte del *Likutey Moharán*, sino también *El Libro de los Atributos* (la colección de aforismos del Rebe) y su propio *Kitzur Likutey Moharán*, escrito siguiendo las instrucciones del Rebe Najmán, en el cual Reb Noson sintetizó la guía práctica de cada una de las lecciones del Rebe en el *Likutey Moharán*. Reb Noson llevó los libros consigo a Umán para el primer Rosh HaShaná luego del fallecimiento del Rebe - para gran alegría de los otros jasidim.

*

¿Qué impulsaba a Reb Noson a pasar la mayor parte del año planificando y llevando a cabo la impresión de los libros del Rebe? ¿Qué lo empujaba a dedicarse entonces, y en verdad siempre, a publicar un libro tras otro? Desde su propia perspectiva, es obvio que Reb Noson sentía la urgente necesidad del consejo y de las cálidas palabras de aliento del Rebe, palabras que siempre consolarían su amargado corazón y lo motivarían a aspirar a niveles cada vez más elevados. Y así como consideraba las enseñanzas del Rebe Najmán como un vehículo de aliento, comprendió su inherente poder para llegar a todos los que también estaban buscando la espiritualidad. Uno de los discursos escritos por Reb Noson en los primeros años luego del fallecimiento del Rebe presenta esto de manera muy clara.

> La Torá está compuesta de dos partes: la Torá Escrita y la Torá Oral. Éstas corresponden a "Torá" y a "Plegaria" - es decir saber qué hacer ("Torá") y la capacidad de traducir ese conocimiento en la acción ("Plegaria"). La Ley Escrita presenta el cuerpo principal de la ley de la Torá y de las ideas que uno debe seguir para alcanzar el conocimiento de Dios. Debía ser puesta por escrito para evitar su olvido. Sin embargo, la mala inclinación pone muchas trampas y obstáculos para impedir que la gente cumpla con la Torá.
>
> En Su gran misericordia Dios nos dio por tanto la Ley Oral. El motivo es que simplemente no es posible describir por escrito cada obstáculo que la persona debe enfrentar en su vida. Como vemos, hay mucha gente que distorsiona la palabra escrita para sus propios fines, como se hace evidente en las diversas traducciones de la Biblia que tienen muy poca relación o ninguna con el significado verdadero del texto. Para ayudarnos a superar las trampas inherentes a un texto escrito, la Ley Oral nos da un sistema para aclarar el verdadero significado y la intención de cada ley contenida en la Torá Escrita. La Ley Oral no debía ser puesta por escrito, para evitar la posibilidad de ser mal interpretada y distorsionada. No sólo la Ley Oral complementa la Ley Escrita,

sino que está incompleta sin ella, pues la Ley Escrita es su fundamento. Ambas son necesarias.

Sin embargo, nuestros Sabios vieron que la opresión y el exilio del pueblo judío presentaban una amenaza para la transmisión de la Ley Oral de generación en generación, existiendo el peligro de que pudiera llegar a olvidarse por completo. Por ese motivo permitieron poner por escrito la Ley Oral. Pero debido a que la palabra escrita es pasible de ser mal interpretada, existe una constante necesidad de explicar y de aclarar más aún las leyes de la Torá para que siempre puedan ser comprendidas con claridad. Esto también se aplica a la guía moral que se encuentra en la Torá. Cada generación es testigo de una nueva cosecha de falsos ideales y aspiraciones esgrimidos por aquellos opuestos a Dios y a la Torá. Todo aquel que busque cumplir con la Torá se verá así constantemente confrontado por nuevos obstáculos y desafíos provenientes de las fuerzas del mal. La batalla es tremenda. ¿Cómo es posible encontrar un respiro ante las olas de "las ideas a la moda" que arrasan a cada generación?

La respuesta se encuentra en la gracia de Dios al darnos la sabiduría para inventar la imprenta. La invención de la imprenta nos ha permitido publicar más y más de los escritos de los Tzadikim, cuyas enseñanzas nos dan la guía que necesitamos para cumplir con la Torá en la práctica y alcanzar la verdadera espiritualidad. La imprenta nos da los medios para imprimir y distribuir muchos libros a un precio mínimo, para que todos aquellos que buscan la Divinidad puedan encontrar un antídoto a su malestar personal.

La imprenta puede ser comparada con el pectoral del Sumo Sacerdote, en el cual estaban engarzadas doce piedras preciosas, cada una de las cuales tenía grabado el nombre de una de las Doce Tribus de Israel. Cuando un judío necesita consejo o la respuesta a una pregunta, se santificaba y oraba, acercándose luego al Sumo Sacerdote. Las letras grabadas en las piedras del pectoral brillaban entonces para él, una después de la otra, deletreando la respuesta que buscaba (*Ioma* 73b). Las Doce Tribus constituyen el pueblo judío en su totalidad. Cada judío requiere un acercamiento diferente a sus problemas y una solución única y propia. En esta época, las ideas y las respuestas que cada uno necesita son otorgadas por los muchos libros producidos por la imprenta, cuyas letras corresponden a las letras grabadas en el pectoral del Sumo Sacerdote. Las letras brillan e irradian cuando uno se acerca a ellas de la manera adecuada (*Likutey Halajot, Iain Nesej* 3:4,9).

Reb Noson había estado bastante ocupado desde el momento del fallecimiento del Rebe – dedicándose a la herencia del Rebe, reconstruyendo el *shul* en Breslov, recaudando fondos, imprimiendo los libros y simplemente reorganizando su propia vida. Pero dentro de sí estaba quebrantado más allá de toda descripción. "No tengo otra manera de calmar mi quebrado corazón", dijo cierta vez, "excepto con *jatzot* y las lamentaciones de Tisha beAv" (*Avenea Barzel* p.57, #20). Además de sus plegarias regulares de *jatzot*, decidió recitar el capítulo entero de "*Ani HaGuever*, Yo soy el hombre que ha visto aflicción..." (Lamentaciones 3; rabí *Eliahu Jaim Rosen*). Cuando recitaba *jatzot* de día, como durante *Bein HaMetzarim* (las "Tres Semanas"), se encerraba en un sótano o en algún otro lugar recluido para poder llorar en voz alta. También comenzó a recitar ambas versiones de la plegaria *veHu Rajum* (*Sefarad* y *Ashkenaz*) los lunes y los jueves (*Siaj Sarfei Kodesh* I-628).

En el curso de ese primer año, Reb Noson también visitó a muchos de los Tzadikim más importantes de la época en busca de uno que se acercara a reflejar la sabiduría del Rebe Najmán.[2] Pero luego de un año de búsqueda, Reb Noson comenzó a llegar a la inevitable conclusión: su propio e íntimo conocimiento del Rebe Najmán lo colocaba en la mejor posición para continuar con el trabajo del Rebe en este mundo. Tal como el Rebe mismo había atestiguado, Reb Noson sabía más de él que ningún otro. No sólo poseía muchos de los manuscritos no impresos de numerosas enseñanzas del Rebe, de sus cuentos y conversaciones, sino que también, y en la mayoría de los casos, Reb Noson había estado presente personalmente cuando el Rebe los había dado. Más aún, llevaba con él, en su mente y en su corazón, el recuerdo de otros innumerables episodios de los que había sido testigo, cada uno de los cuales conformaba una asombrosa enseñanza de por sí, repleta de inspiración para todas las generaciones. Reb Noson había recibido la Torá del Rebe *directamente*.

Pero muchos eran los obstáculos que se enfrentaban a Reb Noson. Ahora tenía treinta años de edad, la misma edad que el Rebe Najmán cuando Reb Noson se encontró con él por primera vez. Pero la comparación se detenía ahí. El Rebe era un perfecto maestro jasídico antes de la edad de veinte años y ya había alcanzado ese reconocimiento a comienzos de la década de 1790. Incluso su amargo opositor, el Zeide de Shpola, había sido un buen amigo y partidario suyo hasta el 1800. El Rebe había disfrutado así del respeto de muchos de los líderes jasídicos de su época.

Por contraste, Reb Noson era un discípulo, un seguidor y no un rebe. Aunque había sido muy amado por el Rav de Berdichov y otros maestros jasídicos, Reb Noson no era visto en absoluto como un líder. Para esa época casi todos sus mentores habían fallecido y su juventud parecía impedir que tomase su lugar al timón del movimiento de Breslov. Hombres como Reb Shimón, quien había sido el primer seguidor del Rebe, Reb Iudel y Reb Shmuel Isaac eran mayores que él - incluso eran mayores que el mismo Rebe Najmán. Reb Aarón el Rav, quien se había acercado al Rebe unos cinco años antes que Reb Noson, ya era una reconocida autoridad halájica emitiendo sus propios decretos antes incluso de que Reb Noson contrajese matrimonio. Si esos hombres se habían sometido al Rebe era porque habían visto en él el verdadero liderazgo. Pero, ¿dejarían de lado su jerarquía -ellos o cualquier otro en su lugar- ante Reb Noson, que era quince años más joven que algunos de ellos?

Pero aun así, era a Reb Noson a quien el Rebe mismo había ordenado como Ioshúa, *el* discípulo, quien reflejaría su luz en el mundo. Tampoco era el caso de que Reb Noson tuviera el mínimo interés en intentar tomar el liderazgo de los jasidim del Rebe. Era la última persona en tener cualquier clase de ambición personal y él sabía, tan bien como todos los otros jasidim, que el Rebe Najmán era una figura absolutamente única e irremplazable. Al mismo tiempo, Reb Noson se estaba volviendo cada vez más consciente de su responsabilidad personal. El hecho era que él era el guardián de la herencia del Rebe Najmán para el mundo. El Rebe había enseñado que la verdadera modestia no significa andar con la cabeza gacha. Uno tiene que conocer su propio valor y sus propias capacidades, al tiempo de no olvidar nunca que son un regalo de Dios (*Likutey Moharán* II, 72). Reb Noson comprendió que era él quien debía asegurar que la luz del Rebe brillara para el mundo entero.

Rosh HaShaná, 5572

Varios cientos de personas habían estado con el Rebe Najmán en Umán para su último Rosh HaShaná. Pero sólo cerca de sesenta jasidim se reunieron allí para el primer Rosh HaShaná luego de su fallecimiento (19 septiembre de 1811). Sin embargo, Reb Noson se sentía muy alentado. No había esperado ni siquiera ese número de personas. El hecho de que vinieran le dio la certeza de que el *kibutz* continuaría por generaciones.

En Erev Rosh HaShaná, Reb Iudel, Reb Shmuel Isaac y otros jasidim mayores del grupo habían pensado en orar en el *hamber* - ésa era la amplia galería cerrada en la casa de Najmán Noson, donde se habían celebrado los servicios de Rosh HaShaná el año anterior. Sin embargo el Rebe había dicho cierta vez, "Yo quiero que se junten con los demás". Debido a ello, Reb Noson quería que los jasidim orasen en la sinagoga *Shomrim LaBoker*, recientemente construida por un residente de Umán. El fundador de *Shomrim LaBoker* y varios otros miembros querían que los jasidim de Breslov orasen allí, pero los seguidores más antiguos del Rebe se mantuvieron en su posición y ésta fue la que prevaleció.

Bien entrada la tarde, cuando los jasidim comenzaron a reunirse para *minjá* de Erev Rosh HaShaná, Reb Noson se sintió muy quebrantado por no cumplir con las palabras del Rebe Najmán sobre "juntarse con los demás". Se sentía tan preocupado que, justo antes de que comenzasen las plegarias, se colocó su abrigo y dejó el *minian* de Breslov para orar con la gente del pueblo en *Shomrim LaBoker*. Cuando Reb Naftalí vio que Reb Noson se iba, también él salió. Viendo que Reb Noson y Reb Naftalí se habían ido, los demás los siguieron a *Shomrim LaBoker*. Subsecuentemente, los jasidim de Breslov oraron allí durante cerca de diez años, hasta que el *kibutz* se hizo tan numeroso que tuvieron que mudarse a otro lugar (*Sijot veSipurim* p.141-142).

Durante Rosh HaShaná, Reb Noson dio una lección basada en las enseñanzas del Rebe Najmán, pero pocos de los jasidim fueron a oírlo. La mayoría fue a escuchar a Reb Shmuel Isaac. Sin embargo, el año siguiente, la mayoría fue a oir Torá de Reb Noson (*Siaj Sarfei Kodesh* I-630).

Luego de Rosh HaShaná Reb Noson retornó a Breslov, pero

incluso allí, sin un hogar propio, se encontraba en un semi-exilio. Durante el invierno de 1811-12, él y su familia se vieron forzados a dejar las habitaciones alquiladas pues éstas fueron requisadas por un pelotón de soldados que se había estacionado en la ciudad. Finalmente todo resultó para bien pues Reb Noson encontró un lugar mejor. Sin embargo, en el ínterin, tuvo que encontrar un techo para su familia en medio del invierno. Lo peor para Reb Noson era que no tenía una habitación propia para el hitbodedut.

*

En el verano de 1812 Napoleón avanzó hacia Rusia. En 1807 él y el zar Alejandro I de Rusia habían firmado el Tratado de Tilsit, donde se dividían Europa. Pero pocos años después el Zar fue renuente a cumplir con su parte del acuerdo. Napoleón convocó su "Gran Ejército" de más de medio millón de hombres e invadió Rusia en junio de 1812. Para mediados de septiembre había alcanzado Moscú, pero para entonces sus tropas estaban exhaustas y el duro invierno, el aliado natural de Rusia, los forzó a retirarse.

Los judíos de Rusia, que no estaban directamente involucrados en el campo de batalla, se dividieron en cuanto a su valoración de la campaña de Napoleón. Algunos de los líderes jasídicos le dieron la bienvenida a lo que ellos veían como una esperanza de liberación mesiánica de sus opresivos gobernantes rusos. Por otro lado, la mayoría de los mitnagdim estaban en contra de Napoleón al igual que el rabí Shneur Zalman de Liadi, fundador del movimiento Lubavitch, quienes mantenían que cualquier beneficio material que el "Iluminismo" francés pudiera traer estaría más que anulado por la pérdida de la auténtica identidad judía y de la práctica religiosa.

Luego de la derrota de Napoleón, los mitnagdim acusaron a los jasidim de haberle dado su apoyo al invasor francés. Enviaron sus acusaciones al zar, al tiempo de emitir otro *Jerem* en contra de los jasidim. Pero el abierto apoyo al zar por parte del rabí Shneur Zalman pudo desviar toda medida vengativa por parte de las autoridades. Sin embargo, el zar Alejandro estaba más convencido que nunca de que sus súbditos judíos, de los cuales había ahora más de un millón y medio, eran fundamentalmente desleales.

Los acaudalados patrocinadores del movimiento de la *Haskalá*, cuyo ideal era que los judíos se integrasen completamente a la sociedad rusa, ahora se encontraban en una posición más privilegiada para argüir su caso frente a las autoridades. Sin embargo, el zar mismo consideraba que la solución al "problema judío" ruso era "un tercio de conversión, un tercio de exterminio y un tercio de emigración" (*Triumph of Survival*, p.163, nota 2). Con ese fin, en el año 1812 completó la Zona de Asentamiento Judío, que incluía Ucrania, la Rusia Blanca y Lituania, Polonia Oriental, Crimea y Besarabia. Se les prohibió a los judíos abandonar la Zona sin un permiso especial del gobierno y sus vidas se vieron mucho más circunscritas debido a los decretos del zar de 1804, bajo los cuales fueron expulsados de los poblados, impidiéndoles dedicarse al comercio del licor y a muchas otras ocupaciones tradicionales.

Pese a las esperanzas del zar, las conversiones a la religión ortodoxa rusa eran prácticamente nulas y muy pocos judíos tenían la posibilidad de emigrar. El efecto más importante de los decretos del zar fue el empobrecimiento de la vasta mayoría de la judería rusa. Debido al conflicto entre los jasidim y los mitnagdim, los judíos carecían de un liderazgo comunitario unido con fuerza suficiente como para influir en las autoridades. Varios de los maestros jasídicos fallecieron en ese periodo, incluido el rabí Baruj de Medzeboz (1812), el rabí Shneur Zalman de Liadi (1813), el rabí Israel, el Maguid de Koznitz (1813) y el *Jozé* de Lublín (1815). Tanto los jasidim como los mitnagdim estaban comenzando a darse cuenta de que ambos enfrentaban a un enemigo común: los *maskilim*, pero la creciente influencia de estos últimos dejó a las comunidades judías más divididas que nunca.

Una de las consecuencias más importantes de la incursión de Napoleón en Europa oriental fue el hecho de que, habiendo quedado expuestos por primera vez a las ideas seculares y humanistas de la Revolución Francesa, una gran cantidad de judíos permaneció con un creciente sentimiento de frustración y de descontento ante su decadente condición. En ausencia de un liderazgo fuerte e inspirador, no es de sorprender que, tanto en las ciudades como en los pueblos de Ucrania, cada vez más jóvenes judíos, en búsqueda de lo espiritual, se sintieran a la deriva y con la necesidad de nuevas respuestas.

Kiruv Rejokim - Acercando a los Alejados

Durante los primeros años luego del fallecimiento del Rebe, Reb Noson había estado ocupado atendiendo los asuntos de la herencia del Rebe, alentando a los jasidim, movilizándolos para Rosh HaShaná, recolectando fondos e imprimiendo los libros del Rebe. Había pasado mucho tiempo en los caminos, pero aunque todos sus viajes eran en aras de las mitzvot, su forma de vida estaba lejos de ser propicia para un sostenido estudio de Torá y plegaria. Al retornar a Breslov luego de Rosh HaShaná del año 1811, Reb Noson supo que debía sentarse y estudiar. Bajo la guía del Rebe, había desarrollado un *seder* de estudio centrado en el estudio del *Shuljan Aruj* y en el desarrollo de ideas originales de Torá. No teniendo en su hogar una habitación propia para estudiar, Reb Noson solía ir regularmente al *beit midrash* del pueblo.

Escribe lo siguiente:

> En ese tiempo yo no era consciente del hecho de que incluso ahora era posible iluminar las almas judías e inspirarlas al verdadero servicio a Dios, tal como lo había aprendido del Rebe. Pero aunque "Yo estaba dormido, mi corazón estaba despierto... la voz de mi amado estaba golpeando" dentro de mí (Cantar de los Cantares 5:2). Las santas palabras del Rebe estaban impresas en mi corazón, ardientes como carbones encendidos, un fuego en mis huesos... No podía mantenerlas dentro de mí (*Imei Moharnat* I, #82).

Reb Noson aprovechó todas las oportunidades que se le presentaron para hablar con los jóvenes de Breslov sobre el *tajlit* (propósito) de este mundo y del servicio a Dios, explicando la profundidad y la grandeza de las enseñanzas del Rebe Najmán. Poco a poco sus palabras empezaron a surtir efecto y la gente comenzó a pedirle que les hablase más sobre el Rebe. Al comienzo Reb Noson se sintió algo sorprendido. Era poco consciente de su gran poder para inspirar a la gente en el servicio a Dios - se sentía demasiado insignificante. Pero cuanto más hablaba con la gente, más sentía que, aunque otros podían ser más grandes que él, él sabía más sobre el Rebe y sus escritos que cualquier otro. Recordaba cómo el Rebe le había dicho que le hablase a la gente sobre el servicio a Dios.

El Rebe nos habló muchas veces sobre esto. Nos dijo que hiciéramos el esfuerzo de hablar con la gente para inspirarla y hacer que volvieran a Dios. Él quería incluso que hablásemos con la gente sobre temas cotidianos debido a la posibilidad de que la conversación pudiera derivar en algo que los inspiraría espiritualmente. Aun si podíamos generar la mínima respuesta, un vago pensamiento de arrepentimiento o un entusiasmo temporal, valdría la pena. Cuánto más aún, entonces, considerando que si hablábamos con ellos, una y otra vez, podríamos finalmente tener éxito e inspirarlos en verdad y acercarlos genuinamente a servir a Dios.

El Rebe nos habló mucho sobre esto, una y otra vez y de diferentes maneras... Cuando él hablaba sobre tratar de acercar a la gente a Dios, le daba poca importancia a aquellos que sólo trataban de trabajar con gente simple, con los pobres y los necesitados, con los ignorantes y demás. El esfuerzo más importante debía ser puesto en trabajar con gente de influencia. Tales personas son muy difíciles de acercar, y si uno tiene éxito con ellos, logra un gran mérito. Acercar a Dios a esas grandes almas es un logro mayor. La gente simple y común los seguirá automáticamente, porque ellos están inevitablemente influenciados por aquellos de un nivel superior al suyo y que han encontrado su camino hacia la verdad, hacia Dios.

Yo le pregunté quién se consideraba que estaba en un nivel superior. Él me contestó con impaciencia, como si yo hubiera preguntado algo obvio: "Quien sea más erudito es más importante; quien sea más rico es más importante; quien provenga de un mejor linaje es más importante". La implicancia era que todo aquél que se distingue así sea por su riqueza, su erudición o su linaje con seguridad tiene un alma más grande y más elevada, y al mismo tiempo un *ietzer hara* más fuerte. A su vez también dependen de él una gran cantidad de almas. Es por eso que el principal esfuerzo debía ser puesto en trabajar con los líderes de la generación más joven, con los hijos de los adinerados y aquellos poseedores de un alto nivel de erudición. Entonces la gente simple automáticamente se acercaría a Dios (*Tzadik* #543).

Al hablar con diferentes personas en Breslov y oír sus problemas y dificultades individuales, Reb Noson comenzó a recordar cómo el Rebe lo había alentado a *él* años antes y los consejos que le había dado. Reb Noson ahora podía tomar de ese tesoro, ofreciendo a los jóvenes que estudiaban en el *beit midrash* consejos totalmente prácticos: "Aunque sólo puedan estudiar un poco, eso también es bueno... No se detengan demasiado en un solo lugar... Cuando no puedan comprender algo, hagan una marca al costado y continúen...".

*

Uno podría preguntarse dónde estaban esos jóvenes en vida del Rebe. Hacía cerca de dos años que el Rebe ya no estaba en Breslov. Podemos suponer que varios de ellos provenían de otras ciudades y pueblos y que se habían unido en matrimonio dentro de familias de Breslov, quienes los mantenían para que estudiasen durante los primeros años de su vida en familia bajo el sistema de *kest*. Otros pueden haber sido los hijos de los residentes de Breslov que en tiempos del Rebe aún eran demasiado jóvenes para interesarse seriamente en las enseñanzas jasídicas y que ahora habían madurado.

Durante gran parte de ese año Reb Noson no vio ningún fruto importante como producto de sus esfuerzos. Algunos de los jóvenes mejoraron en sus estudios, pero no de la manera en que le podían hacer sentir haber logrado algo. Uno de los jóvenes era considerado por la comunidad como excepcionalmente diligente, pero Reb Noson, que había convivido íntimamente con los más grandes Tzadikim y *lamdanim* de su tiempo, pensaba de otra manera: podía ver que en realidad el joven no estudiaba casi nada. Sin embargo, debido a su potencial y a su deseo de mejorar, Reb Noson habló con él más que con los demás. Para el verano, el esfuerzo de todo ese año comenzó a dar sus frutos y el joven se volcó a los estudios con toda su fuerza. Así continuó durante seis años, completando todo el *Shuljan Aruj* y avanzando en diferentes campos. Otros jóvenes también se sintieron inspirados por Reb Noson y comenzaron a viajar a Umán para orar en la tumba del Rebe Najmán.

Fue en Umán que Reb Noson atrajo a uno de sus seguidores más incondicionales. Después de haber impreso el *Likutey Moharán*, Reb Noson le devolvió las planchas de plomo al impresor como intercambio por otros *sefarim*. En sus visitas a Umán solía exponer esos *sefarim* en el *shul* principal junto con los *sefarim* de

Breslov. Mientras vendía su mercadería, Reb Noson solía hablar sobre las enseñanzas del Rebe Najmán y del servicio a Dios - sin mirar siquiera si alguien estaba escuchando. Muchos en el *shul* se burlaban a sus espaldas.

En una de esas ocasiones un cierto Reb Ozer comenzó a prestar atención a lo que Reb Noson estaba diciendo. Reb Ozer provenía de una prominente familia jasídica de Umán que se oponía fuertemente a los jasidim de Breslov. Reb Ozer se entusiasmó mucho con las palabras de Reb Noson. Le preguntó cuál era la ley concerniente a una persona que había mostrado desprecio por un *talmid jajam* (refiriéndose al Rebe). Reb Noson citó el *Shuljan Aruj* (*Oraj Jaim* 606:2): "Toma un *minian* y pide perdón en su tumba". Reb Ozer así lo hizo y de ahí en más quedó muy unido a Reb Noson (*Siaj Sarfei Kodesh* I-596). Cuando los familiares de Reb Ozer se enteraron de que se había vuelto un jasid de Breslov, quisieron asesinarlo, simplemente y de manera literal. Uno de los jasidim de Breslov se enteró del asunto y le aconsejó abandonar el pueblo. Reb Ozer huyó a una ciudad cercana donde se quedó durante algunos meses hasta que se aplacó la ira (*Kojvei Or* p.33, #31).

Reb Ozer solía buscar un lugar fuera de la ciudad en donde se quedaba toda la semana, desde temprano en la mañana del domingo hasta la tarde del viernes. Todo lo que llevaba con él para comer era pan seco. Solía pasar el día entero en Torá y plegaria. Cierta vez algunos trabajadores del área lo encontraron y lo llevaron de vuelta a la ciudad. Reb Ozer nunca se sintió avergonzado por eso y no dejó que lo apartase de sus devociones.[3]

Escribe Reb Noson:

> Cada alma que se acercaba un poco me ayudaba a comprobar que mis palabras estaban dejando una marca. Cada pequeña mejora que veía me daba más ánimo y recordaba que el Rebe había dicho que tendríamos el mérito de iluminar el mundo entero (*Imei Moharnat* I, #83).

*

El Rebe Najmán había tratado de hacer un *shiduj* para su hija, Jaia, con Reb Zalman, el hijo de Reb Iaacov Iosef de Zlatipolia, uno de sus seguidores. Sin embargo no habían podido llegar a un acuerdo. Las negociaciones continuaron esporádicamente hasta justo antes de Purim del año 5572 (marzo de 1812), cuando el compromiso se consideró más seriamente. Esto hizo necesario que Reb Noson viajase a Kremenchug para hablar con Sara, la hermana mayor de Jaia, sobre algunas joyas que el Rebe había dejado para Jaia. (Jaia se casó finalmente con Reb Zalman cerca de dos años y medio más tarde).

En camino a Kremenchug, Reb Noson hizo contacto con los jasidim de Breslov de la Ucrania oriental, quienes se contaban entre los primeros seguidores del Rebe. Al hacerles recordar la grandeza del Rebe, Reb Noson los volvió a inspirar. Para él, esa oportunidad de hablar sobre el Rebe y sus enseñanzas hizo que el viaje se volviese verdaderamente importante. Ahora sabía que podía hablar sobre el Rebe y revelar su herencia no sólo en Breslov sino más allá.

*

Los cuartos alquilados por Reb Noson en Breslov no eran convenientes como lugar de reunión de modo que la mayor parte de sus conversaciones con los jóvenes locales se realizaban en el *beit midrash* de la ciudad. No fue sino hasta la primavera de 1813 que un cierto número de personas de Breslov se reunió para reconstruir el *beit midrash* del Rebe, que había sido destruido por el incendio de 1810. La construcción se terminó ese verano, lo que constituyó una gran ventaja para los jasidim de Breslov, pues ahora tenían un lugar propio donde discutir y difundir las enseñanzas de Breslov. Fue conocido como "El *beit midrash* del Rebe" - nombre que se mantuvo por cerca de cincuenta años. Reb Noson se sintió tan emocionado que escribió un discurso sobre el tema.[4]

La reconstrucción del *beit midrash* del Rebe se terminó en un momento muy oportuno. El Rebe Najmán había enfrentado una gran oposición durante su vida debido a su deseo de enseñarle a la gente a servir a Dios, pero luego de su fallecimiento esa oposición disminuyó en gran medida. Pero ahora que las palabras de Reb Noson estaban comenzando a dar sus frutos y la gente nuevamente se sentía inspirada a servir a Dios, las fuerzas del Otro Lado también despertaron. Una variedad de opositores a los jasidim de Breslov, incluyendo varios que se habían vuelto menos estrictos en su observancia judía, estaban comenzando a vociferar en la comunidad de Breslov y especialmente en contra de Reb Noson. Cada vez se hacía más difícil hablar sobre las enseñanzas del Rebe en el *beit midrash* de la ciudad cosa que hizo mucho más bienvenida para Reb Noson y los otros jasidim la reconstrucción del *beit midrash* del Rebe.

La práctica generalmente aceptada era que el rav de una ciudad recibía una casa cerca del *beit midrash* donde él oraba. A veces su hogar era construido como un anexo al *beit midrash*. Los jasidim decidieron darle a Reb Aarón la nueva casa que estaban construyendo junto al *beit midrash* del Rebe, al tiempo que Reb Noson recibiría la vieja casa del rav.[5] Durante el verano Reb Noson tuvo planes para agregar el muy necesitado cuarto privado que podría utilizar para el *hitbodedut*, para trabajar en la edición de los *sefarim* del Rebe y para escribir sus propios discursos originales de Torá. El nuevo *beit midrash* se terminó para Rosh HaShaná, pero el apartamento para Reb Aarón aún no estaba listo. Cuando Reb Noson retornó de Umán luego de Rosh HaShaná del año 5574 (25 de septiembre de 1813), comprobó que Reb Aarón no se mudaría muy pronto. Justo cuando Reb Noson pensaba que finalmente había encontrado una casa propia, ésta se alejaba nuevamente. Peor aún, el apartamento que había alquilado para el verano no sería apto para los meses de invierno.

Hasta ahora, la idea de comprar su propia casa nunca había entrado en la mente de Reb Noson. Los fondos que aún tenía estaban invertidos, y la entrada era mínima y suficiente para cubrir sus gastos. Tomar de su capital hubiera sido financieramente desastroso para él. Sin embargo, "Muchos son los pensamientos en el corazón del hombre, pero el consejo de Dios prevalece" (Proverbios 19:21). Por primera vez Reb Noson comenzó a pensar en comprar su propia casa. Pese a su carencia de fondos, se fortaleció en la fe y la confianza en Dios. Sucedió que el terrateniente local había subastado la administración de sus propiedades. El hombre que compró los derechos estaba interesado en vender su casa. Reb Noson fue a firmar el contrato el día después de Iom Kipur (5 de octubre de 1813). La esposa del vendedor de pronto tuvo dudas sobre la venta, pero al final estuvo de acuerdo y el jueves 7 de octubre, dos días antes de Sukot, Reb Noson se mudó a su nuevo hogar.

Tener su propia casa en Breslov le permitió a Reb Noson establecer los cimientos para el crecimiento de la Jasidut de Breslov. Ahora tenía un lugar en donde poder hablar con la gente joven sobre el Rebe y su camino. En verdad, muchos de esos jóvenes llegaron a merecer el nombre de Tzadikim. También fue en esa casa que Reb Noson imprimió más tarde muchos de los libros de Breslov.

El Rebe Najmán había enseñado que la persona debe tratar de tener su propia habitación para estudiar y practicar el hitbodedut (ver *Sabiduría y Enseñanzas del Rabí Najmán de Breslov* #274-5). Por el momento Reb Noson aún no tenía una habitación así. Mientras tanto colgó una cortina en una esquina de la cocina. Más tarde levantó allí una pared de madera. Luego de construir su "cuarto" dijo, "Es posible que ahora pueda llegar a ser un buen judío". Sin embargo, había muchas distracciones. Finalmente Reb Noson construyó un ático lejos de su familia y fue allí donde escribió las plegarias y los discursos de Torá que componen su *Likutey Tefilot* y su *Likutey Halajot* (*Avenea Barzel* p.62, #30; ver *Sipurim Niflaim* p.12).

*

Otro joven que se había vuelto uno de los seguidores más cercanos de Reb Noson se mudó a la zona de Breslov luego de Sukot de 1813. Su nombre era Reb Iehudá Eliezer. Se había acercado al Rebe Najmán en los últimos años de la vida del Rebe. Sin saber que el Rebe ya había suspendido su práctica de oír la confesión de sus seguidores, Reb Iehudá Eliezer comenzó confesarse ante él. El Rebe lo detuvo y le dio ciertas devociones. "En cuanto al resto", dijo el Rebe, "habla con Reb Noson".

Ahora Reb Iehudá Eliezer se había apegado fuertemente a Reb Noson, quien conversaba con él muy seguido y lo alentaba a persistir en sus devociones. Reb Noson le dio algunos de los escritos del Rebe para copiar. Más tarde, en 1822, Reb Iehudá Eliezer acompañó a Reb Noson en su peregrinación a *Eretz Israel* (*Sijot veSipurim* p.143-144).

25

Fervor vs. Furia

Resumiendo la vida y los logros de Reb Noson, Reb Najmán, el Rav de Tcherin y uno de sus más grandes discípulos, escribe lo siguiente sobre él:

> Nunca vimos ni oímos hablar de una persona que sirviese a su rav de la manera en que nuestro maestro, Reb Noson, sirvió al Rebe Najmán. Al igual que Ioshúa, Reb Noson literalmente "no se movía de la tienda" (Éxodo 33:11) - la tienda de las enseñanzas de Torá del Rebe. Reb Noson estaba totalmente unido al Rebe, con un apego de desinteresada devoción. Todos sus movimientos, todas sus palabras y todos sus pensamientos, así sea "sentado en su casa, andando por el camino, yaciendo o levantándose" (cf. Deuteronomio 6:7), tenían un solo propósito: hacer conocer la grandeza y la exaltación de las enseñanzas, de los dichos y de los cuentos del Rebe, y difundir ese manantial... Se ocupó de ello incansablemente y con un grado de auto sacrificio que muchos verían como increíble.
>
> Alcanzó niveles supremos en el servicio a Dios y en el conocimiento de la Torá - todo con una absoluta y completa sinceridad, simplicidad y verdadera humildad... Solía estudiar una tremenda cantidad: Talmud, *Shuljan Aruj*, Midrashim, el santo *Zohar*, Kabalá y otros textos sagrados. Todo aquel que oía sobre su programa de estudio imaginaba que era algo imposible de cumplir a no ser que estudiase día y noche y no hiciera nada más. Pero aparte de sus estudios, dedicaba mucho tiempo a las plegarias: solía orar con extraordinario fervor y pasión y con una asombrosa devoción.
>
> Aparte del orden del servicio de plegarias establecidas, recitaba muchas plegarias adicionales y muchos Salmos, todos los días, con tremenda intensidad y emoción, llorando, clamando, gimiendo y demás, ¡hasta que los oídos de todo aquel que lo escuchaba comenzaban a resonar! Muchos judíos, incluyendo gente que no tenía conexión con él y que casi no sabía quién era, se sentían inspirados simplemente con oírlo orar, recitar los Salmos

o para *jatzot* y demás.

Además, cada día pasaba mucho tiempo trabajando en sus discursos originales de Torá y en las plegarias que compuso... Siempre estaba ocupado en editar y reeditar las obras del Rebe... Aparte de ello, cada día escribía muchas cartas, alguna de las cuales eran muy largas, plenas de palabras de aliento. Todo aquel que oyó sobre cuánto escribió podía llegar a imaginar que debía haber pasado todo su tiempo solamente escribiendo.

Todos sus días trabajó para imprimir los libros del Rebe y construir y fortalecer el *beit midrash* del Rebe... Cada detalle de esos esfuerzos implicaba una profunda relación con los otros jasidim de Breslov - y pese a su apoyo, había mucho que debía hacer él solo. También viajó mucho... Y aparte de todo eso, pasaba mucho tiempo del día conversando con diferentes personas y acercándolas al servicio a Dios... (*Alim leTerufá*, Introducción).

Pero pese a sus muchas tareas y responsabilidades, Reb Noson siempre se comportaba de manera simple. A sus propios ojos era un judío como cualquier otro. Se negaba a utilizar las prendas de seda asociadas con los líderes rabínicos de la época. Una vez un líder muy conocido le preguntó a uno de los jasidim de Breslov, "¿Por qué hablan tanto de Reb Noson? ¡Hasta el sombrero que usa es simple!" (*Siaj Sarfei Kodesh* I-633).

*

Likutey Tefilot

Una de las actividades de Reb Noson que se volvió cada vez más importante en su vida en los años posteriores a 1814 fue la composición de plegarias basadas en las lecciones del *Likutey Moharán* del Rebe Najmán. Esas plegarias están reunidas en el *Likutey Tefilot*, que ha sido recientemente descrito como uno de los clásicos más importantes de la literatura espiritual judía.[1]

La plegaria personal dicha con nuestras propias palabras - *hitbodedut*- es uno de los pilares fundamentales del sendero del Rebe Najmán. Aunque el Rebe urgió a sus seguidores a hablar con Dios sobre todos los aspectos de sus vidas, incluida la necesidad material más pequeña, su énfasis primordial estaba en la plegaria sobre el propio desarrollo espiritual y emocional. Enseñó que uno debe rogarle al Todopoderoso para que lo ayude a refinar y a elevar sus rasgos de carácter y a alcanzar un verdadero servicio a Dios. Dado que la Torá en general, y la Jasidut en particular, se preocupan primariamente de guiarnos hacia *cómo* debemos vivir y actuar, se sigue que mucho del *hitbodedut* debe estar compuesto por plegarias a Dios para que nos ayude a *cumplir* con la Torá en la práctica.

Fue en relación a esto que el Rebe Najmán enseñó que "luego de estudiar o de oír una enseñanza de Torá de un verdadero Tzadik, uno debe hacer de ello una plegaria. Uno debe pedirle a Dios que lo ayude a lograr todo lo que está tratado en la lección. Es necesario decirle a Dios cuán lejos uno se encuentra de los niveles que allí se describen, y rogarle que lo ayude a alcanzarlos... Las conversaciones que tenemos con Dios se elevan a un lugar muy exaltado, especialmente cuando hacemos plegarias a partir de las enseñanzas de Torá. Esto produce el deleite más grande en el Cielo" (*Likutey Moharán* II, 25).

El Rebe no había dado mayores directivas sobre cómo "transformar el estudio en plegaria", pero Reb Noson lo tomó de manera literal. Luego de estudiar una de las lecciones del Rebe, solía orar fervientemente, durante mucho tiempo y con gran detalle para cumplir con cada uno de los puntos elaborados en la lección. El Rebe había dicho cierta vez que cuando una plegaria particularmente bien ordenada fluye durante el *hitbodedut*, uno debe escribirla para poder volver a decirla nuevamente en el futuro. De acuerdo con esto, Reb Noson solía escribir sus plegarias para su propio uso.

Se dedicó a ello de una manera más sistemática algún tiempo después de su retorno de Umán luego del Rosh HaShaná del año 5575 (15 de septiembre de 1814). Cerca de dos años más tarde, les entregó algunas de sus plegarias a otros jasidim quienes, viendo su gran poder y belleza, lo urgieron a copiar el resto para que ellos también pudiesen recitarlas luego de estudiar las lecciones del Rebe. Reb Noson estuvo de acuerdo y sus plegarias comenzaron a circular entre los jasidim. Reb Noson continuó escribiendo nuevas plegarias. Algunas estaban basadas en lecciones del Rebe que aún no había terminado, otras se referían a eventos específicos, tales como al tristemente célebre "Decreto de los Cantonistas" del año 1827 (ver más adelante, Capítulo 32).

Reb Najmán de Tulchin, el discípulo más cercano de Reb Noson, relata que cierta vez vio el manuscrito original de Reb Noson de su plegaria sobre el *Likutey Moharán* I, 56 - "¿Por qué ocultas Tu rostro?". Todo el manuscrito estaba borroso debido a las lágrimas vertidas por Reb Noson, al punto en que sólo eran legibles las palabras del comienzo, que habían sido escritas con letras más grandes (*Siaj Sarfei Kodesh* I-733).

Reb Noson era un experto de la lengua hebrea y sus plegarias eran un elocuente tramado de versículos y frases bíblicas unidas con la apasionada y directa expresión de un verdadero buscador de Dios anhelando por la santidad. Es su noble simplicidad lo que les da a las plegarias su universalidad. Ellas expresan los sentimientos más profundos, las necesidades y aspiraciones de todo judío, en cada etapa de la vida, espiritual y material. Reb Noson no sólo produjo un texto único para ser utilizado por la gente en sus propias devociones, sino que sus plegarias son también una enseñanza práctica, absolutamente clara, sobre cómo hablar con Dios durante el *hitbodedut*.

Sin embargo, no era así como percibían los opositores las plegarias de Reb Noson. A esa altura ya estaban rechinando los dientes sobre la resurrección de lo que ellos pensaban era una Jasidut "muerta". La noticia de que los jasidim de Breslov estaban "escribiendo sus propias plegarias" agregó grano para su molienda. Argüían de que sólo los que poseían *rúaj hakodesh* -inspiración divina- tenían derecho a escribir nuevas plegarias.[2] Los jasidim de Breslov ahora soportaban las burlas de tener su "propio libro de plegarias", algo que se sumaba a la ya ardiente hostilidad.

*

Sipurey Maasiot

Durante los siguientes años, aparte de componer sus plegarias y discursos de Torá, Reb Noson continuó editando e imprimiendo las obras del Rebe Najmán. En 1816 comenzó a preparar una edición de los cuentos del Rebe Najmán, el *Sipurey Maasiot*. Ninguno de esos cuentos había sido impreso hasta el momento, aunque el Rebe había afirmado explícitamente que él quería que fuesen editados en hebreo y en *idish* (que era el idioma vernáculo) para que todos pudiesen leerlos.

La notable gracia y belleza de los cuentos del Rebe Najmán le habían ganado la reputación de ser uno de los más grandes cuentistas de todos los tiempos. Sin embargo, había algunos que consideraban que los profundos secretos Kabalistas ocultos en las imágenes del Rebe eran simplemente demasiado santos y valiosos para este mundo. El rabí Abraham Ioshúa Heshel de Apta, en ese entonces el líder jasídico de las áreas de Ucrania-Podolia-Rumanía, emitió una prohibición en contra de la publicación del *Sipurey Maasiot* y maldijo a todo aquel que lo imprimiese con la maldición que Ioshúa había emitido contra todo el que tratase de reconstruir a Jericó: "Los cimientos se harán sobre su primogénito; con su hijo más pequeño terminará las puertas" (Ioshúa 6:26).

Esa furiosa oposición por parte de alguien tan altamente respetado como el Rav de Apta -a quien el mismo Rebe Najmán había alabado- generó grandes dudas en la mente de Reb Noson sobre la edición de los cuentos. Pero se fortaleció en la fe de las enseñanzas del Rebe y de su importancia para el mundo. El Rebe mismo había dicho que quería que los cuentos se imprimiesen y fuesen accesibles a todos.

Reb Noson imprimió el *Sipurey Maasiot* en Ostrog, en el año 1816. Como apéndice agregó el *Shevajey veSijot HaRan* (*Sabiduría y Enseñanzas del Rabí Najmán de Breslov*). Éste estaba compuesto de anécdotas ilustrando los logros espirituales del Rebe, junto con una colección de sus conversaciones sobre una gran variedad de temas. Reb Noson había comenzado a registrar las conversaciones del Rebe durante su vida. Otras las pasó por escrito luego de su fallecimiento, a medida que las iba recordando. También incluidas en el *Sipurey Maasiot* había algunas lecciones más formales del Rebe que no habían estado incluidas en la primera edición del *Likutey Moharán* (*Avenea Barzel* p.74, #62).

Luego de imprimir los cuentos, dijo Reb Noson: "En mi elogio fúnebre dirán: 'Aquí está el hombre que imprimió el *Sipurey Maasiot*'. Éste será mi gran honor" (*Siaj Sarfei Kodesh* III-185). Pero por el momento, la publicación de los cuentos les dio a los detractores de Reb Noson otro motivo más para estar en su contra.[3]

En el año 1817 contrajo matrimonio Reb Shajne, el hijo mayor de Reb Noson. Poco después nació Janá Tsirel, la única hija de Reb Noson, y su hijo David Zvi, nació un año o dos más tarde.[4] Alrededor de 1818 los días de independencia financiera de Reb Noson llegaron a su fin. Hasta entonces su parte en los negocios de la familia le había suministrado el sustento suficiente como para poder vivir. Pero la fortuna de su padre había estado declinando constantemente y ahora estaba en una completa bancarrota. Reb Noson se vio forzado a vender una por una todas sus valiosas pertenencias, hasta que finalmente no le quedó nada. Eso fue una experiencia dolorosa. Dijo Reb Noson: "Cuando comencé a comer con una cuchara de madera, pasaron varias semanas antes de que pudiese sentirle el gusto a la comida". De ahora en adelante Reb Noson dependería de la ayuda de los demás (*Kojvei Or* p.22, #15).

Sin embargo, rico o pobre, Reb Noson no cejó en el esfuerzo que ponía en sus estudios, en sus plegarias y en el trabajo para inspirar a los demás en el servicio a Dios (*Ibid.*). Pero la creciente carga de las responsabilidades que debía llevar comenzó a hacer mella en él. Aparte de sus propias devociones, estaba muy dedicado a imprimir las obras del Rebe y tenía un creciente círculo de seguidores. Como dicen nuestros sabios, "El liderazgo entierra a quien lo posee" (*Berajot* 55a). Fue en ese período que Reb Noson contrajo colitis, de la cual sufriría por el resto de su vida.[5]

*

En 1819, el nieto del Rebe Najmán, Reb Israel (el hijo de Sara) se casó con la hija del rabí Aarón de Chernobil. El padre del rabí Aarón era el rabí Mordejai de Chernobil, uno de los líderes jasídicos de su generación. El rabí Mordejai fue el *maguid* de Breslov tanto en los días del Rebe como de Reb Noson.

El rabí Mordejai respetaba mucho al Rebe Najmán y a Reb Noson. Cierta vez, el rabí Mordejai visitó Breslov y vio cuán despreciados eran los jasidim de Breslov. Al dejar el pueblo se quejó, "¿Qué puedo hacer? Nuestros Sabios enseñaron que 'aquellos que soportan la humillación en silencio están entre los amados por Dios' (*Shabat* 88b). Pero allí adonde voy la gente me muestra respeto y honor. ¿Cómo podré estar entre aquellos que Dios ama si nadie me humilla y no tengo la oportunidad de mantenerme en silencio? ¿Cuándo tendré el mérito de ser insultado?". Agregó el rabí Mordejai, "En este pueblo vive un judío a quien el mundo entero desprecia. Yo pondré mi parte con él". Entonces envío a alguien a comprarle una copia del *Likutey Tefilot* pagando veinte veces el precio normal (*Siaj Sarfei Kodesh* III-207).

La boda tuvo lugar en Chernobil y a ella asistieron Reb Noson y muchos de los principales jasidim de Breslov (*Imei Moharnat* II, #6). Mientras estaban allí, el rabí Mordejai le preguntó a Reb Noson, "¿Qué dice el Rebe sobre la epilepsia?". Le respondió Reb Noson, "Hay que dar caridad". Dijo el rabí Mordejai, "Entonces debemos comenzar nuevamente a dar caridad" (*Siaj Sarfei Kodesh* I-585; ver *Likutey Moharán* I, 201). El rabí Mordejai era bastante mayor y en ese momento estaba enfermo, por lo cual dejó la boda temprano, pero antes de hacerlo, observó con admiración cómo bailaban los jasidim de Breslov. "Estos no son meramente jasidim bailando", dijo, "estos son *Tzadikim* bailando" (*Siaj Sarfei Kodesh* II- 242).

Reb Ozer, pobre como era, también quería asistir a la boda. Su problema era que su esposa era quien ganaba el pan - literalmente. Ella solía vender pequeñas hogazas de pan en el mercado de Umán, mientras que Reb Ozer se quedaba en casa con su hijo pequeño. "¿Cómo puedo viajar a la boda si no puedo dejar al niño?", se preguntaba Reb Ozer. Entonces tuvo una idea. En Umán vivía un tal Reb Rubén Tultenchinski, que había sido víctima de una humillante campaña difamatoria. Reb Ozer tomó la cuna del niño y la colocó cerca de la entrada de la casa de Reb Rubén. Luego salió rápidamente para Chernobil. Alguien de la casa de Reb Rubén encontró la cuna y un gran tumulto se desató en la ciudad. Ese incidente sólo sirvió para fortalecer los rumores de la infidelidad de Reb Rubén.

En el ínterin, la esposa de Reb Ozer volvió a su hogar y no encontró a su marido ni a su hijo. Corrió presa del pánico, tratando de ubicarlos. Oyendo sobre el niño perdido, Reb Rubén estuvo muy contento de informarle a la madre de su "hallazgo". Cuando ella dio muestras de ser la madre verdadera, el hombre se sintió tan contento que también le dio regalos, entregándole al menos suficiente dinero para varios días. Pero Reb Rubén estaba muy enojado con Reb Ozer y juró "ocuparse de él" en la próxima oportunidad.

Durante la boda, el asistente del rabí Aarón de Chernobil alabó al Zeide de Shpola. Reb Ozer, quien estaba cerca, hizo algunos comentarios en voz alta que no fueron aceptados por los presentes. Comprendiendo su difícil situación, Reb Ozer corrió afuera. Pero el daño ya estaba hecho y varias personas se encolerizaron. Al reflexionar sobre el tema comprendieron que no era justo culpar a todos los jasidim de Breslov por las acciones de un individuo demente. Y Reb Ozer, el responsable, ni siquiera estaba allí para recibir lo que ellos pensaban que era lo que se merecía. Además, se encontraban en una boda: ¿por qué arruinarla? Decidieron dejar la cosa así como estaba.

Todo eso sucedió antes de la ceremonia. Luego hubo las usuales canciones y danzas. Y he aquí, en medio del círculo estaba Reb Ozer ¡bailando de alegría! Todos dijeron, "¡Perdónenlo! ¡Qué se puede hacer con alguien como él!".

*

Semillas de Descontento

Moshé Jenkes fue uno de los líderes de la comunidad de Breslov que le había dado la bienvenida al Rebe Najmán cuando llegó al pueblo. Había estado muy cerca del Rebe, cuyas bendiciones habían hecho prosperar su negocio. Se volvió extremadamente rico pero no tenía hijos. Le pidió al Rebe una bendición para tener hijos, pero el Rebe le dijo que no tenía hijos porque había sido víctima de un robo: un antiguo socio le había robado dinero y "robar el dinero de alguien es como robarle a su esposa y a sus hijos" (*Likutey Moharán* I, 69). Moshé Jenkes había perdido la esperanza de tener hijos.

Poco antes de su fallecimiento el Rebe le dijo a Reb Noson: "Si Moshé [Jenkes] se divorcia de su actual esposa, podrá tener hijos". Cuando Reb Noson volvió a Breslov luego del fallecimiento del Rebe, le dijo esto a Moshé Jenkes, pero en ese tiempo Moshé no estaba interesado en escuchar nada sobre un divorcio. De acuerdo a su propia comprensión de lo que el Rebe le había dicho, era *él* quien no podía tener hijos dado que había sido la víctima.

En una de sus primeras visitas a Breslov después del fallecimiento del Rebe, Reb Noson acababa de terminar las Plegarias de la Mañana y todavía estaba cubierto con el talet y los tefilín de Rabeinu Tam[6] cuando vio a Moshé Jenkes. Reb Noson le hizo recordar las palabras del Rebe: "Divórciate y tendrás hijos". Moshé Jenkes volvió a negarse, creyendo que era él mismo quien estaba en falta. Reb Noson se entusiasmó y dijo, "¡Así como estoy usando este talet y estos tefilín, el Rebe Najmán dijo 'Tú tendrás hijos'!". Viendo la intensidad de Reb Noson, Moshé Jenkes comenzó a tomar en cuenta sus palabras. Luego de un par de años él y su esposa estuvieron de acuerdo en divorciarse. Ella pidió la mitad de sus bienes, a lo cual él accedió, y entonces se casó con su antiguo socio pues, como enseñó el Rebe, "Robar el dinero de alguien es como robarle a su esposa..." (*Tzadik* #155).

Se estableció un compromiso entre Moshé Jenkes y Elki, la hermana del Rav de Tomoshpiel. Reb Noson dio su bendición al *shiduj*. Luego de algunos años no hubo señales de hijos. Ocasionalmente Moshé Jenkes se le quejaba a Reb Noson: "Después de todo, tú eres quien me dijo que me debía divorciar". Finalmente, cerca de 1816, Reb Noson le dijo, "Ve a Umán y quéjate al Rebe en su *tsion*. Dile al Rebe, 'Yo hice como tú me dijiste a través de Reb Noson. Me divorcié de mi primera esposa. ¿Dónde está la promesa de que tendría hijos de mi segunda esposa? ¡Ya hace varios años que me volví a casar y aún no hay señal alguna de hijos!'".

Moshé Jenkes fue Umán y oró en la tumba del Rebe. Al dejar el *tsion* el primer pensamiento que le vino a la mente fue, "*Ziru*, Siembren (lit. simiente), para caridad" (Hosea 10:12). En ese momento sintió como si el mismo Rebe Najmán estaba junto a él recitando el versículo. Al retornar a Breslov, Moshé Jenkes dio generosamente para caridad. Fue bendecido con una hija y un hijo.[7]

Cuando Elki dio a luz a su hijo, Moshé Jenkes envió un carruaje especial a Tomoshpiel para buscar al hermano de su esposa, invitándolo al *brit*. Reb Aarón el Rav tuvo el honor de ser el *sandek*. Rebe Noson fue el *mohel* y al Rav de Tomoshpiel se le dio la *periá*.[8]

Abraham Pais, que también había formado parte del comité de bienvenida del Rebe Najmán y era socio de Moshé Jenkes, estaba de pie junto al Rav de Tomoshpiel durante el *brit*. Al observar cómo el Rav realizaba la *periá*, Abraham Pais vio que lo estaba haciendo demasiado lento. Incapaz de soportar el llanto de dolor del niño, Abraham Pais apartó al Rav y completó la *periá* rápida y eficientemente. El Rav de Tomoshpiel se puso blanco de vergüenza. No podía aceptar que él había sido negligente. Ni tampoco echarle la culpa a Abraham Pais. El Rav decidió que debía vengarse de todos los jasidim de Breslov colectivamente y en especial de Reb Noson.

El Rav de Tomoshpiel era seguidor de Reb Moshé Zvi de Savrán. El Rav de Savrán había sido discípulo del rabí Leví Itzjak de Berdichov y del rabí Baruj de Medzeboz, el tío del Rebe Najmán. Siendo joven el Rav de Savrán había visitado cierta vez al Rebe Najmán quien, percibiendo que era una de las almas más notables de la generación, quiso acercarlo a él. Sin embargo el Rav de Savrán no deseaba ser un discípulo del Rebe Najmán. Luego del fallecimiento de sus mentores, sirvió durante un tiempo como Rav en Berdichov y luego se mudó a la ciudad de Savrán, ubicada cerca de sesenta y cinco kilómetros al sur de Umán. Era un líder muy popular con miles de jasidim. Debido al cambio en el centro de gravedad del movimiento jasídico hacia el oeste, hacia Polonia, Galitzia y Hungría, el Rav de Savrán era uno de los pocos líderes jasídicos que aún quedaban en Ucrania.

El rabí Baruj de Medzeboz había mostrado una abierta oposición al Rebe Najmán, lo que también predispuso al Rav de Savrán en contra de los jasidim de Breslov. Había conocido a Reb Noson e incluso trabado amistad con él en la época en que Reb Noson estaba con el Rav de Berdichov. Pero es posible que la gran estima que el Rav de Berdichov sentía por Reb Noson, incluso luego de que éste lo dejase para unirse al Rebe Najmán, generara ciertos celos en el Savraner. Sea cual fuere el motivo, el terreno estaba listo para la disputa y el Rav de Tomoshpiel aprovechó toda oportunidad para sembrar la simiente del odio. Cada vez que estaba con su rebe, denigraba a los jasidim de Breslov y especialmente a Reb Noson. La circulación de las plegarias de Reb Noson indudablemente le dio al Rav de Tomoshpiel otro elemento para calumniar a Reb Noson, lo mismo que su impresión del *Sipurey Maasiot* en contra de los expresos deseos del Rav de Apta.[9]

En su juventud, Reb Noson y el Rav de Savrán se habían tenido en gran estima. Reb Noson dijo cierta vez que no había nadie en la generación con quien pudiese hablar sobre el *Sod Halbur* excepto el Rav de Savrán, debido a la notable profundidad de su conocimiento.[10]

Los dos tenían un amigo en común, un tal Reb Nesanel de Teplik, que era un tanto tacaño. Cierta vez ambos estaban parando en casa de Reb Nesanel. El Savraner le preguntó a Reb Noson por qué no utilizaba la vestimenta de seda, tal como era la costumbre de los líderes rabínicos. Reb Noson le respondió en broma de que se debía a la tacañería de Reb Nesanel. El Rav de Savrán le comentó a Reb Noson sobre un importante codificador cuyas decisiones halájicas no eran aceptadas debido a su tacañería. Éste era un hecho conocido entre los rabinos, aunque su identidad estaba oculta. Reb Noson asintió con su cabeza, indicando que él sabía quién era ese codificador. El Savraner le pidió a Reb Noson que le revelase el secreto, cosa que hizo. El Rav de Savrán quedó tan impresionado que le dijo a Reb Noson, "Con seguridad deberías llevar la vestimenta de seda". Reb Noson le respondió, "Eso también es culpa de Reb Nesanel" (*Avenea Barzel* pgs. 73-74, #61; *Siaj Sarfei Kodesh* I-752).[11]

Sin embargo la campaña de calumnias del Rav de Tomoshpiel contra Reb Noson afectó gradualmente al Rav de Savrán, transformándolo de alguien que admiraba y respetaba a Reb Noson en su peor perseguidor. Por el momento había muy pocos ataques directos sobre Reb Noson o los jasidim de Breslov. Pero la oposición fue creciendo hasta que luego de una década y media se transformó en una implacable "vendetta".

Comentando sobre la destrucción causada por tales contiendas, Reb Abraham Jazán, el hijo de Reb Najmán de Tulchin, escribió:

> ¿Quién puede compararse con Rubén y Shimón en su tremenda santidad y sólida fe? Sin embargo, cuando se trató de celos, de calumnias y del odio infundado [hacia Iosef], tropezaron y pecaron... El Talmud testifica que el rey Shaúl estaba libre de pecado (*Ioma* 22b) - sin embargo incluso él cayó víctima de los celos y del odio infundado [hacia el rey David]...
>
> Todo aquel que diga que tales cosas sólo sucedieron en

épocas bíblicas y que no suceden atualmente tiene la mente de un animal. Todas las perversiones descritas en las narrativas bíblicas pueden encontrarse hoy en día: furia, celos, la sed de honor, calumnias y odio infundado. Todos imaginan siempre que es la otra persona quien está inclinada a destruir el mundo mientras que uno sólo quiere construirlo. Cada uno piensa siempre que es la otra persona quien miente absolutamente, mientras que uno se encuentra en el sendero verdadero. Ésta ha sido nuestra aflicción más terrible y nos ha alejado de la verdad, más que ninguna otra cosa... Aún estamos sufriendo por eso. Nuestra única esperanza es orar y pedir misericordia... ¡Es por esto que nuestros Sabios instituyeron la plegaria por la paz al final de la plegaria de *Amidá*, tanto de la semana, como del Shabat y de las festividades! (*Kojvei Or* p.158-9).

* * *

26

Anhelando por la Tierra / La Imprenta

El anhelo de Reb Noson por viajar a *Eretz Israel* se había encendido años antes debido a muchas de las enseñanzas del Rebe. Cierta vez dijo el Rebe: "Todo aquel que realmente quiera ser un verdadero judío -es decir, elevarse constantemente de un nivel a otro- sólo podrá lograrlo a través de la Tierra Santa... Cuando la persona gana la batalla y llega a la Tierra - entonces y sólo entonces puede ser llamada un 'guerrero'".

El Rebe hizo esta afirmación cuando dio su lección "Nueve Rectificaciones" (*Likutey Moharán* I, 20) en Rosh HaShaná del año 1804 - lección que dijo que contenía la clave para todas sus enseñanzas. Luego de la lección, Reb Noson le preguntó al Rebe qué es lo que realmente quizo decir cuando afirmó que lo más importante era *Eretz Israel*. "Quiero decirlo de manera muy simple", replicó, "esta Tierra de Israel, con sus casas y construcciones".

Escribe Reb Noson:

> Desde el día en que oí por primera vez lo que el Rebe tenía que decir sobre *Eretz Israel* sentí una ardiente pasión por ir allí... Él enseñó que todo judío debe ir a la Tierra de Israel, a esta tierra, con sus casas y calles tal cuales son - en Safed, Tiberias y en el resto del país... Desde ese momento comprendí que quería que todos fuésemos, literalmente, a *Eretz Israel*, algo que yo comencé a anhelar...
>
> Pero hubo muchos obstáculos. Durante la vida del Rebe no pude viajar a *Eretz Israel*, no sólo debido al gran costo sino también porque simplemente no podía estar lejos de él por tanto tiempo.[1] Sin embargo mi deseo de ir era muy fuerte y el Rebe solía hablar con frecuencia sobre *Eretz Israel*, despertando más aún nuestros sentimientos. Nos dijo que en realidad era muy fácil ir a Israel, y que no era tan costoso -ni peligroso- como la gente imaginaba. Cierta vez, cuando nos contó acerca de los terribles obstáculos y peligros que tuvo que enfrentar en Estambul en su viaje a *Eretz Israel*, dijo que ahora nosotros podríamos hacerlo mucho más

fácilmente, sin tener que pasar por las mismas dificultades... si eso deseábamos.[2]

Olvidar es parte de la naturaleza humana y hubo momentos en que olvidé anhelar ir a *Eretz Israel*. Pero debido a que las lecciones del Rebe mencionan muy seguido a *Eretz Israel* e insisten en que debemos pedirle a Dios para que nos inspire con anhelo por la tierra, mi deseo volvía a encenderse. Desde el momento en que escribí mi plegaria basada en la lección del Rebe, "Nueve Rectificaciones", comencé a orar regularmente para que Dios me ayudase a ir a *Eretz Israel*. Cada vez que veía las barreras que se levantaban delante de mí, me dedicaba a orar para tener el mérito de llegar allí. Yo sé que Dios es grande y que Él puede ayudar a quebrar las barreras más poderosas. Más tarde escribí algunas plegarias más sobre el viaje a *Eretz Israel*, y mi deseo creció cada vez más, pese al hecho de que ya habían pasado varios años sin poder llevar a cabo mi anhelo (*Imei Moharnat* II, #2).

Poco después del fallecimiento del Rebe, Reb Noson consideró mudarse a *Eretz Israel* con su esposa y su familia. Sin embargo, durante más de diez años sintió que su principal responsabilidad era imprimir y distribuir las obras del Rebe. En varias ocasiones estuvo cerca de viajar a *Eretz Israel*, pero cada vez algo nuevo ocurría y le hacía diferir el viaje. Por varios años, lo más importante que lograba equipararse con el deseo de viajar a *Eretz Israel* fue el proyecto de establecer una imprenta en su propio hogar.

Para el año 1819 ya se había agotado la primera edición del *Likutey Moharán*, impreso en vida del Rebe. Además, ésta había estado plagada de errores. Los libros que Reb Noson había publicado también necesitaban ser reimpresos. El agravante de tener que depender de los demás para imprimir era indudablemente un factor muy importante en llevar a Reb Noson a pensar en tener su propia imprenta. Se las arregló para convencer a varios pudientes jasidim de Breslov a que ayudasen con el proyecto y así pudo comprar una prensa, los tipos y algo de papel. Pero allí se detuvo el proyecto, no sólo por falta de fondos sino debido a que el gobernador del distrito de Breslov le negó a Reb Noson el permiso para operar la imprenta. Reb Noson esperaba poder "comprar" el permiso necesario. En 1819-1820 viajó por toda Ucrania tratando de recolectar los fondos para reimprimir todas las obras del Rebe, pero siempre quedaba decepcionado.

Sin embargo, nunca perdió la fe en el proyecto. Por el contrario, se fortalecía con fe en la importancia de imprimir las obras del Rebe e incluso escribió un discurso explicando el proceso de la imprenta, cómo éste se relaciona con la revelación de enseñanzas de Torá y la importancia de apoyar financieramente esa mitzvá.

Escribe lo siguiente:

> El Rebe Najmán enseñó que mediante la "reunión de las almas" el Tzadik es capaz de ascender a la fuente de la Torá y hacer descender elevadas ideas de Torá. Cuanto más grande sea la reunión de almas, más grande será la capacidad del Tzadik para revelar Torá (*Likutey Moharán* I, 13:2-3).
>
> Una imprenta opera bajo el principio de reunir letras y de ordenarlas en el molde. Al escribir a mano enseñanzas de Torá, uno sólo puede poner una letra por vez, mientras que al imprimir, uno coloca juntas un enorme número de letras y puede imprimir páginas completas de una sola vez. El recolectar y unir las letras corresponde a la reunión de las almas que lleva a la revelación de enseñanzas de Torá - cada letra es una chispa de un alma. Imprimir las obras de los Tzadikim produce así una tremenda revelación de Torá y es por eso que es una mitzvá tan grande dar caridad para financiar la impresión de esas obras. La fe y la Divinidad se revelan entonces en el mundo entero. Aquel que dé caridad para este propósito será capaz de quebrar su avaricia y alcanzar el verdadero arrepentimiento (*Likutey Halajot*, Kidushin 3:22-23).

*

Reb Noson sabía que su amigo y seguidor, Reb Iehudá Eliezer, quería visitar *Eretz Israel*. Una vez le dijo a Reb Noson que había visto al Rebe Najmán en un sueño y que cuando le preguntó al Rebe qué necesitaba para perfeccionar su alma el Rebe le respondió, "Debes ir a *Eretz Israel*". Poco antes de Pesaj del año 1820 Reb Noson habló con Reb Iehudá Eliezer sobre la posibilidad de viajar juntos a *Eretz Israel*, y éste estuvo absolutamente de acuerdo. Le rogó a Reb Noson que no fuese con ningún otro.

Luego de Pesaj, Reb Noson pensó en viajar a Nikolaiev para hablar con Reb Leib Dubrovner, el *mejuten* del Rebe Najmán (el suegro de Sara). Reb Leib era muy rico y Reb Noson esperaba que quisiese donar los fondos restantes para imprimir los libros. Por más que Reb Noson quería realizar la mitzvá personal de viajar a la Tierra Santa, sentía que era una mitzvá mucho más grande quedarse en Breslov e imprimir las obras del Rebe, beneficiando así a toda la comunidad. Decidió que si Reb Leib estaba de acuerdo en ayudar, él volvería e imprimiría los libros. De lo contrario, seguiría de Nikolaiev a Odesa y de allí a la Tierra Santa, con Reb Iehudá Eliezer.

Finalmente, el viaje a Nikolaiev fue cancelado. Al comienzo del verano, las autoridades cambiaron al gobernador del distrito de Breslov, cosa que le daba a Reb Noson más probabilidades de recibir el permiso para operar su imprenta. Pero aún tenía otros problemas, entre los cuales se contaba una grave falta de fondos. Más tarde, durante el verano, Reb Noson fue a Umán, con la intención de continuar hacia Nikolaiev para hablar con Reb Leib. Al dejar Breslov, Reb Noson no pensaba en viajar a *Eretz Israel* y por lo tanto no llevó consigo a Reb Iehudá Eliezer. Sin embargo, mientras estaba en Umán, Reb Noson se enteró de que su querido amigo, Reb Shimón, ya estaba en Odesa en camino a *Eretz Israel*, y que Reb Naftalí, quien también anhelaba ir, estaba planeando viajar con Reb Shimón. Reb Noson se entusiasmó sobremanera y pensó que podría viajar con ellos. Desde Umán fue hasta Nikolaiev, pero no consiguió nada. Decidió entonces tratar de encontrarse con Reb Shimón y viajó hacia el Sur, hacia Odesa.

En su interior, Reb Noson se sentía desgarrado. En un mes y medio sería Rosh HaShaná: ¿Cómo no iba a estar en Umán, especialmente si tampoco estarían Reb Shimón y Reb Naftalí? ¿Cuántos quedarían del círculo interno del Rebe? ¿Y qué sobre el pacto de viajar junto con Reb Iehudá Eliezer? Reb Noson llegó a Odesa un miércoles, 15 del mes de Av (26 de julio).

> Ese día, al entrar en la ciudad, sentí de pronto una tremenda sensación de euforia. En ese momento pensé que se debía al hecho de que desde allí iría a *Eretz Israel*. Pero yo era como un profeta que no entendía lo que traería su visión. La verdad es que mediante esa visita a Odesa finalmente tuve el mérito de llegar a *Eretz Israel* - pero no en ese momento (*Imei Moharnat* II, #13).

Esa noche Reb Noson hizo contacto con Reb Shimón y ambos

estuvieron muy contentos. A la mañana siguiente Reb Shimón le dijo a Reb Noson que sería fácil hacer los arreglos de viaje para él, pero que debía apurarse pues la nave partiría después del Shabat. Reb Noson, quien se veía presionado por la falta de fondos y que además tenía otros pensamientos conflictivos pidió una hora para pensarlo. Finalmente le dijo a Reb Shimón que quería ir y le entregó un depósito al agente marítimo.

Luego del Shabat, Reb Noson se vio atacado nuevamente por las dudas. Durante dos o tres días sus pensamientos estuvieron fluctuando hasta que finalmente abandonó su depósito y canceló el viaje.[3] El jueves por la mañana (3 de agosto), salió apurado para Umán, esperando llegar allí antes del Rosh Jodesh Elul (10 de agosto). Se sentía con el corazón quebrantado: pese a todos sus esfuerzos, no había logrado nada. No estaba más cerca de imprimir los libros, ni había podido viajar a la Tierra Santa. Para empeorar las cosas, durante el viaje de retorno a Umán su talet se rasgó. Estaba orando en el carruaje tomándose el trabajo de cuidar de su talet, pero cuando estaba por terminar las plegarias de la mañana, una fuerte ráfaga llevó su talet que se enganchó en el eje y se rasgó. Reb Noson estalló en llanto.

Pero al menos pudo llegar a Umán a tiempo para Rosh Jodesh y comenzó a sentirse mucho mejor luego de encontrarse con Reb Iaacov Iosef de Zlatipolia, *mejuten* del Rebe Najmán. El año anterior Reb Iaacov Iosef había colaborado con una donación importante para la compra del equipo de impresión. Estuvieron de acuerdo en volverse a encontrar, pero Reb Iaacov Iosef dejó Umán súbitamente, lo que se sumó a la frustración de Reb Noson. Aún necesitaba más de cien *adumim*, una suma considerable, y no tenía el permiso necesario del gobierno. Sin embargo, se negó a caer en la desesperanza. Aún anhelaba la imprenta. Tenían esperanzas de poder hablar con los que se reuniesen para el *kibutz* de Rosh HaShaná y recolectar los fondos necesarios.

Rosh HaShaná del año 5581 (9 de septiembre de 1820), fue otra desilusión más. Para ese entonces incluso sus amigos trataron de disuadirlo de operar la imprenta. Los censores del gobierno habían comenzado a declarar ilegales ciertos textos judíos, y ellos temían que los mitnagdim intentasen cualquier cosa para detener la difusión de las enseñanzas del Rebe. Como siempre, la falta de fondos era la prueba más severa.

Pero Dios me dio la fuerza para no prestarle atención a nada de eso y me condujo de la manera más asombrosa, hasta que finalmente ese año organicé la imprenta e imprimí las obras del Rebe (*Imei Moharnat* II, #15).

*

La imprenta se inauguró finalmente en Tu biShvat 5581 (18 de enero de 1821) - un regalo de cumpleaños adecuado para los 41 años de Reb Noson.[4] Ese mismo día, Reb Dovid de Chmelnik, el hermano de Reb Ioske, llegó de la Tierra Santa en misión de recaudar fondos.

Normalmente le presto atención a lo que Dios me envía cada día, así sean mis propios pensamientos, las cosas que oigo o aquello que sucede a mi alrededor, dado que todo indudablemente contiene alusiones sobre cómo acercarme a Dios. Comprendí inmediatamente que el arribo de Reb Dovid era una alusión para que recordase *Eretz Israel*... Entendí que la misma paciencia que necesité para superar todos los obstáculos en el establecimiento de la imprenta sería exactamente lo que necesitaría para llegar a *Eretz Israel* (*Imei Moharnat* II, #16).

Reb Noson mantuvo su entusiasmo, hablándoles a sus seguidores sobre la gran santidad de *Eretz Israel*: toda la Torá está plena de su grandeza y el único lugar del judío está allí. Sin embargo, habiendo establecido la imprenta, sintió que la edición de los libros debía ser prioritaria y se ocupó en imprimir los volúmenes I y II del *Likutey Moharán* y *El Libro de los Atributos*. Otra obra impresa en ese tiempo que le produjo un placer particular a Reb Noson fue su propia colección original de *Shemot HaTzadikim*, "Nombres de los Tzadikim". El Rebe Najmán había enseñado sobre el poder de recitar los nombres de los Tzadikim, despertando así su mérito (*El Libro de los Atributos*, *Tzadik* B:20). Reb Noson conectó esa idea con el versículo que dice que "los Tzadikim heredarán la tierra" (Salmos 37:29). Sintió que el mérito de recolectar los nombres de todos los Tzadikim mencionados en la Biblia, en el Talmud, en el Midrash, etc., lo ayudaría a llegar a *Eretz Israel* y "heredar" la Tierra.[5]

Los libros estuvieron listos a tiempo para Rosh HaShaná 5582 (27 de septiembre de 1822), pero su impresión no careció de problemas. Por un lado Reb Noson debía cuidarse de sus opositores. Sin un permiso de los censores del gobierno se encontraba en una posición vulnerable, por lo que se tomó el trabajo de incluir en la página del título la indicación "Impreso en Mohilev", lugar de las primeras ediciones. En medio de la impresión de uno de los libros tuvo que detenerse debido a la falta de papel. Escribe lo siguiente:

"Todos los comienzos son difíciles" (*Mejilta, Itró*). Esto parece sugerir que una vez que uno ha comenzado, las cosas deberían hacerse más fáciles. Pero enseñó el Rebe Najmán: "Es necesario ser muy obstinado en el servicio a Dios" (*Likutey Moharán* II, 48). Si uno ha comenzado y las cosas se han vuelto más fáciles, ¿por qué es necesario ser obstinado? Esto prueba que es mucho más difícil completar una mitzvá. ¿Cuánta gente ha comenzado a estudiar un tratado Talmúdico pero parece que nunca lo termina? Esto se debe a que cuando el Malo ve que la persona está por completar algún acto de servicio, hace todo lo posible para impedírselo. Enseñan nuestros Sabios: "Cuando alguien se embarca en una mitzvá, le dicen que la termine" (*Ierushalmi, Pesajim* 10:5). Si tienen que decirle que la termine, ello muestra que el final no es fácil. Comprobamos que terminar es mucho más difícil que comenzar.

La diferencia entre algo que es santo y algo que no es santo es la siguiente: al construir una casa material, si no está acabada, todos los esfuerzos han sido en vano. Pero en un proyecto santo, todo lo que se hace es en sí mismo un logro. Yo estoy satisfecho con lo que he logrado. Todo lo que he podido imprimir hasta ahora no se ha perdido.

Aunque me cuesta mucho completarlo, yo deseo verlo terminado. Creo plenamente que incluso una sola página impresa genera grandes rectificaciones en todos los mundos. Mucho más ahora que ya he impreso la mitad del libro. "Dios lo terminará por mí" (Salmos 138 :8). (*Siaj Sarfei Kodesh* 181).

*

Durante todo el verano de 1821 Reb Noson tuvo la intención de partir para *Eretz Israel* tan pronto como terminase la impresión de los libros. Reb Dovid de Chmelnik planeaba viajar inmediatamente después de Iom Kipur y Reb Noson pensaba ir con él. Finalmente, no tuvo los fondos suficientes y además aún debían encuadernarse una gran cantidad de libros impresos. Para cuando logró terminarlos, había llegado el invierno ucraniano, haciendo imposible partir para *Eretz Israel*.

Otro factor era la guerra que había estallado en el Mediterráneo. Las provincias griegas del Imperio Otomano habían declarado la independencia. La lucha en Moldavia y Walachia bloqueaba los caminos por tierra hacia Estambul, mientras que las rutas marítimas también eran muy peligrosas. Rusia entró en la guerra del lado de los griegos. En esos días, un tal Reb Shlomo Plonsker, uno de los *meshulojim* de la Tierra Santa, fue arrestado en Rusia bajo cargos de espiar para los turcos. Fue encarcelado y murió en prisión. En vista de los peligros, el Rav de Apta emitió un edicto prohibiendo todo viaje a la Tierra Santa.[6]

Ese invierno Reb Noson comenzó a imprimir su *Likutey Tefilot*. El Rebe Najmán había enseñado que el motivo por el cual sufría tanta oposición era el énfasis que ponía en la plegaria. Dijo, "Enseña el Talmud: 'La plegaria se encuentra en la cima del universo, pero la gente no la toma en cuenta' (*Berajot* 6b, ver Rashi). Toda mi misión es elevar la plegaria: Yo aliento a mis seguidores a poner todas sus fuerzas en las plegarias, a practicar el *hitbodedut* y demás. Debido a que la plegaria es algo tan grande la gente se me opone" (*Likutey Moharán* II, 93). Reb Noson comprendió que el aumento de la oposición a la idea de sus plegarias escritas era en sí mismo una señal de su importancia, y eso fue lo que le dio el coraje para imprimirlas.

Reb Noson había enfrentado suficiente oposición por parte de sus detractores como para saber que todo debía ser hecho en total secreto. Careciendo de un permiso del gobierno, no podía emplear ayuda externa y todo el trabajo debía ser hecho por él mismo, por su hijo, Reb Shajne o por algunos de sus seguidores más íntimos. Debido a la falta de operarios calificados, a las dificultades para obtener el papel, a la falta de fondos y demás, para mediados de enero de 1822 sólo habían podido imprimir veintidós plegarias.

* * *

Parte V

LA PEREGRINACIÓN

27

"Camina hacia la Tierra"

Pese a las dificultades en la impresión del *Likutey Tefilot* en el invierno de 1821-2, Reb Noson nuevamente ardía de anhelo por ir a *Eretz Israel*. No pasaba un solo día sin que cavilase sobre ello y se volvió el tema central de los discursos de Torá en los que estaba trabajando. Al mismo tiempo aún seguía luchando con sus propias dudas y se sentía rodeado de obstáculos.

El jueves 24 del mes de Tevet del año 5582 (17 de enero de 1822) Reb Noson partió hacia Umán en su peregrinación anual al *tsion* del Rebe para Erev Rosh Jodesh Shvat. De allí pensaba viajar por Ucrania recolectando fondos para el sustento de su familia y para el pago de las deudas. También estaba considerando seriamente ir a Odesa y de allí a *Eretz Israel*, pero no le reveló estos pensamientos a nadie y aún tenía muchas dudas.

Debido a las condiciones ventosas, Reb Noson no pudo encontrar un carruaje que lo llevase directo a Umán. Pasó el Shabat en Heisin, donde paró en casa de Reb Iosel. Aunque Reb Iosel provenía de una familia de jasidim de Breslov, se encontraba en parte bajo la influencia de los mitnagdim. Sin embargo, siempre había recibido a Reb Noson con gran calidez y honor y Reb Noson se sentía muy a gusto en la casa de Reb Iosel. Luego del fallecimiento de su hermano y de su nuera, Reb Iosel había tomado a su cuidado a uno de los huérfanos. Nacido en 1814, fue llamado Najmán, en honor al Rebe.

Aunque ayudado por Reb Iosel, el joven Najmán no tenía las mismas oportunidades de estudiar Torá que muchos de los otros niños de su edad. Sin embargo, estudiaba todo lo que podía. Durante la estadía de Reb Noson en casa de Reb Iosel, se le asignó a Najmán la tarea de cuidar de sus necesidades. En el curso de su visita, Reb Noson habló mucho sobre el propósito de este mundo y la futilidad de las ambiciones mundanas comparadas con las recompensas de estudiar Torá y de servir a Dios. Reb Noson concluyó su conversación diciendo: "Este mundo material no ofrece nada tangible y es inalcanzable. La Torá y la plegaria tienen verdadero valor y son alcanzables". Oyendo estas palabras, Najmán, de ocho años de edad, decidió que siempre estaría unido a Reb Noson. Más tarde fue conocido como Reb Najmán de Tulchin,[1] el seguidor más cercano y fiel de Reb Noson.

El domingo por la mañana, antes de dejar Heisin, Reb Noson se sentó a hablar con varios jasidim de Breslov y llegó a tratar la lección del Rebe Najmán sobre la paciencia y su conexión con *Eretz Israel* (*Likutey Moharán* I, 155). En las semanas siguientes, durante su viaje alrededor de Ucrania, Reb Noson habló una y otra vez de las lecciones del Rebe sobre *Eretz Israel*. Esto lo ayudó a fortalecer su resolución de viajar, al tiempo que observaba y esperaba, buscando alusiones y garantías de que ése era el momento oportuno para que hiciese el peregrinaje.

Reb Naftalí se había mudado a Umán y al llegar allí, Reb Noson se hospedó en su casa.[2] También allí se encontraba un hombre que había llegado recientemente de *Eretz Israel*. Reb Noson habló mucho con él y le preguntó si había oído algo sobre Reb Shimón: una nave se había hundido en el Mediterráneo y se rumoreaba que Reb Shimón había estado en ella. El hombre le dijo a Reb Noson que al dejar Acco había oído reportes de testigos presenciales sobre el hundimiento de esa nave aunque no sabía si Reb Shimón estaba en ella. Con el Mediterráneo sumido en la guerra greco-turca, su propio viaje a Odesa le había llevado cinco extenuantes meses y le pintó un sombrío cuadro de los peligros de viajar a *Eretz Israel* en ese tiempo.

Todo eso aumentó las dudas de Reb Noson, pero razonó consigo mismo:

> Si ellos están deseosos de someterse a peligros tan grandes para *dejar* la Tierra Santa y recolectar fondos para su desesperada situación, y Dios los trajo sanos y salvos a su destino, entonces, ¡cuánto más deberá uno sacrificarse para viajar *hacia* la Tierra Santa para alcanzar la santidad! Es imposible llegar a *Eretz Israel* sin sufrimiento. El Rebe mismo fue en medio de la guerra [napoleónica]. No es que yo pueda siquiera comenzar a compararme con el Rebe. Por el contrario, alguien tan bajo como yo está positivamente obligado a sacrificarlo todo... incluso a

arrastrarse en el barro y en la basura, entre serpientes y escorpiones, hasta llegar a tener el privilegio de besar el polvo de *Eretz Israel* y de respirar su aire puro. Y aunque no tengamos la mínima idea de lo que es realmente *Eretz Israel*, bueno, ¿acaso sabemos lo que son el talet y los tefilín? ¿Qué es la suká? ¿Qué es el lulav? (*Imei Moharnat* II, #25).

El jueves por la tarde, Reb Noson dejó Umán hacia Terhovitza, llegando allí a la mañana siguiente. Esa mañana uno de los jasidim de Breslov de Terhovitza estaba por realizar un *brit*. Reb Noson, se colocó el talet y los tefilín y llevó a cabo el *brit*, encantado de la oportunidad de cumplir con una mitzvá que está unida con *Eretz Israel*: Abraham recibió la promesa de la Tierra al mismo tiempo en que se le dio el precepto de la circuncisión (Génesis 17:7-9). El martes siguiente, otro jasid de Breslov hizo un *brit*, y Reb Noson fue el *sandek*.

El jueves, Reb Noson dejó Terhovitza en compañía de Reb Guershon, el nieto del Maguid de Terhovitza y junto a Reb Mendel de Tulchin, quienes viajarían con Reb Noson hasta Odesa. Pasaron el *Shabat Shira* en Kaminka. El viernes por la noche, Reb Noson pensó sobre las palabras de apertura de la lectura de la Torá de esa semana, *Beshalaj*. En lugar de llevar a los judíos directamente a *Eretz Israel*, "Dios llevó al pueblo a través del desierto" (Éxodo 13:18). Reb Noson reflexionó sobre las vueltas que estaba dando su propio camino.

> Odesa está cerca de Breslov y todos los días hay tráfico de ida y vuelta - la mayor parte de los negocios de Breslov se realizan con Odesa. Pero en lugar de ir directamente, ¡tuve que viajar pasando por Kaminka, Tcherin, Cherkassy y Kremenchug! ¡La Torá se aplica a todos, en todo momento!
>
> El motivo por el cual la persona tiene que viajar dando muchos rodeos es aumentar su deseo y anhelo. Cuando la persona desea algo y esto la esquiva, lo desea más aún. El viaje y el esfuerzo adicional aumentan el deseo por el objetivo (ver *Likutey Moharán* I, 66:4) (*Imei Moharnat* II, #31).

El domingo salieron para Tcherin, deteniéndose en un pueblo del camino con la esperanza de encontrar algunos jasidim de Breslov, pero no estaban en sus casas. De vuelta en el carruaje, Reb Noson se sintió abatido y comenzó a abrir su corazón delante de Reb Guershon. Reb Guershon le hizo recordar las palabras del Rebe: "Tú puedes reírte del mundo entero...". Esto ayudó a alegrar a Reb Noson y ambos comenzaron a reírse de toda la estupidez y la locura a la cual se dedica la gente. ¡Siguieron riendo cerca de una hora!

Reb Noson pasó una semana en Tcherin durante la cual se enteró de una disputa entre dos jasidim de Breslov, Reb Iaacov Iosef y Reb Ber, debido a un contrato de mantención de caminos con el gobierno. Reb Noson juzgó el caso para su satisfacción. En Tu biShvat (4 de febrero), que era el cumpleaños de Reb Noson, Reb Ber hizo una cena en su honor. Mientras tanto, Reb Noson nuevamente volvía a tener dudas sobre el viaje a *Eretz Israel*.

> A veces estaba seguro de que quería ir; otras veces sentía exactamente lo contrario. Cada vez me decía, "¿Por qué tengo que preocuparme de esto ahora? Por el momento estoy aquí y todo lo que tengo que hacer es ir al pueblo próximo que debo visitar. Cuando finalmente llegue a Odesa, ¡allí decidiré!". Pero mi mente continuaba corriendo hacia adelante y tenía que decirme lo mismo una y otra vez (*Imei Moharnat* II, #39).

Mientras estaba en Tcherin, Reb Noson se encontró con Reb Shlomo, el hijo de Reb Leib Duvrovner, que vivía en Nikolaiev. Reb Shlomo estaba planeando ir a Nikolaiev para visitar a su padre. Esto alentó a Reb Noson que decidió viajar junto a Reb Shlomo. La semana siguiente la pasó en el triángulo de Tcherin-Cherkassy-Medvedevka visitando a los jasidim de Breslov, enseñando las lecciones del Rebe y recolectando fondos. Pero al volver a Tcherin se sintió muy agotado de sus viajes y comenzó a pensar en retornar a su hogar y abandonar la idea de viajar a Odesa y a *Eretz Israel*. En verdad, podía haberlo hecho de no ser porque las hijas del Rebe, Sara y Jaia, que vivían en Kremenchug, estaban esperando recibir saludos personales de su hermana Odil en Breslov.

El fuerte sentimiento de obligación de Reb Noson hacia los hijos del Rebe le hizo superar sus dudas y contrató un carruaje para ir a Kremenchug, donde pasó el Shabat con Sara y su marido, Reb Isaac. Ese viernes por la noche, su pequeña hija estaba gravemente enferma. La temperatura de su cuerpo había descendido dramáticamente y estaba en peligro de perder la vida. Reb Noson oró por la niña y por la mañana ella estuvo fuera de peligro. El Shabat por la mañana Reb Noson se sentía algo cansado y no quería decir Torá, pero un anciano comenzó a bailar y generó alegría en todos los presentes, incluido Reb Noson, quien entonces repitió una de las lecciones del Rebe que habla sobre *Eretz Israel* (*Likutey Moharán* II, 40).

Luego de la lección, un jasid de Breslov le contó a Reb Noson la siguiente historia.

Cuando el Rebe Najmán comenzó a planificar su viaje para ir a *Eretz Israel* [1798-1799], un adinerado seguidor le rogó que lo llevase con él. El Rebe dijo: "Si quieres ir a *Eretz Israel*, ¿por qué no vas directamente?". El hombre dijo: "Si usted me lleva, yo iré". "¿Qué motivos tienes para querer ir a la Tierra Santa?", preguntó el Rebe, "¡También los turcos y los árabes van allí!". De pronto el Rebe se inflamó de pasión y les dijo a los que estaban presentes: "¡¿Cuando alguien quiere ir a *Eretz Israel*, dice, 'Si me llevas contigo iré'?! ¡Alguien que quiere ir a Eretz Israel debe estar dispuesto a hacerlo a pie! Dios le dijo a Abraham, "Ve *caminando* a la Tierra..." (Génesis II:1) (*Imei Moharnat* II, #49).

Este relato le dio a Reb Noson el aliento que tanto necesitaba. El Shabat por la tarde, los *shojtim* (carniceros rituales) de Kremenchug vinieron para *shalosh seudot*. Reb Noson trató una de las lecciones del Rebe que habla sobre la *shejitá* (el faenado ritual) y *Eretz Israel* (*Likutey Moharán* I, 37). Luego del Shabat, volvieron sus dudas. El martes por la tarde, mientras Reb Noson se debatía consigo mismo, Reb Shlomo decidió no ir a Nikolaiev. Esto dejó a Reb Noson tan confundido que se sintió incapaz de pensar. Sin embargo, más tarde esa noche, Reb Shlomo cambió de opinión y fue a contratar un carruaje. Al día siguiente, miércoles 27 de febrero de 1822, cruzaron el río Dnieper en viaje a Nikolaiev.

El viaje llevó más de una semana. Su última parada antes de Nikolaiev fue el pueblo de Javedirovka, donde pasaron la noche y la mañana de Purim (jueves, 7 de marzo). Estaban ansiosos por llegar a Nikolaiev para la comida de Purim, pero antes de partir, su anfitrión, Reb Mordejai, bebió un *lejaim* y dijo, "¡Podamos beber en *Eretz Israel*!". "¿Realmente deseas ir a *Eretz Israel*?", preguntó Reb Noson. Reb Mordejai dijo, "Sí. Mi padre está allí ahora. Su nombre es Reb Itzela, el *shojet*". Reb Noson estaba extático: ¡En Purim Dios lo había llevado a una casa en donde hablaban de *Eretz Israel*!

Hasta ahora Reb Noson no le había revelado a nadie sus pensamientos sobre el viaje, pero inmediatamente les dijo que eso era lo que estaba planeando hacer. Eso les produjo a todos una gran alegría y bailaron de todo corazón. Reb Noson y Reb Shlomo salieron entonces para Nikolaiev. Después del Shabat, Reb Noson continuó hacia Odesa. En el camino se encontró con un hombre que había vendido su negocio para mudarse a la Tierra Santa. Todo apuntaba en la misma dirección. El viernes, 15 de marzo, Reb Noson llegó a Odesa.

*

Odesa

En Odesa Reb Noson se encontró con varios conocidos de Nemirov y de otras ciudades. Ese Shabat fue *parashat Pará*. Durante *shalosh seudot* Reb Noson habló sobre la relación entre la Vaca Roja y *Eretz Israel*, tal cual se explica en una de las lecciones del Rebe Najmán.[3] Muchos judíos de la comunidad de Odesa se oponían a los jasidim de Breslov y Reb Noson estaba contento de poder hablar allí sobre las enseñanzas del Rebe.

Luego del Shabat, Reb Noson comenzó los trámites para obtener su pasaporte y los documentos de viaje. También le envió una carta a Reb Iehudá Eliezer diciéndole que estaba en Odesa, preparando la partida para *Eretz Israel* y pidiéndole que se encontrase con él. Mientras esperaba sus documentos y la respuesta de Reb Iehudá Eliezer, Reb Noson se encontró con Reb Ruvele, el Rav de Odesa y amigo de su infancia. El Rav le dijo a Reb Noson, "He oído que te has vuelto un jasid. ¿Aún recuerdas cómo estudiábamos?". El Rav entonces le hizo una pregunta sobre un problema halájico especialmente complejo relacionado con un comentario del *TaZ* sobre las leyes de los límites del Shabat.[4] Reb Noson fue a una habitación contigua durante un corto lapso y cuando volvió respondió la pregunta a entera satisfacción del Rav. "Si tuviese el dinero", dijo el Rav, "imprimiría tu explicación con letras de oro" (*Siaj Sarfei Kodesh* I-595).

Transcurrió más de una semana. Reb Noson comenzó a hacer averiguaciones sobre los barcos que salían de Estambul

(Constantinopla), aunque estaba algo indeciso de partir en ese momento. Por un lado, no había tenido noticias de Reb Iehudá Eliezer. Por otro, se estaba acercando Pesaj. Además, los vientos aún no eran favorables. Pasaron algunos días y Reb Noson comenzó a preocuparse por Reb Iehudá Eliezer. Le escribió una segunda carta pidiéndole que le contestase simplemente "si o no".

El agente marítimo le dijo a Reb Noson que el barco debía salir para Estambul antes de Pesaj. Reb Noson hubiera querido partir pues aún había suficiente tiempo como para llegar allí antes de Pesaj, pero sus documentos no estaban listos. De cierta manera Reb Noson se sentía aliviado. Prefería pasar Pesaj en Odesa, donde la gente tenía básicamente las mismas costumbres. No podía ni siquiera imaginar lo que le esperaba en Estambul. Para cuando estuvieron los documentos, sólo faltaban tres días para Pesaj. Aún no tenía respuesta de Reb Iehudá Eliezer y Reb Noson no sabía qué hacer.

En verdad, Reb Iehudá Eliezer ya había enviado una respuesta, pero ésta no llegó sino varios días después de que él mismo arribase a Odesa, un viernes por la mañana, Erev Pesaj (5 de abril de 1822). Unas semanas antes, Reb Iehudá Eliezer había sido atacado por un oficial del ejército ruso quien lo había golpeado duramente dejándolo por muerto. Durante varias horas fue incapaz de hablar y casi no podía moverse. La gente del pueblo comenzó a hacer los preparativos para su funeral. Sin embargo, se recuperó y partió para Odesa tan rápido como pudo.

El último día de Pesaj fue Shabat. El día siguiente fue la Pascua Griega por lo que tuvieron que esperar varios días antes de poder conseguir un barco. El miércoles les ofrecieron pasaje para los dos por valor de cien rublos. Esa era una suma elevada después de lo cual no les quedaría mucho para lo que restaba del viaje. Reb Noson no estaba decidido, pero finalmente puso su confianza en Dios y pagó.

Muchos judíos permanecían en el área de Odesa, esperando viajar a la Tierra Santa pero con temor debido a la guerra. Reb Noson se encontró con uno de sus líderes, Reb Iosef. Este hombre les contaba a todos sobre los horrores de la guerra greco-turca y los desalentaba de viajar. Reb Noson lo consideró como un emisario del Malo, y se mantuvo lejos de él. Reb Noson y Reb Iehudá Eliezer decidieron que aunque fueran los dos únicos judíos a bordo, aun así partirían.

A mediodía del viernes 28 de Nisán del año 5582 (9 de abril de 1822) corrieron al puerto para abordar la nave. Los portones del área naval se cerraban temprano y tenían que llegar allí a tiempo. Estaban bastante atemorizados pues nunca habían subido a una nave. Pero debían apurarse. Se suponía que el barco partiría al día siguiente.

* * *

28

Estambul

Dentro del puerto, Reb Noson y Reb Iehudá Eliezer tenían que pasar a través de la aduana y del control fronterizo. Les llevó dos horas lograr que sus documentos fueran debidamente sellados. Se despidieron del grupo que los acompañaba y se encaminaron hacia el muelle. Su siguiente problema fue encontrar cuál de los muchos barcos en el puerto era el de ellos. La mayoría de los trabajadores portuarios hablaban italiano o turco, pero no ruso y por supuesto nada de *idish*. Resolvieron el problema del idioma preguntando simplemente por el capitán Iakob Tadvoyevitch.

Un marinero se adelantó y les hizo señas para que fuesen tras él. Para llegar a la nave tenían que atravesar varios otros barcos y trepar por una escalera de cuerdas. Esto era algo que Reb Noson nunca había hecho en su vida, pero estaba tan contento de partir para *Eretz Israel* que simplemente hizo lo que hacía el marinero, al igual que Reb Iehudá Eliezer. Cuando finalmente llegaron al barco, estaban completamente encantados. Ninguno de ellos había estado nunca en el mar y corrieron por la cubierta maravillándose de la concepción y del diseño de una nave marítima con su mástiles y jarcias, etcétera. Fueron a la cabina del capitán pero no lo encontraron allí. Uno de la tripulación hablaba algo de alemán y Reb Noson le pidió que los ayudase a traer su equipaje del muelle. Luego de dejar el equipaje en cubierta, comenzaron a cocinar un pollo para el Shabat, mientras esperaban la llegada del capitán.

Cuando llegó, se enfrentaron con una nueva prueba. Su agente había reservado cuatro lugares por doscientos rublos. Las otras dos personas, desconocidas para Reb Noson, no habían pagado y en verdad nunca aparecieron. El capitán estaba enojado y Reb Noson temía que les pidiese a ellos la diferencia.

> Apenas domino el ruso y tampoco lo hacía el capitán. De modo que mantuvimos nuestra conversación como dos personas ignorantes que hablan de *halajá* - sin reconocer los errores del

otro (*Imei Moharnat* II, #80).

"Pensé que habría cuatro de ustedes", dijo el capitán, "y dejé lugar especialmente para los cuatro. Ahora veo que son sólo dos".

"Pero necesita un lugar para usted también", respondió Reb Noson.

"Tengo suficiente espacio para mi cama detrás del mamparo", dijo el capitán. "Podría haber llenado este camarote con más trigo".

"Aún puede llenar la habitación con trigo", dijo Reb Noson. "Todo lo que necesitamos es espacio suficiente para acostarnos".

El capitán se quedó en silencio durante un tiempo. Reb Noson pensó que probablemente diría que ya habían terminado de cargar la nave y que no podían traer más carga a bordo. Era imposible argüir con él. Todas sus pertenencias aún estaban en cubierta, pero Reb Noson temía pedirle al capitán que les mostrase sus camarotes. Decidió esperar a que se le pasase la ira.

> Levanté los ojos al Cielo y dije, "¡Dios! Yo soy Tuyo y el poco dinero que tengo es Tuyo. Todo es Tuyo. Lo que Tú deseas, también nosotros. Porque incluso si, Dios no lo permita, el capitán nos roba, yo sé que Tú nos puedes proveer de dinero de alguna otra fuente. Pero por favor sálvanos de él y no dejes que el dinero judío caiga en manos no judías sin motivo alguno. ¡Por favor! Sálvame de esta preocupación" (*Imei Moharnat* II, #80).

Mientras tanto, Reb Noson y Reb Iehudá Eliezer continuaron con sus preparativos para el Shabat. Los marineros los recibieron con calidez y les mostraron cómo utilizar la bomba para sacar agua fresca de los barriles. Reb Noson se recostó entonces sobre su equipaje para descansar. Luego de un tiempo, fue a ver al capitán y le pidió que le mostrase dónde poner sus pertenencias.

> Nos llevó a la cabina que nos había asignado y nos habló de manera muy cálida diciendo, "Toda la habitación es para ustedes. Pongan su cosas donde quieran". Envió algunos marineros a limpiar la habitación, algo que pensamos adecuado en honor al Shabat. Así obtuvimos un camarote privado donde podríamos orar, estudiar, escribir y practicar *hitbodedut*... Nos vestimos para el Shabat, oramos, cantamos *Shalom Aleijem*, hicimos el *kidush*, nos lavamos las manos para comer pan, comimos y recitamos el *Birkat HaMazón*, todo con gran alegría. ¡Estábamos tan

contentos que hasta bailamos! (*Imei Moharnat* II, #80).

El Shabat por la mañana, desplegaron las velas. El barco no fue muy lejos pero el hecho de que se movió fue una buena noticia para Reb Noson. Había oído historias sobre capitanes que prometían que el barco partiría inmediatamente. Los pasajeros habían traído suficientes provisiones para el viaje pero el barco no zarpó. Reb Noson había oído que en el otoño pasado hubo un barco que se quedó en el puerto durante tres semanas antes de partir. Para ese entonces los pasajeros habían acabado con sus provisiones y había comenzado el invierno.

Mucho antes del amanecer del domingo, Rosh Jodesh Iar (21 de abril), el barco se puso en movimiento. Al escuchar el alboroto, Reb Noson y Reb Iehudá Eliezer corrieron rápidamente a cubierta donde encontraron a los marineros desatando las cuerdas, levantando el ancla y desplegando las velas. Los dos estaban allí, de pie, fascinados por la eficiencia con que los marineros llevaban a cabo sus tareas. Se maravillaron de la creación de Dios y de la sabiduría que Él colocó en el hombre para hacerlo capaz de navegar por el mar en tales navíos. Hacia el amanecer, Reb Noson y Reb Iehudá Eliezer volvieron al camarote para orar.

El primer día de viaje el capitán se acercó a Reb Noson y le dijo, "¡Usted debe ser un hombre adinerado!". "¡No, no", protestó Reb Noson, "somos bastante pobres, como puede ver, ni siquiera tenemos provisiones decentes". El capitán les ofreció venderles tabaco. Reb Noson le respondió que él no fumaba.[1] Dijo el capitán: "Ustedes son ricos pero tacaños. No quieren pagar por el tabaco". Reb Noson le respondió como antes. Temía que esto pudiese llevar a un altercado. Más tarde, el capitán le preguntó a Reb Noson si comía arroz. Cuando Reb Noson le respondió que sí, el capitán le dio una gran cantidad de arroz y un limón grande. También les prometió darles más si necesitaban y les ofreció pan seco. Después de eso, pareció que el capitán había terminado de jugar al gato y al ratón con él, y Reb Noson agradeció a Dios por haber encontrado favor en los ojos del capitán.

El lunes, los vientos soplaron con fuerza y el barco comenzó a moverse rápidamente. Reb Noson y Reb Iehudá Eliezer estaban muy mareados y se sentían tan débiles que a duras penas pudieron terminar las plegarias. Comenzaron a vomitar y luego de ello se sintieron un poco mejor. Al día siguiente estaban a más de un tercio de camino a Estambul. Esa noche los marineros trajeron instrumentos musicales y comenzaron a tocar y a bailar. Reb Noson y Reb Iehudá Eliezer también comenzaron a bailar. Reb Noson escribe:

> Ellos bailaban y estaban contentos sin saber siquiera por qué. Nosotros bailamos y estuvimos contentos porque estábamos en camino a *Eretz Israel*, la Tierra Santa, para conocer y reconocer al Creador del Mundo. El Baal Shem Tov contó una parábola sobre un príncipe que estaba atrapado en una tierra lejana. Finalmente recibió una carta de su padre, el rey. Estaba tan contento que quería celebrar. ¿Qué es lo que hizo? Les dio de beber a todos y ellos estuvieron muy contentos. Los otros estaban contentos debido a la bebida y el príncipe estaba contento porque había tenido noticias de su padre.[2] Lo mismo pasaba con nosotros (*Imei Moharnat* II, #85).

El viernes por la tarde llegaron a Estambul pero, como no terminaron de atracar sino hasta luego de la caída del sol, Reb Noson y Reb Iehudá Eliezer tuvieron que quedarse a bordo hasta el domingo.

*

Estambul (Constantinopla), capital del Imperio Otomano, era una extensa metrópolis con más de un millón de habitantes, cerca de un décimo de los cuales eran judíos. La comunidad judía estaba conformada por tres grupos principales. El más pequeño estaba constituido por judíos ashkenazíes provenientes de Alemania, Austria, Hungría y Polonia, quienes vivían mayormente en el distrito de Galati. Además había dos grupos de judíos sefardíes: uno conformado por aquellos provenientes de Grecia, Turquía y Siria y el otro consistente en los descendientes de los judíos expulsados de España y Portugal en 1492. La mayor parte de los judíos sefardíes vivían en el distrito de Hoskiye.

Reb Noson y Reb Iehudá Eliezer se dirigieron al distrito de Galati, donde fueron recibidos en la casa de un tal Reb Pinjus, cuyo padre, que vivía en Odesa, le había dado a Reb Noson una carta de presentación. De allí Reb Noson fue a hospedarse en la casa de un cierto Reb Abraham, un judío de Polonia, que también actuaba como agente de viajes. Reb Noson estaba totalmente encantado de tener alguien con quien poder comunicarse en un lugar tan poco familiar - hasta que Reb Abraham comenzó a decirle que era simplemente imposible llegar a *Eretz Israel* en ese momento y que no tenía más alternativa que regresar a Odesa.

Otros miembros de la comunidad polaca también se acercaron a Reb Noson, uno tras otro, con exactamente el mismo mensaje. Reb Noson estaba desconcertado y desolado. Fue a su cuarto y comenzó a clamar a Dios para que lo ayudase. Entonces decidió tomar el primer barco para Alejandría, Egipto. Poco después, se encontró con una mujer que venía de *Eretz Israel* en viaje hacia Odesa. Ella le dijo que las historias que la gente le había estado contando sobre la situación de la guerra eran exageradas y lo alentó a que no lo desviasen de su idea. Él le dio cartas dirigidas a su familia donde les informaba de su llegada a salvo a Estambul.

Reb Noson estaba muy corto de fondos. Había traído una cantidad de *sefarim* para vender por el camino, incluyendo, por supuesto, las obras del Rebe Najmán. El lunes (29 de abril) tomó un atado de libros y cruzó con el ferry al distrito de Hoskiye, donde se encontraban las comunidades sefardíes.

> Yo necesitaba el dinero, pero mi pensamiento era, "Quizás sea del Cielo el que deba cruzar a Hoskiye para dejar allí algunos libros del Rebe. ¿Cómo puedo estar en Estambul y no dejar un libro?" (*Imei Moharnat* II, #91).

Reb Noson apenas podía comunicarse con los judíos sefardíes, ni siquiera en hebreo, pero pudo vender algunos libros. Nada le dio más placer que encontrar un judío que le preguntó cuándo vendría Mashíaj y comenzó a hablar sobre las alusiones ocultas en la Torá. Reb Noson reveló algunas de las enseñanzas del Rebe Najmán y le vendió una copia del *Likutey Moharán*.

> Era una completa maravilla para mí el hecho de poder hablar sobre las enseñanzas del Rebe en Estambul y vender sus santos libros, que son "el comienzo de la redención" (ver *Tzadik* #346) (*Imei Moharnat* II, #94).

Antes de que Reb Noson pudiera seguir a la siguiente etapa de su viaje a *Eretz Israel*, debía ir al consulado austríaco para buscar sus documentos de viaje que habían sido dejados allí por el capitán del barco proveniente de Odesa. El miércoles, 1 de mayo, Reb Noson fue al consulado austríaco para descubrir que ahora tenía otro problema. El cónsul tomó los papeles de viaje, pero le dijo que dado que estaban escritos en ruso, Reb Noson debía ser un ciudadano ruso y por lo tanto no tenía nada que hacer en el consulado austríaco.

Reb Noson insistió en que era un ciudadano austríaco,[3] y que sus papeles estaban en ruso porque bajo la ley rusa los papeles originales debían ser depositados en el puerto de salida donde eran cambiados por documentos en ruso. Reb Noson le hizo notar que el sello oficial era el viejo sello austríaco y le pidió que leyese los documentos. El cónsul replicó que, sin embargo, ya otra gente había venido de Rusia trayendo los documentos de viaje originales. Dado que Rusia estaba apoyando a los griegos en su guerra contra los turcos, el cónsul ruso se había ido de Estambul, lo que significaba que no había nadie para verificar el reclamo de Reb Noson. El cónsul mismo no sabía leer ruso y le dejó entender que incluso sospechaba de Reb Noson, pensando que era un espía ruso.

Reb Noson volvió a sus aposentos desesperado. Su anfitrión, Reb Abraham, fue a buscar a alguien que supiera ruso. Encontró a un conserje que había trabajado en el consulado ruso, quien verificó que los documentos de Reb Noson afirmaban su ciudadanía austríaca. Sin embargo el documento estaba tan gastado que no podía distinguir la insignia austríaca y, habiendo estado en Estambul durante doce años, tampoco reconocía la firma. Preparó una traducción al alemán para que Reb Noson llevase de vuelta al consulado austríaco, y le dijo que había escrito que no podía reconocer ni el sello ni la firma.

Para entonces era demasiado tarde como para volver al consulado austríaco y Reb Noson tuvo que esperar hasta el día siguiente. Reb Abraham le había dicho que había un barco que salía para Alejandría luego del Shabat, y Reb Noson estaba ansioso por embarcarse en él. Le pidió a Reb Abraham que les reservarse un lugar y le dejó un depósito considerable. Para sumarse a sus penas, luego de haber pagado el depósito, varias personas le dijeron que el precio que le pedían era exorbitante y que, si su intención era viajar por mar, sería mucho mejor hacerlo a través de Beirut. Un barco saldría para allí en dos semanas.

Para Reb Noson, "cada día en Estambul era como un año", y quería partir lo antes posible. Sin embargo, ello no dependía de él. A la mañana siguiente, jueves (2 de mayo), Reb Noson volvió al consulado austríaco con sus papeles y la traducción. Allí le dijeron que el traductor mismo decía que el sello y la firma eran irreconocibles y que como tal los papeles aún eran inaceptables. Debía volver a la mañana siguiente para ver al asistente del ministro.

Reb Noson volvió a sus aposentos y clamó amargamente pidiéndole ayuda a Dios. "Aquí estoy, extranjero en tierra extraña. No tengo amigos aquí... me encuentro en un grave peligro...". El viernes a la mañana (3 de mayo) fue a ver al asistente del ministro, por quien tuvo que esperar cerca de tres horas. El asistente del ministro repitió que el sello y la firma eran irreconocibles.

"En todo caso, ¿adónde va?", le preguntó.

"A Jerusalén", dijo Reb Noson.[4]

"Nuestro emperador no está a favor de que la gente deje el país para vivir en otra parte. Especialmente le disgusta la práctica de sacar dinero fuera del país".

Reb Noson se asustó. Dijo, "Mi intención es retornar inmediatamente".

Eso tranquilizó de alguna manera al hombre, pero aun así no le dio ninguna respuesta sobre el pasaporte, diciendo que tenía que llevárselo al mismo ministro, y eso sería recién el lunes. Tomó el documento y dijo que se lo daría al ministro. Reb Noson estaba abatido. Retornó a su habitación pleno de temor, angustia y desesperación. Pasó todo el fin de semana en plegaria e inquietud, más plegaria y más inquietud.

El lunes, Reb Noson retornó al consulado donde encontró dos documentos de viaje, uno para él y otro para Reb Iehudá Eliezer, firmados y sellados por el ministro austríaco. También le habían dado dos recibos oficiales en árabe para facilitar el viaje.

Reb Noson pensaba que Reb Abraham le había pedido una suma excesiva por el pasaje hacia Alejandría. Reb Abraham dijo que trataría de negociar con el capitán del barco y volvió diciendo que habían bajado algo el precio. Aun así, Reb Noson estaba convencido de que Reb Abraham no era honesto con él. Pero estaba ansioso por partir lo antes posible y, en todo caso, no pensaba que los otros agentes fueran mucho más confiables. Siendo un forastero en un país extraño, incapaz de hablar el idioma, se sentía indefenso. "Sin la protección de Dios", se dijo a sí mismo, "me sería imposible evitar todas las trampas". Y estuvo de acuerdo con el nuevo precio.

El martes por la mañana, justo cuando Reb Noson estaba por comenzar sus plegarias, Reb Abraham llegó corriendo para comunicarle que el barco ya había partido. Fueron corriendo al puerto y encontraron -para su gran alivio- que aún estaba allí: se estaban preparando para partir y lo habían movido de su lugar original, motivo por el cual Reb Abraham no había podido encontrarlo. Tomaron sus visas de salida y prepararon las provisiones para el viaje. Pagaron su pasaje, recogieron sus pertenencias y abordaron la nave el miércoles, 8 de mayo.

* * *

29

A Través del Fuego y del Agua

El barco no se movió durante dos días. Reb Noson comenzó a pensar que había sido engañado. Había oído sobre un agente marítimo que había engañado a un erudito haciéndolo abordar un barco que nunca salió a la mar. El rabino había pagado el pasaje completo. El capitán se excusó una y otra vez explicando el atraso en la partida y prometiendo que pronto zarparían. Los días se volvieron semanas y meses hasta que finalmente el rabino comprendió que la nave nunca saldría y que había perdido todo su dinero.

El viernes por la mañana (10 de mayo) finalmente levaron anclas, pero los vientos no fueron favorables y el avance se hizo muy lento. Al día siguiente volvieron a marearse y sus problemas recién estaban comenzando. El lunes por la mañana (13 de mayo), justo cuando estaban entrando al estrecho rocoso de los Dardanelos se desató una fiera tormenta que arrastró el barco de un lado a otro. Reb Iehudá Eliezer, que estaba en cubierta observando cómo los marineros arriaban las velas para evitar que el barco se estrellase contra la costa, estaba aterrorizado. Comenzó a gritarle a Reb Noson, quien estaba en el camarote: "¡Reb Noson! ¡Reb Noson! ¡*Oi Vay!* ¡Comienza a orar!". Reb Noson no sentía temor alguno y poco después la tormenta se calmó. El día martes el tiempo fue normal. Echaron anclas para pasar la noche, continuando a la mañana siguiente. El miércoles, pasaron por la frontera donde tuvieron que presentar sus documentos y luego continuaron viaje.

Al atardecer del miércoles (15 de mayo) se desató una terrible tormenta que se volvió cada vez más violenta. Pese al trabajo de los marineros tratando de acomodar las velas, fue imposible controlar el barco, que se balanceaba de un lado a otro, corriendo peligro de naufragar. A lo lejos pudieron ver a otras naves arrastradas por el viento como muñecos de trapo, lo que se sumó a la angustia de la situación. Reb Noson comenzó a darse cuenta de la grave situación en la que se encontraban. Finalmente tuvieron que echar el ancla y arriar las velas. La tormenta no se aplacó y el barco rolaba de un lado a otro. Reb Noson y Reb Iehudá Eliezer se sentían absolutamente mareados y enfermos. Para peor, cuando Reb Iehudá Eliezer fue a tomar agua del barril, uno de los marineros le lanzó en broma una soga a la cabeza, arrojando su sombrero al mar.

Esa noche el marinero que compartía su angosto camarote tuvo dolor de muelas y encendió un fuego en la cabina para preparar un remedio. Reb Noson estaba muy nervioso. El capitán mismo les había advertido repetidas veces sobre los peligros de hacer fuego en la habitación, y tenían prohibido irse a dormir dejando un fuego encendido. El viento tormentoso que soplaba a través del ojo de buey aumentaba el peligro, pero Reb Noson sabía que el marinero no lo escucharía. Reb Noson estaba exhausto y luego de un tiempo se quedó dormido. De pronto se despertó, para encontrar que la mesa se estaba incendiando y que las llamas se estaban difundiendo rápidamente hacia la entrada del camarote, cortándoles la salida. Afortunadamente, alguien más vio el fuego y varias personas entraron para apagarlo.

Reb Iehudá Eliezer, cansado, débil y enfermo, durmió toda noche. A la mañana siguiente, Reb Noson le contó sobre el fuego. "Como si el peligro del agua no hubiese sido suficiente, ¡también tuvimos que pasar a través del fuego!", dijo Reb Noson. "'¡Hemos debido pasar a través del fuego y del agua!' (Salmos 66:12). ¡Gracias a Dios por salvarnos del fuego y del agua!". Reb Noson le dijo entonces a Reb Iehudá Eliezer que la lección del Rebe Najmán, "Nueve Rectificaciones", (*Likutey Moharán* I, 20), que trata sobre *Eretz Israel*, habla sobre el fuego y el agua: trata la idea de las palabras de Torá que son "calientes como carbones ardientes" (cf. *Avot* 2:10) y de cómo "Él partió la roca y las aguas fluyeron" (Salmos 105:41). Reb Noson dijo que luego de terminar la lección, el mismo Rebe Najmán dijo, "Hoy hablé sobre el fuego y el agua". Ésa fue la lección que encendió por primera vez la pasión de Reb Noson por viajar a *Eretz Israel*, y así fue como Reb Noson se dio aliento mientras sus vidas pendían de un hilo en medio de esa tempestad en el Mediterráneo.

La tormenta continuó durante dos días y la nave permaneció

allí donde habían echado anclas. El Shabat por la mañana (18 de mayo) los vientos aún seguían furiosos pero ahora soplaban en la dirección adecuada. El capitán levantó el ancla y navegaron nuevamente. La tempestad siguió durante varios días más. Reb Noson y Reb Iehudá Eliezer estaban tan débiles y enfermos que no podían retener nada. Incluso tuvieron que orar acostados. Sólo el miércoles por la mañana amainó el viento y comenzaron a sentirse mejor. El jueves, 3 de Sivan (27 de mayo) arribaron sanos y salvos al puerto egipcio de Alejandría.

*

Alejandría

El capitán llevó a Reb Noson en un bote hasta la costa. Reb Noson caminó aturdido por las calles de Alejandría. No tenía idea de hacia dónde debía ir. No hablaba el idioma. No tenía amigos ni conocidos. Los egipcios eran "una nación que no conozco" y eran completamente diferentes de los turcos de Estambul. Sus vestimentas, idioma y maneras eran totalmente diferentes. Incluso sus animales eran diferentes. Reb Noson se sentía extremadamente llamativo con sus ropas europeas pues la gente lo miraba e incluso algunos se reían de él.

Continuó caminando hasta que llegó al sector europeo, pero incluso allí, aunque la gente se le acercó de manera amistosa, fue incapaz de conversar con ellos pues lo único que hablaban era italiano o alguna lengua eslava. Para empeorar las cosas, Reb Noson se dio cuenta de que el capitán ya no estaba junto a él.

Reb Noson continuó caminando, buscando señales de vida judía. Finalmente se encontró con dos judíos europeos que al menos comprendieron las palabras *rav* y *jajam* y le indicaron que fuese con ellos. El Rav estaba descansando y Reb Noson tuvo que esperar más de una hora antes de poder verlo. Durante su estadía en Estambul, un tal Reb Ijiel de Safed, que había vivido durante cinco meses en Alejandría y era bien conocido en la comunidad, le había dado a Reb Noson una carta de presentación para el Rav y para un tal Reb Abraham Tilka, uno de los miembros más importantes de la comunidad. La carta al Rav ayudó un poco, pero la conversación estuvo lejos de ser fluida dado que Reb Noson sólo hablaba *idish* y hebreo ashkenazí, mientras que el Rav hablaba hebreo sefardí y árabe.

"¿Cómo se le ocurre viajar a *Eretz Israel* en una época como ésta?", le preguntó el Rav a Reb Noson. "Pero dado que ya estoy aquí", respondió Reb Noson, "¿habrá un lugar en donde podamos quedarnos?". "¿Pueden pagar?", preguntó el Rav. "¿La comunidad no ofrece *aknasat orjim*?", dijo Reb Noson. "La regla aquí es dar hospitalidad gratis sólo durante los tres primeros días", dijo el Rav. "Muy bien", dijo Reb Noson. "Luego de eso pagaremos lo necesario. Sólo dennos un lugar donde quedarnos y dejar nuestras cosas".

Enviaron a Reb Noson a la casa de Reb Moshé Gabay, el *jazan* de la sinagoga. Reb Moshé le dio la bienvenida a Reb Noson quien le preguntó cómo debía hacer para volver al puerto y buscar a Reb Iehudá Eliezer y sus pertenencias. Al hablar con Reb Moshé, Reb Noson se dio cuenta de pronto que ni siquiera sabía el nombre del barco y que no tenía ni idea de cómo encontrarlo. Reb Moshé comprendió que Reb Noson estaba desconcertado y envió a su hijo con él para ayudarlo. Fueron al puerto y pasaron toda la tarde buscando alguna pequeña chalupa que los llevase hasta los barcos anclados en la bahía. Con tantas naves, Reb Noson estaba totalmente confundido. Entrada la tarde volvieron a la casa de Reb Moshé sin haber logrado nada.

Sucedió que un tal Reb Aarón estaba en ese momento de visita en casa de Reb Moshé. Reb Aarón, quien venía de Salónica, pudo comunicarse con Reb Noson. Oyendo lo que había sucedido, Reb Aarón se apiadó de Reb Noson y volvió con él al puerto. Se subieron a un pequeño bote que estaba haciendo la ronda de barco en barco, descargando pasajeros y tomando otros, pero aun así no pudieron encontrar la nave de Reb Noson. Para ese entonces estaba oscureciendo y no tuvieron más opción que volver a la casa de Reb Moshé.

En el camino, Reb Aarón le preguntó a Reb Noson si tenía algún libro nuevo.

> Eso me devolvió la vida. Inmediatamente le dije que tenía un libro nuevo que nadie en ese país había visto: *Likutey Moharán*. Pensé para mí que eso solo valía todo el sufrimiento que estaba atravesando. Allí estaba yo, en el exilio en Egipto, en medio del

mercado de Alejandría -un lugar que en mi vida pensé que llegaría a visitar- con el privilegio de mencionar el santo libro del Rebe. Si no hubiera llegado allí, ¿quién sabe cuándo habrían oído algo sobre el *Likutey Moharán*? Si ése era el único motivo por el cual había ido allí, era suficiente, especialmente ahora que veía que podría vender algunos libros, lo que en verdad hice (*Imei Moharnat* II, #115).

De retorno en la casa de Reb Moshé la hospitalidad fue cálida y amistosa. Esa noche Reb Noson pudo conocer una forma de vida que nunca antes había experimentado. Se sentó en el suelo sobre esteras de paja, junto a sus anfitriones, comiendo fideos y queso con los dedos, tal cual ellos hacían. Oyó a varios jóvenes que fueron a leer la porción semanal de Torá (*Bamidbar*) con la entonación sefardí. A la mañana siguiente pudo ir a la mikve, lo que le levantó el ánimo pues hacía más de dos semanas que no se sumergía. Tomó prestados entonces un talit y par de tefilín. Los tefilín eran mucho más pequeños que los utilizados en Europa y la mayoría de los *talitim* estaban hechos de algodón. Aunque estaba apabullado por el entorno, Reb Noson se sentía encantado por el hecho de que Dios le había dado un lugar para comer y dormir en una tierra tan lejana.

La gente vino a honrar al nuevo huésped. Reb Noson preguntó sobre la mejor manera de viajar a *Eretz Israel*. De todas las diferentes sugerencias, la más aceptada era ir por mar al puerto de Sidón. Luego de terminar la plegaria del viernes por la mañana, Reb Noson volvió al puerto con Reb Aarón para buscar la nave. Reb Noson estaba muy preocupado. Era Erev Shabat, con la festividad de Shavuot cayendo el domingo y lunes. ¿Qué pasaría si no encontraba a Reb Iehudá Eliezer?

Contrataron un pequeño bote pero no pudieron encontrar el barco. Abordaron entonces un bote más grande y fueron de barco en barco llamando, "¡Reb Iehudá Eliezer! ¡Reb Iehudá Eliezer!". Finalmente encontraron la nave. Reb Noson no la reconoció, pero alguien de la tripulación lo vio y llamó a Reb Iehudá Eliezer a cubierta. Él también había pasado la noche preocupado de que Reb Noson no volviese, y ambos estuvieron aliviados y contentos. Tomaron sus pertenencias y retornaron a la casa de Reb Moshé. Ese mismo día se enteraron de un barco que debía salir para Sidón poco después del Iom Tov.

Comenzaron entonces a prepararse para el Shabat, que fue seguido inmediatamente por Shavuot. Reb Noson y Reb Iehudá Eliezer estaban muy contentos de haber llegado a Alejandría a tiempo para pasar la festividad entre judíos en lugar de haberlo hecho en la nave. Estuvieron despiertos toda la noche, que era casi dos veces más larga que la noche de verano de Ucrania. Recitaron el *Tikún leil Shavuot* y se unieron a los sefardíes con canciones y alabanzas a Dios. "En el mundo entero, los judíos están cantando y alabando a Dios", pensó Reb Noson. Una de sus alegrías más grandes fue el hecho de haber podido desarrollar algunos pensamientos originales sobre la Entrega de la Torá.[1]

En la mañana de Shavuot, Reb Noson oró solo, mientras que Reb Iehudá Eliezer lo hizo en la sinagoga. Al retornar describió las diferentes costumbres que había observado, tal como que durante la lectura de la Torá, los rollos estaban colocados de manera vertical, en sus cajas, sobre el pupitre del lector, y demás. El segundo día del Iom Tov, Reb Noson fue a visitar a Reb Abraham Tilka y le entregó la carta de Reb Ijiel de Safed. Reb Tilka les dijo que si necesitaban alguna ayuda fuesen a verlo después del Iom Tov.

Tan pronto como terminó el Iom Tov, volvieron las preocupaciones de Reb Noson. Sabía que debía volver a ver al Rav para pedirle su ayuda en espera de asistencia por parte de la comunidad. Eso lo hacía sentir muy incómodo y algo divertido al mismo tiempo. Reb Iehudá Eliezer sólo tenía su *iarmulke* dado que el sombrero había sido arrojado al mar en el viaje desde Estambul. Era muy poco respetuoso visitar al Rav de esa manera. "Por otro lado", razonó Reb Noson, "en una tierra tan lejana, debemos parecer muy raros con estas ropas".

El Rav estuvo lejos de ser amistoso. "Nadie va a contribuir con gente que quiere ir a *Eretz Israel* a orar en las tumbas de los Tzadikim. Si ustedes tuviesen dinero podrían hacer con él lo que les viniera en gana, pero ellos no les darán caridad para eso". Arguyó entonces Reb Noson, "¿Quiere decir que sólo porque estoy viajando para cumplir con la mitzvá de experimentar la santidad de *Eretz Israel* nadie me ayudará?". El Rav le dijo que aunque él enviase gente para recolectar dinero para ellos tampoco sería de ayuda. Reb Noson le pidió que hiciese su parte y enviase a alguien, al menos para preguntar. Finalmente el Rav accedió a regañadientes. También compró algunos libros, incluyendo el *Likutey Moharán* y el *Libro de los Atributos*. Reb Aarón compró el *Likutey Moharán* y el *Libro de los Atributos* para llevar de vuelta a Salónica, donde había más judíos que en Estambul.

Entre el dinero de los libros y lo que recolectaron para ellos, pudieron juntar suficiente como para los gastos de la etapa final de su viaje. Lo que más alegría le dio a Reb Noson fue el hecho de que las enseñanzas del Rebe Najmán estaban comenzando a difundirse más allá de Ucrania, hacia el mundo judío en general.

*

Sidón

Reb Noson no estaba seguro si lo mejor era ir a Sidón, a Acco o a Iafo. Sidón parecía ser la mejor opción pues estaba más cerca de Safed, su objetivo, pero al no hablar el idioma, le era muy difícil encontrar un barco. Finalmente, el jueves (30 de mayo) se enteraron de una nave que estaba saliendo para Sidón al día siguiente. Sin embargo aún necesitaban arreglar sus papeles de salida y éstos se retrasaron hasta el viernes a la tarde.

Cuando las visas estuvieron finalmente listas, no lo estuvo el capitán. Siguiendo la tradición de medio oriente, continuaba cambiando el precio una y otra vez. Al comienzo pidió treinta taleros por persona, luego cincuenta por ambos, más tarde cincuenta por cada uno... Sólo después de la intervención de Reb Aarón pudieron acordar un precio de cuarenta y nueve taleros por ambos y abordaron la nave ese viernes por la tarde (31 de mayo). Estaban tan apurados que sólo pudieron comprar pan y pepinos para el viaje. Pero el barco no zarpó sino hasta el domingo (2 de junio).

El mar estaba bastante movido, haciendo que Reb Noson se sintiese muy débil. El jueves (6 de junio), ya entrada la tarde, divisaron tierra. El viernes a la mañana pasaron Acco pero el capitán se negó a detenerse y continuaron hasta alcanzar Tiro el viernes por la tarde. La tripulación bajó a tierra y Reb Noson, quien no tenía más que pan seco para comer, les dio dinero para comprar algunos vegetales para el Shabat. A las dos de la mañana del Shabat levantaron anclas llegando a Sidón doce horas más tarde, a las dos de la tarde del Shabat, 19 de Sivan (8 de junio).

El capitán quería partir inmediatamente para Beirut y les dijo a Reb Noson y a Reb Iehudá Eliezer que debían desembarcar. Ellos le rogaron que les permitiese quedarse a bordo hasta después del Shabat y el capitán finalmente accedió. Tan pronto como terminó el Shabat, los dejó fuera del barco junto con su equipaje y partió. Era de noche y no conocían a nadie. Varios changadores árabes se acercaron para llevar sus cosas, pero no tenían idea de adónde ir. De pronto se presentó un judío y les mostró un lugar donde podían dejar sus pertenencias por esa noche y descansar. Les dijo que no podrían entrar a la ciudad hasta no pasar por la aduana al día siguiente, pero que después de eso encontrarían un buen alojamiento. Reb Noson pidió vino para hacer la *havdalá*. El judío no tenía vino pero les trajo algo de licor.

Más tarde se les unieron otros judíos. Le dijeron a Reb Noson que Sidón misma estaba justo fuera de los límites de la Tierra Santa, pero que la frontera estaba muy cerca. Dijeron que Zebulún, el hijo de Iaacov, estaba enterrado cerca de Sidón[2] -algunos dicen que Isajar está enterrado junto a él- y que su tumba estaba justo dentro del límite de *Eretz Israel*. Reb Noson estaba eufórico pensando que podría orar en las tumbas de tales Tzadikim. Expresó su agradecimiento a Dios por haberlos llevado hasta los límites de la Tierra Santa. El domingo a la mañana, 20 de Sivan del año 5582 (9 de junio de 1822), Reb Noson fue a la tumba de Zebulún. Finalmente había llegado a *Eretz Israel* y estaba rebosante de alegría.

* * *

30

Eretz Israel

El lunes, 10 de junio, Reb Noson y Reb Iehudá Eliezer contrataron mulas para su viaje a Safed, uniéndose a una caravana de cerca de quince mulas. Los otros viajeros no eran judíos salvo uno. Finalmente partieron el martes por la noche, viajando toda la noche hasta cerca de dos horas antes del amanecer, cuando se hizo demasiado tórrido para continuar y se tomaron un descanso.

Llegaron a Safed cerca del mediodía del jueves (13 de junio). Tan pronto como entraron a la ciudad una multitud de judíos se reunió a su alrededor, asombrados de que alguien se hubiera arriesgado a ir a *Eretz Israel* en una época de tanto peligro. Les dieron la bienvenida con gran entusiasmo. Los que los recibieron formaban parte de la comunidad de los *Prushim* (mitnagdim). Le preguntaron a Reb Noson si tenía alguna noticia sobre sus *meshulojim*, quienes habían partido hacía cerca de dos años. Reb Noson les dijo que los había encontrado en Estambul y que tenía una carta para ellos informándoles que, en vista de los peligros del viaje por mar, estaban volviendo por la ruta terrestre y que esperaban llegar a la brevedad.

Reb Noson fue conducido a Reb Israel, el líder de la comunidad de los *Prushim* en Safed. Reb Noson repitió toda la historia otra vez y le dio la carta. Las comunidades en *Eretz Israel* llevaban una existencia de lo más precaria, y casi siempre dependían totalmente de los fondos que sus *meshulojim* podían traer de la diáspora. Desde hacía dos años que habían estado esperando noticias de ellos. Reb Israel envió inmediatamente mensajeros a Jerusalén para informarle de ello a Reb Mendel, quien era la cabeza de toda su comunidad.[1]

Mientras tanto, la noticia de la llegada de Reb Noson llegó a la comunidad jasídica de Safed, generando un tremendo entusiasmo. Hacía casi dos años que nadie venía a *Eretz Israel*. Inmediatamente mandaron a buscar a Reb Noson, quien fue a la casa del Rav de Skolie. Entre las muchas personas que fueron a verlo se encontraba la hermana del Rebe Najmán, Perel, quien recientemente había quedado viuda.

Todos estaban asombrados del hecho de que alguien se hubiese arriesgado a ir a *Eretz Israel* en momentos como esos - ¡y sólo por el mérito de caminar sobre el suelo de la Tierra Santa! También estaban muy contentos de comprobar que era posible viajar por mar, dado que el viaje por tierra era mucho más caro, al igual que cansador y extremadamente peligroso. Una o dos personas comenzaron a decir "Estos dos son ángeles... *Eliahu HaNavi*...". Un tal Reb Zev, que había venido de Balta, les dijo a Reb Noson y a Reb Iehudá Eliezer, "Ustedes le han traído vida a todo *Eretz Israel*".

La gente se agolpó a su alrededor preguntando por sus familias... ¿quizás habían traído cartas? Pero dado que Reb Noson había mantenido en secreto su plan de viajar hasta la misma partida -y él mismo había dudado de hacerlo- no había traído cartas de nadie. Sin embargo pudo darles alguna información sobre aquellas familias que él conocía allá, en el "viejo país".

*

Reb Noson pasó cerca de un mes en *Eretz Israel*. Fue recibido calurosamente en todas partes. Pasó su tiempo como solía hacerlo, estudiando Torá y orando. Continuó escribiendo sus propios discursos de Torá.[2] También aprovechó toda oportunidad para difundir las enseñanzas del Rebe Najmán y dar sus lecciones.

Durante su estadía en Safed, un cierto rav le pidió consejo. Tiempo atrás, ese rav había decidido recitar diariamente todo el Libro de los Salmos. Deseaba continuar pero era anciano y le resultaba muy difícil hacerlo. Reb Noson le sugirió que de ahora en adelante recitase diariamente los Diez Salmos del *Tikún HaKlalí*, dado que el Rebe Najmán enseñó que ellos incluían las diez clases de canciones en las cuales se basa el Libro de los Salmos (*Siaj Sarfei Kodesh* I-581).

Mientras estuvo en la Galilea, Reb Noson visitó muchas de las tumbas de los Tzadikim. Entre aquellas que visitó en Safed se encontraban las de los grandes Kabalistas: el santo Ari y el rabí

Moshé Cordobero, junto con la del rabí Iosef Caro, autor del *Shuljan Aruj*, y otros. También visitó la tumba del profeta Hosea, y la de Miriam, la hija del Rebe Najmán (que había fallecido unos meses antes).

Reb Noson estaba ansioso de ir a Merón para Erev Rosh Jodesh Tamuz (18 de junio) para orar en la tumba del rabí Shimón bar Iojai, autor del *Zohar*. Llegó cerca del mediodía y recitó Salmos y otras plegarias, pero se sentía muy débil. Escribe que no sintió que estaba orando de la manera en que hubiera querido (*Imei Moharnat* II, #144).

El comentario de Reb Noson nos da una idea muy interesante sobre su carácter. Ésa fue la única vez que visitó la tumba del gran rabí Shimón bar Iojai, cuyas enseñanzas Reb Noson podía apreciar más que la mayoría. Incluso en vida del Rebe Najmán, Reb Noson ya había alcanzado un notable conocimiento de todo el *Zohar* y de los escritos Kabalistas, como se hace evidente a partir de su *Likutey Halajot*. Uno hubiera esperado que se sintiese muy inspirado al llegar finalmente a la tumba del rabí Shimón bar Iojai. Pero, tal como él mismo admite, no se sentía de lo mejor. En lugar de deprimirse simplemente continuó. Fue a la tumba cercana del rabí Iojanan HaSandler, donde comenzó a entusiasmarse de a poco y para cuando llegó a la cueva de Hilel se había recuperado casi por completo.

Tanto a la ida como a la vuelta de Merón, Reb Noson visitó otras tumbas de la Galilea, incluyendo la del rabí Iosi de Iukrat y la del rabí Iehudá bar Ilai. También visitó la cueva del *Inuka* (*Tzadik* #35).

El jueves (20 de junio) Reb Noson y Reb Iehudá Eliezer fueron a Tiberias, donde su arribo también generó mucho entusiasmo siendo recibidos con gran honor. Durante los diez días que pasaron en Tiberias visitaron las tumbas del rabí Najmán Horodenker, del rabí Menajem Mendel de Vitebsk y del rabí Abraham Kalisker, etc. También visitaron las tumbas del rabí Meir *Baal HaNes*, del rabí Akiba, del rabí Iojanan ben Zakai y sus discípulos, y las de Tzipora (esposa de Moisés), de Iojeved, Bila, Zilpa y Avigail (*Imei Moharnat* II, #147-153). En Tiberias también aprovecharon la oportunidad de bañarse en las aguas termales.

Al llegar a *Eretz Israel* se agotaron los fondos de Reb Noson y no tenía dinero para el viaje de retorno. En Europa le habían dado una dirección donde se suponía que debía recibir una suma importante de dinero, pero cuando fue a buscarlo le dieron muy poco. Encontrándose sin dinero en un país pobre, estaba muy preocupado.

> Pero Dios me proveyó de la manera más asombrosa. Había sido invitado a comer por la mañana en casa de un hombre en Tiberias, y mientras estaba sentado allí, Dios dispuso las cosas para que una mujer entrase de pronto pidiéndome que llevara conmigo un objeto de plata. Me dio permiso para venderlo mientras pudiese entregar el dinero a su hijo en Rusia. Agradecí y alabé a Dios por cuidarme de manera tan cariñosa tan lejos de mi hogar (*Imei Moharnat* II, #154).

El martes 2 de julio volvieron a Safed, donde pasaron otra semana haciendo los preparativos para el viaje de retorno. Ya casi era Rosh Jodesh Av, dos meses antes de Rosh HaShaná. Reb Noson esperaba poder llegar a su hogar a tiempo para unirse al *kibutz* en Umán. Dejaron Safed el martes, 9 de julio, llegando a Jaifa al día siguiente. Mientras esperaban por su pasaje, visitaron la cueva de Elías, la tumba de su discípulo Elisha y las tumbas del rabí Itzjak Nafja y del rabí Irmiá de Jaifa. Reb Noson estaba especialmente contento de estar en Jaifa, donde el Rebe Najmán había dado sus primeros pasos en *Eretz Israel*. No pudieron conseguir una nave hasta el miércoles siguiente, pero estaban contentos de pasar unos días más en la Tierra Santa.

*

El Viaje a Casa

El miércoles 17 de julio, dejaron Jaifa en dirección a Dumiat, en Egipto. Debía haber sido un viaje de dos o tres días, pero los vientos estaban en contra y en lugar de ello llegaron a Limassol, en Chipre, donde echaron anclas. Después de algunas horas, el capitán de la nave dio órdenes súbitas de zarpar. En el momento en que comenzaban a navegar fueron avistados por las fuerzas turcas en Limassol que comenzaron a perseguirlos - evidentemente los turcos los habían tomado como partidarios del *pashá* de Acco, quien se había levantado en contra del sultán turco. Los turcos abordaron la nave y pidieron dinero de rescate a todos los pasajeros, golpeándolos ante el mínimo pretexto. En vista del hecho de que era un tema de vida o muerte, Reb Noson no tuvo más opción que entregarles el dinero en Shabat.

El capitán fue forzado a abandonar el barco. Varios pasajeros desembarcaron y fueron a buscar algún cónsul amigable. Encontrando un oído comprensivo, se les informó que la nave había sido detenida, pero el cónsul se comprometió a contratar un reemplazo y arregló para que el capitán les devolviese algo del pasaje. También intentó que les devolviesen el dinero del rescate, pero sin éxito. El domingo (21 de julio) contrataron otra nave y estuvieron todo el día traspasando sus pertenencias de un barco al otro. Partieron el lunes por la noche, pero debido a los vientos poco favorables no fue sino hasta la semana siguiente que llegaron finalmente a Alejandría, el martes 30 de julio.

Lo que había debido ser un viaje de tres días les tomó dos semanas. Fue tal como el Rebe Najmán relató en su historia de "El Burgués y el Pobre". A veces las dificultades que uno encuentra luego de realizar una mitzvá son iguales, sino mayores, que las que uno debió enfrentar al llevar a cabo la mitzvá misma (ver *Los Cuentos del Rabí Najmán* #10). Sufrieron mucho en ese viaje. Sus provisiones casi se acabaron y no sólo el agua estaba racionada sino que la poca que podían obtener tenía un terrible olor. Reb Noson estaba mareado otra vez, "pero con la bondad de Dios, llegamos sanos y salvos a Alejandría".

Varias personas que Reb Noson había conocido en Safed estaban ahora en su viaje de retorno a Europa - evidentemente su viaje a *Eretz Israel* les había dado la confianza para volver a viajar. Le dijeron a Reb Noson que el barco debía partir para Estambul en dos días. Reb Noson estaba encantado con la posibilidad de poder llegar a tiempo para estar en Umán para Rosh HaShaná. Comenzó a hacer los arreglos, pero fue detenido por las formalidades. Habiendo estado de acuerdo en viajar juntos, se sintió incapaz de partir sin los demás, y para cuando todos estuvieron listos la nave ya había zarpado. Debido a ello, Reb Noson tuvo que pasar otras tres semanas en Alejandría.

Reservó pasaje en otra nave, cuyo capitán dijo que estaba saliendo a la brevedad. Pagaron el depósito, sólo para comprobar dos semanas más tarde que el capitán los había engañado. Tuvieron que hacerle juicio para recuperar el dinero del depósito pero algo se perdió inevitablemente. Finalmente dejaron Alejandría el lunes 2 del mes de Elul (19 de agosto).

La nave era grande y con mucho espacio para los pasajeros. Pero nuevamente los vientos no fueron favorables y recién el martes (27 de agosto) llegaron a la isla de Rodas. Mientras estuvieron allí, Reb Noson trató de vender algunos de los libros del Rebe pero sólo logró vender el *Libro de los Atributos*. Al menos allí pudieron comprar provisiones frescas.

Dejaron Rodas el jueves, pero los vientos aún seguían siendo desfavorables. Se desató una tormenta y se vieron forzados a echar el ancla durante dos días. No fue sino hasta el viernes siguiente (6 de septiembre) que llegaron a Samos, donde cerca de 40.000 soldados turcos estaban listos para la batalla con los griegos. Para agregar a sus preocupaciones, Rosh HaShaná 5583 se estaba acercando rápidamente. Al pasar por las islas griegas en camino a Estambul llegaron a la isla de Khios, donde vieron una ciudad que parecía una ruina incinerada. Al comienzo de la guerra griega de independencia en 1831, los griegos capturaron muchas de las islas egeas pero subsecuentemente las perdieron. Al echar anclas cerca de allí, se les dijo que la ciudad quemada era una de las 60 ciudades y pueblos griegos vueltos a capturar por los turcos, quienes masacraron cerca de ochenta mil hombres, mujeres y niños.

Ahora era el jueves anterior a Rosh HaShaná y aún se encontraban a más de doscientos cincuenta millas de Estambul. Su único consuelo era que tenían un *shofar* y gente más que suficiente para formar un *minian*. El capitán les informó que debían esperar hasta el lunes siguiente pues estaba aguardando una partida de cuarenta turcos y su *pashá*, quienes debían unírseles. Quedaría muy poco espacio. Y peor aún, el lunes era Rosh HaShaná (16 de septiembre). ¿Cómo iban a poder orar y sonar el *shofar* con tantos turcos a bordo? Finalmente, los vientos cambiaron para mejor y el capitán partió el viernes (13 de septiembre), sin los turcos.

El domingo (Erev Rosh HaShaná) Reb Noson y varios hombres descendieron al mar con una soga y se sumergieron en el agua.

Esa noche, la primera noche de Rosh HaShaná, hubo una tempestad que continuó por cerca de veinticuatro horas. La mayoría de los pasajeros estaban muy enfermos, al igual que Reb Noson, y apenas pudieron orar, aunque se las arreglaron para soplar el *shofar*. Luego, el tiempo mejoró, y en dos días llegaron a la entrada de los Dardanelos. Entonces el capitán les informó que allí se detendrían, quizás durante mucho tiempo, pues no podían avanzar a través de los angostos estrechos sin vientos directos. ¡Podría llevar hasta cuarenta días! Les mostró los otros barcos que también estaban esperando, algunos de los cuales habían estado allí durante varias semanas.

Escribe Reb Noson:

> Levanté los ojos al Cielo y dije: "Señor del Universo: ten piedad de nosotros. No nos detengas durante mucho tiempo. Yo creo con una fe perfecta que ellos no saben absolutamente nada. Todo se encuentra bajo Tu control directo y Tú tienes el poder de cambiar el viento como Tú deseas, en cualquier momento" (*Imei Moharnat* II, #176).

El Shabat (21 de septiembre) los vientos cambiaron y el barco navegó a través de los Dardanelos.

> Pudimos ver que todo se encuentra bajo el completo control de Dios, constantemente, y ninguno de ellos conoce el camino del viento (cf. Eclesiastés 11:5) - ¡Allí adonde va el viento, allí van las naves! (cf. Ezequiel 1:20) (*Imei Moharnat* II, #177).

En Erev Iom Kipur (martes, 20 de septiembre) llegaron a Estambul, pero tuvieron que quedarse a bordo hasta el lunes siguiente, el primer día de Sukot (30 de septiembre), cuando el capitán de pronto los echó de la nave. Eso fue para bien, pues pudieron entrar en Estambul, encontrar una *suká* y cumplir con la mitzvá del *lulav* y del *etrog*. En Estambul, Reb Noson recolectó el dinero que se le debía por la venta de los libros. El viernes, Jol HaMoed Sukot (4 de octubre), compró los pasajes para Odesa.

Dejaron Estambul el martes (17 de octubre), llegando a Odesa a la noche siguiente. Pero no se les permitió atracar sino hasta la tarde del martes siguiente (22 de octubre). Tuvieron que quedarse en cuarentena en el barco durante una semana, luego de lo cual bajaron a tierra (martes, 29 de octubre) y allí tuvieron que permanecer en cuarentena dos semanas más. El viernes (22 de noviembre) Reb Noson dejó Odesa y pasó el Shabat en la cercana Pitochke. Llegó a su hogar en Breslov el jueves siguiente (28 de noviembre).

Cerca de diez meses habían pasado desde que dejara Breslov. Reb Noson era alguien que valoraba cada minuto y no dejaba que se perdiese ni un momento. Era un hombre entregado, en cuerpo y alma, día y noche, a la Torá y a la plegaria. Pero, por amor a *Eretz Israel*, se ocupó de todo en persona -negociando los pasajes, arreglando los papeles de viaje, e incluso vendiendo los libros para obtener fondos- todo con la finalidad de poder llegar a dar un paso en la Tierra Santa.

Reb Noson concluye su diario de este viaje con una plegaria:

> Gracias Dios, Quien me ha ayudado hasta ahora. Hasta este mismo momento Tu bondad ha estado con nosotros y tu cariñosa misericordia no nos ha abandonado. Con bondad, milagros y maravillas, Tú nos llevaste a *Eretz Israel* y nos hiciste retornar a nuestro hogar, sanos y salvos. Dios: quédate con nosotros y ayúdanos a retornar a Ti desde ahora, con verdad y sinceridad. Tú conoces mi única razón para haber hecho este arduo viaje a *Eretz Israel*. Haz lo que es recto a Tus ojos. Todas mis esperanzas están en Ti. Por favor ten piedad. Por favor ten compasión. Amén (*Imei Moharnat* II, #190).

* * *

Parte VI

ESPERANZAS Y DECEPCIONES

31

Esperanzas y Decepciones

De retorno en su hogar luego de casi un año de viaje, Reb Noson estaba cansado pero profundamente satisfecho. Había logrado algo que por cerca de dos milenios millones de judíos sólo habían podido anhelar: caminar cuatro pasos en la tierra de *Eretz Israel*.

Mirando hacia el futuro, había mucho que Reb Noson podía esperar. Luego de más de doce años de esfuerzos difundiendo las enseñanzas del Rebe Najmán, no podía más que sentirse gratificado por el creciente número de jóvenes que no habían conocido al Rebe pero que se estaban arrojando con todo su corazón y su alma a la vida de devoción que él enseñó. A nivel personal, los hijos de Reb Noson estaban creciendo y comenzando sus propias vidas. Pero pese a todas las esperanzas que parecían ofrecer los años venideros, éstos traerían mucha frustración, desencanto e incluso tragedia.

"Enséñalas a tus hijos"

En el verano de 1823 Reb Itzjak, el segundo hijo de Reb Noson, contrajo matrimonio en Cherkasy, donde se asentó para una vida de Torá y devoción. Cherkasy se encontraba a una considerable distancia de Breslov, pero Reb Noson solía escribirle a Reb Itzjak, guiándolo, aconsejándolo y alentándolo a poner todos sus esfuerzos en las plegarias y en el estudio. Por ejemplo, escribe Reb Noson:

> Mi querido hijo: no estoy contento con el hecho de que tengas dos sesiones de *halajá* al mismo tiempo, una sobre las leyes del Shabat y la otra sobre *kashrut*. Ya deberías comprender que no es bueno tratar de concentrarse en diferentes áreas al mismo tiempo. ¿Qué tienen que ver las leyes de salar la carne con el Shabat? Como tú sabes, lo que quiero es que estudies todo el *Shuljan Aruj* en orden, del comienzo al final.[1] Primero estudia *Oraj Jaim* del comienzo al final. Entonces pasa a *Iore Dea*, luego *Joshen Mishpat* y finalmente *Even HaEzer*. No seas como los jóvenes que

quieren tragar todo de una sola vez: primero estudian las leyes de la carne y la leche, luego saltan a las leyes de los litigios, luego pasan a las leyes de la pureza familiar... y al final terminan "calvos de los dos lados".[2] Al crecer se dan cuenta de que no saben nada con claridad. Concéntrate en un área por vez... Pon tu corazón en los estudios y no te engañes... (*Alim leTerufá* #6).

Desafortunadamente, al poco tiempo del casamiento de Reb Itzjak, se hizo claro que a su joven esposa no le gustaba la vida de casada y las obligaciones que ello traía. El suegro de Reb Itzjak adoraba a su yerno y quería que estuviese contento. Sabiendo que su hija era demasiado joven e inmadura, le pidió que fuese paciente y esperase un poco.

Pasó medio año... un año... pero la situación no cambiaba. Reb Noson comprendió que todo seguiría igual quién sabe durante cuánto tiempo, de modo que fue a Cherkasy en persona para insistir en un divorcio. El suegro de Reb Itzjak aún pedía más tiempo. Reb Noson no sabía qué hacer. Salió a la calle gritando, "¡*Oi*! ¡Está matando a mi hijo!". Se juntó una muchedumbre y varias de las personas decidieron persuadir al suegro de Reb Itzjak para que aceptase el final del matrimonio. El divorcio se finalizó en el verano de 1825.[3] "¡Mazal tov!", le escribió Reb Noson a Reb Naftalí, "ella recibió el *guet* (acta de divorcio)... y que Dios le envíe a mi hijo una pareja adecuada para que pueda llegar a ser en verdad un buen judío: eso es todo lo que deseo".

En algún momento de los comienzo de 1826 Reb Itzjak volvió a casarse. Su segunda esposa, Janá, provenía de una familia de mitnagdim. La pareja se mudó a Tulchin, cerca de Breslov, y su hija nació un año más tarde, en 1827. Janá era una buena mujer, pero durante muchos años sólo podía ver las cosas desde el punto de vista de su familia, lo que motivó muchas fricciones con Reb Itzjak. Reb Noson dijo cierta vez, "De no haberse divorciado una vez lo habría forzado a divorciarse de ella". Durante los Años de Opresión, Reb Itzjak enfrentó tremendas dificultades en Tulchin, y Janá tendía a apoyar a sus enemigos (ver más adelante, Capítulo 35, 39). Sin embargo, finalmente, Janá terminó apoyándolo, tal como su madre había llegado eventualmente a apoyar a su padre.

Reb Itzjak era extremadamente pobre. Reb Noson quería que se apartase del ámbito mundano y que se dedicase enteramente a la Torá y a la plegaria, pero Reb Itzjak no se sentía a la altura del desafío. Le dijo a su padre que sólo aceptaría si Reb Noson lo ayudaba con el sustento y el mantenimiento de su hogar. Reb Noson dijo: "Necesito toda la fe y la confianza que tengo para mí mismo. No tengo suficiente como para cubrir tus necesidades también". Reb Noson quería que Reb Itzjak desarrollase por sí mismo la fe y la confianza necesarias.

El señor de la ciudad le ofreció entonces a Reb Itzjak la posibilidad de administrar la oficina de correos (que incluía el banco local del gobierno), el molino de harina o el negocio de maderas. Reb Itzjak consultó con su padre y Reb Noson le aconsejó que tomase la posición de administrador del correo (*Siaj Sarfei Kodesh* I-589). Él y sus hijos después de él administraron el correo con una honestidad escrupulosa.

Reb Itzjak era profundamente temeroso de Dios y continuó dándole un lugar de privilegio al estudio de la Torá, a la plegaria y al desarrollo espiritual, tal cual fuera enseñado por el Rebe Najmán. Durante muchos años mantuvo siempre informado a su padre de todo lo que estaba haciendo y de lo que sucedía entre el grupo de jasidim de Breslov en Tulchin y en las comunidades de los alrededores. Reb Itzjak pedía e incluso rogaba recibir palabras de Torá y de aliento. Pese al poco tiempo del que disponía, Reb Noson le escribió a su hijo muy frecuentemente y a veces cartas muy largas. La mayor parte de las cartas en *Alim LeTerufá* ("Hojas que Curan"), la colección de misivas de Reb Noson, están dirigidas a Reb Itzjak. Ellas son nuestra principal fuente de información sobre los últimos quince años de la vida de Reb Noson.

Más que eso, son una brillante prueba de que para Reb Noson, la responsabilidad de un padre en la guía de sus hijos en el sendero de la Torá continúa mucho después de que ellos se casan y establecen sus propios hogares. Para Reb Noson, el sendero de la Torá era el sendero enseñado por el Rebe Najmán, tal cual está contenido en sus libros, en sus cuentos y en sus dichos. Reb Noson solía urgir a Reb Itzjak a que se dedicase a estudiar las obras del Rebe, y él mismo solía expresar las enseñanzas del Rebe en sus propias palabras, explicando cómo llevarlas a la práctica. En cada coyuntura de la vida de Reb Itzjak, Reb Noson lo alentaba, lo amonestaba, lo consolaba, lo exhortaba a tener fe en Dios y en esperar Su salvación, lo urgía a tener fe en el poder del Tzadik, a considerar las situaciones de manera positiva, a hacer todos los esfuerzos posibles por mantenerse alegre, a continuar con su plegarias, con el hitbodedut y con los estudios...

... Siento tanto dolor como tú y más aún, por el sufrimiento que debes atravesar, y especialmente por la pérdida de Torá y de plegaria... Fue tan agradable a mi corazón oír que al menos tomas todo el bien que puedes y que cuando no puedes estudiar y orar tanto como quisieras, aun así anhelas hacerlo y esperas pacientemente la ayuda de Dios... (*Alim LeTerufá* #22).

... Hay mucho más que puedo agregar al consejo que ya te he dado, pero simplemente no tengo más tiempo ahora para escribirte. Pero tienes los libros del Rebe - ve y estúdialos y encontrarás en ellos todo lo que necesites... (*Ibid.* #23).

... Si sigues este sendero serás un buen judío y un Tzadik toda tu vida. Sólo mantente fuerte y pon todos tus esfuerzos en la Torá, en la plegaria y en hablar con Dios desde el fondo de tu corazón, tanto como puedas. Sea lo que fuere que hagas, hazlo con toda tu fuerza... (*Ibid.*).

... Lo más importante es la fe. Debes tener fe en que Dios creó todo mediante las Diez Expresiones, dentro de las cuales se encuentran ocultos los Diez Mandamientos, que incluyen toda la Torá (cf. *Avot* 5:1). Por lo tanto, no importa lo que estés haciendo, así estés dedicado a alguna actividad o sentado en tu oficina, debe saber que lo que estás haciendo contiene Torá... (*Ibid.*).

... Y en cuanto a lo que me escribes sobre los pensamientos que te perturban, debes saber que todos tienen tales pensamientos. Yo mismo he sufrido debido a eso. Pero el hombre fue creado para tener que pasar por todo ello. Está en él luchar en su contra - el hombre nació para trabajar. El esfuerzo mismo es tan valioso a los ojos de Dios como los sacrificios. Cada día y a cada momento, recuerda esto: tenemos el poder de dirigir nuestros pensamientos adonde queramos. Piensa en algo diferente: es imposible tener dos pensamientos en la mente al mismo tiempo. Y si tus pensamientos siguen corriendo hacia regiones impuras, retenlos como harías con un caballo mediante las riendas, forzándolo a volver al sendero correcto (ver *Likutey Moharán* II, 50) (*Ibid.* #15).

*

Conflicto

Luego del Rosh HaShaná 5584 (6 de septiembre de 1823), Reb Noson comenzó a imprimir las plegarias restantes del *Likutey Tefilot*. Fue ayudado por un jasid que se había presentado por propia voluntad durante la reunión de Rosh HaShaná en Umán, ofreciendo una gran suma de dinero para cubrir los costos. Reb Noson tenía problemas para obtener los tipos de imprenta necesarios, y había carencia de tinta y de papel. Aun así, para Purim (mediados de marzo de 1824) ya había impreso toda la Primera Parte del *Likutey Tefilot* y las primeras catorce plegarias de la Segunda Parte. Al igual que antes, el trabajo fue hecho en secreto, en su hogar, sin la ayuda de ningún extraño. Reb Shajne, siempre jugando un papel decisivo en la impresión, dio de su propio dinero y, junto con varios otros jasidim de Breslov, se ofreció para ayudar sin cobrar, en aras de la mitzvá. El mismo Reb Noson les enseñó a utilizar la imprenta.

En Purim 5584 (domingo, 14 de marzo de 1824), hubo una pelea entre los habitantes de Breslov.[4] Un grupo de los enemigos de Reb Noson fue entonces a informar a las autoridades que Reb Noson tenía en su hogar una imprenta no registrada. Pocos días más tarde (19 de marzo) las autoridades se hicieron presentes y clausuraron la habitación donde estaba la prensa. Carecemos de detalles sobre lo que tuvo lugar, pero evidentemente Reb Noson estuvo en un grave peligro. Habiendo estado operando una imprenta ilegal podía verse sujeto a multas muy severas e incluso a la cárcel. Considerables sumas de dinero se pagaron en sobornos a las autoridades para reducir los cargos en su contra. Las acusaciones se presentaron en Kaminetz-Podolsk, asiento en ese tiempo de la Corte del Distrito de Podolia.

Escribe Reb Noson:

> Que Dios tenga misericordia de nosotros y nos ayude a abrir pronto la imprenta. Que Él nos salve del temor y del peligro, y de toda pérdida monetaria. Y podamos imprimir abiertamente y en paz las obras del Rebe. Entonces podremos relatar las maravillas de Dios y todo lo que hemos debido pasar en este capítulo de nuestras vidas (*Imei Moharnat* I, #99).

No fue sino hasta cinco meses después, en la tarde de Tisha beAb (3 de agosto), que llegaron noticias de Kaminetz informado que el peligro había pasado - por el momento. Reb Noson aún debía mantener cerrada la imprenta, pero se le dijo que podía enviar una solicitud para operarla a la oficina del Censor Principal en Vilna.

Eso fue un alivio. Y un mes más tarde también se presentó una situación positiva en otro ámbito. Reb Noson viajó a Medzeboz para participar de la boda de la nieta del Rebe Najmán, Feigue Sashia (hija de Sara), con el bisnieto del rabí Baruj. El Rav de Apta estaba viviendo entonces en Medzeboz y, para deleite de Reb Noson, lo recibió muy cálidamente. Eso fue de gran ayuda para Reb Noson y suavizó las dificultades anteriores en conexión con la impresión del *Sipurey Maasiot* (ver más arriba, Capítulo 25), algo que podría haber llevado a una oposición mucho más severa en contra de los jasidim de Breslov. Mientras estuvo en Medzeboz, Reb Noson pudo incluso hablar abiertamente de las enseñanzas del Rebe Najmán y de su grandeza.

Unas semanas más tarde, en el día después de Iom Kipur 5585 (2 de octubre de 1824), Reb Noson recibió una carta de Vilna informándole que si enviaba una pequeña suma de dinero le darían inmediatamente un permiso para abrir la imprenta. Le agradeció a Dios y dos días después envió el dinero por correo. Sin embargo, la burocracia rusa no operaba con la misma velocidad, y no fue sino hasta un año más tarde, en el día después de Sukot 5586 (6 de octubre de 1825) que permitieron quitar el sello de la habitación de la prensa en casa de Reb Noson. Pero tampoco entonces recibió el prometido permiso para imprimir. Mientras tanto, Reb Noson puso sus esfuerzos en la revisión de su *Kitzur Likutey Moharán*, en el cual había sintetizado las lecciones del *Likutey Moharán* del Rebe Najmán.

En diciembre de ese año las autoridades en Vilna le escribieron diciéndole que a la brevedad recibiría una notificación oficial para un permiso de imprimir, pero ese permiso nunca llegó. Ocho meses más tarde, en Rosh HaShaná 5587 (2 de octubre de 1826), un amigo cercano de Reb Noson le sugirió que no esperase más el permiso y que imprimiese los libros en alguna imprenta establecida. Reb Noson comprendió que la marea estaba en su contra y abandonó su sueño de imprimir los libros él mismo. Eso fue en verdad una bendición encubierta. De haber esperado a imprimirlos él mismo, sus esfuerzos no habrían llegado a nada.

*

Uno podría preguntarse qué es lo que pasaba por la mente de Reb Noson cuando las autoridades cerraron la imprenta. El peligro era muy real - no fue sino hasta cinco meses más tarde que Reb Noson escribió sobre "el peligro pasado". En uno de los pocos discursos del *Likutey Halajot* fechados por él, Reb Noson nos da una buena idea de cómo percibió su situación. La imprenta fue cerrada cerca de una semana después de Purim del año 1824, y lo que sigue es su discurso sobre las Leyes de Pesaj (Discurso 9), fechado en Pesaj, 5584 (1824).

Escribe Reb Noson:

> La Torá es llamada "testimonio" (Salmos 19:8). Ella es testimonio de la grandeza de Dios. Toda persona inteligente que estudie la Torá comprenderá que no puede ser obra del hombre. Todo aquel que contemple profundamente la Ley Escrita y la Ley Oral - las Escrituras, el Talmud, el Midrash, el *Zohar*, los escritos del Ari y todos los escritos de los verdaderos Tzadikim - verá que todos dan testimonio de la unidad de Dios. ¿Cómo es posible ser tan malvado o tan tonto como para decir que una Torá tan vasta [con cada cosa entrelazada con las demás de manera tan intrincada] no nos fue dada por Dios en el Sinaí? ¿Quién más podría haber revelado tales maravillas...?
>
> Los grandes Tzadikim que revelan estas ideas de Torá son únicos en el hecho de que sus enseñanzas tienen el poder de llegar hasta aquellos que se encuentran lejos de Dios... Ellos enseñan que incluso cuando uno está muy distante, lo más importante es nunca dejar de *anhelar* la Divinidad. No importa cuán bajo haya caído, nunca debe perder la esperanza. Incluso si nos vemos confrontados por la propia mala inclinación u otros obstáculos que nos impiden *llevar a cabo* concretamente buenas acciones, nunca debemos abandonar el *anhelo* por la espiritualidad...
>
> Todos los obstáculos surgen de los "veintiocho tiempos" (Eclesiastés 3:1-8). Hay buenos tiempos y malos tiempos. Uno debe saber que la vida es una constante sucesión de diferentes y

cambiantes "tiempos", y es necesario fortalecerse y actuar de acuerdo a ello. Hay tiempos para la Torá, tiempos para la plegaria, tiempos para llorar, tiempos para el silencio... tiempos para la alegría, para hablar y para el silencio... También hay tiempos en los cuales uno se ve impedido de servir a Dios y debemos saber cómo actuar también entonces... al comer, al dormir y demás. Hay tiempos en que la gente experimenta ascensos en sus vidas y tiempos en que experimenta caídas y dificultades...

El modo de pasar y superar todos esos diferentes "tiempos" es mediante el temor a Dios. Es necesario hacer todos los esfuerzos posibles para atraer este temor sobre uno mismo. El primer paso es mediante el temor al castigo. El verdadero temor a Dios es temer a Dios porque Él es grande y tremendo. Uno debe intentar temer a Dios en ese nivel y no debido al temor al castigo. Sin embargo, el temor al castigo es el primer paso básico para alcanzar el verdadero temor (ver *Sabiduría y Enseñanzas del Rabí Najmán de Breslov* #5).

Cuando uno se ve confrontado por el temor de lo mundano tiende a caer en la depresión y en la desesperación. Pero todas las clases de temor, de pavor y de consternación reflejan el temor a Dios. Es necesario tratar de elevarse desde el temor a lo mundano hacia el temor a Dios. Uno debe utilizar todo miedo que sienta para fortalecer su resolución de temer a Dios y llegar a servirlo. Así, cuando la persona es arrojada a un "tiempo" de temor, cuando las cosas que la rodean parecen muy negras, debe fortalecerse con la Torá que ha estudiado, la Torá que es testimonio de la tremenda grandeza de Dios, y que Lo revela en este mundo. De esa manera, la persona puede elevarse por sobre sus temores. Entonces, todos sus sufrimientos la elevarán a niveles superiores. A partir de esos temores alcanzará la verdadera alegría (*Likutey Halajot, Pesaj* 9:10-17).

*

Durante el verano de 1826, la esposa de Reb Noson, Esther Shaindel, enfermó gravemente. En ese momento, Red Iudel estaba pasando por Breslov en su viaje a Umán. Reb Noson envió a Esther Shaindel a ver a Reb Iudel para pedirle que orase por ella. Reb Iudel no le contestó, pero cuando se fue, Reb Iudel dijo, "¿Qué puedo hacer yo para ayudarla? Reb Noson aún tiene que traer dos niños más al mundo" (*Siaj Sarfei Kodesh* I-715).

Esther Shaindel se recuperó, pero entonces sus hijos enfermaron. Primero uno y luego el otro. A fines del verano Reb Noson viajó a Umán para Erev Rosh Jodesh Elul (1 de septiembre de 1826). De allí le escribió a su hijo, Reb Shajne, quejándose de sus sufrimientos y pidiéndole que le escribiese algunas palabras de aliento. Esther Shaindel había estado bien cuando Reb Noson dejó Breslov, pero falleció antes que su carta llegase a manos de Reb Shajne. Reb Noson no se enteró sino al volver a su hogar en mitad de la *shivá*.

Habían estado casados durante treinta y tres años. Desde el momento en que Reb Noson se volvió un jasid, su vida había estado lejos de ser armoniosa, pero en los últimos años habían desarrollado una comprensión y un respeto mutuo. Esther Shaindel había experimentado las subidas y las bajadas de Reb Noson como ninguna otra persona. Como siempre, Reb Noson era extremadamente reticente sobre sus propios sentimientos, pero dijo: "Uno debe llorar por la muerte de su esposa al igual que lloraría por el decreto más severo".[5]

Sus hijos estaban lejos de sentirse bien. Con Rosh HaShaná 5587 acercándose rápidamente, Reb Noson se sentía desgarrado interiormente. ¿Cómo podía abandonar a sus hijos huérfanos para ir a Umán? Pero, ¿cómo podía dejar de ir a Umán? El dolor y la angustia que sintió estaban más allá de toda descripción. Finalmente, habiendo sopesado el dolor temporal de sus hijos frente a la pérdida eterna del Rosh HaShaná del Rebe, decidió ir.[6] Supo que había tomado la decisión correcta, porque fue en el *kibutz* que sus amigos lo alentaron a imprimir los libros del Rebe en una imprenta establecida.

Al volver de Umán, Reb Noson se comprometió con Dishel, una viuda con un hijo y una hija.[7] Se casaron inmediatamente después de Sukot (octubre de 1826) y a finales de agosto del año siguiente nació su primer hijo, Najmán. Su segundo hijo, Iosef Iona nació cerca de dos años más tarde.[8]

En Breslov vivía un tal Reb Shlomo Rubén Zlates quien se había vuelto un jasid de Breslov gracias a la influencia de Reb Shmuel Isaac, de quien era seguidor. Reb Shlomo Rubén era excepcionalmente piadoso y erudito, y su fe en Reb Shmuel Isaac era tan fuerte que cuando el rabí Mordejai de Chernobil quiso darle una bendición para tener hijos -no había podido tener hijos durante muchos años- Reb Shlomo Rubén respondió, "Yo ya tengo una bendición de mi Rebe". El rabí Mordejai dijo de él, "Tiene una verdadera fe en los Tzadikim" (*Siaj Sarfei Kodesh* I-562).

Por razones desconocidas, Reb Shlomo Rubén sintió que Reb Noson se había alejado del verdadero sendero del Rebe Najmán, y la manera en la cual se lo dijo a Reb Shmuel Isaac fue suficiente para hacer que éste viajase rápidamente desde Dashev a Breslov, en donde demostró una abierta oposición a Reb Noson. Odil, la hija del Rebe, oyó sobre esto y dijo, "Con mi padre, siempre fue, 'Nosele, Nosele, Nosele'". Eso ayudó a frenar la disputa, pero desde ese momento se produjo un distanciamiento entre Reb Noson y Reb Shmuel Isaac, la primera ruptura importante entre los seguidores del Rebe. Reb Noson dijo que nunca le perdonaría a Reb Shlomo Rubén Zlates el haber causado la discordia entre ellos.⁹

En el mismo periodo, casi se produce otra ruptura, esta vez entre Reb Noson y Reb Naftalí. La causa del problema fue la total devoción de Reb Ozer por Reb Noson. Reb Ozer era tan pobre que la única manera que tenía de ir a ver a Reb Noson en Breslov, desde su hogar en Umán, era a pie. Aparte de sus otras pertenencias solía llevar numerosos libros para estudiar por el camino. Sus intensas plegarias lo debilitaban y debía hacer frecuentes paradas para descansar, a veces cada cuarenta o cincuenta metros. Durante el camino solía repetirse para sí mismo, "En Breslov se encuentra la mente del mundo entero. Todos deben estar unidos a esa mente. He caminado unos pocos pasos y ahora estoy más cerca de la mente del mundo. Otros pasos, más cerca aún..." (*Imei HaTlaot* p.180).

Reb Naftalí, quien había sido amigo de Reb Noson desde la infancia y su compañero más cercano durante todos sus años con el Rebe, se había mudado a Umán algunos años antes. Reb Naftalí tenía su propio grupo de discípulos, como hicieron varios de los seguidores más importantes del Rebe, tales como Reb Shmuel Isaac y Reb Iudel (ver *Imei Moharnat* II, #33). La devoción de Reb Ozer por Reb Noson era tan intensa que trataba de convencer a todos de ir a visitarlo, incluso a los seguidores de Reb Naftalí en Umán.

En Tisha beAb (2 de agosto) de 1827, dos jasidim de Breslov de Umán, seguidores de Reb Naftalí, llegaron a Breslov y fueron a ver a Reb Noson. Unos días después Reb Noson comprendió que el cambio de actitud de Reb Naftalí hacia él había sido inspirado por Reb Ozer. Inmediatamente le escribió a Reb Naftalí:

> No los amonesté cuando llegaron porque tenía otros invitados en ese momento. Aun así, estaba muy enojado con ellos y se los recriminé. Sé que eran sinceros, pero no era correcto dejar Umán sin informártelo... No estoy tratando de aplacarte... Sé que desde hace un tiempo has estado enojado con ellos y con Reb Ozer... Aun así, uno debe recordar la misericordia en tiempos de ira (ver *Likutey Moharán* I, 18:2)... La única intención de Reb Ozer fue acercarlos a Dios... Ciertamente debes tratar de evitar todo *Jilul HaShem*. ¿Qué dirán nuestros opositores y, peor aún, nuestros propios jasidim? ¡Dirán que Noson y Naftalí están peleando debido a que uno se enojó porque sus seguidores fueron a ver al otro! ¡Ay de los oídos que oyen tales palabras! ¿No es suficiente con que estemos lamentando la ruptura con Dashev [Reb Shmuel Isaac]? Dios no permita que agreguemos un distanciamiento más, especialmente entre tú y yo, porque de todos los jasidim de Breslov no hay dos jasidim más cercanos que nosotros... (*Alim LeTerufá* #21).

Reb Ozer era un discípulo destacado y un verdadero jasid, pero su falta de circunspección era un rasgo que Reb Noson no podía aceptar. La "espada de la discordia" ya había cercenado muy profundamente a las comunidades judías en general: los mitnagdim se oponían a los jasidim. Los jasidim estaban disputando entre ellos y la influencia de la *Haskalá* estaba en ascenso. El mismo Reb Noson ya sufría bastante debido a la oposición de sus enemigos, y el distanciamiento con Reb Shmuel Isaac era una herida profunda. Otra ruptura entre los jasidim de Breslov presentaría una seria amenaza a la difusión de las enseñanzas del Rebe Najmán.

Dijo Reb Noson, "La gente logró hacer una separación entre yo y Dashev. ¡¿Ahora Reb Ozer quiere separarme de Reb Naftalí?! ¡Esto no puede ser! ¡Dios! ¡Te pido! ¡Llévatelo del mundo!".[10] Reb Ozer no terminó ese año (*Imei HaTlaot* p.180).

*

En los cinco años que transcurrieron desde su regreso de *Eretz Israel* Reb Noson había presenciado el matrimonio de su hijo y había sido abuelo varias veces.[11] Había impreso el *Likutey Tefilot* y había visto un aumento de los seguidores del Rebe Najmán, de lo cual daba testimonio el creciente número de personas que se reunían en Umán para el *kibutz* anual de Rosh HaShaná.

    Pero también había sufrido mucho. Había perdido a su esposa luego de treinta y tres años de casados y había visto arruinada su amistad con Reb Shmuel Isaac. Su amistad con Reb Naftalí sólo se salvó a costa de uno de sus seguidores más cercanos. No sólo eso sino que había sido testigo de un alarmante crecimiento en la oposición a la Jasidut de Breslov. Y lo peor de todo, el proyecto de su vida, la impresión de las obras del Rebe, había sido abruptamente frustrado. Si algo podía llegar a molestar a Reb Noson, era una barrera contra la difusión de las enseñanzas del Rebe Najmán, a las que Reb Noson consideraba como el único y verdadero remedio, a medida que la difícil situación de los judíos de Rusia empeoraba día a día.

* * *

32

Los Decretos

La primera lección importante que Reb Noson oyó del Rebe Najmán se centraba en el tema de los decretos Celestiales en contra del pueblo judío. Ello fue en el año 1802, cuando Reb Noson tenía veintidós años de edad. Había llegado a Breslov para su primer Rosh HaShaná con el Rebe. El Rebe comenzó con la enseñanza Talmúdica de que "Toda persona debe decir: 'el mundo fue creado para mí'" (*Sanedrín* 37a). Dado que fue creado para *mí*, el bienestar del mundo es *mi* responsabilidad. Yo debo orar por el bienestar del mundo, tanto antes como después del decreto (*Likutey Moharán* I, 5).

La naturaleza específica de los decretos a los cuales se estaba refiriendo el Rebe se volvería evidente dos semanas más tarde, cuando el gobierno del zar Alejandro I anunció que se redactaría una nueva legislación para el "mejoramiento" de la vida judía en Rusia. Los judíos serían invitados a formar parte de la sociedad y de la cultura que los rodeaba y, de no hacerlo por su propia voluntad, serían integrados por la fuerza. Debían abandonar todo lo que los separaba de las otras personas -su estilo de vida diferente, su idioma tradicional y sus costumbres- y sus hijos debían ser integrados a la corriente general de la vida rusa mediante la educación secular y el servicio militar.

En ese momento no se tomó ninguna medida específica para introducir la educación secular compulsiva o la conscripción, y muchos judíos se vieron inclinados a desestimar la gravedad de la amenaza. No así el Rebe Najmán. Él hizo notar que en épocas pasadas se habían emitido brutales decretos prohibiendo tales instituciones fundamentales de la vida judía como el Shabat y el *brit milá*. Previó que la educación secular compulsiva destruiría las futuras generaciones de judíos[1] e hizo todo lo posible para mitigar los decretos. Dijo, "Si todos los Tzadikim se unieran en esta tarea, yo podría anular los decretos por completo. Así, tal como están las cosas, los he retrasado por unos veinte años" (ver más arriba Capítulos 3, 5).

Veinticinco años habían pasado y ahora, en 1827, el gobierno de Nicolás I, el "zar de hierro", había introducido los infames decretos de los "Cantonistas" que ordenaban una leva de todas las comunidades judías para proveer de jóvenes en las fuerzas armadas rusas. Ése fue sólo el primero de una serie de decretos emitidos durante ese período, dirigidos a destruir la identidad de los judíos de Rusia. Reb Noson tenía cuarenta y siete años de edad cuando se promulgó el decreto de los Cantonistas. Él había dicho que la lección de Rosh HaShaná del Rebe del año 1802 le había dado la guía para toda su vida. ¿Cómo veía, en ese período de crisis, su responsabilidad personal ante el bienestar del pueblo judío y cómo podría intentar librarse de ello?

*

Los Frutos del "Iluminismo"

Los decretos de Nicolás no eran el único ataque por parte del régimen zarista. Dentro de las mismas comunidades judías había una red de judíos "iluminados", proclives a desarraigar las tradiciones que despreciaban y odiaban, que trabajaban mano a mano con las autoridades para "reformar" la vida judía.

Al comienzo, la *haskalá* preconizada por Moisés Mendelssohn y sus seguidores se había difundido lentamente entre los judíos de Rusia, donde la intolerancia de la aristocracia y la brutalidad de los campesinos no hacían de la asimilación una opción atractiva. Sin embargo, el avance de Napoleón en Rusia en el año 1812, bajo la bandera de la libertad y de la igualdad, dejó a muchos judíos con un creciente descontento ante las difíciles condiciones de la vida en la Zona de Asentamiento. Algunos comenzaron a pensar que si los judíos aceptaban la cultura de Europa se eliminaría la raíz misma del antisemitismo, haciendo que los judíos fuesen aceptados como un elemento útil de la sociedad en general. Aunque relativamente pocos en número, los *maskilim* de Rusia alcanzaron una influencia desproporcionadamente grande a través de su hábil utilización de la palabra escrita. El tradicional respeto del mundo judío por el conocimiento y el aprendizaje les dio más credibilidad a sus libros y publicaciones, que no sólo estaban escritos mayormente en hebreo o en *idish*, sino que también utilizaban fuentes bíblicas y rabínicas para sustentar sus argumentos. Afirmaban que las leyes rituales de la Torá ya no eran relevantes en la "Era del Iluminismo" y se burlaban y vilipendiaban a los rabinos afirmando que mantenían a los judíos encadenados a la superstición y al oscurantismo. Ellos deseaban que sus hermanos judíos accediesen a la filosofía, a la literatura y al arte europeo, algo que veían como el camino a la armonía y a la felicidad en la vida.

El padre de la *haskalá* en la Europa Oriental, Itzjak bar Levinson, vivió en Nemirov y en Tulchin en los años 1822 y 1823. Este intelectual percibió que la única manera de lograr un cambio duradero en la sociedad judía como un todo sería exponer a los judíos a la cultura no judía durante sus años de formación. Abogó, por lo tanto, por la aplicación de reformas drásticas en los métodos tradicionales y en el aprendizaje en las escuelas judías. En las décadas de 1820 y 1830 tomó un papel activo en el establecimiento de escuelas de la *haskalá* en Varsovia, Odesa, Kishinev, Riga y Umán.

Esas escuelas no eran especialmente populares. La mayor parte del apoyo a la *haskalá* en Rusia provenía de los relativamente pocos judíos ricos, quienes se sentían avergonzados de las anticuadas maneras de sus parientes pobres. Pero, pese al pequeño número, su riqueza les daba una imagen importante a los ojos de las autoridades rusas, con quienes podían comunicarse y sobre quienes tenían mucha más influencia que los líderes de la comunidades tradicionales. Los *maskilim* no tenían escrúpulos en explotar esa influencia para imponer su punto de vista sobre la mayoría. Les aportaban a las autoridades un constante flujo de estudios y de propuestas para reformar la vida y las instituciones judías en Rusia.

Si el objetivo de los *maskilim* era "modernizar" a los judíos, el objetivo de los zares era forzarlos a convertirse o a emigrar. La expulsión de los judíos de las áreas rurales, una de las disposiciones del "Estatuto Concerniente a los Judíos" del zar Alejandro en 1804, había tenido la intención de asfixiarlos económicamente, mientras que las otras cláusulas habían sido diseñadas para minar el liderazgo y cultura tradicional. El papel de los rabinos debía estar limitado a los "asuntos espirituales"; el hebreo y el *idish* debían ser eliminados de los negocios y de los documentos públicos y los judíos que participaran de la vida cívica debían abandonar sus vestimentas tradicionales.

Una cosa era legislar y otra era hacer que las leyes se cumpliesen. La ineficacia y la corrupción de la indolente burocracia rusa hicieron que la aplicación del Estatuto de 1804 sólo fuera parcial. La situación de los judíos se deterioró durante el reinado de Alejandro I, pero su sueño de una total transformación de la vida social, económica y cultural judía estaba lejos de haberse realizado.

Cuando Alejandro murió en 1825 fue sucedido por su hermano más joven Nicolás, un fanático religioso y un violento antisemita cuya ascensión al trono marcó el comienzo de uno de los periodos más oscuros de la historia judía. En Rosh HaShaná del año 5587 (2 de octubre de 1826) pudo verse a Reb Shmuel Isaac caminando de aquí para allá, intensamente preocupado. Alguien oyó que decía una y otra vez, "O bien es él o bien soy yo, él o yo". Reb Shmuel Isaac quería decir que o bien moría Nicolás o bien Reb Shmuel Isaac debía dejar el mundo: no había manera de que ambos viviesen juntos en este mundo (*tradición oral*). Reb Shmuel Isaac falleció ese año, mientras que Nicolás entró en la infamia.

*

El Decreto de los Cantonistas

Durante las Cruzadas, las masacres de Chmelnitzky, las rebeliones de los cosacos y otros tiempos de persecución, comunidades enteras habían aceptado sacrificar sus vidas antes de convertirse. Enfrentando a sus asesinos, aferraban a sus hijos. Si eran asesinados, morirían juntos. Si sobrevivían, los niños estarían allí para reconstruir la golpeada nación. La manera más cruel de oprimir a los judíos sería cortar a sus hijos de su raíz. Influenciado por las ideas de Levinson de separar a los niños judíos de su herencia, el zar Nicolás llevó esto un paso más allá.

Un cantón era un pequeño campo de entrenamiento militar. Bajo el decreto de los Cantonistas, toda comunidad judía debía proveer una leva de niños que serían llevados a entrenar en el cantón local. Aunque la edad estipulada para esa conscripción eran los doce años de edad, los rusos no tenían reparo alguno en llevarse a los niños de siete u ocho años de edad. Cuando alcanzaban la edad de dieciocho años eran reclutados formalmente en el ejército ruso durante un periodo de veinticinco años.

El hecho de que los mismos líderes de las comunidades judías tenían que elegir cuáles niños debían ser entregados para el servicio militar los colocaba en una posición poco envidiable. Las familias adineradas pagaban sobornos para evitar perder a sus hijos, haciendo que la carga más pesada de ese "impuesto" humano cayese sobre los pobres y los desafortunados. Las autoridades ofrecían una recompensa por cada niño que fuese encontrado evadiendo la leva, lo que llevó a una proliferación de cazadores de recompensas.

Si un líder comunitario no lograba completar las demandas de la leva, soldados armados entraban en las casas y retiraban a la fuerza a los niños de los brazos de sus madres. Los niños lloraban amargamente. Algunos padres corrían detrás de los soldados llorando y gritando. Otros quedaban allí atontados y paralizados, sabiendo que todo estaba perdido. Las madres solían pararse junto a la cárcel y clamar, "¡Hijo mío! ¡Hijo mío! Si al menos hubiese abortado - habría sido mejor para ti que el ir como esclavo para ensuciarte con sus alimentos y costumbres no kosher".

Normalmente los niños se distribuían entre los granjeros cristianos bajo el control de la iglesia. Cuando eran llevados para ser bautizados, casi todos se negaban. Sus captores comenzaban entonces una serie de golpes y torturas hasta que los niños se veían forzados a convertirse. En cuanto a los niños más obstinados, sus captores los "bautizaban" igualmente. Los llevaban al río y los mantenían bajo la superficie del agua hasta que no podían respirar. Entonces los dejaban salir un momento y nuevamente los hundían bajo el agua...

A la mayor parte de los niños se les daba de comer cerdo. Si se negaban a tomar el alimento no kosher, eran severamente castigados con hambre y aislamiento en sótanos oscuros. Días más tarde se los soltaba y nuevamente se le daba comida no kosher. Se los hambreaba y torturaba hasta que se sometían a la "amable" protección de sus guardianes (*Sijrón Iaacov*, Capítulos 40-45, citado en *Neve Tzadikim* pgs. 125-126).

Para evitar que sus hijos fuesen reclutados, algunos padres llegaban al punto de cortarles uno o dos dedos y hacerlos inaptos para el servicio militar - era "mejor perder un dedo que un niño entero". Otros enviaban a sus hijos lejos de sus hogares a vivir con parientes en ciudades lejanas. En áreas donde el ejército solía estacionarse y enviar grupos para atrapar a los que evitaban la leva, las familias solían ocultar a sus hijos en los bosques durante meses hasta que el ejército se retiraba.

Muchos de los niños reclutados fallecieron debido a la mala nutrición o los golpes. Otros se quebraron bajo la presión y la tortura y fueron obligados a convertirse. Algunos de los niños se mantuvieron leales a su judaísmo bajo las condiciones más difíciles, pero la mayoría de los cantonistas nunca retornó a sus hogares. El decreto estuvo en vigencia por cerca de veintiocho años, hasta el año 1855.

*

Educación y Cultura

El decreto de los cantonistas golpeó sólo a una parte de los niños judíos, pero los *maskilim* querían difundir la red más ampliamente. En 1831 Itzjak bar levinson entabló amistad con el ministro de educación ruso, Oborov, y abogó incansablemente por medidas tendientes a "rusificar" a los judíos.[2] La continua edición de obras de Torá era uno de los principales blancos de la *haskalá*. En 1837, bajo la influencia de Levinson, el gobierno prohibió varias categorías de libros "dañinos", incluyendo el *Zohar*, los escritos del Ari, las enseñanzas del Baal Shem Tov y las obras de la segunda y la tercera generación de líderes jasídicos, incluyendo los escritos del rabí Shneur Zalman de Liadi y los del Rebe Najmán - sobre la base de que deprimían a la gente.

En 1839 se decretó que todo dinero recolectado por las comunidades judías para sus propias necesidades debía ser entregado al gobierno para asegurar su "apropiada distribución a las instituciones judías necesarias". En 1840, se introdujo una nueva batería de restricciones. Entre ellas: la vestimenta judía tradicional estaba prohibida o cargada de pesados impuestos; se prohibía a los judíos casarse antes de la edad de dieciocho años (para reducir así la tasa de natalidad judía); se restringía el estudio del Talmud, y se instituyó un rabinato oficial, cuyo criterio de admisión excluía prácticamente a la mayor parte de los rabinos tradicionales.

Con la connivencia de los *maskilim*, el ministro de educación Oborov hizo lo posible por reformar todo el sistema judío de educación nombrando a un judío alemán "iluminado", el doctor Max Lilienthal, como inspector general de las escuelas judías. Lilienthal estableció una cadena de nuevas escuelas donde el estudio consistía de gramática, literatura, matemáticas, filosofía y la Biblia, pero sin Halajá, Mishná, Talmud ni Midrash. Como incentivo para que los padres judíos enviasen a sus hijos a esas escuelas, aquellos que asistían estaban exentos del servicio militar. Pese a esto, Lilienthal no logró eliminar por completo a las escuelas tradicionales.[3] Sin embargo pudo llevar a cabo el cierre de todas las imprentas judías excepto las de Vilna y Kiev (Zitomir) e hizo lo posible para asegurar el cumplimiento de una estricta censura a la literatura de la Torá - muchos de los que trabajaban en la oficina de censura rusa eran judíos apóstatas.

Como enseñaron los Sabios, "Si no hay cabritos, no habrá cabras adultas" (*Bereshit Rabah* 42:3) - si se pierden los niños, no habrá nadie para continuar más tarde con la tradición de Torá. Que el programa de los *maskilim* pudiera transformar a los judíos en un valor productivo de la sociedad rusa era una posibilidad. El hecho de que los judíos terminarían separados de su herencia judía era una certeza.[4]

*

El Rebe Najmán y la Haskalá

Es una extraña paradoja el hecho de que el Rebe Najmán, un extraordinario defensor del antiguo sendero de la Torá y de la plegaria, pudiera llegar a los *maskilim* y comunicarse con ellos, algo que ningún otro gigante de la Torá de su época pudo hacer (ver Capítulo 20).

El Rebe Najmán no tenía ninguna ilusión sobre las intenciones de los *maskilim* y hacia dónde llevarían. Su descripción del sofisticado en el cuento "El Sofisticado y el Simple" muestra la sutil mezcla de curiosidad y de vanidad que yace detrás de su obsesiva búsqueda del conocimiento y de la cultura mundana, llegando finalmente a una total negación de Dios y a una locura diabólica (ver Los *Cuentos del Rabí Najmán* #9). Enseñó el Rebe:

> Cuando la persona va detrás de sus propias ideas puede caer en un gran error y hacer mucho daño, Dios no lo permita. Hay mucha gente que ha causado un tremendo mal al apoyarse en su propio intelecto, tal como los bien conocidos pecadores que han extraviado a tantos detrás de sus ideas. La esencia del judaísmo es la simpleza y la fe (*Likutey Moharán* II, 12).

El Rebe Najmán percibió a la *haskalá* como sintomática de un ocultamiento cada vez mayor de la Divinidad, previo a la llegada del Mashíaj. "Te diré un secreto", le dijo a uno de sus seguidores. "Un gran ateísmo está llegando al mundo, como una prueba desde arriba" (ver *Sabiduría y Enseñanzas del Rabí Najmán de Breslov* #35, #126 y #220). Durante su último verano en Umán, el Rebe dijo: "Ahora nos encontramos al final del pueblo judío, su límite más externo. Todo tiene su punto final y también hay un punto en donde la santidad del pueblo judío alcanza su límite. Más allá de ese punto, la santidad judía no continúa. Cuando el pueblo judío alcanza ese punto, se encuentra muy lejos de Dios".

Quizás el Rebe Najmán sintió que podría llegar a redimir incluso a los pecadores más endurecidos que había en Umán, o que su contacto con ellos podría al menos suavizar la dureza de los decretos que estaban por llegar. No fue así como sus opositores percibieron sus esfuerzos. Sospechaban profundamente y tenían otro motivo para atacarlo. Incluso sus propios jasidim encontraron misteriosas sus largas conversaciones con los *maskilim* y sus juegos de ajedrez con ellos. "¿Qué conexión tiene esa gente contigo?", le preguntó Reb Naftalí. "¡Ellos están tan lejos de ti y de tus santos caminos!". "¿Y qué conexión tienes *tú* conmigo?", respondió el Rebe. "¿Cuán cerca estás *tú*? Para mí ustedes son como plumas en la solapa de alguien. Se las sopla y ellas se vuelan".⁵

Pero la sospecha de los oponentes del Rebe Najmán no se aplacaría fácilmente. Esas sospechas quedaron adheridas al Rebe y más tarde a sus seguidores, especialmente a Reb Noson. El Rebe había instruido a Reb Noson y a Reb Naftalí para que continuasen su relación con los *maskilim* en Umán. Reb Naftalí debía hablar con Moshé Landau, pero no con Hirsh Ber, quien estaba mucho más inmerso que los demás en la especulación filosófica. Sólo a Reb Noson le permitió conversar con él. Reb Noson estaba muy seguido en Umán -tratando de pasar allí cada Erev Rosh Jodesh- y a lo largo de los años siempre mantuvo contacto con los *maskilim*.

Así como habían disfrutado de la compañía del Rebe Najmán, también llegaron a disfrutar de la compañía de Reb Noson. Una vez le pidieron que resolviese un problema matemático extremadamente complejo. Le dijeron que un sacerdote muy erudito había trabajado en el tema durante años antes de llegar a resolverlo. Reb Noson les pidió una habitación tranquila, donde se quedó parado, con un pie apoyado en un banco, con los ojos cerrados y meditando sobre el problema durante una hora y media hasta que lo resolvió. Quedaron asombrados. Reb Noson le agregó entonces algunos otros dígitos al problema y les dijo, "Aunque trabaje durante varios años más, nunca podrá resolver éste".

En otra ocasión, Moshé Landau acababa de retornar de un viaje de negocios a Berdichov. Oyendo que Reb Noson estaba en la ciudad fue a verlo directamente sin pasar siquiera por su casa. Reb Noson lo recibió calurosamente y, como era costumbre, comenzó a hablarle sobre la importancia de servir a Dios en lugar de correr detrás de los deseos mundanos, lo cual no lleva a nada pues el mundo material está lleno de amargura. Landau sonrió y dijo, "Acabo de retornar de Berdichov con una mercadería hermosa. Me siento muy bien. ¿Qué podría andar mal en este mundo?".

Reb Noson le dijo, "Un hombre puede volver de un viaje de negocios exitoso y traer regalos muy caros para su familia. Es posible incluso que le traiga a su esposa un exquisito anillo de oro. Pero es posible también que a ella no le guste y comience a pelearse con él y él termine pensando que es mejor estar muerto que vivo". Landau, quien en verdad le había comprado un anillo a su esposa, fue a su hogar para entregárselo. Tal como Reb Noson había dicho, ella estuvo profundamente disgustada con el regalo y comenzó una discusión al punto en que Landau llegó corriendo a ver a Reb Noson diciendo, "¡*Oi*! ¡Estabas en los cierto...!".

Muchas veces Hirsh Ber desafió a Reb Noson a que probase la existencia de Dios, pero Reb Noson siempre respondía que la existencia de Dios no podía ser probada: que era un tema de fe. Cierta vez Hirsh Ber presionó a Reb Noson para que le diese una respuesta inmediata. Reb Noson le dijo, "¿Cómo puedes desafiarme sobre Dios? Te digo, '¡Yo *vi* a Dios!'" (Isaías 6:1). La parte interesante de esta conversación es que las palabras surgieron de Reb Noson con tanta fuerza que Hirsh Ber aceptó lo que le dijo. Pero no todas sus conversaciones eran tan tranquilas. Cierta vez Reb Noson quedó tan embrollado en un argumento filosófico con él que clamó, "¡*Guevalt*! ¿Qué quiere el Rebe de mi?".

*

Reb Noson y los Decretos

Pese a la cercana relación de Reb Noson con los *maskilim* de Umán -o quizás *debido* a ello- no tenía ninguna ilusión sobre sus objetivos, a los cuales se oponía diametralmente. No era que Reb Noson tuviese temor alguno de lo nuevo y lo desconocido. Siendo joven había desafiado a su familia y sacrificado la vida a la que estaba acostumbrado para ir detrás del Rebe quien enseñaba "un nuevo sendero". Más tarde viajó a *Eretz Israel* en medio de una guerra. La razón de su incansable oposición a las ideas de la *Haskalá* se debía a que había aprendido del Rebe Najmán exactamente adónde llevarían. Constituían un asalto al cimiento mismo de judaísmo.

Como el mismo Reb Noson dijo de manera sucinta, "El *Meguilat Sesorim* del Rebe no menciona la guerra de Gog y Magog, pues no será una guerra física. Será una guerra llevada a cabo por olas de ateísmo que sepultarán al mundo entero". Reb Noson percibió que las innovaciones que los *maskilim* querían introducir representaban las primeras salvas de esa guerra.

En ninguna otra parte eso era más evidente que en sus esfuerzos por minar el papel central del Talmud y de la *halajá* en el plan de estudios judío, reemplazándolos con la filosofía y la cultura secular. El Rebe Najmán había dicho cierta vez, "Para mí, la fe está en las manos" - queriendo decir que la fe sólo tiene sentido cuando se expresa en las acciones práctica de este mundo. Es por eso que el Rebe dio una lección tras otra enfatizando la importancia del estudio de la *halajá*, que nos enseña lo que debemos *hacer*. En los discursos que Reb Noson escribió en el período en que se debatían las reformas educativas demostró cómo los mismos *maskilim* habían dejado de lado la práctica de la Torá. Inculcarles a los jóvenes judíos puntos de vista filosóficos al tiempo de distanciarlos de la "carne" de la Torá -Talmud y *halajá*- sería el comienzo del fin para las futuras generaciones.

No era la manera de Reb Noson luchar de frente con los *maskilim* para frustrar su programa. Y esto pese al hecho de que él mismo se veía personalmente afectado por medidas tales como la restricción de la impresión de libros judíos y la censura impuesta sobre ellos. Eso mismo colocó a Reb Noson en un grave peligro: ya hemos visto cómo había sido cerrada su imprenta (más arriba, Capítulo 31) y es muy posible que hayan sido los *maskilim* quienes estuvieron detrás de la lentitud oficial para emitir el permiso de reapertura. (Es irónico el que los *maskilim* que veían con menos agrado aún a los oponentes jasídicos de Reb Noson, tales como el rav de Sabrán, les otorgaron otra arma más para utilizar en contra de Reb Noson a través del aparato de censura que ayudaron a levantar).

El decreto de los Cantonistas también presentó una gran amenaza para Reb Noson y los jasidim de Breslov, más aún que para mayoría de las otras familias judías. Esto se debió a que los oponentes estaban más que contentos de entregarles al ejército a los hijos y a los nietos de los jasidim de Breslov, con tal de hacerles daño. Durante la década de 1840 hubo muchas ocasiones en las que Reb Noson y sus partidarios se vieron forzados a sacar a sus hijos de Breslov, durante varios meses, para evitar la leva.

Pero pese al sufrimiento personal de Reb Noson debido a los diversos decretos, no era por él que se preocupaba. Percibió que era el futuro mismo del pueblo judío lo que estaba en juego, y que la crisis era nada menos que enviada por el Cielo. Reb Noson se oponía a aquellos que hablaban en contra de la maldad del gobierno y de sus decretos. Él dijo, "Estos decretos provienen del Cielo. El gobierno no es más que una vara asegurando la ejecución del decreto" (*Sijot veSipurim* p.133, #22).

En busca de una guía sobre cómo debía responder, Reb Noson miró en la enseñanza de Rosh HaShaná del Rebe Najmán dada un cuarto de siglo antes. "'El mundo fue creado para mí', y por lo tanto el bienestar del mundo es *mí* responsabilidad. Yo debo orar por el mundo". La primera respuesta de Reb Noson fue por lo tanto tomar el arma tradicional del judío y orar por su pueblo. En el pico del sufrimiento causado por el decreto de los Cantonistas, Reb Noson escribió una serie de desgarradas plegarias pidiendo la misericordia de Dios. Debido a las leyes de censura fue imposible imprimirlas en ese tiempo, pero circularon entre los jasidim de Breslov.

¡Señor del Mundo! Escudo y Salvador de nuestros padres y de sus hijos, por todas las generaciones: ten piedad de nosotros en este momento de dificultad. Quiebra y anula estos duros decretos en nuestra contra. ¿Quién puede soportar tal sufrimiento? Todos esos decretos están dirigidos en contra de nuestra fe judía y de nuestra santa Torá. ¿Qué debemos hacer? ¿Adónde podemos huir? ¡*Oi*! ¡*Oi*! Deberíamos clamar día y noche por la amargura de nuestras aflicciones. ¿No sería mejor morir antes que vivir con este terrible temor en nuestros corazones...? (*Likutey Tefilot* I, 143).

Deberíamos morir santificando Tu Nombre antes que permitir que un solo judío se vea obligado a salirse del camino de la santa Torá. ¡Ay de los ojos que tienen que contemplar mientras ellos cortan la barba y las *peiot* de los jóvenes en contra de su voluntad, y a ellos mismos afeitándose todos los días! ¡Ay de la boca forzada a comer comidas prohibidas! ¡Ay de los pies de los santos judíos que están forzados a caminar más allá de los límites del Shabat! ¡Ay de las manos de los santos judíos que están forzadas a realizar tareas prohibidas en el Shabat, lustrando las armas...! ¿Quién puede mantenerse frente a tales aflicciones? (*Ibid.*).

Señor del Mundo: Tú solo conoces la difícil situación del pueblo judío entre las naciones, en esta época. Somos como espinas en sus ojos, como objetos que nadie desea: somos despreciados y rechazados. Las naciones se burlan de nosotros. Nos miran como ovejas para ser llevadas al matadero, golpeadas y destruidas. Cada día, a cada momento, en cada país, la gente pergeña planes en contra de la santa fe de Israel. Sus quejas no son contra nosotros sino contra Tu santa Torá... Sólo por ello rechinan sus dientes contra nosotros, en cada generación y en cada país... Ten piedad de nosotros, Padre nuestro, Padre amoroso, pues no tenemos a nadie que esté por nosotros, excepto Tu gran Nombre... (*Likutey Tefilot* II, #25).

Por favor, Señor, compasivo Redentor de Israel: despierta Tu Abundante compasión por Israel, Tu Pueblo elegido. Despierta el mérito de todas las ardientes lágrimas derramadas delante de Ti por los santos Tzadikim desde la creación del mundo... Recibe las incontables e innumerables lágrimas vertidas delante de Ti por el pueblo judío desde que se volvió una nación, especialmente desde que Tu Casa fue destruida, hasta el día de hoy... para anular, quebrar y desarraigar todos esos duros y malvados decretos en contra de Tu pueblo (*Ibid.*).

Hacia Dios, Reb Noson extendía sus manos en plegaria. Hacia su congéneres judíos -aquellos de su propia generación y aquellos por venir- se dirigía con una manera única de revelar la Torá, perfectamente pensada para cubrir sus necesidades en la crisis cada vez más profunda. Los dos objetivos principales de los decretos eran la fe judía y la práctica judía. Los discursos de Reb Noson estaban diseñados para fortalecer a ambas al mismo tiempo. La fe sin la práctica no es fe. La práctica sin un significado interior puede ser mortal. Las leyes del *Shuljan Aruj* son el "cuerpo" de la práctica judía; la Jasidut y la Kabalá son el "corazón" y el "alma" de la fe judía. En el *Likutey Halajot*, Reb Noson reúne el cuerpo y el alma para darle un nuevo aliento de vida a su pueblo.

Cierta vez el Rebe Najmán alabó a Reb Noson por tener el don de "explicar los profundos secretos del misticismo a los pequeños niños judíos" (cf. *Tzadik* #363). Cada uno de los discursos de Reb Noson en el *Likutey Halajot* irradia la luz de alguna de las lecciones o de los cuentos del Rebe Najmán sobre una ley o un grupo de leyes del *Shuljan Aruj*. Con referencias que abarcan todo el cuerpo de la literatura Bíblica, Talmúdica, Midráshica y Kabalista, Reb Noson demuestra que lejos de ser secas reliquias de un código ritual caduco, las leyes del *Shuljan Aruj* son vitales senderos espirituales que pueden ser comprendidos y seguidos por cada judío, en su propio nivel, desde el más santo y erudito hasta el más simple e ignorante, e incluso el pecador.

Reb Noson no evita discutir algunas de las cuestiones más profundas que toda persona pensante puede preguntar sobre la vida humana - preguntas que él mismo se había hecho en su juventud y que los jóvenes buscadores judíos que lo rodeaban se estaban haciendo, tales como: ¿Cómo es posible ser feliz cuando el mundo está tan lleno de dolor y de amargura? O: ¿Somos realmente libres - tenemos control sobre nuestro destino? ¿Cómo podemos ser libres si Dios sabe lo que haremos? O: ¿Cómo podemos decidir qué hacer en la vida cuando los líderes del mundo que nos rodea están enfrascados en peleas y nosotros mismos nos encontramos tan divididos dentro de nuestras propias mentes?

El propósito de esas disquisiciones de Reb Noson, al igual que de muchas otras cuestiones, nunca es analizar simplemente los temas, sino ofrecer un consejo práctico sobre cómo alcanzar una genuina plenitud y crecimiento espiritual en un mundo de confusión - "pues lo más importante no es el estudio sino la acción" (*Avot* 1:17). Los *maskilim* decían que la filosofía y la cultura que querían inculcar en los niños judíos ampliarían sus horizontes mentales, pero Reb Noson sabía que solamente el sendero de la Torá puede hacer que el judío alcance su verdadero destino en este mundo y en el próximo. Reb Noson atacaba las reformas educativas propuesta por los *maskilim* con una amargura que no se encuentra en ninguna otra parte de sus escritos:

> Debemos clamar y gritar día y noche, debemos golpear nuestras cabezas contra la pared, debemos cubrirnos con arpillera y lamentar el desastre del que estamos oyendo... Las escuelas les enseñan a los niños judíos a hablar, actuar y vestirse como gentiles... ¡Ay de nosotros! ¡Nos han robado! ¡Ay de nosotros! Hemos visto cómo aquellos que han crecido con esos valores se han vuelto ateos... Ellos desacralizan el Shabat... Realizan malas acciones... Peor aún, se burlan de toda nuestra Torá... Nos encontramos en medio de las horribles dificultades previstas por nuestros Profetas para antes de la llegada del Mashíaj... (*Likutey Halajot*, Pesaj 7:6).

Reb Noson sabía que las enseñanzas del Rebe Najmán eran el remedio que Dios había preparado antes de dar el golpe. Fue por ello que en esos años, aparte de sus plegarias a Dios, Reb Noson puso sus mayores esfuerzos en la impresión y en la publicación de las obras del Rebe, en la medida en que ello era aún posible, difundiendo también sus enseñanzas a todo aquel que quisiera escucharlo. Eso incluía a los mismos *maskilim*, como los que vivían en Umán, y a los judíos que habían caído bajo su influencia. El Rebe Najmán le había enseñado a Reb Noson que es posible encontrar chispas de fe en lo más profundo del alma del más pecador de los judíos. Sólo era la falta de esperanza, debido al aparentemente interminable exilio acompañado de semejantes sufrimientos, lo que impelía a ciertas personas a actuar de la manera en que lo hacían. Y es testimonio del eterno espíritu judío que, luego de todas sus aflicciones, aún mantenían un sentimiento de orgullo judío - aunque de una manera distorsionada.

Hay una historia reveladora sobre un hombre de Breslov que trabajaba como empleado en una oficina gubernamental. Un Shabat entró al *shul* de Breslov justo cuando la congregación estaba recitando la *kedushá* del *musaf* y, con arrogancia, levantó sus manos manchadas de tinta para mostrarles a todos que él había desacralizado el Shabat. Los jasidim querían echarlo del *shul*, pero Reb Noson dijo, "¡No! Si vino a nosotros, no es por nada. Probablemente ha tratado de ir a otros *shuls* y le han negado la entrada. Si él vino al *shul*, demuestra que debe sentir alguna necesidad de arrepentirse". Finalmente el hombre llegó a ser un judío observante y un cercano seguidor de Reb Noson.[6]

Hubo otro caso de un hombre que estaba profundamente sumergido en la filosofía. Fue a ver a Reb Itzjak a la oficina de correos de Tulchin para reservar un lugar en el carruaje a Berlín, pues quería ir allí para estudiar con los líderes de la *Haskalá*. Justo en ese momento Reb Noson entró a la oficina. Cuando el hombre vio a Reb Noson, se sintió sobrecogido por su aspecto. Le preguntó a Reb Itzjak, "¿Quién es este hombre?". "Mi padre", replicó Reb Itzjak. "¿Puedo hablar con él?". "Por supuesto que puedes", dijo Reb Itzjak. Se pusieron a conversar y bajo la influencia de Reb Noson el hombre decidió que en lugar de ir a Berlín iría a Breslov, donde se volvió un judío observante (*Siaj Sarfei Kodesh* I-718).

Al condenar la *haskalá*, Reb Noson hizo una distinción entre una minoría de líderes auto proclamados, quienes querían hundir a la Casa de Israel, y los pecadores extraviados que, en lo profundo, querían encontrar a Dios.

Escribe:

> El Rebe Najmán enseñó que uno debe hacer todos los esfuerzos posibles para traer a la gente de retorno a Dios, pero que hay algunos que no pueden ser acercados debido a su gran maldad (ver *Likutey Moharán* I, 59:1). Esta paradoja puede comprenderse en relación con algunas de las leyes de la *kashrut*. Si algo que no es *kosher* se mezcla con algo *kosher*, puede hacer que esto último se vuelva no *kosher*. Hay ciertas instancias en las que la mezcla puede ser permitida, como cuando la cosa no *kosher* sólo es una sesentava parte del total quedando así anulada. Pero en otras instancias la mezcla queda prohibida incluso si el ingrediente no *kosher* es menor que una sesentava parte del total. Éste es el caso cuando la cosa no *kosher* es identificable como teniendo importancia propia o proviene de una categoría especial, como la levadura en Pesaj (ver *Iore Dea* 99-102).
>
> Los ingredientes no *kosher* "importantes" corresponden a los líderes de los *maskilim* que gozan de influencia en el mundo. Está prohibido tratar de acercarlos, porque harán que todo aquel que llegue a estar en contacto con ellos se vuelva no *kosher*. Hay algunos que pueden ser traídos, pero deben presentarse voluntariamente: es imposible forzar a alguien a acercarse a Dios. Deben hacerlo en base a su propia libertad de elección. Así, el pequeño mal que hay en ellos será contrarrestado y anulado por el gran bien que se encuentra en aquellos que los acercan (*Likutey Halajot*, Taaruvot 5:1-3; ver también *Likutey Halajot*, Avedá uMetziá 3:16).

Reb Noson enseñó que todo aquel que desee buscar a Dios finalmente Lo encontrará:

> Esto se aplica incluso al peor de los peores, incluso a alguien que ha pecado una y otra vez y que se encuentra totalmente alejado de Dios. Si busca a Dios desde donde está, no importa cuán bajo y sucio pueda ser ese lugar, si siente un pequeño anhelo de arrepentimiento y decide allí y en ese momento buscar a Dios, podrá elevarse a las alturas más grandes...
>
> Fue precisamente después de que los judíos hicieron el Becerro de Oro que Dios les ordenó construir el Tabernáculo. Habían tenido mucho oro y lo habían utilizado para pecar. Habían descendido de las alturas de la revelación en el Sinaí a las profundidades más bajas de la degradación y de la idolatría, todo en el lapso de unos pocos días... Pero con el mismo oro podrían

rectificar ahora su error... ¿Dónde construyeron el Tabernáculo? En el desierto, en un lugar deshabitado. Cuando se montaba el Tabernáculo los judíos tenían prohibido entrar al lugar del Santo de los Santos. Pero tan pronto como el Tabernáculo se desmontaba, todos podían caminar sobre el mismo lugar en el que la presencia de Dios había estado previamente revelada. Adonde fuesen los judíos en el desierto, allí erigían el tabernáculo. ¡La santidad más elevada podía ser revelada incluso en el desierto! Esto prueba que si la persona verdaderamente lo desea, puede encontrar la santidad incluso en los lugares más distantes y más bajos en que pueda haber caído (*Likutey Halajot, Gueviat Jov Meihaiesomim* 3:6,7).

* * *

33

El *Kloiz*

El número de personas que viajaban a Umán para Rosh HaShaná había estado aumentando constantemente de año en año. En 1811, para el primer Rosh HaShaná luego del fallecimiento del Rebe, cerca de sesenta jasidim habían ido a Umán, donde fueron bienvenidos por el *shul Shomrim LaBoker* (ver Capítulo 24). Los jasidim de Breslov oraron allí durante diez años, hasta 1821, cuando simplemente ya no hubo suficiente espacio.

Ese año, un tal Reb Mordejai de Umán invitó a los jasidim de Breslov a orar en su casa, que era muy espaciosa. Allí oraron durante tres años consecutivos, en el curso de los cuales falleció Reb Mordejai. Su familia los invitó a continuar allí los servicios de la reunión de Rosh HaShaná y así lo hicieron durante unos años más. Pero para entonces ya habían sobrepasado también la capacidad de la casa de Reb Mordejai y volvieron al *hamber* en la casa de Reb Najmán Noson, donde se habían llevado a cabo los servicios del último Rosh HaShaná del Rebe.[1]

Pocos años después el *hamber* se dañó, lo que hizo imposible seguir orando allí. Afortunadamente, en ese momento un residente de Umán había terminado de construir una nueva casa y estaba contento de alquilárselas a los jasidim para Rosh HaShaná. Pero estaba claro de que debían encontrar una solución más permanente. Algunos de los jasidim tuvieron la idea de construir su propio *kloiz* (sinagoga), pero debido a los grandes costos y al enorme trabajo que ello implicaba el proyecto fue diferido una y otra vez.

Reb Noson buscó lugares que podrían ser lo suficientemente grandes como para albergar el creciente flujo de jasidim, pero cada vez se hacía más difícil encontrar un ámbito apropiado. Reb Noson temía que las condiciones de hacinamiento podrían hacer que la gente dejase de concurrir y eso podría incluso poner fin al *kibutz* anual de Breslov para Rosh HaShaná. Tanta gente asistió al Rosh HaShaná del año 5590 (28 de septiembre de 1829) que Reb Noson comprendió que no había más opción. Debían construir su propio *kloiz*. La tarea era formidable, no sólo debido a los fondos necesarios sino a causa de la oposición que de seguro encontrarían. Durante un tiempo Reb Noson dilató aceptar la responsabilidad de la empresa hasta que finalmente fue convencido por uno de los jasidim más pobres, un tal Reb Mendel de Ladizin.

Reb Noson había ido a Ladizin para buscar el apoyo de los jasidim de allí. Reb Mendel le dijo: "Reb Noson, si no construyes nuestro propio *shul* no habrás logrado nada". Reb Noson sabía que eso era verdad e inmediatamente le dijo a Reb Mendel, "Si es así, tú debes comenzar con la mitzvá - da una contribución para su construcción". Reb Mendel ganaba su magro sustento mediante el trabajo de sus propias manos. Corrió a su hogar, tomó dos rublos - todos sus ahorros- y se los llevó a Reb Noson. Sabiendo cuán pobre era Reb Mendel, Reb Noson se negó a tomar el dinero. Reb Mendel comenzó a llorar. Le rogó a Reb Noson que tuviese piedad de él y que no lo privara del gran mérito de ser el primero en contribuir para una causa tan valiosa. Reb Noson no pudo negarse (*Sijot veSipurim* p.142).

El sacrificio de Reb Mendel por la mitzvá fue el cimiento más firme del *kloiz* y Reb Noson estaba ahora seguro de que sería construido. Cuando más tarde visitó en Tcherin a los jasidim más ricos, les contó sobre la contribución de Reb Mendel. "Ese hombre me dio todo lo que podía. ¡Ustedes deben hacer lo mismo!". Más tarde dijo Reb Noson, "Con esos dos rublos construí el *kloiz*" (*Siaj Sarfei Kodesh* I-570). Cierta vez comentó: "Debemos preguntarnos si fue el dinero de los ricos el que construyó el *kloiz* o el anhelo del pobre de ver el trabajo terminado. Sería bueno decir que fue el anhelo del pobre lo que construyó el *shul*" (*rabí Eliahu Jaim Rosen*).

Se había dado un paso, pero un proyecto sagrado como construir el *kloiz* -que estaba destinado a servir como punto focal de todos los jasidim de Breslov por casi un siglo- no podía llevarse a cabo sin un constante esfuerzo, muchos obstáculos, mucho anhelo, más obstáculos y más anhelo. Aparte de todo lo demás, la recaudación de los fondos fue muy difícil, pues la mayoría de los jasidim de Breslov eran muy pobres y la oposición en su contra estaba creciendo constantemente.

El tiempo pasó y la hija de Moshé Jenkes se comprometió con Reb Abraham Ber, el hijo de Odil, la hija del Rebe Najmán.[2] La boda tuvo lugar en octubre de 1830.[3] Moshé Jenkes estaba contento por varios motivos. Aparte del hecho de que su futuro yerno era un joven serio, altamente inteligente y muy respetado en la ciudad, su hija también estaba contrayendo matrimonio con una de las familias más prominentes de todo Israel - los descendientes del Baal Shem Tov, cuyos ancestros llegaban hasta la Casa de David. Moshé Jenkes también pensó que había tenido la última palabra. Cierta vez, cuando el Rebe Najmán estaba recién llegado a Breslov, Moshé Jenkes le había servido café. Al hacerlo derramó el café. El Rebe Najmán le dijo que esa era una señal de que nunca serían *mejutanim* - ¡pero ahora lo eran!

Entre los invitados a la boda se encontraba el cuñado de Moshé Jenkes, el rav de Tomoshpiel y su esposa. Para ese entonces su odio por los jasidim de Breslov había alcanzado tal pico de furia que ambos explotaron en contra de Reb Noson en medio de la ceremonia nupcial, atacándolo abiertamente e insultándolo frente a sus seguidores. La esposa del rav llegó al punto de merecer una bofetada por parte de uno de los jasidim de Breslov. Luego del incidente el rav de Tomoshpiel se puso más furioso que nunca y desde ese momento comenzó a incitar a su hermana Elki y a sus hijos en contra de Reb Noson, con la intención de que también Moshé Jenkes se volviese en su contra (*Imei HaTlaot* p.137; ver más arriba, Capítulo 25).

El rav de Tomoshpiel también tenía un terreno bien abonado sobre el cual trabajar en sus esfuerzos con su rebe, Reb Moshé Zvi de Savrán. Algunos años antes, en 1827, el rav de Savrán había sido presentado a Odil como posible pareja matrimonial: ella acababa de perder a su marido, Reb Ioske,[4] y el rav de Savrán era viudo. Siendo uno de los maestros jasídicos más importantes de Ucrania, parecía la pareja perfecta para Odil. Pero ella sabía, a partir de su crianza en casa de su padre, que Reb Noson comprendía al Rebe más que cualquier otro y que siempre cuidaría de sus intereses, con todo el corazón (ver Capítulo 31). Cuando le pidió consejo a Reb Noson, él le respondió que una presencia tan importante en Breslov podría poner en peligro el futuro de la Jasidut. Como yerno del Rebe Najmán, el rav de Savrán podría llegar a considerarse su sucesor y desvirtuar las enseñanzas del Rebe. Odil no aceptó, dejando al Savraner mucho más receptivo a las calumnias del Rav de Tomoshpiel.[5]

Así haya sido resultado de la campaña de odio en su contra, o a que su intensidad y sinceridad simplemente eran una molesta espina en todos aquellos que preferían una vida de complacencia, o bien porque la Jasidut de Breslov parecía desafiar el principio de que los jasidim debían tener un rebe vivo, los jasidim de Breslov estaban siendo humillados y ridiculizados en todas partes. La gente encontraba motivos para criticar frases del *Likutey Moharán* y de otras obras del Rebe.[6] Solían acosar y provocar a los jasidim, inflamando los ánimos y las disputas.

Una de las primeras y más importantes lecciones que Reb Noson había oído del Rebe Najmán enseñaba que el sendero al verdadero arrepentimiento era aceptar en silencio la humillación y el insulto (*Likutey Moharán* I, 6; ver más arriba, Capítulo 5). Reb Noson solía advertirles a sus seguidores para que no les respondiesen a sus adversarios. ¿Por qué debían embrollarse cada vez más en las disputas cuando ello sólo los alejaría de la búsqueda de la verdad? Reb Noson los alentaba a tratar de ignorar lo que sucedía a su alrededor y a continuar con sus propias devociones de la mejor manera posible.[7] A veces el consejo de Reb Noson ayudaba a los jasidim a superar momentos difíciles. Pero, siendo como es la naturaleza humana, también había momentos en que no lograban alcanzar sus ideales, agregándole combustible a la controversia.

*

Los esfuerzos de Reb Noson para recolectar los fondos para la construcción del *kloiz* se detuvieron en noviembre de 1830 por el estallido de una mortal epidemia de cólera en Ucrania. Una de las primeras ciudades en ser atacada fue Tulchin, donde vivía Reb Itzjak, el hijo de Reb Noson. Reb Noson le escribió urgiéndolo a mudarse a Breslov junto con su familia, lo antes posible. Al mismo tiempo, Reb Noson dudaba si eso era lo correcto: en ese momento había en Breslov un escuadrón del ejército buscando a los Cantonistas. Estaban sembrando el terror entre los judíos y Reb

Noson quería evitarle a Reb Itzjak todo eso.

Finalmente, Reb Itzjak no fue a Breslov, algo que estuvo bien, porque la epidemia llegó allí una semana más tarde, llevándose la vida de la hija más joven de Reb Iona, el vecino de Reb Noson. Algunas de las visitas que estaban parando en la casa de Reb Noson también enfermaron, incluyendo a Reb Shmuel de Nemirov, quien falleció unos días después. Y no fue el único de los seguidores de Reb Noson que falleció en ese periodo. Incluso durante la plaga, los detractores de Reb Noson seguían vociferando, "¡Miren!" decían, "¡todos los que se le acercan se mueren!".[8]

Reb Noson le escribió a Reb Itzjak:

> Puedes comprender por ti mismo lo que hemos estado viviendo aquí. Pero en medio de todo este dolor y sufrimiento, me mantuve con vida con el pensamiento de la asombrosa misericordia de Dios por haberme acercado a esa gran luminarias [el Rebe], quien conocía la canción que será revelada en el futuro, una canción que incluirá todo lo que cada uno tuvo que vivir... (*Alim LeTerufá* #34).

La epidemia de cólera duró ocho semanas, matando a miles en toda Ucrania, incluyendo muchos en Breslov y en Tulchin - la suegra de Reb Itzjak fue una de las víctimas. Muchas ciudades fueron puestas en cuarentena. Los habitantes de las ciudades que no habían sido afectadas temían viajar. Así como la gente solía visitar al Rebe Najmán para el Shabat Jánuca, lo mismo hacían los seguidores de Reb Noson para esa fecha. Sin embargo, ese año sólo una persona llegó. Reb Noson le escribió a Reb Itzjak:

> Todo lo que Dios hace es para bien. Él me ayudó y pude expresar muchas ideas nuevas durante *shalosh seudot*. En verdad debería haber habido miles de almas oyendo las palabras de Torá que fluyeron en ese momento, pero ¿quién conoce la grandeza del Creador y la bondad con la cual Él nos trata? ¡Especialmente en esta generación! ¡Tenemos tales tesoros! Pero debido a ello más y más obstáculos se levantan contra nosotros. Ciertamente todo debe ser para bien y al final Dios nos hará triunfar.
>
> Por nuestra parte debemos esperar Su ayuda, constantemente, y orar y clamar por todo lo que estamos sufriendo hasta que Él contemple desde el Cielo ¡Pensábamos que nada podía ser peor que nuestros anteriores problemas y mira lo que ha

sucedido! Tú ves, querido hijo, lo que una persona debe atravesar. Aquel que tiene ojos en la cabeza sabe que la única manera es andar con las enseñanzas del Rebe... y no permitir que los problemas nos distraigan de nuestros estudios y devociones. En un momento como éste debemos estar más decididos que nunca (*Alim LeTerufá* #37).

En noviembre de 1830, los polacos se levantaron contra el zar bajo cuyo gobierno habían estado desde 1815. Esa revuelta fue implacablemente aplastada en la primavera y en el verano de 1831. Con el ejército ruso movilizándose por la región, nuevamente le fue muy difícil a Reb Noson volver a viajar. Luego de ello hubo una epidemia de sarampión, en la que sufrió toda la familia de Reb Noson. Sin embargo, a finales de agosto de 1831, Reb Noson compró en Umán un terreno apropiado para el *kloiz* y consiguió el permiso de construcción. Incluso llegó a comprar la madera para los cimientos, que fue llevada al sitio de la construcción. Nadie protestó. Por el contrario, muchos de los residentes de Umán le desearon éxito. Los cimientos fueron colocados poco después de Rosh HaShaná del año 5592 (8 de septiembre de 1831) y la construcción comenzó poco después de Sukot.

Ese año, durante Jánuca (diciembre de 1831), Sara, la hija del Rebe Najmán, falleció en Kremenchug un día después de dar a luz a un niño. Unas semanas después, Reb Naftalí con algunos otros fueron a Breslov para persuadir a Odil de casarse con su cuñado, Reb Isaac. Sara había dejado hijos pequeños y Odil, siendo su tía, sería la mejor mujer para criarlos. Odil estuvo de acuerdo y Reb Noson fue con ellos a Kremenchug para la boda.[9] Luego, se dirigió a Umán a supervisar la construcción del *kloiz*. La nieve y el hielo del invierno ucraniano detuvieron la obra, pero para el verano de 1832 ya estaba lista la estructura.

Reb Noson estaba ansioso por terminar, temiendo que sus oponentes encontraran maneras y medios para detenerlos - las autoridades no sentían amor alguno por los judíos y cualquier queja sería suficiente para producir graves atrasos. Los temores de Reb Noson no eran infundados. Al comienzo del verano, un jasid de Breslov de Tulchin se vio implicado en una disputa que llegó a la violencia física. La comunidad de Tulchin impuso multas a los participantes, pero varios de los jasidim de Breslov, incluyendo

Reb Itzjak, se vieron forzados a huir de la ciudad durante varios días hasta que la situación se calmó. Esa misma semana los oponentes dañaron varios libros de Breslov. Las cosas se estaban caldeando.[10]

El *kloiz* no estuvo a tiempo para Rosh HaShaná de 5593 (25 de septiembre de 1832), de modo que Reb Noson volvió a alquilar un lugar para el *kibutz*. La construcción continuó durante el nuevo año. Ese mismo año, Janá Tsirel, la hija de Reb Noson, se comprometió con Reb Baruj de Brahilov, un *lamdam* muy querido. Los oponentes de Reb Noson se preguntaban cómo había podido adquirir tal yerno. Se vieron forzados a admitir que habían sido sus plegarias las responsables de un *shiduj* tan bueno.[11] Reb Baruj no viajó a Umán para el primer Rosh HaShaná luego de su matrimonio (5594/1833). Cuando algunos de los jasidim de Breslov trataron de persuadirlo Reb Noson dijo, "Yo lo recibí como yerno, no como un jasid".[12] Janá Tsirel dio a luz a una niña en septiembre de 1834 y la llamó Esther Shaindel, en honor a su madre.[13]

*

Durante varios años Reb Noson se había visto forzado a suspender la impresión de las obras del Rebe debido a la falta de permiso para operar la imprenta. Ahora comenzó a renovar sus esfuerzos en esa dirección. Su *Kitzur Likutey Moharán* sintetizaba la guía práctica contenida en cada una de las enseñanzas del Rebe Najmán incluidas en el *Likutey Moharán*. Durante ese período Reb Noson volvió a organizar por temas el material del *Kitzur Likutey Moharán*, produciendo un compendio de más de sesenta tópicos sobre las enseñanzas del Rebe Najmán. La nueva obra fue titulada *Likutey Etzot*, "Recopilación de Consejos".[14] Al mismo tiempo Reb Itzjak comenzó a preparar los índices para las obras del Rebe, lo que le dio un gran estímulo a Reb Noson.

Durante ese año, Reb Jaim Cohen, tío de la primera esposa de Reb Noson, se quedó a vivir durante un tiempo con Reb Noson. Reb Jaim vivía en Lemberg (Lvov) y le dijo a Reb Noson que estaba seguro de que allí sería posible imprimir los libros del Rebe. Lemberg tenía varias imprentas grandes y se estaba volviendo un centro importante para la impresión de la literatura de Torá. Cuando

Reb Jaim retornó a su hogar, Reb Noson siguió en contacto con él, comenzando a hacer planes para volver a publicar todas las obras del Rebe.

Para el verano de 1833 el *kloiz* aún no estaba terminado, pero la obra estaba lo suficientemente avanzada como para llevar a cabo allí los servicios de Rosh HaShaná. El techo ya tenía las tejas puestas, las paredes estaban siendo revocadas y Reb Noson había pagado un depósito para las puertas y las ventanas. Se había comenzado la construcción de un apartamento en donde viviría Reb Naftalí. Reb Noson compró un hermoso Sefer Torá, *sefarim* y todo lo necesario para un *shul*. Las cosas parecían estar mejorando.

*

La fábrica de Idishkeit

Para mediados de 1830 Reb Noson había formado a más de cien seguidores profundamente comprometidos. Éstos habían hecho de la Torá y de la plegaria la luz y guía de sus vidas, cada uno en su propio nivel. Pero si bien Breslov era, como el Rebe Najmán la había llamado una vez, "la fábrica de *idishkeit*" (*Imei Moharnat* I, #38), los "productos" -los judíos mismos- nunca podían ser fabricados en serie. Cada uno tenía su propio corazón y alma. Reb Noson dijo cierta vez, "Yo puedo explicar el pasaje más difícil del *Maharam Shiff* [uno de los comentarios más profundos sobre el Talmud] pero no puedo explicar a otro ser humano. La clave de cada uno es su corazón quebrantado, ¿y quién puede saber algo sobre el quebrantado corazón de otra persona?" (*Siaj Sarfei Kodesh* I-623).

La actitud de Reb Noson hacia aquellos que se le acercaban era directa: no importaba si eran diferentes o incluso extraños, mientras fuesen sinceros. La vasta mayoría era ciertamente seria y muy intensa en sus devociones. Algunos eran rabinos o eruditos, otros astutos comerciantes o artesanos. Pero incluso aquellos que trabajaban para ganarse el sustento le dedicaban a la plegaria y al estudio de la Torá muchas horas al día. Otros estaban completamente alejados de este mundo, pasando todas sus noches y sus días en la plegaria y en el estudio. En general vivían en una pobreza abyecta, pero no le prestaban atención.

Reb Pinjas Ioshúa, por ejemplo, sólo tenía una camisa, que solía dar vuelta cuando se tenía que cambiar. Cierta vez su mujer le pidió dinero para comprar alimentos para sus hijos. "Están muriendo de hambre", dijo ella. Él le dijo a ella que eran muy afortunados. "La esposa del gobernador de Kiev tiene hijos enfermizos y constantemente tiene que llevarlos a institutos de salud para aumentar su apetito. Gracias a Dios, nuestros hijos son saludables, ¡y sí que tienen apetito!" (*rabí Eliahu Jaim Rosen*). No es que Reb Pinjas fuese indiferente a las necesidades de sus hijos, Dios no lo permita. Últimamente les estaba dando lo que necesitaban. Sin embargo, al igual que la mayoría de los seguidores de Reb Noson, Reb Pinjas Ioshúa siempre trató de mirar el lado bueno de las cosas.

El padre de Reb Pinjas Ioshúa fue Reb Itzjak Isaac Iosef de Breslov, un escriba. Había sido uno de los primeros seguidores de Reb Noson. Una noche de Iom Kipur se lo oyó recitar dos veces todo el libro de los Salmos, todo el tiempo con el mismo e intenso fervor. Reb Noson le dijo a Reb Pinjas Ioshúa, "Tu padre era un Tzadik" (*Sijot veSipurim* p.144). Ya hemos conocido a Reb Ozer, quien era intenso al extremo. Igualmente lo era Reb Shaúl de Teplik, quien fuera respetado en el *beit midrash* por ser capaz de responder a todas las preguntas. Al igual que Reb Ozer, Reb Shaúl falleció muy joven. Reb Noson hizo notar que Reb Shaúl fue retirado del mundo pues no hubiera sido capaz de mantener su intensidad (*Sijot veSipurim* p.146; ver Rashi, Génesis 5:24).

Reb Najmán de Tulchin, quien siendo niño había servido a Reb Noson en Heisin (ver más arriba, Capítulo 27), era ahora un joven ya casado y vivía en Tulchin. Se había vuelto el discípulo más cercano de Reb Noson. Reb Najmán de Tcherin era el nieto de Reb Aarón el Rav. Conocido como un niño prodigio, al comienzo se mantuvo tímidamente alejado de Reb Noson. Reb Noson le dijo cierta vez, "¡Najmán! ¿Quién sabe? ¡¿Quizás tú eras el motivo por el cual el Rebe Najmán trabajó tan duramente para traer a tu abuelo a Breslov?!". Desde ese momento se volvió un seguidor muy cercano de Reb Noson y escribió y compiló muchas obras sobre la Jasidut de Breslov.

Entre los otros seguidores de Reb Noson se encontraban:

Reb Mendel de Ladizin, quien sacrificó tanto para construir el *kloiz*; Reb Efraím, el hijo de Reb Naftalí, que vivía en Kremenchug y que era, aparte de un exitoso comerciante, un devoto de Dios: sus devociones eran legendarias. Estaba Reb Zalman, quien era rav en Medvedevka; Reb Jaim Najum de Zherin, que ayudó a Reb Noson con la imprenta; Reb Moshé Breslover y Reb Iehudá Leibel, que vivía en las afueras de Breslov y servía a Dios día y noche. Tuvo un hijo, R. Noson, quien también se volvió un seguidor muy cercano de Reb Noson.

En Tulchin, aparte de Reb Itzjak, el hijo de Reb Noson, había varios otros jasidim de Breslov, incluyendo a Reb Shimshon, un comerciante, a un tal Reb Iaacov (ver nota 7), a Reb Mordejai Shpielband, a Reb Itzjak (el hijo de Abraham Ber) de Tulchin y a Reb Najmán Jaiales, nieto del Rebe Najmán. Teplik también tenía su cuota de jasidim: Reb Asher Selig, quien era reconocido en la ciudad como un hombre de notable piedad y erudición y Reb Itzjak Dov. Otros seguidores eran: Reb Meir Leib Blejer de Breslov, Reb Najmán ben Reb Itzjak Leib, Reb Najmán Pesajl HaKohen, Reb Najmán ben Reb Ozer, Reb Najmán Shpielband y Reb Shmuel Weinberg.

Dado que la única preocupación de Reb Noson era que la gente sirviese a Dios con verdad, sin importar el hecho de que los demás los considerasen "normales" y "aceptables", lo más importante para él era su sinceridad. Por ejemplo, cuando Reb Noson estuvo en Odesa esperando viajar a *Eretz Israel*, se encontró con un cierto Reb Aarón Iehudá. Todos pensaban que Reb Aarón Iehudá era extraño, pero Reb Noson lo tenía en muy alta estima. Veía en él una sinceridad y una seriedad de la cual carecían los demás, motivo por el cual se hizo su amigo (ver *Imei Moharnat* II, #59).

Como en todo grupo, también había un elemento "marginal" y su visible aceptación por parte de Reb Noson despertaba la crítica de algunos de la generación más vieja de los seguidores del Rebe Najmán, incluyendo a Reb Aarón el Rav, amigo cercano de Reb Noson, quien vivía en Breslov.[16] Aquellos que lo criticaban sentían que la presencia de ese elemento podía ser uno de los motivos de la creciente oposición. Aun así, no se quejaban demasiado. Nadie disputaba el hecho de que Reb Noson estaba haciendo más que ningún otro por mantener encendida la llama del Rebe Najmán. Él era el mayor ímpetu detrás del *kibutz* anual de Rosh HaShaná en Umán; estaba construyendo el *kloiz*; había impreso todos los libros del Rebe y cada vez inspiraba a más gente a *vivir* de hecho sus enseñanzas.

Hacía cerca de quince años que se habían terminado los días de independencia financiera de Reb Noson. Ahora dependía de la buena voluntad de algunos de los pocos seguidores ricos, quienes tenían que proveer no sólo para las necesidades de su familia, sino también para la de los muchos visitantes que siempre llegaban a verlo, la mayor parte de los cuales eran más pobres que él. Sus patrocinadores proveían de buena gana, en general tomando la iniciativa. Por ejemplo, para Shavuot del año 1834 se dieron cuenta de que Reb Noson necesitaba nuevas vestimentas y se las regalaron.

Por su parte, Reb Noson rechazaba todas las señales externas de liderazgo - durante toda la vida se comportó con la mayor modestia. Era costumbre en Europa oriental que un rebe o rav vistiese ropas de seda y un sombrero especial. Reb Noson se negaba absolutamente a llevar esas prendas. En esa época sólo los rebes jasídicos usaban *shtreimels* pero no sus jasidim. Cierta vez alguien le compró a Reb Noson un *shtreimel* e insistió en que lo usase. No teniendo otra opción, Reb Noson lo usó durante un tiempo. Se lo sacó para ir al baño y para cuando volvió alguien lo había robado. Reb Noson estuvo extremadamente agradecido (*rabí Najmán Burstyn*).

A diferencia de los rebes establecidos, Reb Noson se negaba a tener un *gabai* (asistente) para organizar sus citas y administrar sus temas financieros, etc. Cierta vez un jasid de Savrán se burló de un jasid de Breslov, "Mira quién es tu rebe: el que quiera puede entrar a verlo. Tanta gente viene a ver a mí rebe que se forma una fila muy larga fuera de su puerta". "¿Qué se supone que debemos hacer?", respondió el jasid de Breslov, "¡si *tu* rebe está parado fuera de la puerta de *nuestro* rebe y no deja que nadie entre!" (*Siaj Sarfei Kodesh* I-751).

Al comienzo Reb Noson se negaba incluso a decir Torá durante la Tercera Comida del Shabat, que es cuando normalmente los rebes hacen un *tisch* (mesa). Reb Noson quería diferenciarse de todo lo que podía hacer que pareciese un rebe. Se dice que un cierto jasid de Breslov nunca iba a ver a Reb Noson para la Tercera Comida del Shabat porque sabía que no oiría ninguna lección de Torá. Reb Noson solía escribir sus sueños. Ese jasid vio cierta vez en el cuaderno de notas de Reb Noson que el Rebe Najmán había ido a verlo para quejarse de que estaba ahuyentando a la gente. El Shabat siguiente el jasid fue a la Tercera Comida, sabiendo que de ahí en adelante Reb Noson diría Torá en *shalosh seudot* (*Avenea Barzel* p.65-66, #40).

La Torá era la esencia de lo que ofrecía Reb Noson: la Torá del Rebe Najmán. Siempre repetía las lecciones del Rebe, especialmente aquellas que expresaban los elementos fundamentales de su sendero: la alegría, la fe, la plegaria y el *hitbodedut*. Los discursos que Reb Noson escribía para sí formaban la base de las charlas que solía dar frente a sus seguidores en el Shabat y en Iom Tov, etc. Cada discurso estaba construido sobre una o varias lecciones y cuentos del Rebe. Reb Noson solía parafrasear ciertos pasajes para iluminar algún elemento difícil, para elaborar sobre los temas principales del Rebe y explicar cómo las enseñanzas debían ser aplicadas en la práctica. Aparte de sus discursos formales, Reb Noson también incluía el mensaje del Rebe Najmán en todas sus conversaciones cotidianas, inspirando, aconsejando y alentando, enseñando a recordar constantemente el propósito final de la vida en este mundo, para poder vivir la vida de la Torá y de las mitzvot con todas sus fuerzas.

El Baal Shem Tov había fallecido en 1760 - tres cuartos de siglo antes. Para mediados de 1820 la mayoría de los discípulos del Maguid de Mezritch habían fallecido. Al entrar el Jasidismo en su cuarta generación, el fuego encendido en sus seguidores por el Baal Shem Tov, el Maguid de Mezritch y sus discípulos, estaba comenzando a apagarse. Los jasidim de los comienzos se habían caracterizado por un fervor único en la realización de sus devociones. Sin embargo, a medida que las cortes de los rebes se volvían más institucionalizadas, la gente solía acercarse a sus líderes no tanto para buscar guía e inspiración espiritual sino para recibir bendiciones y lograr el éxito en los asuntos mundanos y resolver sus problemas materiales.

Cierta vez un famoso líder jasídico llegó de visita a Teplik. Tanta gente fue a verlo que estuvo toda la noche sentado, recibiéndolos. Cada uno trajo su *kvitl* con una lista de sus necesidades - para sustento, etc. Reb Noson comentó, "¿Toda la noche pasada pidiendo por las necesidades materiales y nada por lo espiritual?" (*Siaj Sarfei Kodesh* I-545). El rabí Mordejai de Chernobil, uno de los más importantes maestros jasídicos de esa época, registró una queja similar. Mientras estaba asistiendo a la boda de su nieta en 1819 (ver más arriba, Capítulo 25), numerosas personas le acercaron *kvitlaj*. Más tarde hizo notar, "Sólo uno de ellos me pidió ayuda espiritual" (*Siaj Sarfei Kodesh* III-232).

Escribe Reb Noson:

> Está prohibido derivar placer material de las luces de Jánuca (*Oraj Jaim* 673:1). La festividad de Jánuca fue instituida por los Sabios y las luces de Jánuca corresponden a los verdaderos Tzadikim. Esto implica que no se debe buscar la luz del Tzadik para beneficio material, algo tan común en nuestra generación. Más bien, uno debe unirse a los Tzadikim sólo con fines espirituales (*Likutey Halajot, Kibod Rabo veTalmid Jajám* 3:18).

Sin embargo, el hecho era que la gente estaba inclinada a ver en el Tzadik a un hacedor de milagros. Todos tenían historias sobre los milagros llevados a cabo por éste o por aquel Tzadik, cómo habían predicho eventos futuros y demás. Muchas de las historias eran indudablemente genuinas: los verdaderos Tzadikim tienen tales poderes.[17] El Rebe Najmán, por otro lado, nunca llevó a cabo milagros excepto en raras ocasiones. Para él, el milagro más grande de todos era la transformación que el judío puede lograr por sí mismo, mediante sus propias plegarias y esfuerzos.[18] El Rebe Najmán renunció a su capacidad de hacer milagros a favor de algo mucho más grande: el poder de inculcarnos la confianza de que también nosotros podemos forjar una relación personal con Dios, para que Él preste atención a *nuestras* plegarias y realice milagros para nosotros. Una de las enseñanzas más importantes del Rebe Najmán es que, mediante la plegaria, todo judío tiene la capacidad de lograr lo que necesite.[19]

Reb Noson siguió las huellas del Rebe Najmán. Si Reb Noson acentuaba la importancia central de unirse al Tzadik, no quería decir que uno debía abandonar su responsabilidad con respecto a su propio destino y contar con que el Tzadik hiciera su trabajo. La unión con el Tzadik significa aplicar sus enseñanzas en nuestras vidas. Hay numerosas historias sobre Reb Noson que indican que prometió hijos o que realizó algún otro milagro, pero tales incidentes eran raros. Reb Noson utilizaba toda su fuerza y poder para inculcar en sus seguidores el hecho de que la plegaria es la esencia del sendero del Rebe Najmán. Esto está elocuentemente expresado en uno de sus discursos escrito durante ese período:

> Es necesario tener una fe perfecta en Dios - creer que Él es el Creador de todo, que Él controla y supervisa todo y que Él tiene el poder de cambiar el curso de los eventos de la manera en que Él desee y bendecirnos con todo lo bueno.
> Y así como uno debe tener una fe perfecta en Dios, de la misma manera debe tener una fe perfecta en *uno mismo*. Es necesario tener una fe perfecta en el hecho de que Dios oye y le presta atención a cada palabra dicha por cada judío, incluso por el más bajo de los más bajos. Cada judío tiene el poder de lograr lo que necesita orándole a Dios con verdad y sinceridad, como está escrito (Salmos 145:18), "Dios está cerca de aquellos que Lo llaman" (*Likutey Halajot, Najalot* 4:3).

Reb Shimshon de Tulchin era uno de los seguidores más incondicionales de Reb Noson y daba generosamente para todo lo que fuese necesario. Reb Shimshon no tenía hijos y continuamente le pedía a Reb Noson que lo ayudase. Reb Noson le escribió, "Yo no tengo la llave de los hijos. Y nadie la tiene (*Taanit* 2a). Pero una cosa es segura: si hay alguna manera de mitigar el decreto y de ayudarte, los jasidim de Breslov pueden hacerlo más que cualquier otro".[20]

*

Shavuot HaGadol

Así como los jasidim del Rebe solían ir a verlo para Shavuot, de la misma manera los jasidim de Reb Noson se reunían con él. Cada año más y más gente iba a Breslov para Shavuot, en general tratando de llegar la noche anterior para poder concluir juntos la Cuenta del Omer. Era una reunión notable, con todos derramando el corazón y el alma en las plegarias. Se dice que la noche anterior a Shavuot del año 1834, ochenta seguidores se reunieron con Reb

Noson.²¹ Oraron con tanto fervor que cuando llegaron a la Cuenta del Omer se los pudo escuchar en toda la ciudad. Debido a la gran cantidad que se había reunido ese año, ese Shavuot llegó a ser conocido en los círculos de Breslov como el *Shavuot HaGadol* ("El Gran Shavuot").

Otro honor para Reb Noson fue la llegada de un invitado muy especial proveniente de *Eretz Israel* - Reb Shimón. Ese año Shavuot fue viernes y Shabat (13 y 14 de junio). Reb Noson tuvo una gran oportunidad de decir Torá en la noche del Iom Tov y en el Shabat. Luego de oír los discursos de Reb Noson, Reb Shimón dijo: "Siempre pensé en Reb Noson como en un seguidor del Rebe. ¡Ahora puedo ver que él es el Rebe mismo! Yo sé sobre los *guter iden* (Tzadikim). Yo dejé a todos los Tzadikim conocidos de mi época y me uní al Rebe Najmán, aunque yo era mayor que él. Yo sé quién es un *guter id*. ¡Les puedo decir que hoy, Reb Noson es el Tzadik de la generación!".

Los otros presentes sintieron lo mismo. Las palabras de Reb Noson fueron tan inspiradoras que comenzaron a susurrar, "Reb Noson es el Rebe". Al oír esto, Reb Noson comenzó a gritar, "¡Yo sé que no soy el Rebe! ¡Yo sé que no soy el Rebe!".

Era insoportable para Reb Noson el ser comparado con el Rebe. Durante la Tercera Comida del Shabat, cuando Reb Noson comenzó a cantar las palabras, "*eini kalbin dejatzifin* - estos perros descarados", dijo, "¡Perro, vete afuera!", refiriéndose a cualquier pensamiento de orgullo que pudiera sobrevenirle. Luego del Iom Tov, cuando los jasidim fueron a despedirse de él, Reb Noson les dijo, "Ahora que han recibido la Torá, tengan cuidado de no hacer un becerro de oro".²²

*

Ochenta ardoroso seguidores se reunieron con Reb Noson ese *Shavuot HaGadol*. La mayor parte eran muy pobres, pero todo lo que le pidieron era que enseñase Torá y les diese consejos sobre cómo acercarse a Dios. Cuando la gente le pedía a Reb Noson consejos sobre cómo ganarse la vida, él solía decir: "No tengo consejos sobre el mundo material. Pero si quieren algún consejo sobre cómo acercarse a Dios, de esos tengo muchos" (*rabí Eliahu*

Jaim Rosen). Reb Noson no buscaba ni riqueza ni honor para él mismo. Estaba dispuesto a sacrificarlo todo en aras de lo que él percibía como la verdad. No prometía nada material - ni hijos, ni salud, ni dinero, ni ninguna otra cosa. Sólo demandaba espiritualidad y daba mucho más de lo que recibía.

La conducta de Reb Noson era una afrenta para la institución jasídica y una espina para los líderes jasídicos cuya mayor atracción era el ser un canal para las necesidades materiales de sus seguidores. Un verdadero Tzadik no tendría motivo alguno para sentirse amenazado por el éxito de Reb Noson. Pero hasta el más popular de los líderes no podía dejar de sentir celos si interiormente despreciaba el papel poco espiritual que se veía forzado a representar, así sea por el sentimiento de estar dependiendo de los seguidores adinerados o debido a la necesidad de proteger su prestigio.

El Rebe Najmán enseña que la persona sólo puede ser perfectamente veraz si no depende de nada ni de nadie. Tan pronto como uno se siente dependiente de los demás, así sea en cuestiones monetarias, en cuestiones de estima o por algo más, la persona se vuelve subordinada a ello y no puede hacer nada en público sin que de alguna manera se comporte frente a ellos de una forma especial, aunque sea inconscientemente (*Likutey Moharán* I, 66:3).

Cuando el Savraner se enteró de cuánta gente se había reunido con Reb Noson para Shavuot se puso furioso. "¿Y qué importancia tiene para usted?", alguien dijo en un esfuerzo por calmarlo, "usted tuvo quinientas persona para Shavuot". "Yo tuve quinientos taberneros para Shavuot", respondió el rav de Savrán, "¡pero él tuvo todas personas temerosas de Dios!" (*Imei HaTlaot* p.138).

El Zeide de Shpola había dejado por toda Ucrania más que un residuo de hostilidad en contra del Rebe Najmán y sus seguidores. El deseo de los jasidim de Breslov de comunicarse con los *maskilim* sólo aumentó la suspicacia de la gente. Aquí había un grupo que se negaba a seguir a nadie que no fuera un Rebe muerto, alejándose de los líderes que tantos otros reverenciaban. En lugar de ello buscaban su guía en un hombre que abiertamente se burlaba de los líderes rabínicos... un hombre que escribía sus propias plegarias... un hombre con un poder carismático... un hombre cuyo rostro estaba siempre tan enrojecido que la gente decía que estaba constantemente borracho.[23] Por otro lado, los buscadores espirituales más devotos terminaban siempre en Breslov. Los ingredientes para una bomba de tiempo ya estaban preparados. La mecha esperaba ser encendida.

*

Durante el verano de 1834, Reb Noson reparó su casa y agregó una extensión que podía transformarse en una suká para toda la gente que solía visitarlo para Sukot. Reb Itzjak compró una nueva casa en Tulchin. Janá Tzirel dio a luz su primera hija. La esposa de Reb Itzjak debía dar a luz poco después - una niña nació justo después de Sukot. Reb Noson se enteró de que podía imprimir los libros del Rebe en Lemberg. El *kloiz* fue finalmente terminado y estaba listo para ser utilizado.[24] Por primera vez en muchos años parecía que se acercaban tiempos mejores.

Mientras Reb Noson se preparaba para ir a Umán para Rosh HaShaná del año 5595 (4 de octubre de 1834), la única nube negra que podía percibir era el que su hijo, Reb Itzjak, estaba enfermo. Una fiebre lo mantuvo en su hogar durante unas semanas de modo que no pudo asistir al *kibutz*. Aun así, Reb Noson se sentía feliz. Luego de tantas batallas, todos los jasidim de Breslov podrían finalmente orar juntos en Umán bajo un techo propio.

El *kloiz* había sido acabado justo a tiempo. De haber llevado algunas otras semanas, es probable que nunca se hubiera terminado. Poco después de Rosh HaShaná, finalmente estalló la bomba de los celos y del odio.

* * *

Parte VII

LOS AÑOS DE OPRESIÓN

34

El Etrog

El conflicto aparece demasiado seguido en los anales de la historia judía. Nimrod trató de deshacerse de Abraham, Ishmael de Itzjak y Esaú de Iaacov, y el patrón que ellos instituyeron se ha perpetuado a través de las eras por las muchas naciones y grupos que han encontrado en los judíos un chivo expiatorio adecuado.

Un fenómeno que ha llamado menos la atención -aunque desafortunadamente se encuentra muy bien documentado- es el de las luchas internas entre los judíos mismos. Los hermanos de Iosef se levantaron en su contra debido a los celos por ser el favorito de su padre. Koraj se rebeló contra Moisés por lo que él consideró que era una afrenta al honor de su familia. El rey Shaúl persiguió a David por temor a que tomase el reinado: Shaúl sentenció a muerte a David. El profeta Jeremías fue arrojado al calabozo una y otra vez. Los Saduceos y los Karaítas se rebelaron abiertamente en contra de los Sabios. Los ataques en contra del Rambam (Maimónides) fueron tan salvajes que sus escritos terminaron quemados. El rabí Moshé Isserles (el RaMa) y el rabí Shlomo Luria (el MaharShal) estaban decididos a emitir un decreto de prohibición en contra del santo Ari. El conflicto entre los mitnagdim y los jasidim destruyó comunidades enteras. Y así en más.

En muchos casos, el conflicto fue obviamente fomentado por gente malvada motivada por el deseo de dinero, de poder o de honor, o por simples celos. Pero también hubo amargas disputas entre los mismos Tzadikim - tales como la de Iosef y sus hermanos o del rey Shaúl y David. En general, ningún bando tenía malas intenciones, como en el caso de la disputa entre los jasidim y los mitnagdim, pero la guerra que libraron fue igualmente feroz y prolongada.

Cuando David demostró que él no se oponía al rey Shaúl, éste último cejó en su intento, admitiendo su error. Cuando el Ari envió mensajeros al RaMa demostrando que la prohibición era injustificada, el RaMa detuvo la excomunión. Entonces, ¿por qué comenzaron esas disputas? En estos casos, cada lado veía algo en el otro que lo hacía sentirse amenazado. Así sea que lo percibido fuese real o imaginario, los sentimientos evocados parecían estar perfectamente justificados. Se dice que luego del estallido de la oposición al Baal Shem Tov, una mujer lo vio pasar por la calle y trató de levantar una piedra para arrojársela. La piedra era demasiado pesada y ella dijo, "Señor del Mundo: sea aceptado delante de Ti *como si* se la hubiese arrojado a él". El Baal Shem Tov dijo que la sinceridad de la mujer despertó gran alegría en el Cielo (*Siaj Sarfei Kodesh* III-641).

Reb Noson escribe que esto demuestra cómo es en la vida: cada uno ve siempre la verdad desde su propia perspectiva. Cada persona *sabe* que está en lo cierto. Lo que no comprende es que la otra persona piensa exactamente lo mismo - pero desde *su* perspectiva. Aquí hay dos personas, cada una de las cuales está en lo cierto, al menos en lo que a su propia parte de la historia concierne. El problema comienza cuando en lugar de respetar el punto de vista del otro, cada uno quiere probar que el suyo es el correcto mientras que el del otro es falso.

Aquel que genuinamente busque la verdad, la *real* verdad, analizará honestamente cada aspecto de lo que está en conflicto para asegurarse de que la verdad termine siendo revelada. Pero si la persona permite que la mínima medida de interés personal nuble su visión, puede verse engañada al punto de descender a la degradación más baja, incluso el punto de justificar el asesinato - todo en Nombre de Dios (*Likutey Halajot, Rebit* 5).

Reb Noson tenía un poder único para inspirar a la gente en el servicio a Dios. Sus plegarias eran tan intensas que despertaban a mucha gente de su sueño espiritual. Toda frase o palabra bíblica que salía de los labios de Reb Noson sonaba para aquellos que la oían como si hubiera sido dicha por el profeta que estaba citando. Reb Noson se ocupó de que las enseñanzas del Rebe Najmán fuesen impresas y difundidas, y alentó a la gente a seguir su sendero. Fue precisamente debido a su poder de acercar a la gente a Dios que Reb Noson enfrentó una oposición implacable, nunca antes vista en la historia judía.

El rav de Savrán quería borrar a los jasidim de Breslov, ni más ni menos. Si parece sorprendente el que un rabino y líder de Israel hubiera sido llevado a estar tan equivocado, debemos recordar que no fueron sino los propios hermanos de Iosef, todos Tzadikim, quienes pensaron en matarlo. Pero "Los labios veraces permanecerán estables por siempre" (Proverbios 12:19). El poder del mal sólo es temporal. Al final, será erradicado (*Imei HaTlaot* p.134).

*

El primer día de *Slijot* del año 5594 (28 de septiembre de 1834), Moshé Jenkes fue a ver a Reb Noson para contarle que había tenido un sueño terrorífico, en el cual él moría. Moshé Jenkes estaba muy atemorizado. Reb Noson le dijo que los sueños no importaban (*Guitin* 52a) y que no debía preocuparse.

Ahora bien, Reb Noson siempre había querido que la gente se tomase el trabajo de tener sus cosas en orden. El año anterior, tanto Reb Isaac (el yerno del Rebe Najmán) como Abraham Pais (el socio de Moshé Jenkes) habían fallecido sin dejar testamento, causándoles a sus respectivas familias serios problemas a causa de la herencia. Reb Noson quería que todo aquel que tuviese dinero escribiese un testamento y lo tuviese disponible en caso de que algo sucediese, Dios no lo permita. Si su situación cambiaba, debía reflejarlo de inmediato en el testamento.

Moshé Jenkes tenía ahora cerca de sesenta años[1] y, aunque Reb Noson lo tranquilizó con respecto a su sueño, le aconsejó que de todas maneras escribiese un testamento. De esa manera no tendría que preocuparse por sus bienes. Moshé Jenkes aceptó la sugerencia y le pidió a Reb Noson que lo aconsejase sobre cómo dividir sus propiedades. Moshé Jenkes poseía en ese entonces cerca de treinta mil *ruj*, una suma tremenda: suficiente para vivir por muchos años. Reb Noson le sugirió que dividiera los fondos en tres partes iguales: una para su hijo, una para su hija y una para el mismo Moshé Jenkes. Esta última parte sería utilizada para construir un *beit midrash* en Breslov y comprar algunos negocios, cuya entrada permitiría sostener el *beit midrash*. Eso perpetuaría el nombre de Moshé Jenkes. Reb Noson concluyó diciendo,

"También podrías darme algo de dinero para el *kloiz* de Breslov en Umán".

Tan pronto como Reb Noson mencionó el *kloiz*, Moshé Jenkes dijo enojado, "Yo sé que para ti el *kloiz* es lo más importante". El tono de su voz fue una escalofriante prueba de un cambio radical en Moshé Jenkes. Él había estado cerca del Rebe Najmán, apoyándolo desde el momento en que llegó a Breslov. Desde que Reb Noson se acercara al Rebe, él y Moshé Jenkes habían sido muy amigos. El hecho de que Moshé Jenkes ahora tenía hijos se debía a Reb Noson. Pero la venenosa campaña del rav de Tomoshpiel en contra de Reb Noson había dado sus frutos. Había persuadido a Moshé Jenkes para que se acercase a Reb Moshé Zvi, el rebe de Savrán, y había convencido a su hermana Elki, la esposa de Moshé, de que ella y su marido debían mantenerse lejos de Reb Noson y de los jasidim de Breslov.

Cuando ese día Moshé Jenkes volvió a su hogar, le contó a Elki sobre su sueño, sobre las palabras tranquilizadoras de Reb Noson, sobre su subsecuente consejo de escribir un testamento y la sugerencia de una contribución para el *kloiz* en Umán. Ella le dijo, "¡¿Me quieres decir que recién ahora te das cuenta de que Reb Noson está esperando a que te mueras para quedarse con tu dinero?!". Luego de años de calumnias por parte del hermano de Elki, el rav de Tomoshpiel, sus hirientes palabras produjeron el efecto esperado en Moshé Jenkes. Desde ese día, el continuo ataque de su esposa en contra Reb Noson comenzó a anidar en su mente y en su corazón. Moshé Jenkes empezó a odiar a Reb Noson.[2]

Aún faltaba poco más de una semana para Rosh HaShaná. Poco después de su conversación con Moshé Jenkes, Reb Noson salió para Umán, sin saber lo que había sucedido en casa de Moshé Jenkes. Uno o dos días después algunos de los otros jasidim de Breslov llegaron a Umán y le informaron a Reb Noson del problema que se estaba generando como resultado de su conversación con Moshé Jenkes. Poco después de Rosh HaShaná Reb Noson volvió a Breslov, donde varios de sus seguidores solían juntarse con él para Iom Kipur.[3] Luego de Iom Kipur, Reb Noson comenzó a preparar su nueva y espaciosa suká, por la cual estaba muy agradecido.

Mientras tanto, Moshé Jenkes había estado teniendo remordimientos por sus sentimientos en contra de Reb Noson. El primer día de Sukot fue a visitar a Reb Noson en su *shul*. Reb Noson estaba orando y Moshé Jenkes no quería molestarlo, de modo que partió. Cuando más tarde Reb Noson se enteró que Moshé Jenkes había estado en el *shul*, se sintió disgustado por el hecho de que sus seguidores no le pidieron que lo esperase. El segundo día del Iom Tov Moshé Jenkes volvió al *shul*, y esta vez los seguidores de Reb Noson le pidieron que lo esperase, cosa que hizo. Reb Noson invitó a Moshé Jenkes a su suká y les pidió a todos los demás que partiesen. Todos lo hicieron excepto Reb Najmán de Tulchin, quien se ocultó cerca de la suká para poder escuchar la conversación.

Reb Noson le preguntó a Moshé Jenkes, "¿Por qué te enoja tanto el consejo que te di de preparar un testamento? Tú me conoces desde hace más de treinta años. Tú sabes que yo siempre le hago recordar a la gente el propósito último de sus vidas y la necesidad de prepararse para dejar este mundo. Aun así, si te he herido o he cometido un error al decir que prepares un testamento, motivo por el cual piensas que yo te odio, Dios no lo permita, ¿quién hizo que tuvieses hijos? Si no hubiera sido por mí, ¿quién habría insistido en que te divorciaras y te volvieses a casar para poder tener hijos? ¿Y ahora dices tales cosas de mí?".

Moshé Jenkes pudo ver que Reb Noson era totalmente sincero y le pidió que lo perdonase. Reb Noson lo hizo de inmediato. Moshé Jenkes dijo que le enviaría un buen vino francés. "Muy bien", dijo Reb Noson, "me ayudará en mi enfermedad". Moshé Jenkes envió entonces a su hijo con una botella de vino para Reb Noson.

*

Dos días antes de la reconciliación de Moshé Jenkes con Reb Noson, los jasidim de Savrán en Breslov le habían mandado un hermoso etrog a su rebe en Savrán. Debido a que quedaba poco tiempo, lo habían enviado con un mensajero no judío que salió de Breslov el viernes, Erev Sukot, debiendo llegar a Savrán a la noche siguiente, la segunda noche de Sukot.[4] Por el camino, el mensajero se recostó a descansar y colocó la pequeña caja con el etrog junto a él, quedándose dormido. Otro no judío pasó por allí y vio al mensajero durmiendo con la pequeña caja junto a él. Con curiosidad abrió la caja.

El etrog no es un fruto de Ucrania. Dado que nunca había visto una fruta igual, el hombre quiso probarla. Como resultado, mordió el *pitum*, la punta de la fruta, inutilizando el etrog.[5] Encontró su sabor muy amargo y le resultó difícil comprender por qué esa fruta era enviada de un lugar a otro en una caja especial. Continuó su viaje y al llegar a una taberna cercana les contó a todos sobre la extraña fruta que había visto. Poco después el mensajero mismo llegó a la taverna. El tabernero, un judío, le preguntó al mensajero dónde había conseguido la fruta y hacia dónde la estaba llevando. Al escuchar que provenía de Breslov y que era enviada a Savrán, el tabernero le dijo al mensajero que no había ninguna necesidad de llevar el etrog a Savrán pues ya no valía nada.

El primer día de Jol HaMoed el dueño de la taberna fue a Breslov y le contó a la gente lo que había sucedido. Todos encontraron la historia de lo más graciosa, excepto aquellos que habían pagado por el etrog una suma considerable para poder enviárselo como regalo a su rebe.

Reb Shlomo Rubén Zlates solía orar en el *shul* de Reb Noson.[6] Era un bromista y le gustaba reír. Antes de orar *Minjá*, es costumbre recitar la porción de los sacrificios. Luego de haberse conocido la historia del etrog mordido, Reb Shlomo Rubén Zlates estaba de pie junto a una ventana abierta en el *shul* de Reb Noson, frente a la calle. Cuando llegó al pasaje sobre los ingredientes de la ofrenda del incienso, *pitum haketoret*, gritó fuerte para que pudiesen escucharlo los paseantes, "Pitum hak..." -hak en *idish* significa quebrar- es decir, "quiebra el *pitum*".

Ninguno de los seguidores de Reb Noson estaba lo suficientemente cerca como para detenerlo. Cuando se dieron cuenta, se enojaron sobremanera. Ya era suficientemente malo el hecho de que la historia del etrog estuviese circulando causando una gran vergüenza a los jasidim de Savrán de la ciudad. Ahora con el "*pitum hak...*" de Reb Shlomo Rubén Zlates los jasidim de Savrán tenían a su "enemigo", los jasidim de Breslov, riéndose de ellos.

Los jasidim de Savrán deberían haber comprendido que Reb Noson y sus seguidores no tenían nada que ver con ello, pues Reb Shlomo Rubén Zlates no era miembro de su círculo. Pero los *Savraners* habían estado buscando durante años un motivo para pelear con los jasidim de Breslov y odiaban a Reb Noson. Un tal Baruj Daian se puso de pie en el *beit midrash* del pueblo y dijo, "¡Fíjense! ¡Fue Reb Noson quien envío a ese hombre a morder el *pitum*!".

Baruj Daian viajó entonces a ver al Rebe de Savrán y repitió su calumnia. Nuestros Sabios enseñan que "Se estableció que la calumnia sería aceptada" (*Alshij, Kohelet* 67). El rav de Savrán se enfureció. Había estado oyendo durante años las calumnias del rav de Tomoshpiel y también tenía sus propios resentimientos personales. Es posible que hubiera sido influenciado por la oposición al Rebe Najmán por parte de su propio rebe, el rabí Baruj de Medzeboz, y eso lo llevó a pensar que los jasidim de Breslov no debían ser aceptados. Ellos constituían un caso considerado ampliamente como "elemento marginal" debido al uso de su propio "libro de plegarias", a su conexión con los líderes de los *maskilim*, al deseo de Reb Noson de asociarse con toda clase de gente, etcétera. El Savraner decidió que había llegado el momento de terminar con los jasidim de Breslov.

Reb Noson comprendió que las cosas se estaban yendo de la mano y comenzó a temer. Moshé Jenkes había estado con el Rebe de Savrán cuando Baruj Daian difamó a Reb Noson. Luego del retorno de Moshé Jenkes a Breslov, Reb Noson fue a verlo junto con Reb Najmán de Tulchin, y habló con él y con Elki sobre lo que estaba sucediendo. Reb Noson se quejó de que la historia de su participación en el episodio del etrog era totalmente inventada. Les rogó a Moshé Jenkes y a Elki que lo negasen, pues su posición en la comunidad ayudaría a detener el ruido. Moshé Jenkes y Elki estuvieron de acuerdo en que la historia era falsa y dijeron que ninguna persona inteligente podría creer tal cosa.

Pero muy dentro de sus corazones, Moshé Jenkes y Elki estaban lejos de desear apoyar a Reb Noson. Debido a la constante arenga del hermano de Elki, veían el asunto del testamento como un serio desacuerdo. Reb Noson lo percibió y partió con el corazón quebrantado sabiendo que el problema estaba fermentando. Moshé Jenkes tenía el poder de detener la historia, pero se negó. Reb Najmán vio un profundo temor en el rostro de Reb Noson pero no pudo percibir por qué.

Pero Reb Noson sabía. Los ruidos de la disputa se volvían

cada día más fuertes. Con la negativa de Moshé Jenkes de hacer algo, Reb Noson comprendió que habían perdido el último amigo en Breslov que podría haber ayudado, alguien que podría haber reparado la brecha en el dique. Ya no era posible apoyarse en carne y hueso. Sólo la plegaria podría evitar la catástrofe.

*

En Hoshana Rabah, Baruj Daian comenzó a vituperar en contra de Reb Noson. Al día siguiente, Shmini Atzeret, él y un gran número de amigos estuvieron bebiendo en su casa. Ya estaban bastante borrachos cuando salieron para ir al *shul* para las *hakafot* de Simjat Torá.[7] En camino al *shul* pasaron frente a la casa de Reb Noson, donde comenzaron a vociferar en su contra. Comprendiendo lo que podría llegar a generar su borrachera les advirtió a sus seguidores para que no saliesen a responderles. Sin embargo, Reb Shimshon se sintió tan airado por la forma en la cual se burlaban de Reb Noson que fue incapaz de contenerse. Estalló una pelea en la cual los jasidim de Breslov fueron superados en número. Habría llegado a verse sangre de no ser por algunos *Breslovers* que llamaron a la policía. Reb Noson estaba extremadamente enojado con aquellos que no se atuvieron a su advertencia. Y el haber llamado a la policía en contra de sus oponentes no auguraba nada bueno para los jasidim de Breslov.

Con el paso de los días las hostilidades fueron empeorando. Mientras tanto, había un par de jóvenes que codiciaban a la hija de Moshé Jenkes, que estaba casada con Reb Abraham Ber y era bastante bonita. Los jóvenes solían ir a la casa de Moshé Jenkes, donde vivía ella y Reb Abraham Ber, para verla y hablar con ella. Comprendiendo que eso no era lo apropiado para jóvenes de aspecto jasídico, trataron de encontrar una excusa. La *vendeta* en contra de Reb Noson les dio lo que andaban buscando y ahora iban a lo de Moshé Jenkes para hacer más acusaciones. Para agregar combustible al fuego, también viajaron a ver al Rebe de Savrán haciéndolo partícipe de sus calumnias.

Reb Abraham Ber, que era un seguidor de Reb Noson, no podía soportar ver la forma en que esa gente se instalaba en casa de su suegro acusando a Reb Noson. De modo que se mudó de allí y fue a vivir a la casa de su madre, Odil. Poco tiempo después se divorció. Así se cumplió la profecía del Rebe Najmán cuando Moshé Jenkes derramó el café - "No seremos *mejutanim*" (ver Capítulo 33).

Moshé Jenkes había estado encantado en el momento del *shiduj*. Debido a la disputa, el divorcio se transformó en un tema amargo. Moshé Jenkes llegó incluso a quitarle a Reb Abraham Ber el *talet* que le había regalado para el casamiento. Sus amigos le dijeron que había ido demasiado lejos. "¿Un tesoro así arrojas de tu casa?", (*Siaj Sarfei Kodesh* I-765). Luego del divorcio, Moshé Jenkes se vio forzado a admitir que el Rebe había tenido razón.

La hija de Moshé Jenkes se casó entonces con Reb Abba. Él también era un individuo piadoso y encontró insoportable el hecho de que esos jóvenes lujuriosos fuesen a hablar con su esposa. Temiendo lo peor, encontró evidencias para sustentar sus sospechas y también se divorció. Luego del divorcio ella se ganó una terrible reputación (*Imei HaTlaot* p.146; ver Capítulo 37, nota 1).

*

¿Cuáles eran las calumnias que se propagaban sobre Reb Noson? Algunos jóvenes fueron a ver al rav de Savrán y reportaron que habían visto a Reb Noson comer carne en Tisha beAv. Uno de esos "testigos" era un tal Akiba Meirches, un hombre muy erudito conocedor de todo el Talmud. Años más tarde, Reb Zalman de Medvedevka se casó con una mujer de Breslov (en segundas nupcias) y vivió allí durante un tiempo. Reb Zalman comenzó a estudiar con ese Akiba. Viendo cuán erudito era, le preguntó cómo podía haber dicho tantas mentiras contra Reb Noson. "Créeme", respondió Akiba, "era verdad. ¡Ese año Tisha beAv cayó en Shabat! Si el rav de Savrán me hubiera preguntado qué día había caído Tisha beAv, yo se lo hubiera dicho".

Un tal Itzjak Janes testificó delante del Savraner diciendo que una vez había entrado a la casa de Reb Noson y lo había encontrado con una niña sobre su falda. Luego del fallecimiento de Reb Noson, Itzjak Janes admitió que la niña era la nieta de Reb Noson, Esther Shaindel, que en ese entonces tenía cerca de seis meses de edad.

Itzjak Janes también se excusó diciendo que el Savraner nunca le preguntó quién era la niña. Sabiendo que ésas eran las clases de calumnias con las cuales lo alimentaban sus "leales" seguidores, es más fácil comprender cómo la mala inclinación pudo haber engañado a un líder tan importante como el rav de Savrán.

Por otro lado, había varios jasidim de Savrán que se negaban a tomar parte en la disputa. Cuando uno de sus jasidim oyó al Savraner repetir esas calumnias, no pudo contenerse. "¿Usted cree esas historias sobre una persona así?", exclamó. "¡¿Tanto desea vencerlo que utilizará cualquier excusa?!".

Reb Iona, el vecino de Reb Noson, cuya hija había fallecido en la epidemia de cólera cuatro años antes, también era un jasid de Savrán. Cierta vez el Savraner le preguntó a Reb Iona por qué no atacaba a Reb Noson. ¿Acaso era un jasid de Breslov oculto? "¿Qué puedo hacer?", respondió Reb Iona. "Por la noche oigo a Reb Noson orar y recitar *jatzot*". Reb Iona entonces entonó "¿Quién es el Rey de Gloria...?" (Salmos 24:10), tal como solía cantarlo Reb Noson. "Cuando lo oigo orar, me hace saltar de la cama. ¿Cómo puedo arrojarle piedras cuando lo veo por la calle durante el día?".

*

La disputa comenzó a difundirse. Reb Naftalí se enteró de ello en Umán y le escribió a Reb Noson pidiéndole una explicación completa de lo que había detrás. Reb Noson le respondió, "Ello proviene del pecado de haber comido del Árbol del Conocimiento y de nuestras mucha transgresiones". Desde Sukot Reb Noson había estado esperando viajar a Umán para derramar su corazón junto a la tumba del Rebe Najmán. La primera oportunidad se presentó al comienzo de diciembre y partió para Umán por dos semanas.

Durante su estadía allí, el Savraner hizo saber que había decidido mudarse a Umán, donde podría ponerle fin, de una vez por todas, a las actividades de los jasidim de Breslov. Sin el *kibutz* de Rosh HaShaná el movimiento de Breslov pronto moriría. Reb Noson y Reb Naftalí fueron a ver a Hirsh Ber para pedirle su ayuda e impidiese que el Savraner se mudase a Umán. Tan pronto como Hirsh Ber los vio venir, fue a su habitación y cerró la puerta. Esperaron por él pero no salió, y no pudieron quedarse más tiempo.

Reb Naftalí temía que Hirsh Ber ya hubiera sido comprado por sus opositores, pero Reb Noson pensó que estaba demasiado cansado como para recibirlos y que debían volver a intentarlo luego.

Más tarde, Reb Najmán de Tulchin vio a Hirsh Ber dirigirse en dirección al alojamiento de Reb Noson y fue avisarle. Reb Noson le ordenó a Reb Najmán que se fuese durante la visita de Hirsh Ber, pero nuevamente Reb Najmán no pudo contener su curiosidad y se ocultó dentro de la casa. Oyó a Hirsh Ber disculparse por no haber podido recibir a Reb Noson pues había estado muy cansado. Y agregó, "Tus oponentes vinieron a comprarme y a convencerme de que me uniese a ellos. Pero, en la ciudad del Rebe Najmán, ¿puedo permitir que viva un oponente del Rebe?".[8] Reb Noson y Reb Naftalí suspiraron de alivio. Al menos aún podían contar con algo de ayuda, de ser necesario.

Hirsh Ber también trató de consolar a Reb Noson, contándole sobre un cierto médico que tenía un asistente. Con el correr del tiempo la gente comenzó a pensar que el asistente era el médico y que el médico era el asistente. Cierta vez, el Rey hizo un banquete y sentó al asistente en el estrado, mientras que al médico lo sentó más abajo. El médico le dijo a su asistente, "*Tú* conoces la diferencia que hay entre nosotros". "No se sienta mal", le respondió el asistente, "así es como anda del mundo. En cada generación, el noventa y ocho por ciento no conoce la verdad. Sólo el dos por ciento la encuentra".[9]

Hirsh Ber quería hacer más que ofrecer un simple consuelo. Con sus conexiones políticas le pidió a Reb Noson permiso para peticionar por él ante las autoridades. "Si me permites hacerlo", dijo, "dentro de veinticuatro horas no habrá ni un solo enemigo de Breslov dentro de las fronteras de Rusia". Reb Noson le respondió, "Primero, el resentimiento sólo empeorará las cosas. Segundo, no quiero ser el perseguidor sino el perseguido. Mi única defensa es la plegaria".[10]

*

Reb Noson tenía fe en que todo se encuentra bajo la Providencia de Dios y que todo lo que ocurre en este mundo se produce a través de un decreto del Cielo. Reb Noson nunca cuestionó al Cielo por las persecuciones. Hizo lo máximo posible para imbuir en sus seguidores la fe en que todo proviene de Dios. Les enseñó que todos sus sufrimientos no eran otra cosa que una prueba (*Sijot veSipurim* p.114). Es interesante el hecho de que Reb Noson, quien normalmente solía alentar a sus seguidores les dijo: "Esta persecución se debe a que ustedes no son buenos judíos". "¡Pero nosotros queremos estar unidos al Rebe!", le contestaron. Reb Noson les respondió, "Es debido a que ustedes son lo que son y que aun así desean estar unidos al Rebe, que están sufriendo así" (*Avenea Barzel* p.71, #56).

Reb Noson consoló a sus seguidores diciendo que la oposición al Baal Shem Tov había sido, de alguna manera, mayor que la que ellos mismos estaban sufriendo. Aun así, el Baal Shem Tov y sus discípulos tenían permiso para realizar milagros, lo que fortaleció su posición a los ojos de sus seguidores. "Nosotros, por otro lado", dijo Reb Noson, "tenemos prohibido realizar milagros".[11] Reb Noson dijo más tarde, "De haber sabido que ello ayudaría a mantener a la gente con nosotros, le habría pedido permiso al Rebe para realizar milagros" (*Avenea Barzel* p.64, #35; ver también *Siaj Sarfei Kodesh* III-163).

Reb Noson vio su verdadera tarea como algo muy diferente. El Rebe Najmán le había dicho, "Ellos te perseguirán y te perseguirán y te perseguirán... Pero, Dios terminará por ti...". La fe de Reb Noson en la promesa del Rebe de que Dios lo salvaría era inquebrantable. No importaba lo que debiera sufrir, sabía que finalmente sería salvado. Su situación era similar a la de Mordejai después del decreto de exterminio de los judíos emitido por Hamán. Mordejai sabía que él ganaría y que Hamán sería vencido (*Esther Rabah* 8:5). Pero en lugar de esperar simplemente la salvación, Mordejai alentó a los judíos a clamar a Dios por Su ayuda. Durante los Años de Opresión, Reb Noson hizo lo mismo. Les enseñó a sus amigos y seguidores que el único recurso era orarle a Dios. Toda la misión del Rebe Najmán fue revelar el poder de la plegaria (*Imei HaTlaot* p.184).

Reb Noson dijo que sufrió más debido a sus amigos que a sus enemigos. Hirsh Ber quería entregar a sus oponentes a las autoridades. Ello habría terminado rápidamente con la persecución, pero Reb Noson sabía que nunca se consigue algo bueno mediante el uso de la fuerza. Él quería que su salvación proviniese de la plegaria. Enseñó el Rebe Najmán, "La plegaria trae paz" (*Likutey Moharán* I, 14:8). Ello llevó cuatro años del tormento más insoportable. Pero finalmente, Reb Noson se salvó gracias a la plegaria (*Avenea Barzel* p.64, #34).

* * *

35

La Huída

Enseñaron nuestros Sabios: "El conflicto es como una pequeña grieta en una represa. Si no se la obtura inmediatamente, producirá una inundación" (*Sanedrín* 7a).

El Savraner era uno de los líderes jasídicos más importantes de Europa oriental. Con miles de seguidores, sus palabras tenían un tremendo peso en toda Ucrania. Dado que los jasidim del Breslov eran vistos como un grupo de prácticas dudosas, fue fácil incitar a las masas en su contra. Así como los mitnagdim habían emitido decretos y proclamas en contra de los jasidim, el Savraner ahora emitió una proclama en contra de los jasidim de Breslov:

> Los jasidim de Breslov son una comunidad de malvados. Son pecadores y llevan a otros hacia el pecado... Lo siguiente es una advertencia sobre cómo tratar con los Breslovers:
>
> 1. La gente debe alejarse de los Breslovers lo máximo posible.
>
> 2. Cuidado con casarse con un Breslover: tienen prohibido contraer matrimonio dentro de la comunidad de Israel.
>
> 3. No enviar a ninguno de sus hijos con un maestro Breslover. La Torá que enseña va a dañar sus mentes y los volverán ateos.
>
> 4. La carne faenada por un *shojet* (carnicero ritual) Breslover no es apta para ser comida.
>
> 5. Un *jazán* proveniente de esta comunidad malvada es inaceptable, pues sus plegarias son una abominación.
>
> 6. Utilizar las sanciones económicas tradicionales para quebrar todas las fuentes de ingresos que ellos puedan tener. Está prohibido tener piedad de cualquiera que sienta piedad de un Breslover.
>
> Y que Dios envíe bendiciones al trabajo de sus manos.[1]

*

Inmediatamente se pusieron en práctica esas directivas - había mucha gente dispuesta a tomar la proclama del Savraner como una licencia para expresar sus más bajos impulsos. El vilipendio de los jasidim de Breslov se intensificó. Los *sefarim* del Rebe Najmán fueron destruidos y arrojados a la basura. Se implementaron las sanciones económicas expulsando incluso a la gente de sus antiguos trabajos. Estalló la violencia física en la forma de golpizas públicas y arrojarles piedras a los jasidim de Breslov se volvió un pasatiempo.

Reb Noson había conocido al Savraner desde los días en que ambos estuvieron con el rabí Leví Itzjak de Berdichov. En un esfuerzo final por evitar la catástrofe, Reb Noson trató de escribirle personalmente al Savraner.

Miércoles por la noche, semana de la lectura de la Torá *Vaishlaj* 5595 (17 de diciembre de 1834).

Desde lejos clamo por paz. Desde el hisopo en la pared hasta el cedro del Líbano, el santo rav, famoso en todo Iehudá e Israel... el hombre de Dios, santo es él... rabí Moshé Zvi, ¡que su luz brille!

No es costumbre el que un individuo insignificante tome la iniciativa y envíe saludos a un grande, pero estoy escribiéndote en aras de la paz, de la cual nuestros Sabios hablaron con tanta vehemencia... No estoy seguro aún de si debo escribir esta carta - quién sabe si mis palabras entrarán en tu corazón puro... pero debo hacer mi parte para salvar mi alma y las almas de aquellas personas dignas que dependen de mí...

Como tú sabes, la mayor parte de los implicados en la amarga oposición en contra nuestra citan tus palabras para justificarse... pero ellos están tan lejos de ti como lo están de mí... Que no haya efusión de sangre inocente en Israel. Ellos están derramando nuestra sangre con las torturas más terribles, atacándonos y humillándonos... Ellos nos apedrean... Nos arrojan barro y tierra... No tienen respeto por los jóvenes ni por los ancianos... Si Dios no estuviese con nosotros ya nos habrían tragado vivos...

Que su señoría recuerde que sus caminos siempre han sido buscar la paz. Muchas veces has debido adjudicar [es decir, en temas monetarios] y le has dado respiro al culpable, siempre con el pensamiento de hacer la paz... Cuánto más debes entonces buscar la paz en un conflicto tan furioso, donde están en juego las vidas de las personas, sin hablar de la desacralización del Santo

Nombre de Dios... Ellos rasgan y destruyen las obras del Rebe Najmán... las pisotean y las arrojan a la basura... ¿Quién ha oído de semejante comportamiento? ¿Quién ha visto tal comportamiento?... Ni siquiera han mirado dentro de esas obras para ver si realmente merecen tal tratamiento...

Los miembros de nuestra comunidad, que se cobijan bajo la sombra del Rebe Najmán y estudian esas obras -obras que se han difundido hacia los lugares más lejanos y han sido ampliamente aceptadas- han sido testigos de esos actos despreciables y se han mantenido en silencio... Pero nuestros oponentes no están satisfechos con su silencio y los golpean terriblemente... El conflicto ya se ha extendido a varias ciudades... Como dice el dicho, "La persona más fuerte es aquella que está desesperada": la gente comenzará a defenderse, lo que simplemente causará más daño y derramamiento de sangre... ¿Es posible que uno pueda encender más aún los fuegos de la disputa...?

Debes saber que todo esto no nos detendrá de la verdad... Habiendo saboreado la belleza y la verdad de los escritos del Rebe, los cuales se basan en la Torá, en las enseñanzas de nuestros Sabios y en las de todos los verdaderos Tzadikim a lo largo de las generaciones, no nos separaremos del Rebe Najmán... Si otros no quieren mirar en esas obras, esa es su elección... Pero ¿cómo alguien puede permitir una "guerra santa" en contra del Rebe, o peor aún, tratar de instigarla?...

Tú sabes que he sacrificado todo para llegar a ser un seguidor del Rebe. Estuve con el Berdichover, con el Chmelniker, con el rabí Sholom de Probisht y con muchos otros Tzadikim... E incluso luego de volverme un seguidor del Rebe, ellos siguieron respetándome, y quizás más, debido a que vieron cuánto había mejorado...

Ahora tengo más de cincuenta años [Reb Noson tenía 55]... He pasado mucho a lo largo de mi vida... He estado con el Rebe y trabajado en sus libros por más de treinta y dos años... Los he impreso numerosas veces, con la aprobación de los Tzadikim más grandes de esta generación. Estos se han difundido a Lituania, a Reissin, a Polonia y a *Eretz Israel*. Todos alaban esas obras indicando que están llenas de enseñanzas que dirigen a la persona al servicio a Dios, abriéndole las puertas del arrepentimiento... Sólo aquí, en este país, hay oposición, debido al oponente del Rebe [el Zeide de Shpola]... y tú mismo sabes que no hay motivo para oponerse al Rebe...

Te pido perdón si he escrito algo que pudiera haberte ofendido, pero mi alma está amargada de tanto sufrimiento... ¡Te pido, te ruego, que detengas este conflicto!... ¿Qué puedo decir? Dios ha encontrado nuestros pecados. Dios es justo y yo soy el culpable. Pero "Dios está con aquellos que son perseguidos, aunque sea un Tzadik el que persigue y un malvado el que es perseguido...". En todo caso, los cargos en nuestra contra son totalmente falsos.

Aquél que mira en los corazones sabe que yo podría ir a verte y hablarte cara a cara, pero que una montaña se ha levantado entre nosotros... Llevaría días el derramar mi corazón delante de ti... Además, sería imposible para mí quedarme allí tanto tiempo... Mis enemigos me están acechando constantemente al punto en que mi sangre ha sido declarada libre para ser derramada... Dudaba incluso de enviar esta carta, pero no puedo mantenerme en silencio... Entrego a Dios mi mente y mi corazón para que Él me guíe...

Noson, el hijo de Reb Naftalí Hertz, de Breslov

*

La respuesta no se hizo esperar. Los enemigos de Reb Noson decidieron que no había necesidad de luchar más encarnizadamente. Sólo hacía falta deshacerse de Reb Noson y el trabajo estaría terminado. Contrataron algunos asesinos para hacer la tarea. Un viernes por la noche, 19 de diciembre de 1834, unos pocos días después de que Reb Noson enviase su carta, perpetraron su ataque. No lejos de Reb Noson, vivía un cierto Reb Noson Apteker y por error fueron a su casa.

La siguiente semana Reb Noson le escribió a Reb Itzjak:

Ya debes haber oído sobre la gente que fue asesinada en la casa de Reb Noson Apteker el viernes por la noche. El Shabat por la mañana encontraron a toda la familia muerta - Reb Noson, su esposa, su hermano Aarón y una mucama. Sólo dos niños sobrevivieron. La más grande, una niña de cuatro o cinco años de edad, está muy grave, con varias heridas en todo el cuerpo. El otro es un pequeño infante. Por el momento los asesinos no han sido atrapados aunque un hombre ha sido arrestado (*Alim LeTerufá* #166).[2]

*

Shabat Jánuca 5595

Las continuas calumnias sobre Reb Noson hicieron que el Savraner emitiera otro edicto dando permiso para denunciar a las autoridades a Reb Noson y a los Breslovers.[3]

Durante los primeros días de Jánuca del año 5595 (finales de diciembre de 1834), los oponentes de Reb Noson en Breslov fueron a ver al intendente del pueblo para informar en su contra. Afirmaban que estaba dedicado a actividades antigubernamentales y que operaba una imprenta ilegal. Le dijeron que los jasidim de Breslov eran extremistas que oraban y estudiaban de manera inmoderada. Que nunca trabajaban, que eran parásitos sociales y que eran, por lo tanto, dañinos para el gobierno. Era como si Reb Noson hubiese fundado un nuevo culto (*Tovot Zijronot* p.140).

Los informantes sabían que los seguidores de Reb Noson solían reunirse con él para el Shabat Jánuca, y le aconsejaron al intendente que esperase hasta ese momento para poder arrestar de una sola vez a toda esa gente tan "peligrosa" para la sociedad. Sugirieron que el mejor momento para atraparlos sería en *shalosh seudot*, cuando Reb Noson daba sus lecciones de Torá. También le aconsejaron que confiscase los manuscritos de Reb Noson. Para probar sus afirmaciones, estuvieron de acuerdo en ayudarlo y lo honraron con un regalo. ¡Es verdaderamente asombroso lo que puede lograr un "pequeño regalo"!

El Shabat a la tarde (3 de enero de 1835) la casa de Reb Noson estaba llena de gente que había venido a escuchar Torá. Para asegurar que nadie escapase, la policía rodeó la casa y entonces entró para hacer los arrestos.[4] El intendente dio órdenes de arrestar sólo a los no residentes de Breslov pues no habría sido conveniente que detuviese a sus propios residentes sin motivo alguno. Para ayudar a la policía a distinguir entre los residentes y los no residentes, los oponentes se hubicaron junto a la puerta de la casa de Reb Noson delatando a quienes debían arrestar. Reb Noson no fue detenido - estaban seguros de que no haría ningún intento por huir. En verdad, Reb Noson se mantuvo calmo todo el tiempo. Cuando la policía entró y empezó a llevarse a los jóvenes sentados a su mesa, comenzó a contar la historia de cómo Reb Ozer se volvió un jasid de Breslov (*Avenea Barzel* p.90).

El intendente hizo clausurar la entrada al ático de la casa de Reb Noson y la selló con el sello oficial. La policía se llevó una cantidad de libros y de papeles incluyendo el Talmud y el *Shuljan Aruj* de Reb Noson, la mayor parte de los manuscritos del Rebe Najmán y muchos de los propios escritos y cartas de Reb Noson.

Ese sábado por la noche los seguidores de Reb Noson volvieron a visitarlo. Lo encontraron en un tremendo estado de *devekut* (devoción), repitiendo una y otra vez: "Aquéllos que han nacido morirán; aquéllos que han muerto serán resucitados; los vivos serán juzgados - para saber y hacer saber que Él es su Hacedor, Él es su Juez, Él es su Testigo, Él es su Fiscal..." (*Avot* 4:22).

Cuando Reb Noson volvió de su *devekut*, les dijo a sus seguidores que el intendente había olvidado sellar la segunda entrada al ático proveniente del porche. Debían tomar inmediatamente una escalera, subir al ático y retirar todos los escritos que había allí. Así lo hicieron pero en el apuro olvidaron un pequeño arcón con manuscritos. Ese arcón fue subsecuentemente confiscado por las autoridades.

Reb Noson huyó entonces de Breslov. Se ocultó en un pueblo cercano, con la intención de aguardar algunos días en la esperanza de que el tumulto se aplacase. Sin embargo, el lunes el intendente envió a arrestar a Reb Noson. Al enterarse, Reb Noson comprendió que debía huir del área y partió para Umán.

Así comenzó la huida de Reb Noson durante el invierno. Umán aún estaba demasiado cerca de Breslov como para sentirse seguro, por lo que de allí se movió más hacia el este, hacia Tcherin y Kremenchug, donde la oposición era menos intensa.

De Kremenchug Reb Noson le escribió a Reb Itzjak:

> Los Breslovers de aquí me recibieron con gran amor y entusiasmo, mucho más que antes... Pero no puedo describir el sufrimiento que tuve que atravesar en el mismo viaje. El camino se encontraba en un terrible estado y los caballos estaban débiles. Para un hombre de mi edad un viaje así es extremadamente difícil. Pero aun así, en medio de tanto sufrimiento, tuve mucho en lo que apoyarme. Quiera Dios garantizar que algún día pueda llegar a contarte todo esto para que puedas comprender las maravillas de la Providencia de Dios y la bondad con la cual Él renueva la creación cada día, restringiéndose desde el Infinito en cada

experiencia, en cada palabra y en cada pensamiento que tiene cada persona, de acuerdo a su lugar y tiempo, para presentarle alusiones de cómo acercarse a Él... (*Alim LeTerufá* #169).

Al llegar a Tcherin, Reb Noson continuó con lo que había dejado en Breslov, orando y estudiando con su usual intensidad, inspirando a los jasidim de la ciudad y trabajando en sus discursos.[5] Permaneció en el área de Tcherin hasta el comienzo del mes de marzo, cuando viajó a Umán, para Purim, y no volvió a Breslov sino cerca de dos semanas antes de Pesaj.

*

En Breslov, Reb Noson tenía un seguidor muy cercano llamado Reb Shmuel Weinberg. Este hombre era bien conocido de las autoridades y tenía algunas influencias. Mediante una mezcla de persuasión y de soborno logró en una semana la libertad de los Breslovers presos, pero le llevó varias semanas más persuadir a las autoridades para que le devolviesen los libros y los manuscritos confiscados. La mayoría fueron devueltos, pero muchas de las plegarias de Reb Noson y un volumen entero de sus discursos sobre el *Shuljan Aruj, Iore Dea*, nunca fueron recobrados.[6] Reb Shmuel también demostró la inocencia de Reb Noson y con la ayuda de un "regalo" al intendente pudo arreglar para que Reb Noson volviese a su hogar sin temor a ser encarcelado.

Mientras tanto, en Breslov y en las áreas circundantes las hostilidades no disminuyeron. Los partidarios del Savraner comenzaron a interferir en las vidas de los jasidim de Breslov, boicoteando a aquéllos que tenían comercios y haciendo lo posible para cerrarles toda fuente de ingresos. Muchos de los jasidim más pobres recibían ayuda de las organizaciones caritativas, incluyendo una porción semanal de harina (ver *Iore Dea* 256:1). Se hicieron esfuerzos para detener la distribución de harina a los Breslovers más pobres. Aparte de sufrir sanciones económicas, los jasidim de Breslov se vieron sujetos a un constante abuso, burla, pedradas y ataques en general.

Mientras estuvo en Tcherin, Reb Noson se mantuvo informado del desarrollo de los sucesos a través de las cartas de sus hijos, Reb Shajne y Reb Itzjak, y de Reb Shmuel Weinberg, Reb

Abraham Ber y otros. No tenemos sus cartas, pero a partir de lo que Reb Noson les escribió en respuesta, está claro que ellos expresaban sus temores y angustias debido al sufrimiento. Reb Noson les respondía en extenso, consolándolos y fortaleciéndolos y aconsejándoles lo que debían hacer.

> Toda esta persecución es sólo temporal. Nuestros días son como una sombra pasajera. Dentro de poco tiempo todo esto habrá pasado y será olvidado. Aunque ahora debamos soportar el sufrimiento y la humillación, aquéllos que se mantengan fuertes en su unión al Rebe no serán avergonzados más tarde... El Baal Shem Tov y sus seguidores también sufrieron... Todos los seguidores del Rebe tienen su parte de abuso y hostigamiento, incluso si lo que ahora estamos sufriendo es mucho peor que antes, esto simplemente muestra lo valioso de nuestra unión al Rebe... Sólo "espera un momento hasta que pase la ira" (Isaías 26:20). Por cierto Dios no nos abandonará. Él nos mostrará una señal para bien y nuestros enemigos verán y serán avergonzados (*Alim LeTerufá* #269).
>
> Ustedes, los jasidim que viven en Breslov, aún no han probado el dolor y la amargura de la oposición. ¿Qué puedo hacer por ustedes, mis hermanos y amigos? Todos tienen que pasar pruebas en esta vida. Afortunada es la persona que puede enfrentarse a ellas. Ustedes ven lo que le ha sucedido a Moshé Jenkes. Todos se están riendo de él, incluso nuestros oponentes, pues ha caído tan bajo - ¡quiera Dios tener piedad de él, de levantarlo y hacerlo retornar a la verdad, pronto! (*ibid.* #171).

A aquéllos amenazados con la pérdida de su cuota semanal de harina, Reb Noson les escribió:

> ¿Qué hace la gente pobre en lugares donde no hay un comité central que distribuya harina? ¡Ellos tampoco reciben ayuda alguna y aun así continúan vivos! Después de tantas veces que les he hablado sobre cómo Dios provee nuestras necesidades, ¿será esto una prueba para ustedes? ¿Estarán preocupados por la *harina*? Reb Iudel, Reb Shmuel Isaac y muchos otros de nuestro grupo fueron extremadamente pobres en su juventud. Nadie en Dashev se ocupaba de ellos. Cuando me volví un seguidor del Rebe, dejé de preocuparme por el tema de ganarme la vida y nunca perdí nada debido a ello... Y si es por mí que están preocupados, entonces pidan para que Dios me

proteja y me salve de mis enemigos... (*Alim LeTerufá* #171).

En cuanto a la cuota de harina, la confianza de Reb Noson fue reivindicada. Uno de los empleados del molino de harina de Moshé Jenkes ubicado en Sherevitz era un tal Reb Itzjak. El mismo Moshé Jenkes le había hablado tanto a Reb Itzjak sobre el Rebe Najmán que éste se volvió un Breslover y seguidor de Reb Noson. Incluso luego de que Moshé Jenkes comenzó su antagonismo a los Breslovers, se negó a despedir a Reb Itzjak.

Reb Itzjak hacía las entregas de harina en Breslov. Solía pasar luego de la medianoche y arrojar una bolsa de harina en la casa de Reb Leivtze,[7] un jasid de Breslov que vivía en las afueras de la ciudad. Reb Leivtze le entregaba más tarde la harina a Reb Noson. Así, Reb Itzjak hizo posible que Reb Noson y su familia recibiesen harina durante todos los Años de Opresión. Cuando Reb Noson se enteró de que Moshé Jenkes estaba protegiendo los derechos de los pobres, hizo notar, "El Rebe Najmán ya nos había dicho que en medio de la maldad siempre hay una chispa de bien" (*Siaj Sarfei Kodesh* I-766; ver *Sabiduría y Enseñanzas del Rabí Najmán de Breslov* #78).

Por otro lado, el incesante acoso era una amarga prueba para los Breslovers, algunos de los cuales querían presentar sus quejas ante la policía con la esperanza de que arrestasen a sus enemigos. Sin embargo Reb Noson les escribió diciendo que no debían informar sobre sus enemigos sino sólo presentar pruebas atestiguando sobre su propia inocencia (*Siaj Sarfei Kodesh* #245).

> A partir de sus cartas tengo la sensación de que están innecesariamente asustados. Contemplen la salvación que hemos tenido en medio de estos problemas... Aún espero poder llegar a vivir en paz en Breslov y nadie podrá hacerme daño de ninguna manera. No le teman a sus pedradas. Si nosotros tenemos ventanas, también ellos. Si se vuelve permitido el romper ventanas, ninguna ventana de Breslov quedará sana... Pero el gobierno también tiene sus leyes, como enseñaron nuestros Sabios: "Si no fuese por el temor al gobierno la gente se tragaría viva una a la otra" (*Avot* 3:2). Aquéllos que arrojan piedras son el opuesto absoluto de Breslov, pues el versículo dice, 'Les quitaré sus corazones de piedra y les daré un corazón de carne - *lev basar*' (Ezequiel 36:26). *LeV BaSaR* tiene las mismas letras que *BReSLoV*. Los que arrojan piedras son

lo opuesto de Breslov. Breslov quedará mientras que ellos desaparecerán (*Alim LeTerufá* #171).

Sin embargo, aunque Reb Noson y los jasidim de Breslov no lo sabían, el éxito de Reb Shmuel Weinberg sólo se debió en parte a sus propios esfuerzos. El principal motivo por el cual pudo lograr la libertad de los que habían sido apresados se debió a la oposición que había decidido que, en lugar de tratar de operar a través de las autoridades, sería más efectivo atacar directamente.

El Savraner emitió para ese entonces su infame edicto de "expúlsenlos, persíganlos, asústenlos y destrúyanlos". Nada era más grande que la mitzvá de deshacerse de un Breslover. Se enviaron cartas a todas las ciudades y pueblos de la región, desde Breslov a Umán y Terhovitza, informándoles a los líderes de las comunidades Savraners sobre el edicto (*Imei HaTlaot* pgs. 148-149; ver *Kojvei Or* p.35, n.1).

Había un dicho en Rusia, "Con diez mil rublos podemos comprar cualquier cosa" (*Kojvei Or* p.35, n.1). Al emitir su edicto, el Savraner hizo planes para utilizar al menos cien mil *ruch* como dinero de soborno por si las autoridades decidían ponerse en su contra por tomar la ley en sus manos. Algunos de sus seguidores más ricos tenían contratos con el gobierno para el mantenimiento de los caminos por valor de más de cien mil rublos. El Savraner les dijo a sus seguidores, "¿Cuánto me darían por los Breslovers rebeldes?". Ellos le respondieron, "Hasta la mitad de nuestras ganancias". Como contrapartida, el Savraner agregó su firma personal para que ellos obtuvieran préstamos. Poco tiempo después sus negocios comenzaron a ir mal y eventualmente llegaron a la bancarrota. Para su gran vergüenza, el Savraner se vio forzado a cumplir con sus obligaciones. Antes de fallecer dijo que la bancarrota había sido la responsable, en gran medida, de su muerte.

*

Sin Restricciones

En Terhovitza, un jasid de Breslov fue atacado y torturado tan severamente que nunca pudo recuperarse de la golpiza y sufrió de epilepsia por el resto de su vida. En Tulchin, Reb Itzjak, el hijo de Reb Noson, no podía orar en el *shul* pues siempre era interrumpido. Se hicieron esfuerzos para que lo despidieran de su puesto en la oficina postal, mientras que en su hogar sufría un constante ataque por parte de su esposa.

Reb Itzjak b'Reb Abraham Ber de Tulchin fue golpeado hasta que aceptó romper sus lazos con Reb Noson (aunque más tarde, cuando las cosas se aquietaron, volvió a él). Un cierto Reb David de Tulchin tenía fobia de salir solo de noche. Fue atado a una tumba en el cementerio y se le dijo que allí se quedaría toda la noche si no maldecía a Reb Noson. Otro jasid de Tulchin fue atado y arrastrado por las calles hasta que maldijo a Reb Noson.

De todos los seguidores de Reb Noson en Tulchin, un tal Reb Mordejai pasó la prueba con la más grande muestra de lealtad. Fue golpeado y arrastrado al centro del mercado donde se lo hizo parar sobre una piedra y se le dijo que maldijese a Reb Noson. Pese a los golpes que llovían sobre él, Reb Mordejai se mantuvo de pie sobre la piedra cantando, "¡Pero Mordejai no se arrodillaba ni se postraba!" (Esther 3:2).

Reb Najmán de Tulchin no estaba en su hogar cuando comenzó la disputa. Era muy pobre y la única manera de desplazarse de un lugar a otro era haciéndolo a pie. Tan pronto como llegó a su hogar, su esposa y su suegro le contaron cómo estaban siendo perseguidos los Breslovers de Tulchin. Temiendo por su vida le dijeron que partiese inmediatamente. Demasiado cansado para ir muy lejos, Reb Najmán se detuvo para descansar en las afueras de Tulchin, en una casa que pertenecía a un hombre que él sabía que no estaba en contra de los jasidim de Breslov. A la mañana salió a pie para Umán.

Por el camino, Reb Najmán pasó a través del pequeño pueblo de Majilifka. Sin vestimentas para enfrentar el tremendo frío, decidió arriesgarse y detenerse durante unas horas para entrar en calor. Caminó por el poblado hasta que finalmente encontró a un judío. Reb Najmán le preguntó dónde podía encontrar una casa en la cual pudiese calentarse. La primera pregunta que el hombre le hizo fue, "¿Eres un Breslover? ¡Es posible incluso que te maten!". Reb Najmán le respondió, "¡¿Cómo puedes siquiera sospechar que soy un Breslover?!".

El judío le mostró entonces a Reb Najmán una casa donde

podía entrar en calor. Reb Najmán entró y se quedó de pie junto al hogar. Allí cerca había una cuna con un niño llorando. Un hombre estaba meciendo la cuna tratando de tranquilizar al niño, pero no lo lograba y los llantos de la criatura se hacían cada vez más fuertes. El hombre finalmente le gritó al niño, "Estás llorando como un Breslover cuando reza". Viendo el odio en el rostro del hombre, Reb Najmán huyó de la casa y se apuró hacia Umán.

En Breslov, los enemigos de Reb Noson comenzaron a apedrear su casa todas las noches, bajo el manto de la oscuridad. Normalmente, y para protección, los de la casa solían cerrar los postigos al atardecer. Una noche olvidaron cerrar los de una pequeña habitación donde estaba durmiendo Esther Shaindel, la pequeña hija de Janá Tsirel. De pronto la niña comenzó a llorar y su madre la sacó de la cuna. Justo en el momento en que la levantaba una enorme piedra entró por la ventana y cayó sobre la cuna. Si la niña hubiese estado allí de seguro que habría muerto. El sufrimiento de los seguidores de Reb Noson en Breslov fue tan grande que al final sólo cinco pasaron la prueba y se mantuvieron firmes todo el tiempo (*Imei HaTlaot* p.150).

* * *

36

La Fábrica de Botas

Enseña el Zohar: "¡Ay del mundo! Sus corazones y sus ojos están cerrados y no miran en los secretos de la Torá... ellos no ayudan a la Shejiná en el exilio, ni a Moshé (el Tzadik), quien siempre está con Ella y nunca se aparta de Ella... Moshé no murió. Él es llamado Adán, "Hombre". De Adán está escrito, 'Pero Adán no tenía quien lo ayudase' (Génesis 2:20). Esto se aplica al último exilio: Adán -el Tzadik- no tiene quien lo ayude. Todos están en contra del Tzadik" (*Zohar* I, 28 a; ver *Kojvei Or* p.123).

El Rebe Najmán reveló muchas lecciones y cuentos con el propósito de despertar a la gente en la búsqueda del sentido en sus vidas, ayudándolas a lograr su misión. Debido a esto el Rebe Najmán sufrió oposición: como sugiere el *Zohar*, la gente se ha alejado de la búsqueda del sentido interno de la Torá y sólo contempla el nivel literal; como resultado, "todos están en contra del Tzadik".

Reb Noson comprendió el propósito del Rebe Najmán y dedicó su vida a hacerles accesibles a todos las enseñanzas del Rebe. Debido a ello debió sufrir la oposición. Como escribe: "El principal motivo de este conflicto es simplemente porque hay algunas personas que han comenzado a responder a las enseñanzas del Rebe y quieren ser judíos puros y sinceros - es por eso que nuestros oponentes nos odian tanto" (*Alim LeTerufá* #171).

Sin embargo, a diferencia del Rebe Najmán, Reb Noson estaba completamente solo. Desde el comienzo de la campaña del Zeide de Shpola en contra del Rebe Najmán en 1800, el Rebe tuvo el apoyo de los maestros jasídicos más importantes, tales como el rabí Leví Itzjak de Berdichov, el rabí Guedalia de Linitz, el rabí Abraham Dov de Chmelnik y el rabí Zev Wolf de Charni-Ostrov. Ellos incluso llegaron a considerar poner al Zeide de Shpola en *jerem*. Sin embargo, para el año 1835 quedaban pocos líderes jasídicos importantes en Ucrania. Los que allí vivían ya tenían suficientes dificultades tratando de mantener sus propios rebaños ante la creciente pobreza, agravada por las brutalidades del zar Nicolás y el seductor llamado de los *maskilim*. Con tantas dificultades, ¿podrían preocuparse ahora de las acusaciones en contra de un pequeño grupo de Breslovers? El Savraner era famoso, estaba bien establecido y tenía una gran cantidad de seguidores. ¿Quién en su sano juicio consideraría sacar la cabeza en apoyo de alguien tan controversial como Reb Noson?

Solo como estaba, Reb Noson se negó a apoyarse en algo más que no fuese la plegaria. Al comienzo del conflicto Reb Iudel, el más anciano de los seguidores del Rebe Najmán que aún quedaba con vida, llevó a otros nueve jasidim de Breslov al *tzion* del Rebe. Para proteger a Reb Noson del daño físico proveniente de aquéllos que querían destruirlo, Reb Iudel puso a los oponentes en un *jerem*. Al dejar el *tzion*, Reb Iudel citó la enseñanza Talmúdica, "Existe un mérito que protege a la persona durante un año, un mérito que protege a la persona durante dos años y un mérito que la protege durante tres años" (*Sotá* 20a). "Pero", agregó Reb Iudel, "¡no más!". En verdad el conflicto duró otros tres años -tres *largos* años- hasta 1838.

Aun así, cuando Reb Noson se enteró del *jerem* no le agradó. Dijo que ése no era el camino del Rebe.[1] No se oponía a tomar medidas prácticas para defenderse a sí mismo y a los Breslovers: mientras huía de Breslov, escribió diciéndoles a sus seguidores que tomasen todos los pasos legales necesarios para protegerse. También alentó a Reb Shmuel Weinberg en sus esfuerzos con las autoridades, escribiendo: "Debemos hacer lo máximo posible para ganar el apoyo del gobierno, porque ellos ciertamente no están de acuerdo con los robos y los asesinatos que están perpetrando nuestros oponentes en contra nuestra". Al mismo tiempo, Reb Noson les dijo a Reb Shmuel y a todos sus seguidores: "Nuestra principal esperanza está sólo en Dios" (*Alim LeTerufá* #176).

> Deben clamar y orar a Dios todos los días... El único propósito de todo este tumulto es despertarnos, tanto a mí como a ustedes, para dedicarnos más aún a la Torá, a la plegaria y en especial al *hitbodedut*. Todos deben hablar con Dios con sus propias palabras y orar - por ustedes mismos, por mí y por todos los demás. Y Dios tendrá piedad y nos salvará muy pronto (*Alim LeTerufá* #171).

Reb Noson le escribió a Reb Itzjak:

> El mundo está lleno de pruebas. Debemos enfrentarlas todos los días, de muchas maneras. Nuestra base más sólida para poder mantenernos firmes es el cimiento más fuerte y duradero - el Tzadik, "cimiento del mundo" (Proverbios 10:25). Cada uno de nosotros puede apoyarse en él, no importa lo que deba atravesar (*Alim LeTerufá* #169).

En otra carta a Reb Itzjak, Reb Noson escribe:

> Debemos fijar en nuestros corazones las santas lecciones del Rebe y sus conversaciones, tan firmemente que incluso luego de cien años, cuando sea el tiempo de yacer en la tumba, podremos darnos vida con sus santas palabras, e igualmente en el momento de la Resurrección y por siempre... Asegúrate de recordar cada palabra de cada lección, de cada plegaria y de cada conversación... Estos mismos libros que nuestros enemigos desprecian, destruyen y pisotean nos salvarán y nos levantarán del polvo (*Alim LeTerufá* #173).

En una carta a todos sus seguidores escribe:

> De acuerdo con la ley de la naturaleza no hay forma de que podamos enfrentarnos a ellos. Ninguno de nosotros tiene realmente la fortaleza como para orar y clamar a Dios de la manera en que debería hacerlo frente a semejante ataque. Es verdad que tratamos y que debemos continuar - debemos hacer nuestra parte pues Dios ciertamente escucha las plegarias de cada judío. Pero aun así, nuestra mayor confianza está sólo en el poder de la plegaria del anciano de los ancianos [el Rebe], cuya sola misión es acercar las almas a Dios y en cuyo nombre somos llamados jasidim de Breslov. ¡Él comenzó y él terminará!...
>
> Sí, por naturaleza me veo llevado a temer. Pero Dios me ha hecho fuerte y arrojado... y mi resolución es tan firme como una barra de acero y una muralla de bronce. Me estoy preparando, tal cual hizo Iaacov, "para un regalo, para la plegaria y para la guerra" (cf. Rashi, Génesis 32:9) (*Alim LeTerufá* #174).

"Dios Todopoderoso ciertamente terminará y seremos victoriosos", dijo Reb Noson. "¿*Cómo* lo hará? Eso no lo sé" (*Siaj Sarfei Kodesh* I-625).

Mientras Reb Noson permanecía en Tcherin se enteró, por medio de su familia, que aún estaba siendo buscado por las autoridades, quienes seguían yendo a su casa para buscar otros manuscritos. Su familia le dijo que no debía intentar volver. Reb Noson se quedó en Tcherin hasta cerca de Purim, cuando recibió un permiso por escrito para retornar a Breslov sin temor de ser arrestado. Al mismo tiempo recibió copias de las proclamas que el Savraner había enviado a todas las ciudades de la región diciéndoles a sus seguidores que expulsasen a los Breslovers, "que los persigan, los asusten y los destruyan". Incluso con un permiso, su familia le aconsejó que no volviese pues su vida aún estaba en peligro como resultado de esas proclamas. Antes de Purim, Reb Noson fue a Umán, donde permaneció durante unas semanas con Reb Naftalí. Pese a las advertencias de su familia, sintió que en mérito al Rebe podría retornar a su hogar en Breslov antes de Pesaj.

La casa de Reb Naftalí era el único lugar de Umán en donde Reb Noson podía tener algún descanso. El Rebe Najmán había experimentado una oposición limitada en Umán durante su vida como resultado de la campaña del Zeide de Shpola. Sin embargo, luego del fallecimiento del Rebe, incluso esa oposición había desaparecido. La gente de Umán siempre acogió muy bien a los jasidim de Breslov que llegaban para Rosh HaShaná. Pero Savrán estaba sólo a setenta kilómetros de Umán, más cerca incluso que Breslov. La oposición del Savraner reavivó la hostilidad dormida (*Sijot veSipurim* p.141). Allí adonde iba Reb Noson siempre había gente que lo seguía, tratando de hacerle daño. Al ir a la casa de baños, un cierto Shneur David tomó sus vestimentas y las quiso arrojar al fuego pero la gente lo detuvo. Comenzó entonces a insultar a Reb Noson enfrente de todos. Cuando Reb Noson salió dijo, "Esta humillación es por cierto mucho mejor que Gueinom". Más tarde, Shneur David entró al *kloiz* de Breslov y comenzó a mofarse y a reprender a los jasidim de Breslov. Reb Noson dijo "Él es como su nombre" - las iniciales de *Shneur David* deletrean *SheD* (un demonio) (*Siaj Sarfei Kodesh* I-767).

Sin embargo Reb Noson les escribió a sus seguidores y a su familia en Breslov:

> Estuve en el *tzion* del Rebe y en la *mikve* y nadie me asesinó... Me quedaré aquí durante un tiempo para derramar mi corazón en el *tzion* (*Alim LeTerufá* #172).
>
> En casa de Reb Naftalí hay una agradable habitación para mí, hay te, café y todo lo demás que uno necesita para vivir (*Ibid.* #175).

Reb Najmán de Tulchin había estado esperando a Reb Noson cuando llegó a Umán, lo que fue de ayuda. También varios otros Breslovers habían llegado a Umán luego de huir de sus ciudades. Otros más de las áreas circundantes también fueron a encontrarse con él allí, entre ellos sus seguidores de Teplik, a quienes él les había escrito para que fuesen a verlo. Todos juntos fueron al *tzion* del Rebe y oraron desde el fondo de sus quebrantados corazones. Los clamores y las plegarias fueron tales como raramente se escuchan incluso en Iom Kipur durante el servicio de *Neilá*. Mientras estaban en el *tzion* dijo Reb Noson:

> En el *Shuljan Aruj*, la ley establece claramente que está prohibido presentar las quejas al Cielo. Uno debe recurrir a una corte terrestre. Pero si el oponente es poderoso y agresivo, impidiendo todo recurso terrestre, se permite presentar las peticiones al Cielo (ver *Joshen Mishpat* 422:1; cf. *Bava Kama* 93a).

Ellos clamaban, "¡Rebe! Por qué estás callado cuando alguien así se ha levantado contra nosotros...". También recitaron el Salmo 109, donde el rey David le pide a Dios que castigue a sus enemigos. Poco tiempo después, el Savraner fue atacado por una enfermedad intestinal, de la que sufrió durante varios años y de la cual finalmente falleció. Sin embargo, debido a que el Savraner no atribuyó su enfermedad a su oposición a los Breslovers, continuó su implacable persecución. Fue sólo luego de que algunos episodios más se sumaron a sus problemas que finalmente se vio forzado a detenerse.

*

Durante los meses de su huida de Breslov, Reb Noson les solicitó a su familia y a sus seguidores que le escribiesen dándole noticias sobre cada uno de ellos. Al llegar a Umán, Reb Noson encontró más de diez cartas que lo estaban esperando. Todos se lamentaban de sus sufrimientos.

En respuesta Reb Noson escribió:

> En verdad, toda la vergüenza, la humillación y el sufrimiento que nos han hecho pasar redundarán en nuestro beneficio... Una quemadura en el infierno es peor que todo el sufrimiento de este mundo... (*Sabiduría y Enseñanzas del Rabí Najmán de Breslov* #236). En la tumba uno incluso oye cómo se arrastran los gusanos que vienen a consumir el cuerpo. Ciertamente la humillación y la agresión de nuestros oponentes es mucho menos dolorosa que los gusanos y el sufrimiento de Gueinom. Y si piensan que aún no están enteramente eximidos del Gueinom, ciertamente lo estarán de la mayor parte de Gueinom. Al menos deben estar contentos por el hecho de ser salvados del Gueinom de aquéllos que se oponen y destruyen los escritos del Rebe, y que con toda intención derraman sangre inocente... (*Alim LeTerufá* #175).
>
> No hay necesidad de temerle a nada. Todo lo que debemos hacer, aparte de tomar los pocos pasos prácticos necesarios, es clamar y orar a Dios todos los días... Ningún obstáculo en el mundo tiene el poder de detener a la persona que realmente quiere ser un buen judío y seguir con sinceridad y simpleza la Torá tal como Moshé Rabeinu nos ha enseñado y como nuestros Sabios nos han transmitido (*Ibid.* #170).
>
> Todos deben pasar por pruebas, pero nadie recibe una prueba que no pueda superar... Todo aquél que quiera evitar las pruebas y los problemas será mejor que se vaya por un tiempo, como hicieron Reb Najmán de Tulchin y Reb Eliahu de Breslov... En Umán no tienen que enfrentar ese terrible sufrimiento. Finalmente, ellos volverán a su hogar en paz (*Ibid.* #175).

*

Una nueva calumnia estaba comenzando difundirse afirmando que los jasidim de Breslov no aceptaban la Ley Oral. Esto llevó a más persecuciones. Escribió Reb Noson:

> Que piedras y polvo llenen las bocas de aquéllos que dicen cosas tan ridículas. ¡El Rebe Najmán instruyó a todos sus seguidores para que estudiasen el *Shuljan Aruj* diariamente! (*Sabiduría y*

Enseñanzas del Rabí Najmán de Breslov #29; ver *Cruzando el Puente Angosto*, Apéndice A). El mismo Rebe Najmán dio muchas lecciones sobre la grandeza de la Torá Oral.[2] El que estemos sufriendo se debe a nuestros muchos pecados, pero somos completamente inocentes de lo que se nos acusa (*Alim LeTerufá* #175).

También escribió Reb Noson:

> Somos afortunados por habernos hecho jasidim de Breslov antes de este tumulto. Ahora nos hubiera sido imposible volvernos seguidores del Rebe Najmán... Uno de nuestros oponentes aquí, en Umán, tiene un hijo que comenzó a acercarse a los jasidim de Breslov. Estudiaba mucho Talmud y el *Shuljan Aruj*. Ahora éstos así llamados "jasidim" le impiden estudiar: dicen que es más beneficioso hablar con ellos. El padre del joven le dijo, "Estoy dispuesto a mantenerte con la condición de que no estudies más de una página diaria del Talmud. ¡Aquél que estudia todo el día es un jasid de Breslov!". No están tratando de eliminar a la Jasidut de Breslov. Quieren impedir que los judíos estudien Torá... (*Alim LeTerufá* #174).

Nada de esto iba a detener a Reb Noson:

> Todas las enseñanzas del Rebe fueron dadas en medio del fuego y de la oposición en su contra... Los Tzadikim son más grandes aún luego de fallecer que lo que fueron en vida (*Julín* 7b). Desde el fallecimiento del Rebe hemos visto más maravillas aún que las que pudimos ver durante su vida. Dios le ha dado fortaleza a alguien tan débil y perseguido como yo, para escribir e imprimir tales libros y plegarias, para establecer el *kibutz* de Rosh HaShaná y para construir el *kloiz*... Si Dios quiere, pronto podré retornar a casa en Breslov.
>
> No sé qué es lo que mis oponentes piensan que lograrán al expulsarme de Breslov. Allí adonde voy le hablo a la gente sobre Dios y revelo las enseñanzas del Rebe... Allí adonde voy, las personas se vuelven verdaderos jasidim de Breslov (*Alim LeTerufá* #174).

*

En la noche de Purim, luego de la lectura de la *meguilá*, unos vándalos llegaron al *kloiz* de Breslov en Umán y se dedicaron a romper la puerta y las ventanas. También se llevaron candelabros y lámparas. Varios de los culpables fueron atrapados y algunos de los judíos influyentes de Umán, en especial Reb Abraham Weinberg, presentaron cargos en su contra. Finalmente se les ordenó que pagasen todos los daños. Reb Abraham arregló entonces para que la policía protegiese el *kloiz* (Capítulo 34, nota 8).

Reb Noson había querido volver a su hogar en Breslov inmediatamente después de Purim pero tuvo que quedarse en Umán unos días más para encargarse de las reparaciones del *kloiz*. También había recibido información de Breslov de que un oficial de la policía, acompañado de su escuadrón, lo había estado buscando. Reb Noson le escribió a Reb Shmuel Weinberg pidiéndole que averiguarse si el oficial había sido enviado por las autoridades o si sus oponentes estaban jugando con él, en cuyo caso le pidió que le advirtiesen al oficial que no intentase asustarlo. Reb Noson también le pidió a Reb Shmuel Weinberg que le informase cuándo podía retornar con seguridad a su hogar.

En Erev Rosh Jodesh Nisán, Reb Noson oró en el *tzion* del Rebe durante más de la mitad del día. Cuando volvió a la casa de Reb Naftalí, Reb Noson le dijo: "Si Dios quiere volveré a casa para Pesaj". Esa misma tarde llegó una carta informándole a Reb Noson que podía volver a Breslov. Más tarde Reb Naftalí dijo que Reb Noson tenía *rúaj hakodesh*. Volvió contento del *tzion* anunciando que retornaría a su hogar, aunque la carta llegó más tarde (*Tovot Zijronot* #8, p.145).

*

Y así como sucedieron las cosas Reb Noson volvió a su hogar una semana antes de Purim. Normalmente una persona distinguida es honrada al llegar a la ciudad. Reb Noson había estado ausente de Breslov por cerca de tres meses, pero sus oponentes estaban lejos de sentirse complacidos por el hecho de que pudiese retornar pese a todos sus alegatos. Moshé Jenkes y sus socios prepararon por lo tanto una clase diferente de recepción. Una unidad del ejército estaba en ese entonces acantonada en Breslov y las autoridades necesitaban una habitación grande donde poder trabajar durante un mes reparando las botas de los soldados. Moshé

Jenkes le hizo notar al comandante de la unidad que Reb Noson tenía en su hogar algunas habitaciones grandes (tenía un *beit midrash*, donde solían reunirse sus seguidores) que de seguro serían muy aptas para el propósito. Es realmente asombroso lo que un "pequeño regalo" puede lograr, y el comandante aceptó gustoso.[3]

Así, uno o dos días después del retorno de Reb Noson, se instaló una fábrica de botas en su hogar, completa, con pilas de cueros y un gran número de trabajadores gentiles. Era suficientemente incómodo para Reb Noson tener gente trabajando en su hogar durante el Shabat. Para sumar a sus problemas, eso fue justo antes de Pesaj, como bien sabían sus oponentes. ¿Cómo es posible limpiar la casa para Pesaj y deshacerse de todo el *jametz* cuando el ejército tiene un equipo de no judíos trabajando allí todos los días? Mientras tanto, sus oponentes no dejaban de burlarse de Reb Noson y de buscar formas de denunciarlo a las autoridades.

La noche anterior a Pesaj, cuando llegó el momento de la búsqueda del *jametz*, los gentiles aún estaban trabajando en la casa de Reb Noson, donde también solían comer. Reb Noson siempre había dicho que cuando comienza la búsqueda del *jametz* ya es "un poco" de Pesaj. Recitó la bendición con la intensidad usual, teniendo en mente esta vez que así como el *jametz* debe ser removido, también debería serlo la fábrica de botas. Luego de recitar la bendición Reb Noson recorrió el lugar, iluminado por la vela, buscando *jametz*.

Los trabajadores estaban tan asombrados de la bendición de Reb Noson que le dijeron que buscase adonde quisiese y que no los tomase en cuenta. Para ese entonces los pocos Breslovers con influencia de la ciudad habían logrado convencer a las autoridades de retirar la fábrica de botas de la casa de Reb Noson. Al día siguiente, Erev Pesaj, al mediodía, se fueron. Inmediatamente se contrató a un grupo de personas para que ayudasen a Reb Noson a limpiar la casa y prepararla para Pesaj.[4] Sus oponentes estaban más que irritados. Cada vez que encontraban una manera de dañar a Reb Noson, parecía que él la podía superar.

En la noche de Pesaj, durante el Seder, Reb Noson se sentó en una cama frente a la pared y recitó la Hagadá con gran fervor. Cuando la comida fue servida, se giró y se sentó con su familia. Comenzaron a hablar sobre sus sufrimientos y sobre cuán contentos estaban de haberse librado de la fábrica de botas. Entonces hablaron en contra de sus oponentes. Esto disgustó a Reb Noson. Él dijo, "Éste es un momento tan grande y tremendo. Después de todo el esfuerzo que cada judío puso en sus preparaciones para Pesaj, después de todo el dinero que hemos gastado en honor de Pesaj, después de todo nuestro anhelo por cumplir las mitzvot de Pesaj, está absolutamente prohibido hablar en contra de ellos, Dios no lo permita. Ellos son nuestros hermanos. Finalmente serán rectificados. ¡Nosotros mismos debemos buscar remedios para ellos!". Luego de la comida, Reb Noson se volvió nuevamente hacia la pared y completó el Seder con una melodía profundamente inspirada.

*

Con la llegada de Pesaj, Reb Noson pensó que las cosas mejorarían. Justo antes de la festividad le había escrito a Reb Itzjak sobre los últimos acontecimientos:

> Estoy contento de oír que has recibido "permiso" para orar en el *shul* en Tulchin. Por supuesto, es asombroso el que hayas necesitado de su permiso, viendo que todos esos rufianes pueden entrar al *shul* y orar a voluntad. Aun así, esto es el comienzo de la salvación. Ahora hace más de dos semanas que estoy en casa: voy a la mikve todos los días y nadie me ha golpeado, gracias a Dios... Quiera Dios retira el *jametz* de nuestros corazones para que todos podamos volvernos a Él... Sin embargo, aún siguen complotando diariamente, pensando en cómo pueden hacer daño, aunque el único daño que lograrán hacer es a ellos mismos. El Shabat pasado, Jaim Pais [el hijo de Abraham Pais] comenzó a gritar diciendo que quería desaparecer de este mundo... Que Dios frustre sus planes... Pero con la ayuda de Dios yo pude bailar de alegría durante la comida de la mañana del Shabat, lo que considero una gran salvación. Y quiera Dios ayudarnos a todos a regocijarnos juntos luego de habernos protegido de todos esos animales salvajes.
>
> En Umán, el daño hecho al *kloiz* durante la noche de Purim está siendo reparado. Hasta ahora esos vándalos no han sido llevados a la corte. Reb Abraham Weinberg y Reb Naftalí enviaron su apelación a Kiev, y Reb Moshé Fishel [Landau][5] intervino y le advirtió a la otra gente de Umán de que se mantuviera lejos del

kloiz y de los jasidim de Breslov, diciéndoles que de otra manera no les iba a ir muy bien. Los soldados que estaban estacionados intencionalmente en la casa de Reb Abraham Itzjak en Umán, con la intención de molestarlo, fueron retirados...

Sin embargo, las cosas han estallado en Terhovitza. Reb Itzjak, el yerno del Maguid, tuvo que huir. Un jasid de Breslov fue golpeado salvajemente y casi lo matan...

Sé fuerte, hijo mío y piensa cuidadosamente en tu sendero a través del gran mal de este mundo, especialmente en estas generaciones en las que esperamos al Mashíaj. Si no puedes reparar el mundo entero, por lo menos puedes salvarte a ti mismo. Sálvate, como lo hace el ciervo de una trampa, y piensa cómo puedes salvar a tu alma de las terribles aguas de este mundo - ¿mediante el *kriá* (rasgar) de nuestras santas plegarias y libros o mediante el *kriá* (su lectura)? Piensa cuidadosamente en la gran diferencia entre esos dos senderos. Uno no puede rasgar una sola página de tales obras sin haber cometido antes un pecado, y uno no puede estudiar una de ellas o recitar una plegaria sin antes haber sentido una tremenda necesidad de arrepentirse (*Alim LeTerufá* #180).

*

Al contrario de lo que Reb Noson podría haber pensado, sus enemigos no cejaron en absoluto. Dado que no trabajaban en Pesaj, tuvieron tiempo para planificar más problemas. En Bershid (a mitad de camino entre Breslov y Savrán), vivía un joven arrogante y agresivo de nombre Pinjas, cuyo suegro era socio de Moshé Jenkes. Los oponentes de Reb Noson querían que Pinjas fuese a Breslov para ayudarlos en contra de Reb Noson. Pinjas sabía varios idiomas y en especial el ruso. Quizás le fuera posible encontrar una manera de hacer que asesinaran a Reb Noson o al menos que lo enviasen el exilio.

Al enterarse de eso, los seguidores de Reb Noson se asustaron, pero no quisieron advertirle durante Pesaj para no causarle más angustias. Sin embargo, el primer día de Jol HaMoed vieron que se había enviado un carruaje a Bershid para traer a ese personaje a Breslov. Odil, la hija del Rebe, temía que pudieran arrestar a Reb Noson durante Pesaj. Incapaz de contenerse, se dirigió temprano por la mañana a la casa de Reb Noson, llorando amargamente.

Reb Noson estaba de pie, con el talet sobre sus hombros, por empezar las plegarias. Viéndola tan temprano en la mañana se sobresaltó. Ella le informó sobre el carruaje que había sido enviado para traer a Pinjas desde Bershid. "Él no vendrá", dijo Reb Noson. "¡Pero han enviado un carruaje para él!", dijo Odil. "Él no vendrá", repitió Reb Noson. "Él *no* vendrá". Odil se sintió más segura, pero no entendía cómo era posible que no pudiese venir si el carruaje ya había sido enviado para traerlo.

Cuando el cochero se estaba acercando a la casa de Pinjas, oyó llantos y lamentos y vio entonces que estaban llevando un ataúd. Preguntó quién había fallecido y se le dijo: "Aquél que viniste a buscar. Se enfermó durante la noche y murió esta mañana". En Breslov el suegro del muerto y sus asociados estaban esperando impacientes, pero el cochero volvió con las manos vacías. A propósito retrasó su viaje como para llegar a Breslov al atardecer, cuando la mayor parte de la gente se encontraba en el *shul*. Más tarde explicó lo que le había sucedido a Pinjas. Reb Noson dijo que eso había sido una misericordia para Pinjas pues se había salvado de quedar involucrado en el conflicto. También dijo, "La muerte no es una venganza. Pero nos da tiempo".[6]

Comprendiendo que quizás habían ido demasiado lejos, los oponentes de Reb Noson comenzaron a dudar sobre sus intentos de asesinarlo. Después de todo, nadie quería terminar como el finado. Sin embargo decidieron continuar atacando y molestando a Reb Noson de todas las maneras posibles.

* * *

37

Alegatos y Contra Alegatos

De regreso en Breslov, Reb Noson casi no pudo salir de su hogar. Grupos de niños merodeaban por los alrededores insultándolo y maldiciendo. Bandas de jóvenes solían ir al *beit midrash* que estaba junto a su casa para destrozar los libros del Rebe Najmán frente a los jasidim de Breslov. Durante Jol HaMoed Pesaj, un jovencito rompió una ventana de la casa de Reb Noson, quien no tuvo más opción que presentar una denuncia y hacer que lo arrestasen. Moshé Jenkes y sus amigos lograron que dejaran en libertad al niño quien comenzó nuevamente a molestar a Reb Noson.

En el Shabat posterior a Pesaj (25 de abril), varios jóvenes entraron en el *beit midrash* de Reb Noson, destruyendo la puerta y atacando a los jasidim. Se suscitó una pelea en el curso de la cual uno de los jóvenes llamó a su padre para que lo protegiera. Lo que siguió fue una batalla campal y una multitud se juntó alrededor de la casa para mirar. Finalmente fue llamada la policía que arrestó a varias personas, incluyendo a cuatro jasidim de Breslov. Los oponentes de Reb Noson también querían que la policía lo arrestase a él. Reb Noson describió lo sucedido en una carta dirigida a algunos de sus seguidores:

> La casa estaba rodeada por hombres, mujeres y niños. Era terriblemente vergonzoso encontrarse en una situación tan degradante. Pero Dios hizo milagros para mí. No tengo a nadie que pueda ir a ver al intendente de la ciudad para hablar a mi favor, dado que la mayor parte de las personas importantes de Breslov son nuestros oponentes, y los pocos que sienten alguna simpatía por nosotros tienen miedo de hacer algo para ayudarnos abiertamente debido a su temor a Moshé Jenkes y a su grupo. Sin embargo, la esposa de Reb Shmuel Weinberg, junto con alguna gente pobre, trató de ver al intendente para hablar a mi favor. Pero les cerraron las puertas. Aun así, insistieron hasta que fueron

admitidos y alegaron mi caso hasta que apaciguaron al intendente.
Así las cosas, me vi forzado a presentarme ante el intendente. Me era imposible atravesar la muchedumbre, de modo que la policía tuvo que golpear a la gente con sus bastones para abrirme paso. Mientras soportaba la humillación de ser llevado por en medio de la multitud, la hija de Moshé Jenkes, Miriam Raitze [nacida como resultado del consejo que Reb Noson le dio a su padre de divorciarse de su primera esposa] se adelantó y comenzó a maldecirme y a insultarme.

Cuando entré en la oficina del intendente, ella vino detrás y comenzó a insultarme y a calumniarme - aunque esto fue para mi beneficio. El intendente y su esposa estaban enojados con ella por portarse tan mal con una persona mayor, de modo que tuvo que irse avergonzada (*Alim LeTerufá* #182).

Algunos de los seguidores de Reb Noson estaban con él cuando fue llevado a ver al intendente. Lo escucharon murmurar para sí, "¿Qué es lo que los estoy escuchando decir? ¡Pronto la gente estará diciendo, 'Hace ya cuarenta años que falleció Reb Noson!'". ¡Incluso en medio de sus problemas, Reb Noson fue capaz de mantener su mente centrada en el día de la muerte! En cuanto a la hija de Moshé Jenkes, en una rara muestra de emoción, Reb Noson la maldijo. "¡Mujer de la calle!", dijo. "¡Morirás como un perro en la calle!".[1]

Reb Noson continuó con su relato:

> Costó una fortuna aplacar a las autoridades para evitar que me enviasen a prisión. Luego del Shabat tuvimos que presentar un reclamo. El domingo liberaron a los Breslovers presos. Estaban heridos y se ordenó que fuesen examinados por un médico. Esto también costó dinero. Más tarde, nuestros oponentes golpearon a otro Breslover empobrecido y nos vimos obligados a presentar más reclamos. Hasta ahora ninguna de nuestras denuncias ha sido oída en las cortes, pero al menos el hecho de que las hemos presentado les infunde algo de temor. De otra manera nos estarían asesinando en las calles, Dios no lo permita. Ya se ha declarado libre el derramar nuestra sangre.
>
> El domingo la oposición se reunió y juntó una gran cantidad de dinero con lo cual fueron a sobornar a las autoridades para que me arrestasen bajo el cargo de ser un falso profeta y mantener reuniones sediciosas. Le pidieron al intendente que enviase el caso

al fiscal general en Kaminetz.[2] Pueden imaginar nuestro temor y consternación. Con la misericordia de Dios, Reb Shmuel Weinberg y su esposa pudieron persuadir al gobernador de que no firmase la traslación inmediatamente y, por lo que sabemos, aún no ha sido enviada a Kaminetz, pero no sabemos si es realmente así.

Pueden comprender nuestra angustia. Mi vida está de la balanza. Gracias a Dios por darme una fuerza de hierro para soportar todo esto... No tenemos a nadie que esté de nuestro lado. Todo lo que hay son algunas personas pobres y uno o dos propietarios de casas... Ellos ya han tenido que pagar más de cien rublos [en sobornos]... y nuestros oponentes están cortando nuestro sustento por todas partes... (*Alim LeTerufá* #182).

*

Los enemigos de Reb Noson querían que lo exiliasen de todo el distrito de Podolia. Su intento de hacer que las acusaciones fueran llevadas al fiscal regional en Kaminetz transformó el caso en algo mucho más grave. Estaban pagando enormes sumas en sobornos en un esfuerzo por asegurarse la cooperación de las autoridades. Los Breslovers también tenían que pagar a las autoridades, pero para ellos esto era mucho más difícil. Tenían muy pocos partidarios ricos y ellos mismos se veían presionados por los esfuerzos para quebrar su sustento. (Cierta vez hizo notar Reb Noson: "Si tuviese el dinero, podría comprar a todos mis opositores" - *Siaj Sarfei Kodesh* I-756).

Las autoridades de Breslov comenzaron a investigar el caso, pero quedaron totalmente confundidas por los alegatos y los contra alegatos. El lado de Reb Noson era bien claro: después de todo, él era la víctima. Pero con el constante flujo del dinero de soborno, era difícil convencer a las autoridades de que cerrasen el caso. Las dificultades de Reb Noson se veían agravadas por no querer presentar contra demandas en contra de sus oponentes o responder a sus denuncias con algo más que no fuesen sus afirmaciones de inocencia. Les dijo a sus seguidores que pusiesen todo el esfuerzo en la plegaria, sosteniendo que la verdad terminaría por ganar.

La ayuda llegó una semana más tarde, el viernes, 1º de mayo. Reb Noson había acabado de recibir información de que sus oponentes tenían intención de expulsarlo de Breslov al día siguiente, en Shabat. De pronto, Moshé Landau llegó a Breslov, donde pasó varios días. Las poderosas conexiones de Moshé Landau lo hicieron una espina en el costado de los oponentes de Reb Noson. Su presencia los amedrentó y retrocedieron. El intendente también juró que no haría nada que pudiese dañar a Reb Noson. Pero aún había motivos para sentir temor. El intendente era un hombre mayor y algo enfermo, incapaz de controlar todo. Aún era posible que los opositores de Reb Noson se aprovechasen de alguna manera de la enfermedad del intendente y utilizasen sus conexiones con la policía para dañar a Reb Noson. Sin embargo, se había ganado algo de tiempo y la presión inmediata se disipó - un poco al menos.

*

Si Reb Noson le hubiese dado permiso a Moshé Landau, éste habría eliminado a toda la oposición. Los enemigos de Reb Noson lo sabían, pero se apoyaron en la integridad de Reb Noson: ellos sabían que Reb Noson no iba a copiar su comportamiento. El Rebe Najmán le había dicho que sería "perseguido y perseguido y perseguido...", pero que finalmente triunfaría. Reb Noson podría haber presentado fácilmente una defensa formal que habría expuesto a sus enemigos como taimados cobardes que falsamente calumniaban a gente inocente y luego clamaban por su sangre. En verdad, Reb Noson decidió apoyarse totalmente en la seguridad que le diera el Rebe Najmán, "Al final triunfarás".

Su arma principal era la plegaria. Su hija, Janá Tzirel, dijo que las plegarias de *jatzot* que su padre recitó durante los Años de Opresión eran las más intensas que en su vida había escuchado. En ese periodo Reb Noson solía sumergirse dos veces al día en la *mikve*, una vez antes de *jatzot* y otra vez antes de las plegarias de la mañana (*Siaj Sarfei Kodesh* I-639). Y como el mismo Reb Noson hizo notar, "Afuera ruge el fuego. ¡Pero adentro, la fábrica de *idishkeit* continúa produciendo!" (*Ibid.* I-757). Incluso bajo tales presiones, Reb Noson mantuvo su orden de estudio y de plegaria. Continuó hablando y alentando a aquellos seguidores que se animaban a visitarlo, y siguió escribiendo sus discursos.

Para la época en que Reb Noson tuvo que huir a Tcherin, había comenzado a escribir discursos sobre la sección *Iore Dea* del *Shuljan Aruj*, pasando por los temas halájicos uno por uno y en orden. Algo que continuó durante su huida y al retornar a Breslov. Si seguimos los discursos de Reb Noson en el orden en el que los escribió, podemos reconocer cómo interpretaba y comprendía la violencia en contra de los Breslovers en el nivel espiritual más profundo, reconociéndolo como una parte de la batalla de las fuerzas de la oscuridad en contra de la luz Divina, cuando la Torá del verdadero Tzadik se revela en el mundo.

El discurso de Reb Noson sobre las Leyes de los Peces (*Daguim* 5), escrito mientras estaba en Tcherin, trata sobre el gran poder de los verdaderos Tzadikim y cómo los que quieren acercarse a ellos sufren, más que otros, los ataques de los malos pensamientos e impulsos (ver Capítulo 35, nota 5). El discurso escrito después de éste se basa en las Leyes de los Huevos (*Beitzim* 5), y trata sobre el sufrimiento que deben soportar los que desean acercarse al Tzadik, especialmente aquéllos que están muy lejos de Dios. Como Reb Noson les dijo a sus seguidores, "Ustedes son como son, pero aun así quieren acercarse a un Rebe tan grande y tremendo. ¡Es por eso que están sufriendo tanto!" (*Siaj Sarfei Kodesh* I-759).

En el discurso siguiente, sobre las Leyes de la Carne y la Leche (*Basar veJalav* 5) Reb Noson examina la diferencia entre la persona que se une al verdadero Tzadik y aquélla que elige seguir a un líder menor. El Tzadik más grande tiene el poder de rectificar incluso la peor de las impurezas, mientras que el líder menor sólo puede rectificar un pequeño daño. ¿Cómo es posible que aquél que está unido al líder menor pueda alcanzar alguna vez su perfección? Cuando se da cuenta de que no está haciendo ningún progreso en el servicio a Dios, la envidia lo lleva a oponerse a aquéllos que realmente están sirviendo a Dios y a descargar su ira sobre ellos. Esto es una clara referencia a los oponentes de Reb Noson. También habla sobre la fortaleza y la determinación necesaria para mantenerse firme frente a los enemigos.[3]

El siguiente discurso de Reb Noson, sobre las Mezclas Prohibidas (*Taaruvot* 5), trata sobre cómo el poder y el honor se encuentran actualmente en manos de gente que los utiliza para su propio beneficio personal y cómo su maldad les impide acercarse al Tzadik. Reb Noson continúa diciendo que uno nunca debe tratar de forzar una situación. Más bien, es necesario ser pacientes y esperar la caída de la gente malvada que se le opone, esperando sólo la salvación en Dios.

En el siguiente discurso, sobre Kasherizar los Recipientes (*Heksher Keilim* 4), Reb Noson habla sobre la grandeza de sumergirse en la *mikve* como una manera de mitigar los decretos severos (*Likutey Halajot, Heksher Keilim* 4:12-22).[4] Como hemos visto, Reb Noson se dedicó a esta práctica mucho más seguido durante los Años de Opresión. Este discurso también trata sobre la oposición que deben enfrentar aquéllos que están distantes de Dios pero que aun así desean acercarse a Él (*Ibid* 4:23-24), y explica la relevancia contemporánea de la disputa de Koraj con Moshé (*Ibid* 4:48-51).

Reb Noson entreteje todas sus enseñanzas relacionadas con lo que estaba sucediendo en ese tiempo con su exploración de las profundidades de los tópicos halájicos que está tratando. Esos discursos no sólo son testigos elocuentes de su capacidad de tomar fuerzas de las enseñanzas del Rebe durante todo el tiempo de su sufrimiento, sino que también muestran su consumada habilidad para traducir las experiencias personales en enseñanzas aplicables a todos los que desean hacer sacrificios y soportar dificultades en aras de aquéllo en lo que creen.

*

En la demanda que Reb Noson presentó luego de Pesaj, le hace saber al gobernador regional en Kaminetz que la gente está poniendo en peligro su vida, apedreándolo sin motivo, y que la policía local no toma cartas en el asunto. Le pide que emita una clara advertencia para que la policía le otorgue la protección debida. El gobernador regional le escribió a la policía con instrucciones para proteger apropiadamente a "Sternhartz", advirtiéndoles que, de lo contrario, los oficiales a cargo serían destituidos. El gobernador regional también indicó que si Sternhartz había cometido un crimen en contra de sus opositores, ellos debían enviar sus quejas a las autoridades, quienes abrirían una investigación.

Durante los dos meses siguientes la situación se tranquilizó un tanto en Breslov, aunque no siempre fue segura. Cierta vez, cuando Reb Noson estaba en la casa de baños alguien llamado

Pinjas quiso volcar agua hirviendo sobre él. Reb Najmán de Tulchin vio justo a tiempo lo que el tal Pinjas estaba por hacer y aferrándolo por los brazos hizo que derramase el balde. Cuando Reb Noson comprendió lo que Pinjas había querido hacer, dijo, "Ese hombre tendrá hijas viejas".[5]

También hubo algunos incidentes de pedradas y los perpetradores no dejaron de hacerlo hasta que la policía comenzó una investigación. A mediados de junio pareció que Moshé Jenkes había, de alguna manera, cambiado de opinión. Fue a ver a Reb Aarón el Rav y expresó remordimientos por sus malas acciones. Se sentía muy confundido por lo que estaba sucediendo. Reb Noson sintió piedad de él. Aun así, debido a que su esposa Elki había quedado tan influenciada por la calumnia de su hermano, el Rav de Tomoshpiel, el "arrepentimiento" de Moshé Jenkes no duró mucho. Pero al menos le dio a Reb Noson el respiro necesario para viajar a Umán - por primera vez desde su retorno a Breslov desde antes de Pesaj.

*

Durante todo ese periodo le fue difícil a Reb Noson considerar siquiera un *shiduj* para su hijo, Reb David Zvi. De todos sus hijos, Reb David Zvi era el que más se parecía a Reb Noson en su capacidad de aferrar las profundidades de la lógica Talmúdica. Sin embargo, era jorobado y siempre se sentía muy débil, por lo que sufrió mucho durante toda la vida. La deformidad de Reb David Zvi se sumaba a las dificultades que tenía Reb Noson para encontrarle una esposa. Finalmente se arregló un compromiso con la hermanastra de Reb David Zvi - Jaia, la hija de Dishel. La boda tuvo lugar un viernes, 10 de julio de 1835.[6]

Fue muy penoso para Reb Noson tener que casar a su hijo bajo condiciones tan difíciles, rodeado de enemigos y sujeto a un constante abuso. Presionado por sus ingresos cada vez más exiguos, tuvo que apelar a sus seguidores para que lo ayudasen a comprarle un abrigo a Reb David Zvi. Sin embargo, Reb Noson se dio ánimos con la misma enseñanza del Rebe Najmán con la que se sostuvo a lo largo de ese periodo: "'En la aflicción Tú me das alivio' (Salmos 4:2) - uno debe buscar el alivio que Dios nos envía a través de la aflicción misma" (*Likutey Moharán* I, 195). Reb Itzjak fue a la boda en Breslov junto con algunos otros jasidim de Breslov y celebraron con alegría durante varias horas, lo que fue, tal como lo expresó Reb Noson, "un milagro, considerando el sufrimiento que hemos debido atravesar" (*Alim LeTerufá* #191).

* * *

38

Prisión

Mientras Reb Noson disfrutaba de un breve respiro, sus enemigos complotaban para hacer que fuese expulsado de Breslov. El gobernador regional había dicho que todo aquél que tuviese reclamos en contra de Reb Noson debía enviarlos a las autoridades, quienes investigarían el caso. Los oponentes de Reb Noson aprovecharon con satisfacción el momento. Se quejaron de que Reb Noson se presentaba como un falso profeta y líder de una secta, y que continuaba operando una imprenta ilegal en su casa, desafiando a los censores del gobierno.

La primera vez que Reb Noson oyó sobre ello fue unos pocos días después del casamiento de Reb David Zvi, el día siguiente al ayuno del diecisiete de Tamuz (14 de julio). Reb Noson estaba celebrando *sheva berajot* junto con varios seguidores cuando Reb Shmuel Weinberg entró con un semblante preocupado. Llamó aparte a Reb Noson y le dijo que tenía información de que un oficial regional había sido enviado a Breslov con instrucciones de llevar a cabo una investigación especial en su caso. Reb Noson fue tomado por sorpresa aunque ya había estado considerando salir de viaje. Ahora, para evitar al investigador oficial, quería partir de Breslov lo antes posible. Pero cuando Reb Shmuel Weinberg inspeccionó los documentos de viaje de Reb Noson comprobó que habían vencido.

Reb Noson pensó en viajar a Nemirov y esperar allí su documentación, pero fue retenido en Breslov y antes de poder partir el investigador fue a visitarlo a su casa y lo interrogó sobre la imprenta. El investigador había sido enviado por el fiscal general regional de Kaminetz, donde los reclamos de los oponentes de Reb Noson habían recibido un tratamiento prioritario gracias a los esfuerzos de algunos jasidim de Savrán de la ciudad. Cuando el investigador llegó a Breslov, los enemigos de Reb Noson dispusieron albergarlo en la casa de uno de sus partidarios, un cierto Shneur,[1] quien estaba bien versado en el idioma ruso y que habló con el investigador incluso antes de que éste interrogase a Reb Noson.

Reb Noson respondió que hacía muchos años que no operaba la imprenta, pero el investigador no estaba interesado en sus respuestas y ni siquiera inspeccionó el ático. El lunes, 20 de julio, el investigador llamó a Reb Noson para un interrogatorio adicional, repitiendo los cargos presentados por sus enemigos. Reb Noson respondió que eran totalmente falsos y que él podía probar que la imprenta había estado inactiva durante más de diez años. Sin embargo el investigador había recibido su soborno y no aceptó las respuestas de Reb Noson. Llamó a doce "testigos", los cuales juraron solemnemente sobre la "verdad" de los cargos en contra de Reb Noson. El hecho de que el investigador no pudiese encontrar evidencia de sus actividades ilegales sólo demostraba que Reb Noson había recibido un aviso previo sobre su visita y había ocultado la prensa.

El viernes, 22 de julio, en base a los cargos hechos en contra de Reb Noson, el investigador especial lo hizo arrestar y poner bajo custodia en la prisión de Breslov. Cuando Reb Noson pasó por las puertas de la prisión fue dominado por el temor. Imaginó que era como ser llevado hacia el Gueinom, con los guardianes como ángeles de destrucción llevando a sus nuevos encargos hacia sus cuarteles. Fue puesto en una celda junto con ladrones y asesinos.

En Rusia, lo primero que los detenidos le pedían al nuevo prisionero era dinero para comprar bebidas alcohólicas. Reb Noson no tenía nada. No es necesario decir que no le creyeron. Tomaron varios trozos de cuerda y los trenzaron haciendo una gruesa soga para golpearlo. Justo cuando habían levantado la soga contra él, Reb Noson emitió un tremendo aullido que congeló por un momento a sus compañeros de celda. El guardián oyó el grito y fue corriendo para ver qué habían sucedido. Reb Noson le dijo lo que sus compañeros de celda habían querido hacerle y le pidió que lo llevase a una celda diferente. El guardia se negó a hacerlo, pero les advirtió a los otros detenidos que no levantasen ni un dedo en contra de Reb Noson.

Reb Noson pasó allí la primera noche. La celda tenía un gran agujero en el cual los prisioneros hacían sus necesidades. Está prohibido recitar cualquier plegaria o decir palabras de Torá a la vista de excremento (*Oraj Jaim* 85:2; *Mishná Brurá* 76:2), de modo que Reb Noson no pudo dedicarse a ninguna devoción. Más tarde dijo, "Al menos en Gueinom uno puede clamar. Pero esa noche en la cárcel no pude decir ni una sola palabra santa". De alguna manera eso fue peor para él que todo lo demás que sufrió durante los Años de Opresión.

Los partidarios de Reb Noson en Breslov trataron de sacarlo bajo fianza, pero sus oponentes persuadieron al investigador regional para que lo impidiese, algo ilegal de por sí. Eso era prueba de que el investigador estaba recibiendo sobornos. Los partidarios de Reb Noson le preguntaron si debían presentar una demanda en contra del investigador, pero Reb Noson dijo que eso sólo empeoraría las cosas. Le preguntaron si debían elevar su pedido de fianza a Kaminetz, pero Reb Noson tampoco aceptó esa idea. Mantenía que si el pedido salía para Kaminetz, sus oponentes simplemente encontrarían maneras de retrasarlo.

> ¿Quién sabe cuánto tiempo deberé quedarme en prisión? E incluso si nuestro pedido es otorgado, ¿quién sabe lo que mis enemigos podrán pergeñar entonces? Ellos tienen mucho dinero y harán todo lo que esté en su poder para justificar al investigador, quien buscará vengarse y entonces la situación será peor que nunca. Nuestra arma principal es la plegaria. Presenten una petición a las autoridades locales. Digan que soy un hombre mayor, débil, enfermo y encarcelado sin motivo. Pero hagan el pedido localmente (*Imei HaTlaot* p.185).

Reb Shmuel Weinberg, su esposa y su hijo, Reb Moshé, fueron a entrevistar al intendente de Breslov para pedir por el caso de Reb Noson.[2] Reb Shmuel le explicó al intendente que el conflicto era conocido como una "disputa jasídica" - una disputa interna dentro de la comunidad. Luego de repetidas peticiones por parte de Reb Shmuel, de su esposa y de su hijo, el intendente comenzó a ablandarse. Sintió que la verdad estaba del lado de Reb Noson. Sin embargo, se sentía perplejo. Le preguntó a Reb Weinberg por qué él no le daba dinero como lo hacía el otro lado. Reb Shmuel dijo, "Ellos tienen montones, pero nosotros somos muy pobres. No sólo estamos cortos de fondos sino que también tenemos muchas familias empobrecidas que debemos ayudar".

Reb Shmuel y sus amigos tomaron en cuenta la insinuación del intendente y juntaron cerca de cien *ruch* que le llevaron como regalo. El intendente miró el dinero y se rió. "¿Qué son cien *ruch*?", les dijo. "Ellos me dan *miles* cada vez. ¡Y si les pidiera más también me lo darían!". Aun así, tomó el regalo y prometió ayudar a Reb Noson. Ordenó entonces que el guardacárcel le diese a Reb Noson una celda para él solo. Con un baño separado, Reb Noson tuvo así una habitación que pudo utilizar para sus devociones. También se le permitió recibir algunos textos de estudio,[3] papel para escribir, una pluma y tinta.

Mientras estuvo en prisión, Reb Noson compuso los discursos que se encuentran en el *Likutey Halajot, Iain Nesej* 4, que enfatiza el daño hecho por el alcohol - que es lo que sus compañeros de celda querían en esa primera noche en la cárcel. También alude al comienzo mismo de la disputa, cuando Baruj Daian y sus amigos se emborracharon en Shmini Atzeret, llevando al primer estallido de violencia física de los Años de Opresión (ver Capítulo 34). Trata sobre la importancia de estar unido al Tzadik y de seguir sus enseñanzas, como opuesto a perder el tiempo bebiendo y burlándose de la verdad, como aquéllos que están distantes del Tzadik y que son el principal motivo de disputa entre los judíos. Este discurso también habla sobre sacrificarse por la fe de uno, y trata del encarcelamiento de una persona inocente, que Reb Noson compara con la manera en la cual los malos deseos encierran a la persona. La única manera de poder salvarse de tal "encarcelamiento" es mediante la plegaria.

Incluso en prisión, Reb Noson se unió a Dios y se mantuvo firme en sus devociones - orando en voz alta, estudiando Torá y siguiendo con las plegarias de *jatzot* durante la noche. En verdad, las plegarias de Reb Noson eran tan intensas que los otros prisioneros se quejaban de que no los dejaba dormir. Reb Noson pasó un total de diez días en la cárcel.[4] Fue liberado bajo fianza el 31 de julio, aunque sólo luego de que los jasidim de Breslov pagaran cerca de doscientos *ruch* de fianza y otros gastos (*Tovot Zijronot* 8, páginas 136-137). El encarcelamiento de Reb Noson tuvo lugar durante las Tres Semanas que conmemoran la destrucción del Santo Templo. Luego de su liberación, unos días antes de Tisha beAv, le escribió a Reb Itzjak:

Por el momento, el habla debe ser refrenada. "Pongamos nuestras bocas en el polvo, pues quizás haya esperanza" (Lamentaciones 3:29). Quizás... quizás... Aunque me escribas mil veces sobre tu sufrimiento, yo también he tenido miles y miles de momentos amargos. Pero Dios tendrá piedad de nosotros desde ahora en adelante. Otra gente también ha tenido que soportar una ola tras otra de sufrimiento. Debe ser de esta manera, como he podido comprobar muchas veces en mi vida y como lo veo ahora. Cada día, toda persona sufre toda clase de amarguras. Esto proviene de la destrucción del Santo Templo, que es la fuente principal de santidad, la fuente principal de vida. Desde la época en que el Templo fue destruido, cada día trae nuevos sufrimientos. La destrucción del Templo se refleja en cada individuo, en la destrucción de su capacidad de conocer y percibir la Divinidad.

No tenemos nada en qué apoyarnos salvo en la gran misericordia de Dios y en el mérito de los verdaderos Tzadikim, quienes traen al mundo niveles cada vez más elevados de misericordia. Sobre esto siempre podemos apoyarnos. Nunca debemos perder la esperanza y nunca debemos dejar de orar y de clamar a Dios. Finalmente Él nos salvará y nos dará un consuelo verdadero y eterno (*Alim LeTerufá* #194).

*

El Exilio

Pese a su excarcelación, los cargos en contra de Reb Noson siguieron en pie y con la ayuda de sus enemigos el investigador continuó recolectando "evidencias" en su contra. Luego de escribir su reporte, el investigador se lo mostró a Shneur. Pero "la justicia puede encontrarse en todas partes" (ver Capítulo 35) y antes de enviárselo a sus superiores en Kaminetz le agregó la siguiente nota:

> Luego de mi investigación no estoy convencido de que la evidencia en contra de Sternhartz sea concluyente. Mi consejo es expulsarlo de Breslov y mantenerlo bajo custodia policial en Nemirov durante la duración de la investigación (*Imei HaTlaot* págs. 166-167).

Los oponentes de Reb Noson estaban esperando una orden de exilio a Siberia, pero cuando el fiscal regional vio el reporte del investigador comprendió que Reb Noson era inocente. Sin embargo, para apaciguar las cosas, ordenó que Reb Noson fuera expulsado de Breslov hacia su nativa Nemirov mientras el caso sería revisado durante las semanas siguientes. El 17 de agosto, Reb Noson fue llamado por el intendente de Breslov y se le informó sobre su inminente expulsión. Unos días después, el 21 de agosto, fue vuelto a llamar a casa del intendente donde se le mostró la orden de deportación. El intendente le dijo que todos los papeles relacionados con su caso habían sido enviados a Kaminetz y que debía esperar el veredicto.

Rosh Jodesh Elul se estaba acercando y Reb Noson tenía sus pensamientos puestos en Rosh HaShaná, que sería dentro de poco más de un mes. Mientras esperaba oír noticias de Kaminetz, Reb Noson le escribió a Reb Itzjak:

> La única cosa de la cual uno debe sentir temor es del verdadero juicio, es decir el de Rosh HaShaná, que pronto caerá sobre nosotros. Ese juicio se relaciona con nuestra vida eterna y el soborno no ayuda en lo más mínimo. Todo el temor que estamos pasando es valioso si nos hace tener presente el juicio de Rosh HaShaná y el Día del Juicio después de la muerte. Todo aquéllo de lo cual uno siente temor siempre contiene una alusión para recordar el temor a Dios. Es posible que seamos conscientes de no estar limpios delante de Dios, pero el hecho mismo de que pensemos en Él y tratemos de profundizar nuestro temor a Él nos debe dar una gran alegría. Recuerda lo que dijo el Rebe: "¿De qué debemos avergonzarnos?". Gracias a Dios que hemos conocido una luz tan grande... (*Alim LeTerufá* #198).

El domingo, 23 de agosto, Reb Noson recibió finalmente sus papeles de deportación. Tenía que dejar Breslov y permanecer en Nemirov hasta que el caso fuera considerado y se emitiese el veredicto final. Se le dieron unos días para arreglar sus asuntos en Breslov. En Rosh Jodesh Elul (26 de agosto) Reb Noson salió para Nemirov, donde se instaló en la casa de su hermano, Reb Iudel. Hubo de permanecer en el exilio, en Nemirov, por cerca de tres años (*Siaj Sarfei Kodesh* I-768).

Los oponentes de Reb Noson estaban satisfechos por el resultado de sus esfuerzos. Esperaban que la expulsión de Reb Noson de Breslov debilitaría a los jasidim de Breslov y llevaría a su desaparición definitiva. Pero así como resultaron las cosas, el exilio de Reb Noson fue el comienzo de su salvación. Estaba cerca de Breslov y los jasidim podían ir a visitarlo. También estaba cerca de Umán. Más aún, como "protegido del estado", ahora estaba a salvo de los que le arrojaban piedras y otros vándalos que habían querido hacerle daño y su vida ya no corría peligro. Para Reb Noson, su exilio fue como una palmada en la mano; para sus oponentes fue una bofetada en el rostro.

Desde Nemirov, Reb Noson le escribió a Reb Itzjak:

> Recuerda, ¡Dios es uno! En Breslov, en Nemirov y en todas partes. Todo lo que me ha sucedido es para bien. Creo que todo será mejor para mí, tanto en este mundo como en el próximo. Mi hermano, Reb Iudel, volvió de Breslov y me contó sobre todo lo que los informantes habían estado haciendo para asegurarse de terminar en el Gueinom. No tengo ningún temor. Por el contrario, estoy contento con mi parte: he tenido el privilegio de saber del Rebe y he puesto mi destino en él. ¡Afortunados somos de no oponernos al Rebe Najmán! Afortunados somos de saber sobre un Tzadik así. Él ha imbuido en nosotros el sentimiento del verdadero orgullo judío... (*Alim LeTerufá* #200).

*

Al comienzo de *Likutey Halajot, Rebit 5*, escribe Reb Noson:

> Gracias a Dios, comencé este discurso en Elul 5595 (1835) en Nemirov.
>
> Fue escrito durante el período en el cual estuve exiliado de mi hogar en Breslov como resultado de las falsas acusaciones dirigidas en mi contra bajo la instigación de mis oponentes. Pero Dios no abandonó Su bondad. Con misericordia Él me puso en Nemirov y en mis aflicciones Me envío alivio. Estuve exiliado y sufrí persecuciones provenientes de todas partes, como es bien sabido, pero aun así tuve el mérito de escribir un discurso original. Dios me dio ideas y me ayudó a encontrar maravillas en las leyes de nuestra santa Torá, siguiendo los asombrosos caminos enseñados en las introducciones que recibí del Rebe, que su memoria sea para bendición.[5]

Reb Noson escribió el esbozo de este discurso sobre las Leyes de la Usura poco tiempo después de su llegada a Nemirov. Éste es uno de los más largos, más profundos, más poderosos y más emotivos discursos de todo el *Likutey Halajot*, y analiza en detalle el motivo de las disputas que han afligido a todos los aspectos de la vida judía y prolongado el exilio.

Reb Noson explica que la libertad de elección del hombre surge de la multiplicidad que se encuentra en la creación. Antes de la creación, todo era uno: sólo estaba Dios. Sin embargo, mediante el acto de la creación Dios generó una multiplicidad de diferentes cosas, buenas y malas. El mal se disfraza de bien y así la misma pluralidad de la creación abre la posibilidad de la mentira - y de la elección.

Escribe:

> Si sólo existiese un hombre en el mundo, nada podría engañarlo, pues la inteligencia innata del hombre es suficiente para enfrentar los engaños de su propia inclinación al mal. Pero otra gente tiene un poder mucho más grande y es difícil mantenerse inmune a sus engaños. Todos en el mundo tienen sus propias maneras de percibir las cosas, sus propios deseos y anhelos. Es debido a la multitud de personas diferentes, todas con sus propios puntos de vista, que la mentira tiene tal posibilidad en el mundo. "Dios hizo recto al hombre, pero *ellos* se han buscado *muchos artificios*" (Eclesiastés 7:29). Adán, como un individuo, era recto. Pero tan pronto como "él" se transformó en "ellos", buscaron "muchos artificios" - ¡muchas maneras diferentes de pecar!

Comentando sobre conflicto entre los jasidim y los mitnagdim en las generaciones previas y en su propia generación, Reb Noson dice:

> ¡Cuántos matrimonios se han destruido! ¡Cuántas almas se han perdido debido a la tremenda disputa dentro de la comunidad! ¡Cuánta gente perdió ambos mundos! Y todo debido a que ellos creían y luchaban por *su* verdad. Incluso mi suegro, el rabí David Zvi Orbach, quien era muy erudito y un Tzadik muy grande, se opuso a los verdaderos Tzadikim - todo debido a *su* verdad.

Incluso los más grandes sabios de Israel fueron engañados por su propia "verdad". En un comentario sobre el versículo, "Destruye a aquéllos que hablan con falsedad" (Salmos 5:7), enseña el Midrash: "Esto hace referencia a Doeg y Ajitofel. Ambos permitieron derramar sangre y el adulterio. Ajitofel permitió que

Avshalom se acostase con las concubinas del rey David y lo aconsejó sobre cómo matarlo. Doeg le aconsejó al rey Shaúl que matase a los sacerdotes de Nov por haber ayudado a David y cuando nadie se presentó para derramar la sangre, el mismo Doeg se ofreció a hacerlo. Doeg también le dijo el rey Shaúl que le entregase la esposa de David a otro hombre" (*Ialkut Tehilim* #631). Dice Reb Noson: cada uno actuó de acuerdo con lo que él pensaba que era la *verdadera* ley de la Torá: cada uno fue gobernado por *su propia* verdad.

La persona que genuinamente busque la verdad definitiva - el "emeser emes"- deberá primero admitir que, debido a sus muchas deficiencias y defectos, no puede alcanzar la verdad completa por sí misma. Si uno deja que los propios instintos nublen, aunque más no sea mínimamente, su visión, quedará abierto entonces a toda clase de trampas y problemas ocultos. De hecho, las verdades parciales tienen el poder de generar disputas que pueden trastocar las vidas de innumerables personas y de desarraigarlas del Mundo que Viene. Incluso nuestros más bajos apetitos materiales tienen algo de necesarios, pero la disputa es un rasgo absolutamente innecesario: nadie se beneficia de ello. Las simples disputas monetarias pueden ser terriblemente destructivas. ¡Una sola discrepancia puede sabotear el sustento de cientos de personas! Pero los argumentos más destructivos son aquéllos que buscan establecer cuál es el "verdadero" sendero en la vida. Tales argumentos producen un odio innecesario y retrasan la redención, más que cualquier otro pecado.

Continúa Reb Noson:

> La única manera de alcanzar la verdad absoluta es mediante la unión con los verdaderos Tzadikim, aunque esto es algo extremadamente difícil debido a la oposición de aquéllos que consideran sus propios senderos como el único camino verdadero. Sólo esos tremendos Tzadikim, que han luchado durante todas sus vidas sin dejarse engañar, han alcanzado la verdad absoluta. La fe en esos Tzadikim es el único camino mediante el cual las demás personas pueden llegar a la verdad absoluta. No importa cuán bajo sea nuestro nivel, cuando nos unimos a los verdaderos Tzadikim, cada chispa de verdad que hagan brillar sobre nosotros nos conducirá finalmente a la Vida Eterna. En verdad, Mashíaj hará

brillar un grado tal de verdad en el mundo que, aunque haya pasado tanto tiempo y tanta gente haya existido, cada uno será capaz de reconocer la verdad absoluta pese al hecho de que *su* verdad es diferente a la de sus compañeros. Entonces reinará la paz (*Likutey Halajot, Rebit* 5, síntesis; *ibid.* 5:20, 5:21, 5:23, 5:32, 5:49).

* * *

39

¡Umán! ¡Umán! ¡Rosh HaShaná!

El exilio de Reb Noson de Nemirov comenzó un mes antes de Rosh HaShaná. ¡Inevitablemente, los pensamientos de Reb Noson estaban fijos en el próximo *kibutz* en Umán! Pero tenía prohibido viajar sin permiso oficial. Sus documentos de viaje habían expirado antes de ser encarcelado y aún no había obtenido unos nuevos. Ahora que estaba bajo jurisdicción de la policía, ellos podían emitir una orden restringiendo toda posibilidad de viajar. Así como estaban las cosas, tenía prohibido acercarse a Breslov. ¿Cómo podría llegar a Umán sin documentos? Necesitaba la autorización expresa de las autoridades de Breslov, quienes estaban a cargo de su caso - y ahora él se encontraba en Nemirov.

Podemos imaginar las lágrimas derramadas por Reb Noson y las plegarias con las cuales clamó para poder llegar a Umán para Rosh HaShaná. "¡Toda mi cuestión es Rosh HaShaná!", había dicho el Rebe Najmán. El estar con él endulza los juicios del año entrante. En tal momento de crisis, ¿cuánto debería uno sacrificarse para estar allí? Dijo Reb Noson, "Si el camino a Umán estuviera pavimentado de espadas y cuchillos, yo me arrastraría allí para Rosh HaShaná. Pero", agregó, "sin permiso del gobierno no voy a viajar. Uno puede terminar en prisión y verse forzado a desacralizan el Shabat o verse imposibilitado de usar el talet y los tefilín, etc....". Reb Noson no podía imaginar cómo conseguir los documentos de viaje. Clamó amargamente a Dios, incapaz de aceptar no poder estar con los otros jasidim de Breslov en Rosh HaShaná. Los jasidim en Breslov conocían sus sentimientos y trataron de encontrar una manera para que pudiese adquirir un permiso de viaje.

En ese entonces había en Breslov dos judíos que trabajaban como empleados del gobierno y estaban autorizados a emitir documentos de viaje. Sin embargo, si firmaban el documento de Reb Noson, finalmente ello se haría público y le agregaría más leña al fuego. Los enemigos de Reb Noson informarían contra ellos por "ayudar y amparar a un criminal". Sin embargo, los judíos no iban en Shabat a la oficina y sólo se encontraban allí los oficiales rusos. Algunos de éstos eran bastante iletrados y difícilmente podían leer los documentos que se les presentaban para firmar.

El viernes, 11 de septiembre, menos de dos semanas antes de Rosh HaShaná, uno de los oficiales judíos,[1] tomó un formulario de documento de viaje y lo completó a nombre de Reb Noson. Dejó el formulario en medio de una pila de otros documentos en espera de ser firmados. Sabía que los oficiales rusos no leerían los documentos y no se darían cuenta de que había una solicitud presentada a nombre de un tal Noson Sternhartz. También sabía que el otro oficial judío no estaría presente en Shabat y que no se daría cuenta del truco.

El documento fue firmado por los oficiales rusos. El oficial judío sabía que los otros oficiales leerían más tarde los documentos firmados antes de entregárselos a la gente y que si veían el permiso para Reb Noson lo destruirían. Por lo tanto, pasó por la oficina inmediatamente después del Shabat y retiró de la pila el permiso de Reb Noson, a sabiendas de que no se darían cuenta de la falta de un documento. Reb Najmán de Tulchin había ido a Breslov para pasar el Shabat de modo que pudo retirar el permiso inmediatamente después. Tan pronto como lo tuvo, salió a pie para Nemirov. Reb Noson estuvo exultante de recibirlo.

Ese año Rosh HaShaná cayó en jueves, 24 de septiembre. Reb Noson sabía que sus enemigos estarían esperando para ver si dejaba Nemirov para ir a Umán y que de hacerlo inmediatamente informarían a las autoridades. Por lo tanto salió en secreto de Nemirov, en medio de la noche, un día o dos después de conseguir el permiso. Llegó a Umán a tiempo para el Shabat anterior a Rosh HaShaná (19 de septiembre). Tenía la esperanza de que sus enemigos se comportarían como judíos temerosos de Dios al menos durante los *Iomim Noraim*. Dado que ya estaba en Umán, quizás le permitiesen quedarse. Pero estaba equivocado.

Incluso en Nemirov, Reb Noson se vio forzado a permanecer más o menos confinado en su casa, para que nadie notase su partida hasta después del Shabat. Tan pronto como se hizo evidente que Reb Noson no estaba allí sus enemigos comprendieron que había partido para Umán. Inmediatamente después del Shabat, uno de ellos partió para Breslov a informar a las autoridades que Noson Sternhartz, en libertad bajo palabra, había viajado a Umán en contra de sus órdenes. El intendente se enfureció. Envió a un grupo de oficiales a caballo con una orden de arresto para ser entregada a las autoridades de Umán. La orden afirmaba que un tal Noson Sternhartz, quien estaba detenido en Nemirov mientras se preparaban los cargos en su contra, había dejado la ciudad sin permiso. Se requería de las autoridades de Umán que lo localizasen, lo arrestasen y lo enviasen inmediatamente a Breslov con los portadores de la carta. Sería juzgado por violación a la palabra además de los otros cargos en su contra.

La policía montada llegó a Umán el jueves por la noche, la noche anterior a Rosh HaShaná, y les entregó la carta a las autoridades de Umán. Todos sabían que los jasidim de Breslov estaban reunidos allí para Rosh HaShaná y asumieron que podrían encontrar a Reb Noson en el *kloiz* de los Breslovers. La policía de Umán y los oficiales de a caballo fueron enviados para arrestar a Reb Noson. Llegaron al *kloiz* con las armas en la mano, como es costumbre al arrestar a un "criminal peligrosos".

Al llegar preguntaron, "¿Dónde está ese hombre Sternhartz?". Reb Noson estaba en ese momento junto a la tumba del Rebe Najmán. Los jasidim de Breslov temieron complicar más aún su caso e inmediatamente le dijeron la verdad a la policía. Les pidieron que esperasen hasta el retorno de Reb Noson, pero éstos se negaron. El viejo cementerio de Umán estaba sobre una colina directamente enfrente del *kloiz* - a sólo unos quinientos metros y, de hecho, la tumba del Rebe Najmán podía ser vista desde el *kloiz*. La policía podía oír las voces de varios cientos de jasidim de Breslov orando en el cementerio y fueron allí para capturar a su presa.

Luego de ser arrestado, Reb Noson fue llevado por las calles como un criminal. Uno puede imaginar la satisfacción de sus enemigos al unirse a los espectadores con sus burlas y gritos. "¡Breslover! ¡Breslover!". Los mitnagdim temían acercarse demasiado a la policía, pero se mantuvieron a un costado, abucheando todo el tiempo.

Reb Noson les dijo a muchos de los jasidim de Breslov que lo acompañaban que debían recordar todas las enseñanzas del Rebe en especial aquélla de mantenerse en silencio incluso al ser insultado (*Likutey Moharán* I, 6). Ésa fue una de las primeras lecciones que Reb Noson oyó del Rebe Najmán y la transformó en uno de los fundamentos esenciales de su vida. Había vivido la lección una y otra vez y ahora, frente a todas esas burlas y abusos, Reb Noson les advirtió a sus partidarios que también debían ponerla en práctica.

Hirsh Ber y Moshé Landau fueron inmediatamente a las oficinas del gobierno para ser testigos del procedimiento. Tan pronto como Reb Noson entró, el oficial a cargo lo miró y comprendió que no era ningún criminal. "Veo por su rostro", dijo con suavidad, "que usted es una persona religiosa. ¿No sabe acaso que no se le permite viajar sin permiso?".

Reb Noson sacó su permiso de viaje y se lo mostró al oficial. Éste quedó atónito. El permiso presentado por Reb Noson era válido y ciertamente estaba autorizado para viajar. Todos vieron que Reb Noson era inocente. Aun así, las autoridades de Breslov demandaban el retorno de Reb Noson. Debía mostrar su permiso en Breslov para establecer su inocencia. Más aún, se suponía que debía ser enviado a Breslov como un criminal común, lo que en esos días significaba que debía hacer todo el viaje a pie, encadenado y al costado de la policía montada.

Las autoridades pensaron en enviar a Reb Noson a Breslov de inmediato. Esto llevaría la mayor parte de la semana, lo que implicaría tener que caminar en Rosh HaShaná, en *Shabat Shuvá* y en el ayuno de Guedalia. Pero viendo que Reb Noson estaba en su derecho -tenía un permiso de viaje válido- los *maskilim* pudieron intervenir a su favor. Presentaron una enorme fianza y aceptaron perder todo el dinero si Reb Noson no se presentaba en Breslov dentro de los siguientes seis días. Las autoridades conocían y confiaban en los *maskilim* y aceptaron el arreglo, lo que le permitió a Reb Noson permanecer en Umán durante Rosh HaShaná.

Inmediatamente después tuvo que retornar a Breslov pero, nuevamente mediante la intervención de los *maskilim*, se le permitió viajar en un carruaje. Fue llevado por el camino de Ladizin, donde se detuvieron para pasar la noche. Reb Noson tenía permiso de quedarse en la posada, pero pese al hecho de que se encontraba bajo custodia policial, sus enemigos rodearon el lugar y comenzaron a apedrearlo. Toda la gente que se encontraba en la posada estaba en peligro de muerte y las autoridades de Ladizin decretaron que Reb Noson no podía quedarse allí. Por lo tanto, fue llevado a la cárcel de Ladizin para pasar la noche, lo que al menos le dio un poco de respiro de sus enemigos. De vuelta en Breslov, Reb Noson mostró su documento y fue liberado.

*

Desde Breslov, Reb Noson le escribió sobre sus problemas a su hijo, Reb Itzjak, y lo alentó a no sucumbir ante los temores innecesarios.

> Sé fuerte, hijo querido. Observa y comprende que "todo es vanidad". De seguro has comprobado que muchas de las cosas que temías nunca sucedieron ¡Y todo el tiempo que pasaste preocupándote fue un tiempo perdido! Cada día la inclinación al mal encuentra nueva razones para dejar de lado el servicio a Dios. Cada día trae nuevas distracciones. Por lo tanto recuerda que nadie tiene nada en la vida excepto el día de hoy. "¡*Hoy*! Si escuchas Su voz" (Salmos 95:7) (*Alim LeTerufá* #202).

Reb Itzjak necesitaba el aliento pues él mismo estaba atravesando sus propios problemas. La oficina postal de Tulchin, que él gerenciaba, estaba bajo la supervisión de un tal Reb Iosel Hozener, uno de los líderes de la comunidad de Tulchin, quien conocía el idioma ruso y podía trabajar con las autoridades. Reb Iosel había pasado una vez un Shabat con el Rebe Najmán. Antes de los Años de Opresión, el trabajo de Reb Itzjak en la oficina de correos había estado asegurado, pero cuando estalló el conflicto, los oponentes de los jasidim de Breslov le pidieron a Reb Iosel que despidiese a Reb Itzjak. La prueba para asegurarse de que alguien era o no un Breslover consistía en ver si maldecía a Reb Noson. Si se negaba, se sentían con el derecho de destruir su sustento. En el caso de Reb Itzjak, pensaban que el hecho de que solía visitar a su padre en Breslov lo haría un blanco fácil.

Reb Iosel dijo que eso no era prueba: Reb Itzjak estaba cumpliendo con la mitzvá de honrar a sus padres. Los enemigos de Reb Itzjak no tuvieron más opción que aceptar la respuesta (*Avenea Barzel* págs.76-77, #64). Pero Reb Noson le había dicho a

Reb Itzjak: "Incluso si la oposición te impide ir al *tzion* del Rebe Najmán, entonces párate en el mercado de Umán y recita el *Tikún HaKlalí*. Si no te dejan entrar al *shul*, quédate en la entrada. Pero asegúrate de estar en Umán para Rosh HaShaná" (*Siaj Sarfei Kodesh* I-753).

Al acercarse Rosh HaShaná, los oponentes de Reb Itzjak encontraron una nueva manera de atacarlo. Si iba a Umán, mostraría que era un Breslover, lo que indicaría que estaba "permitido" destruir su sustento. Comprendiendo el problema que se avecinaba, Reb Itzjak fue a preguntarle a Reb Noson qué debía hacer. Reb Noson le respondió que ir a Umán para Rosh HaShaná era más importante que cualquier otra cosa y que uno debe hacer muchos sacrificios para ello. Reb Itzjak aceptó el consejo y fue a Umán.

Luego de Rosh HaShaná, Reb Itzjak sintió que no tenía adónde ir. Estaba seguro de que perdería el trabajo debido a la presión de sus oponentes sobre Reb Iosel y su esposa estaba tan en contra de la Jasidut que cierta vez había dicho Reb Noson, "Si Itzjak ya no se hubiese divorciado una vez, le diría que se divorcie". Reb Itzjak pensó que debía separarse del mundo y pasar el resto de su vida viajando entre los jasidim de Breslov. Le preguntó a su padre qué debía hacer. "Derecho a tu hogar en Tulchin", respondió Reb Noson. "Si tu esposa abre la boca, no le respondas. Si ella te molesta o trata de amedrentarte cuando estás haciendo algo en la casa, no les prestes atención. Simplemente continúa con lo que estabas haciendo. Dile a ella que tú eres quien manda. Y si ella te amenaza con golpearte, levanta tu bastón como si fueses a devolverle el golpe: ella retrocederá. En cuanto a tu sustento, Dios proveerá".

Reb Itzjak volvió a Tulchin, donde todo sucedió como Reb Noson había predicho. Su esposa lo recibió con una andanada de gritos, pero Reb Itzjak se mantuvo en silencio. Sea lo que fuere que él intentaba hacer en la casa, ella lo interrumpía constantemente. Él continuó sin prestarle atención. Cuando ella levantó la mano para golpearlo, él tomó su bastón y ella retrocedió. En cuanto a su puesto en la oficina postal, pensó que lo había perdido y ni siquiera se dignó en volver a trabajar. Pero unos días después de su retorno, se encontró con Reb Iosel en la calle. Sorprendido, Reb Iosel le preguntó por qué no había vuelto a trabajar. "Vuelve y no tengas miedo. Todo sigue como antes".

Erev Iom Kipur fue unos días después. En esos días, la gente sentía un gran temor del próximo Día del Juicio. La esposa de Reb Itzjak se tranquilizó y le pidió que la perdonase. Reb Itzjak volvió a su trabajo y se reintegró como si nada hubiese sucedido, y sus oponentes se quedaron quietos.

Más tarde dijo Reb Noson, "Es una bendición para los jasidim de Breslov que Iom Kipur caiga inmediatamente después de Rosh HaShaná" - para que todos puedan hacer las paces (*Avenea Barzel* p.78, #64).

En cuanto al mismo Reb Noson, se le ordenó que de Breslov fuese directamente a Nemirov, donde pasó Iom Kipur. Tuvo la sensación de que su juicio había sido pospuesto por un período indeterminado y que debía prepararse para quedarse en Nemirov durante mucho tiempo. Antes de Sukot envió a buscar a su esposa y a sus hijos para que estuviesen con él. Sin embargo, ese Rosh HaShaná fue el punto de inflexión de los Años de Opresión, aunque debieron pasar unos años más antes de que terminase definitivamente la persecución abierta. Cada vez que Reb Noson recordaba el sufrimiento y el sacrificio que tuvo que pasar para poder estar en Umán en ese Rosh HaShaná, decía que había sido más significativo y más gratificante que cualquier otro Rosh HaShaná.

* * *

40

El Informante

Si Reb Noson se sentía eufórico luego de haber pasado Rosh HaShaná en Umán, sus enemigos sentían todo lo contrario. Ya había pasado un año desde que se desataran abiertamente las hostilidades. Las pedradas y las peleas a puñetazos habían dejado lugar a atentados más graves a la vida de Reb Noson, seguidos de su huida, su arresto y su exilio de Breslov. Pero pese a todos los esfuerzos para aislar a Reb Noson de la comunidad de Breslovers, siempre parecía arreglárselas para estar un paso más adelante de ellos. Había sobrevivido, pese a todas las probabilidades.

Cuando los enemigos de Reb Noson oyeron que había estado en Umán para Rosh HaShaná se enfurecieron. No podían comprender cómo había logrado un permiso de viaje. Al comienzo pensaron que los oficiales judíos de Breslov habían firmado los documentos: esto los alegró porque ahora podían informar sobre ellos por haberle emitido un documento de viaje a un "conocido criminal". Cuando comprobaron que los documentos tenían las firmas de los oficiales rusos se enfurecieron más que nunca, porque comprendieron que los Breslovers los habían engañado.

Durante Sukot, los jasidim de Savrán viajaron a Savrán y encendieron más aún el conflicto. El Rebe de Savrán comprendió que Reb Noson aún debía tener algunos amigos poderosos en Breslov y quizás incluso en Nemirov, quienes eran capaces de asistirlo frente a las falsas acusaciones. El hecho de que había podido llegar a Umán pese a haber estado bajo arresto domiciliario era una prueba de ello. El Savraner decidió que la única solución era lograr que enviaran inmediatamente a Reb Noson a Siberia. Esto lo alejaría de todos los jasidim de Breslov y haría que el nombre "jasid de Breslov" se desvaneciera definitivamente. Si los jasidim de Breslov no tenían a quien acudir desaparecerían finalmente.

Era Reb Noson quien trabajaba constantemente para alentar

e inspirar a los Breslovers, quien editaba los libros del Rebe y escribía e imprimía sus propias plegarias y discursos, como bien sabía el Rebe de Savrán a partir de las historias que le contaban sus seguidores. Le habían contado todo sobre cómo los Breslovers solían reunirse con Reb Noson para el Shabat Jánuca y para Shavuot, y la manera en que Reb Noson solía hablar con ellos para que le dedicasen todas sus energías a la Torá y a la plegaria. Lo que más despertó los celos del Savraner fue la manera en que respondían los Breslovers: tanto jóvenes como ancianos, gente simple como eruditos, todos los seguidores de Reb Noson estaban dedicados completamente a la espiritualidad.

El Savraner era un líder bien conocido con una enorme cantidad de seguidores, pero la gente que acudía a verlo estaba principalmente preocupada por *este* mundo - pedían consejo sobre sus negocios, querían sus bendiciones para curación, *shidujim* y demás. ¿Por qué los seguidores de Reb Noson sentían tanto entusiasmo en el servicio a Dios? Cuando la gente iba a ver a Reb Noson pidiéndole un consejo financiero, él solía decir, "No tengo consejos para este mundo transitorio. Para este mundo uno debe tomar el consejo que da la Torá, 'Dios da la fuerza para juntar riquezas' (Deuteronomio 8:18). Pero consejos sobre cómo servir a Dios, eso sí que puedo darte. Gracias a Dios tenemos abundancia de maravillosos y tremendos consejos del Rebe, para cada uno, desde el más pequeño hasta el más grande".

*

El Savraner podría haber refrenado su envidia de no ser por el hecho de que los enemigos de Reb Noson estaban constantemente alimentándolo con nuevas calumnias y "Un pacto se ha hecho con la calumnia para que ésta sea aceptada" (*Alshij, Kohelet* 67). Luego de todo lo que el Savraner oyó sobre Sukot, decidió que él mismo debía viajar inmediatamente a Kaminetz, después de la festividad, para destruir a Reb Noson de una vez por todas. Kaminetz era la ciudad capital de la región, con Breslov y Nemirov en su jurisdicción, y era allí en donde se emitía el veredicto final de la mayoría de los casos. En Kaminetz vivía uno de los seguidores más fieles del Savraner, un tal Reb Aarón Moshé, quien era rico y tenía mucha influencia, y quien podía mover los hilos necesarios. El Savraner sintió que su presencia ayudaría a llevar el caso en contra de Reb Noson.

El primer paso era viajar a Kaminetz lo antes posible. El Savraner quería pasar el primer Shabat después de Sukot (24 de octubre) en Kaminetz. Dado que Sukot terminaba el viernes, 16 de octubre, tenía toda una semana para llegar allí. Ese Shabat sería Rosh Jodesh Jeshván y él estaría con Reb Aarón Moshé. El viernes a la noche, muchos de los jasidim de la ciudad irían a unirse con él en su *tish* donde él cantaría y diría Torá como hacían los rebes. Agraciando el hogar de Reb Aarón Moshé con su augusta presencia ayudaría a convencer a Reb Aarón Moshé de la importancia de la causa del Savraner, asegurando así toda la asistencia necesaria de la comunidad en persuadir a las autoridades para que exiliasen a Reb Noson a Siberia.

El Savraner tenía la intención de mostrarles a las autoridades en Kaminetz que Reb Noson era un peligro para el gobierno. Así como lo comprendía a través de las calumnias de sus seguidores, la doctrina de los jasidim de Breslov no contribuía a la sociedad en general ni aceptaba siquiera la autoridad del gobierno. Reb Noson estaba en contra de toda tarea productiva. De lo único que hablaba era de servir a Dios y de disminuir las obligaciones financieras, tanto para con la familia como para con el gobierno. No importaba que eso estuviera muy lejos de la verdad, ya que Reb Noson tenía muchos seguidores que eran exitosos comerciantes y hombres de negocio - incluso el mismo Moshé Jenkes había sido en un tiempo considerado seguidor de Reb Noson. Pero ahora todo eso era irrelevante. La idea del Savraner era ir a Kaminetz para el Shabat, implantar estos "hechos bien conocidos" en las mentes de sus seguidores y hacer que Reb Noson fuese exiliado. El Savraner partió en el coche del correo, que tenía caballos veloces, esperando tener mucho tiempo para llegar a Kaminetz antes del Shabat.

"Muchos son los pensamientos en el corazón del hombre, pero el consejo de Dios es el que prevalece" (Proverbios 19:21). "Todo aquél que cave un pozo caerá en él" (*Ibid*.26:27). Para llegar a Kaminetz desde Savrán, era necesario atravesar Nemirov. Así como sucedieron las cosas, tres de los seguidores más cercanos de Reb Noson también decidieron visitarlo en ese momento. En épocas mejores, muchos de los Breslovers solían celebrar el Iom Tov con Reb Noson, pero con su exilio en Nemirov dejaron de acudir en grandes números dado que toda reunión podía ser vista como "evidencia" de los cargos de que Reb Noson era un "falso profeta". Por lo tanto los Breslovers habían celebrado Simjat Torá en Breslov y unos días más tarde, Reb Najmán b'Reb Pesajl, Reb Najmán de Tulchin y Reb Najmán ben Reb Itzjak Leib fueron a Nemirov para pasar el Shabat (24 octubre) con Reb Noson.

Antes de partir de Breslov se enteraron de que el Savraner tenía la intención de ir a Kaminetz.[1] Entonces, el miércoles por la tarde, oyeron en el *shul* de Nemirov que el Savraner iba a llegar a Nemirov al día siguiente. La gente se estaba preparando para salir a recibirlo. Pensando que el Savraner iba a pasar el Shabat con ellos dispusieron de las habitaciones adecuadas. Los tres Najmán estaban muy preocupados por Reb Noson. Si el Savraner iba a pasar el Shabat en Nemirov, de seguro que haría todo lo posible por inflamar la pasión de la gente, lo que exacerbaría las hostilidades y presentaría una seria amenaza para la seguridad de Reb Noson.

Pero cuando el Savraner llegó a Nemirov el jueves y se le preguntó si se quedaría allí para pasar el Shabat, contestó que estaba apurado por llegar a Kaminetz antes del Shabat. Prometió que a la vuelta, después de haber completado lo que pensaba lograr, pasaría el Shabat en Nemirov. El apuro del Savraner por ir a Kaminetz fue mucho más alarmante para los tres Najmán. Comprendieron que su misión tenía un solo propósito - deshacerse de Reb Noson. Sabían cuán espantosa sería para Reb Noson la noticia del viaje del Savraner y evitaron comunicársela.

Reb Noson solía quedarse despierto toda la noche del jueves. No sabía siquiera que el Savraner había pasado por Nemirov pero cuando ese jueves por la noche los tres Najmán volvieron del *shul* y Reb Noson se sentó a hablar con ellos, pudo leer la preocupación en sus rostros. Reb Noson les dijo, "Puedo ver en sus expresiones que hay noticias. Por favor compártanlas conmigo". Ellos no querían decir nada para no preocuparlo, pero sabían que él debía estar percibiendo su temor. No tuvieron más alternativa que contarle sobre la intención del Savraner de viajar a Kaminetz y que ahora acababa de pasar por Nemirov diciéndoles a todos que debía estar allí para el Shabat.

Reb Noson se puso pálido. Se quedó en silencio durante unos minutos. Entonces declaró enfáticamente, "¡No llegará a Kaminetz para el Shabat!".

Reb Noson les pidió que cantasen una de las nuevas melodías que habían escuchado en Umán ese Rosh HaShaná.[2] La canción que cantaron tenía palabras rusas: "Cuando comemos, comemos de la manera judía. Cuando andamos, andamos de la manera judía, cuando viajamos, viajamos de la manera judía... Ay, judío, judío - *yudish, yudish*". La palabra rusa para viajar es *yudish*. Ellos cantaron "*kido yudish, nifra yudish* - ¿Adónde estás viajando? ¡No podrás viajar!".

Reb Noson repitió una y otra vez, "*kido yudish, nifra yudish* - ¿Adónde estás viajando? ¡No podrás viajar!". Entonces les dijo a los tres Najmán, "Ustedes son un *cli shalem*, un recipiente completo. [Reb Najmán b'Reb Pesajl era *cohen*, Reb Najmán de Tulchin era *levi* y Reb Najmán ben Reb Itzjak Leib era *israel*. Las letras iniciales de *Cohen, Levi* e *Israel* deletrean *CLI*, un recipiente]. Ustedes son un recipiente completo. Él es un recipiente quebrado. Él no llegará a Kaminetz para el Shabat".

El Savraner continuó su viaje hacia Kaminetz, pero comenzó a caer un fuerte aguacero. Viajó durante toda la noche pero su carruaje empezó a empantanarse en los enlodados caminos. Su plan original había sido llegar antes del mediodía, pero el viernes temprano por la mañana aún se encontraba a unos sesenta kilómetros de Kaminetz. De encontrar caballos frescos podría llegar a Kaminetz dos horas antes del Shabat, pero no había caballos disponibles y las rutas enfangadas estaban en su contra. Dos horas antes del Shabat se encontró en el pueblo de Litvenitz, a unos quince kilómetros de su destino. Comprendiendo que no podría llegar a Kaminetz a tiempo se vio forzado a pasar el Shabat en Litvenitz.

*

En Litvenitz vivía un judío que era un conocido informante. Por fuera daba la apariencia de ser un judío observante - iba a el *shul* y se colocaba el talet y los tefilín como los otros judíos. Pero desde 1827, cuando el zar Nicolás instituyó el Decreto de los Cantonistas reclutando a los niños judíos en el ejército ruso, ese individuo solía informar a las autoridades sobre las familias judías que ocultaban a sus hijos. También informaba a los gentiles de la zona sobre otras maneras de dañar a los judíos, todo por un sueldo.

Dado que ese informante era un gran peligro para toda la comunidad judía, el concilio rabínico regional lo había sentenciado a muerte (ver *Joshen Mishpat* 388:9-11). Sin embargo, debido a las obvias repercusiones que tendría la implementación de tal sentencia -bajo la ley del país no tenían autoridad para imponer la pena de muerte- querían que un rabino importante firmase el decreto de muerte antes de llevar a cabo la sentencia. La firma del Savraner sería ideal: era muy bien conocido en toda la zona. Luego de su tardío arribo a Litvenitz justo antes del Shabat, el Savraner tenía la intención de partir inmediatamente para Kaminetz después del Shabat, y así llevar a cabo su plan sin tardanza. Pero el sábado por la noche, que también era Rosh Jodesh, su anfitrión en Litvenitz hizo una gran fiesta en su honor. Los líderes de la comunidad le presentaron entonces el decreto rabínico y le pidieron que lo firmase.

El Savraner estaba indeciso. Si se hacía público el hecho de que él había firmado, la repercusión sería horrenda. Por otro lado, el informante era un gran peligro para la comunidad y el rabinato local ya había firmado. El Savraner se negó primero. Los líderes de la comunidad lo presionaron, pero él siguió negándose, sabiendo que era *su* firma en el documento la que les permitiría llevar a cabo la sentencia de muerte. Los líderes de la comunidad le dieron entonces una importante suma de dinero y él firmó. Esto hizo que el Savraner tuviera que quedarse otro día más en Litvenitz en espera de que se llevara a cabo la sentencia.

El horno que calentaba el agua para el baño del pueblo era tan grande que un hombre podía entrar allí de pie. El asistente de la casa de baños recibió instrucciones de calentar el horno a la temperatura máxima posible para que la víctima muriese instantáneamente. El asistente estuvo de acuerdo, pero sólo bajo la condición de que el Savraner estuviese presente cuando la sentencia se llevase a cabo. El hombre quería estar cubierto. Se desharía del informante y cumpliría una mitzvá, pero quería estar seguro de que era una mitzvá. La presencia de una autoridad rabínica reconocida le daría la seguridad de que eso era lo correcto.

También quería protección ante las autoridades. Si se enteraban de lo sucedido, él podría decir que un gran rabino le había ordenado hacerlo y que la ley de la Torá le impedía desobedecer.

Esa tarde algunos de los pobladores se encontraron con el informante y se pusieron a conversar con él sobre temas de negocios. Al caer la noche comenzaron a llevarlo hacia la casa de baños. El Savraner estaba esperando allí junto con algunos de los líderes más prominentes de la comunidad. De pronto maniataron al informante, le vendaron los ojos y lo arrojaron al fuego, donde murió inmediatamente.

*

A la mañana siguiente, lunes, el Savraner partió para Kaminetz donde se instaló en la casa de Reb Aarón Moshé. Reb Aarón Moshé no estaba en la ciudad - había partido en un viaje de negocios. El Savraner necesitaba la ayuda de Reb Aarón Moshé y decidió esperarlo pues se suponía que volvería el miércoles.

En el ínterin la policía de Litvenitz descubrió que el hombre había sido ejecutado sin su autorización. Cuando apresaron al asistente de la casa de baños inmediatamente les dijo quién lo había autorizado a llevar a cabo la sentencia de muerte y que ahora se encontraba en Kaminetz. Oyendo esto, la familia del informante asesinado fue rápidamente a Kaminetz y averiguó con discreción el paradero del Savraner. Le presentaron entonces al gobernador de Kaminetz una demanda en su contra, afirmando que ilegalmente había firmado y llevado a cabo una sentencia de muerte sobre un miembro de su familia.

Mientras esperaba la llegada de Reb Aarón Moshé, el Savraner les pidió a algunos de sus otros jasidim de Kaminetz que lo ayudasen a implementar el exilio de Reb Noson. Les informaría a las autoridades que Reb Noson estaba comenzando algo nuevo en el judaísmo, algo que no existía previamente. El Savraner, siendo una de las figuras rabínicas más importantes de la generación, sentía que era su obligación solicitar la intervención de las autoridades para erradicar esa secta. Los seguidores del Savraner estuvieron de acuerdo con su pedido y comenzaron a preparar la acusación.

Sin embargo, antes de que la carta del Savraner llegase al gobernador, éste ya había visto la acusación presentada por la familia del informante. Cuando los jasidim del Savraner le llevaron su carta al gobernador, éste estaba furioso. "¿Este individuo quiere hacer sus propias leyes en este país? ¿Por su propia iniciativa ha hecho que ejecutasen a un hombre? ¡Que primero sea traído aquí y veremos qué clase de persona es! ¡Después de todo, este país tiene leyes!". Los jasidim del Savraner no sabían lo que había tenido lugar en Litvenitz y estaban muy perturbados por el estallido del gobernador. Volvieron a lo del Savraner y le comentaron lo que había sucedido.

El Savraner comprendió que era un hombre buscado. No tenía más opción que huir de Kaminetz e inmediatamente se ocultó. La policía fue a buscarlo a la casa de Reb Aarón Moshé pero se les dijo que ya había partido de retorno a su hogar. El Savraner sabía que no podía volver a Savrán porque las autoridades lo estarían buscando allí - en el mejor de los casos como cómplice de asesinato. Comprendió que debía huir de Ucrania. Esto no era nada fácil dado que las autoridades lo estaban buscando y era una figura muy conocida. Huyó entonces a Titchalinik.[3] Durante la huida desarrolló una hernia que agravó su enfermedad intestinal. Como Reb Noson les había dicho a sus seguidores, "Ustedes son un recipiente completo, pero el Savraner es un recipiente quebrado". Finalmente falleció debido a esa enfermedad, cerca de dos años más tarde, el 25 de Tevet del año 5598 (22 de enero de 1838).[4]

Luego de la huida del Savraner, su poder se vio muy disminuido. Enfrentado con una vergonzosa bancarrota, un intestino infectado y una orden de arresto del gobierno, el Savraner les dijo a sus seguidores que desistieran de perseguir a Reb Noson. En respuesta, Reb Noson dijo, "Yo quiero la paz. Los jasidim del Breslov no harán nada en contra del Savraner. Lo único que pido es que detengan la campaña de información en mi contra". Desde ese momento la persecución a Reb Noson se fue atenuando y los enemigos disminuyeron en número. Aún había algo de oposición por parte de personas como Moshé Jenkes y Baruj Daian y de aquéllos cuyo odio a los Breslovers era un residuo de la campaña del Zeide de Shpola en contra del Rebe Najmán. Aun así, en general, la persecución abierta a Reb Noson comenzó a disiparse.

41

Exilio y Vuelta al Hogar

Pese a haberse desbaratado los planes del Savraner para destruir a Reb Noson, los cargos formales en su contra aún estaban en pie en Kaminetz. No fue sino hasta tres años más tarde, al final del verano de 1838, que finalmente fueron retirados y se le permitió retornar a Breslov. Mientras tanto estuvo confinado a Nemirov, donde alquiló una casa y se reunió con su familia luego del Iom Kipur del año 1835.

En Sukot del año 1835, mientras el Savraner estaba planeando su abortado viaje a Kaminetz, Reb Noson celebró la festividad con alegría y pudo incluso bailar en el *beit midrash* de Nemirov en Simjat Torá, aunque en la noche de Simjat Torá, durante la comida festiva, alguien arrojó una piedra a su ventana y la rompió. El único consuelo fue que la mayor parte de la gente de Nemirov estuvo extremadamente enojada por el incidente, aunque los perpetradores nunca fueron atrapados. Para el comienzo del invierno de 1835-6, el Savraner ya había huido de Ucrania, pero los sentimientos en contra de los Breslovers aún se mantenían candentes. Para tratar de aquietar la disputa, Reb Noson buscó la ayuda de los líderes de varias comunidades, pero sin resultado.

Ese año Reb Noson sufrió más que lo usual de su enfermedad, que sin duda se había agravado debido a las persecuciones. Incluso en Nemirov, sus enemigos encontraron maneras de acosarlo. Hicieron repetidos esfuerzos por interceptar su correo con la esperanza de encontrar evidencias que lo incriminaran. Temía utilizar el servicio de correos y la mayor parte de su correspondencia debió ser enviada en mano mediante personas en las cuales podía confiar.

Algunos de los seguidores de Reb Noson solían ir de vez en cuando a visitarlo a Nemirov. Varios fueron a verlo para el *Shabat HaGadol* (el Shabat que precede a Pesaj). Por el camino se cruzaron con Moshé Jenkes quien se enfureció. Envió a Shneur a ver al intendente de Breslov, para informarle que la gente aún estaba viajando para visitar a Reb Noson. Uno de los cargos en contra de Reb Noson era que se había instituido como falso profeta y que estaba manteniendo reuniones sediciosas. Esa tarde, cuando Reb Noson estaba sentado con sus seguidores en *shalosh seudot* del Shabat, la policía llegó para arrestarlos. Por milagro la mayoría de los jasidim pudieron escapar, pero Reb Noson y tres de sus seguidores fueran llevados, aunque inmediatamente liberados - Nemirov no era la comisaría de Moshé Jenkes (*Imei HaTlaot* p.170).

Pese a las dificultades, Reb Noson alentó a sus amigos y seguidores a no perder la esperanza y a poner su confianza en Dios. Escribió:

> La medicina y la enfermedad son dos opuestos. Cuando el enfermo comienza a tomar remedios la enfermedad se rebela en su contra. Es por eso que la persona muchas de veces se siente peor cuando empieza a tomar medicinas. Pero si persiste en tomar el remedio, la enfermedad desaparece. Lo mismo se aplica a la vida espiritual. Cuanto más grande sea la persona, más grande será su inclinación al mal. Cuanto con más ardor luche por avanzar espiritualmente, más grande será la oposición que encuentre, tanto desde dentro de sí misma como desde el exterior... ¡Pero gracias a Dios, tenemos un médico que es experto en curar las enfermedades de nuestras almas! (*Alim LeTerufá* #202).

> Quién hubiera creído que yo tendría la fuerza para superar mis dificultades. ¡Vé y mira la grandeza y la fortaleza de tu Rebe! Con un movimiento de su mano me indicó que todo esto me sucedería - pero con el mismo movimiento también me dio la fortaleza para soportarlo y para alentarlos a ustedes para continuar con sus devociones y mantener la fe en Dios (*Ibid.* #213).

Del lado positivo, Reb Abraham Ber, el nieto del Rebe Najmán, finalmente volvió a casarse luego de su divorcio de la hija de Moshé Jenkes. Su segunda esposa era la hija de Reb Ber de Tcherin, quien había sido uno de los primeros seguidores del Rebe Najmán. Reb Ber era muy rico y pagó una enorme suma por la dote. Moshé Jenkes y Elki se sintieron profundamente dolidos por el hecho de que su ex yerno hubiera contraído matrimonio con alguien de una familia tan prominente. Ése fue otro revés para Moshé Jenkes, y sus amigos se burlaron de él por haber perdido tal tesoro. Aunque su hija se había vuelto a casar, al poco tiempo volvió a divorciarse y para ese entonces su reputación de "mujer de la calle" había comenzado a hacerse pública (ver Capítulo 34).

Con la huida del Savraner y con Moshé Jenkes comenzando a enfrentar sus propios problemas, Reb Noson pudo empezar a ver el brote de las primeras semillas de salvación. Pero no podía darse el lujo de sentirse demasiado confiado. En Nemirov vivía un hombre muy erudito llamado Aba, quien era un fuerte opositor de los jasidim de Breslov. Cierta vez un jasid de Breslov vio a Aba caminando ida y vuelta como suelen hacerlo los eruditos cuando están profundamente inmersos en sus estudios. Le preguntó a Aba qué es lo estaba pensando. "Si tuviera cien *ruch*", replicó Aba, "podría deshacerme de Reb Noson". Poco tiempo después la familia de Aba tuvo que pedir ayuda para él pues se había vuelto loco. Cuando Reb Noson se enteró de eso se sintió muy aliviado: con su capacidad analítica, Aba podría haber hecho un tremendo daño (*Imei HaTlaot* p.177).

*

Alrededor de Pesaj del año 1836 los oponentes de los Breslovers habían comenzado una campaña en contra del *Libro de los Atributos* del Rebe Najmán, en donde se afirma que la persona que alcanza un profundo conocimiento de la Torá puede comprender la estructura de todo lo que hay en la naturaleza y así controlar el orden natural. Es por eso que Daniel pudo subyugar a los leones cuando fue arrojado a la fosa (*El Libro de los Atributos* p.18). Los detractores proclamaban que esa afirmación era una directiva del Rebe para estudiar filosofía secular, tal como abogaban los *maskilim*.

Reb Noson dijo que tales cargos sólo podían provenir de mentes desquiciadas. Escribió que en Nemirov había personas que no eran jasidim de Breslov pero que igualmente se reían de aquéllos que encontraban faltas en las enseñanzas del Rebe, diciendo, "Incluso si no hay respuestas para sus cuestionamientos, ¿acaso eso les da el derecho de oponerse a un reconocido Tzadik y hombre santo?". Reb Noson hizo notar que el Rebe había afirmado claramente que el conocimiento de la Torá era lo que le daba a la persona el poder para controlar la naturaleza. La capacidad de Daniel para subyugar a los leones sólo provino de su profundo conocimiento de la Torá. Reb Noson recalcó además la lucha del Rebe Najmán por inspirar fe en los judíos. ¿Cómo podía acusársele de decirle a la gente que se dedicase a especulaciones filosóficas que alejan a las personas de Dios? (*Alim LeTerufá* #221; ver *Likutey Halajot, Milá* 5:28). Ese nuevo desafío a las enseñanzas del Rebe Najmán le hizo ver a Reb Noson que sus enemigos aún no habían agotado sus municiones.

Shavuot había sido uno de los momentos del año en el que los jasidim de Breslov solían reunirse con el Rebe Najmán y, en épocas mejores, los seguidores de Reb Noson habían continuado con la costumbre de ir a visitarlo en Breslov. Sin embargo, Shavuot del año 1836 fue totalmente diferente a todo lo que Reb Noson había experimentado. Fue el primer Shavuot que tuvo que pasar en Nemirov desde 1830, cuando el Rebe lo había enviado de vuelta a su casa (ver Capítulo 9) y él y sus seguidores temían incluso reunirse. Escribe Reb Noson: "Si nuestros opositores tienen éxito aunque más no sea en impedir que recitemos *Akdamot*, por eso solo merecen lo que merecen".[1]

A lo largo del año, se presentaron en Kaminetz varias peticiones solicitando un permiso de viaje para Reb Noson, pero sólo se pudo conseguir el documento para finales del verano. Cerca de una semana antes de Rosh HaShaná 5597 (12 de septiembre de 1836) Reb Noson recibió finalmente su permiso - justo a tiempo para llegar a Umán para los *Iomim Noraim*.

*

Luego de Rosh HaShaná en Umán, Reb Noson pasó Iom Kipur en Breslov. Con el permiso de viaje asegurado, ahora podía viajar nuevamente por toda Ucrania, tal como había hecho antes del estallido del conflicto. Pero aunque se le permitía visitar Breslov de vez en cuando para supervisar sus asuntos personales, no recibiría el permiso para volver a residir allí hasta que la corte en Kaminetz no determinase su caso, debiendo volver a Nemirov.

Con el exilio de Reb Noson extendido durante un año más,

algunos de sus seguidores comenzaron a perder el entusiasmo. Muy pocos fueron a verlo para el Shabat Jánuca e incluso lo hicieron con gran dificultad. Reb Noson estaba muy ocupado enviándoles cartas a sus seguidores, exhortándolos a que renovasen los esfuerzos por seguir las enseñanzas del Rebe Najmán. El estímulo contenido en uno de los discursos clásicos de Reb Noson escrito durante ese período se sintetiza en una carta que le escribiera a Reb Itzjak:

Incluso en medio de nuestros problemas, debemos ver la salvación a lo lejos. Esto es lo que quiere decir el versículo, "Y Abraham vio el lugar desde lejos" (Génesis 22:4). Dios le había prometido a Abraham darle un hijo, Itzjak, del cual saldría todo el pueblo judío. Dios le dijo entonces a Abraham que debía sacrificar a Itzjak, lo que destruiría efectivamente el medio a través del cual la nación sería construida. Abraham enfrentó muchas dificultades en su viaje para sacrificar a Itzjak - el Satán le puso toda clase de obstáculos en el camino. Pero, pese a ello, Abraham continuó, llevando a Itzjak hacia el sacrificio en el altar en el Monte Moriá, el lugar que él "vio desde lejos" como el sitio del Santo Templo, adonde los hijos de Itzjak llevarían los sacrificios.

Abraham era un profeta. Él vio claramente que los hijos de Itzjak irían a esa misma montaña, al Santo Templo. Pero su visión estaba en contradicción directa con lo que iba a hacer en ese momento. Dios le había dicho que sacrificase a Itzjak, lo que significaba que no viviría para tener hijos. Si era así, ¿cómo era posible que sus descendientes sirviesen en el Templo?

¡Pero Abraham lo vio con claridad! Esto se debió a su gran fe. Mediante ello pudo superar todos los obstáculos. Él creyó en la promesa de Dios. Lo que fuera a suceder en ese momento -el sacrificio de Itzjak- no contradecía la promesa que le había hecho Dios. Abraham fue invadido por constantes dudas y otros obstáculos, pero su fe en Dios nunca disminuyó. Tenía una total confianza en que Dios cumpliría con Su promesa.

Nosotros también estamos constantemente asediados por dudas y problemas. ¿Dónde está nuestro sustento? Éste proviene de lejos (cf. Proverbios 31:14). ¿Dónde está nuestra salvación? Está aquí, precisamente aquí. Lo que se sucede es que aún no podemos verla. Proviene "de lejos" pero está esperando para hacerse presente precisamente ahora. Debemos ser fuertes en nuestra fe. Debemos creer y saber que así como Dios nos ha protegido constantemente hasta ahora, de la misma manera continuará protegiéndonos y preservándonos. Poner por escrito esta idea en su totalidad es imposible, pero lo que he escrito es suficiente para todo aquél que quiera tomarse a pecho estas palabras (*Alim LeTerufá* #233).[2]

*

En el invierno de 1836-7, Reb Noson retomó sus viajes invernales por Ucrania, viajando a Tcherin, a Kremenchug y al área de Medvedevka. En su viaje pasó por Umán y cerca de Teplik. Cada vez que visitaba Teplik se quedaba en casa de Reb Nesanel, quien había sido seguidor del Rebe Najmán. Reb Nesanel era muy rico pero muy avaro. Cierta vez le había dado al Rebe Najmán diez *adumim*, que el Rebe alabó profusamente, pues había sido un inmenso sacrificio para Reb Nesanel entregar semejante suma. Cuando Reb Noson estaba construyendo el *kloiz* en Umán, Reb Nesanel se comprometió a dar doce *ruch* pero costó varios intentos llegar a recibir la suma entera. Al comienzo dio tres *ruch*, más tarde otros tres y luego otros tres, hasta que finalmente completó su promesa.[3]

El Rebe de Savrán también solía albergarse en la casa de Reb Nesanel cuando visitaba Teplik - una vez, mucho antes del estallido del conflicto, estuvo allí al mismo tiempo que Reb Noson (ver Capítulo 25). Durante los Años de Opresión, el Savraner le escribió una carta a Reb Nesanel advirtiéndole de no albergar en su casa a Reb Noson. Los seguidores del Savraner incluían gente que no dudaba en utilizar tácticas violentas para asegurar que sus directivas se llevasen a cabo. Incluso así, Reb Nesanel se negó a rendirse. Respondió, "Reb Noson tiene su lugar en mi casa. No voy a sucumbir ante ninguna presión". Reb Nesanel le escribió incluso a Reb Noson informándole de la advertencia y diciéndole que no tenía intención de escuchar al Savraner.

Cuando Reb Noson fue a Teplik, Reb Nesanel lo recibió con calidez y preparó una fiesta suntuosa en su honor. Su hija se tomó el trabajo incluso de preparar la comida. Cuando el Savraner oyó que Reb Nesanel había recibido a Reb Noson dijo, "Te maldigo para que tu hija nunca tenga hijos". Ella lloró frente a Reb Noson,

"¡Mire lo que he sacrificado en aras de la mitzvá de la hospitalidad!". Reb Noson respondió, "El Savraner ha abierto mi boca. Yo voy a orar por ella". Ella tuvo varios hijos y sus descendientes viajaron a Umán para Rosh HaShaná.[4]

Cuando Reb Nesanel enfermó, Reb Noson fue a visitarlo. El Talmud cuenta de varios sabios que visitaban a la gente que estaba muy enferma. Los sabios extendían sus manos hacia ellos y los curaban (*Berajot* 5b). Reb Nesanel le pidió a Reb Noson que le diese la mano y lo curase. "No todos pueden hacer eso", dijo Reb Noson. "Yo creo que tú tienes ese poder", dijo Reb Nesanel. Reb Noson le respondió, "Eso no puede hacerse con todos". Cuando Reb Noson estaba saliendo le dijo a la hija de Reb Nesanel, "Si Reb Nesanel diese para caridad más de lo que pueda disponer, es posible que siga con vida". Su hija quería comunicarle eso a su padre, pero Reb Noson le dijo, "Él debe hacerlo por su propia voluntad".

*

Reb Noson volvió a Nemirov poco antes de Pesaj y permaneció allí durante la mayor parte del verano, excepto por un viaje a Umán. En general las cosas estaban bastante tranquilas en Nemirov, pero no siempre. Algunos de sus seguidores fueron a visitarlo para Shavuot del año 1837. Inmediatamente después, sus oponentes hicieron un escándalo sobre el hecho de que la gente aún iba a verlo y lo amenazaron diciendo que si llegaba a tener algún visitante para Shabat o para el Iom Tov informarían a las autoridades. Durante un tiempo Reb Noson sólo pudo recibir visitas durante la semana. Cada vez que algunos pocos jasidim de Breslov iban a verlo, se sentía muy inquieto temiendo que sus oponentes llevasen a cabo su amenaza.

Otra frustración más para Reb Noson constituía el hecho de que le era prácticamente imposible hacer algo para volver a imprimir los libros del Rebe Najmán. La última vez que se había impreso algún libro había sido a finales de 1826. Incluso antes de ello, la imprenta de Reb Noson había estado cerrada y ahora ya no quedaba ningún libro. En 1834, pocos meses antes de que el Savraner comenzase su *vendetta*, Reb Noson había hecho contacto con unos parientes en Lemberg con la esperanza de imprimir los libros allí (ver Capítulo 33). Pero poco tiempo después se encontró corriendo por su vida y enfrentando una persecución diaria, lo que hizo imposible siquiera pensar en imprimir.

La campaña de opresión en contra de los jasidim de Breslov coincidió con el ataque del zar Nicolás en contra de la judería rusa en general. Su Decreto de los Cantonistas (1827) fue seguido por una cadena de decretos cuyo objetivo era eliminar la cultura y la educación tradicional de la Torá. En 1837, con la connivencia de los *maskilim*, las autoridades impusieron una prohibición total a la impresión de siete categorías de obras, incluyendo el *Zohar*, los escritos del rabí Shneur Zalman de Liadi y los textos del Rebe Najmán - se decía que propiciaban la depresión (ver Capítulo 32). Para Reb Noson, la situación apremiante de los judíos de la Europa oriental estaba inextricablemente unida al creciente ocultamiento de la Jasidut de Breslov, algo que le oprimía el corazón a medida que se acercaba el año 5597.

*

5598 (1837-1838)

Reb Noson estuvo en Umán para Rosh HaShaná 5598 (30 de septiembre de 1837), luego de lo cual volvió a Nemirov, donde pasó Sukot. Cerca de un mes más tarde fue a Breslov para ver si podía lograr que se cerrase su caso y así poder retornar a su hogar. Sin embargo, a sus oponentes no les faltaban ni el tiempo ni el dinero para ocuparse de que hubiera una constante dilación. No importa adónde fuese, siempre parecía haber un obstáculo. Durante el invierno viajó a Vinnitsa para buscar ayuda, pero sin resultado alguno.

Sin embargo, Reb Noson comenzó a sentirse un poco más confiado. Empezó a recibir más visitantes y en general estuvo más en contacto con sus amigos y seguidores. Durante el año, su nieto, Reb David Zvi, el hijo de Reb Itzjak, se comprometió en matrimonio y su hijastro, Reb Shmelke, se casó antes de Purim.

La ayuda les llega finalmente a aquéllos que la esperan, como el mismo Reb Noson siempre había enseñado. Al comienzo del conflicto, Reb Iudel había colocado a los oponentes de los Breslovers en *jerem*, diciéndo, "Hay un mérito que dura por un año, un mérito que dura por dos y un mérito que dura por tres años - ¡pero no más!" (ver Capítulo 36). Los tres años de gracia ya habían pasado. El Savraner murió el 22 de enero de 1838, debilitando profundamente las huestes de la oposición. Baruj Daian, cuyas mentiras sobre Reb Noson hicieron que estallase el conflicto, también murió ese invierno.[5]

Ese año Purim cayó en domingo (11 de marzo de 1838). Reb Noson pasó el Shabat anterior (10 de marzo) en Breslov y se quedó allí para Purim. Estuvo extremadamente contento durante el Shabat y bailó mucho. Después de la medianoche fue a recostarse pero no pudo dormir. Unas horas después, Shneur, el hombre que le había informado sobre Reb Noson al investigador del gobierno (ver Capítulo 38), vino a la casa en donde estaba Reb Noson, llorando y diciendo que su esposa estaba muy enferma (ella falleció mientras Shneur estaba de visita) y rogó poder ver a Reb Noson.

Cuando Shneur entró a la habitación de Reb Noson cayó literalmente a sus pies y comenzó a besarlos y a rogarle que lo perdonase. Admitió que había sido el principal informante en su contra y le dio a Reb Noson dinero para un *pidion*, rogando lo perdonase por no tener más. Prometió utilizar toda la influencia posible para favorecer el caso de Reb Noson y promover su retorno a Breslov.

Reb Noson le escribió a Reb Itzjak:

> ¡Ven y mira los milagros de Dios! Que todos nuestros oponentes puedan pedir perdón - para su propio beneficio eterno. ¡Grandes son las obras de Dios! Ven y regocíjate en la salvación de Dios... especialmente en Purim, el día del regocijo (*Alim LeTerufá* #258).

*

Aún había un obstáculo más que debía ser superado antes que Reb Noson pudiese retornar a vivir en Breslov. Justo antes de Shavuot (mayo de 1838) viajó allí para tratar de finalizar su retorno. Tan pronto como Moshé Jenkes se enteró de lo que Reb Noson estaba tratando de hacer, perdió la paciencia. Se paró en medio de la calle y dijo, "¿Él quiere volver aquí? ¡No volverá mientras yo esté con vida! Todo lo que tengo que hacer es ir a ver al intendente".

Moshé Jenkes se dirigió a grandes pasos a la oficina del intendente - estaba en perfecto estado de salud al llegar. En ese momento había un judío con el intendente. Moshé Jenkes envió al judío afuera y cerró la puerta del despacho del intendente. Sentado afuera, el judío oyó partes de la conversación. En el momento en que Moshé Jenkes mencionó el nombre de Reb Noson se desplomó y perdió la consciencia. El intendente temió que Moshé Jenkes fuese a morir en su oficina y rápidamente pidió ayuda. La gente trajo licor y sales aromáticas, pero sin resultado alguno. Buscaron un carruaje para llevar a Moshé Jenkes a su casa, pero el único accesible era un carro utilizado para recolectar la basura de las calles. Estaba lleno de basura y de bosta, pero el intendente insistió en que Moshé Jenkes fuese llevado de inmediato y no hubo más opción que cargarlo en el carro de basura. De vuelta en su casa Moshé Jenkes yació en cama durante las siguientes veinticuatro horas, traspirando y quejándose, hasta que finalmente falleció.

Reb Noson aún estaba en Breslov cuando ello sucedió. Dejó la ciudad mientras se estaba llevando a cabo el funeral diciendo, "No puedo quedarme en la ciudad y no ir al funeral - después de todo, él le dio mucha *tzedaka* al Rebe. ¿Pero cómo puedo ir al funeral después de todo el conflicto que generó? Es mejor que deje la ciudad" (*Siaj Sarfei Kodesh* I-762). Durante los Años de Opresión, Moshé Jenkes dijo cierta vez que quería vender la recompensa de la caridad que le había dado al Rebe, pero Reb Noson dijo, "Eso no servirá de nada. Pese a todo el daño que hizo, aún será recompensado por la mitzvá de la caridad. El poder del Rebe es muy grande y Moshé Jenkes no podrá eliminar las mitzvot que hizo" (*Avenea Barzel* p.22, #11; *Siaj Sarfei Kodesh* I-703).

La súbita muerte de Moshé Jenkes produjo una gran conmoción en Breslov. Su salud había sido excelente en el momento en que entró a ver al intendente, pero tan pronto como mencionó el nombre de Reb Noson, se desplomó y murió. Muchos de los detractores de Reb Noson comenzaron a pedir perdón y ellos mismos presentaron solicitudes para que se le permitiese retornar a Breslov. Durante el resto del verano Reb Noson permaneció en Nemirov esperando pacientemente novedades sobre la anulación de los cargos en su contra y poder así retornar, pero para Rosh HaShaná 5599 (1838) aún no había respuesta.

Reb Noson fue a Umán para el *kibutz* y de allí continuó hacia Breslov, donde pasó Iom Kipur. Inmediatamente después de Iom Kipur retornó a Nemirov y allí recibió noticias del intendente de que podía volver a Breslov. ¡Finalmente podía retornar a su hogar!

*

El Rebe Najmán le había dicho a Reb Noson, "Te perseguirán y te perseguirán y te perseguirán... Pero Dios terminará para ti...". Justo antes de su fallecimiento el Rebe estaba yaciendo en cama mirando intensamente a Reb Noson, como diciendo, "Yo sé que vas a sufrir". Más tarde dijo Reb Noson, "En vida del Rebe, yo tomé fuerzas de sus palabras. Hoy en día, tomo vida y fuerza de la manera en como él me miró".

Escribe Reb Abraham Jazán:

> Reb Noson tenía la promesa del Rebe de que Dios lo salvaría. Pero a lo largo de los Años de Opresión nunca dejó de orar intensamente a Dios en espera de la salvación. Siguió los pasos de Mordejai. Mordejai sabía que incluso aunque los judíos pudieran estar en un serio peligro, finalmente sobrevivirían. Tenía perfecta fe en que los judíos serían redimidos después de los setenta años de exilio en Babilonia. Pero al enfrentarse con Hamán, Mordejai oró con todas sus fuerzas y alentó a los judíos a hacer lo mismo. Dios salva. Siempre lo ha hecho y siempre lo hará. Pero sólo en Sus maneras ocultas. Reb Noson nos muestra que, no importa cuán segura esté la persona del resultado, no puede confiar en su propia fuerza. Siempre debe buscar a Dios (*Imei HaTlaot* p.184).

* * *

Parte VIII

RECONSTRUYENDO

42

Reconstruyendo

Luego de una ausencia de cerca de tres años, Reb Noson estaba ansioso por retornar a su propio hogar, algo que hizo sin tardanza. Volvió a Breslov incluso antes de Sukot del año 1838 y comenzó a reconstruir su vida.

Los más importantes adversarios habían muerto y algunos de los oponentes que quedaban se habían silenciado, debido a sus propios sufrimientos o por lo que habían visto que les había sucedido a los demás. Esto ayudó a aquietar las hostilidades en contra de Reb Noson y de los jasidim de Breslov. Sin embargo no todos sus oponentes eran seguidores del Savraner: algunos pertenecían a diferentes grupos jasídicos que tenían sus propios motivos para oponerse a la Jasidut de Breslov. Continuó habiendo antagonismo, aunque llevado de manera menos abierta, lo que les dio a los Breslovers lugar para crecer.

Los seguidores de Reb Noson comenzaron a visitarlo nuevamente en su hogar, y numerosos invitados se hicieron presentes para el Shabat Jánuca. Pero cuatro años de persecución habían dejado a Reb Noson algo inquieto. Era bien consciente de que la última vez que había recibido visitantes en Breslov para el Shabat Jánuca, en el invierno de 1834-35, habían sido arrestados y él mismo había debido huir. Incluso en Nemirov lo habían amenazado debido al tema de las visitas.

En una carta felicitando a Reb Abraham Ber, el nieto del Rebe, por el nacimiento de un hijo, Reb Noson expresó algo de su angustia:

> Y sabe, mi querido amigo, que para el Shabat Jánuca tuvimos varios huéspedes. Gracias a la maravillosa bondad de Dios, todo se desarrolló apaciblemente. Pero aún me preocupa el hecho de que sentí cierto temor. Espero en Dios que este temor en mi corazón desaparezca...

Continúa:

> Gracias a Dios, dijimos palabras de verdad y bailamos y estuvimos muy contentos... Después de todas las maravillas de las cuales hemos sido testigos y de todas las bondades de Dios, también tú deberás darte ánimos para hacer nuevos esfuerzos en el servicio a Dios (*Alim LeTerufá* #233).

En su carta a Reb Abraham Ber, que ahora se había vuelto uno de los miembros más importantes del grupo de Breslovers en Tcherin, Reb Noson también tocó el tema de sus propias finanzas:

> No sé qué hacer con respecto a mi propio sustento. Mi confianza está en Dios. Tanto tú como todos los otros deben estar conmigo y ayudarme en todo momento... No es poco el ayudarme ahora, después de todo lo que he debido vivir. ¡He sido perseguido y de no haber sido por la ayuda de Dios...! Nadie puede realmente comprender lo que cargo en mi corazón... Quién hubiera pensado que debería sufrir todo eso y aun así llevar a cabo tareas santas en este mundo. Es apropiado que ustedes deban seguir ayudándome de todas las maneras posibles... (*Ibid.*).

Es interesante notar que Reb Noson escribe que pone su confianza en Dios y luego les pide a Reb Abraham Ber y a los otros jasidim de Breslov de Tcherin que lo ayuden. Todos los maestros jasídicos eran igualmente dependientes de la ayuda de sus seguidores, presentando un problema que el mismo Reb Noson trata en uno de sus discursos (*Likutey Halajot, Matanat Shjiv Meira* 2:2). El Rebe Najmán había enseñado que la persona sólo puede alcanzar la verdad si es totalmente independiente de los demás. Mientras uno se encuentre necesitado de los demás, así sea por dinero, por honor o por cualquier otro motivo, no podrá alcanzar la absoluta verdad (*Likutey Moharán* I, 66 2:3). Si es así, pregunta Reb Noson, ¿quiere decir que todos los Tzadikim están lejos de la verdad, viendo que todos ellos dependen de la ayuda de sus seguidores? ¿Cuál es el significado de la plegaria en las Gracias Después de las Comidas, "Por favor no nos hagas depender de los regalos de carne y hueso"? ¿Cómo es posible que los Tzadikim reciten con honestidad esa plegaria cuando su sustento proviene de las contribuciones de sus seguidores?

La respuesta de Reb Noson es que todo depende del grado de

fe del individuo que recibe la ayuda. La persona que realmente tiene una fe perfecta en que *todo* está en las manos de Dios y que Él es el Único que provee, no depende del hombre en absoluto sino sólo de Dios. Incluso su pedido solicitando la ayuda de los demás o el hecho de aceptar sus contribuciones son meramente canales para recibir la Providencia de Dios. Sin embargo Reb Noson agrega una advertencia sobre cómo se debe comprender todo esto, pues hay muchos que podrían utilizar esta explicación como una justificación para su propio comportamiento aunque carezcan de la fe necesaria.

*

Reb Noson podía ahora viajar sin temer por su vida. Durante el otoño y el invierno de 1838-9 reanudó su peregrinaje mensual a la tumba del Rebe Najmán en Umán.[1] Allí estuvo nuevamente para Rosh Jodesh Sivan y permaneció hasta Sukot, después de lo cual hizo su viaje anual a Kremenchug y Tcherin. Sus visitas eran similares a las que solía hacer el Rebe Najmán. La intención de Reb Noson era fortalecer a los grupos de Breslovers que vivían en los pueblos y en las ciudades de Ucrania oriental. Durante el viaje se encontró con varios de sus viejos amigos, bailando y alegrándose con ellos, y dándoles ánimo para renovar sus esfuerzos en el hitbodedut y en los otros senderos enseñados por el Rebe Najmán.

Durante el viaje Reb Noson también se dedicó a recaudar fondos, aunque se encontró con los obstáculos usuales: una persona estaba preocupada por sus asuntos, otra tenía que salir de viaje y Reb Efraím ben Reb Naftalí, quien lo acompañaba y en quien Reb Noson se apoyaba para ayudarlo en Kremenchug, de pronto tuvo que salir en viaje de negocios. Reb Noson le escribió a Reb Itzjak respecto de las constantes batallas que uno debe luchar para ganar el sustento:

> ¡Gracias a Dios no estoy tratando de vender trigo o algo similar! Mi mercadería es mucho mejor que cualquier otra mercadería. ¡Siempre está conmigo adonde vaya! En Su gran misericordia, Dios me ha dado el regalo del lenguaje. Puedo discutir y explicar las tremendas enseñanzas del Rebe, que son tan originales y tienen el poder de despertar e inspirar a todos los que

las oyen (*Alim LeTerufá* #283).

Tanto por la ruta como en su hogar, Reb Noson siempre les hacía recordar a sus hijos, a sus amigos, a sus seguidores y a todo aquél que quisiese escuchar, los caminos del Rebe Najmán.

Lo más importante es imbuir en el corazón de cada persona el conocimiento de que Dios aún está con ella. Debe saber y recordar, en todo momento, que la tierra entera está llena de Su gloria, para despertar de su sueño y no malgastar sus días en la oscuridad, Dios no lo permita (*Alim LeTerufá* #273).

Es esencial anhelar acercarse a Dios. Cada día debes hacer todos los esfuerzos posibles para articular y expresar tus anhelos en palabras... Especialmente ahora, cuando esperamos la llegada del Mashíaj y nuestra única vitalidad proviene de la plegaria. Nuestra única fortaleza es la fortaleza de nuestras bocas (*Ibid.*).

Incluso cuando uno se encuentra totalmente incapaz de expresarse frente a Dios, es necesario tratar al menos de hacer algún gesto u organizar aunque más no sea media frase - como un niño de dos o tres años de edad. Eso también es muy valioso a los ojos de Dios (*Ibid.* #278).

Asegúrate de no considerar estas enseñanzas como viejas. No debes permitirte ser viejo. Estas enseñanzas deben ser nuevas para ti cada día. Éste es el fundamento de toda la Torá, tal cual se nos aconseja en el Shemá: "¡...las palabras que *hoy* te ordeno!" (*Ibid.* #279).

Hacia finales del verano de 1839 Reb Noson estaba de retorno en Breslov. Justo antes de Rosh Jodesh Elul recibió un nuevo documento de viaje y poco después partió para Umán, donde tuvo que supervisar las reparaciones del piso del *kloiz* y prepararse para Rosh HaShaná.

*

La necesidad de imprimir

El año 5600 (1840) prometía ser un año de gran significación para la historia del mundo. De acuerdo al Santo *Zohar*, debía ser el comienzo de una nueva era de revelaciones, en la cual se abrirían las puertas de la sabiduría celestial. Nuevos inventos descenderían desde arriba, facilitando la vida, para que el mundo pudiese entrar, descansado y confortable, en el Séptimo Milenio, el "Shabat de Dios".[2] Todos los judíos del mundo tomaron esto como una profecía sobre la inminente llegada del Mashíaj, uno de los temas de conversación más importantes de la época.

A los ojos de Reb Noson, la maravilla más grande de la época era la revelación de las enseñanzas del Rebe Najmán, que mostraban cómo incluso la gente que se encontraba totalmente alejada de Dios podía ser despertada de su sueño espiritual y llevada a servir al Creador. Reb Noson le escribió a Reb Itzjak asegurándole que maravillas mucho más grandes serían reveladas en el futuro. Al mismo tiempo, citó la afirmación de los Sabios de que "Mashíaj, un viento súbito y un escorpión, todos llegan de manera inesperada" (*Sanedrín* 97a), agregando que la constante charla sobre la llegada del Mashíaj y los inapropiados cálculos atrasaban de hecho su arribo. Reb Noson entretejió estas ideas en uno de sus discursos, explicando la paradoja de cómo es necesario anhelar constantemente la llegada del Mashíaj, aunque su arribo será inesperado. Para Reb Noson, la "apertura de las puertas de la sabiduría" significaba que la gente recibiría el poder de completar las tareas sagradas (ver *Likutey Halajot, Mataná* 5:32-49).

Había un jasid de Breslov que estaba convencido de que Mashíaj llegaría ese año. Oyendo sobre cómo lo afirmaba, Reb Noson dijo, "¡Es una falsa información!". El hombre se indignó tanto que maldijo a Reb Noson. Cuando los otros seguidores se enteraron, urgieron a Reb Noson a que lo expulsase. Reb Noson no estuvo de acuerdo y el hombre eventualmente se arrepintió (*Siaj Sarfei Kodesh* 166).

En lugar de especular sobre la llegada del Mashíaj, Reb Noson vio su propia contribución al comienzo de la redención de una manera mucho más práctica. Dado que el Rebe Najmán había enseñado que la redención dependía de que los judíos tuvieran fe en Dios, con todo lo que esto implicaba, Reb Noson quería asegurarse de que las enseñanzas del Rebe Najmán continuasen expandiéndose, ofreciendo senderos de fe y de redención para todos los judíos. Reb Noson estaba ahora cerca de los sesenta años. Lo más importante en su mente en ese momento era la necesidad de volver a imprimir las obras del Rebe Najmán. La urgencia de la tarea se veía fomentada por los vigorosos esfuerzos de los *maskilim* por publicar una amplia variedad de libros y de panfletos. Estaban utilizando todos los medios posibles para diseminar su idea de que el judío "moderno" debía abandonar las tradiciones que lo separaban del mundo y abrazar la cultura no judía. El punto de vista de Reb Noson sobre esas publicaciones se encuentra en una carta que escribió desde Umán en el año 1842:

> Me han mostrado varios amargos y malvados panfletos - "hierba amarga y venenosa" (Deuteronomio 29:17)- producidos por aquellos despreciables judíos que se han desprendido totalmente de su yugo. Constantemente imprimen obras que mantendrán el alma de las personas atrapadas en el pozo y en el abismo. ¡Dios nos salve! Ésta es una tragedia. Debemos rasgar nuestras vestimentas en miles de pedazos por cada una de sus malvadas, amargas y podridas palabras. Son como espadas en contra de Dios, Su Torá y Sus Tzadikim... Al menos debemos regocijarnos de que no formamos parte de ellos, pues su herencia no es la herencia de Iaacov (*Alim LeTerufá* #370).

En cuanto a Reb Noson concernía, el único antídoto verdadero era la impresión y difusión de los escritos del Rebe Najmán. Pero esto se había vuelto más problemático que nunca. Conseguir fondos para el proyecto era algo muy difícil - los costos de impresión eran muy altos y la mayor parte de las imprentas solicitaban un depósito importante antes de comenzar, mientras que Reb Noson vivía en una extrema pobreza. Peor aún, ahora enfrentaba obstáculos a la posibilidad misma de la impresión como resultado de la creciente influencia de los *maskilim* sobre las autoridades. Estos eran el paradigma del ideal de la libertad de expresión cuando se trataba de difundir sus propios escritos, pero al mismo tiempo llevaban a cabo una decidida campaña en contra de la impresión de obras de Torá. Fue bajo su inspiración que el gobierno impuso la prohibición de imprimir el *Zohar*, la Kabalá, los escritos del rabí Shneur Zalman de Liadi y los del Rebe Najmán, instituyendo a su vez la censura sobre todas las otras obras de Torá y clausurando la mayor parte de las imprentas judías.

Que Reb Noson pudiese tratar de volver a abrir su propia imprenta, incluso de manera secreta, era algo impensable. El tema de haber tenido una imprenta había figurado de manera prominente en las investigaciones oficiales sobre sus actividades durante los Años de Opresión. Después de la mortal persecución a la que se había visto sujeto por parte de sus adversarios jasídicos, Reb Noson no estaba preparado para volver a tomar un riesgo así. Por otro lado, no había ningún otro lugar en Rusia en donde fuera posible imprimir. Y aunque pudiese encontrar una imprenta, los *maskilim* que trabajaban de "consejeros" en las oficinas del censor ciertamente objetarían a todas las publicaciones de Breslov.

El Midrash enseña que cuando el pueblo judío dejó Egipto, era como una paloma huyendo de un halcón. La paloma quiso cobijarse en una grieta de la roca pero allí encontró a una serpiente. Era imposible que la paloma pudiera posarse allí debido a la serpiente. Pero también era imposible retroceder debido al halcón. ¿Qué es lo que hizo la paloma? Comenzó a piar y a golpear las alas para que el dueño del palomar la oyese y viniese a salvarla. Lo mismo sucedió con los judíos en el Mar Rojo. No podían descender al mar porque aún no se había abierto. Retroceder era imposible pues el faraón ya estaba muy cerca. ¿Qué es lo que hicieron? "Tenían mucho temor y los Hijos de Israel *clamaron* a Dios" (Éxodo 14:10). Inmediatamente, "Y Dios salvó..." (*Ibid*. 14:30) (*Shir HaShirim Rabah* 2:14).

Imprimir las obras del Rebe Najmán fue una de las misiones más importantes de la vida de Reb Noson, pero fuera cual fuese el camino que intentase tomar siempre estaba rodeado de obstáculos. Retroceder era imposible. Como siempre, elevó su voz en Torá y en plegaria. No poseemos las plegarias de Reb Noson de ese período, aunque de las elocuentes expresiones en el *Likutey Tefilot*, escritas unos veinte años antes, podemos tener un atisbo de cómo este incansable de guerrero de la plegaria debe haber clamado a Dios por Su ayuda. Por otro lado, tenemos sus discursos en el *Likutey Halajot*, en los cuales habla una y otra vez sobre la grandeza de difundir las enseñanzas del Tzadik.

El camino para la salvación ya se había preparado unos siete años antes, en 1834, con la visita a Breslov de Reb Jaim Cohen, un tío de la primera esposa de Reb Noson (ver Capítulo 33). Vivía en Lemberg (Lvov) y le había dicho a Reb Noson que él podría imprimir allí. Lemberg no sólo era un centro para la impresión de obras de

Torá; desde la primera partición de Polonia en el año 1772, había estado bajo el gobierno de Austria, evitando los problemas de la censura rusa.

La última vez que Reb Noson había estado en contacto con Reb Jaim Cohen fue en 1834, justo antes del comienzo de los Años de Opresión. Nuevamente le escribió en el curso de 1839-40, y precisamente antes de Purim 1840 recibió la primera de varias respuestas alentadoras. Reb Noson recordaba que el Rebe mismo había insinuado que sus obras serían impresas en Lemberg. Reb Noson decidió viajar en persona a Brody y a Lemberg para ver qué podía hacerse para llevar a cabo la impresión (*Avenea Barzel* p.54, #20).

*

La primera necesidad era el dinero. Reb Noson había decidido viajar por Ucrania para obtener la ayuda de los jasidim de Breslov. Pero ese invierno su hijo, Reb David Zvi, cayó gravemente enfermo sufriendo de un dolor constante. Durante un periodo de cuarenta y ocho horas Reb David Zvi pensó que se volvería loco debido al dolor y a la falta de sueño. Luego tuvo algunos días de respiro pero su dolor volvió y nuevamente enfermó de gravedad. Reb Noson estaba extremadamente preocupado y dio dinero para caridad, al igual que les solicitó a los jasidim de Breslov que orasen por su hijo. Al describirle esos difíciles días a Reb Itzjak, Reb Noson escribió:

> Sólo me apoyé en Dios. Le pedí a Dios una y otra vez y aunque veía que nada sucedía -él gritaba de dolor- incluso así, decidí continuar orando una y otra vez. Finalmente Dios tuvo misericordia y pudo dormir durante algunas horas... Qué puedo decirte, querido hijo. Debemos ser muy fuertes y orar por todo en nuestras vidas. Es inútil tratar de apoyarse en cualquier otra estratagema... (*Alim LeTerufá* #297).

La condición de Reb David Zvi mejoró y Reb Noson salió entonces para su viaje invernal al área de Kremenchug-Tcherin. Aparte de alentar a los jasidim para que se fortaleciesen en sus devociones, buscó convencerlos sobre la importancia de imprimir las obras del Rebe y de donar los fondos necesarios.

No fue fácil juntar el dinero. Reb Noson volvió a escribirle a Reb Itzjak:

> Me sería imposible describirte todo lo que se ve y se oye al viajar. Todos quieren servir a Dios. Profundamente dentro de sus corazones todos están clamando con amargura por su terrible lejanía del objetivo último de la vida. Pero son como pájaros atrapados en la red: están abrumados por sus apetitos materiales, especialmente por la preocupación por ganarse el sustento. Lo peor de todo es el hecho de que la mayoría de la gente ha perdido la esperanza de poder alguna vez dirigirse hacia el verdadero propósito de la vida o de ponerse en pie. Y debido a la terrible oposición que hemos sufrido, son incapaces de recibir de la dulce miel de las enseñanzas puras del Rebe, que tienen el poder de reavivar e inspirar a todas las almas caídas... (*Alim LeTerufá* #304).

En otra carta, escribió Reb Noson:

> Me siento más débil y la edad pesa sobre mí. Mis enemigos han minado mis fuerzas. Aun así, Dios me salvó de ellos y yo me consuelo con el hecho de que Él me ha mostrado una misericordia tan grande al llevarme hacia la gran luz del Rebe... (*Alim LeTerufá* #303).

Si bien había muchas frustraciones, Reb Noson se dio vida buscando los puntos buenos.

> He leído en el *Ein Iaacov* un pasaje que he visto a menudo, sobre cómo Dios siempre contempla con favor las mitzvot del judío, aunque sean tan pobres como lo que una gallina puede encontrar al picotear entre los desperdicios. He repasado ese pasaje muchas veces anteriormente pero sólo ahora me he dado cuenta de que alude a la enseñanza de *Azamra* del Rebe, sobre el hecho de buscar los puntos buenos en uno mismo y en los demás. La gallina puede encontrar un grano de trigo en la mañana y luego seguir picoteando durante horas y horas en busca de otro. ¡La gallina continúa picoteando! Nosotros también tenemos que continuar haciendo mitzvot, aunque puedan parecernos insignificantes, pocas y alejadas entre sí. Es posible que pasen muchas horas entre una mitzvá y la otra. Mientras tanto picoteamos a través de "los desperdicios" de la vida - ¡todos nuestros problemas! Aun así, nuestras mitzvot son muy valiosas a los ojos de Dios... ¡Mira, hijo mío! Si no fuese por las enseñanzas del Rebe, nunca hubiéramos podido llegar a apreciar y a comprender plenamente las palabras

de nuestros Sabios... (*Alim LeTerufá* #303).[3]

Reb Noson volvió a su hogar desde Tcherin a tiempo para Pesaj. Se alegró de encontrar a Reb David Zvi con una sonrisa en su rostro y también tenía otros motivos para estar contento, pues tanto Reb Itzjak como Janá Tsirel habían tenido otros hijos. En el discurso que estaba escribiendo en ese momento Reb Noson habló sobre la grandeza de tener hijos y de cómo el nacimiento de una nueva alma en el mundo aumenta la gloria de Dios.[4] Comenzó entonces a hacer los preparativos para su viaje a Lemberg.

* * *

43

Brody y Lemberg

El papel primordial en las actividades de impresión de Reb Noson en los últimos años de su vida estuvo a cargo de su discípulo más cercano, Reb Najmán de Tulchin, quien había sido profundamente conmovido por él cuando sólo tenía ocho años de edad, en 1822. Había servido a Reb Noson fielmente durante los Años de Opresión. En los años que siguieron, Reb Najmán aceptó la pobreza total y muchas veces se puso en situaciones de extremo peligro en aras de la impresión de los libros.

Reb Najmán nunca recibió dinero por lo que hizo, aunque, como veremos más adelante, cuando se vio forzado a permanecer lejos de su hogar para supervisar la impresión de los libros, Reb Noson se ocupó del sustento de su esposa y de su familia. Lo que motivaba a Reb Najmán era la vitalidad que recibía de las enseñanzas de Reb Noson. En palabras de Reb Najmán, "Cada palabra que él escribe reaviva el alma siete veces, enseñando sabiduría y mostrando cómo acercarse a Dios, no importa cuán lejos uno pueda haberse extraviado debido a sus pecados, otorgando así la vida eterna" (Índice al *Likutey Halajot, Even HaEzer*).

La prioridad de Reb Noson era imprimir su *Likutey Etzot*, que consistía de citas o paráfrasis de las propias palabras del Rebe Najmán en el *Likutey Moharán*. Pero Reb Najmán de Tulchin también estaba ansioso por imprimir los discursos de Reb Noson en el *Likutey Halajot*, que él mismo transcribió en preparación para su publicación: Reb Noson solía escribir tan rápido que sus letras se encimaban unas sobre las otras, haciendo difícil copiar los manuscritos. Luego que Reb Najmán terminó su transcripción, Reb Noson le preguntó, "¿Has sentido inspiración Divina en mis obras?". "Por supuesto que sí", respondió Reb Najmán. Muchas veces, al copiar los manuscritos, se sintió tan intensamente inspirado por las palabras de Reb Noson que tuvo que poner de lado la pluma y dejar de escribir (*Sijot veSipurim* p.136).

El nuevo papel de Reb Najmán de Tulchin se presentó en el verano de 1840, cuando Reb Noson, que ahora tenía sesenta años de edad, necesitó ayuda para su viaje a Brody y a Lemberg y le pidió que lo acompañase. Reb Najmán fue tomado por sorpresa por el súbito pedido y se quedó dudando: era posible que fuese un viaje muy difícil. Aun así, conocía a Reb Noson y era bien consciente de que si mostraba la mínima incertidumbre, Reb Noson nunca volvería a preguntarle. "No sé si soy digno de que me lleves contigo", respondió Reb Najmán, de manera algo ambigua. El resto de su vida se alegró de haber acompañado a Reb Noson.

Al comienzo de julio del año 1840 salieron para Berdichov, desde donde Reb Noson les escribió a algunos de los Breslovers más ricos de Tcherin y de Kremenchug informándoles de sus viajes y de sus expectativas. Ya en su visita del invierno anterior les había explicado la necesidad de imprimir. Ahora los urgía a cumplir con sus compromisos y a enviarle una ayuda concreta.

Es de notar que en todas las cartas de esa época Reb Noson nunca mencionó de manera explícita la impresión de los libros. Después de todas las denuncias en su contra durante los Años de Opresión, hacía todo con la circunspección más grande, especialmente dado que los nuevos decretos del zar sobre la censura, emitidos en 1837, hacían que la situación en Rusia fuese potencialmente mucho más peligrosa que antes. Reb Noson les advirtió que no dejasen que sus escritos cayesen en manos de extraños (ver *Alim LeTerufá* #335). Cada vez que Reb Noson necesitaba referirse a sus actividades de impresión, siempre escribía sobre "nuestro negocio", "nuestra mercadería" y cosas por el estilo, refiriéndose a Reb Najmán como "Reb Najmán *sojer*" (el "mercader"). Cuando Reb Noson les enviaba a sus seguidores ejemplares de las páginas impresas, les daba estrictas instrucciones de mantenerlas ocultas de todos aquéllos ajenos a su círculo.

Desde Berdichov, Reb Noson y Reb Najmán viajaron a Radvil, donde tenían intención de cruzar la frontera hacia la Polonia austríaca. Reb Noson sabía que los obstáculos y las demoras eran parte integral de la impresión de las obras del Rebe Najmán. Cruzar la frontera no era en absoluto algo fácil. Como consecuencia de la Insurrección Polaca de los años 1830-1, tanto Rusia como Austria, que habían anexado grandes áreas de Polonia, temían las aspiraciones nacionalistas de los polacos y estaban constantemente cazando a los emisarios de los partisanos polacos en el exilio. Reb Noson tuvo dificultades en el control de pasaportes y aunque él mismo pudo pasar, Reb Najmán se vio obligado a quedarse atrás. Encontrándose sólo, Reb Noson se sintió algo perdido, pero un pariente lejano lo ayudó a llegar a Brody y a encontrar una habitación. Allí llegó el jueves 14 de julio y dos días más tarde, en la noche del jueves, también llegó Reb Najmán.

Ahora hacía cerca de treinta años del fallecimiento del Rebe Najmán y sus enseñanzas habían comenzado a difundirse en Lituania, Reissin, Polonia[1] e incluso en *Eretz Israel*. El hecho de que eran tan ampliamente aceptadas era algo que Reb Noson ya le había hecho notar al Rebe de Savrán. En Brody, una de las ciudades más grandes de Galicia, Reb Noson fue cálidamente recibido por todos los grupos de la comunidad, jasídicos y no jasídicos, tanto jóvenes como ancianos. Ya habían oído mucho sobre él, todo favorable.

En ese tiempo aún vivían en Brody algunos seguidores del gran maestro jasídico, el rabí Uri, el Seraf de Strelisk. Ellos le dijeron a Reb Noson que el rabí Uri solía decir, "¡Uri! ¡Uri! ¿Cómo puedes decir Torá si hay un *Likutey Moharán* en el mundo?". Agregaban, "Si el rabí Uri estuviese vivo lo acompañaría a usted a la casa de baños, llevando sus cosas". Reb Noson dijo sobre los seguidores del rabí Uri, "Si tuviésemos tales jasidim en Rusia, podríamos hablar sin oposición" (*Siaj Sarfei Kodesh* I-186).

En el Shabat (18 de julio) Reb Noson dio algunas de las lecciones del Rebe Najmán.[2] La gente presente quedó muy impresionada, diciéndole a Reb Noson que les había devuelto la vida. Reb Noson se sintió alentado por su respuesta, aunque, como hizo notar en una carta a Reb Itzjak, "¡Recibí mucho honor y una cálida recepción, pero nada de dinero!".

*

Luego del Shabat, Reb Noson salió de Brody para Lemberg, llegando el martes, 21 de julio. Se quedó allí por más de dos semanas[3] durante las cuales buscó contactos que pudieran controlar las futuras impresiones. Un día fue a visitar el pueblo cercano de Kolkovi, de donde provenía originalmente su familia. Poco logró allí en cuanto a la impresión o a los fondos necesarios, pero Reb Noson dio algunas de las lecciones del Rebe y estuvo muy contento de poder hacerlo en el lugar de sus ancestros. Tampoco en Lemberg había podido lograr nada ya que uno de los contactos principales había salido de viaje. Cuando el hombre volvió a Lemberg estuvo de acuerdo en encargarse de controlar la impresión.[4]

Reb Noson decidió comenzar imprimiendo su *Likutey Etzot*.[5] En 1805 el Rebe Najmán le había pedido que hiciera una síntesis de sus lecciones, concentrándose en el consejo espiritual práctico que ellas contenían. El resultado fue el *Kitzur Likutey Moharán*, que Reb Noson imprimió en 1811, un año después del fallecimiento del Rebe. En 1826 comenzó a reorganizar por tópicos los consejos recopilados agregándoles varios pasajes más del *Likutey Moharán* y de las conversaciones del Rebe Najmán (ver Capítulo 31). El resultado fue el *Likutey Etzot*, que permite acceder rápidamente y de manera comprensible a los consejos del Rebe, constituyéndose así en la introducción ideal a su sendero espiritual.

Aparte de hacer los contactos necesarios para comenzar a imprimir, Reb Noson aprovechó su estancia en Lemberg para visitar a un médico que había tratado al Rebe Najmán durante su visita a la ciudad en el año 1808. ¡Reb Noson valoraba tanto todas las palabras del Rebe y todas las historias sobre él que se tomó el trabajo de visitar a ese médico treinta años después! El doctor le respondió que luego de tanto tiempo no podía rememorar mucho pero sí recordaba haber notado que el Rebe tenía un cuerpo muy fuerte y saludable y que lo había debilitado y quebrado totalmente mediante sus devociones (*Siaj Sarfei Kodesh* III-162; *Avenea Barzel* p.67, #44).

Aunque era costumbre que cuando un visitante erudito llegaba a una ciudad se lo honraba pidiéndole que dijera algunas palabras de Torá, Reb Noson se negó y el Rav de Lemberg dijo Torá en su lugar. Reb Noson no quedó muy impresionado. Junto con Reb Najmán fueron invitados por el Rav a comer con él pero Reb Noson volvió a negarse. Reb Najmán encontró esto algo extraño: en verdad la manera del Rebe Najmán era no insistir con nada. ¿Por qué entonces Reb Noson se negó? Cuando le preguntó al respecto, Reb Noson citó el versículo, "No comas el pan de aquél que tiene un ojo malicioso" (es decir, con un avaro) (Proverbios 23:6). Reb Najmán se sentía ahora mucho más perplejo. ¿Cómo sabía Reb Noson que el Rav era un avaro? Un año después, cuando Reb Najmán retornó a Lemberg para buscar el *Likutey Etzot* les mencionó a ciertas personas de Lemberg lo que Reb Noson le había dicho. Quedaron verdaderamente asombradas de su aguda percepción.

Durante la estadía de Reb Noson en Lemberg, el rabí Menajem Mendel, el Rebe de Kotzk, fue allí para recibir tratamiento por una enfermedad pulmonar. Debido a su enfermedad el Rebe de Kotzk fue confinado a una habitación y nadie podía verlo - y por el mismo motivo tampoco se le permitía hablar. Sólo el rabí Itzjak Meir Alter, el "*Jidushei HaRIM*", el discípulo del Kotzker, y otro seguidor importante estaban con él. Reb Noson pidió permiso para ver al Kotzker pero se lo negaron. Reb Noson dijo, "Díganle al Kotzker que un discípulo del autor del *Likutey Moharán* desea verlo". Luego de esto Reb Noson pudo entrar y conversó con el Kotzker durante varias horas. Sus seguidores le preguntaron más tarde al Kotzker, "Con su enfermedad, ¿cómo pudo hablar durante tantas horas?". El Kotzker les respondió, "¡Él es un *ilui* (un genio) en Jasidut!" (*Siaj Sarfei Kodesh* I-686).

Pese a la cálida bienvenida que Reb Noson y Reb Najmán recibieron de las comunidades de Brody y de Lemberg eran sin embargo visitantes extranjeros en un área donde las autoridades sospechaban de las actividades nacionalistas de los polacos. Periódicamente se realizaban controles sobre todas las personas que se hospedaban en los hoteles y en las posadas donde se suponía que la gente debía presentar sus documentos legales de viaje, algo que Reb Noson y Reb Najmán no tenían. Cuando el posadero les preguntó si tenían pasaporte, Reb Najmán le respondió como si estuviera sorprendido, "¿Acaso la gente viaja hoy en día sin pasaporte?". El posadero no les volvió a preguntar, aunque pasaron varios días recluidos en la hostería. Incluso cuando iban a la *mikve*, solían utilizar las calles laterales y los callejones traseros.

El viaje fue largo y difícil y no muy exitoso. Reb Noson, que tenía cerca de sesenta años, había viajado durante todo ese año. Sus travesías a Tcherin y a Kremenchug, a Umán y ahora a Brody y Lemberg habían minado sus fuerzas. Por otro lado, se sentía entusiasmado por el hecho de que había encontrado un nuevo lugar en donde imprimir las enseñanzas del Rebe Najmán y hacerlas accesibles para el mundo. Su alegría está expresada en uno de los discursos que escribió ese verano, en el cual entreteje las ideas sobre los libros escritos por los Tzadikim, las nuevas tecnologías en el mundo (tal como la imprenta), los viajes, el exilio y el remedio para la falta de fe:

> La Torá fue el plano para el mundo y la herramienta que Dios utilizó para crearlo (*Bereshit Rabah* 1:1). Por lo tanto, es necesario creer que todas las habilidades materiales y todos los oficios están enraizados en la Torá. Dios creó este mundo con imperfecciones para que el hombre pudiese aplicar sus capacidades y su intelecto en la creación de objetos perfectos. El trigo debe ser plantado, cosechado, aventado, etc. antes de que pueda transformarse en pan. La lana debe ser hilada y luego tejida para transformarla en vestimentas. Con cada generación aparecen nuevas invenciones. Hoy en día son las maquinarias que ayudan a la gente a producir mejores productos de manera más rápida. Todos esos oficios, habilidades y tecnologías contienen una gran sabiduría y toda esa sabiduría surge de nuestra santa Torá.
>
> Los Tzadikim de cada generación son también "artesanos". Ellos trabajan para "perfeccionar" la Torá a través de las nuevas ideas que revelan, lo que nos ayuda a aclarar la ley y a observar la Torá. Estas nuevas ideas se recogen en sus libros. La obra de esos "artesanos" -los verdaderos Tzadikim- es la fuente de la capacidad de todos los artesanos en general para inventar maneras nuevas y más eficientes de mejorar la vida del hombre...
>
> Todas las clases de tareas se encuentran englobadas en las treinta y nueve categorías de trabajo que fueron necesarias para la construcción del Tabernáculo (ver *Bava Kama* 2a), que fue construido como rectificación del pecado del Becerro de Oro. Al donar para la construcción del Tabernáculo, los judíos rectificaron ese pecado mediante la fe en Dios que entonces estaban demostrando... Las tareas realizadas por los artesanos rectifican la falta de fe en Dios y en los Tzadikim... Toda tarea es una manera de rectificar la falta de fe...
>
> Moshé registró todos los viajes de los judíos en el desierto (Números 33:2) porque viajar también viene a rectificar la falta de fe ejemplificada en el pecado del Becerro de Oro (ver *Likutey*

Moharán I, 40). Hay gente que se aleja de Dios - ellos "viajan muy lejos" de Dios y de los verdaderos Tzadikim. Esto se ve reflejado en los exilios de la nación judía. La intención de Dios es atraer hacia Él a los judíos mediante sus exilios, cuyo propósito es hacer que los judíos busquen a Dios incluso en esos lugares lejanos. Pero vemos que muchos de los que están en el exilio entre las naciones han adoptado sus maneras y costumbres, alejándose más todavía de Dios. Sólo los muy grandes Tzadikim son capaces de revelar que Dios se encuentra en el mundo entero. La persona que pone su fe en los verdaderos Tzadikim, creyendo en ellos y en la Torá que revelan, rectifica la falta de fe.

La verdadera fe en los Tzadikim eleva todo hacia su Fuente. Todos los caminos, las ciudades, las fronteras y los continentes tienen su origen en la Torá. El propósito de las disputas entre los Tzadikim es elevar esas diferencias hacia su fuente, donde se fusionan en la unicidad del Dios Único. La disputa es la causa de las divisiones entre los países, tal cual se expresa en las fronteras que los separan. Ésta es la raíz del exilio. Las dificultades que la persona debe sobrellevar mientras viaja en la búsqueda de los verdaderos Tzadikim expían por su falta de fe, elevando todo hacia Dios. Es por eso que Moshé registró los viajes de los judíos. Moshé era un Tzadik tan grande que fue capaz de hacer Torá a partir de los viajes de los judíos.

Todo judío puede expiar por su falta de fe al viajar, elevando la fe caída hacia su fuente en la Torá. Esto hace que se revelen más ampliamente en el mundo las ideas de Torá y los libros de los verdaderos Tzadikim. Con la renovación de la fe es posible ver que la sabiduría contenida en todas las cosas, incluso en las maquinarias modernas, se encuentra enraizada en la Torá. Con la proliferación de las enseñanzas de los verdaderos Tzadikim mucha gente puede ser llevada de retorno a Dios (*Likutey Halajot, Picadon* 5:16-25).[6]

*

Cuando Reb Noson volvió de Lemberg a Brody, fue a visitar el conocido *beit midrash* de Reb Henoj.[7] Cierta vez dos cuñados estaban estudiando allí juntos y llegaron a tener un argumento tan candente que se golpearon mutuamente con sus *guemarot*. Reb Noson era descendiente de las familias de esos dos cuñados.[8] El Rebe Najmán le había dicho cierta vez a Reb Noson que él rectificaría el daño de sus ancestros.[9] Durante su estancia en Brody, Reb Noson pidió algo de comida, entró al *beit midrash* de Reb Henoj y pasó allí muchas horas en el estudio y en la plegaria. Más tarde Reb Noson se sintió muy entusiasmado y habló sobre el Señor del Campo, quien rectifica las almas.[10]

Reb Noson le regaló entonces a la comunidad copias del *Sipurey Maasiot* y del *Likutey Tefilot*. Algunas de las personas ya habían visto los libros un año antes, pero la mayoría no sabían de su existencia. Incluso el ejemplar del *Likutey Moharán* que se encontraba en la sinagoga, impreso muchos años antes, estaba en un rincón juntando polvo. Algunas personas comenzaron a estudiarlo, pidiéndole a Reb Noson que les explicase los pasajes más difíciles. Se sentía tan contento de poder hablar abiertamente sobre el Rebe y difundir sus enseñanzas que ese *Shabat Jazón* bailó de alegría - algo que no recordaba haber hecho nunca en toda su vida.

Reb Noson se quedó en Brody hasta después de Tisha beAv. Su costumbre era aislarse en la víspera de Tisha beAv hasta cerca del mediodía del día de ayuno. Ese año hizo lo mismo. Cuando salió de su reclusión, se sentó junto a los jóvenes en el *shul*, hablando con ellos sobre el Rebe Najmán, hasta después del ayuno. Ellos lo escucharon con una total atención. Más tarde le dijeron, "Usted trastornó nuestro *iom tov*" - después del mediodía de Tisha beAv ellos solían "desatarse" y arrojarse cosas entre sí. La elocuencia de Reb Noson les hizo olvidar todo eso.

Luego del ayuno acompañaron a Reb Noson de retorno a su posada. Cuando Reb Noson se sirvió su primer bocado de alimento, la gente comenzó a tomar sus *shiraim*, tal como era costumbre en la mesa de un rebe. Reb Noson, que desdeñaba el título y la posición de rebe, se disgustó sobremanera pero mantuvo el semblante. Más tarde le agradeció a Dios que eso le sucediera siendo mayor. De haberle sucedido antes no habría podido retener su ira. Los jóvenes estaban tan impresionado con Reb Noson que no lo dejaron solo mientras estuvo en Brody - ¡literalmente lo seguían a todas partes! Comprendieron que Reb Noson había tenido un rebe de quien se había nutrido con pura leche y miel.

Cuando Reb Noson partió de Brody a bordo de un carruaje, la gente del pueblo lo siguió a pie por cerca de seis kilómetros, hasta que llegaron a la frontera. Jóvenes y ancianos, gente simple y rabinos importantes de Brody estuvieron junto a él. Había gente cubriendo ambos lados del camino. Cuando alguien de la multitud oyó decir que Reb Noson era el autor del *Likutey Tefilot*, besó sus pies, diciéndole, "Esto es por sus plegarias". Durante todo el camino la gente continuó pidiéndole a Reb Noson que les hablase de Torá, recibiendo de él muchas y diferentes enseñanzas del Rebe Najmán.

En el curso de esa "procesión", Reb Noson enseñó varias lecciones del *Likutey Moharán*, incluyendo una de las primeras lecciones que había oído del Rebe, que trata sobre la devoción de ir al campo por la noche para practicar el *hitbodedut* (*Likutey Moharán* I, 52; ver Capítulo 9). Reb Noson se explayó en profundidad. Entonces se volvió hacia Reb Najmán de Tulchin y le dijo, "Para ti, ésta es una lección vieja, pero para mí es totalmente nueva".[11] La gente del pueblo se sintió tan inspirada que organizaron un grupo llamado "*Ha Neor baLaila*" - "Aquél que se levanta en la noche" (*Avot* 3:4), que es el motivo de esa lección. Cuando, tiempo después, Reb Najmán volvió a visitar Brody y Lemberg para controlar la impresión de los libros encontró al grupo todavía activo.

*

El viernes, 12 de agosto, Reb Noson y Reb Najmán cruzaron la frontera de retorno a Ucrania, pasando el *Shabat Najamú* en Kremenetz, una de las ciudades en donde el rabí David Zvi Orbach, el suegro de Reb Noson, había sido rabino en jefe. Reb Noson fue acogido con mucha calidez por la familia del rabí David Zvi y recibió un gran honor por parte de la gente de la ciudad - todo ello pese a la oposición que había enfrentado por parte de su familia en los primeros años y del terrible antecedente que le habían inventado como resultado de las calumnias de sus opositores durante los Años de Opresión. Toda la gente con la cual Reb Noson estuvo en contacto en Kremenetz se sintió profundamente tocada por la poderosa manera en que hablaba sobre el Rebe y sobre sus enseñanzas. Si dudaban en volverse jasidim de Breslov era debido a su distancia de Breslov y, como admitieron abiertamente, porque los amedrentaba la amarga oposición.

Desde Kremenetz, Reb Noson fue a Ostrog, donde visitó a

algunos de los parientes del Rebe Najmán. De allí fue a Berdichov y luego a Umán. Reb Noson les escribió a algunos de los jasidim de Breslov:

> Queridos hermanos y amigos - amigos en este mundo y en el Mundo que Viene: si quisiera comenzar a contarles sobre las tremendas maravillas que Dios ha hecho para nosotros en este viaje, no habría suficiente papel para registrarlo. Aunque yo sabía y creía que la santa luz del Rebe nunca se extinguiría, ahora he sido testigo de un poco de ello, con mis propios ojos. Estoy escribiendo para agradecer por todo lo que ha sucedido hasta ahora y orar por el futuro...
>
> Al salir de Brody hablé de la enseñanza del Rebe sobre el *hitbodedut* en los campos. Puedo ver cuán lejos estoy de las enseñanzas del Rebe y mi corazón gime por los muchos días y años que han pasado desde que fui digno de cumplir con esto. Sin embargo, agradezco por todas las veces que lo he podido llevar a cabo. Feliz de la persona que practique el *hitbodedut* todos los días, incluso durante el día. Más felices aún son aquéllos que van a los campos durante la noche. Pueda nuestra parte estar con ellos...
>
> La salvación está en manos de Dios. Mi esperanza es que nuestro "negocio" pueda continuar y completarse... ¡una y otra vez! Pero hay muchos gastos y yo confío en que ustedes contribuirán apropiadamente...
>
> El enemigo aún acecha en las oscuras cámaras del corazón de cada uno e incluso a plena luz, en Lemberg, en Brody y en todas partes de este bajo mundo material... Todos tienen que enfrentar la prueba. Es imposible atravesarla de manera exitosa si no es con Torá y plegaria y especialmente con el *hitbodedut*... (*Alim LeTerufá* #307).

En su camino hacia Umán, Reb Noson también les escribió a sus hijos. A Reb Najmán, cuyo bar-mitzvá era la semana siguiente, le escribió:

> Hoy estás comenzando a colocarte los tefilín. Estás empezando un nuevo capítulo - como un niño recién nacido. Por Dios, ten en mente lo que ahora está comenzando en tu vida... Deja de lado todas las nimiedades a las cuales te has estado dedicando hasta hoy. Dirígete hacia el bien (*Alim LeTerufá* #319).[13]

Reb Noson llegó a Umán el 1 de septiembre y allí se quedó para Rosh HaShaná 5601 (28 de septiembre de 1840).

44

Likutey Etzot

Después de Rosh HaShaná, Reb Noson volvió finalmente a su hogar en Breslov, luego de una ausencia de más de tres meses. Estaba satisfecho de los resultados de sus esfuerzos por comenzar a reimprimir las obras del Rebe, aunque con cierta aprensión: Lemberg estaba muy lejos y sin una supervisión directa de la obra, ¿quién podría predecir cuál sería el resultado del producto final? Durante todo el otoño Reb Noson esperó ansiosamente por novedades, pero no fue sino hasta el comienzo de diciembre que recibió las primeras noticias de Reb Iaacov Hertz, su contacto en Brody, informando que se había hecho algún progreso. Ahora se necesitaban los fondos y Reb Noson decidió viajar a Umán, Tcherin y Kremenchug, aunque había comenzado a sufrir dolores en los pies, lo que hacía más difícil el viaje.

Mientras estuvo en Umán, Reb Noson recibió algunas páginas de muestra del *Likutey Etzot*. Le envió una a Reb Abraham Ber en Tcherin, agregando:

¡Observa y maravíllate! ¡Quién podría haber creído en algo así luego de todo el sufrimiento que hemos debido atravesar y especialmente luego de todo lo que han querido hacerme! ¡Alaba a Dios y reflexiona en Su salvación y en Su infinita bondad! ¡Con nuestros ojos vemos una página de prueba impresa en una tierra lejana, conteniendo las tremendas enseñanzas reveladas por nuestro maestro, el santo Rebe Najmán, para iluminar el mundo y revelar la verdad y la fe! ¡Cuán grandes son las obras de Dios! ¡Si nuestras bocas estuvieran llenas de canciones como el mar...!

Así como Dios ha comenzado a mostrar Su bondad en nosotros y en todo Israel, que ahora esté con nosotros y nos permita ser testigos de la finalización de esta obra en paz - que pueda difundirse por el mundo entero... Y podamos también merecer comenzar y terminar otras obras, comenzar y terminar, una y otra vez, hasta que la luz de la verdad ilumine los corazones de todos y cada uno de los judíos.

Pero aún necesitamos mucha salvación y misericordia para completar la tarea y vernos libres de nuestros enemigos... Nuestra fe está en Dios... Te pido que tomes especial cuidado en mantener este tema en secreto. No lo reveles a nadie excepto a aquéllos que comparten nuestros sentimientos. Oculta esta página y no se la muestres a ningún extraño. Confío en que comprenderás la necesidad de esto.

También, fíjate de enviar dinero para apoyar esta tarea, que es en beneficio de muchos: el mérito durará por generaciones (*Alim LeTerufá #335*).

Luego de Pesaj 1841, la impresión del *Likutey Etzot* estaba casi terminada. Reb Abraham Ber y otros habían prometido dinero pero para mediados de mayo aún no habían cumplido con sus promesas. Reb Noson pronto necesitaría retirar los libros de la imprenta pero el dinero no estaba disponible. Le volvió a escribir a Reb Abraham Ber:

En el pasado has ayudado mucho pero recientemente has perdido el ímpetu. Dios ha sido bueno contigo y tú has aprovechado bien. Debes comprender que tu éxito se debió a la caridad que diste. Recientemente has gastado una gran cantidad de dinero en tu nueva casa pero, cuando gastas para ti, primero debes invertir dando una porción del dinero para caridad. Encontramos que en la Torá, *bikurim*, los primeros frutos, y *terumá*, la porción correspondiente a los sacerdotes, son llamados "primero".[1] Es decir, la porción de Dios debe ser primero - especialmente dado que nuestra obra es un mérito que durará por generaciones. ¡Quién puede medir el mérito de aquéllos que ayudan en estos proyectos! Dios sabe que todo lo que he hecho es en aras del Cielo. Todo lo que estoy haciendo ahora es para cumplir con la voluntad de tu abuelo (*Alim LeTerufá #347*).

El verano de 1841 fue testigo del casamiento de la hija de Reb Shajne, el hijo de Reb Noson.[2] Para Reb Noson, ése era un nuevo hito, pues era su primera nieta que contraía matrimonio. Escribe: "Recuerdo la alegría del casamiento de la joven pareja en la historia del Rebe de Los Siete Mendigos".[3] Para la misma época Reb Noson también recibió noticias de Lemberg sobre el progreso de la impresión, aunque no estaba avanzando tan rápido como le hubiese gustado. También lo inquietaba el sentimiento de que le estaban cobrando demás por el trabajo. Envió a Reb Najmán de Tulchin a Lemberg para traer la primera copia del libro. Esta vez Reb Najmán llevó los papeles de viaje necesarios para no tener problemas en la frontera ni en Galicia.

A mediados de julio Reb Noson partió para su viaje de verano a la zona de Tcherin. Mientras viajaba recibió algunas copias no encuadernadas del *Likutey Etzot*. Feliz como estaba, su alegría no fue completa pues había varios errores y la impresión era borrosa en algunos lugares. Sin embargo, escribió: "¡Quién hubiera creído que luego de tanta persecución los libros volverían a imprimirse nuevamente!".

Incluso al viajar, Reb Noson nunca olvidaba sus tareas como padre. Desde Tcherin le escribió a Reb David Zvi diciéndole que debía tomar en serio sus estudios. "No tienes que cargar con el yugo de ganarte el sustento - eso está sobre mis hombros. Por lo tanto debes estudiar diligentemente todos los días. Estudia dos o tres páginas del *Shuljan Aruj* diariamente. También debes estudiar el *TaNaJ*, recitar Salmos y practicar *hitbodedut*". Reb Noson alentó a sus dos hijos más jóvenes, Reb Najmán y Reb Iosef Iona, para estudiar y orar de la manera apropiada. Ambos necesitaban nuevas ropas y Reb Noson les escribió que se las podía comprar, "pero sólo lo que me sea posible adquirir: no esperen grandes cosas, pero tendrán lo que necesitan" (*Alim LeTerufá* #360). De Tcherin, Reb Noson viajó a Umán donde se quedó hasta después de Rosh HaShaná 5602 (16 de septiembre de 1841).

Cerca de un mes después de Sukot, Reb Najmán de Tulchin salió nuevamente para Lemberg con el objetivo de supervisar la finalización de la impresión del *Likutey Etzot* y su encuadernación. La recepción fue muy calurosa y fue invitado a diferentes hogares para las comidas del Shabat y durante la semana. Reb Najmán tenía una voz muy dulce y cantó algunas de las melodías de Breslov. Un Shabat por la mañana cantó la melodía del Rebe para *Asader LiSudoso*.[4] La alegría fue tan grande que todos bailaron con él durante el día entero. Habló sobre la grandeza del Rebe Najmán. Fue un bienvenido cambio a la clase de acogida a la que estaban acostumbrados los jasidim de Breslov.

Ese invierno Reb Noson viajó a Umán, donde permaneció hasta después del Shabat Jánuca (11 de diciembre de 1841). De allí nuevamente les escribió a los jasidim de Breslov en el área de Tcherin solicitándoles los fondos para la impresión y también para la lámpara votiva en la tumba del Rebe Najmán. Después del Shabat Jánuca, Reb Noson viajó a Terhovitza, donde pasó dos semanas hablando sobre el Rebe y sus enseñanzas y alentando a los Breslovers en sus devociones. Más tarde retornó a Umán, donde se quedó hasta después de Rosh Jodesh Shvat (a mediados de enero de 1842).

*

Mientras estuvo en Umán, Reb Noson pudo ver algunas de las publicaciones recientes de los *maskilim* (ver Capítulo 42). Uno de sus principales objetivos era reemplazar el sistema educativo judío tradicional con una red de escuelas seculares (ver Capítulo 32). Durante el curso del año 1842 se vieron muy fortalecidos cuando el ministro ruso de educación, Oborov, un gran antisemita, nombró al "iluminado" Dr. Max Lilienthal de Alemania como inspector general de las escuelas judías. La intención de Lilienthal era forzar la secularización de todos los jóvenes judíos, un paso que los *maskilim* consideraban como muy positivo pues declaraban que ello aliviaría los sufrimientos de la judería rusa, pues ya no estaría más separada de la sociedad rusa en general. Sin embargo, todos los líderes de Torá de la época se oponían violentamente a las nuevas escuelas, sabiendo muy bien que tan pronto como se abrieran las compuertas de la asimilación, muy pocos judíos permanecerían firmes en su fe.[5]

Se dice que Reb Noson sintió tanto dolor por las nuevas escuelas seculares que cada vez que hablaba de ellas se ponía tremendamente pálido (*Siaj Sarfei Kodesh* III-164). Comprendió que en las generaciones por venir la clase de educación propuesta por los *maskilim* llevaría a la destrucción de la fe judía. En sus discursos volvió una y otra vez sobre ese tema. Escribe:

> El Rebe Najmán enseñó que la fe depende de la verdad. Para comprender esto debemos entender que la fe es sólo relevante con respecto a lo que no podemos aferrar mediante la razón. En las áreas en las cuales tenemos un conocimiento claro, la fe es irrelevante. Dado que la fe es necesaria en áreas donde el

conocimiento y la razón no alcanzan, necesitamos de la verdad - una profunda, honesta y verdadera contemplación- para saber en qué debemos creer y para aclarar nuestra fe. Es vital que todo aquel que se preocupe de sí mismo, de sus hijos e hijas y de todos sus futuros descendientes, no se deje engañar. En definitiva, uno sólo se engaña a sí mismo: la palabra de Dios permanecerá por siempre.

El problema es que la mentira se disfraza de verdad, haciendo extremadamente difícil discernir entre la verdad y la mentira. La única manera de comprender la diferencia es mediante la plegaria y las súplicas a Dios. Si una persona desea genuinamente encontrar la verdad -si desea creer en lo que es correcto, para poder acercarse a Dios- ¿cómo podrá hacerlo? No dejándose engañar. Buscando hasta encontrar cuál es la *real* verdad... (*Likutey Halajot, Pesaj* 7:1-3).

Reb Noson vio que la clase de educación que los *maskilim* intentaban fomentar haría imposible que los jóvenes judíos alcanzasen la verdad o a la fe.

Debemos lamentar y llorar día y noche y golpearnos la cabeza contra la pared debido a este nuevo decreto instigado por esos grupos malvados que instituyen escuelas para "educar" a los jóvenes judíos en ideologías extranjeras y filosofías seculares. Alejan a nuestros jóvenes de Dios y de la Torá, educándolos para actuar como gentiles. Están atrapando esas almas jóvenes en el Gueinom. ¡Ay de nosotros! Nos han robado. Feliz del hombre que se aleja de ellos y aleja a su familia. Si no tenemos el poder de detenerlos, al menos alejémonos de ellos lo máximo posible. Quiera Dios tener piedad de nosotros y traer la llegada del Mashíaj pronto y en nuestros días. Amén (*Likutey Halajot, Pesaj* 7:6; ver también *Likutey Halajot, Piriá veReviá* 5:21).

El éxito de los *maskilim* aumentó la determinación de Reb Noson para difundir las enseñanzas del Rebe Najmán tan lejos y tan rápido como le fuese posible. Fue por ello que decidió llevar a cabo el difícil viaje a Brody y Lemberg aunque tenía más de sesenta años de edad y estaba debilitado debido a la persecución que había sufrido. Habiendo puesto en marcha la impresión de los libros volvió entonces a Ucrania, donde pasó muchos meses y años viajando entre los jasidim de Breslov, buscando su ayuda y recolectando los fondos necesarios. Nada le impediría revelar la luz del Rebe Najmán.

Reb Noson aún estaba en Umán cuando Reb Najmán de Tulchin volvió a Ucrania en enero de 1842. Reb Noson le pidió a Reb Najmán que viajase inmediatamente a Umán para que le informase de los avances del trabajo. Poco después Reb Noson volvió a Breslov donde se regocijó con la primera copia encuadernada del *Likutey Etzot*. Al final del verano también celebró varias alegres ocasiones familiares. Su nieto, Reb David Zvi (el hijo de Reb Itzjak) fue bar-mitzvá, mientras que el segundo hijo de Reb Itzjak, Reb Mijel, comenzó a estudiar el *Jumash*.[6] En el mismo período también hubo un *brit* y poco más tarde un *pidion haben* (redención del primogénito).[7]

Pese a todo Reb Noson se sentía algo frustrado. Sin cuestionar la Divina Providencia, que él sabía que lo guiaba a cada paso, sentía que sus esfuerzos para recolectar los fondos no habían logrado el éxito esperado. Además, después de todos los atrasos, el trabajo de impresión que finalmente recibió era bastante incompetente - eso en un tiempo en que los desafíos de los *maskilim* hacían más imperativo que nunca el difundir las enseñanzas del Rebe Najmán. La respuesta de Reb Noson fue fortalecerse con la Torá y, cerca de Pesaj del año 1842, se abocó a escribir uno de sus discursos más elocuentes -con cien secciones de largo- sobre el tema de *Birkot HaShajar*, las bendiciones de la mañana. En el curso de una prolongada discusión sobre el significado del servicio de la plegaria diaria, llega al tema de la fe:

> En el *Shemá* expresamos nuestra fe en Dios. El motivo por el cual lo recitamos todos los días es porque cada día hay una total renovación de la fe y una total renovación de la Creación. Todo nuevo día trae consigo luz. Esa luz debe ser más grande aún que la luz del día anterior. La manera de lograrlo es buscando en ese día una nueva y más profunda percepción de Dios. Nunca debemos permitirnos caer en la ciénaga de la rutina, como si cada día no fuese más que una repetición del mismo y viejo ciclo natural. Cuando la persona cae en la creencia de que todo es producto de leyes naturales, fijas e inamovibles, su "luz" es realmente oscuridad, porque la verdad es que todo se encuentra bajo la providencia y el control de Dios (*Likutey Halajot, Birkot HaShajar* 5:28).

Refiriéndose a los *maskilim*, Reb Noson continúa:

Algunos de nuestros hermanos han sucumbido a esa falsa creencia. Ellos dicen que buscan sólo la verdad, pero vemos que públicamente se han despojado de todo el yugo de la Torá y de las mitzvot y muchos incluso se han convertido a otras religiones. Esto se ha vuelto algo cotidiano. ¡Ay de nosotros que tenemos que ser testigos de todo eso! ¡Y ellos dicen que buscan la verdad!

¡Ven y observa! La verdadera "luz del día" es el conocimiento y la comprensión de Dios que trae cada día... Dios nunca hace lo mismo dos veces. Es un concepto básico de la fe el que cada día trae consigo una revelación completamente nueva de Dios y de Su sabiduría. ¿Cómo puede alguien imaginar que el Creador del mundo entero y de todo lo que contiene estaría satisfecho de hacer lo mismo día tras día sin ninguna frescura ni originalidad? La verdad es que cada día es una creación absolutamente nueva. Uno debe verlo como tal, tratando de aprovechar lo máximo posible de su día... (*Ibid.*).

Nuestra capacidad de transformar cada día en una búsqueda nueva de Dios depende de la unión con los Tzadikim:

En cada generación hay ancianos. Algunos de ellos son ancianos santos, que buscan continuar con la tradición de la Torá. Cada generación tiene sus propias dudas y controversias. Y así como cada día trae consigo una nueva luz, los ancianos santos buscan explicar y comentar la Torá para profundizar nuestro conocimiento sagrado. Sin embargo, en oposición a esos ancianos, están los ancianos heréticos de la demencia, quienes impiden que la gente encuentre el verdadero significado de la Torá. Para contrarrestar a esos ancianos heréticos de la demencia, los ancianos santos escriben obras de Torá (*Ibid.* 5:30).

Al escribir lo siguiente, Reb Noson claramente tenía en mente la prioridad del proyecto de imprimir el *Likutey Etzot*, el compendio de las enseñanzas del Rebe Najmán:

Es natural que la gente tenga dudas. Todos caen en la duda alguna vez en su vida, algunos más que otros. Esas dudas derivan de las ideas de los ancianos herejes de la demencia. Las revelaciones de sabiduría de los ancianos santos contrarrestan las herejías presentadas por los ancianos de la demencia de cada generación. Las enseñanzas de los ancianos santos ayudan a la gente a resolver sus dudas y así acercarse a Dios. Si la persona realmente desea encontrar a Dios, esos santos escritos la ayudarán a lograrlo.

Es por ello que es una gran mitzvá dar caridad para ayudar a la impresión de sus libros sagrados. Esa caridad ayuda a revelar en el mundo el verdadero conocimiento, dado que todas esas obras impresas ayudan a la gente a resolver sus dudas. Todos los libros que llegan al mundo, basados en la Torá y en las enseñanzas de los verdaderos Tzadikim, contribuyen a elevar el conocimiento y la percepción de la Divinidad. Dar caridad para ayudar a la publicación de esas obras es así beneficioso para todos y, como tal, un gran mérito. No hay límite para la recompensa de aquéllos que ayudan en la impresión de esas obras. ¡Es debido a esos donantes que la Torá podrá ser observada en todas las generaciones futuras! (*Ibid.*5:34-37).

*

A finales de junio del año 1842, Reb Noson dejó Breslov en otra misión para juntar fondos para la impresión de los libros. Fue a Berdichov pero apenas pudo recolectar suficiente dinero como para solventar los gastos del viaje a Umán. En lugar de quejarse por sus propios problemas en la búsqueda de fondos, vio las excusas de la gente como sintomáticas de algo más profundo. Le escribió a Reb Itzjak:

Adonde uno vaya, todos están suspirando, clamando y llorando por lo que les falta. ¡A todos les falta algo!... Especialmente en las grandes ciudades, como Berdichov, en donde todos están amargados por algo. Sus clamores llegan hasta los mismos cielos. Todo el que tenga comprensión podrá ver que en sus corazones están clamando debido al *tajlit* -el objetivo y morada final- aunque lo que oímos en la superficie son las quejas de cada uno sobre la amarga lucha por ganarse el sustento.

Es posible ver claramente la verdad de lo que dijo el Rebe, que "si no fuese por la sal (es decir, el Tzadik) el mundo no podría soportar la amargura" (*Likutey Moharán* I, 23:2). Éste es mi consuelo en mi propia pobreza, que al menos yo sé esto y que Dios me hizo conocer al Tzadik que endulza toda esa amargura (*Alim LeTerufá* #387-8).

En julio de 1842, Reb Noson viajó a Umán y allí se enteró, por medio de Reb Itzjak, que Reb Najmán había finalmente retornado de Lemberg con los libros terminados. ¡Había llegado el

Likutey Etzot! Pero feliz como estaba, no era la manera de Reb Noson el sentarse complaciente. Para ese entonces ya estaba profundamente dedicado a pensar y a orar sobre otro gran proyecto: la impresión del *Likutey Halajot*.

* * *

45

Likutey Halajot

Los impresores de Lemberg habían cobrado bastante, pero con varias páginas borrosas y muchos errores, los resultados no eran muy satisfactorios. Incluso antes que Reb Najmán de Tulchin volviese de Lemberg con el *Likutey Etzot* completo, Reb Noson ya había decidido imprimir las futuras publicaciones en otra parte. Comenzó explorando las posibilidades de imprimir su *Likutey Halajot* en la ciudad moldava de Iassi, a siete días de viaje de la región de Breslov-Tulchin, aunque más cercana que Lemberg. Sin embargo Reb Noson se sentía obligado a cerrar antes sus tratos en Lemberg e hizo un acuerdo con algunos contactos en Iassi para comenzar a imprimir allí luego de Rosh HaShaná 5603 (1842) (*Alim LeTerufá* #394).

De Umán, Reb Noson salió para su viaje de verano al área de Tcherin. Siempre al tanto de lo que estaba sucediendo en su hogar en Breslov, Reb Noson les escribió desde allí a sus hijos Najmán y Iosef Iona:

> Dedíquense a estudiar: este mundo pasa demasiado rápido y nada queda excepto la Torá, las plegarias y las buenas acciones que uno haya logrado adquirir. Yo los ayudaré en todas sus necesidades materiales, Dios mediante, aunque no hacen falta vestimentas elegantes y demás, especialmente para gente a quien cada centavo adquirido es un milagro. Simplemente estudien y oren, eviten hacer nada malo, no se peleen, no discutan y ciertamente no le generen molestias a su madre: ella trabaja muy duro para ustedes. Reciten Salmos diariamente y comiencen a habituarse a hablar con Dios todos los días, sobre lo que hay en sus corazones. De ahora en más sólo deben pensar en el *tajlit* final. No son tan tontos como para no comprender lo que les estoy diciendo y si lo llevan a cabo lo comprenderán mejor aún (*Alim LeTerufá* #390).

A Reb David Zvi, cuya esposa estaba enferma, Reb Noson le escribió:

También tú, mi querido hijo, despierta y hazte el hábito de depender de Dios, no importa lo que te esté sucediendo. No tenemos a nadie en quien apoyarnos excepto nuestro Padre en el Cielo. Ocúpate de recitar los Salmos y el *Likutey Tefilot* todos los días y derrama tu corazón ante Dios con tus propias palabras.

De ahora en más debes liberarte de la locura de la juventud y del rasgo negativo de la ira que se ha hecho fuerte en ti. Ése no eres tú, en absoluto... No es el dolor que tu ira nos causa a mí y a mi esposa, tu suegra,[1] lo que me preocupa, sino sólo el daño que te estás haciendo a ti mismo, física y espiritualmente... No te enojes por el hecho de que te estoy escribiendo todo esto, es sólo debido a mi amor por ti. Yo sé que en el corazón de tu corazón anhelas acercarte verdaderamente a Dios. Es sólo que tu comportamiento infantil te ha separado del verdadero sendero... Estudia más de lo que has estudiado hasta ahora: Talmud, *Shuljan Aruj*, *TaNaJ* y las obras del santo Rebe. Te beneficiarás en este mundo y en el próximo (*Alim LeTerufá* #391).

De Tcherin, Reb Noson volvió a Umán para Rosh Jodesh Elul (7 de agosto) y luego retornó a su hogar en Breslov por unas pocas semanas, antes de regresar a Umán para Rosh HaShaná 5603 (5 de septiembre de 1842).

*

Después de Sukot, Reb Najmán de Tulchin estaba listo para partir para Iassi, donde iría a supervisar la impresión del primer volumen del *Likutey Halajot*. Antes de la partida de Reb Najmán, Reb Noson les escribió a Reb Abraham Ber y a Reb Aba en Tcherin, pidiéndoles que cumpliesen con sus compromisos:

> Incluso comprar un par de candelabros de plata o un collar de perlas cuesta mucho dinero. Cuánto más aún la mercadería de la cual estamos hablando, que tiene un valor mucho más grande (*Alim LeTerufá* #397).

La "mercadería" en cuestión eran los discursos de Torá que Reb Noson había estado escribiendo por más de treinta y cinco años. Había comenzado en 1805, siguiendo las instrucciones del Rebe. Su método era estudiar en orden las leyes del *Shuljan Aruj* y luego, basándose en alguna de las lecciones del Rebe Najmán del *Likutey Moharán* (o a veces en alguno de sus cuentos, etc.), explorar las implicancias espirituales más profundas de cada ley o tópico halájico, mostrando cómo la búsqueda de la cercanía a Dios puede ser concretada en la vida de todos y de cada uno de los judíos, a cada momento. Reb Noson recorrió de esta manera todo el *Shuljan Aruj* unas ocho veces, componiendo en cada vuelta discursos nuevos.[2]

Cuando el Rebe Najmán le indicó a Reb Noson que debía trabajar en sus propias ideas originales de Torá lo instruyó para que desarrollase algo nuevo cada día. En vida del Rebe, Reb Noson pasó mucho menos tiempo en sus propios discursos que en recibir la Torá del Rebe, en conversar con él, en transcribir sus lecciones, etc. En verdad, Reb Noson lamentó no haber pasado más tiempo con el Rebe. De haberlo hecho, habría recibido muchas más enseñanzas que habrían sido de beneficio para todo el pueblo judío (*Siaj Sarfei Kodesh* I-620).

Fue luego del fallecimiento del Rebe que Reb Noson comenzó a dedicarle más tiempo a sus propios discursos. La cantidad que escribía por día dependía de sus otras actividades en ese momento, pero en general era un escritor prodigioso y trabajó en sus discursos no sólo en su hogar sino incluso durante sus viajes. Continuó incluso en medio de las pruebas más difíciles de los Años de Opresión - ¡inclusive en la cárcel! Como bien sabía Reb Noson, y trató el tema muchas veces, uno no siempre se siente inspirado. Cuando se le preguntó cómo se las ingeniaba para desarrollar nuevas ideas todos los días, Reb Noson respondió, "Un cierto Erev Shabat no había podido pensar en nada. Salí fuera de la ciudad y Le oré a Dios sobre ello, logrando extraer un *jidush* de mi dedo meñique" (*Siaj Sarfei Kodesh* I-609).

Las charlas que Reb Noson les daba a sus seguidores se basaban generalmente en los discursos en los que estaba trabajando en ese momento, ideas que también solía incorporar en las cartas que escribía y, sin duda, en sus conversaciones con la gente. Luego de terminar un discurso específico, solía hacer circular copias del mismo entre sus seguidores. A veces el mismo Reb Noson copiaba sus manuscritos y otras veces sus seguidores, en especial Reb Najmán de Tulchin (ver Capítulo 43). La necesidad de las copias se hizo especialmente importante luego de que los manuscritos de Reb Noson fueron confiscados por las autoridades en 1835 y varios de ellos se perdieron (ver Capítulo 35). Incluso antes de ello, Reb Noson solía enviarle copias de muchos de sus manuscritos a Reb Itzjak en Tulchin, para guardarlas, y desde el comienzo de los Años de Opresión fue algo que hizo de manera asidua.³

Reb Noson consideró a sus escritos como un vehículo a través del cual las enseñanzas del Rebe Najmán podrían difundirse más ampliamente. Uno de los axiomas de la vida es que la persona no siempre ve los frutos de sus afanes. Dijo el rey Salomón, el más sabio de todos los hombres: "He visto que no hay nada mejor para el hombre que alegrarse en sus tareas, pues esa es su porción - pues ¿quién hará que pueda contemplar lo que será después de él?" (Eclesiastés 3:22). Reb Noson tenía sesenta y dos años de edad. Nadie conocía mejor que él lo impredecible de la vida humana. Fue por ello que decidió que había llegado el momento de comenzar a imprimir el *Likutey Halajot*.

Cuando lo envió a la imprenta, dijo, "Esta obra no fue escrita para alguien que no piensa en el propósito final de la vida. Tal persona es comparable a un animal (que también come, bebe y duerme...). Esta obra fue escrita para la persona que realmente piensa sobre el propósito final de la vida y que tiene un profundo anhelo por servir a Dios - y por lo tanto se encuentra bajo el ataque de todos los obstáculos internos y externos. Tal persona encontrará fortaleza y aliento en mis palabras" (*Kojvei Or* p.74, #13).

*

Reb Najmán de Tulchin salió para Iassi el jueves 13 de octubre de 1842. Su entusiasmo por imprimir el *Likutey Halajot* era tan grande que ni siquiera esperó hasta después del Shabat. Tampoco esperó todos los fondos necesarios. Salió de Breslov a pie y así es como pensaba viajar una buena porción del camino, para ahorrar dinero. Esto era típico de Reb Najmán, quien era extremadamente pobre y viajaba a pie la mayor parte del tiempo. Reb Noson lo bendijo para que sus pies nunca le dolieran.⁴

Reb Noson partió entonces para recolectar el dinero necesario para la imprenta, viajando a muchas de las ciudades y pueblos de Ucrania en donde vivían los diseminados jasidim de Breslov. Pasó la mayor parte del invierno en la ruta, terminando en Tcherin para el Shabat Jánuca. Mientras estuvo allí, celebró el *pidion haben* de su bisnieto, nacido de la hija de Reb Shajne. Hubo una gran alegría y Reb Noson dio uno de sus propios discursos sobre el tema del *pidion haben*.[5]

Las noticias de su hogar no eran del todo alentadoras. Reb Noson debía amonestar otra vez a su hijo Najmán por su comportamiento. Najmán, quien hacía poco se había vuelto bar mitzvá, se sentía tan avergonzado por no tener el sombrero apropiado que se negaba a ir al *shul* en Shabat.

> Tú comprendes la angustia que siento cuando oigo que no vas al *shul* -en Shabat- debido a un sombrero. Por Dios, deja esta niñería... Dios mediante espero completar un *shiduj* para ti pronto y entonces tendrás un buen sombrero, pero por ahora, no dejes de ir al *shul* debido a un motivo tan tonto... Escúchame y escucha a los otros jasidim de Breslov, entonces tendrás bien en este mundo y en el próximo... (*Alim LeTerufá* #402).

Poco después se presentaron situaciones más graves. Un escuadrón del ejército hizo una visita sorpresa al área de Breslov-Tulchin para reclutar a los niños judíos en el ejército del zar Nicolás. No era la primera vez que Reb Noson debía enfrentar esa amenaza: cuando estuvo en Lemberg y en Brody, dos años y medio antes, hubo una situación similar. Najmán y Iosef Iona eran suficientemente grandes como para estar en peligro y Reb Noson no tenía el dinero para comprarles las excepciones. Sus enemigos estarían muy contentos de ver que se los llevaban, aunque más no fuera para salvar a sus propios hijos.

Afortunadamente para Reb Noson, sus hijos fueron escondidos justo a tiempo. También estaba oculto Reb David Zvi, el hijo de Reb Itzjak, que había cumplido trece años el año anterior, al igual que Ijiel, el hijo más joven de Reb Efraím ben Reb Naftalí, que estaba parando en Breslov. Reb Efraím salió apuradamente hacia Umán, donde hizo contacto con los que ayudaron a su hijo y llevó a Ijiel a Tcherin junto con Najmán, el hijo de Reb Noson. Iosef Iona y el hijo de Reb Itzjak estuvieron ocultos en el área de Breslov durante un mes hasta que se consideró seguro su retorno.

*

Reb Noson permaneció en el área de Tcherin hasta cerca de febrero de 1843 y luego partió para Umán, camino a su hogar en Breslov. Encontró un consuelo en el hecho de que, incluso durante tales tiempos difíciles, Reb Najmán de Tulchin estaba trabajando en un proyecto que beneficiaría a todo Israel. Mientras estuvo en Umán, Reb Noson recibió algunas páginas de muestra del tomo I del *Likutey Halajot*. Se las envío a Reb Abraham Ber en Tcherin, haciendo notar la claridad de la impresión y la calidad del papel. Sin embargo, y como era común, se necesitaba dinero para pagarle a la imprenta.

En el Ayuno de Esther 5603 (15 de marzo de 1843) Reb Noson recibió noticias de Reb Najmán de Tulchin informándole que la impresión estaba casi lista y que necesitaba desesperadamente el dinero. Reb Noson recolectó algunos fondos en poco tiempo y se los envió a su hijo, Reb Itzjak, con el pedido de que aportase la diferencia necesaria para pagar la imprenta y le enviase toda la suma a Reb Najmán en Iassi. Reb Itzjak no estaba seguro de prestar el dinero porque aún no había recibido el pago de préstamos anteriores. Reb Noson tuvo que escribirle varias veces para persuadirlo:

> He puesto mi propio dinero en este negocio, como bien sabes, y estoy haciendo todos los esfuerzos para tomar prestado de los demás y así aliviar tu carga pero, mi querido y amado hijo, estás siendo innecesariamente cauteloso sobre un préstamo para una tarea tan grande. Confía en Dios: pronto te será devuelto por completo (*Alim LeTerufá* #419).

> Tus preocupaciones sobre prestar el dinero son excesivas... Es verdad que en general uno debe ser muy cuidadoso y no tomar dinero prestado ni dedicarse a un negocio que es demasiado grande para uno, y gracias a Dios tú eres muy cauteloso en esto... pero no cuando se trata de un préstamo relativamente pequeño para un propósito tan grande (*Ibid.* #422).

No era que Reb Itzjak fuese incapaz de ayudar o que no apoyase los proyectos de impresión de Reb Noson. Por el contrario, Reb Itzjak tenía el más profundo respeto por su padre y hubiera hecho todo lo posible por ayudarlo, especialmente dado que su tarea como administrador de la oficina postal de Tulchin le garantizaba una entrada económica regular. Sin embargo, justo después de Sukot, cuando la esposa de Reb Najmán de Tulchin vió que su marido estaría lejos en un viaje muy largo, comprendió que quedaría sin sustento y viajó a Breslov para decirle a Reb Noson que si no la proveía al menos de pan y agua, ella y sus hijos morirían de hambre. Reb Noson le pidió entonces a Reb Itzjak que se ocupase de que ella recibiese semanalmente un monto mínimo para sus necesidades básicas (*Sijot veSipurim* p.136). Con Pesaj cerca y Reb Najmán todavía de viaje, Reb Noson también le solicitó a Reb Itzjak que proveyese a la familia de Reb Najmán con vestimentas decentes para la festividad. Durante el resto de su vida, la esposa de Reb Najmán siguió comentando que las ropas de ese Pesaj fueron las más hermosas que tuvo.

*

La impresión del primer volumen del *Likutey Halajot* se completó luego de Pesaj 1843. Reb Noson le escribió a Reb Efraím ben Reb Naftalí pidiéndole fondos:

> Ya ha pasado Pesaj y también once días de la Cuenta del Omer del año 5603. ¡Pronto será Shavuot! Podamos tener el mérito de limpiarnos de nuestras impurezas y de purificarnos a tiempo para Shavuot... Ya te has enterado que la impresión está completa: aquí te incluyo una página de prueba. Estoy profundamente endeudado y no puedo continuar llevando esta carga. Confío en que te ocuparás de enviar el dinero prometido. Espero a Reb Najmán de vuelta muy pronto (*Alim LeTerufá* #424).

Poco tiempo después, Reb Efraím, Reb Abraham Ber y los otros jasidim de Breslov de Tcherin y de Kremenchug enviaron los fondos prometidos.

En la primera oportunidad Reb Najmán tomó algunas copias de prueba del nuevo libro y partió para Ucrania con la esperanza de llegar a tiempo para Shavuot. Sin embargo se encontró con un nuevo problema. Bajo la instigación de los *maskilim*, el gobierno había prohibido la impresión de obras jasídicas en Rusia. Pero y tal como les hicieron notar los *maskilim* a las autoridades, esa medida no podía ser efectiva si era posible entrar libros a Rusia a través de la frontera. De modo que los *maskilim* ofrecieron sus servicios para buscar las publicaciones prohibidas en los puestos aduaneros de entrada. Reb Najmán de Tulchin se asustó mucho y antes de llegar al borde volvió a Iassi, viajando más de treinta kilómetros sin detenerse.

Debiendo pasar otro Shabat en Moldavia, Reb Najmán fue invitado a una casa local para la noche del viernes. Durante la comida, su anfitrión le pidió que dijese algo de Torá. Reb Najmán estuvo de acuerdo y repitió algunos de los discursos de Reb Noson. Cuando su anfitrión le preguntó en dónde había oído tales enseñanzas, Reb Najmán le mostró algunas copias del recién impreso volumen del *Likutey Halajot*. "Del autor de estos libros", le dijo. Su anfitrión se sintió muy inspirado y dijo, "¡Con esos libros yo cruzaría la frontera a plena luz del día!". Eso fue de gran aliento para Reb Najmán. Decidió tratar de cruzar nuevamente y lo hizo sin problemas.

Cuando Reb Najmán retornó con las copias de muestra del libro, Reb Noson y los otros Breslovers quedaron encantados. Los jasidim le dijeron a Reb Noson, "¡Ahora debemos mostrarle un gran honor a Reb Najmán!". Reb Noson les respondió en tono ligero, "¿Saben qué? ¡Denle una bofetada! Para acercarse al Rebe Najmán deben estar libres de 'celos, lujuria y el deseo de honor' (cf. *Avot* 4:21). ¿Pero qué debe hacer uno si sucumbe? Con celos y con lujuria, el Rebe los va a aceptar. Pero deben arrojar lejos todo deseo de honor".

Reb Najmán le habló a Reb Noson sobre los temores que había tenido al cruzar la frontera y cómo los había superado. Reb Noson dijo, "Cuando necesites salvación, debes esperar en el lugar mismo en el cual la necesites. Ora y entonces espera allí mismo a que llegue la salvación. De otra manera, ¡es posible que cuando llegue la salvación tú estés muy lejos!".

*

Reb Najmán también le comentó a Reb Noson sobre un episodio con el rav de Iassi, a quien había ido a visitar un Shabat por la mañana. El rav le preguntó de dónde venía y Reb Najmán le dijo, "De Tulchin". "¿Dónde está Tulchin?", preguntó el rav. "Cerca de Breslov", respondió Reb Najmán. El rav le preguntó, "¿Has oído hablar de Reb Nosele, un jasid de Breslov?".

De la manera en cómo había preguntado, Reb Najmán sintió que el rav no era un oponente y le dijo que él mismo era un seguidor de Reb Noson. El rav le contó entonces que su padre había sido un rav en Lemberg y que cuando el Rebe Najmán estuvo allí en 1808, se había hospedado no muy lejos de su hogar, lo que significó que tuvieron el privilegio de ver al Rebe bastante seguido. Debido a su enfermedad, el Rebe Najmán habló muy poco y durante la mayor parte del tiempo sólo solía hacer gestos con las manos.

"Cada vez que el Rebe hablaba o contaba una historia", dijo el rav de Iassi, "en especial sobre la Tierra Santa, la gente llegaba corriendo a escucharlo. Durante un *shalosh seudot*, el Rebe alcanzó un nivel tan profundo de devoción que su alma casi lo abandonó. Estaba muy oscuro y el Shabat había terminado, aunque ellos aún no habían orado *maariv*. Yo percibí que el Rebe estaba por expirar y traje una lámpara. La luz lo distrajo de sus devociones y volvió en sí.

"Cuando el Rebe se enteró de que había sido yo quien llevó la lámpara, me lo agradeció mucho. Me dijo entonces que tenía un seguidor llamado Reb Noson. Él dijo, '¡Yo tengo un Nosele! Si vienes conmigo a Breslov, haré de ti un *jidush* (único) tan grande como Nosele'. Pero debido a la oscuridad y al materialismo de este mundo, me olvidé de viajar a ver al Rebe Najmán. Una flecha tras otra atraviesa mi corazón debido al hecho de que ni siquiera he visitado la tumba del Rebe Najmán".

Reb Najmán de Tulchin tenía con él una copia del *Likutey Halajot* que le mostró al rav. Al examinarla el rav dijo, "Es la mente del Rebe Najmán y la boca de Reb Noson". Cuando Reb Najmán le contó esto, Reb Noson dijo, "Yo digo lo mismo. *Likutey Halajot* es la mente del Rebe y mi boca".

*

Al final de julio de 1843 Reb Noson partió para su viaje anual de verano al área de Tcherin. Habían acabado de encuadernar los libros y Reb Najmán volvió a Iassi para retirar una primera entrega de veinte copias. Reb Noson fue a Umán al comienzo de septiembre, cerca de dos semanas antes de Rosh HaShaná 5604. Pocos días después de su arribo y cuando estaba en camino desde el *kloiz* al *tzion* del Rebe Najmán, oyó la buena noticia de que Reb Najmán había vuelto sano y salvo con los libros. Le escribió de inmediato pidiéndole que le llevase algunos ejemplares para Rosh HaShaná. Reb Noson le escribió a Reb Itzjak:

> De ahora en más debes ser diligente en el estudio de los discursos que Dios me ha permitido escribir en base a las lecciones del santo Rebe, especialmente las escritas en los años recientes.[6] Con la ayuda de Dios, te ayudarán mucho (*Alim LeTerufá* #433).

La alegría de Reb Noson ese verano fue inmensa. Luego de haber estado escribiendo por cerca de cuarenta años había llegado a ver los primeros frutos de su trabajo. Pero lo que lo alegraba no era el hecho de que eran sus propios escritos los que habían sido impresos, sino que ellos ayudarían a que la gente se beneficiara de las enseñanzas del Rebe Najmán. El año anterior, mientras se imprimía el *Likutey Etzot*, Reb Noson escribió un discurso en el cual trataba el tema de la impresión de los escritos de los santos ancianos cuyos consejos espirituales ayudan a aclarar las dudas de la gente (ver Capítulo 44). Es indicativo de la humildad de Reb Noson el hecho de que en los discursos que escribió ese año ni siquiera aludió a la impresión del *Likutey Halajot*. En cambio se centró en el Rosh HaShaná del Rebe Najmán:

> Vemos que en Rosh HaShaná los judíos acuden a las sinagogas para estar con sus líderes. Llegan de todas las ciudades y pueblos para estar juntos. Esto se debe a que el pueblo judío se asemejaba a un rebaño de ovejas que se reúne alrededor de su pastor. Cuando el pastor desea llamar a su rebaño hace sonar el cuerno. Éste es el motivo de hacer sonar el shofar en Rosh HaShaná. El pastor, el verdadero Tzadik, está llamando a su "rebaño", buscando maneras de ayudar a cada uno a cumplir con su destino.
>
> Cuando los judíos estaban en el desierto recibieron la orden de hacer sonar las trompetas y los cuernos como señal que indicaba cuándo debían reunirse los líderes, cuándo debía juntarse toda la asamblea y cuándo debían ponerse en movimiento (Números 10:1-10). Cada uno tenía que reunirse bajo la bandera de su propia tribu y eso demuestra que cada persona tiene su propio y único lugar - cada persona es diferente. Cada uno debe ir a ver al verdadero Tzadik y aprender cómo encontrarse a sí mismo - escuchando el sonido del cuerno del verdadero pastor, es decir la guía del verdadero Tzadik (*Likutey Halajot, Netilat Iadaim* 6:89).[7]

En otra carta posterior a Reb Itzjak, escrita en el mismo período, Reb Noson expresa algunas de las mismas ideas y concluye que había oído recientemente de Reb Guershon, el nieto del Maguid de Terhovitza, que el Rebe Najmán había dicho cierta vez, "Incluso aquellas cosas que no pueden ser rectificadas durante el año, pueden ser rectificadas en Rosh HaShaná - en el *kibutz* del verdadero Tzadik".[8]

* * *

46

¡Nunca Pierdas la Esperanza!

El año 5604 (1843-1844) comenzó bien para Reb Noson. Pocas semanas después de Sukot su nieto, Reb David Zvi (el hijo de Reb Itzjak), se comprometió en matrimonio. Reb Noson estaba muy contento, especialmente porque en ese entonces estaba escribiendo un largo discurso sobre el tema de *simja* y cómo el hecho de cumplir con las mitzvot con alegría trae la redención.[1] Durante Jánuca le escribió a Reb Itzjak:

> Cada día debemos agradecer por las siempre renovadas bondades de Dios. Para eso fuimos creados - para agradecer y para alabar Su gran nombre todos los días y a cada momento... Ésta en la esencia de Jánuca... Y ahora, mi querido hijo, Dios te ha ayudado a hacer un buen *shiduj* para tu hijo. Debemos agradecer por esto y orar para que el matrimonio tenga éxito en todos los sentidos.
> Mira todas las maravillas que Dios ha hecho con nosotros. Nos encontramos en un exilio tan profundo. Nadie en el mundo es tan perseguido y despreciado como nosotros [Breslovers], incluso entre los judíos y ni hablar de los gentiles, pero en nuestra bajeza Dios nos recordó, pues Su bondad es eterna... Hemos sido salvados de los dientes de aquellos que querían tragarnos vivos y no sólo eso, sino que Él nos ha dado el mérito de publicar [los libros] este año... (*Alim LeTerufá* #445).

*

Sin embargo, después de Jánuca el techo se derrumbó - literalmente. Reb Noson llegó a Umán el 10 de Tevet, 5604 (3 de enero de 1844) para encontrar que, unos días antes, una fuerte tormenta había causado un gran daño en el techo del *kloiz*. El centro del techo se había hundido y sólo quedaban los lados. Reb Naftalí, que vivía en una pequeña habitación en el ático del *kloiz*, había estado en grave peligro y estaba sufriendo mucho. Fue un milagro que nadie hubiese muerto o se hubiese herido. Sólo los opositores de los Breslovers estaban contentos.

Para Reb Noson, que tenía sesenta y cuatro años de edad y sufría considerablemente de colitis, la situación era muy desalentadora. Las duras condiciones del invierno hicieron muy difícil encarar las reparaciones inmediatas, pero Reb Noson sabía que si nada se hacía pronto el *kloiz* terminaría destruido. Por otro lado, quería viajar al área de Tcherin, como lo hacía todos los inviernos, en busca de ayuda para la impresión del segundo volumen del *Likutey Halajot*. ¿Qué debía hacer? Le escribió a Reb Itzjak:

> El consejo de Dios se mantendrá... Que Él fortalezca nuestros corazones para mantenernos contentos y transformar toda "tristeza y suspiro" en alegría. Debemos estar contentos de que pese a todo lo que hemos debido pasar somos llamados con el nombre de Breslovers y al menos no nos regocijamos de tal desgracia. Confiamos en que Dios arreglará todo muy pronto (*Alim LeTerufá* #446).

Otro problema más era que las autoridades de Umán habían anunciado que todos los residentes no oficiales debían dejar la ciudad. Eso afectaba a Reb Naftalí, quien había nacido en Nemirov y se había mudado a Umán luego del fallecimiento del Rebe Najmán. Pese al hecho de que había estado viviendo allí por cerca de treinta años, nunca había recibido un permiso de residencia. Tenía hasta mayo para dejar Umán.

Reb Naftalí estaba en un dilema. Después de todos los sacrificios para llegar a ser un seguidor del Rebe Najmán, se había mudado a Umán para estar más cerca del *tzion* del Rebe, comenzando una nueva vida con su nuevo círculo de seguidores (ver Capítulo 27, 31). ¿Se perdería todo de un plumazo? El único bien que podía ver en ese decreto era la posibilidad de cumplir con el deseo de su vida de visitar y quizás mudarse a la Tierra Santa. Sin embargo, a su edad (Reb Naftalí, igual que Reb Noson, tenía sesenta y cuatro años), no era fácil tomar las cosas y mudarse, especialmente dado que las condiciones de vida eran muy difíciles en las incipientes comunidades de la Tierra Santa.

Reb Naftalí le pidió consejo a Reb Noson, quien le recomendó que fuese a *Eretz Israel* con su esposa, asegurándole que aquellos que actualmente lo apoyaban también le enviarían los fondos allí para garantizar su sustento. Dado que Reb Noson estaba viajando a Tcherin y a Kremenchug, se comprometió a buscar la ayuda de Reb Efraím, el hijo de Reb Naftalí. (Aparentemente el decreto fue rescindido, pues Reb Naftalí vivió en Umán hasta que falleció en el año 1860).[2]

Pese al hecho de que Reb Noson se veía acosado por los problemas, tenía en ese momento un especial interés por viajar a Tcherin y a Kremenchug. Sabía que estaba envejeciendo y vio que no le sería posible continuar viajando por mucho tiempo más. Quería instituir un sistema en el cual todos los jasidim de Breslov darían una suma mensual para caridad, estableciendo un fondo general que sería utilizado para ayudar a los jasidim pobres, a aquellos que estaban en *Eretz Israel*, al *kloiz*, para las futuras impresiones de libros y para todo otro proyecto que pudiera encararse. Allí donde Reb Noson viajó ese año, llevó consigo a Reb Najmán de Tulchin. Le dijo, "Te estoy mostrando el camino para que puedas viajar solo" (*Siaj Sarfei Kodesh* I-567).

*

Pero antes de que Reb Noson tuviera la posibilidad de salir de Umán hacia Tcherin, recibió noticias de otra tragedia. Había fallecido su nieto más joven, el único hijo de Reb David Zvi. Reb Noson fue abrumado por la tristeza, por él y por su hijo. Le escribió:

> Siento tu dolor como si fuese el mío propio. Él era mi hijo también - los nietos son como hijos (*Iebamot* 62b). ¿Qué puedo decir para consolarte, hijo querido? Obviamente tú no eres el primero [que sufre así]. Ése es el camino del mundo. Como dijo el rey David [cuando perdió a su hijo], "¿Por qué debo llorar? Yo voy a hacia él. Él no volverá hacia mí" (Samuel 2, 12:23), especialmente dado que el hijo que perdiste será tu hijo en el Mundo que Viene... Lo más importante es observar lo que está pasando contigo en este mundo. Lo que ha sucedido ya ha pasado. Hazte cargo de tu vida de aquí en adelante y elimina de ti la ira y la polémica, incluso cuando los demás te traten mal... Si Dios quiere, tu esposa pronto dará a luz otro hijo [su esposa esperaba familia para fines de abril]... Que Dios te consuele entre los dolientes de Sión y de Jerusalén y puedas ver sólo bien de ahora en más (*Alim LeTerufá* #446).

Reb Noson estaba en ese entonces terminando el discurso sobre la alegría, que había comenzado a escribir el otoño anterior. Para aliviar sus propios sentimientos le hizo un interesante agregado:

> Las fuerzas del mal -las naciones del mundo, los malvados y todos aquellos que se oponen a la santidad- están tratando constantemente de eliminar todo lo santo y de destruirlo hasta los mismos cimientos. Sin embargo, incluso cuando se concretó el decreto de destruir el Santo Templo, los gentiles sólo pudieron destruir la porción superior, correspondiente al techo:[3] ¡quedaron los cimientos! Así, cuando el profeta habló sobre la destrucción del Santo Templo, dijo, "¿Por qué has subido a los techos?" (Isaías 22:1). ¡Pero los cimientos de la santidad quedaron y ella será reconstruida! Es por esto que la persona debe siempre regocijarse por los milagros y por las maravillas que Dios ha hecho por ella, alegrarse por todos sus puntos buenos y tener esperanzas y confiar en que el Tercer Templo pronto será reconstruido y durará por siempre (*Likutey Halajot, Hodáa* 6:68-69).

Reb Noson le pidió a Reb Itzjak que se ocupase de Reb David Zvi mientras él estaba fuera y salió para Tcherin y las áreas circundantes, volviendo a Breslov poco antes de Purim (comienzos de marzo de 1844). Para entonces el período de duelo había terminado y la casa de Reb Noson comenzó a tomar una atmósfera más festiva: su hijo, Reb Najmán, se casaría dentro de poco. Pero precisamente entonces arreciaron las tragedias.

Janá, la esposa de Reb David Zvi, se enfermó de una severa infección en la boca. Se negaba a comer y sólo bebía agua. La gravedad de su enfermedad se sumaba al hecho de que llevaba ocho meses de embarazo. Durante el mismo período Dishel, la esposa de Reb Noson, la madre de Janá, también se enfermó gravemente, al igual que el hijo de Janá Tsirel, la hija de Reb Noson. Para agregar al sufrimiento, Reb Noson recibió noticias de Reb Abraham Ber, el nieto del Rebe Najmán en Tcherin, de que su hija había fallecido de una infección bucal. Esto fue luego de que Reb Abraham Ber perdiera dos hijos el año anterior. Otro nieto del Rebe, Reb Efraím (el hijo de Sara), que estaba de visita en casa de Reb Noson, también cayó enfermo con fiebre.

Pocos días después, falleció la esposa de Reb David Zvi, la

hija de Dishel. Durante la *shiva*, Reb Noson encontró unos minutos de tranquilidad para escribirle a Reb Abraham Ber una carta de condolencias, en el curso de la cual también aprovechó la oportunidad para abrir su corazón:

> Ya te has enterado de que mi hijo, Reb David Zvi, perdió a su único hijo este invierno. Ello fue un terrible golpe para él: Reb David Zvi ya sufre terriblemente por ser como es - enfermizo, con una discapacidad y muy pobre. Nunca tuvo dinero de la dote. Pese a mi empobrecida situación, lo he mantenido durante nueve años, desde su casamiento. Su único consuelo era ese niño, un dulce niño, y este invierno lo perdió. Y ahora, justo mientras estaba preparándome para la boda de mi otro hijo, la esposa de Reb David Zvi se enfermó gravemente. Tenía ocho meses de embarazo y estábamos ansiosos esperando que diera a luz. Esto hubiera sido algún consuelo, pero en lugar de ello, falleció. Mi casa está de duelo. Mi esposa, mis hijos y especialmente Reb David Zvi, todos se lamentan.[4] La amargura que nos ha envuelto es inmensa. No tenemos dónde apoyarnos excepto en nuestro Padre en el Cielo. El Señor de bondad, de consuelo y de salvación nos consolará y salvará a mi hijo, Reb David Zvi, volviendo nuestro duelo en alegría junto con todos los otros dolientes de Sión y de Jerusalén (*Alim LeTerufá* #452).

*

Reb Noson debió posponer el casamiento de Reb Najmán. Tuvo que trabajar muy duro para consolar a Dishel, que había perdido una hija y más aún a Reb David Zvi, que había perdido a su esposa y a su único hijo. Al mismo tiempo Reb Noson también debió ocuparse de algo más. El nieto del Rebe, Reb Simja Baruj (hijo de Sara), se había casado con su prima, Rivka Miriam, la hija de Odil. En esos días Reb Simja Baruj había discutido con su suegra, Odil, quien dejó su hogar y fue a hospedarse en la casa de Reb Aarón el Rav. Pocos días después la siguió Rivka Miriam. La tensión era considerable. Reb Noson pudo finalmente lograr la paz - con un costo. Odil y Reb Simja Baruj reconocieron que sus diferencias eran demasiado grandes como para ser totalmente reconciliadas y estuvieron de acuerdo en que no vivirían bajo el mismo techo. La paz se alcanzó bajo la condición de que ese verano Odil se mudase a *Eretz Israel* (*Alim LeTerufá* #453).[5]

Lo único positivo de ese invierno fue que un *Sefer Torá*, encargado por la comunidad de Tcherin para el *kloiz* en Umán, estaba progresando sin inconvenientes. Se había comenzado el verano anterior (julio de 1843) y estaba cerca de terminarse (ver *Alim LeTerufá* #436).[6] Todo lo demás -el techo roto, las dificultades en la recolección de los fondos, la enfermedad y las muertes en su familia- hicieron del invierno de 1843-4 uno de los períodos más duros de la vida de Reb Noson. Es un tributo a su inquebrantable fe en el llamado del Rebe Najmán, "¡Nunca pierdas la esperanza!" (*Likutey Moharán* II, 78) que hubiera tenido la fortaleza para continuar como lo hizo. Como era su costumbre, Reb Noson cosechó Torá de todos sus sufrimientos y lo entretejió en la trama del discurso en el que estaba trabajando en ese entonces:

> El momento para *Minjá*, la plegaria de la tarde, es cuando cae la tarde. Parece que todo se oscurece y que no habrá más luz. Pero la obra de la creación también comenzó en un momento en el que todo estaba oscuro - ¡y entonces llegó a la luz! El momento para *Minjá* es un tiempo de juicios severos, correspondiente a las épocas de la vida en las que la persona siente que no hay esperanzas, que sus malas características la están dominando y que no tiene posibilidad de victoria. Pero la verdad es que uno siempre puede llamar a Dios, incluso en esos momentos. Los verdaderos Tzadikim, quienes trabajan constantemente para revelar la Divinidad en el mundo, muestran que siempre tenemos la posibilidad de buscar a Dios (*Likutey Halajot*, *Minjá* 7:2-3).

Reb Noson escribió ese discurso poco después de Purim del año 1844. A partir de la lectura de la Torá del *Shabat Shekalim* (Éxodo 30:11-16), trae el tema del impuesto caritativo anual que era utilizado para mantener el Tabernáculo y el Templo, los que se construyeron para revelar la Divinidad en el mundo. Reb Noson escribe que pese a la destrucción del Templo, la revelación de Dios continúa hoy en día en nuestras sinagogas y casas de estudio. La caridad dada para su mantención es un paralelo de la caridad dada al Templo y ayuda a traer santidad al mundo. Esta sección del discurso se relaciona con los fondos que Reb Noson necesitaba para reparar y mantener el *kloiz*.

La muerte y el duelo en la familia de Reb Noson encuentran expresión en la siguiente sección:

Después de Purim, leemos el pasaje sobre la Vaca Roja, cuyas cenizas eran utilizadas para purificar a aquellos que habían estado en contacto con un muerto (Números 19:1-22). La razón para esto es purificarnos de la impureza de la muerte. Todos los sacrificios eran traídos para revelar que Dios es nuestro Rey y que nosotros Lo servimos. Todos ellos eran ofrecidos en el Templo, el lugar en donde se revelaba la santidad. Por otro lado, la Vaca Roja sólo debía ser sacrificada fuera del Santo Templo. Esto debe alentar a aquellos que creen que sus pecados los han expulsado fuera del ámbito de la santidad. De todos los sacrificios, la Vaca Roja es el único ofrecido fuera del Templo, simbolizando que incluso aquel que se ha extraviado fuera de los límites de la santidad todavía puede alcanzar el perdón. Este perdón se extiende a aquellos que han descendido a la peor impureza. La santidad de todas las vacas rojas proviene de aquélla traída por Moshé, el verdadero Tzadik... (*Likutey Halajot, Minjá* 7:31-32).

*

Después de Pesaj, Reb Noson volvió nuevamente a Umán para supervisar las reparaciones en el *kloiz*. El daño era tan grande que había que rehacer todo el techo. La tarea debía hacerse rápidamente, pues de otra manera la madera podía estropearse debido a la lluvia.[7] Lo primero que necesitaba Reb Noson era un permiso de construcción emitido por las autoridades, cuya obtención llevó varios días. Necesitando los fondos con urgencia les escribió a los jasidim de Breslov en Tcherin:

> Debemos comenzar la tarea de inmediato y me sorprende no haber recibido ni siquiera un centavo de las promesas que hicieron en el invierno. Les estoy enviando una lista de sus compromisos para hacerles recordar. Deberían enviar el dinero de inmediato para que el *kloiz* no se destruya totalmente, Dios no lo permita. Incluso las sumas prometidas no son suficientes y todos ustedes tendrán que colaborar con más dinero. No podemos perder semejante edificio sólo debido al alto costo de la reparación. Por el momento, envíen lo que ya han prometido: más tarde veremos sobre el resto.
>
> Nuestra construcción no es algo nimio, es un mérito que durará por generaciones. Es imposible incluso imaginar los alcances de esta mitzvá y la grandeza de su recompensa.

Afortunados aquellos que contribuyen para ello, cada uno de acuerdo a cómo siente la grandeza del santo Rebe. Recuerden todo lo que oímos de él, todo lo que hemos visto en sus tremendos y santos escritos y todo lo que hemos estado hablando. La obra que el Rebe hace con cada uno de nosotros es tan, tan profunda: es para nuestro beneficio eterno. Aquél que conoce los pensamientos sabe que escribo esto con una perfecta sinceridad - sé que no soy digno del privilegio de dedicarme a una tarea tan tremenda, pero los pensamientos de Dios son muy profundos.

Soy muy pobre y mis entradas son mínimas. Tengo que casar a mi hijo [Najmán]... Además, mi hijo Reb David Zvi ha quedado viudo hace muy poco y debo encontrar una pareja para él. Mi única fortaleza es mi boca y mi pluma: yo sólo puedo hacer mi parte para despertarlos y alentarlos en esta gran mitzvá y todo aquel que dé más recibirá más aún del Cielo. Llegará un tiempo en que "ustedes verán [la diferencia] entre uno que sirve a Dios y uno que no..." (Malaji 3:18) - es decir, como enseñaron nuestros Sabios, "entre uno que repasa sus estudios cien veces y uno que los repasa ciento y una veces" (*Jaguigá* 9b). Lo mismo es verdad respecto de la caridad, especialmente nuestra caridad, cuyo mérito durará por siempre: ¡hay una diferencia entre la persona que da cien *ruch* y una que da ciento uno!

Éstas son las palabras de alguien que realmente los ama y que desea su bien eterno, alguien que está quebrantado por múltiple tragedias personales y por el sufrimiento que atraviesan tantos de ustedes. Yo conozco su angustia. Pero también sé muy bien que este mundo está lleno de sufrimiento y conozco las muchas salvaciones que Dios me ha otorgado, separándome de aquellos que se oponen al Rebe y haciéndome su seguidor, para ser llamado en su nombre y para trabajar en su causa. Ésta es mi esperanza - mi eterna esperanza... (*Alim LeTerufá* #457).

*

Las reparaciones del techo del *kloiz* se llevaron a cabo durante la primavera y el verano de 1844: Reb Noson estaba bajo presión para terminar a tiempo para Rosh HaShaná. Sin embargo, hay un "tiempo para reír... y un tiempo para bailar" (Eclesiastés 3:4) y Reb Noson también hizo preparativos para la boda de su hijo, Reb Najmán, luego de las tragedias que produjeron su retraso. La boda debía tener lugar en Lipovec, inmediatamente después de Shavuot.

Reb Noson le escribió a Reb Itzjak para asegurarse de que iría a la boda aunque no se llevase a cabo en Breslov. "Después de todo", le escribió, "no estaría bien que tú, mi hijo, no estuvieras presente, mientras que otros -jasidim y no familiares- sí estén. Sé que es difícil para ti alejarte durante tanto tiempo. Si no puedes, no puedes. Aun así, debes hacer todos los esfuerzos para estar presente..." (*Alim LeTerufá* #458).[8]

Así como resultaron las cosas, la boda volvió a posponerse por unas semanas. Mientras tanto, Reb Noson fue informado de que la obra del techo estaba avanzando muy lentamente y que debía viajar a Umán para controlar las reparaciones. Unas semanas después llegó el momento para el casamiento del hijo de Reb Itzjak, Reb David Zvi. Pese a estar ocupado con las reparaciones del *kloiz*, Reb Noson viajó a la boda, que tuvo lugar en Teplik, cerca de Umán.

Pasaron otras dos semanas y se estableció la fecha final para la boda de Reb Najmán. En esos días la costumbre era que la boda tuviese lugar en el pueblo de la novia. Cuando los parientes del novio se acercaban al pueblo, la familia de la novia salía para recibirlos con música y canciones, guiándolos hacia el pueblo. Cuando Reb Noson estuvo en camino a Lipovec para la boda, sus oponentes oyeron que estaba llegando y salieron a "recibirlo" con una andanada de insultos, palos y piedras. Viendo la "recepción" que le esperaba, Reb Noson huyó hacia un bosque cercano. La familia de la novia llamó a la policía que rápidamente restauró el orden. Cuando la situación se calmó, Reb Najmán de Tulchin notó que Reb Noson no estaba presente. Comprendió que debía haber huido al bosque y fue a buscarlo. Lo encontró orando:

"¡Señor del Mundo! ¿Quién en el mundo tiene las clases de recepciones que yo tengo? Cuando un simple aguatero hace una boda para su hijo, ¿recibe semejante recepción? Todo esto es porque yo hablo sobre el Rebe y le reveló su grandeza al mundo" (*Siaj Sarfei Kodesh* III-135).

Reb Noson se consoló entonces con el dicho del Rebe: "*Unzer groiskeit un unzer shainkeit vet min ziehn ven Mashiaj kumen* - Nuestra grandeza y nuestra belleza serán conocidas cuando llegue el Mashíaj". Cantó esas palabras para sí mismo una y otra vez con la melodía de *Eshet Jail*, una de las primeras melodías que escuchó del Rebe.[9] Viendo a Reb Najmán de Tulchin, Reb Noson retornó al carruaje, fue a Lipovec y se regocijo en la boda (*Ibid.*).

Luego de la boda Reb Noson volvió a Umán para controlar la terminación de las reparaciones del techo del *kloiz*. Pudo adquirir madera de buena calidad para el entramado del techo y las tejas. Luego viajó a Tcherin para su visita anual de verano, hablando sobre las enseñanzas del Rebe Najmán y recolectando los fondos que necesitaba para él, para la impresión de los libros y para el *kloiz*. Reb Noson retornó a Umán al comienzo de septiembre y las reparaciones del *kloiz* se terminaron justo a tiempo para recibir a los jasidim de Breslov que llegaban en su peregrinaje anual para Rosh HaShaná, 5605.

* * *

Parte IX

*LOS ÚLTIMOS DÍAS
DE REB NOSON*

47

Rosh HaShaná

Para los jasidim de Breslov que fueron a Umán en Rosh HaShaná 5605 (14 de septiembre de 1844), la actitud de Reb Noson parecía algo diferente del comportamiento del año anterior. Cuando llegó el momento en que debía decir Torá, se excusó. Reb Efraím ben Reb Naftalí le preguntó por qué no enseñaba Torá y Reb Noson le respondió que era porque no se sentía bien. Pero aun así, Reb Noson bailó en ese Rosh HaShaná con un tremendo fervor - aunque más tarde, Reb Naftalí, el amigo más cercano de Reb Noson, dijo, "Me di cuenta en su bailar que Reb Noson estaba separado de nosotros" (*Siaj Sarfei Kodesh* I-656).

Más extraño aún era el hecho de que Reb Noson no dijera Torá dado que había estado trabajando desde antes de Tisha beAb en un extenso discurso (*Likutey Halajot, Shabat,* 7) que incluía una larga discusión sobre Rosh HaShaná, Iom Kipur y Sukot. Reb Noson ya había hablado sobre algunas de las ideas de ese discurso y los reunidos en Umán esperaban que las desarrollase más aún en Rosh HaShaná (ver *Alim LeTerufá* #438).

Sólo después de Rosh HaShaná Reb Noson le reveló a Reb Najmán de Tulchin el motivo por el cual no había dicho Torá. Había comentado una vez, "Espero de todo corazón que nuestro *kibutz* de Rosh HaShaná en Umán dure hasta la llegada del Mashíaj". Sin embargo temía que entre los que participaban cada año hubiese algunos que fueran principalmente para oír enseñanzas inspiradoras de Torá, más que en aras de estar con el Rebe Najmán para Rosh HaShaná. El motivo por el cual Reb Noson no dijo Torá era para imbuir en los jasidim la comprensión de que *siempre* deberían estar en Umán para Rosh HaShaná, aunque llegase un tiempo en que no hubiese nadie para decir Torá.[1]

*

Durante Rosh HaShaná, Reb Noson desarrolló otras ideas relacionadas con el discurso en el cual estaba trabajando, pasándolas por escrito después de Iom Kipur. El discurso se basa en la lección del Rebe Najmán del *Likutey Moharán* I, 6, donde enseña que para alcanzar la humildad es necesario mantenerse en silencio frente a la humillación y que debemos buscar a Dios no sólo en tiempos de elevación espiritual sino también durante los momentos oscuros de la vida. Fue una de las primeras lecciones que Reb Noson oyó del Rebe Najmán en su primer *Shabat Shuvá* con él (ver Capítulo 5) y aún seguía con esa enseñanza en los últimos meses de su vida.

La lección alude a la relación entre el Rebe y Reb Noson. Describe al Tzadik como el punto superior de la letra *alef*, a su discípulo como el punto inferior y a la "tienda de reunión", en la cual están juntos, como la letra *vav* que une los dos puntos entre sí. Todo lo que el Tzadik enseña se difunde a través de su seguidor "Ioshúa". Además, Ioshúa fue quien recibió la orden de "Ve y lucha con Amalek" (Éxodo 17:9). Reb Noson reflejó esta idea en todas las enseñanzas del *Likutey Halajot*, que se ocupan de las maneras de luchar contra el Amalek interior -nuestros malos rasgos de carácter- y el Amalek del mundo exterior - la herejía y el ateísmo.

Escribe Reb Najmán de Tcherin:

> Todo aquel familiarizado con los escritos de Reb Noson, en especial quienes lo conocieron en vida, quienes lo oyeron hablar y saben lo que tuvo que atravesar, pueden ver claramente que su rol fue en verdad el de "Ioshúa" frente al rol de "Moshé" del Rebe, tal como se explica en esa lección. Ésta trata sobre cómo mantenerse fuerte en los tiempos difíciles, y la mayor parte de las enseñanzas de Reb Noson se centran en eso. Sus palabras alientan a la gente en su servicio a Dios, para que no caigan nunca en la desesperanza. Una y otra vez enfatiza que, sea donde fuere que uno se encuentre, siempre es posible buscar a Dios.
>
> Dada al comienzo de la relación de Reb Noson con el Rebe, esta lección fue la manera del Rebe de ordenar a Reb Noson como su seguidor. El papel de Reb Noson fue tomar continuamente de las enseñanzas de su maestro para dar vitalidad y fortaleza a aquellos que se encuentran en los niveles más bajos, que se sienten alejados de Dios, pero que aun así desean experimentar Su presencia (*Parparaot LeJojmá* 6:8).

El discurso de Reb Noson sobre las leyes del Shabat, basado en esta lección, fue el anteúltimo que escribiera. Resumiendo la esencia de su mensaje, Reb Noson escribió:

> Debemos fortalecernos con el hecho de que tenemos el privilegio de celebrar el Shabat. De esta manera siempre podremos recordar el poder del verdadero Tzadik quien, de por sí, es la encarnación del Shabat. Cuanto más fuerte sea nuestra fe en el Tzadik y cuanto más cerca estemos de él, más podremos santificarnos mediante la santidad del Shabat. De la misma manera, cuanto más cerca podamos estar del Tzadik con más alegría guardaremos el Shabat. De esta manera siempre podremos seguir el sendero de la *teshuvá* y mantenernos fuertes constantemente, sin importar lo que debamos pasar. Y para alcanzar todo esto, la clave es reunirse para Rosh HaShaná, dado que tanto el mes de Elul como Rosh HaShaná y Iom Kipur están todos asociados con la *teshuvá*. Todo el servicio del pueblo judío en esa época del año es difundir en el mundo el sendero de la *teshuvá*, hasta que todos los judíos se arrepientan y sean redimidos de este largo exilio. Cuándo y cómo llegará el "maravilloso final" es algo imposible de saber. Pero está claro a partir del Talmud (*Sanedrín* 97b) y de todos los Midrashim que ello depende de la *teshuvá* y es por eso que toda la tarea de los verdaderos Tzadikim es enseñar los caminos de la *teshuvá*. Mediante esto, incluso aquéllos que han caído muy lejos de Dios podrán arrepentirse y todo será corregido (*Likutey Halajot, Shabat* 7:69).

*

Después de Rosh HaShaná, Reb Noson no volvió a su hogar en Breslov para Iom Kipur, como era su costumbre. Había dicho cierta vez, "Toda la esencia del Rebe es Rosh HaShaná, la mía es Iom Kipur" - y por ese motivo muchos de sus seguidores solían celebrar Iom Kipur con él en Breslov (*Siaj Sarfei Kodesh* I-662). Sin embargo, ese año Reb Noson se quedó en Umán hasta después de Iom Kipur y le escribió a Reb Itzjak pidiéndole que le comprase un *lulav* y un *etrog*, etc. para que estuviesen listos para él cuando volviese a Breslov, adonde llegó justo antes de Sukot 1844.

En Umán, en Erev Iom Kipur, mientras tomaba la última comida antes del ayuno, Reb Noson expuso nuevamente las ideas basadas en la lección del Rebe Najmán sobre la letra *alef*. Reb Noson dijo que el alma y el cuerpo corresponden al punto superior y al punto inferior, mientras que el comer se asemeja a la letra *vav* que une los puntos entre sí (ver *Likutey Halajot, Shabat* 7:51). Le dijo entonces a Reb Akiba Velvel de Nemirov:

> Hay cuatro niveles en la Creación: el hombre, lo animal, lo vegetal y lo mineral. Cuanto más baja es la forma de la creación más grande es el valor que se le da. Por ejemplo, ¡un hombre puede ser vendido más barato que un caballo! Ciertas clases exóticas de plantas valen mucho más que caballos caros. Y hay piedras preciosas que son valoradas por sobre todas las otras cosas. Encontramos que el Sumo Sacerdote debía usar un pectoral con doce gemas preciosas cada vez que servía en el Templo (Éxodo 28:29). Sin el pectoral y las piedras preciosas su servicio era inválido - así de valiosas era esas piedras. Pero hay algo mucho más precioso incluso que esos minerales. Es algo muy elevado y oculto: el Santo de los Santos. Cuando el Sumo Sacerdote entraba allí en Iom Kipur, debía dejar el pectoral y usar sólo blancas y simples vestimentas (*Imei HaTlaot* p.132).

Reb Noson dijo entonces, "Deberá vestirse la túnica sagrada de lino y llevar los pantalones de lino sobre su cuerpo..." (Levítico 16:4), entonando el versículo con la melodía utilizada para la lectura de la Torá de Iom Kipur. La manera en cómo cantó el versículo fue sobrecogedora. En ese momento llegó otro de sus seguidores, Reb Meir Leib Blejer. Al entrar oyó a Reb Noson recitar el versículo y quedó clavado en el piso. Las palabras emergían de la boca de Reb Noson como relámpagos de fuego. Reb Meir Leib se sintió tan abrumado que temió acercarse a la mesa de Reb Noson (*Imei HaTlaot* p.132). Pero pese a todos sus sentimientos de temor, Reb Akiba Velvel y Reb Meir Leib no pudieron siquiera comenzar a comprender qué es lo que estaba diciendo Reb Noson.

*

El Rebe Najmán dijo cierta vez, "No habrá otro grupo como el que tuve, hasta que llegue el Mashíaj". Reb Noson dijo también, "No habrá otro grupo como el que *yo* tuve, hasta que llegue el Mashíaj" (*Sijot veSipurim* p.71). Reb Noson forjó un grupo de seguidores cuya fe y esperanza eran tan grandes que estuvieron dispuestos a enfrentar la peor persecución para poder quebrar las cadenas de la complacencia y del materialismo del mundo que los rodeaba. Se negaron a someterse a la corriente de la *Haskalá*. Querían la verdad: la verdad de la Torá. El movimiento de Breslov fundado por el Rebe Najmán en Ucrania oriental a finales 1790 y comienzos del 1800 fue único en toda la Jasidut. Fue el único movimiento que creció luego del fallecimiento de su Rebe - más rápido aún y más fuerte que antes.

  Reb Noson fue la fuerza esencial detrás de ese crecimiento. Su devoción al Rebe no tuvo paralelos. Comprendió que el Rebe Najmán era un líder con el poder de ayudar a cada judío, si éste estaba dispuesto. Con una ardiente intensidad, Reb Noson decidió compartir con todos los judíos los tesoros que recibió del Rebe. Luego de haber encontrado al Rebe Najmán y haber hallado el mentor que había estado buscando durante toda su vida -uno que le mostró cómo desarrollar plenamente sus propios poderes- Reb Noson podría haberse contentado con su propio descubrimiento personal y haber ascendido a las alturas espirituales más elevadas, libre de toda obligación para con el resto del mundo judío. Sin embargo rechazó tal camino, entregándose en cambio a un maestro que él *sabía* que le tendía una mano de ayuda a todos los judíos. Reb Noson estaba dispuesto a sacrificarlo todo para hacer que la plenitud espiritual estuviese al alcance de todo aquel que desease obtenerla.

  Pero ahora, al acercarse a la edad de sesenta y cinco años, Reb Noson estaba físicamente quebrado. Había estado sufriendo de su enfermedad por más de veinticinco años. Todo ese tiempo había llevando la carga del liderazgo de una Jasidut que se consideraba muerta - aunque demostró su fortaleza y vitalidad en contra de todas las probabilidades. Había trabajado para imprimir los libros, para construir, mantener y reparar el *kloiz*, para recolectar los fondos necesarios, y todo virtualmente solo. En el camino había sufrido una constante oposición - cinco años después del final de los Años de Opresión la gente todavía le arrojaba piedras y ridiculizaba abiertamente a los jasidim de Breslov. Durante todas esas pruebas y pese a su propia angustia, Reb Noson sintió como suyo propio el sufrimiento de cada miembro de su familia y de cada uno de sus seguidores. Todo eso había pesado mucho sobre él y se estaba debilitando rápidamente.

Aun así, en sus últimos meses y semanas, Reb Noson continuó dedicado a sus labores y devociones con toda la fuerza que podía juntar. Inmediatamente después de completar el *Likutey Halajot, Shabat 7*, justo después de Sukot, Reb Noson se embarcó en su discurso final, *Likutey Halajot, Rosh Jodesh 7*, otro extenso ensayo pleno de asombrosas interpretaciones, de guía y de aliento. Se basa en la lección del *Likutey Moharán* I, 61, que el Rebe Najmán enseñó poco después de enfermar de tuberculosis - ése fue el propio "testamento y voluntad" del Rebe, enfatizando el carácter central de la fe en los Tzadikim y la importancia de imprimir y de difundir sus enseñanzas (ver Capítulo 15).

Mientras Reb Noson escribía su discurso, los *maskilim* seguían avanzando. La difusión de su sistema de escuelas necesitaba fondos, pero el cobrar por la enseñanza de una educación secular obligatoria a la que tanto se oponían no era una opción, especialmente dado que las comunidades judías estaban definitivamente empobrecidas. Las autoridades consintieron en cobrar un impuesto local para apoyar a las escuelas, pero ¿cómo cobrarles impuestos solamente a los judíos, los únicos "beneficiarios" de las nuevas escuelas? El consejo cínico de los *maskilim* fue el cobrar impuestos a toda casa en la cual se encendieran las velas del Shabat.

En un párrafo tras otro de su discurso, Reb Noson exhortó a sus seguidores a continuar difundiendo las enseñanzas del Rebe como la única arma suficientemente poderosa como para contrarrestar la ola de herejía forzada que estaba arrasando al mundo judío. Reb Noson continuó trabajando en ese discurso hasta el día antes de fallecer. Poco antes de su muerte, una de las últimas cosas de las que habló fue de la santidad de las luces del Shabat.

*

Poco antes de su fallecimiento Reb Noson dijo, "El *ShaJ* pudo escribir tanto como escribió debido a que conocía un Nombre Sagrado que hacía que su pluma se moviese más rápido que la mano humana.[2] Yo no tengo ese Nombre Sagrado, pero pude escribir todo lo que escribí debido a que controlé cuidadosamente mi tiempo" (*Siaj Sarfei Kodesh* I-726).

Controlar el tiempo fue la clave de la productividad de Reb Noson. Hacía todo con una gran diligencia. En la mikve se desvestía y se vestía más rápido que cualquier otro. Cuando escribía, su pluma parecía volar sobre la hoja. Incluso al viajar Reb Noson pasaba todo el tiempo en el carruaje inmerso en la plegaria y en el estudio de la Torá. Por sobre todas cosas, constantemente recordaba lo que otros tienden a olvidar: siempre recordaba el día de la muerte. Siempre consciente del *tajlit*, se cuidó de controlar cada momento, nunca malgastando o "matando" el tiempo. Aceptaba todo lo que se le presentaba como una prueba en el servicio a Dios y nunca permitió que algo se interpusiera entre él y sus devociones. Sin importar qué le sucediese, ni cuánto sufrimiento y humillación debiera soportar, se mantenía firme en su deseo de servir a Dios de la mejor manera posible (*Kojvei Or* p.22, 16).

Cerca de tres semanas antes de fallecer, se rompió su reloj. Inmediatamente se lo envío a Reb Itzjak en Tulchin, pidiéndole que se ocupase de su reparación y se lo devolviese a Breslov lo antes posible. En su carta a Reb Itzjak, Reb Noson enfatizó cuánto necesitaba el reloj. ¡Incluso al acercarse a su fin, Reb Noson seguía siendo cuidadoso de cada segundo!

*

Sueños

Una larga sección del último discurso de Reb Noson está dedicada al tema de la interpretación de los sueños.[3] Reb Noson les prestaba poca atención a la mayoría de los sueños - cuando alguien venía a contarle un sueño, Reb Noson solía responderle, "No me hables sobre lo que te sucede cuando estás dormido. ¡Háblame de lo que te sucede cuando estás despierto!". Sin embargo había ciertos sueños que parecían tener un significado especial y a estos Reb Noson les prestaba atención.

Cierta vez Odil, la hija del Rebe, le contó a Reb Noson un sueño que había tenido:

> Mi padre estaba de pie afuera de su *beit midrash* y quería entrar, pero todos sus opositores se juntaron y decidieron no dejarlo pasar. Colocaron una fila tras otra de gente para guardar la entrada e incluso pusieron guardianes adentro - de modo que si una fila se debilitaba, las otras podrían mantenerse firmes detrás y no dejar pasar a mi padre. Sin embargo él no tenía miedo. Siguió andando hacia el *beit midrash* y al llegar a la primera fila de opositores estos se dispersaron y se separaron permitiéndole pasar. Entonces llegó a la segunda fila que también se dispersó y se separó. Al seguir avanzando continuó separándolos hasta que mi padre llegó a su lugar.

Al oír eso, Reb Noson dijo, "Así es con los trabajos del Rebe. Siempre hay oposición. Hay tanta gente y tantas ideas que parecen formar barreras imposibles. Pero si la persona está decidida a santificarse, entonces al acercarse verá que las barreras se desmoronan delante de sus ojos".[4]

El Rebe Najmán había tenido muchos sueños y visiones durante su vida y Reb Noson los registró concienzudamente (ver *Tzadik*, Parte VIII). En cuanto a sus propios sueños, Reb Noson relató dos que le habían producido un notable impacto. El primero fue durante los Años de Opresión. Reb Noson contó:

> Vi al Rebe de pie junto a otra persona. Me quejé ante él de todo el sufrimiento que debía soportar.
> El Rebe me dijo, "¡Pero has hecho muy bien con tus escritos!". La persona que estaba junto al Rebe aprobó con la cabeza diciendo, "¡Sí! ¡Sí! ¡Muy bien!".
> Yo le pregunté al Rebe, "¿Quién es él?".
> El Rebe me respondió, "¡Moshé Rabeinu!".[5]

El segundo sueño fue uno que tuvo poco antes del Shabat Jánuca de 1844:

> Vi al Rebe Najmán sosteniendo en su mano el *Sefer HaNisraf* (el "Libro Quemado"). Yo le pedí que me enseñase de él. El Rebe contestó, "Para ello deberás venir a mí" (*Siaj Sarfei Kodesh* I-661).

El Talmud, el Midrash, el *Zohar*, los escritos del Ari y una variedad de otras obras describen en detalle lo que sucede cuando el alma comienza a dejar el cuerpo y la persona atraviesa el proceso de la muerte, del entierro, del juicio delante del Tribunal Celestial, los subsecuentes castigos en Gueinom y la recompensa final en el Jardín del Edén y en el Mundo que Viene. Reb Noson conocía muy bien esos escritos - cierta vez dijo, "Puedo imaginar todo tal cual será - excepto la primera 'bienvenida' en la tumba" (*Siaj Sarfei Kodesh* III-177). Luego de relatar el sueño en donde debía ir hacia el Rebe, Reb Noson dijo: "El Rebe me dijo cierta vez, '¡Dios está contigo, no tengas miedo!'. Pero debido a este sueño, ahora tengo miedo" (*Siaj Sarfei Kodesh* I-661).

* * *

48

¡Directo hacia el Rebe!

Muchos jasidim de Breslov se reunieron con Reb Noson para el Shabat Jánuca, lectura de la Torá *Vaïeshev* (7 de diciembre de 1844). La atmósfera era festiva, pero Reb Noson estaba muy débil.

Antes del amanecer de la mañana del Shabat, se corrió la voz de que se había derrumbado el edificio en donde se encontraba la mikve, haciendo imposible el sumergirse en honor a la mañana del Shabat. Más tarde, cuando aclaró, se hizo evidente que la mikve misma aún estaba intacta y que sólo se había derrumbado una esquina del edificio. Pese a su debilidad, Reb Noson fue a sumergirse. Al volver comenzó a agradecerle a Dios por haber podido hacerlo, y dijo, "De haber sido necesario, habría ido al río y quebrado el hielo para sumergirme". A partir de sus gestos y de la manera en cómo lo dijo se hizo evidente que había estado dispuesto a enfrentar el frío helado y habría corrido hasta el río para sumergirse con su acostumbrada diligencia.

Reb Noson habló entonces sobre la vitalidad que siempre le había dado el sumergirse en la mikve, indicando que la palabra *mikve* significa tanto "esperanza" como "poza de agua". Dijo que los dos significados eran en realidad uno solo: la persona debe ocuparse de sumergirse regularmente y mediante ello todo se rectifica. Dijo, "Todo aquel que esté decidido y sea constante en la inmersión en la mikve ciertamente podrá rectificarlo todo, no importa lo que haya hecho".

Explicó entonces: "Encontramos que Ezra clamó amargamente por el hecho de que durante el exilio en Babilonia los judíos habían contraído matrimonio con personas no judías y se habían asimilado. Luego de volver a la Tierra Santa quisieron arrepentirse. Los líderes fueron a ver a Ezra diciendo, '¡Pero seguro que hay *mikve*, esperanza!' (Ezra 10:2). La palabra usual para "esperanza" es *tikva*, pero el versículo intencionalmente usa la palabra *mikve* para enseñarnos que no importa cuán graves hayan sido las transgresiones de la persona, siempre hay esperanzas: la mikve tiene el poder de llevar a la persona hacia un completo arrepentimiento" (*Kojvei Or* p.80, 37).

El siguiente viernes por la tarde, *parashat Miketz*, Reb Noson dijo Torá sobre el tema de la Menorá y luego bailó un poco (*Likutey Halajot, Rosh Jodesh* 7:54). Después de dejar la mesa, contó el sueño en el que le pidió al Rebe Najmán que le enseñase del *Sefer HaNisraf* (ver Capítulo 47).

Reb Noson habló nuevamente sobre el servicio de Iom Kipur del Sumo Sacerdote, cuando vestía las ropas de lino blanco y entraba en el Santo de los Santos (*Ibid.*). Para los presentes, las palabras parecían salir de la boca de Reb Noson como rayos de fuego. Comenzó a cantar la descripción del servicio del Sumo Sacerdote en la plegaria de *musaf* de Iom Kipur: "Él entraba al lugar en donde entraba y se paraba en el lugar en el cual se paraba. '¡Mira delante de quién estás entrando!'". Reb Noson agregó entonces, "Y un estudioso de Torá es más grande que el Sumo Sacerdote" (*Horaiot* 13a).[1]

Esa tarde, cuando Reb Noson les comenzó a hablar a sus seguidores en *shalosh seudot*, dijo: "Es una pena tener que repetir esto, porque cada orador lo dice, pero debe ser dicho. Deben comprender que todos deben morir y todos tendrán que yacer con sus pies hacia la puerta".[2] Reb Noson dijo esto con un gran temor. Repitió entonces la lección del Rebe Najmán en el *Likutey Moharán* I, 61, sobre recibir la guía de los Tzadikim y la necesidad de tener fe en ellos, la importancia de imprimir literatura de Torá y cómo la perfección de un alma depende de continuar brillando en este mundo luego incluso de su ascenso a los mundos superiores. Después de su revisión de la lección, Reb Noson comenzó a desarrollar otras ideas relacionadas con el discurso que estaba escribiendo en ese momento (*Likutey Halajot, Rosh Jodesh* 7), basado en esa lección.

Reb Noson concluyó citando la Mishná, "Adquiere un rav y *kné*, compra, un amigo" (*Avot* 1:6). Reb Noson explicó, "'Adquiere un rav': la persona necesita un rav que la aconseje. Pero si no hay un rav, entonces '*Kné* un amigo': el *KaNé*, la pluma, debe ser tu amigo - debes sumergirte en los escritos de los verdaderos Tzadikim".[3]

Después de decir Torá, Reb Noson se sintió enfermo y estaba tan débil que se fue antes de *maariv*. Uno de sus seguidores, Reb Iaacov, lo acompañó a su casa. Reb Noson estaba contento de que Dios le hubiera permitido terminar la lección. Le dijo a Reb Iaacov, "¿No es verdad, Iankel? ¡Dios siempre nos ayuda a terminar!" (*Siaj Sarfei Kodesh* I-660).

Reb Noson oró *maariv* y comenzó a recitar la *havdalá*: "*Einé...*- He aquí, Dios es mi salvación, confiaré y no temeré". Al llegar a las palabras, "*velo efjad* - no temeré", las repitió varias veces (*Siaj Sarfei Kodesh* I-657). Lloró al recitar las bendiciones. Durante la noche, Reb Noson se debilitó extremadamente y su fuerza fue decreciendo a medida que pasaban los días. El lunes fue a visitarlo Reb Zev Lubarski, uno de sus seguidores más cercanos. Hablaron mucho tiempo sobre el Rosh HaShaná del Rebe Najmán. Reb Noson enfatizó la importancia crucial de ir a Umán para Rosh HaShaná.

*

El miércoles, varios de sus seguidores estaban con él y Reb Noson les dijo, "El trabajo más importante para ustedes es imprimir los libros". Esa noche, después de *maariv*, varios de sus seguidores se reunieron alrededor de su lecho. Reb Zev estaba entre ellos, pero alguien estaba de pie delante de él. Reb Noson dijo, "No lo tapen a Zev. Que él me pueda ver. El Rebe también le dijo cierta vez a alguien, 'Mírame. Será muy bueno para ti'". Reb Noson le dijo entonces a Reb Zev, "Debemos reunirnos". "¿Dónde?", preguntó Reb Zev. Reb Noson le respondió, "En el Mundo que Viene".

Más tarde esa noche, Reb Noson comenzó a hablar sobre el *Sefer HaNisraf*, que Reb Shimón había quemado bajo instrucciones del Rebe Najmán (ver Capítulo 16). Antes de la partida del Rebe hacía Lemberg, Reb Noson había pasado tres horas y media escribiendo una copia de esa obra. Describiendo cómo se sentía, Reb Noson dijo, "Luego de terminar, salí como del *Idra*".[4] Les dijo entonces a aquellos reunidos a su alrededor que fue sólo gracias a la ayuda Divina que pudo contar esa historia.

Luego de recitar *jatzot*, Reb Noson tomó una pluma y papel y prosiguió con el discurso en el cual había estado trabajando (*Likutey Halajot, Rosh Jodesh* 7), discurriendo sobre la Mishná que enseña sobre las leyes de los Días Intermedios de una Festividad y sobre qué campos se permite irrigar: "*Mashkin bait hashlojin...*, Uno puede irrigar..." (*Moed Katan* 2a). Eso fue lo último que escribió. Estaba extremadamente débil y le quedaban menos de cuarenta y ocho horas de vida, pero aun así expresaba la necesidad de tener fe en los Tzadikim y de cómo uno puede siempre ser ayudado si trata de unirse a ellos y a sus enseñanzas.

Escribe:

> Nuestros Sabios enseñaron que ciertas tareas están prohibidas en los Días Intermedios de una Festividad, mientras que otras están permitidas. No se permite comenzar a irrigar un campo seco, pero si se ha comenzado a irrigar el campo antes de la festividad, se permite entonces continuar durante los días intermedios, no sólo tomando agua de un pozo ya existente, sino también cavar uno nuevo si es necesario. Esto se basa en el principio de que en los Días Intermedios de una Festividad se permite continuar con una labor si su interrupción puede generar una pérdida.
>
> La prohibición de trabajar en el Iom Tov está escrita en la Torá. Pero las leyes del trabajo en los Días Intermedios de una Festividad fueron dadas para ser interpretadas por los Sabios. Vemos a partir de esto cuán importante es tener fe en los Tzadikim, pues debemos apoyarnos en ellos para aprender qué está permitido y qué está prohibido.
>
> Los Tzadikim son llamados "aquellos que irrigan" porque ellos les dan agua a los "campos que están afuera", es decir, las almas de aquellos que están fuera del ámbito de la santidad. Los Tzadikim no sólo pueden regar campos que ya tienen un pozo existente, es decir, gente que estuvo, en un momento, unida a la santidad; también pueden incluso "cavar un nuevo pozo" para darles agua a aquellos que nunca han tenido ninguna conexión con lo espiritual. Nuestros Sabios permitieron cavar un pozo nuevo cuando, de no hacerlo, ello produciría una pérdida. ¡El trabajo de cavar un pozo nuevo es necesario para salvar a alguien de perderse completamente! Vemos la importancia de la fe en los Tzadikim. No importa cuán lejos de Dios esté la persona, si se fortalece con

fe en los Tzadikim, entonces también puede ser rectificada (*Likutey Halajot, Rosh Jodesh* 7:50).

Cuando Reb Noson terminó de escribir, Reb Meir Blejer llegó a visitarlo. Reb Noson le dijo, "Aunque alguien sea el peor pecador del mundo, si se une al Rebe, ciertamente podrá arrepentirse y ser rectificado".

Luego de esto, Reb Noson dijo: "El ángel Dumá[5] se acerca a la persona después de que es colocada en la tumba, abre su estómago y le arroja al rostro lo que allí quedó, como diciendo, 'Aquí está lo que deseabas'" (cf. *Shabat* 151b; *Mesijta Jibut HaKever*, 2). Reb Noson suspiró profundamente y exclamó, "¡*Oi*! Especialmente cuando el estómago de la persona muerta está lleno de remedios, [este castigo] ¡es como un fuego ardiente! ¡Aun así, el Rebe Najmán puede rectificarlo todo!".

Durante sus plegarias del jueves por la mañana, Reb Noson se sintió más débil aún. Odil, la hija del Rebe, llegó a visitarlo. Les dijo a aquellos que estaban de pie a su alrededor, "¿Por qué están en silencio...? Deben clamar [para que Reb Noson mejore]". Pero Reb Noson no estaba de acuerdo. Dijo, "Tengo muchos enemigos" [que se sentirían muy contentos de enterarse de que él estaba sufriendo].[6] En su lugar, Reb Noson alentó a aquellos que estaban con él a orar por su recuperación durante su *hitbodedut*. Les pidió que hicieran mención de sus méritos: "Pasé por escrito las enseñanzas del Rebe, las ordené y las imprimí de una manera adecuada. Incluso ahora, aún quiero imprimirlas... Sus vidas mismas dependen de mí". Reb Noson les pidió entonces que recitasen Salmos "¡de la manera en que puedan!".

*

El viernes era 10 de Tevet (20 de diciembre de 1844), un día de ayuno conmemorando el sitio de Jerusalén por el malvado Nevujadnetzar, rey de Babilonia. Antes del amanecer, los seguidores de Reb Noson le leyeron las primeras dos historias de los cuentos del Rebe Najmán, "La Princesa Perdida" y "El Rey y el Emperador" (ver *Los Cuentos del Rabí Najmán*). Ambas tienen temas similares, aunque se desarrollan de manera totalmente diferente. En "La Princesa Perdida" la hija del rey desaparece y el Primer Ministro sale en su búsqueda, dedicándose a ello durante muchos años hasta que finalmente la encuentra en un "castillo de perlas sobre una montaña dorada".

En el cuento "El Rey y el Emperador", el hijo del rey y la hija del emperador están comprometidos en matrimonio, pero antes de casarse la princesa se pierde. La historia cuenta los viajes y trabajos de la princesa, hasta que finalmente se vuelve gobernante de un reino y con éxito diseña una estrategia para asegurar el retorno de su novio perdido hacía mucho tiempo. Después de recompensar a aquellos que debieron sufrir debido a ella, se vuelve hacia su novio y le dice: "Tú eres mi verdadero marido. ¡Ven! ¡Vamos a casa!". Entonces volvieron a su hogar.

Desde que oyera los cuentos del Rebe Najmán, Reb Noson siempre buscó su significado profundo, analizando varios de ellos en sus discursos del *Likutey Halajot*. Dijo cierta vez, "Tengo algunas ideas sobre otros cuentos, pero en cuanto a 'El Rey y el Emperador', me está totalmente oculto" (*Siaj Sarfei Kodesh* I-634). Cuando Reb Noson oyó ahora las últimas palabras de ese cuento, "¡Ven! ¡Vamos a casa!", les pidió a sus seguidores que se lo repitiesen varias veces. Dijo entonces, "Es mi tiempo de volver a casa".[7]

Les pidió que trajesen agua caliente para poder darse un baño. Antes de hacerlo, habló como si estuviese dando su última voluntad y testamento: "Deben mantenerse juntos y quererse. Todos ustedes son buena gente, pero son *shleimazalnikes* - ¡no tienen suerte!".

De pronto Reb Noson dijo, "Tres tragedias les sobrevinieron a los judíos en el mes de Tevet. ¿Cuáles fueron?". Y se respondió a sí mismo, "Falleció Ezra el escriba (el 9 de Tevet), la Torá fue traducida al griego en época del rey Tolomeo (8 de Tevet) y el ejército de Nevujadnetzar sitió Jerusalén (10 de Tevet)".

Continuó Reb Noson: "Cuando Ezra el escriba deja el mundo y el ateísmo y la herejía llenan el mundo, como vemos hoy en día con falsas ideologías surgiendo por miles y miles... aun así, ¡yo tengo confianza en que una sola página de los escritos del Rebe Najmán será suficiente para rectificarlo todo! Quiero por lo tanto dejarles instrucciones. Su tarea será *imprimir los libros del Rebe* y 'Tus manantiales verterán hacia afuera' (Proverbios 5:16). Sean fuertes - ¡con dinero, voluntad y esfuerzo!".

Comentando sobre la súbita pregunta de Reb Noson y su

inmediata respuesta, escribe Reb Najmán de Tcherin, nieto de Reb Aarón el Rav y discípulo de Reb Noson:

El fallecimiento de Reb Noson estaba directamente conectado con las tres tragedias que tuvieron lugar en Tevet. Ezra era un escriba: difundía la Torá entre los judíos. Reb Noson fue el escriba del Rebe Najmán - fue el único de sus seguidores que trabajó constantemente para difundir sus enseñanzas lo más ampliamente posible. Incluso personas que nunca han visto al Rebe se sienten inspiradas a servir a Dios a través de sus escritos, todo gracias a Reb Noson. Con el fallecimiento del escriba, hay una falta en la difusión de la Torá, tal cual se manifiesta en la traducción de la Torá al griego [que oscurece el significado profundo del texto hebreo]. Esto corresponde a la imposición de estudios seculares sobre los judíos y al ateísmo de nuestros tiempos. La herejía lleva al sitio de Jerusalén y al exilio, correspondiente a la infame Zona de Asentamiento rusa y a las migraciones en masa de los judíos de Europa oriental, que comenzó alrededor de la época en que falleció Reb Noson. No es por nada que Reb Noson mencionó esas tres tragedias y exhortó a sus seguidores a "ser fuertes con dinero, voluntad y esfuerzo" y asegurar la difusión de las enseñanzas del Rebe (*Parparaot LeJojmá* 61:8).

Reb Noson habló también sobre "tres leyes" que los jasidim de Breslov tienen que observar. Ellos deben:

1. Ir a Umán para Rosh HaShaná.
2. Estudiar diariamente el *Shuljan Aruj*.
3. Practicar *hitbodedut* todos los días.

(*Siaj Sarfei Kodesh* 168)

Hablando sobre la grandeza del Rebe Najmán, Reb Noson dijo: "Enseña el Talmud que 'Una persona no puede comprender plenamente la sabiduría de su maestro hasta no haber estado con él durante cuarenta años' (*Avodá Zará* 5b). Al comienzo pensé que cada uno de los Siete Mendigos hacía referencia a diferentes Tzadikim. Ahora comprendo que los Siete Mendigos son en realidad un solo y asombroso Tzadik..." (*Siaj Sarfei Kodesh* I-693).

Luego, Reb Noson tomó un baño, se colocó el talet y los tefilín y oró con toda su fuerza. Recitó las *slijot* para el 10 de Tevet, llorando durante la lectura de la Torá. Luego de las plegarias, estudió los Códigos, completando una sección del *Shuljan Aruj*.[8] Mientras estaba estudiando, los que estaban a su alrededor le dijeron, "¿Por qué no estudia del pequeño *Shuljan Aruj* [una edición resumida sin los extensos comentarios]. Sería más fácil para usted". Reb Noson dijo, "Por favor. ¡No se preocupen tanto por mí!". Recitó entonces los Salmos. Más tarde, le dijo a Reb Najmán ben Reb Ozer, "Alcánzame *kol tuv* - todo bueno". Reb Najmán ben Reb Ozer no comprendió lo que quería decir. Le explicó, "Alcánzame el *TaNaJ*. Eso es totalmente bueno".

Más tarde Reb Noson, comió un poco.[9] Dijo entonces que si dos personas fuesen a tocar el violín y a bailar eso le haría sentir bien. Decidió no comer ni beber nada más, ni siquiera té. Recostado en la cama, Reb Noson suspiró. Cuando se le preguntó por qué, respondió, "¿Ustedes piensan que estoy suspirando porque no he estudiado ni orado lo suficiente? No. Yo hice todo lo que pude. Me cuidé de guardar mi tiempo. El único motivo por el cual suspiro es porque no sé si cumplí adecuadamente con la enseñanza del Rebe de hacer todo con simplicidad" (*Siaj Sarfei Kodesh* I-613).

Unas horas después, Reb Noson cambió de opinión sobre comer y le pidió a su hijo, Reb Itzjak, que le llevase algo de la comida preparada para el Shabat. Comió un pequeño trozo de *jalá* (el pan del Shabat), algo de sopa y un poco de *tsimis* (una comida con vegetales). Al recitar el *Birkat HaMazón* se le escuchó decir, "Quiera el Todo Misericordioso traer sobre nosotros la santidad de la Tierra Santa".[10] Luego se recostó en la cama.

Por la tarde, cuando Reb Noson vio que estaban preparando las velas para el Shabat, se irguió un poco y dijo:

"¡Las luces del Shabat! ¡Las luces del Shabat! Las velas del Shabat, las velas del Iom Tov y las velas de Jánuca son todas un solo concepto. Tengo nuevas ideas sobre el tema -columnas y columnas de leyes, ideas maravillosas e increíbles- pero no tengo más fuerzas...".[11]

Volviéndose hacia Reb Najmán de Tulchin, Reb Noson dijo, "'Vayan a Iosef. Todo lo que él les diga, háganlo' (Génesis 41:55). Lo más importante es estar unidos a los Tzadikim".[12]

Reb Noson les dijo entonces a sus seguidores que fuesen a la *mikve*. Al volver, encontraron que su condición había empeorado. Odil dijo, "¿Qué sucede? ¿Parece que estás peor?". Reb Noson respondió, "Es con una gran bondad".

Nunca le volvió a hablar a nadie. Se le escuchó susurrar pasajes de varias plegarias. Entre las frases que se le oyó decir estaban *Janun hamarbé lisloaj* ("Gracioso y abundante en perdón"), luego *Mekadesh HaShabat* ("Que santifica el Shabat") y *Ejad* ("Uno").

*

Reb Noson falleció ese viernes por la tarde, 10 de Tevet, 5605 (20 de diciembre de 1844), un momento después del encendido de las velas del Shabat. Tenía sesenta y cuatro años y once meses de edad. Reb Noson estuvo totalmente unido a Dios hasta el mismo final. Toda su misión fue mostrar que el hombre siempre puede volver a Dios, sin importar lo que hubiese hecho, ni cuánto hubiera pecado. Ésa fue la misión que el Rebe Najmán le encomendó pocos días después de su primer encuentro: ser el punto inferior de la *alef*, llevar vida, vitalidad y fe a todos los niveles inferiores. Incluso al dejar el mundo, Reb Noson fue consciente de su misión, repitiendo una y otra vez, "*Janun hamarbé lisloaj*" - hay esperanza para todos: ¡Dios perdona! ¡Siempre!

El arrepentimiento y el perdón para todo Israel eran la esencia misma de Reb Noson (*Imei HaTlaot* p.133). Las letras de las palabras "*Janun hamarbé lisloaj*" tienen el valor numérico de quinientos, igual que el de las letras de NoSoN (*Kojvei Or* p.122).

Reb Noson falleció justo antes del Shabat. Aquéllos eran los días anteriores a la invención del telégrafo y fue imposible transmitir la noticia de su fallecimiento hasta después de la finalización del Shabat. Aun así, ese viernes por la noche Reb Naftalí, que vivía en Umán, supo que Reb Noson ya no estaba. Cuando se le preguntó cómo es que lo sabía, Reb Naftalí respondió:

"Tuve un sueño en el cual vi a Reb Noson corriendo apresuradamente. Le dije, '¡Reb Noson! ¿Adónde vas corriendo?', '¿Yo?', dijo, '¡Directo hacia el Rebe!'" (*Siaj Sarfei Kodesh* I-655).

* * *

49

¡Ashrav!

Ese Shabat estuvo muy quieto, sin la alegría que usualmente rodeaba a Reb Noson y a sus seguidores. El viernes por la noche, como una elegía indirecta (está prohibida la elegía en Shabat), Reb Aarón el Rav relató cómo el Rebe Najmán había concluido la lección en su último Shabat Jánuca (*Likutey Moharán* II, 7), citando el versículo, "Ioshúa bin Nun fue ordenado por Moshé" (Deuteronomio 34:9). "Sabemos muy bien", dijo Reb Aarón, "que el Rebe se estaba refiriendo a Reb Noson" (*Siaj Sarfei Kodesh* I-654).

Reb Noson siempre había hablado sobre la importancia de tener *ishuv hadaat* -la capacidad de pensar con calma y claridad- sobre el *tajlit* de este mundo. El momento para ello es durante el *hitbodedut*, pero Reb Noson dijo cierta vez, "Incluso luego de la muerte, es muy bueno si uno puede tener *ishuv hadaat* antes de ser enterrado". Los jasidim de Breslov dijeron que Reb Noson había cumplido con eso. Falleció justo antes del Shabat y tuvo todo un día para *ishuv hadaat* antes de ser enterrado en la noche del sábado (*Siaj Sarfei Kodesh* I-653).

Reb Aarón había sido un amigo muy cercano de Reb Noson, desde que ambos llegaron a Breslov en 1802. Reb Noson y Reb Aarón habían comprando lotes adyacentes en el centro del cementerio de Breslov. Sin embargo, Reb Noson había dicho cierta vez que si una persona fallecida era llevada delante de su tumba, él se aseguraría de beneficiar su alma. Reb Noson ben Reb Leib Rubén, uno de los discípulos más cercanos de Reb Noson, había estado presente en el momento en que Reb Noson lo dijo y sintió que sería adecuado hacer que Reb Noson fuese enterrado en un lugar por donde pasasen todos los subsecuentes funerales, para beneficiar así a la mayor cantidad posible. Tan pronto como terminó el Shabat, fue al cementerio y cavó una tumba cerca de la entrada, convenciendo a la sociedad fúnebre de que ése era el mejor lugar para Reb Noson.[1]

El funeral tuvo lugar el sábado por la noche, 12 de Tevet, 5605 (21 de diciembre de 1844). Reb Noson fue enterrado con gran honor, incluso por parte de los oponentes a los jasidim de Breslov. En el funeral Reb Aarón dijo, "¡Mi amigo! ¡Mi querido y cercano amigo! Todo el arcón de la luz del Rebe estaba contigo" (*Tovot Zijronot* p.125). Reb Meir Leib Blejer agregó, "¡Él vivió como debe vivir un judío!".[2] El área adyacente a la tumba de Reb Noson quedó libre para que hubiese lugar para los jasidim que quisiesen orar allí.[3]

Aunque estaban en medio del invierno ucraniano, ese sábado a la noche la luna brilló con fuerza y todos los asistentes al funeral pudieron recitar más tarde el *Kidush HaLevaná*. Parecía como si ése fuese otro recordatorio más de que Reb Noson era la "luna", reflejando la luz más grande del "sol", el Rebe Najmán.[4]

Después del funeral, los seguidores de Reb Noson en Breslov les escribieron a los jasidim de Breslov en Tcherin sobre su fallecimiento.

> Que Aquél que le dijo a Su mundo "¡Suficiente!", les diga "Suficiente" a nuestros problemas. Quiera Dios consolarnos por nuestra pérdida. Hemos quedado como un mástil solitario sobre la montaña y como una bandera sobre una colina. Pues debido a nuestros muchos pecados hemos sido despojados de nuestra fortaleza, nuestra belleza, nuestra corona, nuestro amado líder, Reb Noson, que descanse en paz...

Luego de describir todos los detalles de los últimos días de Reb Noson desde el momento en que enfermó en Shabat Jánuca hasta su fallecimiento, concluyeron así:

> De querer escribir todo, ¡no serían suficientes todas las pieles de 'los carneros de Neviot'" (Isaías 60:7) (cf. *Bava Kama* 92a). ¡Por favor! ¡Por favor! ¡Amigos y hermanos! Sean fuertes. Ayuden a la familia de Reb Noson y que el oro fluya de sus bolsillos para imprimir sus santos escritos: sobre esto insistió constantemente. Que Dios nos consuele y traiga alegría a nuestros quebrantados corazones. Como bien saben, todo su deseo era que nos regocijásemos en Dios y en Su Torá.

¡Ashrav!

Es difícil encontrar un equivalente en español para la palabra hebrea *ashrav*. La traducción literal, "¡Feliz de él!" es anticuada y no logra expresar el real significado de la palabra hebrea. OSHeR denota un estado de perfección y satisfacción - ¡felicidad! ASHRei y ASHRav son adjetivos que describen a aquellos que tienen la buena fortuna de alcanzar tal estado.

¿De quién es posible decir *"¡Ashrav!"*? ¿De aquellos que disfrutan de todas las comodidades y placeres de este mundo? Nada de ello perdura. ¿Pero es posible decir *"¡Ashrav!"* de Reb Noson? En su aspecto externo, su vida estuvo llena de dificultades y de angustia. Siendo joven se sintió frustrado y fuera de lugar. Para acercarse al Rebe Najmán tuvo que luchar en contra de su propio padre, de su esposa, de sus suegros y a veces incluso del Rebe mismo. Cuando el Rebe dejó el mundo, los que rodeaban a Reb Noson dijeron, "Todo terminó". Él sólo tenía su fe para llevarlo a través de las innumerables batallas que tuvo que enfrentar para difundir las enseñanzas del Rebe, imprimir sus libros, establecer las reuniones de Rosh HaShaná en Umán, construir el *kloiz*... Tan pronto como sus esfuerzos comenzaron a dar frutos, la oposición levantó la cabeza. En poco tiempo no fueron meros insultos sino rocas y palos los que le arrojaron, culminando con el intento de asesinato, el complot para enviarlo a la prisión y al exilio y la incansable campaña de informar en su contra para hacer que lo deportasen a Siberia. Hasta el final mismo de su vida, Reb Noson tuvo que enfrentar la pobreza, la tragedia familiar y su dolorosa enfermedad intestinal.

¿Cómo es posible decir *"¡Ashrav!"* de una persona que sufrió tanto? Sin embargo, eso es lo que Reb Noson decía de sí mismo una y otra vez. Durante los peores momentos de los Años de Opresión, Reb Noson solía repetirse para sí mismo y a sus seguidores, *"¡Ashreinu!* - cuán afortunados somos de no ser quienes se oponen al Rebe Najmán". En el relato de Reb Noson sobre los episodios que vivió durante la vida del Rebe Najmán y de las enseñanzas que oyó de él, la misma frase se presenta una y otra vez: *"¡Ashrei ha-einaim!* - feliz los ojos que vieron tales maravillas, *"¡Ashrei ha-oznaim* - feliz los oídos que oyeron tales enseñanzas.

"*¡Ashreinu! ¡Ashreinu! ¡Ashreinu!*". Se dice que "*¡Ashreinu!*" es la única canción aportada por Reb Noson al repertorio de Breslov.[5]

Quizás podamos comenzar a comprender por qué Reb Noson sentía que había sido bendecido si consideramos las pocas palabras que hicieron fuerte impresión en Reb Najmán de Tulchin, de ocho años de edad, cuando escuchó a Reb Noson decir: "Este mundo material no ofrece nada tangible y es inalcanzable. La Torá y la plegaria tienen verdadero valor y son alcanzables" (ver Capítulo 27). En términos de este mundo, la vida de Reb Noson estuvo plena de extremas dificultades y sufrimientos. Pero este mundo pasa muy rápido, mientras que el bien ganado por Reb Noson perdura eternamente.

Reb Noson vio al Rebe Najmán como el maestro por excelencia. Él sabía que las enseñanzas del Rebe podían penetrar en los lugares más oscuros del corazón y despertar a la persona de su sueño espiritual. Sabía que el Rebe tenía el poder de encender un fuego dentro de cada judío, permitiéndole deshacerse de los grilletes de la incapacidad y reafirmar su compromiso con Dios. Para Reb Noson, la Torá del Rebe Najmán era *vida*. Enseñaba una *forma* de vida en la que era posible alcanzar aquello que perdura por siempre -Torá y plegaria- mediante una fe sólida en Dios, aprendiendo a ignorar las distracciones y los obstáculos (tanto los internos como los externos), contentándose con un pequeño progreso aquí, otro pequeño progreso allá, buscando el bien, avanzando constantemente, siendo siempre optimistas y alegres...

Ése fue el sendero que el mismo Reb Noson siguió, refinando y perfeccionando su carácter hasta llegar a ser el discípulo más cercano del Rebe, su escriba y, luego de su fallecimiento, quien se encargó de que perdurase su influencia. El Rebe Najmán dijo cierta vez que algunos de los más notables Tzadikim del pasado, tales como el Baal Shem Tov, habían logrado indudablemente mejorar el mundo pero, luego de su fallecimiento, la iluminación y el despertar que evocaron en sus seguidores se opacó y no continuó en las generaciones subsiguientes. Era necesario, dijo el Rebe Najmán, lograr algo que perdurase por siempre. Uno debía dejar seguidores que a su vez dejasen sus propios seguidores, y así en más, asegurando que el movimiento creciese y ganase cada vez más amplitud, de generación en generación (*Tzadik* #373).

Fue a través de Reb Noson que eso se llevó a cabo. Él aseguró que las enseñanzas del Rebe Najmán se volviesen la herencia de todo el pueblo judío, imprimiendo todos los libros del Rebe y escribiendo sus propios *Likutey Halajot* y *Likutey Tefilot* para explicar la ramificaciones y, más importante aún, las aplicaciones prácticas de las enseñanzas del Rebe. Más de cien años después de que Reb Noson construyese el *kloiz* en Umán, el edificio aún se mantenía como un símbolo de la continuidad del sendero de la plegaria del Rebe Najmán - incluso hoy en día, pese a haber soportado más de setenta años de comunismo, ¡el *kloiz* aún está en pie! Y más importante aún, Reb Noson sabía que cuando el Rebe hablaba de unir una piedra con otra para construir la casa de plegaria, no se estaba refiriendo a un mero edificio físico sino a una comunidad espiritual vital conformada por gente real (ver Capítulo 21).

Las "piedras" son las almas y Reb Noson hizo muchos seguidores. Entre los más cercanos a él algunos se volvieron grandes Tzadikim, tales como Reb Ozer y su hijo, Reb Najmán, Reb Moshé Breslover y su hermano Reb Zev Lubarski, Reb Najmán Pesajl, quien se mantuvo firme junto a Reb Noson durante los Años de Opresión, Reb Meir Leib Blejer, Reb Noson ben Reb Leib Rubén, Reb Abraham Ber, los propios hijos de Reb Noson, Reb Shajne y Reb Itzjak, y Reb Najmán ben Reb Zvi Arie, nieto de Reb Aarón el Rav, quien fue un reconocido *gaon* desde muy joven y cabeza de la corte rabínica en Tcherin antes de los veinte años. Reb Najmán de Tulchin fue el más cercano de todos y aunque nunca pudo tener una apropiada educación Talmúdica, estaba tan versado en las enseñanzas del Rebe Najmán y de Reb Noson que incluso Reb Najmán, el Rav de Tcherin, iba a escuchar sus lecciones.

Cuando uno de los discípulos de Reb Noson le preguntó quién tomaría su lugar, Reb Noson le respondió, "Aquél que llevó mis baldes de agua" - Reb Najmán de Tulchin, que lo había servido fielmente durante todos esos años (*Sijot veSipurim* p.146-147). Debido a su cercanía con Reb Noson, Reb Najmán recibió más de él que cualquier otro y comprendió claramente el sendero que debía seguir la Jasidut de Breslov. Poco antes de fallecer, Reb Noson dijo, "Estoy preparando todo con la pluma para que Reb Najmán pueda hacerse cargo más tarde". Con los escritos de Reb Noson, Reb

Najmán sería capaz de guiar a los jasidim de Breslov.[6]

Reb Najmán de Tulchin pudo dirigir con precisión a los jasidim de Breslov en el sendero correcto debido a que no se veía como un líder sino como un "aguatero", cuyo papel era difundir las enseñanzas del Rebe Najmán y de Reb Noson y transmitirlas a las generaciones futuras. En eso fue un verdadero seguidor de Reb Noson. Cuando Reb Noson asumió el liderazgo *de facto* del movimiento de Breslov, no fue como un nuevo Rebe, sino como un seguidor del Rebe Najmán. Reb Noson rechazaba los símbolos del liderazgo - la vestimenta de seda, el *shtreimel*, el *gabai* (asistente) personal, los rituales de honor, etcétera. Se veía a sí mismo primariamente como un abanderado de las ideas del Rebe, cuya tarea era hacer nuevo seguidores, que a su vez formarían otros más. Así fue cómo aseguró la continuidad del movimiento de Breslov.

Reb Noson explicó cierta vez por qué tituló su relato biográfico del Rebe Najmán "*Jaiei Moharán - La Vida* del Rebe Najmán", mientras que a la obra en la cual describe los eventos de su propia vida la tituló "*Imei Moharnat - Los Días* de Reb Noson". Reb Noson dijo que el Rebe estaba verdaderamente vivo: constantemente se elevaba a niveles cada vez más altos de percepción de la Torá, que es la esencia misma de la vida - "pues ella es tu vida" (Deuteronomio 30:20). "Pero en mi caso", continuó Reb Noson, "la única vitalidad que tengo proviene de lo que tomé del santo Rebe: *él* es mi vida y la largura de mis días, inspirándome constantemente con sabiduría, entendimiento y conocimiento. Sólo mediante su gran fortaleza pude guardar y santificar los días de mi vida, dedicándolos al servicio a Dios. Por ese motivo *Días* es un título apropiado para relatar los tiempos que viví" (*tradición oral*).

Reb Noson sentía que no tenía nada propio y que toda su vitalidad le era canalizada a través del Rebe. Si el Rebe Najmán era "Moshé" y "el rostro de Moshé era como el rostro del sol" (*Bava Batra* 75a), entonces Reb Noson era su "Ioshúa", y "el rostro de Ioshúa era como el rostro de la luna" (*Ibid.*). La luna no tiene luz propia sino la que recibe del sol. Los jasidim de Breslov sólo podían tener un Rebe. El papel de Reb Noson fue ser su principal seguidor y mostrarles también a los demás cómo seguir al Rebe Najmán - cumpliendo con sus enseñanzas en la práctica para alcanzar el bien eterno. Es imposible mirar el sol sin quedar cegado, pero todos pueden mirar la luna y disfrutar de la luz refleja. Siendo su principal seguidor, Reb Noson "les entrega" el Rebe Najmán a todos. *NoSoN* significa "¡él ha dado!".

Para difundir las enseñanzas del Rebe, Reb Noson tuvo que enfrentar innumerables obstáculos y una constante oposición. Cada paso estuvo cargado de pruebas y tribulaciones. Pero su inconmovible confianza en Dios, su inalterable fe en el Rebe Najmán, su inflexible voluntad, su negarse a que las dificultades lo abrumasen - todo ello le permitió construir una Jasidut duradera. Como dijo Reb Noson, "¿No es verdad, Iankel? ¡Dios siempre ayuda a terminar!". El legado de Reb Noson continúa con nosotros, para todos los judíos y para todas las generaciones - hasta que llegue el Mashíaj, pronto y nuestros días, Amén (*Tovot Zijronot* 8, p.147).

* * *

Parte X

GEMAS DE REB NOSON

Gemas de Reb Noson
Dichos y Anécdotas

Numerosos dichos y anécdotas de Reb Noson fueron transmitidos de manera oral por los jasidim de Breslov y han sido registrados por escrito en las últimas generaciones. Aquellos conectados con los eventos y los períodos específicos en la vida de Reb Noson han sido incorporados dentro del texto principal de esta biografía. Sin embargo, muchos otros no pueden ser fechados definitivamente y de ellos se presenta aquí una selección.

Plegaria e Hitbodedut

Cuando Reb Noson viajaba solía orar en el carruaje. Cierta vez, cuando llegaron a una posada, el cochero dijo, "Hoy viajé con un judío que oraba de una manera tan hermosa que no sólo yo lloré, sino ¡también los caballos!" (*Siaj Sarfei Kodesh* I-593).

*

Dijo Reb Noson, "Uno debe orar para que Dios lo guíe en el sendero de la verdad de Dios. Nuestra propia verdad nos puede engañar, pero la verdad de Dios es la real verdad" (*Siaj Sarfei Kodesh* I-502).

*

Cierta vez Reb Noson estaba en una posada tomando la cena cuando se atragantó con un hueso y comenzó a asfixiarse. Abrió muy grande la boca como hace la gente al ahogarse. Finalmente el hueso salió y Reb Noson estuvo a salvo. Le dijo a la persona que estaba con él, "¿Notaste que cuando me atraganté con el hueso miré hacia el Cielo? No importa lo que suceda, el único recurso es volverse al Cielo por ayuda. Incluso cuando uno no puede hablar, debe al menos mirar hacia el Cielo" (*Kojvei Or* p.71, #8).

*

Cierta vez, en un funeral, Reb Noson lloró amargamente. Cuando se le preguntó por qué estaba llorando tanto, dijo, "La persona debe llorar profundamente ante Dios. Si se presenta una oportunidad para llorar, uno debe aprovecharla" (*Siaj Sarfei Kodesh* I-635).

*

Había un hombre cuya mujer era tan malvada que no sólo lo agraviaba constantemente a él sino que también dañaba a otras personas. El hombre fue a ver a Reb Noson para pedirle consejo. Él le respondió, "Durante medio año deberás establecer un momento especial, todos los días, para orar sobre esto. Pídele a Dios que la haga mejorar de hoy en adelante" (*Avenea Barzel* p.70, #49).

*

Dijo Reb Noson: "Orar por algo durante cuarenta días sin interrupción es una de las mejores maneras de asegurarse de que la plegaria sea respondida" (*Kojvei Or* p.68).

*

Cierta vez Reb Najmán de Tulchin puso mucho empeño en construir la suká de Reb Noson. Cuando se sentaron allí para comer, Reb Najmán le comentó a Reb Noson cuánta satisfacción sentía por haber estado trabajando tan duro por esa mitzvá. Reb Noson le dijo, "¿Le has clamado alguna vez a Dios, durante todo un día, para poder llegar a saborear lo que realmente *es* una suká? ¡Trata y mira entonces el gusto que sientes al estar en la suká!" (*Avenea Barzel* p.52, #12).

*

Dijo Reb Noson, "Escribe el Santo *SHeLoH*, '*Ein rega belo pega*' (*Shnei Lujot HaBrit* 2:139a). La gente comprende esto como, 'No hay momento sin su tormento'. Pero la palabra *pega* también significa plegaria - no hay momento que no pueda ser la ocasión para alguna plegaria. Orando constantemente podemos salvarnos de los malos momentos" (*Kojvei Or* p.81, #38).

*

Reb Noson enseñó que existe un nivel de plegaria que se encuentra por debajo del estudio de la Torá, pero que hay otro nivel de plegaria que se encuentra por encima. Las plegarias por las necesidades materiales ciertamente se encuentran en un nivel inferior a la Torá. Tales plegarias son llamadas *jaiei shaá*, la vida del momento. Sin embargo, cuando uno ora para comprender y cumplir la Torá, tales plegarias son más grandes que la Torá. Tales plegaria son llamadas *jaiei olam*, la vida eterna (*Sijot veSipurim* p.95, nota 1).

*

Cuando el Rebe Najmán le contó a Reb Noson sobre su visita a la Cueva de Elías (en el monte Carmel en Jaifa), le dijo, "Yo me imaginé cómo Elías, el profeta, estuvo allí hablándole a Dios en *hitbodedut*". Reb Noson comentó más tarde cuánto lo había inspirado esa conversación. Lo hizo comprender que incluso Elías era un ser humano y que mediante el *hitbodedut* fue capaz de elevarse a un nivel tan grande de pureza que no probó el gusto de la muerte. En verdad, todos los grandes Tzadikim alcanzaron lo que alcanzaron gracias al *hitbodedut* (*Kojvei Or* p.76, #23).

*

Cierta vez, al hablar sobre ir a los campos para practicar el *hitbodedut*, Reb Noson hizo notar, "Vendrá una época en que todos harán esto, tal como todos se colocan el talet y los tefilín por la mañana. Aquel que sabe que tendrá que rendir cuentas delante del Tribunal Celestial por cada uno de sus actos, no dejará que nada le impida salir a los campos para practicar el *hitbodedut*" (*Kojvei Or* p. 71, #9).

*

La lección del Rebe Najmán en el *Likutey Moharán* I, 15 enseña que para "saborear la Luz Oculta que será revelada en el futuro" es necesario el autoanálisis y el *hitbodedut*. Cuando Reb Noson trató esta lección dijo, "Todo aquél que quiera saborear la Luz Oculta, que es el Rebe Najmán, deberá practicar el *hitbodedut*" (*Avenea Barzel* p.69, #47).

*

Dijo Reb Noson, "Dios me ayudó en la última etapa de mi vida debido a que practiqué mucho el *hitbodedut*. No puedo hacer nada sin primero hablarle a Dios" (*Kojvei Or* p.76, #22).

*

Cierta vez Reb Itzjak le escribió a Reb Noson quejándose de que durante el *hitbodedut* encontraba difícil abrir la boca y orar. Reb Noson le respondió que el rey David tenía el mismo problema, pero él era sabio. En lugar de levantarse y abandonar sus esfuerzos, se quedaba sentado allí, incluso cuando era incapaz de orar. Solía gemir desde lo más profundo de su corazón, clamando a Dios por el hecho de que su corazón y su boca estaban cerrados. Persistía en ello hasta que Dios lo ayudaba a abrir sus labios y a orar con fervor. Esto es lo que quiere decir "el rey David *se sentó* delante de

Dios" (Samuel 2, 7:18) (*Avenea Barzel* p.71, #52).

*

Alguien de Umán le dijo a Reb Noson que le insumía mucho tiempo recitar las plegarias pues le era necesario repetir las palabras varias veces para poder llegar a decirlas con el sentimiento apropiado. "¿Acaso el servicio de plegarias es la única forma de devoción que tienes?", respondió Reb Noson. "Hay muchas otras devociones. Si no sientes una palabra, hay muchas otras palabras. Si no sientes las plegarias durante el servicio, siempre puedes recitar Salmos y otras plegarias" (*Avenea Barzel* p.90).

*

Alguien le preguntó cierta vez a Reb Noson si debía orar rápidamente para evitar tener pensamientos extraños. Reb Noson le respondió, "Si oras rápidamente, ¡es posible que pases todo el servicio atrapado en un solo pensamiento extraño! Pero si oras más lentamente, podrás detener por algunos momentos esos pensamientos ajenos" (*Avenea Barzel* p.61, #25).

*

Cierta vez una mujer se paró delante de la puerta de Reb Noson y se negó a dejarlo pasar si no le prometía que tendría hijos. Él se lo prometió y dijo que ahora debía orar por ella. En otra ocasión varias mujeres fueron a pedirle a Reb Noson una bendición para poder tener hijos. "'¿Estoy en lugar de Dios?' (Génesis 30:2)", gritó. Más tarde dijo que lo lamentaba, pues debía haberlo dicho en voz baja (*Avenea Barzel* p.64, #35).

*

Dijo Reb Noson, "Un Erev Purim le rogué a Dios para que me salve de la *klipá* de Hamán-Amalek, ¡como si Hamán-Amalek estuviese sobre mí esgrimiendo una barra de hierro!" (*Avenea Barzel* p.52, #13).

*

Cierta vez, durante el último día de mercado antes de Pesaj, Reb Noson aún no tenía dinero para comprar las cosas de la festividad necesarias para su hogar. Antes de poder decir siquiera la plegaria de la mañana, su esposa, Dishel, le pidió dinero, produciéndole una gran angustia. "*¡Oi!* Ella sí que aprendió conmigo lo que es la amargura", dijo. Aun así, cuando comenzó sus oraciones se fortaleció con fe y confianza en Dios y puso todas sus energías en las plegarias, como si nada estuviese mal. Reb Najmán de Tulchin, que estaba allí en ese momento, dijo, "Después que terminó las plegarias pude ver un tremendo cambio en su rostro. Parecía como si todas sus necesidades hubieran sido satisfechas".

Más tarde ese día, algunos de los seguidores de Reb Noson del cercano pueblo de Rairid llegaron a Breslov para el mercado. Le trajeron a Reb Noson una considerable suma de dinero, suficiente como para cubrir todas sus necesidades para Pesaj. Reb Najmán de Tulchin estaba con Reb Noson cuando le dieron el dinero. Dijo que no percibió ningún cambio en su rostro al recibirlo. Eso se debía a su completa confianza en Dios (*Avenea Barzel* p.76, #64).

*

Reb Efraím ben Reb Naftalí le dijo cierta vez a Reb Noson, "Con tus plegarias explicas las plegarias" (*Avenea Barzel* p.60, #21).

Devoción

Dijo Reb Noson, "La persona debe trabajar muy duro en sus devociones cuando joven para que en sus años de ocaso pueda permanecer siendo un simple judío religioso" (*Maasiot uMeshalim* p.41).

*

Reb Noson explicó cierta vez por qué tenía tantas dificultades con sus devociones. "La Inclinación al Mal utiliza toda clase de trucos para trastornar a la persona. Debido a que yo lo sé, trabaja de manera diferente conmigo" (*Avenea Barzel* p.89).

*

Reb Najmán, el hijo de Reb Iudel Leib, era un jasid devoto que estudiaba día y noche y oraba con una gran sinceridad. Sin embargo, era muy pobre y estaba casado con una mujer de mal genio. Un jueves, Reb Najmán estaba con Reb Noson. Reb Najmán aún no tenía dinero para comprar sus magras vituallas para el Shabat. Alguien más que estaba allí comenzó a lamentar las dificultades de Reb Najmán. "¿Sientes piedad por Reb Najmán?", dijo Reb Noson. "¡Él se levantó a medianoche y ha estado totalmente inmerso en sus devociones hasta ahora! Mejor es que te lamentes de las dificultades de Moshé [Jenkes], que se sentó a comer la cena con muchos aires, bebió algo de vino fino y se acostó a dormir. ¿Cuántos años llevará purificarlo de su corporeidad?" (*Kojvei Or* p.70, #6).

*

"Akavia ben Mahalalel dijo, 'Concéntrarte en tres cosas y no pecarás: ¿De dónde vienes? De una gota pútrida. ¿Adónde vas? A un lugar plagado de gusanos. ¿Y delante de Quién tendrás que rendir cuentas? Delante del Rey de Reyes' (*Avot* 3:1). Cierta vez cuando Reb Noson estaba estudiando esta Mishná se entusiasmó y dijo, "¿Por qué el rabí Shimón bar Iojai fue lo que fue? ¡Porque sabía esto! ¿Por qué el Ari fue lo que fue? ¡Porque sabía esto! ¿Por qué el Baal Shem Tov fue lo que fue? ¡Porque sabía esto! ¿Por qué el santo Rebe fue lo que fue? ¡Porque sabía esto!" (*Avenea Barzel* p.67, #45).

*

Cierta vez en Umán Reb Noson oyó a Reb Moshé ben Reb Abraham Jaim orando muy intensamente. Cuando volvió a su hogar, comentó que de todos los miembros del *minian* de Reb Naftalí en Umán, Reb Moshé era el que mejor oraba. Al volver tiempo después a Umán, Reb Noson notó que Reb Moshé se había aplacado. Le dijo, "Moshé, has caído. Escúchame: ¡Retorna a Dios! Créeme, ¡mi barba es blanca y aun así intento llegar a ser un buen judío!" (*Avenea Barzel* p.63, #33).

*

Reb Noson se cuidaba de no malgastar un solo minuto. Tenía varios relojes en su casa. Dijo cierta vez, "'No hay hombre que no tenga su hora' (*Avot* 4:3) - aquel que no cuida su tiempo no es considerado un hombre" (*Siaj Sarfei Kodesh* I-709).

*

El Rebe bendijo a Reb Noson para que cada vez que quisiese dormir se durmiera inmediatamente. Incluso si se acostaba tarde y quería dormir un poco para levantarse para *jatzot*, colocaba su cabeza sobre la almohada y se dormía de inmediato (*Siaj Sarfei Kodesh* I-552).

*

El rabí Zusia de Anipoli dijo, "Acepto rendir cuentas por cada día de mi vida excepto los días que pasé viajando". Reb Noson dijo, "Acepto rendir cuentas por cada día de mi vida incluso por los días que pasé viajando" (*Siaj Sarfei Kodesh* I-579).

Una noche de invierno, Reb Noson y Reb Najmán de Tulchin, que estaban viajando juntos, se detuvieron en una posada desvencijada. Reb Najmán quiso arreglar una de las ventanas rotas de la habitación para que el frío no interfiriese con la rutina usual de Reb Noson de levantarse para *jatzot* y estudiar toda la noche. Pero las ventanas estaban en tan malas condiciones que no hubo mucho que Reb Najmán pudiese hacer. Incluso así, cuando se despertó en medio de la noche, vio que Reb Noson ya había completado el *Tikún Jatzot* y que estaba inmerso en el estudio del *Shuljan Aruj* (*Siaj Sarfei Kodesh* I-576).

*

En sus últimos años, Reb Noson nunca dormía solo en el ático. Eligió al joven Reb Najmán ben Reb Ozer para que durmiese allí con él. Reb Najmán relató más tarde que se sintió muy orgulloso de tener la posibilidad de oír a Reb Noson recitar el *Tikún Jatzot* y observar sus devociones después de *jatzot*. Reb Najmán intentaba hacer todo lo posible por mantenerse despierto hasta *jatzot*, momento en que se levantaba Reb Noson. Sin embargo, Reb Noson se acercaba a él, lo cubría con la manta y le decía, "Najmán. ¿Por qué no estás durmiendo?". Reb Najmán se dormía inmediatamente hasta la mañana (*Avenea Barzel* p.88).

*

Reb Najmán de Tulchin dijo que cierta vez vio a Reb Noson estudiar la lección del *Likutey Moharán* II, 7 con tanto fuego y pasión que era como si recién la hubiese oído del Rebe Najmán (*Siaj Sarfei Kodesh* I-599).

*

Reb Noson comenzó a dar su discurso sobre "*Vaietzé Iaacov* - Y salió Iaacov" (Génesis 28:10 - *Likutey Halajot, Mataná* 4) un Shabat por la mañana, inmediatamente después de hacer la bendición sobre el pan. Todos quedaron tan enfrascados en el discurso que casi pierden la Tercera Comida (*Avenea Barzel* p.70, #51).

*

El Rebe Najmán advirtió en contra de recurrir a los médicos (ver Capítulo 6, nota 3). Cierta vez Reb Noson estaba en Teplik cuando cayó enfermo. Trajeron a un médico para que lo examinara. Al verlo, Reb Noson volvió su rostro hacia la pared y dijo, "Me han traído a un mensajero del Ángel de la Muerte". Otra vez un clavo penetró en el pie de Reb Noson causándole un gran sufrimiento. Alguien le trajo una hierba que se decía tenía propiedades curativas. Reb Noson también la rechazó y dejó que su pie se curase naturalmente (*Avenea Barzel* p.43, #64).

*

Cada vez que Reb Noson iba a la casa de alguien para terminar allí su comida, se cuidaba mucho de lavarse las manos nuevamente para comer pan, aunque ya se las había lavado en su propia casa. (Eso no es siempre necesario; ver *Oraj Jaim* 164:1). Esto se debía a que el Rebe Najmán dijo cierta vez, "Cuando los judíos van a comer, siempre se lavan primero las manos. Los no judíos van directamente a la mesa" (*Siaj Sarfei Kodesh* 729).

*

Reb Noson estaba cierta vez en una posada donde se negó a comer. Más tarde descubrieron que los carniceros eran asesinos. Otra vez, le sirvieron a Reb Noson un plato de sopa. Él estaba en medio de una discusión sobre la lección del Rebe Najmán en el *Likutey Moharán* II, 7. Para cuando terminó su discurso, la sopa ya estaba fría. Reb Noson pagó por ella pero no la tomó. Más tarde, oyeron que había dudas sobre su *kashrut* (*Avenea Barzel* p.60, #23).

*

El Rebe Najmán enseña en el *Likutey Moharán* I, 6 que soportar la humillación en silencio lleva al arrepentimiento. Luego de que el Rebe concluyese la lección, dijo, "Pero hay veces en que debes dar una bofetada". Cierta vez, un jasid de Breslov estaba recitando los Salmos con gran intensidad. Alguien que estaba estudiando cerca de allí se quejó de que el jasid de Breslov lo molestaba y lo golpeó. Poco después, Reb Noson entró en el *beit midrash*. Comprendiendo que algo desagradable había sucedido, dijo, "¿Por qué lo golpeaste?". El hombre dijo, "¿Y qué hay con ello? ¿Usted quiere pegarme *a mí*?". Estiró su mentón como diciendo, "¡Adelante! ¡Golpéeme!". Reb Noson recordó lo que el Rebe había dicho -"Hay veces en que debes dar una bofetada"- ¡y así lo hizo! (*Siaj Sarfei Kodesh* 529).

*

Una mañana, el hijo del *sofer* (escriba) retiró toda las mezuzot de la casa de Reb Noson para inspeccionarlas. Reb Noson estaba en ese momento en la mikve. Cuando volvió a su hogar, estiró la mano para besar la mezuzá en la entrada y vio que no estaba. Preguntando qué había pasado, se le dijo que el hijo del escriba se las había llevado. Reb Noson fue directamente al *shul* y lo encontró orando. Tan pronto como terminó, Reb Noson le dijo, "¡Te llevaste mi casa! ¿Es ésa la manera de inspeccionar las mezuzot? ¡Lo apropiado es preparar un martillo y clavos, sacar una mezuzá, inspeccionarla y volverla a poner, y entonces seguir con la siguiente!"(*Avenea Barzel* p.63, #31).

*

Reb Noson asistió cierta vez al casamiento de unos parientes lejanos en Nemirov. Normalmente no hubiese ido pues no eran familia cercana, pero sintió la necesidad de alegrarse compartiendo la fiesta matrimonial (*Siaj Sarfei Kodesh* I-537).

Verdad y Fe

Reb Noson se sentía tan angustiado por la declinación de la fe y la difusión del escepticismo en el mundo moderno que dijo, "No puedo expresar mi amargura por esta catástrofe excepto cuando digo el *Tikún Jatzot*, durante las Tres Semanas y en Tisha beAb, cuando recito las *kinot*" (*Sijot veSipurim* p.116).

*

Cierta vez los *maskilim* de Umán se vanagloriaron ante Reb Noson diciendo que ellos romperían todas las barreras que separaban a los judíos de los gentiles y harían que se mezclasen con las naciones del mundo. Hicieron notar que eso ya estaba sucediendo en Francia y en Alemania. Reb Noson dijo, "De algo estoy seguro: si tienen éxito, entonces el mundo volverá al caos y a la desolación, porque el mundo no fue creado para eso" (*Sijot veSipurim* p.73).

*

Cierta vez alguien alabó a un líder de los *maskilim*, diciendo que era honesto y correcto. Reb Noson dijo, "Es posible que no diga mentiras, pero está viviendo una mentira" (*Siaj Sarfei Kodesh* I-673).

*

Reb Noson se sentía muy perturbado por la falta de verdad y

de honestidad en el mundo. Una mañana se sintió tan afligido que le fue imposible orar con la alegría usual. Dijo las plegarias con total abatimiento hasta que llegó al versículo, "Quien cuida la verdad por siempre" (Salmos 146:6). De pronto se puso muy contento y terminó las plegarias con una gran alegría.

Más tarde lo explicó con una parábola. Un noble tenía un hermoso jardín que contenía toda clase de plantas - excepto una rara y valiosa especie que le fue imposible conseguir. Finalmente encontró una semilla y la plantó en el jardín. Pero es sabido que antes de que la semilla pueda desarrollarse y madurar, corre un gran peligro. Uno debe tomar la precaución de regarla sólo lo necesario, hace falta cuidarla de los pájaros y de los insectos que pueden destruirla. El noble contrató cuidadores a tiempo completo para proteger esa única semilla. Deberían tener cuidado de no perderla de vista ni por un solo momento. De la misma manera, la verdad es muy rara, preciosa y a la vez muy devaluada. Pero Dios la cuida constantemente, hasta el tiempo en que "La verdad brotará de la tierra" (Salmos 85:2) (*Maasiot uMeshalim* p.40).

*

Un grupo de escépticos desafío cierta vez a Reb Noson para que les explicase la afirmación de nuestros Sabios de que "Cuando los gusanos muerden el cuerpo en la tumba, ello es tan doloroso para la persona fallecida como una aguja en la carne viva" (*Shabat* 152a). "¿Cómo es eso posible?", preguntaron. Reb Noson respondió que hay tres partes del alma, el *nefesh*, el *rúaj* y la *neshamá*. El *Zohar* enseña que aunque la *neshamá* deja el cuerpo en el momento de la muerte, una pequeña porción del *nefesh* se mantiene para nutrir el cuerpo hasta la Resurrección. Reb Noson continuó así hasta que satisfizo a los escépticos, quienes se fueron. Uno de los seguidores de Reb Noson, quien estaba allí en ese momento, le agradeció por la explicación, diciendo que a él también lo había preocupado ese mismo problema. "¿También tú?", dijo Reb Noson. "¿También tú deseas una explicación intelectual para lo que enseñaron los Sabios? Cuando nuestros Sabios dicen algo yo tengo una fe completa en que es algo verdadero, firme y establecido. ¡No quiero ni siquiera pensar en tratar de justificarlo de manera intelectual!" (*Kojvei Or* p.76, #20).

Consejo

Cierta vez en que Reb Noson estaba de visita en Teplik, un jasid de Breslov se le acercó a pedirle consejo mientras estaba tomando un plato de *borscht*. Reb Noson no le respondió. El jasid le preguntó una segunda vez y Reb Noson tampoco le contestó. Cuando el hombre le preguntó una tercera vez, Reb Noson le dijo, "No sé si debo o no tomar otra cucharada de este *borscht* -quizás ya tuve suficiente- ¿y tú quieres una respuesta inmediata?" (*Siaj Sarfei Kodesh* I-648).

*

Reb Noson relató cierta vez una parábola sobre un hombre que anunció: "Todo aquel que esté enfermo puede venir a verme y yo lo curaré". Muchos enfermos fueron a verlo. Uno dijo, "Me duele la cabeza". El hombre respondió, "*Mi* cabeza me duele dos veces más que la tuya". Cada vez que alguien venía con una queja, el hombre le decía que su propio dolor era peor todavía. Finalmente dijo, "¿Por qué les dije entonces que viniesen a verme? Porque yo conozco un médico que me puede curar incluso a mí". Reb Noson concluyó, "Yo tengo dolores por todas partes y sufro más que nadie. Pero encontré un verdadero médico, uno que realmente puede curar y puedo mostrarles quién es" (*Siaj Sarfei Kodesh* 497).

*

Reb Noson solía decir que si la persona es incapaz de levantarse para *jatzot*, debe tratar de levantarse una hora más tarde. Si no puede, debe tratar de hacerlo una hora después... No importa lo que uno quiera lograr, el consejo de Reb Noson es hacer siempre todo lo posible (*Sijot veSipurim* p.120).

*

Reb Jaim Liserman le dijo cierta vez a Reb Noson que quería dejar su negocio y estudiar Torá. Reb Noson le dijo, "Ahora tu corazón arde con el deseo de estudiar Torá. Pero ¿qué harás cuando el fuego se apague y no tengas ningún ingreso? Será mejor para ti organizar sesiones de estudio diarias antes de abrir el negocio, y luego llevar algunos libros a la tienda para poder estudiar en los momentos tranquilos. En tu tiempo libre, pídele a Dios poder llegar a ocupar todos tus días con la Torá" (*Avenea Barzel* p.49, #2).

*

Reb Najmán Shpielband era un mercader muy exitoso. Cierta vez se hizo confeccionar un fino abrigo invernal. Cuando Reb Noson lo vio, le dijo, "Reb Najmán, es un hermoso abrigo el que estás llevando. No es apropiado colgar una prenda tan fina en tu viejo armario. ¿No crees que deberías comprarte un armario nuevo para él? Y ciertamente, una vez que cambies tu armario, querrás mejorar también el resto de los muebles. Por supuesto eso significa que probablemente tendrás que redecorar toda la casa, o mejor aún, comprar una más hermosa. ¡Pero tú no tienes tanto dinero! ¡Parece que no te será posible encarar todos los gastos que vienen aparejados con ese abrigo!" (*Siaj Sarfei Kodesh* I-642).

*

Reb Najmán de Tulchin fue huérfano desde una temprana edad y nunca tuvo una educación Talmúdica formal. Cierta vez viajaba con Reb Noson quien le reprochó no estudiar Torá. Cuando llegaron a una posada, Reb Najmán tomó una *guemará* y comenzó a estudiar. Reb Noson le dijo que él era lo que se llama un "estudiante turbulento". Reb Noson continuó: "El Baal Shem Tov vino al mundo para erradicar a los estudiantes turbulentos. Sería mejor para ti estudiar lo básico - *Jumash, Mishná, Ein Iaacov, Shuljan Aruj* y *Midrash*". Reb Najmán tenía cerca de veinte años cuando se volvió seguidor de Reb Noson. De haberse concentrado exclusivamente en el estudio Talmúdico es posible que hubiera adquirido un cierto conocimiento de Torá pero no habría alcanzado verdadera piedad. Reb Noson comprendió que para que Reb Najmán de Tulchin pudiese elevarse hacia su pleno potencial debía colocar el mayor énfasis en refinar su carácter. Reb Najmán llegó a ser en verdad un gran Tzadik y líder (*Avenea Barzel* p.66, #41).

*

Dijo Reb Noson, "Algunas personas están tan ansiosas de cumplir con cierta mitzvá con todos sus detalles que terminan sin hacer nada en absoluto" (*Siaj Sarfei Kodesh* I-571).

*

Dijo Reb Noson, "La Inclinación al Mal lleva a las personas religiosas a realizar algunas tonterías". (Esas tonterías se reflejan entonces en la religión como un todo, haciendo que la gente se aleje del servicio a Dios, culpando a la tontera que ven. La Inclinación al Mal recurre a esto debido a que el mal no tiene poder sobre una persona que sigue la Torá, de modo que debe apartarla mediante la tontería) (*Kojvei Or* p.75, #16).

*

Cierta vez un hombre fue a ver a Reb Noson y le pidió que orase por él, dándole un rublo como *pidion*. Sin esperar siquiera una respuesta, el hombre partió, pero Reb Noson lo llamó y le dijo, "¿Recuerdas aquel momento en que estabas con problemas y le prometiste a Dios que te arrepentirías? Dios te ayudó y te salvaste, pero no comenzaste a servirlo de la manera apropiada". Reb Noson continuó haciendo una lista de las veces en que el hombre había estado en problemas y había dicho que se iba a arrepentir. "¿Y ahora que estás en problemas una vez más vienes a pedirme que ore por ti nuevamente? ¿Qué soy yo - un ayudante pago? ¿Yo debo orar y tú volver a tus malos caminos? ¡Todo esto te sucede debido a que debes arrepentirte en verdad! (*Siaj Sarfei Kodesh* I-700).

*

Dijo Reb Noson, "Si quisiese escribir sobre todo lo que sucede entre el esposo y la esposa, debería escribir dos veces más de lo que ya he escrito" (*Siaj Sarfei Kodesh* I-740).

*

Reb Noson le dijo a Reb Moshé Breslover, "Te daré un sendero para el arrepentimiento: baila todo los días" (*Avenea Barzel* p.62, #29).

*

Reb Noson le escribió cierta vez a Reb Ozer, "He oído que pones todo el énfasis en el temor al Cielo. Ése no es el sendero que he aprendido del Rebe. Lo más importante es estar alegres - y también temer a Dios" (*Avenea Barzel* p.62, #28).

*

Cierta vez Reb Noson estaba hablando sobre la importancia de la alegría. Alguien le preguntó, "¿Qué debo hacer? ¡Con todos mis problemas, no tengo nada por lo cual alegrarme!". Reb Noson dijo, "¡Toma prestado algo de alegría!" (*Siaj Sarfei Kodesh* I-736).

*

Cierta vez Reb Noson estaba hablando sobre el patriarca Abraham y su ardiente deseo de servir a Dios. Él fue la primera persona que reconoció en verdad a Dios y Lo sirvió día y noche, haciendo todo lo que estaba a su alcance para difundir el conocimiento de Dios en el mundo. Una de las personas que estaba escuchando a Reb Noson suspiró y dijo, "¿Cómo es que uno puede alcanzar un corazón así?". Dijo Reb Noson, "Tú también tienes un corazón así. Lo que sucede es que no le has puesto 'corazón'". El hombre tiene libertad de elección y todos en el mundo tienen el poder de elevarse a los niveles más excelsos (*Kojvei Or* p.79, #30).

*

Reb Noson le dijo a Reb Aarón Nisán, "Si estuvieras alegre todo el tiempo no verías Gueinom" (*Kojvei Or* p.78, #28).

*

Cierta vez, algunos de los seguidores de Reb Noson hablaban con admiración de un hombre que había decidido permanecer en silencio y no hablar durante mucho tiempo. Pero Reb Noson dijo, "Por el contrario, el sendero del Rebe Najmán indica específicamente el habla. Sólo debemos cuidar lo que decimos" (*Siaj Sarfei Kodesh* I-637).

*

Un amigo de la infancia de Reb Noson, que vivía en Mohilev, se había excedido en sus negocios y había llegado a la quiebra. Con ninguna de las leyes de quiebra actuales para protegerlo, sintió que no tenía más opción que huir de su hogar. Decidió recurrir a un pariente rico que vivía en una ciudad lejana, con la esperanza de que lo ayudase a salir de la difícil situación. En su viaje pasó por Breslov, donde recordó a su viejo amigo Reb Noson y decidió visitarlo.

Cuando los dos amigos se sentaron a conversar, el hombre comenzó a abrir su corazón, contándole a Reb Noson sus desgracias financieras. "Realmente estás en problemas", dijo Reb Noson, "pero tu plan no es bueno. Cuando vayas a la casa de tu pariente rico, tus problemas estarán escritos en tu rostro. Su bienvenida será a medias en el mejor de los casos. Puede que te invite a comer, pero dudo que te invite a quedarte con él siquiera una noche. ¿Entonces qué? Serás un extranjero en una ciudad extraña. ¿Dónde dormirás? Es posible incluso que la gente llegue a sospechar que eres un ladrón.

"Sigue mi consejo", dijo Reb Noson. "¡Corre - hacia Dios! Retorna a Mohilev, pero en lugar de volver a tu casa ve directo al *beit midrash*. Todos en Mohilev saben que no eres un ladrón, sino un respetable hombre de negocios que trabajó duro y que simplemente se encontró en momentos difíciles. Cuando se corra la voz de que estás en el *beit midrash*, la gente vendrá a gritarte pidiéndote que les pagues lo que les debes. No digas una palabra. Mantente en silencio y continúa con la Torá y con la plegaria. Si sigues mi consejo, verás que en pocos días Dios te ayudará a salir del problema".

Las palabras de Reb Noson, dichas con verdadero sentimiento y compromiso, entraron en el corazón de su amigo quien volvió a Mohilev y se dirigió directamente al *beit midrash* sentándose allí para orar y estudiar, manteniéndose en silencio frente a todas las agresiones. Unos días más tarde la gente del pueblo se reunió para discutir la situación. Sus amigos y parientes comprendieron que simplemente había caído en épocas difíciles y decidieron prestarle el dinero que necesitaba para volver al negocio y establecerse otra vez. Desde ese momento, el amigo de Reb Noson dividió su tiempo entre la Torá, la plegaria y el trabajo. Fue bendecido y su nuevo negocio creció constantemente hasta que pudo devolver el préstamo de sus amigos y también pagar todas las otras deudas. Más tarde le escribió a Reb Noson agradeciéndole profundamente su sólido consejo (*Avenea Barzel* p.82-84).

*

Cierta vez dijo Reb Noson, "¡Cuánto debe trabajar un soldado antes de ser promovido! Puede llevar años y años hasta que un soldado raso pueda volverse general. Lo mismo se aplica al servicio a Dios. Toma tiempo alcanzar los niveles más elevados. Pero a veces, cuando la batalla es muy desesperada, un soldado raso puede mostrar extraordinario coraje, quebrar las filas enemigas y ser nombrado general. De la misma manera hay veces en que un judío se enfrenta a difíciles pruebas y se eleva a las alturas más extraordinarias en muy poco tiempo (*Siaj Sarfei Kodesh* I-556).

Rebe Najmán

Dijo Reb Noson, "El mundo entero está loco y también yo. ¡Pero cierta vez conocí a alguien [el Rebe Najmán] que estaba cuerdo!". (Este comentario fue ocasionado por un demente que vivía en Breslov y solía gritar, "Mi padre tiene mil *rendels*". Un día entró al *beit midrash* mientras Reb Noson estaba enseñando y molestó durante toda la lección. Reb Noson dijo entonces, "Dios tiene un tesoro de dementes", y comenzó a hablar sobre lo que hace que la gente se vuelva loca. Citó la afirmación del Ari de que cada pecado lleva a la persona hacia la locura. En verdad, debido a nuestros pecados, deberíamos estar completamente locos, pero quedan algunas chispas de inteligencia que hacen que la persona se mantenga algo cuerda (ver *Likutey Moharán* I, 1). Concluyendo su discurso Reb Noson dijo, "Si podemos decir tales palabras de Torá debido a un demente, ¡evidentemente también necesitamos de los locos!") (*Avenea Barzel* p.53, #14).

*

Alguien le preguntó a Reb Noson, "¿Quién es más grande, una persona pequeña que está unida al Tzadik o una gran persona que no lo está?". Reb Noson dijo, "Cuando alguna persona le llevaba algo a Moshé para el Tabernáculo, era aceptado sin importar quién fuese la persona. Pero si alguien quería ofrecer algo extremadamente valioso, pero no se lo llevaba a Moshé, no valía nada. Sólo Moshé tenía el poder de erigir el Tabernáculo y colocar todo en su lugar apropiado" (*Avenea Barzel* p.74, #62).

*

Dijo Reb Noson, "Cuando la gente menciona a Moshé Rabeinu, menciona a su discípulo Ioshúa. Cuando mencionan al rabí Shimón bar Iojai, mencionan a su discípulo el rabí Aba. Cuando mencionan al Ari, mencionan a su discípulo, el rabí Jaim Vital. Cuando mencionan al Baal Shem Tov, mencionan a su discípulo, el Maguid de Mezritch y cuando mencionen al Rebe Najmán me mencionarán a mí" (*Siaj Sarfei Kodesh* I-701).

*

Dijo Reb Noson, "Cuando las mujeres judías enciendan las velas del Shabat, deberán tener en mente que, así como están encendiendo las velas del Shabat, de la misma manera la luz del Rebe Najmán debe irradiar en todos los mundos" (*Siaj Sarfei Kodesh* I-631).

*

Cierta vez en que Reb Noson estaba de viaje, varios perros comenzaron a ladrar. Reb Noson dijo, "Cuando el Rebe oía ladrar a los perros solía decir, 'Ya sé, ya sé'. Y yo digo, '¡No sé! ¡No sé!'". Inmediatamente los perros se callaron (*Avenea Barzel* p.64, #35).

Dijo Reb Noson, "Yo no tengo la verdadera gracia del Rebe, pero estoy libre de una falsa gracia" (*Siaj Sarfei Kodesh* I-728).

*

Cierta vez, cuando Reb Noson estaba recitando las palabras del *Tikún Jatzot*, "Tú conoces los secretos del mundo", Reb Najmán de Tulchin lo oyó decir, "Dios, Tú conoces el secreto del mundo - el Rebe, quien está oculto del mundo". Reb Noson comenzó entonces a pedirle a Dios que lo ayudase a seguir el consejo del Rebe Najmán y llegar así a acercarse a Dios y a servirlo de la manera apropiada (*Avenea Barzel* p.53, #15).

*

Dijo Reb Noson, "Afortunados los ojos que vieron los ojos del Rebe Najmán. Y afortunados los ojos que vieron los ojos de aquellos que vieron los ojos del Rebe". Reb Abraham Jazán agregó, "Y así de generación en generación" (*Avenea Barzel* p.91).

*

Dijo Reb Noson, "Si alguien se une al Rebe Najmán, no importa quién sea, el Rebe no lo dejará hasta rectificarlo" (*Siaj Sarfei Kodesh* I-713).

*

Alguien le dijo cierta vez a Reb Noson, "Ellos dicen que usted dice que si alguien no es un jasid de Breslov, será castigado". Reb Noson respondió, "Eso no es lo que yo digo. Yo digo que todo aquel que peca será castigado por sus pecados. Sin embargo, cuando la persona contemple el mal que hay en ella, comprenderá que de haber sido un verdadero jasid de Breslov, ¡no habría tenido todas esas fallas!" (Avenea Barzel p.70, #51).

*

Cierta vez un jasid de Breslov estaba transportando algo de mercadería cuando comenzó a llover. Rápidamente desplegó una cubierta para protegerse y proteger su mercadería de la lluvia, tomó un *sefer* y comenzó a estudiar. Reb Noson, que pasaba por allí lo vio y dijo más tarde, "Estaba muy contento con la lluvia pues le dio la oportunidad de servir a Dios" (*Avenea Barzel* p.72, #59).

*

Dijo Reb Noson, "El estudio de la Torá nos fue dado por Moshé Rabeinu. Aprender cómo llevar a cabo lo que enseña la Torá nos fue dado por el Rebe Najmán" (*Kojvei Or* p.70, #5).

Reb Noson dijo que el Rebe Najmán entretejió lo mejor de los mitnagdim y de los jasidim. Para los mitnagdim, lo más importante es el estudio de la Torá, haciendo menor hincapié en la plegaria. Para los jasidim, lo más importante es la plegaria, haciendo menor hincapié en el estudio de la Torá. El Rebe Najmán combinó ambos, enfatizando tanto el estudio de la Torá como la plegaria (*Avenea Barzel* p.52, #10).

*

Dijo Reb Noson, "Las cosas que solemos tratar cualquier miércoles por la noche otro *guter id* no las comprendería ni siquiera en el Gan Edén" (*Avenea Barzel* p.54, #18).

*

Alguien le contó a Reb Noson que cierta vez los seguidores del Baal Shem Tov habían ido a consolar a un deudo y que cuando, como era su costumbre, comenzaron a hablar sobre el servicio a Dios, se pusieron tan contentos que empezaron a bailar. Incluso el deudo olvidó su duelo durante un tiempo y bailó con ellos. Reb Noson dijo, "Lo mismo puede suceder cuando se habla de las enseñanzas del Rebe Najmán" (*Siaj Sarfei Kodesh* I-529).

Encontrando Los Puntos Buenos

Cierta vez Reb Noson acompañó al Rebe Najmán a visitar a un hombre que había invertido mucho dinero y esfuerzo en construir una hermosa suká. Reb Noson vio que la suká no estaba construida totalmente de acuerdo con todos los requerimientos halájicos, pero como el Rebe no dijo nada, Reb Noson también decidió no decir nada. Cuando más tarde le mencionó el tema al Rebe, el Rebe dijo, "Un judío trabajaba muy duro y gasta mucho dinero para hacer una suká, ¿y tú quieres cuestionar su validez debido a un punto de vista halájico más estricto" (*Avenea Barzel* p.25, #17).

*

Cierta vez Reb Noson le preguntó a Reb Meir de Teplik sobre un hombre de Teplik que había desarrollado una cierta conexión con Reb Noson. Reb Meir respondió de manera ligera, como si no hubiese mucho para hablar. "Escúchame", dijo Reb Noson. "Si vas a mirar a todos de manera crítica, tendrás que condenar al mundo entero. Comienza con la casa que está en las afueras de la ciudad y avanza hacia el centro. ¿Dónde hay un judío verdaderamente bueno? ¿Tú eres el único en la ciudad?". " Difícilmente pueda llamarme un verdadero judío", dijo Reb Meir. "Y si tú no lo eres", dijo Reb Noson, "entonces, ¿quién lo es? Pero si miras a la gente de manera positiva podrás encontrar mérito incluso en la peor persona. ¡Podrás encontrar mérito en todos, incluso en ti mismo!" (*Kojvei Or* p.75, #18).

*

Alguien se quejó cierta vez ante Reb Noson por no tener el dinero para comprar los regalos para su novia. Reb Noson lo consoló diciéndole que el patriarca Iaacov tampoco había tenido nada para darle a Rajel. "¿Qué soy yo comparado con Iaacov?", dijo el hombre. "¡Todo lo que hizo implicaba misterios Celestiales!". Reb Noson le respondió que incluso hoy en día todo lo que hacemos contiene profundos secretos y misterios, aunque no somos conscientes de ello (*Avenea Barzel* p.88-89).

*

Reb Noson estaba cierta vez tratando la enseñanza de *Azamra* del Rebe Najmán que habla sobre la importancia de buscar los puntos buenos en uno mismo y en los demás. Reb Najmán de Tulchin se sintió tan inspirado que comenzó repetir la lección, palabra por palabra, después de Reb Noson. Reb Noson se volvió hacia él y le dijo, "¿Piensas que es fácil encontrar mérito en la gente? El Rebe enseñó que al juzgar a alguien de manera favorable de hecho lo elevas en la escala del mérito. Si fuese tan simple, podríamos llevar al mundo entero hacia la escala del mérito" (*Kojvei Or* p.76, #19).

*

Dijo Reb Noson, "Yo puedo encontrar mérito incluso en la peor persona - suficiente mérito como para llenar muchas páginas. Esto se debe a que sé por lo que debe pasar una persona en esta vida" (*Kojvei Or* p.74, #15).

*

Cierta vez hubo un incendio en Breslov. Más tarde Reb Noson pasó por el lugar con algunos seguidores y vieron al desafortunado dueño de casa hurgando entre las ruinas de su hogar con la esperanza de encontrar algo que pudiera ser salvado. Reb Noson les dijo a los demás, "¿Han visto? Aunque su casa se ha quemado no ha perdido la esperanza de volver a reconstruirla. Lo mismo es verdad en nuestra vida espiritual. No importa cuán malamente hayamos caído, nunca debemos perder la esperanza. Debemos buscar todos los elementos buenos que podamos y nunca perder la esperanza" (*Kojvei Or* p.78, #29).

Rosh HaShaná

Cierta vez, en Umán, luego de las plegarias de Rosh HaShaná, Reb Noson dijo, "Yo creo que el Rebe Najmán está aquí con nosotros. Y si el Rebe está aquí, entonces también están aquí los Siete Pastores. Yo lo creo como si lo estuviese viendo en verdad" (*Siaj Sarfei Kodesh* I-590).

*

Reb Noson le dijo a su hijo, Reb Itzjak, "Tengo la esperanza de que, hasta que llegue el Mashíaj, la gente venga siempre a Umán para orar en la tumba del Rebe en Erev Rosh HaShaná y celebrar Rosh HaShaná en la ciudad. Pero, ¿quién sabe lo que depara el futuro? Puede llegar una época en que se niegue el acceso al *tzion*. Por lo tanto yo te digo, ¡Fíjate de estar siempre en Umán para Rosh HaShaná! En Erev Rosh HaShaná, de ser necesario, deberás pararte incluso en el mercado o en algún otro lugar desde donde puedas ver el *tzion* y recitar los Diez Salmos del *Tikún HaKlalí*. En Rosh HaShaná mismo, asegúrate de orar en Umán, aunque sea en una habitación lateral de algún *shul* (*Kojvei Or* p.69, #2).

*

"Cada viaje que hace la persona para estar en Umán para Rosh HaShaná contribuye a acercar la llegada del Mashíaj" (*Kojvei Or* p.69, #4).

Mashíaj

Dijo Reb Noson, "Mi Mashíaj ya ha llegado" - es decir, por su parte no había nada que detuviese la llegada de Mashíaj (*Siaj Sarfei Kodesh* I-739).

Cierta vez le preguntaron a Reb Noson: "Viendo que pese a todos los esfuerzos de los grandes Tzadikim de las generaciones pasadas, el Mashíaj aún no ha llegado, ¿cómo podremos *nosotros* esperar traerlo, siendo espiritualmente mucho más débiles?". Reb Noson respondió con una parábola:

Había una vez una ciudad muy bien fortificada rodeada por una muralla de piedra que todos pensaban que era impenetrable. Muchos de los reyes de la tierra trataron de conquistar la ciudad pero no lo lograron y todos sus soldados murieron antes de poder hacer siquiera una muesca en el muro. Finalmente, un rey sabio decidió conquistar la ciudad fortificada. Luego de inspeccionar las fortificaciones, envió a sus soldados más poderosos para derrumbar la pared. Golpearon y golpearon pero no pudieron hacerle una brecha y en poco tiempo cayeron. El rey envió una segunda oleada de guerreros poderosos, luego una tercera, pero sin éxito. Su ejército fue gravemente diezmado pero la pared aún no se había derrumbado.

Pese a todo, el rey no abandonó. Nuevamente inspeccionó las murallas de la ciudad. "¿Cómo espera capturar esta ciudad si ya ha perdido a todos los soldados más poderosos?", le preguntaron. El rey sabio sonrió. "La muralla aún parece estar intacta, pero si la examinan con detenimiento verán que en verdad está a punto de colapsar. Ahora está tan débil que incluso las pocas fuerzas que me quedan, los enfermos, los heridos, las mujeres y los niños, podrán hacerla caer". El rey los envió entonces a la batalla y pese a su debilidad pudieron derrumbar la "impenetrable" muralla y conquistar la ciudad.

"¿Quién capturó la ciudad?", preguntó Reb Noson. "¿Los ancianos y los enfermos? ¿Cómo podrían siquiera haber intentado luchar si los poderosos guerreros habían sido totalmente aniquilados? ¡Aunque hubiesen estado peleando durante mil años, nunca habrían podido derrumbar las murallas! Ellos ganaron la batalla gracias a la fuerza de los anteriores guerreros poderosos. Lo mismo se aplica a nosotros. Nosotros estamos débiles, cansados y agotados. Los Tzadikim anteriores -Moshé Rabeinu, el rabí Shimón bar Iojai, el Ari, el Baal Shem Tov y el Rebe Najmán, en verdad todos los Tzadikim- no pudieron traer al Mashíaj, pero lograron quebrar la muralla de los obstáculos que se encuentran en el camino. Y debido a ello, incluso ahora, nosotros podemos encarar el ataque final y traer al Mashíaj" (*Maasiot uMeshalim* p.36-37).

*

Dijo Reb Noson, "Mashíaj tendrá muchas más dificultades con los jasidim que con los escépticos. Él hará un milagro y los escépticos quedarán convencidos. Pero los jasidim..." (*Siaj Sarfei Kodesh* I-525).

*

Reb Noson se burlaba de los jasidim que se iban a dormir con una botella de licor bajo sus almohadas. Alguien trató de justificarlos diciendo, "Cuando esos jasidim se despiertan, se fijan si Mashíaj ha llegado, si no, duermen a la Mala Inclinación con la bebida". "Eso no ayuda", dijo Reb Noson. "Es mucho mejor dormir con un libro de los Salmos bajo la almohada. Si, cuando te despiertas Mashíaj aún no ha llegado, puedes comenzar a recitar los Salmos una vez más" (*Avenea Barzel* p.68, #46).

*

Dijo Reb Noson, "Hoy en día, todos llaman al rabí Zusia de Anipoli 'el Rebe, Reb Zusia'. Pero hubo una época en que era llamado el *meshuguener melamed* (el maestro de escuela loco). Y lo mismo sucede hoy en día, aquellos que son verdaderos servidores de Dios pueden parecer locos a los ojos de la mayor parte de la gente, pero vendrá una época en que el mundo comprenderá la grandeza de un judío devoto" (*Siaj Sarfei Kodesh* I-624).

*

Dijo Reb Noson, "Cuando Abraham llevaba a la gente a servir a Dios, solía decirles [¡en la época en que aún era estéril!] que Dios les daría la tierra entera a sus descendientes. Yo les digo lo mismo a ustedes: cuando venga Mashíaj, se establecerán *ieshivot* para estudiar las enseñanzas del Rebe Najmán (*Avenea Barzel* p.90).

* * *

NOTAS

Notas

La información para esta biografía ha sido tomada de unas diez fuentes básicas y de muchas fuentes menores. Haber colocado la referencia a las fuentes cada pocas líneas del texto habría sido muy molesto para el lector general. En su lugar se han indicado al comienzo de las notas de cada capítulo las fuentes principales de las cuales se tomó la información para ese capítulo. Esto le da al lector general una guía para posterior estudio, al tiempo de otorgarle al erudito los elementos necesarios para su investigación. Donde la información ha sido tomada de otras fuentes, hemos colocado la fuente en el mismo texto. Estas notas están diseñadas para agregar información adicional que se consideró demasiado detallada para incluirla en el texto, pero que dan luz a muchos de los incidentes más oscuros en la vida de Reb Noson.

La información histórica general que no tuviese una relación directa con la vida de Reb Noson ha sido tratada de manera sintética. Es posible obtener información adicional en cualquier libro de historia o enciclopedia. Para una descripción concisa de los antecedentes históricos al comienzo de la vida de Reb Noson, ver *Until The Mashiach: The Life of Rabbi Nachman* por el rabí Aryeh Kaplan (Breslov Research Institue 1985), Historical Overview p.*xv-xxxii*. Mucha de la información histórica presentada en esta obra ha sido tomada de *Triumph of Survival* por el rabí Berel Wein (*Shaar Press* 1990), un trabajo altamente recomendable para el estudio de la historia judía en ese período. El Breslov Research Institue agradece al rabí Wein el permiso para utilizar su excelente trabajo.

*

Capítulo 1

Las fuentes principales para este capítulo son: *Kojvei Or* p.9-12, *Avenea Barzel* p.8-11, *Imei Moharnat* I, #2 y *Tovot Zijronot* p.107-108.

*

Capítulo 2

Las fuentes principales para este capítulo son: *Kojvei Or* p.9-12, *Avenea Barzel* p.3-5 y *Imei Moharnat* I, #1-2.

1. Al nacer Reb Noson, sus padres tenían catorce años de edad (*Neimot Netzaj* p.9), indicando que él era el *bejor*, el primogénito. Su madre era algunos meses mayor que su padre (*Ibid.*).

El significado de la fecha del nacimiento de Reb Noson, 15 de Shvat, es como sigue: Enseña el Talmud que un niño es halájicamente considerado un *nefel* (un niño prematuro que no puede sobrevivir), hasta no haber pasado treinta días de vida (*Shabat* 135b). Más aún, un primogénito no puede ser redimido sino hasta después de haber pasado treinta días (*Iore Dea* 305:11). Treinta días después de Tu biShvat es Shushan Purim, que cae el 15 de Adar. Como veremos en el Capítulo 8, el Rebe Najmán aludió a la conexión de Reb Noson con Purim y con Shushan Purim. Más aún, el Rebe Najmán se refería a Reb Noson como "la luna", que refleja la luz del sol (*Ibid.*). El 15 de Shvat es luna llena. De este modo, la fecha del nacimiento de Reb Noson es en sí misma muy significativa (*rabí Najmán Burstyn*). Además, las letras de Na*J*M*á*N tienen la misma *Guematria* que *PeSa*J (que cae el 15 de Nisán). Reb Noson, su discípulo más cercano, es comparado a Pesaj Sheini, el Pesaj pospuesto (que cae el 14 de Iar) (*rabí Zvi Cheshin*). Un embarazo dura nueve meses. Nueve meses antes de *Tu biShvat* es *Pesaj Sheini*. Ver también Capítulo 26, nota 4.

2. *Neimot Netzaj* p.9; *Siaj Sarfei Kodesh* I-792. En la medida en que puede discernirse, Reb Noson tenía tres hermanos y una hermana. Los tres hermanos eran: Reb Iudel (*Guidulei HaNajal* p.38, #15), Reb Iosef (*Ibid*. p.40, #28) y Reb Leibush (*Ibid* p.63, #15). Es posible que Reb Iudel y también Reb Leibush sean ambos los nombres en *idish* para Iehudá y Aryeh, que muchas veces son sinónimos. La hermana de Reb Noson se encuentra mencionada en *Imei Moharnat* I, #23, pero su nombre no está registrado en parte alguna. Sin embargo, es sabido que ella falleció antes que Reb Noson, pues él se refiere a ella como, "mi hermana, de bendita memoria". (Es opinión del autor que ella falleció en 1809, pues Reb Noson tuvo que observar *shivá* inmediatamente después del fallecimiento del Rav de Berdichov; ver Capítulos 18, 22 y *Imei Moharnat* #68). Reb Noson también tuvo un hermano más joven que falleció en 1810 (ver Capítulo 23 y *Imei Moharnat, Ibid.*).

3. Años más tarde Reb Noson solía decir, "Me hice esa pregunta cuando era un niño. Aún es una pregunta para mí. ¿Qué propósito tiene la vida?" (*Avenea Barzel* p.3, #1).

4. En la época del matrimonio de Reb Noson, el rabí David Zvi Orbach era Rav principal sólo en Sharograd. En 5562 (1802) se volvió Rav principal en Kremenetz y más tarde, en 5566 (1806), fue elegido como Rav principal de Mohilev, manteniendo al mismo tiempo sus otros puestos (*Imei Moharnat* I, #14). La madre de Esther Shaindel, la esposa del rabí David Zvi Orbach, se llamaba Henia (Katz).

Una fuente afirma que el nombre de la esposa de Reb Noson era Iuta Batia (*Siaj Sarfei Kodesh* I-787), pero esto es rechazado por la mayoría. (De acuerdo con la Genealogía Auerbach (Orbach), Esther Shaindel tenía una hermana llamada Iuta, quien se casó con un tal Reb Leibish Meizalish).

5. Reb Noson escribe que su casamiento tuvo lugar el "Shabat Najamú". Ese año, Tisha beAb (9 de Ab) fue un jueves, 7 de julio de 1793 y el *Shabat Najamú* fue el 20 de julio. Existía la costumbre de casarse el viernes por la tarde (ver *Oraj Jaim* 550:3), pero no es probable que el matrimonio de Reb Noson tuviera lugar en Erev Shabat, 10 de Ab. Desde el Shabat anterior al casamiento, conocido como el *oifruf* (lit. "llamada", cuando el novio es llamado a la Torá) es llamado un *jatán*,

indicando que las festividades matrimoniales ya han comenzado. Podemos inferir que Reb Noson se casó en algún momento durante la semana del 21 de julio de 1793. La ceremonia nupcial tuvo lugar en Sharograd - era costumbre que el matrimonio se llevase a cabo en el pueblo de la novia.

6. La función del *sandek* es sostener al niño durante el *brit* y esto es considerado el honor más grande de la ceremonia. El niño es comparado con el *ketoret* (sacrificio de incienso en el Templo) mientras que la persona que lo sostiene es comparado con el *cohen* (sacerdote) trayendo el sacrificio (*Iore Dea* 265:11). Nuestro Sabios enseñaron que dado que el *ketoret* trae riqueza, un *cohen* sólo tiene permitido llevarlo una vez en la vida, para darles a otros la posibilidad de recibir esa bendición (*Ioma* 26a). Dado que se espera que el niño alcance las características del *sandek*, es costumbre elegir a la persona más grande posible para ese papel y de aquí la costumbre de honrar al Rav.

7. En muchos casos, las parejas recién casadas solían ser mantenidas por los padres de la novia durante un par de años para permitir que el novio continuase con sus estudios. Esto era conocido como *kest*. Más tarde solían retornar a la casa de los padres del joven, donde éste era introducido al mundo de los negocios.

8. Reb Noson también dijo cierta vez que antes de conocer al Rebe Najmán, no podía imaginarse a Moshé como formando parte de este mundo físico. Pero "al volverme un seguidor del Rebe y ver su grandeza y ver que *era* un ser humano, comencé a comprender que también Moshé era un ser humano" (*Avenea Barzel* p.5).

*

Capítulo 3

La información histórica contenida en este capítulo ha sido tomada de, *Until The Mashiach, Historical Overview p.xv-xxxii. Triumph of Survival, passim.*

*

Capítulo 4

Las fuentes más importantes para este capítulo son: *Kojvei Or* p.9-12, *Avenea Barzel* p.3-9, *Imei Moharnat* I, #1-2, y *Tovot Zijronot* p.107-108. La información sobre el Rebe Najmán proviene de *Until The Mashiach, passim*, mientras que aquélla sobre sus seguidores puede encontrarse en *Until The Mashiach*, Apéndice F, p.296-320.

1. Reb Noson escribió más tarde que si bien su suegro era santo y temeroso de Dios, no comprendía la luz y la santidad de los Tzadikim jasídicos (*Imei Moharnat* I, #1). Después de que Reb Noson se volvió un jasid, dijo que vio la diferencia

entre los seguidores del Baal Shem Tov y su suegro. Incluso aunque su suegro era un Tzadik, sus devociones no tenían entusiasmo, a diferencia de los Tzadikim jasídicos (*Avenea Barzel* p.5, #1). El rabí David Zvi Orbach había estado en contacto con el rabí Pinjas de Koretz, con el rabí Mijal de Zlotchov, el rabí Baruj de Medzeboz y el rabí Najum de Chernobil, entre otros grandes maestros jasídicos, pero si bien se sintió muy impresionado por sus devociones, como se indica más adelante en nuestro texto, Reb Noson parecía estar diciendo que el rabí David Zvi Orbach en verdad nunca *conoció* su verdadera grandeza.

2. Ver *Pesikta, deEijá Rabati*, 2. "Si me hubieran dejado a Mí pero hubieran observado Mi Torá, su luz los habría hecho retornar".

3. Reb Noson vio cierta vez a alguien orando *Shajarit* con un tremendo fervor - cerca del mediodía. Hizo notar, "¡Su fervor es muy encomiable, pero a esa hora del día es como tener un hermoso etrog en Jánuca!" (*Tradición oral*).

4. El lamento de medianoche por la destrucción del Templo (*Oraj Jaim* 1:2-3). El valor e importancia de esta práctica está enfatizada en los textos Kabalistas (*Pri Etz Jaim, Shaar Tikún Jatzot* 1).

5. El Baal Shem Tov vivió en Medzeboz, al oeste de Vinnitsa. El Maguid vivió en Mezritch, cerca de 120 kilómetros al norte de Medzeboz. Originalmente la Jasidut estuvo centralizada en Ucrania occidental y de allí se difundió hacia el norte y hacia el oeste, hacia Galicia y la Rusia polaca. Es de notar que para el año 1820, cuando Reb Noson tenía 40 años de edad, la mayor parte de los líderes jasídicos estaban centralizados en Galicia. Algunos pocos grupos aún existían en Rusia, tal como Chernobil, Rizhin, Lechovitz, Bershid y Savrán. Sin embargo, los judíos de Ucrania, que se encontraban bajo el gobierno ruso y bajo la influencia cada vez más importante de los *maskilim*, se estaban transformando en un pueblo sin líderes.

6. Este incidente pudo tener lugar tan temprano como en 5557 (1797). La fuente de esta historia es *Avenea Barzel* p.7, #4, donde se afirma que esto ocurrió cuando Reb Noson retornó para quedarse durante un tiempo con su suegro. Es posible que Reb David Zvi ya fuese un rabí practicante en Kremenetz aunque no fue elegido como rabí principal sino hasta más tarde. Alternativamente, este incidente puede haber tenido lugar en 5562 (1802), cuando Reb David Zvi se volvió Rav en Kremenetz (ver arriba, Capítulo 2, nota 4). Sin embargo, parece poco probable que Reb Noson hubiera podido ocultarle al rabí David Zvi durante cuatro años el haberse vuelto un jasid, mientras que su esposa y sus parientes ya lo sabían desde hacía mucho tiempo. Fechar el incidente en 1797 también estaría de acuerdo con la afirmación de que Reb Noson retornó para hacerle una visita prolongada a su suegro. Para el año 1802 Reb Noson ya estaba involucrado en el negocio de su padre y es poco probable que se hubiera tomado una licencia tan prolongada.

7. *Siaj Sarfei Kodesh* 531, *ibid*. I-173. Su principal negocio era proveerle al

gobierno bienes para el ejército. Con la bendición del Rebe sus negocios se expandieron y se volvieron extremadamente ricos (*Kojvei Or* p.44, #7).

8. El Rebe Najmán les dio cierta vez unas gotas de shnapps a Reb Noson y a Reb Naftalí. Ellos quedaron asombrados y preguntaron, "¿Estas gotas serán suficiente para ambos?". Y dijo Reb Noson, "Un poco también es bueno". El Rebe Najmán dijo, "Con shnapps, *sólo* un poco es bueno" (*Siaj Sarfei Kodesh* I-151).

9. Es irónico que Reb Lipa, quien convenció originalmente a Reb Noson de intentar con la Jasidut y que viajó a estar con el Rebe Najmán antes que él, finalmente se distanció del Rebe. Esto se debió a su apetito por la riqueza material, que el Rebe le había dicho que no era su porción. Durante muchos años Reb Lipa dejó de visitar al Rebe e incluso luego de retornar nunca se volvió un seguidor devoto. Reb Noson dijo cierta vez: "Yo sé que Reb Lipa era mucho más devoto que yo. ¡Pero miren dónde está hoy y dónde estoy yo!" (*Kojvei Or* p.54-55, #30). Reb Lipa murió en la pobreza.

*

Capítulo 5

Las fuentes principales para este capítulo son: *Imei Moharnat* I, #1-2, *Kojvei Or* p.9-11, *Avenea Barzel* p.3-9 y *Tovot Zijronot* p.107-8. La información sobre el Rebe Najmán proviene de *Until The Mashiach, passim*.

1. *Siaj Sarfei Kodesh* I-102. Los jasidim del Breslov agregan que para que uno pueda ser "horneado" en el corazón del Rebe, el Rebe también debe estar "horneado" en el corazón del jasid (*Ibid.*).

2. Ver *Sabiduría y Enseñanzas del Rabí Najmán de Breslov* #153. *Azamer Bishvojin* ("Cantaré con alabanza") es una canción mística del Shabat compuesta por el rabí Itzjak Luria, el santo Ari (1534-1572). La melodía del Rebe, cantada por los jasidim de Breslov hasta el día de hoy, puede escucharse en el CD, *Azamer Bishvojin*, del Breslov Research Institute.

3. *Tovot Zijronot* (p.108) afirma que el domingo era un día de mercado en Breslov. *Avenea Barzel* (p.8, #6) indica que el martes era día de mercado y es nuestra fuente para la fecha en la cual el Rebe Najmán entró en Breslov. Considerando el hecho de que la población campesina de Ucrania era ortodoxa oriental, es muy probable que el día principal de mercado fuese el martes y no el domingo. Sin embargo, debido a que aún era verano, con frutas y vegetales frescos, es posible que hubiese varios días de mercado. Alternativamente, podía haber habido excepciones, tales como cuando una festividad judía caía el lunes o el martes. O es posible que hubiese sido un día de mercado para los judíos y no para el público en general. Breslov, como muchos de los pueblos de Ucrania, estaba habitado casi exclusivamente por judíos. Otra posibilidad: *Avenea Barzel* utiliza la palabra *ierid*, que también se traduce como "feria". Así, el día que llegó el Rebe Najmán

puede no haber sido un día regular de mercado. Esto encaja mejor con nuestro texto, explicando por qué la gente de Nemirov encontró natural viajar al mercado en Breslov el domingo, aunque era Erev Iom Tov.

4. *Avenea Barzel* p.3, #9. Reb Iudel y Reb Shmuel Isaac eran originarios de Dashev, cerca de Breslov. Se volvieron seguidores del Rebe Najmán cuando estaba viviendo en Medvedevka. Reb Shmuel Isaac siguió en Dashev, pero Reb Iudel dijo, "¿Cómo es posible vivir tan lejos de un Rebe así?", mudándose inmediatamente a Medvedevka (*Siaj Sarfei Kodesh* III-215).

No está claro si Reb Aarón el Rav ya se había mudado a Breslov. *Siaj Sarfei Kodesh* (I-145) afirma que una de las condiciones del Rebe Najmán para mudarse a Breslov era que Reb Aarón fuese el *Rav* -autoridad halájica- del pueblo. Parece lógico que Reb Aarón se mudase al mismo tiempo que el Rebe, especialmente dado que había estado con el Rebe para Rosh HaShaná. También encontramos que en los primeros días del acercamiento de Reb Noson al Rebe Najmán, el Rebe lo envió a ver a Reb Aarón. Cuando Reb Noson entró vio a Reb Aarón llorando. Al retornar al Rebe, le describió lo que había visto. El Rebe Najmán alabó a Reb Aarón y dijo que "la belleza del Sumo Sacerdote en Iom Kipur [el único día que tenía permitido entrar en el Santo de los Santos y llevar la ofrenda especial de incienso] era sólo similar -pero no igual- a la de alguien sentado, recluido y llorando delante de Dios" (*Siaj Sarfei Kodesh* I-264). Aunque no hay indicios de cuándo sucedió exactamente este incidente, a partir de la descripción de Reb Aarón que hace Reb Noson parece que Reb Noson aún no estaba familiarizado con la práctica del *hitbodedut*, a la cual fue introducido por primera vez durante los Diez Días de Arrepentimiento.

Por otro lado, *Tovot Zijronot* (p.124-125) afirma que no fue sino hasta después de que el Rebe Najmán se mudó a Breslov que llevó allí a Reb Aarón. Antes de la llegada de Reb Aarón, el Rebe Najmán le citó a Reb Noson la Mishná (*Avot* 1:6), "Consíguete un rav y adquiere un amigo", y dijo: "Yo soy tu Rav. Reb Aarón será tu amigo". Los dos se hicieron muy grandes amigos. De acuerdo con esta versión, es posible que Reb Aarón aún no estuviese en Breslov cuando Reb Noson se encontró por primera vez con el Rebe. Sin embargo, es posible que Reb Aarón fuese a Breslov para Rosh HaShaná, retornase a su hogar a poner en orden sus asuntos, para luego mudarse a Breslov con su familia.

5. No fue sino hasta después del fallecimiento del Rebe Najmán que Reb Iudel comprendió retroactivamente que el Rebe había querido decir Reb Noson. Por lo tanto, Reb Iudel mandó a sus hijos a estudiar con Reb Noson. Dijo, "El Rebe Najmán le dio a Reb Noson el poder de trabajar con gente joven - es decir imbuir en ellos el temor a Dios" (*Avenea Barzel* p.8, #5).

6. *Tzadik* #338; *Siaj Sarfei Kodesh* I-292. Las historias del Rebe Najmán alabando a Reb Noson ante Odil y Reb Itzjak, yerno del Maguid de Terhovitza se encuentran en un párrafo de *Tzadik*. Dado que los seguidores del Rebe se reunían con él para Rosh HaShaná, no parece probable que Reb Itzjak aún no hubiera visto o conocido a Reb Noson después de Rosh HaShaná. Esto sugeriría que el incidente

tuvo lugar poco después de que Reb Noson se encontrara por primera vez con el Rebe Najmán, antes de Rosh HaShaná.

7. Es posible terminar los seis órdenes de la Mishná cada mes estudiando dieciocho capítulos por día.

8. *Hitbodedut*, la plegaria privada, es el consejo más importante del Rebe Najmán. El texto *Expansión del Alma* (en el libro *Meditación, Fuerza Interior y Fe*) está totalmente dedicado a este tópico. *Bajo la Mesa* (Capítulo 6) y *Cruzando el Puente Angosto* (Capítulo 9), presentan información adicional, incluyendo ejemplos prácticos detallados. *Donde la Tierra y el Cielo se Besan* es un ensayo completo sobre cómo poner en práctica esta enseñanza.

9. Esta lección se encuentra en *Likutey Moharán* I, 6. Fue la primera de las lecciones del Rebe Najmán que Reb Noson utilizó como base para sus discursos originales de Torá. El Rebe lo consideró aceptable pero le dijo a Reb Noson que debía conocer plenamente los Códigos y estudiar Kabalá antes de seguir escribiendo. El Rebe le dijo a Reb Noson, "Podrás ser extremadamente erudito en la medida en que seas persistente" (*Tzadik* #128; *Parparaot LeJojmá* 6:7). Debido a que el suegro de Reb Noson quería que se volviese un rav, es evidente que ya debía haber tenido un importante conocimiento de los Códigos, pero es posible que la idea del Rebe Najmán sobre cómo estudiar hubiera sido diferente.

Es interesante notar que uno de los últimos discursos de Reb Noson, *Likutey Halajot, Hiljot Shabat 7*, compuesto pocos meses antes de su fallecimiento, también se basa en esta lección (ver Capítulo 47). En un sentido esto une el final de la vida de Reb Noson con el comienzo de su asociación con el Rebe. El Rebe Najmán enfatiza constantemente la necesidad de buscar los niveles más elevados, mientras que las obras de Reb Noson constantemente alientan y les dan ánimos a aquellos que se sienten en los niveles más bajos y más alejados de Dios. Es evidente que el Rebe Najmán dio esta lección específicamente teniendo a Reb Noson en mente. El Rebe y Reb Noson son inseparables, al igual que Moshé y Ioshúa, el punto superior y el punto inferior de la *alef*, el sol y la luna. Dada al comienzo de la asociación de Reb Noson con el Rebe, esta lección podría decirse que es el ordenamiento de Reb Noson en la misión de su vida - exponer las enseñanzas de su mentor y reflejar su tremenda luz para que los demás también puedan beneficiarse de ella (*Parparaot LeJojmá* 6:8).

10. El problema de cómo las intenciones místicas de Elul están aludidas en la lección fue dirigido particularmente a Reb Iudel, quien era un reconocido Kabalista (*Siaj Sarfei Kodesh* I-235).

11. *Sabiduría y Enseñanzas del Rabí Najmán de Breslov* #248; ver *Siaj Sarfei Kodesh* I-87. *Tovot Zijronot* (#1, p.103) escribe que la afirmación sobre "*davening* y estudiar y *davening*" fue hecha mientras el Rebe Najmán aún vivía en Medvedevka.

*

Capítulo 6

1. En el primer Shabat después del arribo del Rebe Najmán a Breslov, se le sirvió una copa de vino para el *Kidush* pero ésta se derramó, llenándose entonces una segunda copa. Dijo el Rebe, "Hoy he plantado el nombre de los jasidim del Breslov", y continuó: "Mis seguidores serán siempre llamados con el nombre de la ciudad de Breslov" (*Tzadik* #12). Así, aunque el Rebe Najmán recién había llegado y aún no se había establecido en Breslov, ya podemos hablar de los jasidim del Breslov.

2. En la Kabalá, los tefilín están asociados con niveles exaltados de espiritualidad (ver *Shaar HaKavanot, Tefilín* y *Pri Etz Jaim, Shaar HaTefilín*).

3. Así, al final de su embarazo, Esther Shaindel enfermó y llamó al médico. Sin embargo, Reb Noson no estaba tan seguro de traer a un doctor dado que se había vuelto seguidor del Rebe Najmán, quien había advertido en contra de los médicos. Para cuando llegó el médico, Esther Shaindel ya se sentía mejor y no hubo necesidad de él. Cuando más tarde Reb Noson le relató el incidente al Rebe Najmán, el Rebe nuevamente lo alentó a no recurrir a los médicos y le enseñó entonces la lección en el *Likutey Moharán* I, 169, que conecta los conceptos del juicio y del nacimiento con el concepto Kabalista de los "pies". Agregó el Rebe Najmán: "Es por eso que la gente dice que uno tiene que 'correr' al médico, porque los pies son los juicios..." (*Avenea Barzel* p.60, #22). La polémica del Rebe Najmán en contra de los médicos es salgo bien documentado. Ver, *Sabiduría y Enseñanzas del Rabí Najmán de Breslov* #50, *Tzadik* #194 y *Cruzando el Puente Angosto*, Capítulo 12. Ver también *Divrei Torá* (Munkatch) de que todos los seguidores del Baal Shem Tov de esa época estaban de acuerdo en no utilizar médicos.

4. *Tovot Zijronot* p.111. Otra versión de esta historia es que la esposa de Reb Noson tuvo dificultades en llegar al período completo, pero que él no le comentó el tema al Rebe Najmán, prefiriendo hablarle sobre la devoción. Sin embargo, finalmente se presentó el tema de los hijos, pues Reb Noson siempre le abría su corazón al Rebe. El Rebe Najmán le dijo, "He pensado sobre el problema, pero para esto debes dar un *pidion*". Reb Noson dijo que de todas maneras quería regalarle al Rebe seis sillas. El Rebe Najmán le dijo: "El que tú seas mi seguidor, es algo que yo debo pagarte a ti. El *Zohar* enseña, 'Afortunado el que acerca a Dios a los que están alejados' (cf. *Zohar* II, 128b). Pero para hijos, tú debes dar un *pidion*". Reb Noson le llevó al Rebe las seis sillas y una mesa y tuvo seis hijos - cinco varones y una niña (*Avenea Barzel* p.26, #19; *Siaj Sarfei Kodesh* I-232).

*

Capítulo 7

Las principales fuentes de este capítulo son: *Kojvei Or* p.14 y sig., *Avenea Barzel* p.13-15, *Imei Moharnat* I, #2-3 y *Tovot Zijronot* p.112-14.

El contenido de este capítulo y del siguiente fue laboriosamente organizado, párrafo por párrafo, para presentar el material de la manera más clara posible. Aparte de *Imei Moharnat*, que fue escrito por el mismo Reb Noson, todas las demás fuentes para estos capítulos fueron registradas por otros, muchos años después de los eventos. Los mismos incidentes son mencionados en varias fuentes, pero hay algunas discrepancias en cuanto a la secuencia de los sucesos. *Tovot Zijronot* parece ser la versión más razonable (el autor provenía de la familia de Reb Noson; ver *Esbozos Biográficos*) y lo hemos seguido generalmente. Las discrepancias están indicadas en las notas.

1. *Siaj Sarfei Kodesh* 505. Ver también *Avenea Barzel* p. 14, #11. De acuerdo a *Avenea Barzel*, Reb Naftalí Hertz ya le había dicho a Reb Noson, "Si vas a Breslov, no vuelvas", de modo que luego de Simjat Torá Reb Noson no retornó a la casa de su padre sino que fue directamente a la casa de su abuelo. Sin embargo *Tovot Zijronot* afirma que no fue sino hasta después de Jánuca que Reb Noson fue expulsado del hogar de su padre. *Avenea Barzel* no menciona en absoluto el viaje de Reb Noson a Berdichov, haciendo que todos los incidentes sucesivos parecieran haber tenido lugar inmediatamente después de Sukot. Pero si tomamos en cuenta el tiempo que llevaba viajar en esos días, todos estos incidentes deben haber tomado varias semanas. Parece que todos ellos sucedieron antes de Jánuca, tendiendo a confirmar la versión de *Tovot Zijronot*, que hemos utilizado por lo tanto en la mayor parte de esta sección. Ver nota 6 de este Capítulo.

3. El Talmud enseña que Elías, el profeta, que anunciará la llegada del Mashíaj, no vendrá el viernes, para no interrumpir los preparativos del Shabat, ni en Shabat, dado que uno no puede viajar más allá de cierta distancia durante el Shabat (*Eruvin* 43b). Por lo tanto existe la gran posibilidad de que Elías venga el sábado por la noche. Las canciones del sábado por la noche durante la comida de *melave malka* contienen así muchas referencias a Elías. De aquí que el Rebe mencionara lo que Elías podría decir. Ver también *Likutey Moharán* I, 117.

4. Escribe Reb Noson que "Mi hijo, Shajne, nació en Rosh Jodesh Kislev" (*Imei Moharnat* I, #3). Algunos años Rosh Jodesh Kislev es un solo día mientras que en otros son dos (*Oraj Jaim* 428:2). Ese año, Kislev tuvo dos días, jueves y viernes, pero Reb Noson no dio ninguna indicación sobre qué día tuvo lugar el nacimiento. Sin embargo, dado que uno generalmente utiliza el término Rosh Jodesh para referirse al primer día del mes, hemos utilizado la fecha del viernes.

5. En aquellos días, virtualmente todos los hogares tenían servicio doméstico. Esto era verdad incluso en los hogares de las familias muy pobres. Era común que las jóvenes se empleasen como ayuda doméstica. Así, Esther Shaindel, una madre primeriza, tuvo suficiente ayuda.

6. *Avenea Barzel* (p.14, #10) afirma que este intercambio entre el rabí David Zvi y su hija tuvo lugar mientras él estaba de visita en Nemirov. *Tovot Zijronot* (p.113) afirma que tuvo lugar en invierno, cuando Esther Shaindel viajó para ver a su padre. Existen argumentos para sustentar cada uno de los textos. Sin embargo,

dado que el autor de *Tovot Zijronot* fue un descendiente directo de Reb Noson y oyó esta historia de su abuela, Janá Tsirel, la hija de Reb Noson, hemos elegido utilizar su versión. En cuanto a la cita, "Pon tu nariz..." hemos combinado los dos textos, pues las diferencias entre ellos son muy sutiles.

7. El Rebe Najmán había instituido momentos durante el año en los cuales decía Torá. Sus jasidim iban a verlo para Rosh HaShaná, para Shavuot y para el Shabat Jánuca. En *Shabat Shirá*, en el *Shabat Najamú* y en algún otro Shabat era el Rebe quien viajaba para estar con su jasidim (*Tzadik* #23).

Imei Moharnat (I, #2) afirma que el Rebe dejó Breslov en Shvat de 1803, indicando que salió para su visita anual a Medvedevka y Tcherin para el *Shabat Shirá* (que fue el 5 de febrero de ese año). Esto aparentemente está corroborado en *Tzadik* (#129) donde se afirma que el Rebe Najmán dio la lección del *Likutey Moharán* I, 9 en el *Shabat Shirá* de ese año mientras estaba "lejos de Breslov". Sin embargo, en *Tovot Zijronot* (p.114) se afirma explícitamente que el Rebe Najmán salió para Medvedevka al final de Shvat (mediados de febrero), implicando que no estaba allí para el *Shabat Shirá*. Es posible que la lección fuera dada mientras el Rebe estaba en camino, antes de llegar a Tcherin.

Sabemos que el Rebe fue a Tulchin para ver a Reb Baruj al comienzo de Shvat (finales de febrero, 1803). Dado que era invierno y era difícil viajar debido a las condiciones de los caminos, es posible que no hubiera podido retornar a Breslov a tiempo para volver a salir y llegar a Medvedevka para el *Shabat Shirá*. Otro factor para el atraso fue su parada en Linitz, que visitó en camino a Medvedevka. Linitz está al norte de Breslov y el desvío implicaría otro atraso: la ruta más directa a Medvedevka era a través de Umán. Es posible que, dado que el Rebe recién se había mudado a Breslov ese año, aún no había establecido la costumbre de viajar a Medvedevka y Tcherin para el *Shabat Shirá* (pero ver *Until The Mashiach* p.69). Hemos seguido por lo tanto la versión del *Tovot Zijronot* de que el Rebe salió de Breslov para Medvedevka a finales de Shvat (mediados de febrero).

En cuanto a por qué el Rebe Najmán a veces hacía que sus seguidores fuesen a verlo y otras veces viajaba a verlos a ellos, ver *Likutey Moharán* II, 38. El Rebe dijo que todo aquel que fuese a estar con él para Rosh HaShaná, para el Shabat Jánuca y para Shavuot se salvaría del *Olam HaTohu* (el Mundo de la Desolación que se encuentra luego de la muerte) (*Tzadik* #23; ver *Siaj Sarfei Kodesh* I-238).

*

Capítulo 8

Las fuentes principales para este capítulo son: *Kojvei Or* p.14-21, *Avenea Barzel* p.15-20, *Imei Moharnat* I, #2-3 y *Tovot Zijronot* p.114-19.

1. *Avenea Barzel* (p.16) afirma que a la mañana siguiente Reb Iudel continuó a Medvedevka con Reb Noson, llegando allí antes de la comida de Purim. Esto contradice directamente a *Tovot Zijronot* (p.115) que describe en detalle el viaje

de Reb Noson solo a Medvedevka en la noche de Purim.

2. Esto es, "aunque Reb Noson no llegará a tiempo para comenzar Purim con nosotros, él completará la alegría de Purim en la tarde, pues se continúa con la noche de Shushan Purim".

La costumbre de celebrar Purim el 14 de Adar se aplica sólo a las ciudades no amuralladas. Las ciudades que estuvieron fortificadas en la época de Ioshúa celebran Purim el 15 de Adar, que es llamado Shushan Purim a partir de la ciudad de Shushan, que estaba fortificada. El motivo por el cual las ciudades que celebran Shushan Purim debían estar fortificadas desde la época de Ioshúa era honrar a Jerusalén y a las otras ciudades de la Tierra Santa, que estaban en ruinas en la época en que Purim se instituyó al final del exilio babilonio. De otra manera ninguna ciudad en la Tierra Santa hubiera podido celebrar Shushan Purim.

Reb Abraham Jazan dijo, "La conexión entre las leyes de Shushan Purim y Ioshúa le dan un mayor significado a lo que el Rebe Najmán le dijo a Reb Noson sobre Shushan Purim comenzando en Purim: era otra alusión al papel de Reb Noson como 'Ioshúa, el discípulo'" (*Avenea Barzel* p.16, #12).

3. Varios años más tarde, después de que el Rebe diese el *Likutey Moharán* I, 54, que trata sobre la imaginación y la comparación entre una cosa y otra (una necesidad para desarrollar ideas de Torá), le dijo a Reb Noson que comenzase a desarrollar sus propios discursos (*Siaj Sarfei Kodesh* 480). Ver Capítulo 11.

4. Es interesante notar que esto fue dicho por Raban Iojanan ben Sakai sobre su discípulo *Ioshúa* - el rabí Ioshúa ben Janania.

5. Así como los jasidim de Breslov no se reunían con el Rebe para el Seder, de la misma manera tampoco se reunieron más adelante con Reb Noson para el Seder (*Siaj Sarfei Kodesh* I-791).

6. Aunque al comienzo fue muy difícil para Reb Noson, ésta fue una bendición encubierta. Porque ahora que era independiente de su padre, sus obstáculos disminuyeron en parte. Ver Capítulo 13.

*

Capítulo 9

Las principales fuentes para este capítulo son: *Kojvei Or* p.14-21 y *Avenea Barzel* p.15-20

1. Cuando una persona fallece, es costumbre acostarla en el suelo, con los "pies hacia la puerta", indicando la dirección en la cual será llevado el cuerpo. Así, la expresión "con los pies hacia la puerta" es utilizada para recordarle a la persona el día de la muerte y que debe prepararse para el Tribunal Celestial. Ver Capítulo 48, nota 2.

Años más tarde, el único hijo de su cuñado enfermó gravemente y estuvo cerca de la muerte. El cuñado fue hasta el Arca Sagrada y clamó, "Me sacrifico en lugar de mi hijo". El niño comenzó a mejorar al mismo tiempo en que el cuñado de Reb Noson se enfermó. Le escribió entonces una carta a Reb Noson recordándole las palabras de Reb Noson y diciendo, "Lamento [lo que hice]. Es doloroso. Tú estabas en los cierto, absolutamente. Estabas en los cierto cuando dijiste, 'Vendrá un tiempo en que tendrás que yacer con tus pies hacia la puerta'. Siento celos de ti" (*Avenea Barzel* p.19, #16).

2. *Kojvei Or* (p.15-20, #9-12) continúa describiendo con gran detalle cómo la familia de Reb Noson lo presionó ese verano de 1803 hasta que estuvo dispuesto a dedicarse a los negocios. Siguiendo con su acuerdo, fue a ver al Rebe Najmán y abrió su corazón delante de él. Fue entonces que el Rebe reveló la lección en el *Likutey Moharán* I, 52 sobre el *hitbodedut*. Por otro lado, en *Tzadik* (#185) encontramos que esa lección fue dada al comienzo del 5563 (otoño de 1802). Dado que *Tzadik* fue escrito por el mismo Reb Noson, es considerado una fuente más confiable. Todas nuestras fuentes concuerdan en que el Rebe Najmán le habló a Reb Noson sobre la práctica del *hitbodedut* al comienzo de su relación. Sin embargo, es posible que el Rebe Najmán le hablase a Reb Noson en esos primeros encuentros sobre los conceptos generales del *hitbodedut* y diera la lección en su forma actual más adelante ese año. Era una práctica común del Rebe tratar varias ideas con sus seguidores y más tarde incluirlas en una lección estructurada (cf. *Tzadik* #136-138). Muy probablemente ambos relatos son correctos y la fecha dada por Reb Noson es la de la enseñanza informal mientras que el Rebe la dio en forma de lección en el verano de 1803.

3. Cerca de ocho años después del fallecimiento del Rebe Najmán, los negocios familiares quebraron y Reb Noson quedó sin un centavo (*Kojvei Or* p.22, #15; ver Capítulo 25).

4. Ver *Avenea Barzel* p.17, #15; *Until The Mashiach* p.99-100 y *Imei Moharnat* I, #3. Reb Baruj le dijo a la madre del Rebe Najmán que su motivo para oponerse al Rebe Najmán se debía a su grandeza. El mundo aún no estaba preparado para su gran luz y sólo podía recibirla si era velada. De otra manera el Rebe Najmán hubiera tenido que dejar el mundo. Ver *Likutey Moharán* I, 152.

5. *Siaj Sarfei Kodesh* I-684. El Rebe Najmán solía viajar a Tcherin durante el verano (ver más arriba, Capítulo 7, nota 7). Fue probablemente después de retornar de ese viaje que tranquilizó a Reb Noson. Ver *Until The Mashiach* p.100.

6. Reb Noson partió de Breslov luego de Iom Kipur y no volvió allí sino hasta después de Sukot. Retornó allí nuevamente después de volver de Berdichov un par de semanas más tarde. Esto nos lleva a finales de noviembre. Luego del *brit* de su hijo al comienzo de diciembre, fue a ver al Rebe y se quedó allí hasta después del Shabat Jánuca a fines de diciembre. Volvió a Breslov antes de Rosh Jodesh Shvat, que fue el 24 de enero (ver *Tovot Zijronot* p.113; *Imei Moharnat* I, #2). Vemos un patrón de viajes regulares con un intervalo de dos o tres semanas.

Al escribir sobre una etapa posterior en su relación con el Rebe, Reb Noson afirma: "Viajaba para ver al Rebe al menos una vez cada tres o cuatro semanas, a veces incluso con más frecuencia" (*Imei Moharnat* I, #14).

*

Capítulo 10

Las fuentes principales para este capítulo son *Imei Moharnat* I, #4 y *Until The Mashiach* Capítulo 15.

1. *Tzadik* #435. La idea de descansar la mente durante el estudio de la Torá está mencionada en el Talmud: "A veces el alejarse de la Torá es la manera de asegurarse de que permanezca el estudio" (*Menajot* 99b). Esta idea también está mencionada en varios lugares de las enseñanzas del Rebe Najmán. Uno no puede mantener un plan de estudio y plegaria muy intenso durante largos períodos sin descansar. El Rebe Najmán recomienda decididamente la conversación diaria con amigos como una forma de descansar la mente. Esto también se aplica a alguien dedicado a los negocios y que necesita un medio de librarse de la presión. Ver *Likutey Moharán* I, 35:6. Ver también *Bajo la Mesa* Capítulos 4-7.

*

Capítulo 11

Las fuentes principales para este capítulo son *Imei Moharnat* I, #5-9 y *Until The Mashiach*, Capítulo 16.

1. *Likutey Moharán* I, 8, fue dado en Shabat Jánuca, 1802, cerca de dos años antes.

2. El concepto de *jidushei Torá* ("ideas originales de Torá") implica una paradoja. Por un lado, enseña el Talmud: "Toda idea nueva que un estudiante digno pueda desarrollar en la Ley Oral ya le fue dada a Moshé Rabeinu" (*Ierushalmi, Pea* 2:4). Por otro lado, "Los detalles no revelados a Moshé Rabeinu les fueron revelados al rabí Akiba y a sus compañeros" (*Bamidbar Rabah* 19:6). Sin alejarse de manera alguna de los principios recibidos sobre cómo interpretar la Torá, los genuinos *jidushei Torá* muestran dimensiones de la Torá que nunca antes han sido revelados, aumentando nuestra comprensión de algún aspecto de la senda de la Torá y fortaleciendo nuestra motivación para seguirla. El énfasis del Rebe Najmán en desarrollar nuevas ideas de Torá va unido con su insistencia en la necesidad de renovar constantemente nuestra vida espiritual.

Al desarrollar nuevas ideas, es fácil caer presa de ideas complicadas y argumentos falaces. Por lo tanto el Rebe Najmán enseñó que antes de trabajar sobre nuevas ideas uno debe derramar su corazón en plegaria (*Likutey Moharán* I, 20; *ibid*. I, 262) y estudiar el *Shuljan Aruj* (*Ibid*. II, 21). También enseñó que si bien uno puede desarrollar nuevas ideas en la dirección que desee, está prohibido desviarse de la letra del *Shuljan Aruj* (*Sabiduría y Enseñanzas del Rabí Najmán de Breslov* #267). El propósito al desarrollar nuevas ideas debe ser renovar y fortalecer nuestra fe y la fe de los demás (*Likutey Moharán* I, 28; *ibid.* I, 67). (Aquel que se desvía del principio de que los discursos de Torá deben renovar nuestra fe es posible que genere apatía en la audiencia, ¡algo que explicaría por qué muchos se duermen durante los sermones! Ver *ibid.* I, 28).

3. La mitzvá del *brit milá* consta de dos partes. La primera es cortar el prepucio. La segunda, *periá*, implica retraer la membrana que cubre el órgano para revelar la punta. Reb Noson era un *mohel* experto (*Siaj Sarfei Kodesh* I-647). Ver Capítulo 25, nota 7.

4. *Parparaot LeJojmá* I, 63:5. Luego del fallecimiento del Rebe Najmán, fue Reb Noson quien comenzó a recolectar las enseñanzas del Rebe y a escribir sus propios discursos basados en ellas, aunque no sabía si alguna vez llegarían a tener alguna influencia en el mundo. Fue su celo lo que mantuvo vivo el fuego del Rebe Najmán hasta el día de hoy.

5. Hay varios puntos de vista sobre cuándo el Rebe reveló los Diez Salmos. *Parparaot LeJojmá* (II, 92) opina que fue alrededor de Pesaj 5569 (1809). Otras fuentes lo fechan antes de Pesaj 5570 (1810). Ver *Until The Mashiach* p.180, nota 36 y *Sabiduría y Enseñanzas del Rabí Najmán de Breslov* #141, notas 467-468. *El Tikún del Rabí Najmán* trata exclusivamente el tema de los Diez Salmos. Ver más adelante Capítulo 19.

6. El texto de *Imei Moharnat* que hemos utilizado afirma que Reb Noson fue informado sobre los Diez Salmos por Reb Itzjak. Sin embargo, ésta es una hipótesis: en ediciones anteriores del *Imei Moharnat*, Reb Noson escribe que oyó sobre los Diez Salmos por boca del yerno del Rebe, "Reb I." Reb I. podría referirse a Reb Ioske, el marido de Odil o a Reb Itzjak Isaac, el marido de Sara. Sabemos que Odil vivió en Breslov mientras que Sara vivió en Kremenchug, cerca de sus suegros. Reb Ioske podría haber tenido cerca de dieciocho años de edad en ese momento (habiendo contraído matrimonio cerca del 1800) y podría haber estado suficientemente familiarizado con las enseñanza del Rebe como para transmitirlas a Reb Noson. Por otro lado, Reb Itzjak Isaac sólo tenía cerca de quince años en ese momento (se casaron en 1803, cuando él debía haber tenido trece años o un poco más, tal como era costumbre). Parece por lo tanto más probable que fuese Reb Ioske quien le comentó a Reb Noson y no Reb Itzjak.

7. Por lo tanto encontramos muchos más relatos detallados de la vida del Rebe Najmán, de sus enseñanzas y de sus conversaciones comenzando en 5605 (1804-05).

*

Capítulo 12

Las fuentes principales para este capítulo son *Imei Moharnat* I, #10-13 y *Until The Mashiach*, Capítulos 17-18.

1. *Tzadik* (#71) afirma simplemente que el manuscrito fue entregado a dos de los seguidores del Rebe, sin identificarlos. *Kojvei Or* (p.52, #25) revela quiénes eran. El Rebe Najmán dijo cierta vez, "Gracias a Dios que envié a Reb Iudel y a Reb Shmuel Isaac. Si hubiese enviado a Reb Noson, nunca habría vuelto" (*rabí Najmán Burstyn*). Esto pues Reb Noson se habría entusiasmado con su misión y no habría podido contenerse. Otra versión de esta historia relata que Reb Iudel y Reb Shmuel Isaac sufrieron mucho durante el viaje. Varias veces los confundieron con ladrones, tenían muy pocos fondos y no completaron la misión. Dijo Reb Noson, "Si me hubiera enviado a mí, habría completado la misión" (*Siaj Sarfei Kodesh* III-149).

2. La frase "tu libro" no es clara: ha sido interpretada como refiriéndose tanto al *Sefer HaNisraf* como al *Likutey Moharán*. Es posible que el Rebe Najmán se estuviese refiriendo al impacto hecho al dejar las transcripciones de las lecciones del *Likutey Moharán* en diversas ciudades. El Rebe Najmán dijo muchas veces que Reb Noson tenía una gran porción en el *Likutey Moharán* (ver *Until The Mashiach* p.119; más adelante, Capítulo 17). Por otro lado, el Rebe Najmán puede haber estado refiriéndose al impacto espiritual no perceptible producido por la lectura de las páginas del *Sefer HaNisraf*, de lo cual sólo el Rebe podía ser consciente. Es por eso que estaba alentando a Reb Noson, quien no podía percibirlo. A partir de *Tzadik* (#73) parece ser que "tu libro" se refiere a la copia que hizo Reb Noson del manuscrito del *Sefer HaNisraf* (*rabí Najmán Burstyn*). Hay que recordar que sólo una parte del *Sefer HaNisraf* había sido transcrita en ese tiempo. El resto fue transcrito cerca de un año y medio más tarde, el miércoles 14 de octubre de 1807, entre Iom Kipur y Sukot. Ver Capítulo 16.

3. El mismo Reb Noson utilizó esta lección para rectificar almas durante su visita a Brody en 1840 (ver Capítulo 43, notas 8-9). Ver también *Tzadik* #48.

4. *Imei HaTlaot* p.174-176. Esta afirmación le fue repetida al Rebe Najmán, quien más tarde incorporó el concepto de "guardianes de la tierra" en su lección en el *Likutey Moharán* II, 5:7, donde la utiliza para referirse a aquellos que guardan el Pacto y protegen al mundo del deseo físico. En otra ocasión el Rebe Najmán dijo que Reb Noson y Reb Naftalí eran Tzadikim.

Cierta vez, cuando Reb Leví Itzjak de Berdichov estaba visitando Terhovitza, habló públicamente sobre la grandeza del Rebe Najmán, aparte de la grandeza de sus antepasados. Continuó entonces alabando en términos muy elocuentes a los seguidores del Rebe, diciendo que casi todos eran eruditos excepcionales y hombres absolutamente temerosos de Dios, con muchas buenas acciones en su haber. Específicamente mencionó a Reb Noson como siendo un Tzadik (*Tzadik* #333; ver Capítulo 17).

5. *Avenea Barzel* p.30, #31-2; *Kojvei Or* p.91, #21; *Siaj Sarfei Kodesh* 522. El editor de *Imei Moharnat* escribe que este manuscrito se perdió poco tiempo después del fallecimiento de Reb Noson (*Imei Moharnat* I, #11). Se piensa que varias páginas de una obra en código, en posesión de algunos jasidim de Breslov, son copia del *Meguilat Sesorim*.

El *Meguilat Sesorim* les fue dado a Reb Noson y a Reb Naftalí bajo la condición de que fuese traspasado a "uno por generación". Reb Noson no se lo dio a nadie dado que Reb Naftalí vivió más que él. Luego del fallecimiento de Reb Noson, Reb Naftalí se lo entregó a Reb Aarón Lipevesker, quien se lo pasó a Reb Abraham ben Reb Najmán Jazan. Reb Abraham estaba muy enfermo y perdió el poder del habla antes de fallecer (en diciembre de 1917). No se sabe si se lo transmitió a alguien más (*Siaj Sarfei Kodesh* I-258). Reb Eliahu Jaim Rosen, un discípulo cercano de Reb Abraham Jazan solía decir: "Aquel que sabe no lo dice. Aquel que lo dice, no sabe...".

6. *Siaj Sarfei Kodesh* 690; *ibid.* I-67. El Rebe Najmán advertía constantemente sobre la ola de ateísmo que inundaría al mundo. Incluso gente con una fe pura y simple sería probada mediante ola tras ola de ateísmo. Ver *Sabiduría y Enseñanzas del Rabí Najmán de Breslov* #220. Armaguedon, la bíblica batalla de Gog y Magog, no será entonces una batalla física. Esto también se encuentra aludido en el Midrash (ver *Esther Rabah* 7:23).

7. En la Segunda Introducción a *Los Cuentos del Rabí Najmán*, Reb Noson explica la historia de "La Princesa Perdida" de acuerdo con los conceptos de esta lección.

8. *Kol Nidrei* es la plegaria de apertura de la víspera de Iom Kipur. En ella declaramos que anulamos todos los votos no intencionales que podamos llegar a pronunciar en el curso del año entrante (ver *Nedarim* 23b, *Tosafot*, v.i. *veat*) para librarnos así del pecado de los falsos juramentos y votos, que conllevan severas penalidades (ver *Shabat* 32b y *Nedarim* 22a).

9. En ausencia de la moderna plomería la única posibilidad de conseguir agua para extinguir el incendio era recurrir a la que la gente podía extraer de los pozos y guardar en sus hogares para uso personal. Virtualmente todas las casas de esos días estaban construidas de madera. Dependiendo de las condiciones del viento y de otros factores, el estallido de un incendio podía resultar en la destrucción de un pueblo entero. En momentos de necesidad todos los habitantes de la ciudad podían ser llamados para servir como miembros de los bomberos "voluntarios", llevando baldes de agua, etcétera, para contener y extinguir el incendio.

*

Capítulo 13

Las fuentes más importantes para este capítulo son *Imei Moharnat* I, #14-16 y *Until The Mashiach*, Capítulo 18.

1. La enfermedad que presenció Reb Noson parece haber sido una gripe muy contagiosa.

2. La fecha más probable es 11 de Kislev (22 noviembre de 1806). Ver *Until The Mashiach*, p.128.

3. El momento para a realizar la mitzvá del *Kidush Levaná*, Santificación de la Luna, es a partir de los tres días desde la aparición de la luna nueva hasta quince ciclos de 24 horas desde el momento de su primera aparición. Por ejemplo, si la Luna Nueva aparece un domingo por la noche (1 de mayo) a las 9:00 p.m., la mitzvá puede ser realizada desde el miércoles a la noche (4 de mayo) a las 9:00 p.m., hasta el lunes por la noche (16 de mayo) dos semanas después (ver *Oraj Jaim* 426: 3,4 y *Mishná Brurá* 426:17-21). En *Imei Moharnat* (I, #15) Reb Noson afirma que volvió a Breslov en *iom shlishi* (martes) por la noche. Dado que el Shabat Jánuca cayó el 2 de Tevet, ese martes por la noche debe haber sido el 13 de Tevet - dos noches antes de la última fecha posible para recitar el *Kidush Levaná*. Es posible que la luna nueva apareciese primero el miércoles por la noche, 13 de Kislev, pero incluso si así hubiera sido, la última noche para recitar el *Kidush Levaná* habría sido el miércoles por la noche. Es posible que Reb Noson se estuviese refiriendo al miércoles por la noche, aunque el flujo de su relato parece indicar que el episodio sucedió el martes por la noche. El autor admite su incapacidad de reconciliar el texto con la fecha dada.

Sin embargo, ofrecemos la siguiente hipótesis. En su mayor parte, Reb Noson no escribía su diario inmediatamente después de los eventos. Más bien, registraba el incidente de su vida en una fecha posterior, a veces incluso varios años después. Un ejemplo es *Imei Moharnat* I, #68, donde escribe sobre la herencia del Rebe Najmán a su hija Miriam en 1810, pero hace referencia a ella como "Miriam *zijroná librajá*" (de bendita memoria). Miriam falleció en 1822, lo que indica que Reb Noson escribió sobre la herencia al menos doce años después del evento. Así, es posible que cuando Reb Noson registró el incidente del *Kidush Levaná*, puede no haber recordado la fecha exacta (aunque, debido a la descripción detallada, esto no parece factible). Una segunda posibilidad es que se estaba formando una tormenta invernal. Si no hubiese santificado a la luna esa noche, se habría perdido la oportunidad de hacerlo. Una tercera alternativa: Reb Noson escribía muy rápido y las letras de sus manuscritos eran a veces ilegibles (como comprobamos en otros casos; ver Capítulo 45). El día exacto puede haber sido el miércoles o incluso el jueves (aunque las letras hebreas para esos días son muy diferentes). Pero Reb Noson probablemente se refería al día de la semana con una sola letra hebrea, haciendo posible el error. Ofrecemos esto como una posible explicación, porque también encontramos otras fechas en *Imei Moharnat* que no pueden ser reconciliadas con la narrativa de Reb Noson (ver Capítulo 23, nota 8).

4. *Oraj Jaim* 426:2; *Mishná Brurá* 426:3. El Rebe le dijo a Reb Noson que lo hiciese sin falta y que podía apoyarse en las autoridades menos rigurosas, quienes permiten recitar el *Kidush Levaná* incluso si la Luna no es perfectamente visible,

mientras pueda verse con claridad la silueta detrás de las nubes (*Tzadik* #483). Muchas veces el Rebe Najmán habló en contra de adoptar actitudes rigurosas innecesarias al cumplir con la *Halajá*. Dijo que las actitudes rigurosas innecesarias hacían que la gente perdiese su alegría en el cumplimiento de las mitzvot y podía finalmente llevarlas a dejar de cumplirlas (*Sabiduría y Enseñanzas del Rabí Najmán de Breslov* #235; *Likutey Moharán* II, 44; ver también *Cruzando el Puente Angosto*, Capítulo 1).

5. Existe una tradición oral entre los jasidim de Breslov de que este incidente fue una prueba para Reb Noson. El Rebe lo comparó con Ioshúa, el discípulo, que refleja las enseñanzas de su maestro tal como la luna refleja la luz del sol (ver arriba, Capítulos 5, 8). Era debido al hecho de que Reb Noson tenía que probarse a sí mismo su afinidad con la luna que tuvo que enfrentar una difícil prueba con la mitzvá de Santificar la Luna (*rabí Zvi Aryeh Rosenfeld; rabí Najmán Burstyn*).

6. *Siaj Sarfei Kodesh* I-196. Ver Rashi sobre Reyes 2, 2:14. También vemos que Elisha realizó el doble de milagros que Elías (Rashi, Reyes 2, 3:1; *Sanedrín* 47a).

7. *Rabí Eliahu Jaim Rosen*. El Talmud enseña que la humildad es el más grande de los atributos (*Avodá Zará* 20b).

8. Algunas fuentes dicen que el rabí David Zvi puso al hombre rico en *jerem* por despreciar a un erudito de Torá, pero otras fuentes están en desacuerdo (*rabí Eliahu Jaim Rosen*).

9. Estos discursos están basados en el *Likutey Moharán* I, 19 y en *ibid.* I, 69. Ver Apéndice.

*

Capítulo 14

Las fuentes más importantes para este capítulo son *Imei Moharnat* I, #17-23 y *Until The Mashiach*, Capítulo 19.

1. Los cuentos de referencia aparecerían en *Los Cuentos del Rabí Najmán* #2-6. El primer cuento del Rebe Najmán, "La Princesa Perdida", había sido relatado el verano anterior. El séptimo cuento, "La Araña y la Mosca", fue relatado luego del retorno del Rebe de su viaje a Novoritch - el Rebe dijo que esa historia contenía la clave para el misterio de su viaje. El octavo cuento, "El Hijo del Rabí" fue relatado poco tiempo después, mientras que los cuentos 9-13 fueron relatados en 1809-1810.

2. El texto de la carta del Rebe se encuentra en la primera sección de *Alim LeTerufá*, Cartas del Rebe Najmán, 1 (ver *Until The Mashiach*, Apéndice A, págs. 209-11 para una traducción al inglés). La respuesta de Reb Noson se

encuentra en *Alim LeTerufá* #1.

Reb Noson escribe que recibió la copia de la carta del Rebe mientras aún estaba en Mohilev. En *Imei Moharnat* (I, #18) Reb Noson escribe que partió para Nemirov después de Purim. La respuesta de Reb Noson al Rebe está fechada el 18 de Nisán - varias semanas después de Purim. Reb Noson escribe en la carta, "Reb Naftalí me envió desde *aquí*...", de modo que su respuesta fue escrita desde Nemirov.

3. En el *Imei Moharnat* (I, #19) encontramos que Reb Noson habló con "el adinerado R.M. que era uno de los seguidores del Rebe". Moshé Jenkes no es mencionado. Nuestra suposición de que éste es Moshé Jenkes se basa en lo siguiente. El texto de la carta del Rebe Najmán solicitando el dinero (*Alim LeTerufá*, Cartas del Rebe Najmán, 1) fue escrita desde Ostrog y está dirigida primariamente a los "socios" (Reb Moshé behaRav, Reb Israel y Reb Moshé ben Henia). Se cree que Moshé behaRav es Moshé Jenkes, que fue socio en varios negocios en Breslov y también apoyó al Rebe.

Es interesante notar que es común que en el *Imei Moharnat* los nombres no estén deletreados. Reb Noson escribió su diario para él mismo como un registro de cómo su vida se fue desarrollando a lo largo de su asociación con el Rebe Najmán. También es posible que Reb Noson no quisiera escribir el nombre completo de Moshé Jenkes debido a su drástico cambio de actitud en años posteriores.

4. El texto de la carta se encuentra en *Alim LeTerufá*, Cartas del Rebe Najmán 4 (ver *Until The Mashiach* p. 214-215).

5. Éste es un notable testimonio de la estima que le tenía el rabí David Zvi a Reb Noson. En esa época, Reb Noson sólo tenía veintisiete años de edad -y era un jasid- ¡pero aun así el rabí David Zvi quería colocar a Reb Noson como rav en su lugar!

6. Si el entierro tiene lugar antes de una festividad y el deudo se sienta durante un lapso nominal de 1 hora o menos aún, está exceptuado de observar el período completo de *shivá* de siete días (*Iore Dea* 399:1).

7. En conmemoración a la Entrega de la Torá, es costumbre permanecer despierto en la noche de Shavuot y recitar el *Tikún Leil Shavuot*, que contiene los versículos de apertura y de cierre de cada libro de la Biblia, la primera y última Mishná de cada tratado del Talmud, pasajes del *Sefer Ietzirá* y del *Zohar*, las seiscientas trece mitzvot de la Torá y algunas plegarias. Es costumbre sumergirse en una mikve justo al amanecer, tal como hicieron los judíos antes de recibir la Torá (ver *Kritot* 9a).

*

Capítulo 15

Las fuentes más importantes para este capítulo son *Until The Mashiach*, Capítulos 19-20 y *Parparaot LeJojmá* I, 61.

1. Un tratamiento completo de la relación entre la enfermedad del Rebe, el futuro papel de Reb Noson como líder y esta lección se encuentra en *Parparaot LeJojmá* I, 61:8.

*

Capítulo 16

Las fuentes más importantes para este capítulo son *Imei Moharnat* I, #24-26 y *Until The Mashiach*, Capítulo 21.

1. La lección se encuentra en *Likutey Moharán* I, 277 y habla sobre el Shabat, sobre la pareja y sobre la curación. Mediante esta lección el Rebe intentó canalizar una curación hacia la esposa de Reb Noson.

En *Imei Moharnat* (I, #26), Reb Noson escribe que se le informó sobre la enfermedad de su esposa en la noche de Simjat Torá de modo que la enseñanza del Rebe debe haber sido dada en la mañana de Simjat Torá. Sin embargo en *Tzadik* (#159), encontramos que el Rebe dio esta lección en Shmini Atzeret, el día anterior. Es posible reconciliar los textos basándose en el hecho de que Shmini Atzeret y Simjat Torá son comúnmente llamados Simjat Torá. Más aún, ese año Shmini Atzeret cayó en Shabat y Shabat es uno de los temas principales de la enseñanza del Rebe. Además, es poco probable que la persona que le informó a Reb Noson sobre la enfermedad de su esposa no lo hubiera visto antes del sábado a la noche, Simjat Torá. (Tenía prohibido viajar en Shabat de modo que, ¿cuándo llegó?). El momento más probable debe haber sido el viernes a la noche, al comienzo del Shabat, y así la fecha correcta sobre la recepción de la información sobre Ester Shaindel y la lección debe ser Shmini Atzeret.

2. *Avenea Barzel* p.92. Hay opiniones de que Reb Noson estaba en ese momento en la sala de baño.

3. Se afirma en *Tzadik* (#66) que la conversación entre el Rebe Najmán y Reb Shimón tuvo lugar entre Purim y Pesaj, sin dar una fecha exacta. En *Imei Moharnat* (I, #26) Reb Noson describe que Reb Shimón llegó a Breslov para quemar los libros en el momento en que fallecía el suegro de Reb Noson, que fue un mes después de Pesaj. Desde Lemberg a Breslov hay aproximadamente 400 km, un viaje de un mínimo de ocho días completos. Ese año el primer día de Pesaj fue el jueves, 22 de abril de 1808. Hubo por lo tanto cuatro días en los cuales estuvo prohibido viajar (abril 12-13,18-19), aparte de los *Shabatot*, mientras que en Erev Iom Tov y en Erev Shabat el viaje sólo es posible durante la primera parte del día. Si el Rebe le dio a Reb Shimón la orden unos pocos días antes de Pesaj, es perfectamente plausible que el viaje le haya llevado al menos entre dieciocho y

veinte días. Reb Noson estaba en Mohilev en ese momento y sólo pudo haber oído sobre la misión de Reb Shimón más tarde, sin necesariamente conocer la fecha exacta de la llegada de Reb Shimón. No hay discrepancia por tanto entre los dos relatos.

El Rebe Najmán enseña que se han perdido muchas obras escritas por Tzadikim notables. El motivo para esto es contrarrestar las enseñanzas ateas que han proliferado a través de las generaciones. Algunas de esas herejías eran tan poderosas que la gente no habría podido evitar su atractivo. Para liberar al mundo de ellas, manteniendo el equilibrio entre las fuerzas de santidad y las del Otro Lado, ciertas obras de Torá también deben ser ocultadas (*Likutey Moharán* II, 32). El Rebe previó la inundación de ateísmo que iba a arrasar el mundo (ver *Sabiduría y Enseñanzas del Rabí Najmán de Breslov* #220) y debe haber sentido que su *Sefer HaNisraf* debía ser ocultado del mundo para contrarrestrarlas (*Siaj Sarfei Kodesh* IV-56).

*

Capítulo 17

Las fuentes más importantes para este capítulo son *Imei Moharnat* I, #27-36 y *Until The Mashiach*, Capítulos 21-22.

1. *Tzadik* #21. La oposición a la cual se refería el Rebe era la que Reb Noson tuvo que enfrentar durante los "Años de Opresión" (1834-1839). El Rebe mismo tenía el apoyo de algunos de los maestros jasídicos más importantes, tales como el rabí Leví Itzjak de Berdichov, el rabí Guedalia de Linitz, el rabí Abraham Kalisker, etcétera. Pero Reb Noson estuvo totalmente solo. El Rebe Najmán le insinuó a Reb Noson que tendría oposición. Cierta vez le dijo: "Ellos te perseguirán y perseguirán...". Ver Parte VII, Los Años de Opresión.

2. Reb Noson dijo también, "Sin embargo, si supiera que se me permitiría visitar la tumba del Rebe aunque sea una sola vez, elegiría la reencarnación" (*Najat HaShuljan*, final, en una carta; ver *Siaj Sarfei Kodesh* 496).

*

Capítulo 18

Las fuentes más importantes para este capítulo son *Imei Moharnat* I, #38-39 y *Until The Mashiach*, Capítulo 22.

1. Tradición oral. El *Kedushat Levi* es una colección de enseñanzas y discursos del rabí Leví Itzjak de Berdichov. Está organizado de acuerdo a las lecturas semanales de la Torá y el Talmud y es una obra jasídica muy aclamada.

2. El *etrog* es llamado (Levítico 23:40), "*Pri etz hadar* - un hermoso fruto". Así, el *etrog* es también llamado *peer*, belleza. Ver también *Likutey Moharán* II, 67.

*

Capítulo 19

Las fuentes más importantes para este capítulo son *Imei Moharnat* I, #40-49 y *Tzadik*, Capítulo V, #82-107.

1. *Avenea Barzel* p.49-50, #4. No existe indicación sobre la fecha de este episodio, pero debe haber tenido lugar durante la vida del Rebe Najmán dado que Reb Noson le habló a él sobre ello. Reb Shajne nació en diciembre de 1802 y debe haber tenido siete años de edad en ese momento. Hemos colocado el episodio aquí como el último año en el cual podría haber sucedido, aunque podría haber tenido lugar antes, cuando Reb Shajne tenía 4-5 años de edad. El incidente se une muy bien con la lección del Rebe, de la cual se habla en breve en nuestro texto.

2. *Parparaot LeJojmá* II, 7:8. El autor del *Parparaot LeJojmá*, Reb Najmán Goldstein de Tcherin, oyó esto directamente de su padre, Reb Zvi Aryeh, quien era hijo de Reb Aarón el Rav y también seguidor del Rebe. Reb Zvi Aryeh era extremadamente erudito y siendo un hombre joven era muy respetado incluso por los jasidim de Breslov mayores (ver Capítulo 23). Cuando Reb Aarón falleció en 1845, Reb Zvi Aryeh lo sucedió como Rav de Breslov.

3. *Sabiduría y Enseñanzas del Rabí Najmán de Breslov* #141; *Tzadik* #122. Los Diez Salmos son: 16, 32, 41, 42, 59, 77, 90, 105, 137, 150. Reb Noson no estuvo presente cuando el Rebe reveló los Diez Salmos. Puede parecer sorprendente que el Rebe no esperase a pedirle a Reb Noson que fuese testigo de ese evento importante. Es interesante notar que el versículo de apertura de los Diez Salmos comienza con *mijtam*, que tiene la *Guematria* de 500, lo mismo que *Noson*. Esto parece inscribir a Reb Noson como parte integral de los Diez Salmos (*rabí Najmán Burstyn*).

4. Ver más arriba, Capítulo 11, nota 4.

5. *Tzadik* #187-8. Los cuentos se encuentran en *Los Cuentos del Rabí Najmán* #11 y 12.

6. Ver *Los Cuentos del Rabí Najmán* #13.

7. Ver *Likutey Moharán* volumen I, Prefacio. En las notas se explica allí el significado de esta enseñanza.

*

Capítulo 20

Las fuentes más importantes para este capítulo son *Imei Moharnat* I, #50-51, *Tzadik* Capítulo V, *Until The Mashiach*, Capítulo 24 y *Sipurim Niflaim* p.3-8.

1. Algunos creen que Hirsh Ber era hijo de Chaikel, no su yerno, y que el suegro de Hirsh Ber era Najmán Noson Rappaport, en cuya casa permaneció el Rebe Najmán cuando fue a Umán (ver *Until The Mashiach*, p.75-76, 167).

2. Ver Capítulo 19. Naftalí Hertz Wiesel, un importante discípulo de Moisés Mendelssohn, era un prominente *maskil*. Cuando el Rebe vio el libro, supo con certeza que había sido llamado a fallecer, pues sabía que sería inhumado en Umán.

3. No hay información sobre quién era ese hombre de Lukatch. Aparentemente tenía algún puesto oficial.

4. Debe hacerse notar que el "no saber" del Rebe era un nivel superior a su "saber". Como escribió Reb Noson, "Lo que el Rebe llamaba ignorancia era una percepción que se adentraba en las mayores profundidades y misterios" (*Sabiduría y Enseñanzas del Rabí Najmán de Breslov* #153). La amplitud del conocimiento del Rebe Najmán puede percibirse en sus escritos. En ocasión incluso llegó a jurar por el sagrado Shabat que no sabía nada (ver más arriba, Capítulo 19). Esto puede comprenderse a partir de la enseñanza del Ari de que cuando la persona alcanza un nivel elevado y desea avanzar hacia un nivel más elevado aún, debe despojarse de todos sus logros anteriores para poder así alcanzar el nuevo nivel (ver *Likutey Moharán* II, 7:6, y cf. *Etz Jaim, Shaar Mojín deTzelem* 1).

*

Capítulo 21

Las fuentes más importantes para este capítulo son *Imei Moharnat* I, #52-54, *Tzadik* Capítulo V, *ibid.* #403-406, *Until The Mashiach*, Capítulos 24-26 y *Sipurim Niflaim* p.3-8.

1. En ese mismo capítulo de Ezra (8:2), encontramos que el pueblo se reunió con él el primer día del séptimo mes, es decir, Rosh HaShaná. Así el versículo, "¡Vayan! coman sabrosas comidas...", hace referencia a Rosh HaShaná.

2. La influencia de la Jasidut de Breslov comenzó a expandirse más allá de las fronteras de Rusia al comienzo del siglo XX. Todos los años, los jasidim del Breslov de Polonia solían viajar a Umán para Rosh HaShaná. Cuando la frontera rusa se cerró luego de la revolución bolchevique en 1917, esto se hizo imposible. Los jasidim de Polonia les escribieron a los líderes de Breslov en Umán preguntándoles si es que debían formar su propio *minian* para Rosh HaShaná y qué valor tendría ello en relación a las rectificaciones que tienen lugar en Rosh HaShaná con el Rebe Najmán en Umán. Reb Shimshon Barski, un descendiente del Rebe Najmán y uno de los líderes de los jasidim de Breslov en Umán al comienzo del siglo XX, les escribió en respuesta: "He estado conversando con Reb Abraham Sternhartz, quien está de acuerdo conmigo. Las reuniones de los jasidim de Breslov para Rosh HaShaná, allí donde tengan lugar, son muy buenas. Sin embargo, todos los

jasidim de Breslov deben anhelar y desear venir a Umán, porque Reb Noson dijo, 'Las rectificaciones que el Rebe Najmán logra en Rosh HaShaná sólo pueden ser obtenidas en Umán'" (*Siaj Sarfei Kodesh* 499). También dijo Reb Noson: "En Rosh HaShaná, todos claman, '*HaMelej*' (el Rey). ¡Pero la coronación tiene lugar en Umán!" (*Siaj Sarfei Kodesh* III-168). Desde la reapertura de las fronteras de Ucrania en 1988, el *kibutz* ha vuelto a realizarse. Ver *¡Umán! ¡Umán! ¡Rosh HaShaná!* por el Breslov Research Institute, que describe el Rosh HaShaná del Rebe en Umán hoy en día.

3. Esto muestra nuevamente cómo Reb Noson comprendía y apreciaba el valor de cada palabra dicha por el Rebe. Él estaba mortalmente enfermo y había tosido muchísima sangre, pero Reb Noson lo alentó a decir Torá, debido al impacto que eso tendría en el mundo.

*

Capítulo 22

Las fuentes más importantes para este capítulo son *Imei Moharnat* I, #55-56, *Tzadik* Capítulo V, *Until The Mashiach*, Capítulos 25-26 y *Sipurim Niflaim* p.3-8.

1. "El enfermo está exceptuado de la mitzvá de la *suká*" (*Oraj Jaim* 640:3).

2. Las Cuatro Especies son el *lulav* (hoja de palmera), el *etrog* (la cidra), los *hadasim* (hojas de mirto) y las *aravot* (hojas de sauce) (Levítico 23:40).
   La lección del Rebe Najmán de Rosh HaShaná del año 1807, dada inmediatamente después de que contrajese tuberculosis y comenzase a hablar sobre su muerte, trata sobre la *Even Shetiá*, la "Roca de Creación", que está localizada en el lugar del Santo de los Santos, ubicado en el monte del Templo en Jerusalén. En su lección el Rebe identifica el concepto de la *Even Shetiá* con el "intelecto abarcador" que está encarnado en el Tzadik realmente grande. Este "intelecto abarcador" puede traer rectificaciones para el mundo entero. (Ver *Likutey Moharán* I, 61, y el discurso de Reb Noson en su lección del *Likutey Halajot, Rosh Jodesh*, 7). La plegaria de *Hoshana* del cuarto día de Sukot, el último día de la vida del Rebe, comienza con *Even Shetiá* (*Siaj Sarfei Kodesh* 482).

3. "Cruzando el Iabok", es una colección de plegarias y discursos sobre la muerte, compuesta por el rabí Aarón Berajia de Modena (m. 1639).

4. Por este motivo, la reunión anual en honor al Rebe Najmán en su *iorzait* el cuarto día de Sukot se celebra comenzando cerca de las tres de la tarde (*Siaj Sarfei Kodesh* I-221).

5. Dijo Reb Noson: "Vemos que el Rebe Najmán falleció durante la semana de la lectura de la Torá de *Vezot HaBerajá*, donde dice, "Y Moshé falleció..." (Deuteronomio 34:5) (*Sijot veSipurim* p.111).

6. Ver más arriba, Capítulo 2, nota 2.

*

Capítulo 23

Las fuentes más importantes para este capítulo son *Imei Moharnat* I, #67-75 y *Tovot Zijronot* p.125-133.

1. Miriam, la hija del Rebe, había viajado a la Tierra Santa en julio de 1809 para reunirse allí con su marido. Cuando Reb Noson aún estaba sentado en *shivá* por su hermano, la familia del marido de Miriam vino a pedirle su parte de la herencia. Pero Reb Noson se negó a dárselas, por temor a que la gastasen. Finalmente invirtió el dinero y cada año solía enviar la ganancia -una suma importante- a la Tierra Santa, donde Miriam y su marido pudieron vivir bastante confortablemente hasta que fallecieron sin hijos en la primavera de 1822, poco antes del arribo de Reb Noson. El dinero, una suma considerable, fue entonces dividido entre sus herederos.

2. *Tovot Zijronot* (p.128) afirma que la obra en construcción era la casa del Rebe Najmán, que había sido destruida en el incendio del Pesaj anterior. Sin embargo, en *Imei Moharnat* (I, #86), Reb Noson escribe claramente que el *beit midrash* del Rebe no fue reconstruido sino hasta la primavera/verano de 1803. Esta afirmación también parece contradecir la del *Tovot Zijronot* (*Ibid.*) de que cada vez que Reb Noson visitaba Breslov prefería quedarse en el *shul*. (Reb Aarón el Rav quería que Reb Noson se quedase con él, en su casa, pero no lo presionaba dado que sabía que Reb Noson tenía sus propios motivos para querer quedarse en el "*beit midrash* del Rebe" - allí fue donde el Rebe había realizado sus devociones y donde Reb Noson había escrito muchas de sus enseñanzas). Pero de acuerdo al relato en *Imei Moharnat*, Reb Noson ya se había mudado a Breslov antes de la reconstrucción del *beit midrash*. Teniendo su propia casa, ¿por qué habría necesidad de quedarse con Reb Aarón o en el *shul*? Otra dificultad más constituye el hecho de que de acuerdo a *Tovot Zijronot*, el trabajo de reconstrucción del *shul* sólo tomó unas pocas semanas - algo poco probable si era necesario reconstruir un edificio totalmente consumido por el fuego.

Podemos reconciliar los dos relatos si asumimos que en el invierno de 1810-11 se arregló temporalmente una habitación en la ruinas de la casa del Rebe, estableciéndola como un *shul*, mientras que el *beit midrash* del Rebe sólo fue reconstruido en 1813. Por tanto, hemos incluido el relato de *Tovot Zijronot* sobre cómo los jasidim de Breslov construyeron ellos mismos un lugar de reunión en 1810-11, a la vez de seguir el relato en *Imei Moharnat* sobre cuándo fue reconstruido el *beit midrash* del Rebe. Ver Capítulo 24.

3. Rosh Jodesh Shvat 5571 fue Shabat (26 de enero de 1811). *Imei Moharnat* (I, #72) afirma que estaban dispuestos a partir "dos días antes de Erev Rosh Jodesh Shvat". Tomado literalmente, esto parece sugerir que debían partir de Breslov el miércoles - dos días antes de Erev Rosh Jodesh, que era viernes y dado que se

vieron forzados a retornar ese mismo día, en verdad dejaron Breslov el jueves. Sin embargo, de acuerdo a *Tovot Zijronot* (p.129-133) sus viajes les llevaron tres días, lo que quiere decir que debían salir el martes y en verdad salieron el miércoles. *Imei Moharnat*, que es el propio diario de Reb Noson, debería ser una fuente más precisa, pero el relato de *Tovot Zijronot* es mucho más detallado y menciona específicamente que pasaron dos noches en el camino.

Podemos reconciliar las diferencias entre las dos fuentes como sigue. El día anterior a Rosh Jodesh es llamado *Iom Kipur Katan*, Iom Kipur "pequeño", cuando son perdonados los pecados de cada mes, se recitan plegarias y *slijot* y alguna gente tiene la costumbre de ayunar. Cuando Rosh Jodesh cae en Shabat o domingo, *Iom Kipur Katan* es adelantado al jueves anterior (*Mishná Brurá* 417:4). Dado que Rosh Jodesh Shvat ese año fue en Shabat, *Iom Kipur Katan* fue el jueves. En el *Imei Moharnat*, donde Reb Noson menciona que partieron dos días antes de "Erev Rosh Jodesh", debe haber estado refiriéndose a *Iom Kipur Katan*, para lo cual quería estar en Umán en la tumba del Rebe (al igual que los jasidim de Breslov se reunían en Umán en Erev Rosh HaShaná para las *Slijot* finales de *Zejor Brit*). De acuerdo a esta hipótesis debían salir el martes y se atrasaron hasta el miércoles.

4. La canción *Ashreinu* puede escucharse en el CD *Ashreinu!* producido por el Breslov Research Institute.

5. Reb Abraham Sternhartz escribe que recuerda que siendo joven veía a los nietos de Reb Iaacov ir a Umán cada año para Rosh HaShaná. Reb Iaacov dejó un testamento afirmando el deseo de que sus descendientes viajasen a Umán para Rosh HaShaná y su hijo cumplió con ese deseo (*Tovot Zijronot* #8, p.130).

6. Reb Zvi Aryeh era un joven erudito muy respetado. Aparte de eso, Reb Aarón, su padre, y Reb Shmuel Isaac eran viejos amigos: se habían vuelto seguidores del Rebe Najmán cuando aún vivía en Medvedevka, mucho antes del acercamiento de Reb Noson. Es por eso probablemente que Reb Noson eligió a Reb Zvi Aryeh para esperarlo. Para el relato de Reb Zvi Aryeh sobre las tremendas devociones de Reb Shmuel Isaac de las que fue testigo esa noche y la marca que dejó en él (subsecuentemente se volvió un seguidor de Reb Shmuel Isaac) ver *Until The Mashiach*, p.302-303; *Tovot Zijronot* #8, p.131-132.

7. El rostro del discípulo refleja el rostro de su maestro. Ver *Likutey Moharán* I, 153 y *El Libro de los Atributos*, estudio de la Torá, B:15.

8. *Imei Moharnat* I, #74. Ver *El Libro de los Atributos, Ner Tamid*, B:1. Ver también *Kojvei Or* (p.67) sobre la importancia de utilizar aceite de oliva. Reb Najmán de Tulchin oyó de Reb Noson muchas alusiones crípticas sobre la importancia de una *ner tamid* con aceite de oliva en la tumba del Rebe Najmán. Debido al hecho de que la llama a veces se extingue, especialmente durante las largas y ventosas noches de invierno, hizo muchos experimentos hasta que encontró el tamaño adecuado de mecha para que ardiese constantemente (*Sijot veSipurim* p.69-70).

La costumbre continuó hasta que los jasidim del Breslov se vieron forzados a salir de Umán durante las purgas ucranianas a finales de la década de 1930 y la subsecuente masacre nazi en 1941. Últimamente se ha restablecido la costumbre y un comité de judíos en Umán ha tomado a cargo el encendido diario de una *ner tamid* con aceite de oliva.

Escribe Reb Noson que la costumbre de encender una *ner tamid* fue instituida el "jueves, 18 de Shvat" (*Imei Moharnat* I, #74). Dado que Rosh Jodesh Shvat de ese año cayó en Shabat, el 18 de Shvat fue martes y no jueves. Es sabido que Reb Noson escribía muy rápidamente y a veces las letras de sus manuscritos estaban entremezcladas y eran ilegibles. Por lo tanto "jueves, 18 de Shvat" tal como se encuentra en las ediciones impresas de *Imei Moharnat* I, #74 es probablemente un error de impresión en lugar de *martes*, 18 Shvat. Ver más arriba, Capítulo 13, nota 3.

9. En esa época Reb Noson aún tenía su propio dinero y no era pobre, pero los fondos estaban invertidos en negocios y sólo tenía una entrada limitada y muy poco efectivo.

*

Capítulo 24

La fuente más importante para este capítulo es *Imei Moharnat* I, #76-95.

1. Ver "El Sofisticado y el Simple", *Los Cuentos del Rabí Najmán*, #9.

2. *Rabí Guedalia Koenig*, carta.

3. Se desconoce la fecha exacta en que Reb Ozer se volvió un seguidor de Reb Noson, pero debe haber sido luego de que Reb Noson imprimiese el *Likutey Moharán*. También debe haber sido antes de 1819, pues para entonces, Reb Ozer ya era un jasid de Breslov bien comprometido: como veremos en el próximo capítulo, asistió a la boda del nieto del Rebe Najmán, que tuvo lugar ese año.

4. *Tovot Zijronot* p.128. Parece ser que este discurso es el *Likutey Halajot, Hiljot Beit Kneset* #3. En los primeros dos discursos bajo este encabezado, Reb Noson habla de *Rabeinu N.I.* (*Neiro Iair*- "que su lámpara brille"), indicando que el Rebe Najmán aún estaba con vida cuando los escribió. Dado que Reb Noson sólo había estado escribiendo durante unos pocos años, parece poco probable que hubiese escrito más que estos tres ensayos sobre esta ley, de modo que el discurso #3 debe haber sido el siguiente tratado. (Ver Apéndice para una discusión detallada sobre cómo Reb Noson escribió el *Likutey Halajot*). El discurso #3 trata sobre tomar áreas áridas y transformarlas en lugares sagrados. También menciona el "hacer algo" con las propias manos (construir el *shul*) y cómo los ancianos de la ciudad establecen un ejemplo de lo que es apropiado, dirigiendo a la gente hacia la rectitud. Todos estos temas se relacionan con la reconstrucción del *beit midrash* incendiado del Rebe.

5. *Imei Moharnat* I, #87. Dado que muchos de los habitantes de Breslov se oponían a Reb Noson y a los jasidim de Breslov, es extraño que le ofreciesen a Reb Noson la antigua casa del rav, que estaba en el "viejo" *beit midrash* de Breslov - es decir, el principal *beit midrash* del pueblo, como vemos a partir de *Imei Moharnat* I, #86.

*

Capítulo 25

Las fuentes más importantes para este capítulo son *Imei Moharnat* I, #96-99 y *Imei HaTlaot* p.135-137 y p.178-180.

1. *The Fiftieth Gate*, publicada por el Breslov Research Institute, es una traducción al inglés de las plegarias del *Likutey Tefilot*. *La Llama del Corazón*, es una selección, en español, de estas plegarias. Ver Apéndice.

2. La acusación de los opositores no estaba enteramente equivocada pues aquel que escribe plegarias debe tener *rúaj hakodesh*. El rabí Jaim Vital escribe muy claramente que el Ari se negaba a recitar cualquier himno o plegaria no compuesto por uno de los primeros Tzadikim -el rabí Akiba, el rabí Ishmael, el rabí Elazar HaKalir, etc.- quienes escribieron de acuerdo con las *kavanot* (intenciones) Kabalistas, mientras que autores más recientes no alcanzaron tales niveles. "Ellos no saben siquiera lo que están diciendo. Se equivocan con sus palabras..." (*Pri Etz Jaim, Inian HaTefilá*, p.1).

Reb Noson se refirió al argumento de sus oponentes en su Introducción al *Likutey Tefilot*, que está tratado más adelante (ver Apéndice). Es justo indicar que la *Tefilá Zaká*, recitada en la mayoría de las sinagogas en Erev Iom Kipur inmediatamente antes de *Kol Nidrei*, fue escrita por un contemporáneo de Reb Noson, el rabí Abraham Danzig de Vilna (1748-1820), pariente del Gaón de Vilna y autor de las importantes obras Halájicas *Jaiei Adam* y *Jojmat Adam*. Alguna gente se oponía en verdad a la *Tefilá Zaká* basándose en el mismo hecho de que el rabí Abraham Danzig carecía de conocimientos Kabalistas y no era un *baal rúaj hakodesh*. Sin embargo *Tosafot Jaim*, un comentario sobre el *Jaiei Adam*, responde con una afirmación muy simple: "Vemos a partir de los escritos del autor que tenía un conocimiento íntimo de la Kabalá" (*Jaiei Adam* 144:31). En cuanto a Reb Noson, una simple mirada a su *Likutey Halajot* es suficiente para mostrar cuán profundo era su conocimiento de la Kabalá. Con respecto a la necesidad del *rúaj hakodesh*, el mismo Reb Noson dijo que "transformar las enseñanzas de Torá en plegaria proviene de los niveles más elevados, de la 'Puerta Cincuenta'", que se encuentran más allá del *rúaj hakodesh*.

En 1818 Reb Noson compuso la plegaria que es probablemente la más recitada: la que se dice después del recitado de los Diez Salmos que componen el *Tikún HaKlalí* del Rebe Najmán (ver más arriba, Capítulo 19). En 1821, el hijo de Reb Noson, Shajne, imprimió esta plegaria en su edición del *Tikún HaKlalí*. Alguien le preguntó cierta vez a Reb Noson por qué agregó esa plegaria al *Tikún HaKlalí*. Reb Noson simplemente respondió que escribió la plegaria para él mismo y que todo el que lo desee puede también recitarla (*Siaj Sarfei Kodesh* I-632). (Es probable que cuando Reb Noson escribió esta plegaria también estuviese componiendo su discurso en *Priá veReviá* 3, que trata sobre los Diez Salmos. Los Tres Discursos fueron escritos durante ese período pues vemos que en su viaje a *Eretz Israel* Reb Noson ya estaba escribiendo su Cuarto Discurso sobre *Oraj Jaim*. Ver Apéndice).

3. Ver *Likutey Halajot, Sefer Torá* 3, que se basa en la historia del Mendigo Jorobado, incluida en "Los Siete Mendigos" (Quinto Día) (ver *Los Cuentos del Rabí Najmán*). La historia relata cómo un grupo de personas estaba buscando cierto árbol y aunque eran todos rectos y merecían encontrarlo, discutían sobre la dirección en la cual se encontraba. En su discurso, Reb Noson explica que el árbol es la Torá, el Árbol de Vida, mientras que los argumentos sobre cómo encontrar el árbol representan las disputas sobre cómo observar la Torá. El discurso de Reb Noson puede ser visto como un comentario velado a la oposición a la impresión del *Sipurey Maasiot* y explica por qué Reb Noson continuó con su impresión.

4. No hay fecha para el nacimiento de Janá Tsirel. Sin embargo, encontramos que su hija, Esther Shaindel, nació un viernes, 28 de agosto de 1834 (*Alim LeTerufá*, #148). Así, su matrimonio debe haber tenido lugar durante el año 1830 (ver *Alim LeTerufá*, #104-106). Ese era su segundo matrimonio, con Reb Baruj de Brahilov. Dado que su primer matrimonio debe haber tenido lugar en 1832, cuando ella debía tener cerca de trece años de edad, es plausible que haya nacido entre 1818-1819. En una carta fechada en diciembre de 1831 Reb Noson menciona que había sido llamado a una boda por los *mejutanim* (*Alim LeTerufá*, #63). La boda debe haber sido la de Janá Tsirel. [El primer matrimonio de Janá Tsirel fue con Reb Najmán, el hijo de Reb Aarón el Rav, quien era intensamente devoto. Viendo que Janá Tsirel no era feliz en su matrimonio, Reb Noson le preguntó por qué. Ella respondió, "Él no es humano. ¡Es un ángel!". Se acordó un divorcio (*rabí Eliahu Jaim Rosen*). Reb Najmán el hijo de Reb Aarón murió joven - *Guidulei HaNajal* p.75]. Reb David Zvi se casó al comienzo del verano de 1835. De modo que su nacimiento debe haber sido no más tarde que 1822, probablemente en 1820-21.

5. Reb Noson se enfermó antes de la edad de cuarenta años y sufrió por más de veinticinco años (nota del editor sobre *Alim LeTerufá* #207). La primera mención que hace Reb Noson de su enfermedad intestinal es una carta escrita el domingo por la noche, 11 de Tevet (23 de diciembre de 1834), en la cual dice, "He sufrido un ataque de mi enfermedad que me dejó muy débil y con un terrible dolor" (*Alim LeTerufá* #129). En otra parte, encontramos que Reb Noson siempre se sentía peor los domingos, lo que sugiere que el probable cambio de dieta para el Shabat podría haber agravado su enfermedad (*Alim LeTerufá* #288). Estas son sólo claves que tenemos con respecto a su enfermedad. Los expertos médicos están de acuerdo en que aunque la información es escasa, el hecho de que la enfermedad no era fatal y que se viera afectada por un cambio de dieta

probablemente indicaría una forma de colitis. Cuando el Rebe Najmán estaba saliendo para Lemberg en 1807 bendijo a Reb Noson y a Reb Naftalí con una larga vida. Reb Naftalí vivió hasta los ochenta años mientras que Reb Noson falleció a la edad de sesenta y cinco, sin embargo, considerando que Reb Noson sufrió de colitis por más de veinticinco años, esa puede considerarse una "larga vida" (ver *Siaj Sarfei Kodesh* I-217 y más arriba, Capítulo 16).

6. Hay una diferencia de opinión entre Rashi y su nieto, Rabeinu Tam, en cuanto al orden en el cual las porciones de Torá deben estar ubicadas en las *batim* ("casas", cajas) de los tefilín. Aunque todos utilizan los tefilín de acuerdo al punto de vista de Rashi, muchos usan un par adicional para cumplir también con el punto de vista de Rabeinu Tam (*Oraj Jaim* 34:1-2). De acuerdo a la Kabalá, es obligatorio utilizar ambos pares (*Pri Etz Jaim, Shaar HaTefilín* 9), dado que cada uno corresponde a un diferente nivel de intelecto, y cada judío merece ambos niveles. Reb Noson mismo trata en profundidad la importancia de llevar los tefilín de Rabeinu Tam en *Likutey Halajot, Tefilín* 5. Ver también *Tefilín* (Breslov Research Institute), que es una traducción al español del discurso de Reb Noson, explicando el concepto de los tefilín en teoría y en la práctica en relación al cuento del Rebe Najmán del Mendigo Ciego, que se encuentra en "Los Siete Mendigos".

7. *Tzadik* (#155) afirma que Moshé Jenkes se divorció algunos años después del fallecimiento del Rebe. Esto ubica el divorcio alrededor del año 1813. En *Imei HaTlaot* (p.136), se afirma que Moshé Jenkes no tuvo hijos durante algunos años después de su segundo matrimonio, lo que significa que debe haber ido a orar al *tzion* del Rebe en Umán cerca de 1816. Encontramos en *Alim LeTerufá* (#30; ver Capítulo 33) que la hija de Moshé Jenkes se casó con Reb Abraham Ber, el nieto del Rebe Najmán, en 1830. Esto podría sugerir que ella nació cerca de 1817 y que tenía trece años al casarse, como era costumbre en esos días. Parecería entonces que ella fue la primogénita de Moshé Jenkes y que el siguiente incidente, en el *brit* de su hermano, tuvo lugar alrededor 1819-20. Su nombre era Miriam Raitze (*Alim LeTerufá* #182).

8. Es costumbre en algunas comunidades dividir la circuncisión entre dos personas, una para el *jituj* y otra para la *periá* (ver *Iore Dea* 266:14). Ver más arriba, Capítulo 11, nota 3.

9. Pese a sus diferencias, el Rav de Apta aún le tenía una gran estima a Reb Noson. Ver Capítulo 31.

10. *Siaj Sarfei Kodesh* III-160. El *Sod HaIbur* (el "secreto de la intercalación"), se refiere a los cálculos astronómicos de acuerdo a los cuales se determinan los años intercalares judíos para asegurar que el calendario lunar judío se mantengan en fase con el año solar. La afirmación de Reb Noson fue hecha durante los Años de Opresión (ver Capítulos 34-41), aunque sus conversaciones con el Savraner deben haber tenido lugar más de veinte años antes, previo a la composición del

Likutey Tefilot, o al menos antes del comienzo de la década de 1820.

11. Ver Capítulo 41 para información adicional sobre Reb Netanel.

*

Capítulo 26

La fuente más importante para este capítulo es *Imei Moharnat* II, #5-19. *Imei Moharnat* Parte II es el relato del propio Reb Noson sobre su peregrinación a *Eretz Israel*. Dice: "He llevado un diario de mi viaje a la Tierra Santa, para que mis descendientes puedan comprender mi amor por *Eretz Israel*" (*Imei Moharnat* II, #1). Parece que el relato no está escrito en orden. Algunos episodios fueron registrados inmediatamente después ocurridos (ver *Imei Moharnat* II, #84) mientras que otros fueron completados más tarde durante el viaje (ver *Imei Moharnat* II, #19).

1. El Talmud enseña también: "Mientras Baruj ben Neria estuvo con vida, Ezra no dejó Babilonia para ir a la Tierra Santa" (*Meguilá* 16b). En la época de Reb Noson y cuando las condiciones eran favorables, el viaje de ida y vuelta a *Eretz Israel* tomaba un mínimo de medio año y normalmente más aún. El viaje por mar era prácticamente imposible durante los meses de invierno.

2. Para un relato completo de la peregrinación del Rebe Najmán a la Tierra Santa ver *Relato del Viaje del Rebe Najmán a la Tierra de Israel*; *Until The Mashiach* p.27-55.

3. En cuanto a Reb Shimón, es sabido que se mudó a la Tierra Santa, pero no sabemos exactamente cuándo. En el relato de Reb Noson de su visita allí en 1822 (*Imei Moharnat* II) no menciona haberse encontrado con Reb Shimón. Vista la alta estima mutua (ver Capítulo 33) es poco probable que si Reb Shimón hubiese estado en *Eretz Israel* en ese tiempo, Reb Noson no lo hubiese visitado. Aparentemente, Reb Shimón ya se había mudado allí pero estaba fuera del país en ese momento. Otra posibilidad, aunque menos probable, es que hubiera tenido que aplazar su viaje, mudándose más tarde. Reb Shimón volvió a Rusia en 1833 por cerca de un año, buscando un *shiduj* para su hijo y luego retornó a Safed. En algún momento durante los años 1835-38 fue atacado por árabes en los montes de los alrededores de Safed y falleció a consecuencia de sus heridas. Está enterrado en el viejo cementerio de Safed no lejos de la tumba del Santo Ari (ver *Siaj Sarfei Kodesh* III-200).

4. Reb Noson trata sobre el gran poder que tiene el mes de Shvat -el mes 11 del año judío- para anular las fuerzas del mal. La Kabalá enseña que las Diez Sefirot (diez atributos Divinos) del ámbito de la santidad están enfrentadas por Diez Sefirot del ámbito de la impureza. Sin embargo, dado que todo en la creación está sustentado por la santidad -es decir, por Dios- en verdad hay de hecho once atributos en el ámbito de la impureza, siendo el undécimo la chispa de santidad

que sustenta a lo impuro.

Éste es el motivo de las once especies utilizadas en la ofrenda del incienso (Éxodo 30:34, ver Rashi) y también de las once cortinas utilizadas en el Tabernáculo (Éxodo 26:7), pues ellas anulan las fuerzas de la impureza. También encontramos que Moshé tradujo la Torá a las setenta lenguas de las naciones del mundo en el mes *once*, Shvat (Deuteronomio 1:3). De la misma manera, el Año Nuevo de los árboles cae en Shvat. Durante las tres primeras cosechas de un árbol frutal, los frutos están prohibidos como *orlá* ("frutos no circuncidados"; Levítico 19:23). El año para contar la cosecha comienza en el mes de Shvat (*Likutey Halajot, Orlá* 3:5).

A lo largo de nuestro texto, hemos visto que Reb Noson escribía sobre el poder de las enseñanzas del Rebe para contrarrestar las herejías y el mal. Es interesante notar que una cantidad de incidentes en la historia de Breslov que han servido para llevar a la Jasidut de Breslov a ser la potente fuerza que es hoy en día tuvieron lugar en el mes de Shvat. Fue en Shvat que Reb Noson salió para Medvedevka para estar con el Rebe para Purim y Pesaj 5603 (1803). Ese viaje, con sus consiguientes obstáculos, estableció el papel de Reb Noson como el de Ioshúa (arriba, Capítulo 8). En el mes de Shvat, 5531 (enero de 1811), se llevó a cabo la primera peregrinación a la tumba del Rebe Najmán, colocando los cimientos del peregrinaje anual a Umán para Rosh HaShaná. También comenzó en Shvat el establecimiento del encendido de una *ner tamid* en el *tzion* del Rebe (Capítulo 23). Y hemos visto que la imprenta que Reb Noson utilizó para publicar y difundir los escrito del Rebe y así contrarrestar el abandono de la observancia de la Torá y el surgimiento de la *Haskalá*, fue inaugurada en Shvat. También es significativo que Reb Noson nació en Shvat, pues fue él quien se ocupó de difundir las enseñanzas del Rebe (ver más arriba, Capítulo 2, nota 1).

5. Reb Noson trata sobre el poder de recitar los nombres de los Tzadikim y su conexión con la herencia de la Tierra en el *Likutey Halajot, Netilat Iadaim* 4:6-8.

6. Inicialmente la prohibición del Rav de Apta se aplicaba incluso a los *shlijim* (emisarios) de *Eretz Israel*, pese a la desesperada necesidad de los fondos que ellos llevaban al volver. Sin embargo, debido a las empobrecidas condiciones en la Tierra Santa, los *shlijim* obtuvieron finalmente el permiso del Rav de Apta para viajar. Pero no se les permitió tomar el camino más corto por mar sino que tenían que viajar por tierra, a través de Turquía y Siria, aunque era mucho más oneroso. La información sobre Reb Shlomo Plonsker proviene de *Shlujei Eretz Israel*, p.763, por Abraham Iaari, publicado por Mosad HaRav Kook, 1977.

*

Capítulo 27

La fuente más importante para este capítulo es *Imei Moharnat* II, #20-78.

1. La historia de cómo Reb Najmán de Tulchin llegó a ser un seguidor de Reb Noson se encuentra en *Avenea Barzel* p.86-88. Allí se afirma que Reb Noson

estaba en Heisin para Purim en camino a *Eretz Israel*. Sin embargo esto es imposible porque Reb Noson escribe que pasó Purim en Chavedirovka (cerca de Nicolaiev) (*Imei Moharnat* II, #53). Es posible que el autor de *Avenea Barzel* se estuviese refiriendo a los meses de invierno de manera general más que haber tratado de indicar un día en particular. Alternativamente, ese incidente puede haber tenido lugar en un año diferente y no durante el peregrinaje de Reb Noson (ver *Siaj Sarfei Kodesh* III-319).

2. No se sabe cuándo Reb Naftalí se mudó a Umán. Como hemos visto (Capítulo 23), aún seguía viviendo en Nemirov el año siguiente al fallecimiento del Rebe. Obviamente, después de que su amigo más cercano, Reb Noson, se mudara a Breslov en el verano de 1811, debe haberse encontrado muy solo. Presumiblemente, su motivo para mudarse a Umán era estar cerca del *tzion* del Rebe.

3. La lección es *Likutey Moharán* I, 55 (ver también *Likutey Halajot, Purim* 5). Reb Noson también agregó algunas de sus propias ideas. En *Imei Moharnat* II, #57 escribe que en ese período estaba trabajando en un discurso que se relacionaba con Purim, Pesaj y la Tierra Santa. Ese discurso se encuentra en *Likutey Halajot, Oraj Jaim, Birkat HaReiaj* 4:10. Más tarde, al llegar a Sidón, le agregó otras ideas sobre el tema de las tumbas de los Tzadikim (en Sidón visitó la tumba de Zevulún) y la Tierra Santa. Es interesante comprobar cómo los discursos de Reb Noson en el *Likutey Halajot* reflejan su situación en el momento en que los escribió. Ver Apéndice.

4. *TaZ* corresponde a *Turei Zahav*, "Columnas de Oro", un importante comentario sobre las cuatro secciones del *Shuljan Aruj*, compuesto por el rabí David ben Shmuel HaLeví de Lvov y publicado por primera vez en 1646. Se incluye en virtualmente todas las ediciones del *Shuljan Aruj*.

*

Capítulo 28

La fuente más importante para este capítulo es *Imei Moharnat* II, # 79-103.

1. El Rebe Najmán se oponía a fumar, a beber bebidas alcohólicas y a aspirar rapé (*Tzadik* #472).

2. La parábola del Baal Shem Tov se refiere al disfrute físico en el Shabat.

3. *Imei Moharnat* II, #94. En el momento del nacimiento de Reb Noson en 1780, su nativa Podolia había estado bajo el gobierno austriaco - Podolia había sido anexada por Austria bajo la primera partición de Polonia en 1772. Ésta parece ser la única manera de explicar por qué Reb Noson tenía papeles de viaje austríacos, aunque es difícil de comprender dado el hecho de que Podolia había

pasado a estar bajo el gobierno ruso en 1793.

4. Es interesante notar que, aunque Reb Noson mencionó a Jerusalén como su destino final, nunca fue allí. Ni siquiera parece haber tenido intenciones de ir.

*

Capítulo 29

La fuente más importante para este capítulo es *Imei Moharnat* II, # 104-132.

1. Estas ideas se encuentran en el *Likutey Halajot, Birkat HaReiaj* 4:31-41. El párrafo 42 de ese discurso trata sobre agradecer por haber cruzado el mar con seguridad.

2. Ver Génesis 49:13, "Zevulún estará en la costa... sus fronteras estarán en Sidón". En el *Likutey Halajot, Birkat HaReiaj* 4:43, Reb Noson explica por qué es así. Escribió ese discurso en etapas, en camino hacia *Eretz Israel*. Ver más arriba, Capítulo 27, nota 3.

*

Capítulo 30

La fuente más importante para este capítulo es *Imei Moharnat* II, #132-190.

1. Reb Mendel, el líder principal de la comunidad de los *Prushim* en *Eretz Israel*, había guiado a un grupo de personas desde Shklov en Lituania a la Tierra Santa en 1808, mudándose a Jerusalén en 1815. Reb Israel, el líder en Safed, también provenía de Shklov.

2. *Likutey Halajot, Birkat HaReiaj* 4, fue escrito mientras Reb Noson estuvo en *Eretz Israel* (ver *Imei Moharnat* II, #141).

*

Capítulo 31

Las fuentes más importantes para este capítulo son *Imei Moharnat* I, #99-105, *Alim LeTerufá* #4-21 y *Neveh Tzadikim* p.126-123.

1. El *Shuljan Aruj* está compuesto de cuatro secciones. La primera, *Oraj Jaim*, trata de las mitzvot diarias, del Shabat y de las festividades. *Iore Dea* trata de las leyes de la *kashrut*, de la pureza familiar, de la idolatría y de la usura, etcétera. *Joshen Mishpat* cubre las leyes de la propiedad y los daños, etc., mientras que *Even HaEzer* trata de las leyes del matrimonio y del divorcio.

2. El Talmud cuenta sobre un hombre que tenía dos esposas, una de cierta edad y la otra joven. La mayor siempre le sacaba los cabellos negros de la cabeza para que pareciese de más edad. La más joven le sacaba los cabellos blancos para que pareciese más joven. De este modo terminó calvo (*Bava Kama* 60b). Ser "calvo de ambos lados" es una expresión Talmúdica referida a alguien que trata de aferrar los dos extremos a la vez.

3. Reb Noson le escribió a Reb Itzjak a mediados de febrero de 1824 diciéndole que había oído sobre sus problemas. En diciembre de 1824 Reb Noson escribió que estaba esperando oír de Reb Itzjak que ya todo estaba bien. El divorcio se finalizó el miércoles 20 de Tamuz, 5585 (6 de julio de 1825). Así, los intentos de reconciliación continuaron por más de un año y medio (*Alim LeTerufá* #10-3). El relato de la visita de Reb Noson a Cherkasi se encuentra en *Avenea Barzel* (p.69-70, #49) y en *Siaj Sarfei Kodesh* I-614). Sin embargo, éste último afirma que Reb Itzjak tenía quince años cuando se divorció. Esto no es posible pues Reb Itzjak nació en 1808 (*Imei Moharnat* I, #27). *Imei Moharnat* I, #99 fecha el primer matrimonio de Reb Itzjak en 1823. De modo que tenía quince años de edad cuando se casó y diecisiete cuando se divorció.

4. *Imei Moharnat* I, #99. No hay indicación sobre cuál era el conflicto ni quién estaba implicado en él. Las palabras en el *Imei Moharnat* parecen indicar que comenzó como una pelea entre algunas personas y continuó hasta que Reb Noson quedó envuelto en ella. Ver *Neveh Tzadikim* p.120.

5. Ver *Avenea Barzel* p.69, #49. Se afirma allí que Esther Shaindel falleció en agonía debido al decreto de los "Cantonistas" del zar Nicolai. En verdad Esther Shaindel falleció un año antes de que se pusiese en vigor, aunque es posible que el decreto ya hubiera sido anunciado de antemano y esto es lo que le causó a ella tanto dolor. Es posible también que Reb Noson hiciera esta afirmación luego de que el decreto se pusiera en vigor.

6. Superficialmente, parece que el viaje de Reb Noson a Umán dejando detrás a sus hijos pequeños fue algo bastante insensible. Pero como siempre, Reb Noson sopesaba los temas temporales frente a los eternos. Los niños no quedaban nunca solos en esos días pues hasta las familias pobres contaban con ayuda doméstica. Podemos estar razonablemente seguros de que Reb Noson no perdió el tiempo en Umán. Los niños finalmente terminaron creciendo y olvidando esos pocos días de dolor, mientras que la pérdida del Rosh HaShaná del Rebe hubiera sido eterna.

7. Cuando fallece la esposa, el marido debe esperar al menos el paso de las Tres Festividades antes de volver a contraer matrimonio. Sin embargo, cuando tiene hijos pequeños con necesidad del cuidado de los padres puede, y debe, casarse inmediatamente después de la terminación de los treinta días de duelo (*Iore Dea* 398:2).

8. No hay mención de su nacimiento, pero Reb Noson hace referencia a él en las cartas que escribió en 5581 (1831).

9. Ver *Imei HaTlaot* p.142 y *Siaj Sarfei Kodesh* III-170. No hay información sobre cuándo se produjo el desacuerdo ni sobre qué trataba. Los jasidim del Breslov que lo sabían guardaron celosamente el secreto. Sabemos que Reb Shmuel Isaac y Reb Noson eran amigos antes de que Reb Noson fuese a *Eretz Israel*. Ellos se habían encontrado en Umán en Erev Rosh Jodesh Shvat 1822 (ver *Imei Moharnat* II, #23). Desde Umán Reb Noson siguió viajando por Ucrania y luego fue directamente a *Eretz Israel*, volviendo a finales de 1822. Luego de ello estuvo ocupado con el casamiento de Reb Itzjak y lejos de Breslov durante la mayor parte de ese año. Esto no prueba conclusivamente que la disputa no hubiese tenido lugar en ese entonces, pero es muy probable que sucediese en algún momento de 1824 o más tarde aún.

Podemos especular que la disputa tuvo algo que ver con el cierre de la imprenta de Reb Noson. Los jasidim de Breslov ya estaban enfrentando una considerable oposición por parte de los jasidim de Savrán, quienes estaban bajo la influencia del Rav de Tomoshpiel, y también como resultado de la constante oposición generada por el Zeide de Shpola. Podría pensarse que al operar una imprenta ilegal, Reb Noson no sólo se estaba poniendo en riesgo a sí mismo sino también a la comunidad de Breslov, dado que había mucha gente dispuesta a encarar una venganza colectiva. (También podía atribuírsele el poner en riesgo, innecesariamente, a toda la comunidad judía). El descubrimiento de la imprenta puede así haber precipitado la oposición a Reb Noson por parte de un líder de Breslov.

Otra alternativa es que la disputa estaba conectada con la impresión del *Likutey Tefilot*. El hecho de que Reb Noson había sido cuestionado una vez por un jasid de Breslov sobre el motivo por el cual había incluido su propia plegaria en una edición del *Tikún HaKlalí* del Rebe Najmán (ver Capítulo 25, nota 2) indica que las plegarias de Reb Noson no eran recibidas con el mismo entusiasmo por todos los jasidim de Breslov. Es posible que algunos hayan tomado el mismo punto de vista que los detractores de Reb Noson (*Ibid.*) de que se necesitaba *rúaj hakodesh* para componer nuevas plegarias, o pueden haber sentido que la prescripción del Rebe Najmán sobre "transformar las lecciones de Torá en plegaria" se aplicaban a cada individuo en su propio *hitbodedut* pero que no justificaba la composición de un texto. De modo que es posible que la impresión del *Likutey Tefilot* produjera esa expresión de abierta oposición.

Una tercera posibilidad es que el desacuerdo fue causado por la voluntad de Reb Noson de acercar a todo aquel que él pensaba que era sincero. Varios de sus seguidores eran bastante extremistas (ver Capítulo 33) y esto puede haber sido motivo de fricción.

El Talmud enseña (*Avot* 4:2), "Un pecado trae otro pecado". Reb Shlomo Rubén Zlates causó la disputa entre Reb Noson y Reb Shmuel Isaac. Más tarde fue él quien encendió el conflicto que produjo la persecución activa de Reb Noson por parte del Rebe de Savrán en los Años de Opresión (ver Capítulo 34).

10. "Y Dios tomó a Janoj" (Génesis 5:24). Janoj falleció mucho más joven que todos los demás de su generación. Eso se debió a que no habría podido mantenerse firme en sus devociones (Rashi, *ad. loc*). Reb Noson comprendió que era muy probable que Reb Ozer generase una grave disputa entre él y los demás, aparte del peligrosamente superado conflicto con Reb Naftalí. Reb Noson conocía muy bien la terrible destrucción que producía la disputa y sabía que debía evitarla a toda costa. Era mejor que Reb Ozer falleciese antes de generar tal conflicto.

El *Zohar Jadash* utiliza una parábola para explicar este dilema. Un rey estaba caminando por sus jardines y vio una hermosa rosa. Quería cortarla pero sus siervos le dijeron, "Si usted piensa que es hermosa ahora, ¡espere hasta que crezca algo más!". El Rey aceptó su argumento. Poco tiempo después, cuando el rey estaba nuevamente paseando por los jardines notó que la rosa se había marchitado. Dijo, "Si la hubiera retirado a tiempo, me habría beneficiado de ella. ¡Ahora está perdida!".

11. El hijo mayor de Reb Noson, Reb Shajne, se casó en 1817 y tuvo tres hijos y una hija. Su hija se casó en la primavera de 1841, lo que significa que nació en los alrededores de 1826-7 (ver *Alim LeTerufá*, #347). No es conocida la fecha del nacimiento de Najmán, el primer hijo de Reb Shajne. (Hay motivos para creer que nació en 1818-19. Reb Noson escribe al final de un discurso, *Likutey Halajot, Shabat* 6, "Todo esto fue dicho en el casamiento de SH.B.". Hay una *tradición oral* que indica que este acróstico significa "Shajne, *bni* [mi hijo]". Encontramos referencias a este discurso en una carta de *Alim LeTerufá* (#98) escrita en diciembre de 1832. Así, ese casamiento puede haber sido el del hijo de Reb Shajne, Najmán, ubicando su nacimiento unos catorce años antes). Su segundo hijo, Reb Naftalí Hertz, padre de Reb Abraham Sternhartz, nació en 1843 (*Guidulei HaNajal* p.82, #43). Su tercer hijo recibió el nombre de David Zvi (*Siaj Sarfei Kodesh* IV-651). Reb Itzjak también tuvo dos hijos y una hija. La hija nació en 1827 (ver *Alim LeTerufá* #20). Su hijo mayor, Reb David Zvi, nació en 1829 (su bar mitzvá fue en 1842; ver *Alim LeTerufá* #376). La mortalidad infantil era muy alta y es sabido que algunos de los nietos de Reb Noson fallecieron siendo muy jóvenes.

*

Capítulo 32

Las fuentes más importantes para este capítulo son *Imei Moharnat* I, #106, *Sipurim Niflaim* p.8-9, *Neveh Tzadikim* p.102-105 y 124-126, y *Triumph of Survival* Capítulos 16-17. El programa de los *maskilim* y los esfuerzos de los líderes rabínicos de la época para contrarrestarlo están detallados en *The "Tzemach Tzedek" and the Haskala Movement*, Kehot Publication Society 1969.

1. Ver *Shabat* 103a; *Meilá* 17a; etcétera. Como vemos a lo largo de la historia, constantemente se atacó a la fe judía. Los edictos griegos durante el período del Segundo Templo que culminaron con el milagro de Jánuca y los decretos de los romanos mencionados en el Talmud y en el Midrash fueron ataques masivos en

contra de la Torá y de su observancia. Esto continuó a lo largo de la Edad Media, cuando se realizaron quemas públicas del Talmud, las famosas disputas dirigidas a desacreditar a la Torá y la subsecuente Inquisición Española. Sin embargo, en todos los casos, los hijos se mantuvieron con sus padres, continuando la difusión de la fe judía. Pero un ataque sobre los jóvenes, quienes por sí mismos son incapaces de discernir entre la fe y la herejía, sería el ataque final, cercenando totalmente a los hijos de la fe de sus padres. Esto es lo que temía el Rebe Najmán, pero desafortunadamente es lo que ha sucedido, como se evidencia hoy en día: el estudio secular es celosamente cuidado mientras que hasta el estudio más básico del judaísmo es casi totalmente ignorado.

2. Una carta escrita por Levinson en 1836 dirigida al Censor de los Libros Judíos (un "rabino" nombrado por el gobierno) arroja luz sobre la amplitud de las actividades de Levinson y sus esfuerzos para presentarse como buscando sólo el bien de sus hermanos judíos: "He recibido una consulta del profesor Savitsky en Kiev sobre el hecho de que muchos libros judíos están siendo impresos sin permiso del censor... Mi preocupación es que todas esas impresiones ilegales pueden dar como resultado una terrible perdida para todas las imprentas judías [que serán cerradas como resultado de ello]. De acuerdo con eso el 20 de julio de 1833, le escribí al Conde Bidlov [jefe de la policía secreta rusa] proponiendo que no hubiese más que tres imprentas judías en todo el territorio ruso, una en Vilna y dos en otros lugares en donde haya oficinas del censor.

"También le envíe al Conde Bidlov una lista extensa de libros antiguos y nuevos indicando que ellos son dignos de ser reimpresos, incluyendo libros de plegarias, comentarios sobre el TaNaJ y el Talmud, codificadores antiguos y modernos, obras científicas, gramáticas, obras de moral y de ética, libros de estudio útiles para los niños y otras obras aptas para la gente simple y las mujeres. Le expliqué al Conde la gran importancia de esos libros para aquellos a quienes están dirigidos... Mi única intención es el bien de nuestros hermanos judíos y el bienestar de nuestro gobierno" (*Iden in Ukraine* publicado por *Gesellschaft zu fareibigen dem ondenk fun Ukrainer Iden*, NY 1961).

3. En una conferencia sobre la educación judía organizada por el gobierno ruso en 1843, Lilienthal recibió una fuerte oposición por parte del entonces Rebe de Lubavitch, el rabí Menajem Mendel Shneerson (el *Tzemaj Tzedek*) y el rabí Itzjak de Volozhin, quien ganó el derecho de continuar operando el sistema tradicional de escuelas. Dos años después, en 1845, Lilienthal se encontró en el centro de un escándalo sobre malversación de fondos. Huyó de Rusia hacia los Estados Unidos.

4. Aunque parece extraño, incluso los *maskilim* tenían un cierto orgullo judío y nunca se convirtieron. Eran los orgullosos descendientes de un pueblo verdaderamente civilizado que siempre había sido "una luz para las naciones". Es comprensible que estuviesen cansados de su papel de chivos expiatorios del gobernante de turno. Y el constante cambio de las "reglas" de la opresión les generaba una total inseguridad. De manera que en lugar de mirar hacia adentro

en busca de una solución, los *maskilim* buscaron la protección intentando vivir como gentiles.

En retrospectiva, qué es lo que vieron para convencerse de que la respuesta se encontraba en la asimilación o en la "igualdad de derechos" es algo que resulta intrigante. Desde las revueltas de Chmelnitzky en la década de 1640 hasta finales de 1700, toda Europa sufrió de guerras y revueltas. Quizás los *maskilim* pensaron que al asimilarse, las dificultades que debían enfrentar serían compartidas igualmente por todos y no colocadas desproporcionadamente sobre los hombros de los judíos. Sean las que fueren sus razones, algo que se encuentra más allá del ámbito de este libro, ellos despreciaban profundamente su separación forzada de la cultura en la cual habían crecido. Su intención declarada era redefinir el concepto de "luz para las naciones" a la sombra de sus propias y no probadas teorías, para poder *unirse* a las demás naciones. El hecho de que estuviesen dispuestos a sacrificar a la nación judía en aras de su experimento era, en cuanto a ellos concernía, un tema de conveniencia - uno utiliza las "herramientas" que tiene a mano.

En un discurso sobre el verdadero significado de la asimilación defendida por los *maskilim*, Reb Noson explica: para que el no-judío actúe como un ser humano no-judío, el judío debe actuar como un ser humano judío. Cuando el judío actúa como un no-judío, entra en verdad en otro ámbito: se encuentra, en efecto, invadiendo y amenazando a los habitantes de ese ámbito, a los no-judíos. Aquí es cuando los no-judíos reaccionan con violencia ante sus "invasores judíos" (*Likutey Halajot, Makaj uMemkar* 4:9).

Esto se evidencia en las violentas reacciones de los rusos hacia los judíos en el siglo XIX, cuando los judíos intentaron e incluso lucharon para entrar en la cultura rusa que los rodeaba. Y se hizo más evidente aún en el siglo XX. Sólo hace falta considerar la revolución bolchevique y su amarga campaña de setenta años dedicada a erradicar todo recuerdo de judaísmo. Sólo hace falta considerar el holocausto, que estalló justo cuando los judíos de Alemania se sentían a salvo debido a su "germanización" y a su entrada en la sociedad alemana. Sólo hace falta considerar el aumento del antisemitismo en la última mitad del siglo XX en los "civilizados" países occidentales. Todo esto atestigua abiertamente sobre la verdad de la enseñanza de Reb Noson.

El tema de la asimilación y del surgimiento del judío que se siente culpable de su judaísmo está hermosamente tratado en *Triumph of Survival*, Capítulos 5-6 y Capítulos 16-17. Es interesante notar que Reb Noson escribió el mencionado discurso en algún momento entre los años 1828-1832. Esto muestra cómo sus discursos reflejan el desarrollo de los eventos en el mundo que lo rodeaba. También muestra cómo Reb Noson estructuró sus ideas a partir de las del Rebe, quien siempre incluyó dentro de sus lecciones los sucesos del momento. Ver Apéndice.

5. Ver *Tzadik* #105. El mismo Reb Naftalí le contó a Reb Noson sobre ese episodio. Es interesante notar que Reb Naftalí era el segundo discípulo más cercano del Rebe Najmán, pero aun así el Rebe le dijo, "Ustedes son como plumas...", indicando que incluso sus más cercanos seguidores estaban lejos de comprenderlo

y menos aún aquellos que se le oponían. El Rebe dijo cierta vez de manera explícita: "Así como los que se me oponen no saben nada de mí, de la misma manera los que me apoyan tampoco saben nada de mí" (*Sijot veSipurim* p.127). De acuerdo a la segunda versión de esta historia, la afirmación del Rebe sobre "plumas" les fue hecha a ambos, Reb Noson y Reb Naftalí. Otra versión indica que Reb Noson estaba presente cuando varias personas comenzaron a cuestionar al Rebe. Reb Noson se puso muy nervioso y dijo, "¡No sé! ¡No sé! ¡Lo que el Rebe diga! ¡Lo que el Rebe diga!". No quería escuchar ninguna cuestión. Luego, Reb Naftalí conversó el tema con el Rebe, quien respondió, "...ustedes son como plumas..." (*rabí Eliahu Jaim Rosen*).

6. *Siaj Sarfei Kodesh* I-618. Hay una tradición de que fue al *shul* para decir *kadish* por uno de sus progenitores fallecidos.

*

Capítulo 33

Las fuentes más importantes para este capítulo son *Imei Moharnat* I, # 107-111 y *Alim LeTerufá* #30, # 33, #40, #51, #71, #75-77, #88, #93, #107, #109, #122, #124, #132, #136 y #138.

1. Este relato se basa en *Imei Moharnat* (I, #107), donde se afirma que oraron en el *shul Shomrim LaBoker* desde 5572 hasta 5582 y en la casa de Reb Mordejai hasta cerca del 5586, luego de lo cual volvieron a la casa de Najmán Noson, donde oraron en el *hamber* hasta 5589. Sin embargo *Sijot veSipurim* (p.142) afirma que del *shul Shomrim LaBoker* volvieron al *hamber*, donde oraron hasta que fue dañado. Fue entonces que comprendieron que debían construir su propio *kloiz*. Esto no es necesariamente una contradicción al *Imei Moharnat*. *Sijot veSipurim* se centra en los esfuerzos de Reb Noson por recolectar fondos para la construcción del *kloiz* y no tiene la intención de ser una historia del Rosh HaShaná de Breslov. Un posible motivo por el cual no volvieron directamente al *hamber* puede ser debido a que querían cumplir con el deseo del Rebe Najmán de "mezclarse con los demás", razón por la cual fueron en primer instancia al *shul Shomrim LaBoker* (ver Capítulo 24). Puede ser también que, dado que Najmán Noson era un *maskil*, había muchos que no quería orar en su casa.

2. Reb Abraham Ber recibió el nombre a partir de su abuelo, Reb Abraham Dov (Ber) de Chmelnik, quien falleció cerca de medio año después que el Rebe Najmán, el 2 de Iar del 5571 (26 de abril de 1811). No se sabe con exactitud cuándo nació Reb Abraham Ber, pero probablemente tenía cerca de quince años cuando contrajo matrimonio (pese al decreto del zar que prohibía casarse antes de los dieciocho años de edad; dado que no se emitían certificados de nacimiento, era difícil que las autoridades pudiesen comprobar la edad exacta). La hija de Moshé Jenkes, Miriam Raitze, nació probablemente cerca de 1817 (ver más arriba, Capítulo 25, nota 7).

3. El viernes, Erev Shabat *Lej Lejá* (29 de octubre de 1830), Reb Noson le escribió a su hijo Reb Itzjak mencionando que había pasado toda la semana en Sherevitz para las *sheva berajot* (*Alim LeTerufá* #30). Reb Noson no indica quiénes eran la novia y el novio, pero asumimos que eran la hija de Moshé Jenkes y Reb Abraham Ber por las siguientes razones. Podemos excluir a los hijos de Reb Noson, pues sus dos hijos mayores ya estaban casados, mientras que Reb David Zvi no se casó sino hasta 1835. Si fue el primer casamiento de Janá Tsirel, las celebraciones deberían haberse llevado a cabo en Breslov y no en Sherevitz, y Reb Itzjak, siendo el hermano, debería haber sabido en dónde estuvo Reb Noson para la boda. Por otro lado, Moshé Jenkes provenía de Sherevitz, que era un pequeño pueblo cercano a Breslov. Tampoco es probable que Reb Noson hubiese pasado toda una semana en Sherevitz por nadie más excepto un miembro de la familia del Rebe. Concluimos por tanto que esa boda fue la de Reb Abraham Ber con la hija de Moshé Jenkes, que puede por lo tanto ser fechada en octubre de 1830.

4. Encontramos en *Imei Moharnat* II, #67 que Reb Ioske estaba en Odesa cuando Reb Noson comenzó su peregrinación a *Eretz Israel* en 1822. A Odil se le ofreció el *shiduj* con el Savraner en el año 1827. Así, Reb Ioske debe haber fallecido en algún momento intermedio. El Rebe Najmán predijo que no viviría mucho (*Avenea Barzel* p.22, #7).

5. *Siaj Sarfei Kodesh* III-161. El compromiso con el Savraner es una tradición oral transmitida por los jasidim de Breslov más ancianos (*Reb Itzjak Meir Korman*). El Savraner quedó viudo a la edad de cuarenta y cuatro años y nunca volvió a casarse. Reb Noson indicó que el hecho de que el Savraner se mantuviese viudo durante doce años fue una de las principales razones de su descenso espiritual y su caída en una trampa fabricada por él mismo (*Imei HaTlaot* p.149). En contraste, cuando falleció la esposa de Reb Noson en 1826, él volvió a casarse dos meses más tarde.

6. En *Alim LeTerufá* #62-63 encontramos unas pocas líneas referidas a ciertas disputas. En el #62 Reb Noson escribe, "Ya he oído que en Ladizin el tonto volvió a su vómito y emitió mucho más viento vacío...". En la carta #63 Reb Noson escribe sobre alguien que cuestionó por qué no se encontraba la palabra *lehavdil* en el texto donde el Rebe Najmán habla sobre *Moshé omed*. La referencia es aparentemente al *Likutey Moharán* I, 215, donde el Rebe Najmán enseña que Moshé se encuentra "entre" la destrucción y el favor. El Rebe Najmán utiliza la palabra *bein*, "entre". El detractor pensó que la palabra *lehavdil*, "separar", hubiera sido más apropiada. En su carta Reb Noson explica por qué la palabra *lehavdil* no corresponde al contexto.

7. Un caso típico de la clase de problemas que enfrentaban los Breslovers es el de un cierto Reb Iaacov de Tulchin. Se había casado con la hija de un hombre que comenzó siendo simpatizante de los jasidim de Breslov pero subsecuentemente se volvió en su contra. Reb Iaacov estaba mantenido por su suegro quien comenzó a amargarle la vida. Reb Iaacov sufrió terriblemente y

quiso divorciarse, pero Reb Noson se lo desaconsejó. ¿Quién sabe cuánto tendría que esperar hasta encontrar otro *shiduj*, y qué garantía habría de que la nueva esposa y sus parientes fuesen más comprensivos? Reb Noson le dijo a Reb Iaacov que hiciese lo posible por evitar todo tipo de controversia y tratase de mudarse a su propia casa para poder así gobernar su hogar a su gusto (*Alim LeTerufá* #63).

8. Entre los discípulos de Reb Noson que fallecieron en ese período se encontraban: Reb Israel y su cuñado, Reb Mendel Zelig (julio de 1827); Reb Itzjak Isaac Iosef el escriba (febrero de 1828); Reb Shaúl de Teplik (invierno de 1829-30) y Reb Abraham Hirsh Cohen (invierno de 1830-1). Reb Mendel de Ladizin, quien dio los primeros dos rublos para el *kloiz*, falleció de cólera en marzo de 1831 (*Sijot veSipurim* p.143). A esto se estaban refiriendo los oponentes de Reb Noson (*Siaj Sarfei Kodesh* I-730).

9. Este matrimonio llevó a otra ocasión de alegría: al año siguiente (23 de noviembre de 1832) el hijo de Sara, Simja Baruj, se casó con su prima, Miriam Rivka, la hija de Odil. Sin embargo, Reb Itzjak falleció durante Jánuca de 1833, dejando a Odil viuda por segunda vez, luego de lo cual ella retornó a Breslov. Al igual que su padre, Reb Leib Dubrovner, era bastante rico y dejó una gran herencia. Pidió que se entregase una gran suma de dinero para la construcción del *kloiz* en Umán y como sustento para los jasidim de Breslov, pero no lo dejó por escrito. Reb Noson viajó a Kremenchug con Reb Aarón el Rav para supervisar la distribución de los fondos, pero los ejecutores del testamento no cumplieron con los deseos de Reb Isaac y Reb Noson quedó con muy poco. Sin un testamento escrito no había mucho que pudiese hacer. Ésa fue una de las experiencias que le enseñaron a Reb Noson la importancia de tener un testamento escrito (ver Capítulo 34).

10. En *Alim LeTerufá* (#80) Reb Noson menciona que incluyó las dificultades que enfrentaban los jasidim de Breslov en el discurso de Torá que estaba escribiendo en ese entonces, indicando que trata sobre cómo el propósito de todos los obstáculos es crear un anhelo de santidad: ése es el fundamento de la devoción. Su carta hace referencia al *Likutey Moharán* I, lección 66. Es probable que el discurso del cual hablaba Reb Noson en la carta sea el *Likutey Halajot, Birkat HaReiaj* 5, que se basa en esa lección. Allí Reb Noson describe los esfuerzos necesarios para llevar a cabo un proyecto santo desde lo potencial a lo concreto. Esto puede unirse con el proyecto de la construcción del *kloiz*. Reb Noson conecta los obstáculos que impiden que uno pueda llevar a cabo sus planes con los obstáculos en general que enfrentan a aquellos que desean acercarse al verdadero Tzadik. Vemos nuevamente cómo los discursos de Reb Noson reflejan su situación en el momento en que fueron escritos. Ver Apéndice.

11. Ver *Siaj Sarfei Kodesh* I-651. Éste era el segundo matrimonio de Janá Tsirel (ver Capítulo 25 nota 4), que tuvo lugar en mayo de 1833 (ver *Alim LeTerufá* #106). Usualmente deben hacerse "concesiones" para un segundo matrimonio.

Reb Baruj era considerado un "buen partido". Es posible que también fuese el segundo matrimonio de Reb Baruj.

12. *Siaj Sarfei Kodesh* I-650. Durante varios años Reb Baruj se mantuvo distante de la Jasidut de Breslov, hasta los Años de Opresión. Al estar viviendo bajo el mismo techo que Reb Noson pudo comprobar que las calumnias de sus oponentes no tenían relación alguna con el tzadik que realmente era Reb Noson. Irónicamente, la misma oposición que intentaba distanciar a la gente de los jasidim de Breslov acercó más aún a Reb Baruj (*rabí Eliahu Jaim Rosen*).

13. *Alim LeTerufá* #148. El nombre impreso allí es Esther Shaintse, pero tradicionalmente fue conocida como Esther Shaindel. El significado de la edad del niño se hará claro en la próxima sección del libro, "Los Años de Opresión".

14. *Consejo* (Breslov Research Institute, 2003) es una traducción al español del *Likutey Etzot*.

15. Él era el hermano de la madre de Esther Shaindel, Henia Katz, la esposa del rabí David Zvi Orbach. Ver más arriba, Capítulo 2, nota 4. Katz es un acróstico para *Kohen Tzedek*, indicando una familia de Cohanim, sacerdotes. El hecho de que Reb Noson hace referencia a Reb Jaim como Cohen no es contradictorio con el hecho de que el nombre de la familia fuese Katz.

16. *Rabí Najmán Burstyn*. El hecho de que la crítica proviniese de Reb Aarón el Rav parece estar sustentado por un incidente que tuvo lugar durante los Años de Opresión. Se nos cuenta que uno de los seguidores del Rebe Najmán dijo sobre Reb Noson, "Soy tolerante con sus actividades". Al oír esa afirmación, Reb Noson dijo, "Ante todo, ¿por qué necesita tolerarme? ¿Qué hice para hacerme responsable de la oposición? Y segundo, si él es paciente, entonces es en verdad un tzadik" (*Siaj Sarfei Kodesh* I-758). La cuestión es: ¿Cuál de los seguidores del Rebe Najmán hizo la afirmación? Para esa época (1834-1838) Reb Shmuel Isaac ya no estaba con vida - había fallecido en 1827. Reb Naftalí parece haber apoyado plenamente a Reb Noson a lo largo de los Años de Opresión. Reb Iudel también se mantuvo junto a Reb Noson y públicamente emitió una excomunión en contra de sus oponentes. Reb Shimón estaba viviendo en *Eretz Israel*. Tenemos poca información sobre cualquier otro seguidor del Rebe que aún estuviese vivo para ese tiempo. Aunque este razonamiento no es definitivo, es muy probable que la afirmación fuese hecha por Reb Aarón el Rav. Él reconocía que Reb Noson era el líder de la Jasidut de Breslov y quien había sacrificado todo para continuar difundiendo las enseñanzas del Rebe. Sin embargo Reb Aarón era mayor que Reb Noson - tenía más edad que Reb Noson y se había acercado al Rebe antes que él. Reb Aarón no habría tenido temor en criticar a Reb Noson de haber pensado que era necesario.

17. Sin embargo, el rabí Guedalia de Linitz ya había predicho que la era de los milagros terminaría, y esto fue lo que hizo que los tzadikim de ese periodo

registrasen los milagros del Baal Shem Tov y de sus seguidores en el *Shivjei Baal Shem Tov*.

18. Reb Abraham Jazán escribe: "Si se le hubiese permitido al Rebe Najmán realizar milagros a la vista de todos, se habría anulado la libertad de elección" (*tradición oral*; cf. *Avenea Barzel* p.63, #34). Cada vez que el Rebe realizaba un milagro, le pedía a Dios que fuese olvidado (ver *Sabiduría y Enseñanzas del Rabí Najmán de Breslov* #187; más adelante, Capítulo 34, nota 11). Es interesante notar que aunque encontramos que Reb Noson escribió casi todo lo que pudo sobre el Rebe Najmán, fue reacio en registrar muchos de los milagros realizados por el Rebe Najmán y las ocasiones en las cuales predijo el futuro. Reb Noson comprendió que ése no era el propósito principal del Rebe sino despertar a los judíos a reconocer y a servir a Dios. Unos pocos milagros están registrados en *Sabiduría y Enseñanzas del Rabí Najmán de Breslov* y en *Tzadik*, mientras que otros se encuentran en *Kojvei Or* p.35-66.

Cierta vez se le pidió a Reb Najmán Tulchiner que contase un milagro hecho por el Rebe Najmán. Se entusiasmó y dijo, "¡¿Un milagro?! ¡¿Un milagro?! ¡Yo soy un milagro!" (*rabí Eliahu Jaim Rosen*). Se sentía tan insignificante que el hecho de haber sido capaz de acercarse a Dios constituía a sus ojos el milagro más grande.

19. *Likutey Moharán* I, 7:1. Ver también *Likutey Moharán* I, 31. El Rebe Najmán enseña que el poder de la plegaria está más allá de las leyes de la naturaleza.

20. Reb Shimshon tuvo finalmente varios hijos, uno de los cuales contrajo matrimonio con un descendiente del Rebe y tuvo un hijo que recibió el nombre a partir de Reb Shimshon. Éste fue Reb Shimshon Barski, quien fuera uno de los principales jasidim de Breslov en Umán durante la primera mitad del siglo XX (ver *Guidulei HaNajal* p.108, #47).

21. *Tradición oral*. Se conoce la cantidad de gente que se reunió debido a que uno de los presentes decidió contar cuántas cucharas fueron retiradas de la mesa después de comer (*rabí Najmán Burstyn*).

22. *Siaj Sarfei Kodesh* I-708; *ibid*. I-569; *ibid*. I-727; *ibid*. I-667.

23. Relata el Talmud que el rabí Iehudá también tenía un rostro brillante y se sospechaba que era un borracho (*Nedarim* 49b). Cuando Reb Noson oyó esa acusación dijo, "De la bebida del Simple uno no puede emborracharse" (una referencia a *Los Cuentos del Rabí Najmán*, #9, "El Sofisticado y el Simple": el Simple sólo bebía agua pero podía saborear allí toda clase de bebidas) (*Siaj Sarfei Kodesh* I-669).

24. El *kloiz* fue reconstruido por Reb Sender de Terhovitza a mediados de la década de 1860 y vuelto a remodelar por Reb Isaac de Umán a finales de ese siglo. En 1936 los comunistas lo convirtieron en una fábrica y el edificio aún se

mantiene en pie. En mayo de 1992, las autoridades ucranianas estuvieron de acuerdo en retornar el *kloiz* y el área circundante a los jasidim de Breslov.

*

Capítulo 34

Las fuentes más importantes para este capítulo son *Imei HaTlaot* p.134-147 y 160-161 y *Alim LeTerufá* #152, #147, #156-157, #160, #162-163, #167.

1. Había sido miembro del comité de bienvenida del Rebe Najmán cuando se mudó a Breslov en el verano de 1802. Para esa entonces Moshé Jenkes debía haber tenido un poco más de veinte años, de modo que para 1834 debe haber tenido más de cincuenta años.

2. Advirtieron los Sabios: "No hables demasiado con tu mujer" (*Avot* 1:5). Los comentarios explican que el hombre no debe contarle a su esposa todos los problemas que tiene en sus tratos con las demás personas pues ella lo puede incitar a una mayor disputa (ver *Bartenura, ad loc.*).

3. Reb Noson dijo cierta vez, "Para el Rebe es Rosh HaShaná. Para mí es Iom Kipur" (*Siaj Sarfei Kodesh* I-662). Algunos de los jasidim de Breslov tomaron la costumbre de estar con Reb Noson para Iom Kipur.

4. Se permite enviar un etrog en Iom Tov por medio de un no judío para que el judío cumpla con la mitzvá. En cuanto a la permisividad de enviarlo en Shabat, hay puntos de vista opuestos (ver *Oraj Jaim* 655:1).

5. El etrog debe estar completo. Si le falta una pequeña parte no es apto para la mitzvá (ver *Oraj Jaim* 648:2,7).

6. Reb Shlomo Rubén Zlates había sido seguidor de Reb Shmuel Isaac y fue el motivo de la disputa entre Reb Shmuel Isaac y Reb Noson (Capítulo 31). El hecho de que Reb Shlomo Rubén Zlates solía orar en el *shul* de Reb Noson sustenta nuestra afirmación previa (Capítulo 33) de que Reb Noson toleraba todo tipo de personas. En cierto momento Reb Najmán Tulchiner, quien simpatizaba con Reb Shlomo Rubén, estuvo estudiando con él. Cuando le mencionó esto a Reb Noson, éste dijo, "No te voy a decir que dejes de estar con él. Pero, si vas a estar con él, no vengas conmigo" (*Siaj Sarfei Kodesh* I-561).

7. En Simjat Torá, a la noche y a la mañana, es costumbre dar vueltas alrededor del pupitre del lector con los rollos de la Torá, cantando y bailando. Estas vueltas son conocidas como *hakafot*. En *Eretz Israel* Simjat Torá se celebra en el mismo día que Shemini Atzeret, pero en la diáspora Simjat Torá se observa el día después de Shemini Atzeret.

8. *Siaj Sarfei Kodesh* I-750. No tenemos evidencia clara de cuándo fue que el Savraner anunció su intención de mudarse a Umán, pero éste parece el momento más probable, pues era al comienzo del estallido de las hostilidades. Encontramos referencias a dos visitas separadas de Reb Noson a los "*neguidim*" de Umán. La que se encuentra en *Siaj Sarfei Kodesh* no da una fecha, pero afirma explícitamente que fue a Hirsh Ber a quien visitó. La segunda se encuentra en *Alim LeTerufá* (#176), y se afirma que Reb Noson y Reb Naftalí visitaron a los "*neguidim*" (gente rica y poderosa) de Umán en la tarde de Purim (14 de marzo de 1835). Sin embargo, también se afirma allí que ellos permanecieron durante un tiempo y discutieron toda la situación. La referencia indica claramente que no se trataba del intento fallido de ver a Hirsh Ber, luego de lo cual el mismo Hirsh Ber fue a visitar a Reb Noson. También, el término *neguidim* en *Alim LeTerufá* no sólo hace referencia a Hirsh Ber y compañía. Puede muy bien referirse a Reb Abraham Weinberg de Umán, quien también tenía influencia con el zar, del cual había recibido cuatro medallas de honor. Esto está sustentado por *Tovot Zijronot* (p.145) que afirma que fueron los Weinberg con quienes se encontró Reb Noson. Parece por lo tanto que las dos indicaciones a la visita de Reb Noson a los *neguidim* hacen referencia a diferentes personas, y la referencia en *Alim LeTerufá* a una visita en Purim no contradice nuestra hipótesis de que el encuentro de Reb Noson con Hirsh Ber tuvo lugar en su visita a Umán antes de Jánuca.

En el verano de 1835, el Savraner pasó por Umán. Viendo el *kloiz* de Breslov que había construido Reb Noson, el Savraner les dijo a los presentes, "Habla muy mal de ustedes el que haya aquí un *kloiz* de Breslov". Inmediatamente comenzaron a dañar el *kloiz*. Cuando Reb Abraham Weinberg oyó sobre la visita del Savraner se encolerizó por las injusticias cometidas en contra de los jasidim de Breslov y le escribió al Savraner advirtiéndole que no volviese a aparecer por Umán. Reb Abraham también les hizo regalos a algunos de los oponentes de los Breslovers bajo la condición de que no dañasen a los seguidores de Reb Noson. Esto les otorgó a los Breslovers de Umán una cierta protección contra el daño físico (*Imei HaTlaot* p.152).

Parece que este Reb Abraham Weinberg fue el padre de Reb Shmuel Weinberg, a quien encontraremos en el Capítulo 35 (ver *Alim LeTerufá* #170; y *Guidulei HaNajal* p.4, #7). Reb Shmuel Weinberg vivió en Breslov, donde gozaba de cierta influencia. Se mantuvo junto a Reb Noson a lo largo del conflicto y lo ayudó de todas las maneras en que pudo.

9. *Sipurim Niflaim* p.9-10. Notablemente, se dice que Winston Churchill hizo una afirmación similar, "Todos tropiezan con la verdad. La gran mayoría se levanta y continúa caminando".

10. *Sipurim Niflaim* p.9. Enseña el Midrash: "'Dios mira por el perseguido' (Eclesiastés 3:15). Esto hace referencia aparentemente a un Tzadik que es perseguido por una persona malvada. ¿Qué sucede si un Tzadik persigue a un Tzadik o un malvado persigue a un malvado? Aun así, 'Dios mira por el perseguido'. ¿Pero qué sucede si un Tzadik persigue a un malvado? Aun así, 'Dios mira por el perseguido'" (*Vaikrá Rabah* 27:5). De modo que uno nunca

debe perseguir a otros, motivo por el cual Reb Noson rechazó la oferta de Hirsh Ber.

11. *Avenea Barzel* p.63, #34. El Rebe Najmán realizó milagros sólo en muy raras ocasiones. Ver *Kojvei Or* p.35-36; *ibid.*, p.36, nota #4 (ver también Capítulo 33, nota 18). Reb Noson realizó muchos menos milagros aún, algunos de los cuales están mencionados en nuestro texto.

*

Capítulo 35

Las fuentes más importantes para este capítulo son *Imei HaTlaot* p.147-154 y *Alim LeTerufá* #165-171. La carta de Reb Noson al Savraner se encuentra en *Alim LeTerufá* #164.

1. *Rabbi Nachman MiBreslov: His Life, Torah and Thought.* Por Itzjak Alfasi. Impreso por Netzaj Publishing, Tel-Aviv 1953. La cita se encuentra en la página 45. Itzjak Alfasi es un notable historiador del movimiento jasídico y ha escrito muchos libros sobre la Jasidut y los maestros del movimiento.

2. Para ser justos con el Savraner, la carta de Reb Noson, escrita el miércoles 17 de diciembre, no le llegó sino hasta ese viernes y ciertamente no hubo tiempo para una respuesta. También es seguro que el Savraner no estuvo en absoluto implicado en el encargo del crimen. Pero no puede haber dudas de que fue el odio desatado por las primeras afirmaciones del Savraner lo que abrió los caminos de la persecución, incluido el asesinato.

3. Una de las ofensas más serias de la ley judía es la del *masur*, aquel que *ilegalmente* entrega a las autoridades a un judío o incluso dinero judío. Aquel que deliberadamente entrega a un judío a las autoridades, sin motivo, pierde su porción en el Mundo que Viene. Se expone a la pena de la muerte inmediata sin juicio previo, pues es un peligro para su comunidad (ver *Joshen Mishpat* 388:9-15). El crimen -y el castigo- es extremo y la palabra *masur* fue censurada de las primeras ediciones del *Shuljan Aruj* para no despertar la ira de las autoridades (ver *Tur, Iore Dea* 158). El hecho de que los oponentes de los Breslovers quisieran denunciarlos muestra la sospecha que tenían de ellos. Considerando la severidad del crimen de ser un *masur*, nunca habrían recurrido a medidas tan drásticas de no haber creído que todos los cargos en contra de los Breslovers eran absolutamente verdaderos. Nuevamente vemos los efectos de la calumnia.

4. Nuestras fuentes principales para los eventos de los Años de Opresión son *Alim LeTerufá*, *Imei HaTlaot* y *Tovot Zijronot*. Algunas de las fuentes hablan de "policía", otras de "gendarmes" o "soldados". En aras de la coherencia hemos utilizado "policías".

5. Reb Noson escribe al comienzo de su discurso en el *Likutey Halajot, Daguim* 5,

que éste fue compuesto en Tcherin en el mes de Tevet 5595 (enero de 1835) "durante los disturbios". El discurso trata sobre cómo aquellos que buscan acercarse a los verdaderos Tzadikim son atacados, más que los otros, por los malos pensamientos y sentimientos. El discurso trata también del poder del Tzadik y menciona que incluso cuando éste abandona el mundo, sus enseñanzas continúan dando luz al mundo a través de sus seguidores, al igual que las enseñanzas de Moshé fueron transmitidas a través de Ioshúa.

6. En la literatura de Breslov, el volumen perdido de los discursos es llamado el *kraj jof*, "el volumen veinte". Era un volumen encuadernado de los manuscritos de los discursos de Reb Noson sobre ocho tópicos al comienzo de *Iore Dea*, desde *Treifot* hasta las Leyes de los *Daguim* (ver los comentario de Reb Noson en el *Likutey Halajot, Iore Dea*, Leyes de *Shejitá* 5:final). Eran sus discursos más recientes (ver Apéndice). También se perdió el manuscrito de Reb Noson del *Likutey Etzot*, pero esa obra fue preservada debido que Reb Noson ya les había enviado copias a su hijo, Reb Itzjak y a los demás (ver *Alim LeTerufá* #171, p.305 en la nota). Con respecto a las plegarias perdidas, se estima que lo perdido era una cantidad de material equivalente a lo que tenemos hoy en día en la edición impresa del *Likutey Tefilot* (*Alim LeTerufá*, Introducción). En la nota de Reb Noson al final de las Leyes de *Shejitá* 5, mencionando la pérdida de sus discursos, escribe: "Quiera Dios devolvernos todas nuestras pérdidas -las físicas y las espirituales- y acallar a la oposición. Ellos se oponen a nosotros en vano. Nuestros enemigos son más numerosos que los cabellos de nuestras cabezas. En lugar del amor ellos nos odian. Pero yo soy plegaria".

7. Aquellos que llevan el nombre hebreo Iehudá reciben generalmente también el nombre *idish* Leib. Leivtze, Leibel y Leibush son sobrenombres de Iehudá. Reb Noson tenía varios seguidores conocidos como "Leibel" y varios de los seguidores del Rebe eran llamados Reb "Leib". Hay indicaciones en la literatura de Breslov de que este Reb Leivtze es Reb Leibel, cuyo hijo R. Noson ayudó a preparar el lugar de la inhumación de Reb Noson (Capítulo 49), pero la evidencia no es definitiva.

*

Capítulo 36

Las fuentes más importantes para este capítulo son *Imei HaTlaot* p.154-156 y 172-173, *Alim LeTerufá* #168-179 y *Tovot Zijronot* p.145-147.

1. *Siaj Sarfei Kodesh* I-769. Es interesante el hecho de que Reb Noson estaba en contra de la excomunión. También encontramos que cierta vez Reb Noson, oyendo a un jasid de Breslov hablar en contra del Savraner, se disgustó, diciéndole al jasid que así no iba a ser capaz de mantener sus devociones (*Siaj Sarfei Kodesh* I-774). Por otro lado encontramos que el mismo Reb Noson maldijo a ciertos individuos que lo acosaban y que trataron de dañarlo físicamente. Quizás podemos diferenciar entre una excomunión general y hablar mal de un opositor,

como contrapuesto a tomar medidas en contra de un solo individuo claramente dedicado a actividades destructivas.

2. Ver *Likutey Moharán* I: 3, 8, 11, 2, 27, 28, 31, 35, 38, 54, 62, 101 y *Ibid.* II: 2, 5, 28, etc.

3. En aquellos días era costumbre que cuando los soldados llegaban al pueblo los pobladores les daban albergue y otras facilidades que a veces, pero no siempre, eran reembolsadas por las autoridades. La requisa de la casa de Reb Noson se encontraba en el marco de la ley, pero Moshé Jenkes "ayudó" al comandante de la unidad a decidir establecer allí el taller. Sin embargo, debido a que Reb Shmuel Weinberg y otros también tenían cierta influencia, pudieron finalmente lograr que los obreros fueran llevados a un lugar más adecuado.

4. En *Alim LeTerufá* (#177), Reb Noson escribe que un día después de su retorno a Breslov, un miércoles, 25 de marzo, se estableció la fábrica de botas en su hogar y que "ellos se quedaron allí desde el jueves (26 de marzo) hasta el martes, Rosh Jodesh Nisán" (31 de marzo), es decir, durante seis días. Esto contradice el relato en *Imei HaTlaot* (p.172) y en *Tovot Zijronot* (p.145) que afirma que los trabajadores no se fueron sino hasta Erev Pesaj (lunes, 13 de abril), dos semanas más tarde. *Imei HaTlaot* describe específicamente cómo los no judíos se sintieron asombrados por la intensidad de Reb Noson al recitar la bendición sobre la búsqueda del *jametz*, mientras que *Tovot Zijronot* describe la contratación de trabajadores para limpiar su casa en Erev Pesaj. La carta en *Alim LeTerufá* es de Reb Noson y debería constituir una fuente más definitiva. Es posible reconciliar los relatos en la suposición de que la mayor parte de los trabajadores y del equipo pesado fueron retirados por las autoridades pocos días después de haberse instalado, pero que algunos obreros permanecieron en la casa para continuar realizando pequeñas reparaciones, algo que también se encontraba dentro de los derechos de uso del ejército.

5. Éste es Moshé Landau, el *maskil*, quien tenía mucha influencia. Teniendo importantes conexiones con las autoridades, su advertencia conllevaba considerable peso.

6. Este relato fue organizado a partir de *Tovot Zijronot*, *Imei HaTlaot* y *Siaj Sarfei Kodesh* (I-746). De *Tovot Zijronot* (p.146) se desprende que este episodio tuvo lugar después de Pesaj, 1838. Sin embargo sabemos que desde 1836 a 1838 Reb Noson estuvo exilado en Nemirov de modo que sólo pudo haber tenido lugar en Pesaj, 1835. Pero es común que el *Tovot Zijronot* se adelante a relatar sucesos posteriores y viceversa.

Imei HaTlaot (p.159) presenta el siguiente relato: Pinjas vivía en Breslov. Al enterarse del inminente retorno de Reb Noson, él y varios otros mal vivientes planearon golpear sin misericordia a Reb Noson, e incluso matarlo. Su problema era quién iba a tener el "mérito" de dar el primer golpe. Pinjas pidió hacerlo. Inmediatamente después cayó enfermo. La familia de su esposa lo envió de retorno a la casa de su padre en Bershid, para recobrarse. Algunas semanas más tarde se había recuperado y su suegro envió una carreta para hacerlo volver a Breslov. Cuando el cochero llegó a Bershid fue testigo del funeral de Pinjas. Este relato coincide con otros y también muestra por qué los de Breslov conocían bien a ese Pinjas.

*

Capítulo 37

Las fuentes más importantes para este capítulo son *Imei HaTlaot* p.154-162 y *Alim LeTerufá* #180-192.

1. La maldición se cumplió. Pocos años después del fallecimiento de Reb Noson, ella estaba viviendo en Kaminetz, adonde se había mudado con su tercer marido. Estaba caminando por la calle, vestida con unas ropas muy caras, dirigiéndose a una boda, cuando de pronto cayó muerta (*Imei HaTlaot* p.147 y *Siaj Sarfei Kodesh* I-760).

2. El pueblo de Breslov estaba bajo la jurisdicción de la corte regional de Kaminetz, donde se emitiría el veredicto final en el caso de Reb Noson.

3. En el mismo discurso (#1-3), Reb Noson habla sobre el comentario del Rebe Najmán de que "La equidad se encuentra en todas partes. Es posible que uno cometa toda clase de atrocidades, pero aun así sigue teniendo un sentimiento de justicia. Puede estar embotado, pero sigue existiendo. Hay gente que es inmediatamente sensible a la falta de equidad. Otros no la sienten sino hasta haber cometido algún mal. Otros más no sienten remordimientos hasta haber cometido serios crímenes. Pero toda persona tiene su límite. Hay un grado de daño que estimula el sentido de la justicia en todo hombre" (*Sabiduría y Enseñanzas del Rabí Najmán de Breslov* #78).

Reb Noson se está refiriendo a Moshé Jenkes quien, aunque estaba haciendo todo lo posible para destruir el sustento de los jasidim de Breslov, aún continuaba empleando a Reb Itzjak, que a su vez proveía de harina a Reb Noson y a otros jasidim de Breslov (ver más arriba, Capítulo 35).

4. En cuanto a por qué los discursos anteriores escritos en este período son todos el "quinto discurso" en sus respectivos temas, mientras que éste es el cuarto, ver Apéndice.

5. Ninguna de sus hijas contrajo matrimonio. Reb Leví Itzjak Bender (m. 1989) conoció a una de sus hijas, que contaba para ese entonces con más de ochenta años de edad. Las hijas fueron conocidas como las hijas de Pitzye (*Siaj Sarfei Kodesh* I-724).

6. Ver *Guidulei HaNajal* p.24, #20. Reb David Zvi dependía completamente de la ayuda de su padre y vivía muy pobremente, aparte de sus otras dolencias. Sólo

tuvo un hijo, quien falleció en enero de 1844. Su esposa, la hija de Dishel, falleció en el octavo mes de su embarazo, seis semanas más tarde (ver Capítulo 46, nota 4).

*

Capítulo 38

Las fuentes más importantes para este capítulo son *Imei HaTlaot* p.162-168 y *Alim LeTerufá* #192-201.

1. Este Shneur sufrió mucho en sus últimos años. Reb Abraham Sternhartz (1862-1955), bisnieto de Reb Noson y jazán del *kloiz* de Breslov en Umán, lo conoció. Shneur le dijo cierta vez, "Todo mi sufrimiento se debe a tu [bis] abuelo. Todas las denuncias en contra de Reb Noson las hice yo. Ve a Reb Noson [es decir, a su tumba] y ora por mí. ¿Qué podría haber hecho? Tantos rabinos había allí [con el Savraner] y ¡fui yo el honrado con el *bentching*!". [Muchos rabinos y otras figuras importantes se encontraban a la mesa del Savraner, pero él le dio a este Shneur el honor de decir las Gracias después de la Comida como un "soborno" para que informara en contra de Reb Noson].

En Purim de 1838, la esposa de Shneur se encontraba muy enferma. Reb Noson estaba en ese momento de visita en Breslov. Shneur le confesó que había sido él el principal informador responsable de su prisión y subsecuente expulsión de Breslov. Le pidió perdón y le dio dinero como un *pidion* (redención). Para ese momento, la esposa de Shneur ya había fallecido (ver Capítulo 41). El mismo Shneur sufrió un terrible dolor físico - de lo que le habló a Reb Abraham Sternhartz.

2. Un tal Reb Leví de Breslov, quien también tenía influencia, quiso abogar a favor de Reb Noson con el investigador especial, pero debido a que el investigador estaba parando en casa de Shneur, Reb Leví nunca tuvo la oportunidad y todo quedó en manos del intendente.

3. Se le permitió tener un *TaNaJ*, un volumen del *Shuljan Aruj*, el Talmud, el *Zohar*, los escritos del Ari y algunos otros *sefarim* (*Alim LeTerufá* #193, p.364 en la nota).

4. *Imei HaTlaot* (p.168) afirma que Reb Noson estuvo preso *cerca* de ocho días, mientras que *Tovot Zijronot* (p.136) dice que estuvo en prisión durante diez días. Reb Noson fue llevado a la cárcel el miércoles y estuvo de vuelta en su hogar el Shabat de la semana siguiente, como vemos en *Alim LeTerufá* (#194), donde afirma que tuvo un invitado, Reb Itzili de Heisin. La primera carta de Reb Noson escrita a Reb Itzjak fue el domingo siguiente a su liberación. Dado que Reb Noson siempre era muy rápido para escribir, es probable que le hubiese escrito a Reb Itzjak tan pronto como tuvo la posibilidad de hacerlo. El registro en *Tovot Zijronot* parece ser por lo tanto el más exacto.

5. En el próximo párrafo Reb Noson continúa: "Le agradezco a Dios por haberme permitido volver a mi hogar en Breslov entre Iom Kipur y Sukot 5598 (1838). No hay palabras que puedan describir lo que tuve que atravesar durante esos cuatro años (1834-1838)". Partes del discurso en *Likutey Halajot, Rebit* 5 se encuentran en el libro *Maim*, publicado dentro del volumen *Cuatro Lecciones del Rabí Najmán de Breslov*, del Breslov Research Institute.

*

Capítulo 39

Las fuentes más importantes para este capítulo son *Tovot Zijronot* p.136-9, *Imei HaTlaot* p.168-9 y *Alim LeTerufá* # 202-204.

Reb Abraham Sternhartz comienza su relato del *Tovot Zijronot* sobre Rosh HaShaná de 5596 con el siguiente pasaje:

Es un amargo hecho histórico el que Reb Noson hubiera de enfrentar la más terrible oposición. Su sangre se declaró libre para que cualquiera pudiera derramarla, etcétera. Pero su fe en el Rebe Najmán era tan completa que estuvo dispuesto a sacrificarlo todo en aras del Rebe. Mediante firmeza y una excepcional fuerza interior, pudo contenerse y mantenerse en silencio, soportando la humillación y el abuso de sus oponentes. Pero sus detractores fueron testigos eventualmente del amargo final que les tocó a muchos de sus principales opositores (*Tovot Zijronot* #8, p.136).

1. Es posible que éste haya sido Reb Shmuel Weinberg, quien estaba autorizado a realizar ciertas funciones administrativas.

*

Capítulo 40

Las fuentes más importantes para este capítulo son *Tovot Zijronot* p.139-44 e *Imei HaTlaot* p.170-171.

El autor de *Tovot Zijronot*, Reb Abraham Sternhartz, bisnieto de Reb Noson, escribe: "Escuché estas historias de mi familia cuando era joven. También recibí mucha información de Reb Najmán Tulchiner. Es una mitzvá estar familiarizado con estas historias para que todos puedan ver que todo aquél que cava una fosa para otros cae él mismo en ella" (cf. Proverbios 26:27).

1. *Tovot Zijronot* (p.139) afirma que todo esto ocurrió inmediatamente después de que el Savraner se enteró de que Reb Noson estaba en Umán para Rosh HaShaná e *Imei HaTlaot* (p.170) concuerda con esto. Sin embargo, *Tovot Zijronot* afirma entonces (p.140) que el Savraner partió apuradamente "en *Isru Jag* (el día después de Sukot) que ese año cayó un miércoles", para llegar a Kaminetz para el Shabat. Ahora bien, en el año 1835 (5596) Sukot cayó un jueves, lo que significa que *Isru Jag* de ese año no fue un miércoles sino Shabat. Sólo al año siguiente, en 1836 (5597), ese *Isru Jag* cayó un miércoles. ¿Debemos inferir a partir de *Tovot Zijronot* que este evento tuvo lugar en 1836 y no en 1835?

A partir del relato de *Tovot Zijronot* surge que los calumniadores que estaban con el Savraner para Sukot lo instigaron hasta que decidió ir a Kaminetz inmediatamente después de la festividad, y así fue como, tal como veremos, algunos de los seguidores de Reb Noson se enteraron en Breslov de la decisión del Savraner inmediatamente después de Sukot. Si el Savraner realmente dejó Savrán el *Isru Jag* de Sukot de 1836, un miércoles, ¿cómo podían haber llegado las noticias a Breslov en ese mismo día, dado que él viajó directamente a Nemirov en el coche del correo, que tenía caballos muy veloces? Es más probable suponer que el episodio tuvo lugar en 1835, que los jasidim del Savraner comenzaron a dejar Savrán inmediatamente después del Iom Tov, el domingo, llevando a Breslov las noticias de la decisión del Savraner, mientras que el Savraner se quedó en Savrán hasta unos días después del Iom Tov para terminar sus asuntos, antes de salir el miércoles para Kaminetz. Es menos plausible suponer que este incidente tuvo lugar después de Sukot de 1836. A partir del otoño de 1835 hubo muy poca actividad en la persecución de Reb Noson. Es posible que el motivo haya sido la disminución de la influencia del Savraner. Si aún hubiera podido actuar en contra de Reb Noson, el año 1835-36 se habría presentado pleno de incidentes como el año anterior.

2. Era costumbre que los jasidim de Breslov llevasen un nuevo *nigún* (melodía o canción) a Umán cada Rosh HaShaná. Algunos jasidim llevaban melodías que habían oído de otra gente, mientras que otros componían sus propias canciones. Así, cada Rosh HaShaná se incorporaban nuevas canciones y melodías al repertorio de Breslov (ver *Breslov Song Book*, Volumen 2, Apéndice B).

3. No está clara la identidad de Titchalinik. Hay un Titchalinik cerca del río Dniester en Besarabia. Hay un Cecelinik (Czeczelnik) en Ucrania que se encuentra cerca de cincuenta kilómetros al oeste del Savrán. Sin embargo, considerando que el Savraner estaba siendo buscado por las autoridades de Ucrania, lo más probable es que el pueblo al cual huyó fuera Titchalinik en Besarabia.

Ninguna de las fuentes de ese periodo ofrece una explicación sobre la súbita mudanza del Savraner a Titchalinik en sus últimos años. Ya no es más un misterio.

4. *Imei HaTlaot* (p.171) indica que falleció en 5597. *Tovot Zijronot* dice que murió poco después de comenzar la huida. Sin embargo, la mayor parte de las fuentes jasídicas afirman que falleció en la fecha presentada en nuestro texto. Esto parece estar sustentado por el hecho de que los intentos de Reb Noson por retornar a Breslov comenzaron en 1838. Si el Savraner aún hubiese estado con vida, sus seguidores le habrían impedido todo intento de retornar a Breslov. Sin embargo, con el fallecimiento del Savraner, la oposición a los Breslovers comenzó a declinar, facilitando el que Reb Noson intentase volver a Breslov.

Reb Noson dijo cierta vez, "El Savraner era orgulloso". Siendo joven el Savraner había visitado al Rebe Najmán, quien dijo, "¡Me gusta un joven así!". El Rebe Najmán quiso acercarlo, pero el Savraner se negó. Si el Savraner hubiera oído el llamado del Rebe Najmán, habría sobresalido, tal como Reb Noson (*Imei*

HaTlaot p.149-150). Pero debido a su negativa, se equivocó al punto de llegar a ser el peor perseguidor de los jasidim de Breslov. Reb Noson dijo que como resultado de la persecución, que ocultó mucho más la luz del Rebe, "La Redención se retrasará ahora al menos cien años más de lo originalmente planeado" (*Imei HaTlaot* p.150).

Habiendo visto la terrible destrucción de los judíos y del judaísmo en los últimos cien años como resultado del comportamiento secular forzado, los pogroms de la Europa oriental de la década de 1880, la revolución bolchevique, el holocausto y la resultante asimilación masiva, podemos comprender la tremenda consecuencias de todo retraso en la Redención.

*

Capítulo 41

La fuente principal para este capítulo es *Alim LeTerufá* #204-270.

1. *Alim LeTerufá* #223. El Rebe Najmán dijo cierta vez, "Qué gran tesoro para el pueblo judío son *Akdamut* y su melodía" (*Sabiduría y Enseñanzas del Rabí Najmán de Breslov* #256). *Akdamut* es un poema litúrgico en arameo cantado en la sinagoga en la mañana de Shavuot antes de la lectura de la Torá. Compuesto en el siglo XI por el rabí Meir ben Itzjak de Worms, *Akdamut* exalta a Dios y a la Torá y describe la gran recompensa que les espera a aquellos que se dedican al estudio de la Torá y a los que lo apoyan. Es bien conocida la característica melodía de *Akdamut*. Incluso hoy en día *Akdamut* es recitado con una gran intensidad en las sinagogas de Breslov en todo el mundo.

2. Todo el discurso se encuentra en *Likutey Halajot, Shiluaj HaKen* 5, que también trata sobre Jánuca.

3. Estas historias sobre Reb Nesanel se encuentran en *Avenea Barzel* p.72-73, #61.

4. De acuerdo a *Siaj Sarfei Kodesh* I-733, Reb Nesanel ya había fallecido antes del comienzo de los Años de Opresión y el anfitrión de Reb Noson en Teplik fue Reb Hirsch, el hijo de Reb Nesanel. De acuerdo a *Siaj Sarfei Kodesh*, las advertencias y maldiciones del Savraner fueron dirigidas en contra de Reb Hirsch, y fue por él que oró Reb Noson. El relato presentado en nuestro texto (a partir de *Avenea Barzel*), indicando que Reb Nesanel aún estaba con vida durante los Años de Opresión, está sustentado por *Imei HaTlaot* (p.178), donde se afirma que Reb Nesanel se sintió muy orgulloso de haberse ocupado tanto de Reb Noson pese a las presiones del Savraner. Viendo esto, Reb Noson le dijo, "¿Quizás piensas que sin ti no tendría un lugar en donde quedarme? ¡Yo puedo arreglármelas sin ti, pero tú no puedes sin mí!". El autor de *Imei HaTlaot* vivió una generación antes que los autores de *Avenea Barzel* y *Siaj Sarfei Kodesh* y presumiblemente es la fuente más confiable.

En la medida en que puede discernirse, Reb Noson no había vuelto a

Teplik desde el comienzo de la persecución en el otoño de 1834. Luego de su huida a Tcherin en enero-marzo de 1835, estuvo en su hogar en Breslov hasta su arresto y posterior exilio a Nemirov en septiembre de 1835. Pasó todo 1835-6 en Nemirov y así la primera oportunidad de estar en Teplik fue durante su viaje invernal de 1837. Esto nos confronta con una aparente contradicción a la afirmación hecha en el Capítulo 40, de que luego de que el Savraner huyó de Ucrania en el otoño de 1835, les ordenó a sus seguidores detener la persecución en contra de los jasidim de Breslov. Si el viaje de Reb Noson a Teplik tuvo lugar en verdad dos años después de eso, en 1836-7, ¿por qué el Savraner maldijo a la hija de Reb Nesanel?

Es posible que el Savraner le hubiese enviado a Reb Nesanel su advertencia en los primeros días de los Años de Opresión y ya hubiese maldecido a su hija en el momento en que se enteró de que Reb Nesanel se negaba a someterse, mucho antes incluso de que Reb Noson fuese a visitarlo. Una posibilidad alternativa es que el Savraner maldijo en verdad a la hija de Reb Nesanel incluso tan tardíamente como 1837, mostrando que aunque la persecución abierta en contra de Reb Noson había disminuido luego de la huida del Savraner, aún continuaba un hostigamiento encubierto tiempo después.

Una tercera posibilidad, aunque menos plausible, es que la advertencia del Savraner fue emitida incluso antes del comienzo de los Años de Opresión, debido a la ya deteriorada relación entre el Savraner y Reb Noson. Hubiera sido difícil para el Savraner ser hospedado por la misma persona que también honraba a su archienemigo.

5. Ver más arriba, Capítulo 34. Cuando Reb Noson oyó lo que Baruj Daian había hecho para comenzar el conflicto, lo maldijo para que fuese desarraigado del mundo. Cuando el conflicto comenzó a finales de 1834, Baruj Daian tenía hijos y nietos, pero la mayoría ya había muerto para la época del fallecimiento de Reb Noson, diez años más tarde, en 1844. Poco tiempo después no quedó nadie de la familia de Baruj Daian (*Imei HaTlaot* p.144). Enseña el Talmud que ése es el resultado final de toda disputa. El Tribunal Celestial no emite juicio hasta que la persona no alcanza los veinte años de edad. El *beit din* puede juzgar a la persona sólo después de alcanzar la edad de trece años. Pero, como vemos en el caso de la rebelión de Koraj contra Moshé, incluso infantes de un día de edad sufrieron debido a la disputa (ver *Rashi*, Números 16:27).

*

Capítulo 42

La fuente principal para este capítulo es *Alim LeTerufá* #271-307.

1. Usualmente Reb Noson pasaba Erev Rosh Jodesh en Umán (*tradición oral*). No se sabe cuándo comenzó esta costumbre, pero existe una amplia evidencia a partir de *Alim LeTerufá* que estuvo en Umán casi todos los meses desde el año 1831. Aunque muchos de esos viajes estuvieron conectados con la construcción del *kloiz*, las cartas de Reb Noson indican que de todas maneras planeaba ir a

Umán y probablemente podemos inferir que el peregrinaje anual ya se había transformado en una costumbre antes de la construcción del *kloiz*. Dependiendo de las condiciones del tiempo y de los caminos, Umán se encontraba entre un día y medio y dos días de viaje desde Breslov. Considerando la devoción de Reb Noson para con el Rebe Najmán, es comprensible que quisiese pasar al menos algunos días de cada mes derramando su corazón en plegaria junto a la tumba del Rebe.

2. *Zohar* I, 117a. El *Zohar* enseña que en cada período sucesivo de seis o diez años, se realizarán descubrimientos cada vez más asombrosos y se revelará una sabiduría cada vez más elevada. Cada período sucesivo de sesenta años traerá revelaciones e innovaciones cada vez más grandes. Es interesante notar que el período de sesenta años que comenzó en 1840 vio la introducción del telégrafo, del teléfono y de la electricidad; el período de sesenta años que comenzó en 1900 vio la invención del automóvil, del aeroplano y de la comunicación inalámbrica, mientras que el ciclo que comenzó en 1960 fue testigo de la introducción de los viajes al espacio, de los rayos láser y de la tecnología del microchip. Ver también *Avenea Barzel* p.54, #20.

3. *Alim LeTerufá* #239. Reb Noson incluyó más tarde esta idea en su discurso del *Likutey Halajot, Prika uTeina* 4:13.

4. *Alim LeTerufá* #239, #283. El hijo de Janá Tsirel nació mientras Reb Noson estaba en Kremenchug: en la carta a Reb Itzjak sobre la gallina, citada más arriba, Reb Noson escribe que recién se había enterado de su nuevo nieto. El discurso sobre la grandeza de tener hijos se encuentra en *Likutey Halajot, Prika uTeina* 4:23-29.

*

Capítulo 43

Las fuentes más importantes para este capítulo son *Alim LeTerufá* #308-321 y *Avenea Barzel* p.54-58.

1. *Siaj Sarfei Kodesh* I-789. Esto se evidencia en el conocimiento del *Likutey Moharán* y del *Likutey Tefilot* que tenían en Brody cuando Reb Noson estuvo de visita allí en 1840.

2. Una de las lecciones que Reb Noson dio en Brody fue el *Likutey Moharán* I, 282, *Azamra* (*Siaj Sarfei Kodesh* I-527). Sin embargo no se sabe si fue dada en Shabat o durante el viaje de retorno desde Lemberg a Breslov, cuando volvió a pasar por Brody.

3. Encontramos en *Alim LeTerufá* #313 que Reb Noson llegó a Lemberg el martes, 21 de julio. Le escribió a Reb Itzjak otra carta desde Lemberg el martes, 4 de agosto, y volvió a Brody al día siguiente (*Ibid.* #290). Estuvo en Brody para el

Shabat Jazón (8 de agosto).

4. Nuestras fuentes no mencionan el nombre de esta persona (ver *Alim LeTerufá* #314). Reb Noson mantuvo contacto con ella a través de Reb Jaim Cohen (*Alim LeTerufá* #136; ver más arriba, Capítulo 33). Reb Noson menciona en una carta que Reb Jaim iba a tomar dinero prestado para dejar un depósito y actuar como contacto entre ellos (*Alim LeTerufá* #314). Ver también *Neveh Tzadikim* p.109. En Brody, el contacto de Reb Noson fue un tal Reb Iaacov Hertz (ver Capítulo 44).

5. Puede parecer sorprendente que luego de tantos años de no haber podido imprimir los *sefarim* del Rebe Najmán, Reb Noson no quisiera comenzar imprimiendo el *Likutey Moharán*. Es posible que de hecho lo imprimiese en Lemberg en ese tiempo, y que el motivo por el cual se ocupó tanto de la edición del *Likutey Etzot* se debió a que esa obra nunca se había impreso antes.

6. Este discurso se encuentra en *Likutey Halajot*, *Picadon* 5:16-25. Los conceptos desarrollados por Reb Noson al final del discurso (5:39-42) se encuentran en *Alim LeTerufá* #322, que fue escrita en la víspera de Sukot dos meses antes. Como se indica en el Apéndice, Reb Noson siempre tejía sus discursos alrededor de ideas que se relacionaban con él en el momento de componerlos. Los temas de este discurso claramente se relacionan con sus experiencias al cruzar las fronteras entre los diferentes países y las correspondientes dificultades con los pasaportes, y con la impresión de *sefarim* con la ayuda de las maquinarias más modernas (accesibles en una gran ciudad como Lemberg). Reb Noson también menciona el versículo de Números 33:2, que está incluido en la lectura de la Torá de uno de los Shabatot durante los cuales se encontraba en Lemberg. Más adelante en el discurso trata sobre el problema de recolectar fondos, los motivos por los cuales algunas personas son ricas mientras que otras son pobres y sobre la grandeza de dar caridad (5:29-32).

7. Reb Henoj vivía en una posada del pueblo alquilada a un noble polaco. Cuando falleció la primera esposa del noble, éste volvió a casarse y su segunda esposa echó a su hijo fuera de la casa. Reb Henoj tomó al niño, dándole trabajo, alimento y cobijo. Cierta vez un gran Tzadik pasó por la posada de Reb Henoj y notando las maneras aristocráticas del niño, le dijo a Reb Henoj que lo cuidase. En ese tiempo el rey polaco era elegido en una asamblea de la aristocracia. Luego del fallecimiento del padre del niño, Reb Henoj envió al joven noble a Varsovia, a esa asamblea, y allí fue elegido rey de Polonia. Para expresar su gratitud a Reb Henoj, el joven envió a buscarlo y le ofreció entregarle lo que él quisiese. Reb Henoj pidió que se construyese una sinagoga en su nombre. (Existe una opinión de que el *shul* de Reb Henoj no estaba en Brody sino en Zolkovi, que también visitó Reb Noson en ese viaje; ver *Alim LeTerufá* #314). El *Iaavetz*, mejor conocido como el rabí Iaacov Emden (1695-1776) escribe que Reb Henoj y su cuñado, Reb Noson, lo invitaron a ser el rav en su *shul* (*Meguilat Sefer*, Varsovia, 1897).

8. Reb Henoj vivió en los alrededores del año 1730. Su hijo se llamaba Reb Naftalí

Hertz y tenía un cuñado de nombre Reb Noson (*Kiria Nitgava* por Reb Shlomo Buber). Tradicionalmente, las generaciones sucesivas reciben el nombre de sus antepasados, y estos nombres llegaron hasta Reb Noson y su padre, Reb Naftalí Hertz.

9. El Talmud cuenta sobre dos sabios en Tiberias que discutieron sobre una cierta ley llegando a excitarse al punto en que desgarraron el rollo del cual estaban estudiando. El rabí Iosi ben Kisma hizo notar, "No me sorprendería si este *beit midrash* se vuelve una casa de idolatría". Eso fue lo finalmente sucedió (*Iebamot* 96b). Esto muestra la importancia de evitar toda clase de conflictos. Existe la necesidad de rectificar todas las disputas que han tenido lugar, incluso si aquellos involucrados han tenido intenciones santas, y más aún si fueron motivadas por los celos mundanos y la ira.

10. El concepto del Señor del Campo está tratado en el *Likutey Moharán* I, 65, que el Rebe Najmán enseñó después del fallecimiento de su hijo, Reb Shlomo Efraím (ver más arriba, Capítulo 12). *El Jardín de las Almas* (Breslov Research Institute, 2008) trata esta lección en detalle.

11. El Rebe Najmán le enseñó a Reb Noson la lección en el *Likutey Moharán* I, 52 en el verano de 1803. Ver más arriba, Capítulo 9. Las otras lecciones enseñadas por Reb Noson incluían *Likutey Moharán* I, 29 y II, 61 (*Alim LeTerufá* #317).

12. Cuando Reb Noson oyó por primera vez al Rebe Najmán hablar sobre el *hitbodedut*, lo puso en práctica saliendo al campo después de medianoche (ver más arriba, Capítulo 6). Podemos asumir que cuando Reb Noson compró su propia casa en Breslov, en 1813, y dividió parte de la cocina para tener una habitación privada, comenzó a practicar el *hitbodedut* en su hogar. Aunque seguía levantándose para *jatzot*, lamentaba no poder salir al campo. Aún hoy en día hay muchos jasidim de Breslov que salen al campo para practicar el *hitbodedut*

13. Esta carta fue escrita el 25 de Av. Reb Najmán fue bar-mitzvá el 5 de Elul, diez días después. Hay diversas costumbres sobre cuándo el joven judío comienza a colocarse los tefilín. Algunos comienzan cerca de un mes o incluso más antes de ser bar-mitzvá, otros sólo antes del día de ser bar-mitzvá y aún otros en el mismo día del bar-mitzvá. Se dice que el Rebe Najmán apoyaba esta última práctica (ver *Siaj Sarfei Kodesh* I-30). Reb Noson escribe en su carta, "Hoy has comenzado a colocarte los tefilín...", diez días antes de la fecha en que Reb Najmán sería bar-mitzvá. Sin embargo, ésta no es una evidencia concluyente sobre cuándo Reb Najmán se colocó por primera vez los tefilín. La carta de Reb Noson puede haber tomado varios días en llegar y también escribe que Reb Itzjak se encargaría de proveerle las *batim* (cápsulas) para los tefilín, algo que también podía haber tomado varios días.

Obviamente, Reb Noson no estuvo en el bar-mitzvá de su hijo, algo que sería impensable para un judío moderno. Debe indicarse, sin embargo, que la celebración contemporánea del bar-mitzvá es un fenómeno bastante reciente.

El abuelo del autor, Reb Aarón Iosef Sterman (1885-1971), se hizo bar-mitzvá mientras asistía a la Ieshivá lejos de su hogar, en Kovno. Aparte de recibir sus tefilín por correo un poco antes y de ser llamado a la lectura de la Torá en ese día, no hubo nada más que marcara la ocasión. Las opulentas celebraciones de bar-mitzvá comunes hoy en día tienen muy poco que ver con el concepto original de la celebración del bar-mitzvá. El Zohar relata que el rabí Shimón bar Iojai hizo una fiesta en el día que su hijo, el rabí Elazar, cumplió trece años. Cuando se le preguntó por qué, el rabí Shimón respondió, "Hoy recibe su *Neshamá*, su alma santa, que le da el poder de contrarrestar su mala inclinación". (El Rebe Najmán explica que el "alma" es el intelecto - *Likutey Moharán* I, 61:3). El Zohar continúa describiendo las enseñanzas de Torá reveladas en esa ocasión y la intensa espiritualidad experimentada por todos los presentes (*Zohar Jadash, Bereshit* p.14a). En las comunidades donde los niños son entrenados desde una temprana edad para ser conscientes de su identidad judía y de sus obligaciones, no hay necesidad de marcar su bar-mitzvá con excesos que contradicen los valores mismos enseñados por la Torá.

*

Capítulo 44

La fuente principal para este capítulo es *Alim LeTerufá* #322-358.

1. Encontramos que los *bikurim*, los primeros frutos, son llamados "lo primero" (ver Deuteronomio 26:2 y *Rashi*). Esto hace referencia a las primeras frutas de las siete especies por las cuales se alaba a la Tierra Santa (*Ibid.*8:8): cada año, las primeras frutas que maduraban eran llevadas al Templo y presentadas a los sacerdotes (*Iad HaJazaká, Bikurim* 2:1-2). *Terumá*, el diezmo sacerdotal, también es llamado "primero" (Deuteronomio 18:4; ver *Rashi*). *Terumá* sólo puede ser dada a un *cohen*. El regalo promedio es dos por ciento de la cosecha. Sólo luego de separar *terumá* uno puede separar el *maaser rishón*, el diez por ciento dado a los Levitas y los otros diezmos. Es por esto que *terumá* es llamada "primero" (*Iad HaJazaká, Terumot* 3:1; *ibid., Maaser* 1:1).

2. Ella estaba casada con Reb Abraham Leib ben Reb Peretz (*Guidulei HaNajal* p.9, #26). Parece que la familia de Reb Abraham Leib provenía del área de Tcherin (ver *Alim LeTerufá* #453).

3. Ver más arriba, Capítulo 19. La historia se encuentra en *Los Cuentos del Rabí Najmán* #13.

4. La melodía de *Asader LiSudoso*, junto con otros *zemirot* para la mañana del Shabat, se encuentra en formato de CD, bajo el mismo nombre, producido por el Breslov Research Institute.

5. Desafortunadamente, la historia ha demostrado que estaban en lo correcto. Una revisión de la historia judía de los últimos ciento cincuenta años muestra

claramente que la asimilación ha asumido proporciones catastróficas en el mundo entero. En la esfera de la educación, los padres alientan abiertamente a sus hijos a sobresalir en los estudios seculares, lo que les lleva la mayor parte del día. Usualmente la educación de Torá queda relegada, en el mejor de los casos, a unas pocas horas diarias y en muchos casos sólo a unas pocas horas a la semana, o menos aún. Incluso así, es tomada con poca seriedad y en la mayoría de los casos abandonada después del bar-mitzvá.

Vemos entonces que los objetivos de la *Haskalá* han sido alcanzados "con éxito" y que la mayor parte de los judíos es totalmente inconsciente de su herencia. Muy pocos llegan a estudiar el Talmud, los Códigos o incluso la Biblia. La mayoría se satisface con un libro o con una novela que describe al judaísmo o que se relaciona con algo "judío". Nunca descubren qué es lo que su religión realmente contiene. De esto se quejaba tan amargamente Reb Noson.

A lo largo de la historia judía, todos los intentos de alejarse de la Torá han llegado al desastre, tal como sucedió en el caso de los Saduceos, de los Karaítas y de los apóstatas medievales, que han desaparecido sin dejar rastros, arrastrando con ellos a miles de desprevenidos seguidores.

6. Es costumbre hacer una celebración cuando un niño, usualmente a la edad de cinco años, comienza a estudiar el *Jumash*. A los niños se les enseñaba el *alef-bet* a la edad de tres años y luego avanzaban hacia la lectura del *Sidur*, de modo que, para la edad de cinco años ya estaban capacitados para comenzar a estudiar el *Jumash*. Es costumbre que los niños comiencen con el Libro de Levítico, que trata de los sacrificios y de la pureza ritual. Como enseñaron nuestros Sabios (*Vaikrá Rabah* 7:3), "Que los puros vengan y estudien [las leyes de] pureza". El Levítico comienza con una pequeña *alef* (significando, "enseña a los pequeños"). Esto está tratado en la lección *Azamra* (*Likutey Moharán* I, 282) del Rebe Najmán. Ver más arriba, Capítulo 16.

7. *Alim LeTerufá* #379-380 y #382. No existe indicación sobre quién era ese niño. Sin embargo, vemos que Reb Noson estaba ansioso por compartir la alegría con Reb Itzjak, a quien le pidió que hiciese un esfuerzo especial para asistir al *pidion haben*. Esto indica que era una celebración familiar. El niño no puede haber sido de Reb Shajne, de Reb Itzjak ni de Janá Tsirel pues ya todos tenían hijos. La hija de Reb Shajne, quien se había casado el año anterior, hizo un *pidion haben* durante el invierno siguiente. Los únicos otros miembros casados de la familia que aún no tenían hijos era Reb David Zvi y el hijastro de Reb Noson, Reb Shmelke. Vemos que en enero de 1844, Reb David Zvi perdió a un hijo pequeño. En *Alim LeTerufá* #452 Reb Noson hace referencia a ese niño como siendo un niño de dos años de edad. Además, Reb David Zvi era jorobado y sufría de pobreza. Es razonable asumir que Reb Noson habría hecho todos los esfuerzos para alegrarlo. De este modo nuestra propuesta es que el niño nacido 1842, en cuyo *brit* y *pidion haben* se regocijó Reb Noson, fue el hijo de Reb David Zvi.

*

Capítulo 45

Las fuentes más importantes para este capítulo son *Alim LeTerufá* #358-437 y *Avenea Barzel* p.56-59.

1. Reb David Zvi se casó con su propia hermanastra, de modo que su suegra era la segunda esposa de Reb Noson, Dishel. Ver Capítulo 37.

2. *Rabí Iaacov Meir Shechter*. Debe hacerse notar que el estudio del *Shuljan Aruj* que llevaba a cabo Reb Noson con el propósito de escribir sus discursos se agregaba a su propio estudio regular del *Shuljan Aruj*. Encontramos así que cuando estaba escribiendo los discursos sobre *Iore Dea*, también estaba estudiando *Joshen Mishpat*, y en otro momento, cuando estaba escribiendo sobre *Joshen Mishpat*, estaba estudiando *Iore Dea* (ver *Alim LeTerufá* #211 y #271).

El Rebe Najmán enseñó que estudiar los Códigos, analizando y luego aclarando la ley, aumenta en mucho la capacidad innata de distinguir entre lo correcto y lo incorrecto (*Likutey Moharán* I, 8:6; *ibid*.62:2). Por ello dio muchas lecciones sobre la importancia de estudiar el *Shuljan Aruj*. Ansiaba que sus seguidores tuvieran un conocimiento completo de los Códigos.

El orden de estudio recomendado por el Rebe Najmán para los estudiantes avanzados incluía cubrir todo el *Shuljan Aruj* y sus comentarios más importantes durante el año (cinco páginas por día) al igual que todo el Talmud (siete páginas diarias), todo el Midrash, el Zohar y los escritos del Ari, aparte de una hora diaria para el *hitbodedut* (ver *Sabiduría y Enseñanzas del Rabí Najmán de Breslov* #76). Debido a la gran responsabilidad que recaía sobre Reb Noson es posible que no hubiese podido cumplir completamente con el orden de estudio prescrito por el Rebe, pero dado el énfasis del Rebe en el estudio del *Shuljan Aruj* (ver *Sabiduría y Enseñanzas del Rabí Najmán de Breslov* # 29) sería acertado asumir de que éste fue un componente importante de sus sesiones de estudio y que completó todo el *Shuljan Aruj* con frecuencia, aunque no anualmente.

3. *Neveh Tzadikim* p.110. En *Alim LeTerufá* #125 encontramos que Reb Noson hizo algunas copias de sus escritos y se las envío a Reb Itzjak. Sin embargo, no todo fue copiado, motivo por el cual algunos de los manuscritos de Reb Noson se perdieron irremediablemente luego de su confiscación por la policía en el Shabat Jánuca de enero de 1835.

4. *Sijot veSipurim* p.136. La bendición se cumplió y así, no importa cuánto viajara, Reb Najmán nunca sufrió de cansancio, hasta su fallecimiento a la edad de setenta años (*rabí Eliahu Jaim Rosen*). Falleció el 26 de Nisán, 5644 (21 de abril de 1884).

Reb Najmán de Tulchin oyó directamente de Reb Noson muchos de los discursos que se encuentran en el *Likutey Halajot*. Luego del fallecimiento de Reb Noson, Reb Najmán, que había sido su discípulo más cercano y que estaba bien familiarizado con el material, tomó la responsabilidad de copiar el resto de los manuscritos de Reb Noson y prepararlos para su impresión. Tuvo que volver a escribirlos pues Reb Noson escribía muy rápidamente y muchas veces las letras estaban pegadas entre sí al punto en que los imprenteros no podían leer los manuscritos. Reb Najmán pasó seis años transcribiéndolos sin pedir ningún tipo de compensación financiera (*Sijot veSipurim* p.135). Ver Apéndice.

Reb Abraham Sternhartz dijo sobre Reb Najmán Tulchiner: "Estaba totalmente dedicado a Reb Noson. Se tomó el trabajo de repetir todo lo que oyó de Reb Noson exactamente de la manera en la cual lo escuchó originalmente" (carta al *rabí Guedalia Koenig*). En ese sentido, la devoción de Reb Najmán hacia Reb Noson era igual que la de Reb Noson hacia el Rebe.

5. *Alim LeTerufá* #404. Escribe Reb Noson, "La mayor parte del discurso se centró en el concepto de *pidion haben* conectado por nosotros con la enseñanza del Rebe en *Likutey Moharán* II, 7 que habla de Jánuca". La fraseología de Reb Noson indica que el discurso había sido escrito anteriormente. Tal discurso se encuentra en *Likutey Halajot, Pidion Bejor* 5, que fue aparentemente escrito al comienzo del verano de 1837, de acuerdo al patrón tratado en el Apéndice.

6. Los discursos más recientes a los cuales se refería Reb Noson son los numerados 4-7 en la mayor parte de los tópicos del *Likutey Halajot*. Ver Apéndice.

7. Todo el discurso, con 107 secciones, es el más largo del *Likutey Halajot*. Sus temas principales son el lavado de manos antes de comer, el comer mismo y recitar las bendiciones, además de explicar varios otros preceptos y costumbres. Aparentemente Reb Noson comenzó a escribir este discurso antes de Pesaj 5603 y continuó trabajando en él hasta después de Sukot 5604.

El concepto del Tzadik "llamando a su rebaño" también se encuentra aludido en el cuento del Rebe Najmán de los "Siete Mendigos", el Cuarto Día (*Los Cuentos del Rabí Najmán* #13).

8. *Alim LeTerufá* #434. Ver *Tzadik* #403-406. Ver también ¡*Umán! ¡Umán! ¡Rosh HaShaná!*. Ver más adelante, Capítulo 47, nota 1.

*

Capítulo 46

La fuente más importante para este capítulo es *Alim LeTerufá* #437-471.

1. El discurso se encuentra en *Likutey Halajot, Hodaa* 6 y se basa en *Likutey Moharán* I, 24. Ver también *Alim LeTerufá* #441, #443, #448.

2. Ver *Alim LeTerufá* #447. Parece ser que Reb Naftalí nunca fue a *Eretz Israel* ni siquiera de visita (ver *Siaj Sarfei Kodesh* III-202).

3. El concepto de que sólo el techo puede ser destruido pero no los cimientos se une obviamente con el hecho de que Reb Noson vio el techo dañado del *kloiz*.

4. Dado que la esposa de Reb David Zvi, Janá, era la hija de la segunda esposa de

Reb Noson, Dishel, cuando falleció tanto Dishel como Reb David Zvi tuvieron que observar el período de duelo. Dishel también tenía un hijo, Reb Shmelke, que creció en casa de Reb Noson y también tuvo que observar el período de duelo. Esto explica la afirmación de Reb Noson de que "mi esposa (Dishel), mi hijo (Reb Shmelke) y especialmente Reb David Zvi, todos están de duelo". También, como familia lamentaron la pérdida. No hay información si es que Reb David Zvi volvió a casarse pero aparentemente no lo hizo. Falleció cerca de diez años después entre los años 1854 y 1855.

5. Reb Noson no lo logró plenamente pues Odil nunca se mudó. Ella falleció en Breslov en 1854 (*Guidulei HaNajal* p.10, #28).

6. *Alim LeTerufá* #453. Esta carta fue escrita a Reb Abraham Ber, pero al final Reb Noson agregó unas líneas para varios otros jasidim de Breslov del área de Tcherin, diciendo que ellos tendrían *najas* (placer, disfrute) del *Sefer Torá*. Parece por lo tanto que varias personas de la comunidad de Tcherin contribuyeron al costo de escribir el *Sefer Torá*.

7. *Alim LeTerufá* #457. Es extraño que no haya mención de ninguna reparación del *kloiz* desde enero hasta mayo, y vemos aquí que Reb Noson sólo ahora obtuvo el permiso para continuar con los trabajos necesarios. Al describir el clima en Umán, Reb Leví Itzjak Bender (1897-1989), quien vivió allí antes de ir a *Eretz Israel*, dijo, "¡Hielo y nieve en el invierno, lluvia todo el verano!". Si Reb Noson temía que las lluvias del verano pudiesen arruinar la madera, con seguridad la nieve invernal y el hielo hubieran sido igualmente dañinos. Además, Reb Naftalí no tenía, literalmente, un techo sobre su cabeza. Parece ser que las condiciones climáticas del invierno imposibilitaron hacer algo para reparar la cubierta. Es posible que se usaran lonas para cubrir temporalmente el techo y evitar la nieve de lo que quedaba del invierno. El *kloiz* probablemente no fue utilizado hasta que se llevaron a cabo las reparaciones cuando mejoró el clima después de Pesaj.

8. En verdad ni Reb Itzjak ni Reb Shajne fueron a la boda de su hermano cuando finalmente tuvo lugar. En esos días viajar llevaba mucho tiempo y era común que la gente pasase varias semanas en el camino para ir a una boda. Reb Noson no estaba muy contento, pero no había nada que pudiese hacer al respecto (ver *Alim LeTerufá* #462).

9. La melodía de *Eshet Jail* se encuentra en el CD *Azamer Bishvojin* producido por el Breslov Research Institute. Las palabras originales del Rebe Najmán se encuentran en *Likutey Moharán* I, 66:3.

*

Capítulo 47

La fuente principal para este capítulo es *Alim LeTerufá* #472-478.

1. *Sijot veSipurim* p.70 y *Siaj Sarfei Kodesh* I-608. El *kibutz* de Rosh HaShaná continuó creciendo cada año, especialmente con la difusión de la Jasidut de Breslov en Polonia. Sin embargo, luego de la revolución bolchevique en 1917, se cerró la frontera ruso-polaca, reduciendo el tamaño del *kibutz*. Un golpe más llegó como resultado de los asesinatos a mansalva de judíos en Ucrania en 1918-22 por parte de los cosacos durante la revolución bolchevique, que hizo que muchos temieran dejar sus hogares. (Rabí Zvi Aryeh Rosenfeld [1922-1978], uno de los principales pilares de la comunidad de Breslov en los Estados Unidos en sus primeras etapas, recibió su nombre a partir de un tío, jasid de Breslov, que fue asesinado en Kremenchug en 1920). El número de jasidim que fueron a Umán para Rosh HaShaná se mantuvo más o menos estable durante los siguientes quince años, hasta el comienzo de las purgas estalinistas en 1936. En los cuatro años que siguieron, los jasidim fueron diezmados. La mayoría de los que sobrevivieron a Stalin fueron asesinados después de la invasión nazi a Ucrania en 1941.

Luego de la Segunda Guerra Mundial, un puñado de jasidim de Breslov que aún sobrevivían en Rusia volvieron a establecer el *kibutz* de Rosh HaShaná, que se mantuvo de manera clandestina hasta el comienzo de la década de 1970, cuando pudieron emigrar a Israel. Para las comunidades de Breslov en Israel y en los Estados Unidos las condiciones detrás de la Cortina de Hierro transformaron la idea del *kibutz* en poco más que en una utopía, hasta que en 1988 las autoridades rusas abrieron la ciudad de Umán para Rosh HaShaná para un grupo de cerca de 250 personas. Desde entonces el número ha crecido a varias decenas de miles.

En el *kibutz* de hoy en día se imparte una amplia variedad de clases de Torá. Durante Rosh HaShaná 5770 (septiembre-octubre de 2009), hubo más de veinte clases diferentes en inglés, hebreo, idish, francés, ruso, etcétera. Por supuesto que hoy día no hay un maestro que pueda compararse con Reb Noson y ni hablar del Rebe Najmán. Aun así, "Iftaj en su generación es como Shmuel para la suya" (*Rosh HaShaná* 25b) y las clases se dan en todos los niveles.

2. *Siaj Sarfei Kodesh* III-174. *ShaJ* es el acrónimo de rabí Shabetai (ben Meir) HaCohen (Rappaport), uno de los más grandes codificadores del siglo XVII. Mejor conocido por sus comentarios sobre el *Shuljan Aruj, Iore Dea* y *Joshen Mishpat*, fue un escritor extremadamente prolífico. Incluso antes de la edad de veinticinco años ya había escrito un extenso comentario halájico sobre el *Tur* y el *Beit Iosef* (aparte de su comentario sobre el *Shuljan Aruj*). También fue autor de varias otras obras. Se cuentan muchas historias sobre sus esfuerzos a favor de los judíos europeos durante el período de las masacres de Chmelnitzky. Falleció a la temprana edad de cuarenta y dos años durante las secuelas de las matanzas producidas por Chmelnitzky.

3. Ver *Likutey Halajot, Rosh Jodesh,* #7:48-49 y 55, donde Reb Noson escribe en extenso sobre los sueños de Iosef y su poder para interpretar los sueños de los demás (Génesis 40, 41).

4. *Rabí Eliahu Jaim Rosen*. Una versión algo diferente del sueño y de su

interpretación se encuentra en *Siaj Sarfei Kodesh* III-167.

5. *Imei HaTlaot* p.133. No se sabe con exactitud cuándo Reb Noson tuvo este sueño. Sin embargo, dado que se quejó amargamente del sufrimiento que había debido soportar, es muy probable que lo tuviese durante los Años de Opresión, especialmente dado que la fuente es el *Imei HaTlaot* que se ocupa principalmente de ese período de su vida. Hemos colocado el sueño aquí, con la esperanza de que el lector, habiendo tenido la oportunidad de ver cómo Reb Noson escribió su *Likutey Halajot*, pueda ahora apreciar el significado del sueño.

*

Capítulo 48

La fuente principal para este capítulo es *Alim LeTerufá* p.839-843, que nos da el texto de la carta de los jasidim en Breslov a los jasidim en Tcherin informándoles sobre el fallecimiento de Reb Noson y describiendo sus últimos días.

1. La descripción en el *majzor* sobre el servicio del Sumo Sacerdote en Iom Kipur está basada en *Ioma* 53b. "Él entraba al lugar en el cual entraba, etc.", se refiere a entrar en el Santo de los Santos. La Mishná no se refiere al lugar por su nombre específico debido a que su santidad está oculta. Al mencionar las vestimentas blancas del Sumo Sacerdote, Reb Noson estaba aludiendo a las *takrijin* (vestimentas blancas de lino) con las cuales se entierra a los difuntos. De modo característico, Reb Noson incorporó esta idea en su discurso en *Rosh Jodesh* (7:9-10 y 27-28). Explica que entrar en el Santo de los Santos, donde estaba ubicada el Arca (simbolizando la Torá) alude a ser capaz de iluminar el mundo con los escritos de los verdaderos Tzadikim.

2. Inmediatamente después de fallecida, es costumbre acostar a la persona en el piso con los pies hacia la puerta, en dirección hacia donde será llevada. Ver Capítulo 9, nota 1.

3. Reb Noson incluyó más tarde esto en su discurso. Ver *Likutey Halajot*, *Rosh Jodesh* 7:54-55.

4. *Idra* es la palabra en arameo para "círculo" o "cueva". El *Idra* fue el lugar en donde el rabí Shimón bar Iojai reveló algunos de los secretos más profundos de la Kabalá, que se encuentran en el *Zohar* III: 127b-145a.

5. Dumá es mencionado en Salmos 115:17. Es el ángel encargado de recibir el alma en la tumba y de administrar los castigos después de la muerte (*Zohar* III, 287b; *Berajot* 18b).

6. De manera similar, encontramos en el Talmud, "Rava pidió que no se anunciase su enfermedad inmediatamente pues sus enemigos se

regocijarían por ello" (ver *Berajot* 55b).

7. Rabí Abraham Sternhartz; rabí Najmán Burstyn; ver *Siaj Sarfei Kodesh* I-659.

8. *Alim LeTerufá* (p.842) afirma que Reb Noson "completó el *ShaJ*", sin especificar si fue el comentario de *ShaJ* sobre *Iore Dea* o sobre *Joshen Mishpat*. Sin embargo, la palabra utilizada es *vesieim*, "completó", lo que indica que Reb Noson llegó al final de todo el *Shuljan Aruj*, que termina con *Joshen Mishpat*.

9. Aquel que está enfermo está exceptuado de ayunar (*Oraj Jaim* 550:1).

10. El *Birkat HaMazón* consiste de cuatro bendiciones principales seguidas de cortas alabanzas a Dios, el Todo Misericordioso y pedidos por Sus bendiciones. Lo que se le oyó decir a Reb Noson no es parte del *Birkat HaMazón* establecido y no se da explicación alguna sobre por qué lo dijo. Ofrecemos lo siguiente: El Talmud enseña que en el momento de la Resurrección, aquellos fallecidos en la Tierra Santa se levantarán de inmediato, mientras que los fallecidos en la diáspora tendrán que rodar a través de un sistema de pasajes subterráneos para alcanzar la Tierra Santa y ser resucitados. Fue por esto que el patriarca Iaacov pidió ser inhumado en la Tierra Santa (*Ketuvot* 111a). Sin embargo el Rebe Najmán enseñó que el sitio del entierro de los Tzadikim tiene la santidad de la Tierra Santa (*Likutey Moharán* II, 109). Éste fue motivo de la plegaria de Reb Noson.

11. Ver *Likutey Halajot, Rosh Jodesh* 7, final. Escribe Reb Najmán de Tcherin: "Luego del fallecimiento de Reb Noson, se puso en efecto el decreto de enseñanza secular a los niños judíos y que aquellos judíos que encendieran velas en el Shabat debían pagar un impuesto para mantener esas escuelas. Esto estaba aludido en las palabras de Reb Noson sobre las velas del Shabat, Iom Tov y Jánuca. Otros decretos instituidos incluyeron un cambio obligatorio en la vestimenta estándar del judío. El viento tormentoso del ateísmo estaba creciendo... Nuestro único consuelo es que las ardientes obras de Reb Noson, construidas sobre las enseñanzas del Rebe Najmán con respecto a la fe en los Tzadikim nos ayudarán a superar esos decretos" (*Parparaot LeJojmá* 61:8).

12. Esto es en verdad parte integral de nuestras plegarias diarias. En la *Amidá*, la bendición número trece, *Al HaTzadikim...*, habla de los Tzadikim y de sus escritos. Nuestra plegaria es que, "nuestra parte esté con los Tzadikim".

*

Capítulo 49

Las fuentes más importantes para este capítulo son *Alim LeTerufá* p.843 y *Avenea Barzel* p.91-93.

1. *Siaj Sarfei Kodesh* I-639. Reb Aarón estaba muy disgustado con Reb Noson ben Reb Leibel Rubén, diciendo, "No puedo perdonarlo por esto en este mundo

ni en el próximo. Él me sacó un muy buen amigo, un verdadero amigo". Reb Aarón falleció medio año después que Reb Noson, en Rosh Jodesh Menajem Av, 5605 (4 de agosto de 1845).

2. *Siaj Sarfei Kodesh* I-658. Reb Abraham Jazán dijo que ésa es la mejor alabanza que pueda tener un judío. Estas palabras dichas en el funeral de Reb Noson no fueron elegías como tal, sino declaraciones sobre él hechas por la gente que lo había conocido muy bien. En general, la costumbre jasídica es no decir elegías por el fallecido. Esto se basa en la afirmación del Talmud, "Así como el muerto es castigado por sus malas acciones, también lo son aquellos que lo elogian falsamente" (*Berajot* 62a; ver *Maharsha*). El *Zohar* (I:232b) agrega que aquél que pronuncia una elegía falsa, agregando alabanzas donde no corresponden, hace que el caso del fallecido se vuelva a abrir delante del Tribunal Celestial y sea investigado más aún que antes. Aunque obviamente estos motivos no se aplicaban a Reb Noson, sin embargo se observó la costumbre.

3. Cerca de setenta años más tarde, en 1913, el nieto de Reb Noson, Reb David Zvi ben Reb Shajne, fue inhumado junto a él. Poco tiempo antes había fallecido un rav del pueblo de Breslov que era oponente de los jasidim de Breslov. La sociedad fúnebre quería un lugar prestigioso para enterrarlo y eligió el lugar vacío junto a la tumba de Reb Noson. Los jasidim de Breslov estaban enfurecidos. Cuando la procesión fúnebre llegó al cementerio, un jasid de Breslov llamado Reb Naftalí se acostó en la tumba y dijo, "¡Si quieren enterrarlo aquí, tendrán que ponerlo sobre mí!". Este Reb Naftalí tenía mucha voluntad y nada lo haría mover. El rav fue finalmente enterrado en otra parte. Poco tiempo después, Reb David Zvi falleció y fue enterrado en esa tumba (*Siaj Sarfei Kodesh* I-640).

4. *Avenea Barzel* p.91; *Siaj Sarfei Kodesh* I-652; ver más arriba, Capítulo 13, nota 5.

5. Ver Capítulo 23, nota 4.

6. *Sijot veSipurim* p.131. Pese al "ordenamiento" de Reb Najmán de Tulchin como "sucesor" de Reb Noson, no quedó claro de inmediato para los jasidim de Breslov quién debía ser su líder después de Reb Noson. Reb Najmán Pesajl comenzó a consolar a los demás jasidim, diciéndoles que Dios no los abandonaría. Siendo un jasid verdaderamente temeroso de Dios y un discípulo cercano de Reb Noson, Reb Najmán Pesajl pensó que debido a su unión a Reb Noson él mismo "heredaría" el liderazgo. Cuando Reb Noson dijo, "Vayan a Iosef, hagan lo que él diga", pensó que se estaba refiriendo a él.

Poco tiempo después, Reb Najmán Pesajl comenzó a comportarse como un Rebe y líder, abriendo su propio *beit midrash* en Breslov, seguido por varios jasidim de Breslov. Ese mismo año (1844-45), viajó a la Tierra Santa. El Rebe Najmán enseña que aquel que va a la Tierra Santa puede alcanzar los niveles más elevados de espiritualidad. Esto llevó a Reb Najmán Pesajl a creer que se había elevado mucho más aún en el servicio a Dios, haciéndolo más apto todavía para su rol de "líder". Volvió a Ucrania antes de Rosh HaShaná y convenció a los jasidim de Breslov que debía ser él quién soplase el shofar en Rosh HaShaná 5606 (2 de octubre de 1845). Cuando llegó el momento, subió al podio para soplar el shofar y comenzó recitando los pasajes preparatorios del *Zohar*, palabra por palabra, con lamentos y lágrimas. Los jasidim se estaban impacientando, pero incluso Reb Naftalí, para el momento el único sobreviviente del círculo interno del Rebe Najmán, no dijo una palabra. Reb Najmán Pesajl recitó la bendición, colocó el shofar en su boca y comenzó a soplar, pero no hubo sonido alguno. No importa cuánto lo intentó, no pudo sacarle un sonido. Con un gesto afirmativo de Reb Naftalí, los jasidim enviaron a Reb Meir Leib Blejer, un experto, a soplar el shofar. Reb Meir Leib Blejer sopló unos perfectos *tekiot* (sonidos) y de ahí en más fue nombrado *baal tokea* (aquél que sopla el shofar) en Umán para Rosh HaShaná.

Pese a la vergüenza de Reb Najmán Pesajl, aún seguía convencido de que le pertenecía el liderazgo, considerando su incapacidad de soplar el shofar como uno de esos obstáculos que son enviados para probar la persistencia de la persona. Sin embargo, su conducta no estaba en el espíritu del movimiento de Breslov, ni tampoco era del agrado de la mayor parte de los jasidim, quienes querían detenerlo de inmediato. Eran conscientes de las diferentes afirmaciones que había hecho Reb Noson aludiendo a Reb Najmán de Tulchin como su sucesor. Le pidieron a Reb Najmán que le dijese a Reb Najmán Pesajl que se detuviese. "¿Por qué te mantienes en silencio?", le preguntaron. Reb Najmán Tulchiner respondió, "'Dios mira por los oprimidos' (Eclesiastés 3:15)- 'Incluso si una persona recta persigue a alguien malvado, Dios mira por el perseguido' (*Vaikrá Rabah* 27:5; ver Capítulo 34, nota 10). ¿Seré yo el perseguidor y él el perseguido? ¡No!". A su debido momento, el mismo Reb Najmán Pesajl comprendió su error y dejó de actuar como Rebe y líder.

* * *

Apéndice

LOS ESCRITOS DE REB NOSON

Los Escritos de Reb Noson

"Kohelet procuró hallar palabras que agradasen y escribir palabras de verdad... Hagan muchos libros, sin cejar... *ki ze kol haAdam* - pues esto es todo el hombre..." (Eclesiastés 12:10-13).

Enseña el Talmud que el alma del hombre puede ser reconocida a través de sus escritos (*Shabat* 105a). Así, la palabra hebrea para "yo", *ANoJI*, es un acrónimo para "*Ana Nafshi Ketavit Iehavit* - he puesto mi alma en la escritura". El rey Salomón, el más sabio de todos los hombres, sabía esto. Él reveló su propia sabiduría en sus escritos: "Kohelet procuró hallar palabras que agradasen y escribir palabras de verdad". Y les aconsejó a los demás a hacer lo mismo: "Hagan muchos libros, sin cejar" - busca la verdad y escribe sobre ella. ¿Por qué? "*Ki ze kol haAdam* - pues esto es todo el hombre...".

Todo el hombre. Un hombre entero - con una mente, un corazón y un cuerpo. Si podemos decir de alguien, desde el comienzo de la Creación hasta hoy en día, que es posible verlo a través de sus escritos, Reb Noson es ese hombre. Su mente se encuentra en sus discursos del *Likutey Halajot*, que contienen sus percepciones de Torá y sus puntos de vista de los eventos contemporáneos. Su corazón puede encontrarse en las plegarias del *Likutey Tefilot* - súplicas derramadas desde lo más profundo del corazón. Y su cuerpo -su vida, sus alegrías y trabajos, y su constante búsqueda de plenitud- pueden encontrarse en sus otros escritos. Emerge un cuadro completo de un hombre, de un hombre pleno.

El propósito del presente apéndice es describir la amplitud, el contenido y los métodos de las obras de Reb Noson que, además del *Likutey Halajot* y del *Likutey Tefilot*, incluye: *Imei Moharnat* (su autobiografía y relato de su peregrinaje a *Eretz Israel*), *Alim LeTerufá* (sus cartas), *Shmot HaTzadikim* (recopilación de nombres de Tzadikim), *Likutey Etzot* (Consejo) y el *Kitzur Likutey Moharán* (la versión sintética del *Likutey Moharán*).

Antes de comenzar a escribir sus propias obras, Reb Noson ya estaba transcribiendo las enseñanzas del Rebe Najmán. Como escriba del Rebe, Reb Noson registró sus lecciones, que se encuentran recogidas en el *Likutey Moharán*, Volumen I y II; transcribió la colección de epigramas del Rebe, *Sefer HaMidot* (El Libro de los Atributos), y pasó por escrito sus cuentos, el *Sipurey Maasiot* (Los Cuentos del Rabí Najmán). También copió el *Sefer HaNisraf* (el Libro Quemado) del Rebe. Y registró para sí mismo las conversaciones del Rebe y varias historias sobre él. Luego del fallecimiento del Rebe, Reb Noson comprendió el valor de las conversaciones del Rebe y también las publicó. Se encuentran en *Shevajey veSijot HaRan* (Sabiduría y Enseñanzas del Rabí Najmán de Breslov) y en *Jaiei Moharán* (Tzadik). Se puede encontrar una descripción de todas estas obras del Rebe en *Until The Mashiach*, Apéndice E, p.286-295.

LIKUTEY HALAJOT

Likutey Halajot (literalmente, "Recopilación de Leyes") es la recopilación de los discursos de Reb Noson, en los cuales utiliza las ideas jasídicas contenidas en las lecciones del Rebe Najmán, en sus cuentos y otras enseñanzas, para iluminar todo el cuerpo de la ley judía aplicable hoy en día, tal cual está codificado en el *Shuljan Aruj*.

Los ocho volúmenes del *Likutey Halajot* siguen el orden de las cuatro secciones del *Shuljan Aruj*, tema por tema - *Oraj Jaim* sobre las leyes de los tzitzit y tefilín, las bendiciones, las plegarias, el Shabat y las festividades; *Iore Dea* sobre las leyes de la *kashrut*, de la pureza familiar, de la usura, etcétera; *Even HaEzer* sobre el matrimonio y el divorcio; *Joshen Mishpat* sobre las leyes de propiedad, de los daños, etcétera. Bajo la mayor parte de los encabezamientos de cada tema existen al menos cinco discursos, cada uno basado en una lección o en un cuento del Rebe Najmán, y tratando la ley o grupo de leyes en cuestión a partir de diferentes ángulos. El largo de los discursos varía desde una página a sesenta y cinco páginas. La edición actual del *Likutey Halajot* contiene un total de tres mil ochocientas cuarenta y ocho páginas en doble columna de texto hebreo.

Bajo las instrucciones del Rebe Najmán, Reb Noson comenzó a trabajar en sus discursos después del Shabat Jánuca de enero de

1804. Continuó escribiendo hasta el final mismo de su vida, haciendo agregados a su discurso final el 19 diciembre de 1844, un día antes de fallecer. Sus discursos abarcan así un período de exactamente cuarenta años.

Antes de componerlos, Reb Noson tenía una sesión regular de estudio del *Shuljan Aruj*. Al mismo tiempo también tenía una sesión de estudio de las obras del Rebe Najmán, especialmente del *Likutey Moharán*. Reb Noson solía estudiar un grupo de leyes del *Shuljan Aruj* y luego utilizaba la lección del *Likutey Moharán* en la cual se estaba concentrando en ese momento para iluminar la dimensión espiritual de la ley o de las leyes en cuestión. Incluía tópicos de todo el *TaNaJ*, el Talmud, el Midrash, el *Zohar*, los escritos del Ari y otras obras. La mayor parte de los discursos comienzan con una revisión sintética de la ley de la que tratan, seguida de un breve resumen de la lección del Rebe Najmán, centrándose principalmente en las ideas particulares que serán desarrolladas en el discurso (ver también *Siaj Sarfei Kodesh* I-719). Reb Noson encontró la manera de mostrar el significado interno de la ley de la Torá y su relevancia para cada individuo en las diferentes fases de su vida.

En un comienzo, Reb Noson solía mostrarle su trabajo al Rebe Najmán. El Rebe dijo, "Cuando se trata de escribir discursos originales, tú eres único en la generación". Reb Noson se sintió sorprendido por esto, pues él conocía la grandeza de las enseñanzas del Rebe Najmán. Notando su sorpresa, el Rebe dijo, "¿Pues quién más cuenta con las introducciones que tú tienes?" (ver *Siaj Sarfei Kodesh* I-109).

Reb Noson favorecía los discursos escritos en sus últimos años. Obviamente, para ese entonces su nivel espiritual era mucho más elevado, al igual que su comprensión de las enseñanzas del Rebe Najmán. Así, Reb Noson le escribió cierta vez a su hijo, Reb Itzjak, "Sé diligente en estudiar las obras que Dios me ha permitido escribir, especialmente las de estos últimos años..." (*Alim LeTerufá* #408). Se estaba refiriendo a los discursos *dalet* a *zain* (del cuarto ciclo hasta el séptimo ciclo) de cada tema, todos los cuales fueron escritos en sus últimos años.

Reb Abraham Jazán afirma: "Todas las enseñanzas de Reb Noson son puras, verdaderas y firmes, libres de toda idea extraña basada en falsas comparaciones. Todas sus palabras surgen de una comprensión pura y clara de la Torá" (*Sijot veSipurim* p.187).

Contenidos

En un solo discurso Reb Noson puede entretejer ideas sobre los patriarcas, las leyes de Jánuca, el rey David y los Salmos, la idolatría frente a la fe, las leyes de la herencia y de los regalos, Mashíaj y quizás otros diez tópicos más (como vemos por ejemplo en *Mataná* 5). Reb Noson presupone un conocimiento básico de la Biblia, de la historia judía y de los conceptos fundamentales de la ley judía, aunque es posible navegar por el *Likutey Halajot* sin estar familiarizado con todo el texto de la Biblia, de la Mishná, del Talmud, etcétera. Ciertamente, cuanto más amplio sea el conocimiento de la literatura de la Torá, más fácil será seguir los textos de Reb Noson.

Pese al amplio rango de temas tratados, el estilo de Reb Noson es simple y directo. Sea donde fuere que uno abra el *Likutey Halajot* puede rápidamente incluirse en el flujo del discurso y sentir que Reb Noson le está hablando de manera directa. Su propósito más importante es alentarnos a buscar constantemente alturas espirituales cada vez más grandes, al tiempo de no dejarnos caer del nivel presente. Esto hace que el *Likutey Halajot* sea accesible incluso para un novicio.

(Yo solía enseñar en una Ieshivá para *baalei teshuvá* - no era una Ieshivá jasídica, aunque tampoco nadie se oponía a la Jasidut. Mi experiencia en aconsejar a los estudiantes me enseñó que existe un límite al aliento que uno puede darle a una persona: en algún momento debe tomar su propia iniciativa. Cada vez que sentía haber llegado al límite, introducía al estudiante al *Likutey Halajot*, pidiéndole que eligiera cualquiera de los ocho volúmenes, que abriese adonde le pareciese bien y que eligiese cualquier párrafo. Luego de estudiar juntos el párrafo yo lo desafiaba: "¿Podrías decir que el párrafo que elegiste al azar *no* estaba escrito especialmente para ti?". *Siempre* era lo que el estudiante necesitaba. ¡Siempre! No conozco ningún otro *sefer* con el cual pueda hacerse lo mismo).

Esto no quiere decir que el *Likutey Halajot* es sólo para principiantes. Es una obra que puede desafiar absolutamente al intelecto. Reb Noson puede comenzar con un simple versículo bíblico y luego entretejer preguntas y respuestas sobre el significado de la Torá para el hombre contemporáneo, incluyendo en la discusión referencias y explicaciones a pasajes provenientes de toda la literatura de la Torá, arrojando luz sobre muchas dificultades presentadas en los comentarios. Los temas tratados incluyen la Tierra de Israel, la fe, la pureza, la música, el cuerpo humano... las leyes de los sacrificios, el Santo Templo, el viaje de los judíos por el desierto, el exilio babilonio, los últimos episodios de la historia judía, etcétera.

Cada rasgo humano, bueno o malo, cae bajo el escrutinio de Reb Noson al explicar cómo la Torá se relaciona con cada uno de nosotros, de manera personal, y cómo podemos encontrar sentido en el duelo y en la alegría, en la enfermedad y en la salud, en la pobreza y en la riqueza. Pero, pese a la amplia variedad de tópicos contenidos en cada uno de los discursos, Reb Noson nunca pierde de vista la ley que está discutiendo, otorgándonos una profunda comprensión de su significado espiritual interior y una guía práctica sobre cómo aplicar las ideas subyacentes en nuestras vidas diarias. El lector notará que algunos tópicos están tratados muy brevemente mientras que otros son muy extensos. La directiva del Rebe Najmán a Reb Noson era escribir de manera concisa. "Sin embargo", dijo el Rebe, "cuando llegues al tema de la fe o del Tzadik, deja que tu pluma fluya" (*Siaj Sarfei Kodesh* I-103).

Los discursos en el *Likutey Halajot* pueden ser estudiados como comentarios sobre las lecciones del *Likutey Moharán* en las cuales se basan (ver *Sijot veSipurim* p.88). Luego de la síntesis de la lección del Rebe al comienzo de cada discurso, Reb Noson vuelve a hacer una referencia constante a ella. Agregando una palabra de ayuda aquí y allá, sus paráfrasis de pasajes claves del *Likutey Moharán* otorgan valiosas ideas para su interpretación, mientras que sus discusiones de los conceptos centrales de cada lección en relación a otros tópicos de la Torá nos ayudan a comprender el significado e importancia de las enseñanzas del Rebe Najmán en términos más concretos y prácticos.

Por ejemplo, la lección en *Likutey Moharán* I, 266 fue dada por el Rebe Najmán poco después de su llegada a Breslov (*Siaj Sarfei Kodesh* I-279). Trata sobre por qué los animales mueren por la plaga, la mitzvá de la suká y recibir la Torá. La lección no es muy larga -cubre sólo una columna del *Likutey Moharán* de un total de más de seiscientas cincuenta- ni es muy complicada. Aun así Reb Noson escribe seis discursos diferentes sobre esa lección. Si se estudia la lección y luego los seis discursos, es posible ver que cada discurso gira alrededor de un punto diferente de la lección, ofreciendo también un punto de vista nuevo sobre las leyes que están siendo tratadas. Dos de sus discursos se encuentran de hecho bajo un mismo tópico, *Maaké uShmirat HaNefesh* 1 y 2 (Seguridad y Cuidado de la Salud), pero los otros ofrecen ideas diferentes sobre las leyes en cuestión.

Estructura

(*Esta sección y las dos siguientes, sobre la escritura, cronología y metodología de los discursos de Reb Noson, presuponen cierta familiaridad de parte del lector con el* Likutey Halajot).

Aunque el Rebe Najmán instruyó a Reb Noson para que todos los días desarrollase nuevas ideas, Reb Noson fue el primero en admitir que no siempre estaba inspirado. Dijo que había veces en que tenía que "exprimir una idea" de su dedo meñique (ver Capítulo 45). Cada día trae sus propios estados de ánimo y sentimientos, sus propias alegrías o tristezas. Y como muchas otras personas, Reb Noson también olvidaba a veces sus ideas.

Reb Noson solía escribir una síntesis del ensayo que pretendía desarrollar, síntesis que es posible encontrar en muchos de los discursos (por ejemplo, *Rebit* 5 y *Matana* 5). Da la sensación de que solía registrar las ideas tal cual le llegaban, desarrollándolas más tarde de manera sistemática. A veces encontramos que Reb Noson deja la síntesis como parte del discurso sin corregirla ni desarrollarla (por ejemplo, *Birkot HaShajar* 5:49; *Pesaj* 9). Hay ocasiones en que Reb Noson, por algún motivo, no pudo terminar el discursos en el cual estaba trabajando y escribe, "No fue registrado a tiempo y fue olvidado" (por ejemplo, *Jelev veDam* 2:2).

Cuando Reb Noson llegaba a un grupo de leyes y no sentía inspiración o no podía escribir sobre ellas debido a circunstancias externas, seguía el consejo del Rebe Najmán de no detenerse. Continuaba al próximo grupo de leyes y comenzaba de nuevo.

Esto explica por qué muchos temas que están adyacentes en el *Shuljan Aruj* pueden tener diferentes números de discursos. Así en *Joshen Mishpat*, donde las leyes de *Mataná, Aveidá uMetziá, Priká uTeiná* y *Hefker veNijsei HaGuer* siguen una después de la otra, hay cinco discurso sobre *Mataná*, cuatro sobre *Priká uTeiná* y cinco sobre *Hefker*. De acuerdo con nuestra hipótesis respecto de las fechas en las cuales fueron escritos los discursos de Reb Noson (ver más adelante), *Mataná* 5 fue escrito en el otoño de 1839, desde Rosh HaShaná hasta cerca de Jánuca, y *Priká uTeiná* 4 fue escrito inmediatamente después, al comienzo del invierno de 1840, cuando Reb Noson se encontraba en su viaje de invierno a Tcherin y a Kremenchug. Parece obvio que en un repaso del *Shuljan Aruj* Reb Noson dejó sin escribir un discurso sobre las leyes de *Priká uTeiná*.

Más aún, hubo veces en que Reb Noson añadió varios tópicos en un solo discurso. *Nesiat Kapaim* 5 comienza con las leyes de la bendición de los sacerdotes, pero en el párrafo 18, empieza a explicar las leyes del *Tajanun*, que es el siguiente tema del *Shuljan Aruj*. Luego de mostrar la relación entre estos tópicos y los temas discutidos antes en su discurso, Reb Noson vuelve al próximo grupo de leyes en el *Shuljan Aruj*, aquellas relacionadas con la lectura de la Torá (párrafo 23).

A lo largo del *Likutey Halajot* hay casos en donde, por ejemplo, el discurso 5 de un tópico dado puede encontrarse al final del cuarto discurso de un grupo anterior de leyes. En *Priká uTeiná* 4 encontramos (comenzando en el párrafo 3) un comentario sobre las leyes de *Hefker*. Así, aunque esto está incluido en *Priká uTeiná* 4, también constituye su quinto discurso sobre las leyes de *Hefker*. Esto evidencia que Reb Noson ya había escrito cuatro discursos sobre esas leyes durante sus anteriores revisiones del *Shuljan Aruj*. Por otro lado, encontramos que *Tzitzit* 6 se encuentra al final de *Netilat Iadaim* 4, lo que muestra que mientras Reb Noson ya había escrito cinco discursos sobre los tzitzit, sólo había escrito tres sobre las leyes de lavarse las manos. *Birkot HaShajar* 4 se encuentra al final de *Tefilín* 6, indicando que Reb Noson había escrito sólo cuatro discursos sobre *Birkot HaShajar*, aunque ya había escrito seis discursos sobre los tefilín. La relevancia de estos ejemplos se hará más clara a la luz de nuestra discusión más adelante sobre la cronología de los discurso de Reb Noson.

Aunque encontramos varios de los primeros discursos (*alef*, primer ciclo de discursos y *bet*, segundo ciclo de discursos, para cada uno de los diferentes temas) en donde Reb Noson combina diferentes tópicos, la mayor parte de los primeros discursos se ocupan de una sola ley. Sólo en sus discurso posteriores Reb Noson une varios temas halájicos de manera regular. Muestra por lo tanto que la Torá es un solo tejido, vasto y asombroso, en el cual cada mitzvá es un punto de conexión con el Dios Único. Afirma la Mishná que "El amor de Dios por los judíos fue tan grande que Él les dio seiscientas trece mitzvot" (*Makot* 23b). Pregunta Reb Noson: "Cuando una persona ama a alguien, ¿le da una carga pesada o una liviana?". Responde, "Con la posibilidad de tantas mitzvot la persona siempre tiene una oportunidad de cumplir con una o con otra mitzvá. Si sólo hubiese unas pocas mitzvot, llegaría un momento en que uno se sentiría incapaz de relacionarse con ellas, dejando de cumplirlas totalmente. Pero con la posibilidad de elegir entre tantas mitzvot, uno siempre puede estudiar Torá, orar, recitar Salmos, colocarse los tzitzit, prepararse para el Shabat o las festividades, dar caridad, ayudar a los demás, etcétera, etcétera" (*rabí Eliahu Jaim Rosen*).

Cronología de los Discursos

Con una o dos excepciones, no tenemos registro sobre cuándo Reb Noson escribió sus discursos ni en qué orden. Dada la gran cantidad de material del *Likutey Halajot* sería un proyecto de investigación en sí mismo intentar ubicar cronológicamente todos los discursos y relacionar su contenido con las preocupaciones de Reb Noson en diferentes etapas de su vida. Dentro del contexto de este Apéndice ofrecemos simplemente un número de indicadores y sugerencias sobre cómo llegó a la luz el *Likutey Halajot*.

Tal como se mencionó más arriba, Reb Noson tenía un programa de estudio específico del *Shuljan Aruj* con la finalidad de escribir sus discursos. Al estudiar cada tema, escribía un discurso sobre él (sujeto a las condiciones tratadas más arriba) y luego continuaba con el siguiente tema. Después de completar todo el *Shuljan Aruj* volvía a comenzar otra vez. Los jasidim de Breslov tienen una tradición oral que indica que Reb Noson recorrió el *Shuljan Aruj* de esta manera ocho veces. También hay opiniones de que cuando Reb Noson estudió el *Shuljan Aruj* por primera vez, escribió todo el ciclo *alef* de discursos sobre cada tema, en la segunda revisión escribió todo el ciclo *bet* de discursos, en su tercera revisión escribió el ciclo *guimel* de discursos, y así en más (*Neveh Tzadikim* p.88). Examinaremos estas opiniones y consideraremos hasta qué punto pueden ser reconciliadas con las evidencias que tenemos.

Debe hacerse notar que varios discursos de Reb Noson se han perdido. Su *kraj jof* (volumen 20) -la copia encuadernada de discursos sobre *Iore Dea* desde las leyes de *Treifot* hasta *Daguim*- fue confiscado durante los Años de Opresión y nunca fue devuelto (ver Capítulo 35). Además, Reb Najmán de Tulchin, quien ordenó el *Likutey Halajot* antes de llevarlo a la imprenta, escribe delante de *Nefilat Apaim* 4: "No encontramos el Discurso 3 sobre este tópico entre los santos escritos de Reb Noson, y no sabemos si escribió un discurso que luego se perdió debido a nuestros muchos pecados, como en el caso de varios otros discursos, o simplemente nunca escribió un discurso del ciclo *guimel* [durante el período en que estaba escribiendo los discurso del tercer ciclo]". Otros escritos de Reb Noson se perdieron en el período inmediatamente después de su fallecimiento (ver *Neveh Tzadikim* p.96).

En las últimas tres secciones del *Shuljan Aruj* -*Iore Dea*, *Even HaEzer* y *Joshen Mishpat*- encontramos un máximo de cinco discursos sobre cada tema. En contraste, algunos de los temas de la primera sección del *Shuljan Aruj*, *Oraj Jaim*, tienen cinco discursos, otros seis e incluso siete, mientras que *Hiljot Pesaj* tiene 9.

Algunos de los primeros discursos fueron escritos durante la vida del Rebe Najmán y pueden ser reconocidos por la manera en que Reb Noson se refiere a él. Durante la vida del Rebe, Reb Noson escribe "Rabeinu" o "Rabeinu Ner" (las iniciales de *Neiro Iair*, "Que su luz brille"). Luego del fallecimiento del Rebe, Reb Noson escribe "Rabeinu ZaL" (*Zijronó Livrajá*, "de bendita memoria"). La mayoría de los discursos del ciclo *alef* usan el término "Rabeinu *ner*", pero encontramos "Rabeinu *zal*" en varios otros, indicando que el Rebe ya había fallecido para el tiempo en que Reb Noson los escribió. Por otro lado, algunos de los discursos del ciclo *bet* utilizan el término "Rabeinu *nei*" e incluso también podemos encontrarlo en discursos del ciclo *guimel* (ver *Basar SheNitalem min HaAin* 3, aunque éste es un tema abierto).

Por lo tanto no podemos asumir simplemente que todos los discurso del ciclo *alef* fueron escritos durante la vida del Rebe Najmán, ni tampoco podemos asumir que cada vez que Reb Noson repasó el *Shuljan Aruj* escribió un discurso sobre cada tema. ¿Cómo es posible reconciliar estos hechos con la tradición de que Reb Noson repasó el *Shuljan Aruj* ocho veces para escribir sus discursos? ¿Por qué hay siete discursos en algunos temas y sólo cinco en otros? Para tratar de explicar esto ofrecemos la siguiente hipótesis.

Fue luego de Jánuca 5564 (1803) que el Rebe Najmán le indicó a Reb Noson que estudiase el *Shuljan Aruj*. Debía hacerlo a un ritmo que le permitiese completar toda la obra dentro del lapso de un año. Sin embargo, Reb Noson sólo cubrió la mitad del *Shuljan Aruj* ese año - todo *Oraj Jaim* y la mayor parte del *Iore Dea*. Lo restante le llevó algunos años más (ver *Tzadik* #435). Un año después, en el invierno de 1804-5, el Rebe instruyó a Reb Noson para que comenzase a escribir sus propios discursos (ver *Imei Moharnat* I, #4,5). Claramente, Reb Noson no había completado todo el *Shuljan Aruj* cuando comenzó a escribir.

Reb Noson pasó dos años en Mohilev con su suegro (ver Capítulo 13-16). Durante ese periodo, tuvo mucho tiempo para comenzar a escribir sus propios discursos. Sin embargo, en lo que quedó de los tres años de la vida del Rebe, Reb Noson pasó mucho tiempo escribiendo y transcribiendo las propias enseñanzas del Rebe - aparte de otras tareas encomendadas por el Rebe Najmán y de ocuparse de sus propios asuntos. Esto no le dejó mucho tiempo para trabajar en sus propios discursos.

Podemos postular por lo tanto que Reb Noson comenzó a escribir discursos sólo sobre aquellas secciones del *Shuljan Aruj* que ya había completado, y que escribió un número limitado de discursos sobre los temas que había cubierto. Volvió entonces a comenzar el *Shuljan Aruj* y otra vez escribió discurso sobre *Oraj Jaim*. Esto explicaría por qué hay más discursos sobre *Oraj Jaim* que sobre las otras secciones del *Shuljan Aruj*.

La diferencia de estilo entre los primeros y los últimos

discursos de Reb Noson es fácilmente discernible, pero un estudio de los primeros discursos también muestra una amplia disparidad en su estructura y estilo. Esto es especialmente así en los discursos del ciclo *alef* sobre *Oraj Jaim*. Esto parece ser una prueba adicional de que los discursos del ciclo *alef*, escritos por Reb Noson mientras aún estaba experimentando, se basaron principalmente en el *Oraj Jaim*, con unos pocos sobre las primeras secciones del *Iore Dea*, siendo éstas las únicas secciones del *Shuljan Aruj* que había completado antes de comenzar a escribir.

En algunos de los discursos del ciclo *alef* del *Likutey Halajot* Reb Noson presenta un comentario sobre la ley relevante del *Shuljan Aruj* basado en varias lecciones del *Likutey Moharán*. Sin embargo, este patrón se encuentra sólo en una pequeña porción de los discursos del primer ciclo, la mayoría de los cuales se basan en *Oraj Jaim*. La mayor parte de los otros discursos del ciclo *alef* se apoyan en una sola lección (u ocasionalmente en dos lecciones), y aunque Reb Noson hace referencia en una ocasión a otra de las lecciones del Rebe Najmán en el mismo discurso, su propósito es sólo apoyar la idea que está desarrollando y no utilizarla como fundamento de todo el discurso.

El cambio de método de Reb Noson puede estar relacionado con el hecho de que en Rosh HaShaná 5568 (1807), dos años después de haber comenzado a escribir, el Rebe Najmán dio la lección en el *Likutey Moharán* I, 61, en la cual enfatiza la necesidad de que la persona tenga fe en sus propias ideas originales de Torá. El Rebe Najmán estaba alentando a Reb Noson a sentirse más seguro de sus escritos, y esto parece verse reflejado en su nuevo estilo, que muestra una mayor confianza en su capacidad para diseccionar las lecciones del Rebe y explicarlas en términos más simples.

Un análisis de todos los discursos del ciclo *alef* revela que de los cerca de ciento cuarenta discursos, aproximadamente un tercio están basados en sólo dos lecciones del *Likutey Moharán* I - #19 y #69. Todos estos discursos parecen haber sido escritos en una cierta secuencia, pues Reb Noson frecuentemente hace referencia a discursos anteriores escritos sobre la misma lección. En todos esos discursos, Reb Noson se refiere a "Rabeinu *neí*", indicando que el Rebe aún estaba vivo cuando los escribió. Varios discursos del ciclo *bet* parecen caer dentro del mismo patrón: si bien están basados en la lección #19, incluyen referencias a discursos anteriores y utilizan la expresión "Rabeinu *nei*" (ver Capítulo 15).

En el otoño de 1806, Reb Noson fue a Mohilev. Parece ser que fue en ese año que Reb Noson comenzó a escribir los discursos sobre la lección #19, basados en *Oraj Jaim* y *Iore Dea*. Teniendo casi un año a su disposición, Reb Noson, que era un trabajador asiduo, debe de haber comenzado a escribir seriamente. Pero no importa cuán rápido uno pueda escribir, aun así lleva tiempo estudiar el *Shuljan Aruj*. Podemos suponer que Reb Noson repasó ahora el *Shuljan Aruj* desde el principio y comenzó "a llenar" los huecos de su trabajo anterior, escribiendo discursos sobre temas que aún no había tratado. Luego de llegar al final de *Iore Dea*, comenzó a escribir discursos sobre *Joshen Mishpat*, basándolos en el *Likutey Moharán* I, 19, que trata sobre el dinero, los celos y el robo (ver Capítulo 25). Esto nos lleva a 1808-1809.

Ese invierno, en Shabat Jánuca, el Rebe Najmán enseñó el *Likutey Moharán* II, 2. Encontramos tres discursos basados en esa lección en *Oraj Jaim* (un discurso del ciclo *alef* y dos del ciclo *bet*), utilizando en todos el término "Rabeinu *nei*". En Shabat Jánuca del siguiente invierno (1809-10), menos de un año antes de su fallecimiento el Rebe, enseñó el *Likutey Moharán* II, 7. Encontramos varios discursos del ciclo *bet* basados en esa lección, todos escritos durante la vida del Rebe, esta vez sobre el *Iore Dea*. El Rebe Najmán falleció mientras Reb Noson estaba dedicado a su repaso de *Iore Dea*. Esto lo sabemos pues encontramos dos discursos posteriores en *Iore Dea* basados en esa misma lección (*Melamdim* y *Talmud Torá*) donde Reb Noson hace referencia a "Rabeinu, *hareini kaporet mishkavo*" ("Me ofrezco como su expiación"). Es costumbre utilizar esta expresión en referencia a un padre o a un maestro en el primer año luego de su fallecimiento (ver *Iore Dea* 240:9; 242:28).

A partir de todo esto podemos ver que, para poder llegar a escribir esos discursos, Reb Noson debe de haber repasado el *Shuljan Aruj* al menos tres veces durante la vida del Rebe. En general esos discursos son cortos, de una página o dos. Al escribir discursos relativamente cortos, Reb Noson debe haber tenido el tiempo para repasar el *Shuljan Aruj* una y otra vez. Los discursos posteriores se volvieron progresivamente más extensos: los discursos del ciclo *dalet* (cuarto) son usualmente más largos que los del ciclo *guimel* (tercero), mientras que los discursos del ciclo *hei* (quinto) a veces llegan a tener más de cuarenta páginas (e incluso más aún). Escribiendo de manera tan extensa puede haberle hecho imposible repasar el *Shuljan Aruj* a la misma velocidad que antes. Más bien, se detenía en el tema sobre el cual estaba escribiendo hasta que finalizaba el discurso y sólo entonces avanzaba al siguiente grupo de leyes. Dado que Reb Noson falleció mientras estaba escribiendo el séptimo discurso de *Oraj Jaim* (*Rosh Jodesh* 7), podemos ver claramente cómo es posible que hubiese recorrido ocho veces todo el *Shuljan Aruj* para sus discursos, de acuerdo con la tradición oral de Breslov.

A la luz de lo anterior, ahora podemos aclarar una cantidad de temas. Parece ser que cuando comenzó a escribir, Reb Noson no tenía un plan específico de componer un discurso sobre cada ley. Mientras estudiaba, cada vez que se sentía inspirado por una idea, la registraba. Así escribió algunos de los discursos del ciclo *alef* mientras repasaba el *Shuljan Aruj* por primera vez. Luego escribió discursos adicionales del ciclo *alef* en su segundo repaso, mientras comenzaba a escribir discursos del ciclo *bet* sobre temas que ya había tratado en la primera ronda. Esto podría explicar por qué algunos de los discursos del ciclo *alef* están escritos de manera diferente a los demás, y por qué algunos de los discursos del ciclo *bet* están escritos en el mismo estilo que los discursos del ciclo *alef*. También explicaría por qué hay más discursos sobre *Oraj Jaim* que sobre las otras secciones del *Shuljan Aruj*.

Aún nos quedan una pregunta en cuanto a por qué, en algunos discursos del ciclo *alef*, Reb Noson escribe "Rabeinu *nei*", mientras que en otros se refiere a "Rabeinu *zal*". Hemos visto que Reb Noson escribió los discursos del ciclo *alef* e incluso varios discursos del ciclo *bet* durante la vida del Rebe. ¿Por qué hay varios discursos del ciclo *alef* que parecen haber sido escritos luego del fallecimiento del Rebe?

Mi sugerencia es que, en la medida en que Reb Noson comenzó a "llegar a ser él mismo" en el primer año luego del fallecimiento del Rebe, comenzó a repasar toda su obra hasta ese momento. Viendo que había temas del *Shuljan Aruj* que aún no había tratado, es posible que Reb Noson hubiera repasado el *Shuljan Aruj* una vez más, esta vez con la intención de "llenar los huecos".

Habiendo escrito sobre todo el *Shuljan Aruj*, Reb Noson debe haberse sentido cómodo volviendo al comienzo, esta vez escribiendo de acuerdo a un nuevo patrón, que será tratado más abajo.

Cada repaso del *Shuljan Aruj* y del *Likutey Moharán* con el objetivo de desarrollar ideas originales, debe haber aumentado la comprensión de Reb Noson de las lecciones de Torá del Rebe Najmán. Combinando sus nuevas percepciones con su mayor experiencia, pudo desarrollar su propia y única manera de escribir sobre las tremendas enseñanzas del Rebe. Pero para alcanzar ese nivel, Reb Noson tuvo que fortificar sus cimientos obteniendo la experiencia de escribir sobre todo el *Shuljan Aruj*. Como hemos visto, Reb Noson no siempre escribió un discurso sobre cada tema en cada repaso del *Shuljan Aruj*. Así, si repasó el *Shuljan Aruj* tres veces antes de comenzar sus discursos más importantes, podemos ver fácilmente cómo es que pudo haberlo repasado un total de ocho veces, aunque sólo escribió cinco discursos sobre la mayor parte de los temas.

El hecho de que haya siete discursos sobre algunos de los temas relacionados con las festividades, aunque Reb Noson no había llegado a esos tópicos cuando estaba escribiendo sus discursos del séptimo ciclo, puede comprenderse fácilmente a la luz del hecho de que se requiere que uno estudie las leyes de una festividad antes de esa festividad (ver *Meguilá* 32a). Es muy probable que al hacerlo Reb Noson tuviera ideas no conectadas con su patrón regular de estudio, registrándolas y desarrollándolas más tarde en un discurso.

Esto puede muy bien explicar el hecho de que hay nueve discursos sobre las leyes de Pesaj. Es posible que Reb Noson escribiese más de un discurso sobre el mismo tema en uno de sus repasos del *Shuljan Aruj*. *Pesaj* 9 es uno de los pocos discursos fechados por Reb Noson: fue escrito en 1824, cerca de diez años antes de los discursos del quinto ciclo sobre *Iore Dea* (ver Capítulos 34-41, los Años de Opresión) y cerca de dieciocho años antes de comenzar a escribir los discursos del séptimo ciclo sobre *Oraj Jaim*. *Pesaj* 8 hace referencia a "Rabeinu", indicando que fue escrito mientras el Rebe Najmán estaba con vida. Es posible que Reb Noson no incorporase esos discursos en sus manuscritos encuadernados cuando los entregó por primera vez a la imprenta, y que sólo fueron encontrados más tarde entre sus papeles, cuando fueron incorporados por aquellos que los encontraron. Otra posibilidad es que fueron enviados a algunos de sus seguidores, quienes los perdieron, encontrándolos más tarde.

Las hipótesis anteriores son estrictamente mías y pueden ser absolutamente puestas en tela de juicio. Hubiera sido más fácil contradecir la tradición oral de Breslov y postular que Reb Noson repasó el *Shuljan Aruj* sólo siete veces. Pero en el espíritu de Reb Noson, quien mostró el máximo respeto por las tradiciones que recibiera, no deseo interferir con las tradiciones que nos han sido fielmente transmitidas de generación en generación.

La Metodología del Likutey Halajot

El primer paso para comprender la metodología de Reb Noson es entender el significado de la afirmación del Rebe Najmán de que "cada persona debe ser constantemente consciente de su propio 'punto' individual, que varía de día en día" (*Likutey Moharán* I, 34:1). Ese "punto" es el alma Divina tal cual se manifiesta, cada día, en cada uno de nosotros, y a través de la cual podemos forjar una conexión con Dios. Es necesario comprender que ese punto de conexión cambia constantemente con nuestros diferentes estados de ánimo y sentimientos, día tras día, momento a momento y cuando nos movemos de un lugar a otro.

La Torá misma es llamada un "punto", simbolizada en la letra *iud* (que alude a la sabiduría). Siendo la fuente de toda la creación, la Torá es la fuente de todos los "puntos" que se encuentran en cada individuo, en cada momento. Dado que la Torá es el anteproyecto del mundo, es comprensible que podamos encontrar en ella el significado de todo lo que nos sucede.

Este acercamiento a la Torá se encuentra una y otra vez en las enseñanzas del Rebe Najmán. Cada vez que sus seguidores iban a verlo, él les solía preguntar, "¿Qué novedades hay?". Tan pronto como el Rebe oía las noticias, así fuesen sobre la comunidad local o el mundo en general, revelaba enseñanzas de Torá aludiendo a todas las cosas que estaban teniendo lugar. Sus lecciones, cuentos y conversaciones atestiguan de su capacidad única para mostrar cómo la Torá contiene todo lo que sucede en el mundo.

De la misma manera Reb Noson contemplaba todo lo que sucedía en su vida y en el mundo que lo rodeaba, en términos de Torá. En las buenas épocas o en las malas épocas, así estuviese alegre o de duelo, imprimiendo libros, sufriendo persecuciones o haciendo alguna otra cosa, siempre encontraba una manera de descubrir el significado, relacionando los eventos de su vida con la Torá que estaba estudiando.

Esto se hace evidente en la forma en como contemplaba los eventos históricos tal cual se desarrollaban ante él. Por ejemplo, la gente decía que Mashíaj debía llegar en el año 5600 (1840). Reb Noson, que estaba en desacuerdo (ver Capítulo 42), expresó sus propios puntos de vista en el discurso que compuso en Rosh HaShaná 5600, *Hiljot Mataná* 5. Es posible ver exactamente cómo veía la situación examinando la sección 33 de ese discurso, que trata sobre las fechas erróneas para la llegada del Mashíaj y el dolor y el sufrimiento causados por los falsos profetas quienes arrastran a la gente hacia falsas esperanzas y expectativas. Reb Noson muestra cómo podemos tomar de nuestro conocimiento de la Torá para ver las cosas en su perspectiva apropiada.

Una de las claves para comprender la manera de contemplar los eventos de su vida en relación a la Torá puede encontrarse en su explicación de por qué cada semana leemos una porción diferente de la Torá. Esto se debe a que la Torá es el anteproyecto de la creación y la creación es renovada constantemente. Cada porción semanal refleja un nuevo estado de ánimo y sentimiento. La porción semanal se divide, a su vez, en siete secciones, reflejando los siete días de la semana, cada uno de ellos único en sí mismo. Dado que todo se encuentra en la Torá, al repasar la porción semanal y relacionarla con nuestra propia situación, siempre podemos llevar a nuestras vidas la vitalidad contenida en la Torá (*Likutey Halajot, Nesiat Kapaim* 5:27).

Como ejemplo de cómo Reb Noson lo llevaba a cabo en su propia vida, examinemos el discurso mencionado más arriba, *Mataná* 5, que se basa en el *Likutey Moharán* I, 22. Uno de los pocos discursos fechados por Reb Noson mismo (Rosh HaShaná 5600; septiembre de 1839), comienza explicando conceptos relacionados con Rosh HaShaná. El discurso continúa con una discusión sobre Iom Kipur y Sukot. Es decir, Reb Noson relaciona los conceptos de Iom Kipur y de Sukot con sus ideas sobre Rosh HaShaná. ¿Cómo lo hizo? Mientras estudiaba una cierta lección del *Likutey Moharán*, se concentraba en esa lección, contemplando todo lo que le sucedía a la luz de sus enseñanzas. Al llegar Iom Kipur sus pensamientos sobre la festividad estaban basados en la lección y lo mismo con Sukot.

El discurso en cuestión es bastante extenso - se desenvuelve a lo largo de sesenta páginas en doble columna y contiene cerca de ochenta secciones. Claramente, Reb Noson se sintió inspirado a seguir estudiando la lección del *Likutey Moharán* I, 22 durante un tiempo y continuó escribiendo su discurso luego de Sukot. Al avanzar en el discurso encontramos que Reb Noson hace referencia a virtualmente todas las porciones semanales de la Torá de esa época del año, desde el Génesis hacia adelante. Trata sobre la Creación, Noaj, Abraham, la destrucción de Sodoma, Itzjak, Iaacov, Esaú, Laban, Iosef y sus hermanos, todo en orden cronológico. Reb Noson le dedica entonces unas catorce páginas a la historia, a las leyes y a las costumbres de Jánuca, que siempre coincide con las últimas porciones del Génesis. Todo el discurso se basa en la misma lección del *Likutey Moharán* I, 22 y está relacionado con las leyes de *matanot* (regalos). Esto nos muestra cómo Reb Noson trataba de ver qué es lo que la porción semanal de la Torá le revelaba personalmente y cómo lo podía guiar en su vida.

Es posible examinar otros discursos de Reb Noson a la luz de este patrón y desarrollar una pintura completa de su vida - pues todos sus discursos dan luz sobre situaciones que tuvieron lugar en el momento en que fueron escritas. Basándonos en la suposición de que Reb Noson incorporaba sus experiencias en los discursos, es posible percibir el tiempo que le llevó escribir cada uno de ellos y qué es lo que estaba sucediendo en su vida personal y en la comunidad en general en esa época. Para ilustrar esto, comenzaremos con los Años de Opresión, dado que es posible obtener mucha información para corroborarlo, a partir de *Alim LeTerufá*, las cartas de Reb Noson.

Reb Noson afirma en el *Likutey Halajot* que comenzó a escribir *Daguim* 5 luego de huir de Breslov hacia Tcherin en enero de 1835 (ver Capítulo 35). También indica que comenzó a escribir

Rebit 5 cuando fue exilado de Breslov hacia Nemirov en el otoño de 1835. Las lecturas semanales de la Torá y las sucesivas festividades que tuvieron lugar desde enero hasta octubre de 1835 -Purim, Pesaj, la Cuenta del Omer, Shavuot, las Tres Semanas de Duelo y Tisha beAv- están todas reflejadas en los discursos del quinto ciclo de *Daguim* 5 y *Rebit* 5, que también tratan diferentes aspectos de la disputa y de la persecución. (Unos pocos discursos del cuarto ciclo están incluidos en este patrón por los motivos tratados más arriba).

Siguiendo casi todos los discursos del quinto ciclo desde la mitad de *Iore Dea* hasta el final de *Joshen Mishpat*, es posible construir una imagen de la vida de Reb Noson hasta el año 5602 (1842). Virtualmente cada discurso del quinto ciclo (y algunos del cuarto ciclo) puede ser relacionado con algún comentario en una carta de *Alim LeTerufá* que muestra cuándo fue escrito. Es posible entonces pasar a los posteriores discursos de *Oraj Jaim* y seguir la vida de Reb Noson hasta que falleció en el año 5604 (diciembre de 1844).

Es posible entonces retornar a los discursos del cuarto ciclo y utilizar el mismo método para conectarlos con la vida de Reb Noson antes del comienzo de los Años de Opresión. El mismo Reb Noson afirma que escribió discursos durante su viaje hacia la Tierra Santa. En *Oraj Jaim, Birkat HaReiaj* 4:43, es posible ver el anhelo de Reb Noson por la Tierra Santa y su alegría al llegar a Sidón (ver Capítulos 28, 29). En muchos de los discursos del tercer ciclo, Reb Noson trata sobre la revelación de la imprenta y su valor en la distribución de obras de Torá (ver *Iain Nesej* 3:4-13 y *Kidushin* 3:21-22). Esos discursos fueron escritos en los años anteriores al peregrinaje de Reb Noson a la Tierra Santa, cuando instaló la imprenta en su hogar.

Pese a la terrible dificultad enfrentada por Reb Noson para operar la imprenta y para obtener los fondos necesarios para imprimir las obras del Rebe, nunca se dejó desanimar ante la adversidad. Solía decir, "Al menos permíteme *anhelar* imprimir, hasta que finalmente pueda hacerlo". Esto parece estar reflejado en uno de sus discursos más valiosos sobre el concepto de *ratzón* (deseo) (*Arev* 3). Hay una referencia a ese discurso en *Pesaj* 9:4. Este último discurso está fechado en 1824. Ese fue el año en que el gobierno clausuró la imprenta de Reb Noson y estuvo en un serio peligro. Como hemos visto en nuestro texto (ver Capítulo 31), ¡la imprenta fue clausurada entre Purim y Pesaj! *Arev 3* muestra cómo Reb Noson pudo sobrellevar la imposibilidad de imprimir en ese momento. Nunca dejó de anhelar por ello hasta que eventualmente se hizo posible.

Aunque podemos utilizar este método para construir un cuadro de la vida de Reb Noson a partir de sus discursos, no fue ésta la intención del *Likutey Halajot*. Reb Noson escribió sus discursos para inspirar a la gente interesada en el propósito final de la vida y para otorgar una guía práctica sobre cómo llegar a la plenitud. Lo que aprendemos de este análisis de la metodología del *Likutey Halajot* es que también nosotros podemos aplicar la Torá en nuestras propias vidas. No hay necesidad de imitar la personalidad ni las ideas de algún otro. Cada uno de nosotros tiene el poder de forjar su propia personalidad y de desarrollar su propia y única relación con Dios, llegando a la estabilidad y a la alegría en la vida.

Cronología de las Publicaciones

Hemos visto en nuestro texto (Capítulo 45) cómo llegó a imprimirse el primer volumen del *Likutey Halajot*. Luego del fallecimiento de Reb Noson, Reb Najmán de Tulchin comenzó a copiar el resto de los manuscritos de Reb Noson preparándolos para su publicación. Esa fue una difícil tarea dado que Reb Noson escribía muy rápidamente y las letras solían solaparse, dificultando la lectura de los manuscritos (ver *Sijot veSipurim* p.135). Heredando de Reb Noson la poco envidiable tarea de recolectar fondos, Reb Najmán pasó muchos de los siguientes dieciséis años alternando entre la revisión, la recolección de fondos y la imprenta, hasta que completó la impresión de todo el *Likutey Halajot*.

El segundo y el tercer volumen de *Oraj Jaim* fueron impresos en Zolkovi en el año 1848. *Iore Dea* fue impreso en un volumen varios años más tarde. En 1859, Reb Najmán imprimió los dos volúmenes de *Joshen Mishpat* en Lemberg. *Even HaEzer* fue impreso en 1861, completando la primera edición del *Likutey Halajot*.

Reb Noson había preparado tres índices separados cubriendo los primeros discursos (hasta los discurso del cuarto ciclo). El primer índice mostraba dónde podían encontrarse las discusiones sobre la porciones semanales de la Torá; el segundo mostraba en cuál lección del *Likutey Moharán* se basaba cada discurso; el tercero era un índice de temas. Los índices para *Even HaEzer* y *Joshen Mishpat* fueron impresos en los volúmenes correspondientes, pero los índices de las otras secciones del *Likutey Halajot*, junto con algunos de sus otros escritos, se perdieron después del fallecimiento de Reb Noson.

En los siguientes sesenta años sólo se imprimieron volúmenes individuales del *Likutey Halajot* encarados por los jasidim de Breslov de Polonia y de *Eretz Israel*. Para una información detallada ver *Neveh Tzadikim* p.105-116. Para la década de 1960 se realizó la primera impresión de la colección completa del *Likutey Halajot* por Aryeh Weinstock con la asistencia de los jasidim de Breslov de *Eretz Israel* y de la diáspora. Desde entonces se han realizado varias impresiones de la colección completa. *Meshej HaNajal* ha editado una nueva edición que incluye el texto hebreo vocalizado, una fuente completa de referencias e índices.

*

Obras Derivadas

Reb Alter de Teplik (m.1919) editó varias colecciones de extractos del *Likutey Moharán* y del *Likutey Halajot*, incluyendo *Hishtapjut HaNefesh* (Expansión del Alma) sobre el hitbodedut, *Meshivat Nefesh* (Restaura Mi Alma) sobre la fuerza interior, La Hagadá de Pesaj, *Mili deAvot* sobre la Ética de los Padres y *Emunat Iteja* sobre utilizar plenamente nuestro tiempo.

En su *Likutey Etzot* (ver más adelante) Reb Noson recogió los consejos espirituales *prácticos* contenidos en el *Likutey Moharán*. Su discípulo, Reb Najmán de Tcherin, añadió otros pasajes del *Likutey Moharán* y luego agregó los consejos espirituales prácticos contenidos en el *Likutey Halajot*, ordenándolos bajo los encabezamientos apropiados. La obra resultante fue denominada *Likutey Etzot HaMeshulash* ("El *Likutey Etzot* Tripartito").

Rabí Noson Zvi Koenig, decano del Kolel de Breslov (Colegio Rabínico) en Bnei Brak, editó una serie de publicaciones basadas en el *Likutey Halajot* bajo el título general de *Torat Natán*. Estas publicaciones incluyen tres divisiones. La primera es una colección en seis volúmenes de extractos del *Likutey Halajot* en el cual Reb Noson trata pasajes de la Biblia. Los primeros cinco volúmenes tratan de los Cinco Libros de Moisés, mientras que el sexto se ocupa de pasajes de los Profetas y de los Escritos. La segunda división es una colección en ocho volúmenes de los discursos de Reb Noson sobre pasajes del Talmud y del Midrash. La tercera es una importantísima colección, en un volumen, de todos los pasajes del *Likutey Halajot* en los cuales Reb Noson explica e ilumina las lecciones del *Likutey Moharán* en las cuales se basan sus discursos. Ordenadas de acuerdo a las lecciones del *Likutey Moharán*, esta obra constituye un comentario continuo de Reb Noson sobre la obra del Rebe.

Además de las obras indicadas, Rabí Koenig publicó dos trabajos separados conteniendo índices del *Likutey Halajot*. El primero es un volumen, en dos partes, conteniendo *Shnas Ratzón* sobre el Shabat, las festividades y los meses del año, y *Anshei HaShem*, un índice de nombres Bíblicos, Talmúdicos y otros que se encuentran en el *Likutey Halajot*. La segunda obra, *Nofet Tzufim*, es un índice en cuatro volúmenes de todos los otros temas mencionados en el *Likutey Halajot*.

El estilo de los discurso de Reb Noson hace muy difícil su traducción. Sin embargo, el Breslov Research Institute ha producido diversas publicaciones en inglés, español, francés y ruso con extractos de varios discursos, incluyendo *Tefilín*, que contiene una traducción completa de *Tefilín 5*. También se encuentra material basado en el *Likutey Halajot* en varias otras publicaciones del Breslov Research Institute incluyendo *Los Cuentos del Rabí Najmán*, *La Hagadá de Breslov*, y la traducción al inglés y al español del *Likutey Moharán*.

El aspecto creativo de Reb Noson y sus ingeniosas presentaciones tratan sobre todas las facetas de la vida. Muchos estudiantes del *Likutey Halajot* pueden atestiguar que, luego de un extendido periodo de estudio -digamos una hora o más- se tiene la sensación de "retornar" a este mundo desde alguna clase de paraíso.

Sumergirse en el *Likutey Halajot* abre el corazón y la mente a percepciones espirituales hasta ahora ocultas. Reb Noson mismo dijo cierta vez, "La gente dice que los escritos del santo *ShLoh*, el Rabí Isaías Horowitz (1556-1632), autor del *Shnei Lujot HaBrit*, son la antesala del Gan Edén. ¡Mi *Likutey Halajot* es el Gan Edén mismo!" (*Siaj Sarfei Kodesh* I-521).

*

LIKUTEY TEFILOT

El *Likutey Tefilot* es una colección de las plegarias personales de Reb Noson basadas en las lecciones de Torá del *Likutey Moharán* del Rebe Najmán. El *Likutey Tefilot* consiste de dos partes conteniendo 152 plegarias y 58 plegarias respectivamente, que van desde una extensión de poco más de media página a más de diez.

Enseñó el Rebe Najmán: "Luego de estudiar o de oír una enseñanza de Torá de un verdadero Tzadik, uno debe componer una plegaria a partir de ella. Debe pedirle a Dios que lo ayude a lograr todo aquello tratado en la enseñanza... Las conversaciones que tenemos con Dios se elevan a un lugar muy exaltado, especialmente cuando componemos plegarias a partir de enseñanzas de Torá; esto produce un gran deleite en el Cielo" (*Likutey Moharán* II, 25).

La idea de escribir plegarias basadas en la Torá se remonta a miles de años atrás. Nuestros Sabios enseñan que el rey David escribió cinco libros de plegarias, recolectados en el Libro de los Salmos, correspondientes a los Cinco Libros de Moisés (*Midrash Tehilim* 1). Es interesante notar que el *Likutey Moharán* es la única obra de Torá (aparte del *Jumash*) sobre la cual se compuso un libro de plegarias (*Rabí Zvi Cheshin*).

Luego de que el Rebe Najmán enseñase de que se deben transformar en plegarias las lecciones de Torá que se estudian, uno de sus seguidores más cercano, Reb Itzjak, el yerno del Maguid de Terhovitza, comenzó a escribir plegarias sobre las lecciones del *Likutey Moharán*. Comenzó desde el principio, pero al llegar a la lección #3, no se le ocurrió cómo empezar la plegaria. Viendo la plegaria que había escrito Reb Noson, Reb Itzjak dijo, "Reb Noson debe ser el que escriba las plegarias, no yo..." (*Siaj Sarfei Kodesh* I-717).

Comentando sobre la instrucción del Rebe Najmán de transformar las lecciones en plegarias, Reb Noson escribió: "El Rebe nunca explicó exactamente qué quería decir con eso. Sin embargo, a partir de sus diversas palabras inferimos que lo decía de manera literal. Debíamos tratar de estudiar cada una de sus tremendas y santas enseñanzas con la intención de comprender la guía *práctica* que contenían... Habiendo rescatado los puntos prácticos contenidos en una enseñanza dada, debíamos entonces mirarnos a nosotros mismos y ver cuán lejos estábamos de los niveles espirituales tratados en ella. Debíamos orar y pedirle a Dios, una y otra vez, que se compadeciese de nosotros y nos llevase rápidamente cerca de Él, hasta que pudiéramos finalmente llegar a cumplir con toda la enseñanza. Debemos derramar nuestras plegarias ante Dios sobre cada uno de los puntos individuales tratados en la enseñanza y pedirle a Él que nos ayude a cumplirlos a la perfección y a alcanzar los niveles descriptos" (Introducción al *Likutey Tefilot*). Así fue exactamente como Reb Noson compuso sus plegarias.

*

Las Plegarias y sus Contenidos

Reb Noson puso en las plegarias del *Likutey Tefilot* mucho más que la elocuente expresión de su quebrantado corazón. En ellas se encuentra también su mente siempre creativa. Es verdad que el corazón debe estar presente en nuestras plegarias, pero también nuestra mente. Éste es el significado de la prescripción de nuestros Sabios de que debemos cultivar la *tefilá vekavaná* - la plegaria con concentración.

Dijo el Rebe Najmán, "Nadie me conoce verdaderamente excepto Reb Noson..." (*Tzadik*, Introducción). El Rebe vio que de todos sus seguidores, Reb Noson era quien tenía la comprensión más clara de las lecciones del *Likutey Moharán*. Esto se refleja en las plegarias que Reb Noson compuso basándose en esas lecciones, explicando y aclarando las lecciones con las cuales se relacionan.

El Rebe Najmán comienza generalmente sus lecciones con un versículo, pasaje o dicho con el cual se relaciona la lección en su totalidad. De ahí en más, normalmente pasa a algo totalmente diferente, desarrollando una idea tras otra, construyendo paso a paso una estructura completa que finalmente parece llevar directa y lógicamente al punto presentado en el comienzo.

Por otro lado, Reb Noson no comienza en general sus plegarias con el objetivo final de la lección del Rebe sino con lo que él percibió como "punto de partida", el rasgo sobre el cual es necesario trabajar para alcanzar los otros niveles tratados en la lección. Al desarrollarse la plegaria, Reb Noson nos lleva paso a paso hasta que llegamos finalmente al punto presentado en la apertura del Rebe, que usualmente es el nivel más elevado tratado en la lección.

Por ejemplo, el Rebe comienza su lección del *Likutey Moharán* I, 6 (mencionada varias veces en nuestro texto) con la afirmación de que es necesario minimizar el propio honor y hacer todo lo posible para aumentar la gloria de Dios. El Rebe enseña entonces que esto se logra a través del arrepentimiento. La señal de un verdadero arrepentimiento es cuando la persona puede mantenerse en silencio frente a la humillación. El Rebe continúa con la idea de que incluso si uno ya se ha arrepentido, aun así debe buscar constantemente niveles más elevados de arrepentimiento. Para mantener nuestros esfuerzos se requiere ser expertos en dos actitudes: es necesario ser *baki be-ratzó*, saber cómo mantenerse cerca de Dios en los momentos de elevación espiritual y *baki be-shov*, saber cómo encontrar a Dios incluso en los momentos más oscuros de la vida. La persona que emplea ambas clases de pericias y busca constantemente profundizar su arrepentimiento puede revelar la gloria de Dios y completar la forma de la letra hebrea *alef* (ver Capítulo 5). El Rebe Najmán desarrolla cada punto de una manera lógica, presentando a cada paso textos de prueba correspondientes.

Por otro lado, en su plegaria, Reb Noson comienza pidiéndole a Dios que lo ayude a arrepentirse. Pasa entonces a pedir la fortaleza para enfrentar la humillación en silencio. Al pedir ser capaz de arrepentirse constantemente, comienza a explorar los obstáculos al arrepentimiento, rogando ayuda para poder superarlos. Pasa entonces a mencionar las otras ideas tratadas en la lección del Rebe. Si se examina la estructura de la plegaria de Reb Noson, se constata inmediatamente que no comienza con la afirmación del

Rebe sobre el honor. Además, cada vez que menciona uno de los conceptos tratados en la lección, lo conecta con la idea del arrepentimiento. Cada párrafo de la plegaria da luz a diferentes aspectos del arrepentimiento y toda la plegaria muestra que éste es en verdad el concepto subyacente de la lección del Rebe Najmán.

Si luego del estudio de una lección del *Likutey Moharán* se continúa con el recitado de la correspondiente plegaria del *Likutey Tefilot*, se obtiene una clara percepción de la intención del Rebe al presentar los diversos puntos de la lección y de la forma en que esos puntos están conectados. Muchas veces la elección de las frases en las plegarias nos ayuda a comprender lo que el Rebe quiere decir en pasajes de la lección que parecen más bien oscuros.

Cronología de las Publicaciones

Fue en 1815, más de cuatro años después del fallecimiento del Rebe, que Reb Noson comenzó a trabajar sistemáticamente en la tarea de transformar en plegarias las lecciones del *Likutey Moharán*. Inicialmente, Reb Noson escribió las plegarias para él mismo, de acuerdo con la recomendación del Rebe Najmán de que cuando una plegaria particularmente hermosa fluye durante el hitbodedut, es una buena idea registrarla por escrito para poder recitarla otra vez. Más tarde copió algunas de ellas y se las dio a algunos de los otros seguidores del Rebe Najmán. Inspirados por su gran poder y belleza, los otros jasidim presionaron a Reb Noson para que copiase el resto de las plegarias y así poder recitarlas luego de estudiar las lecciones del Rebe, a lo que accedió (*Neveh Tzadikim* p.117f).

Al comienzo Reb Noson no pensó en imprimirlas y distribuirlas de manera más amplia. La primera iniciativa provino de su hijo, Reb Shajne: en 1821 imprimió una edición del *Tikún HaKlalí* y, sin el conocimiento de su padre, incluyó la plegaria que Reb Noson había compuesto para ser recitada después de los Diez Salmos. Sólo entonces Reb Noson consideró imprimir las otras plegarias.

Las plegarias fueron publicadas en etapas comenzando en 1822, cuando se imprimieron veintidós de ellas. Ese año Reb Noson dejó Ucrania en su peregrinación a *Eretz Israel*. A su retorno, al año siguiente, continuó con la impresión logrando publicar otras sesenta y dos plegarias antes que su imprenta fuese clausurada por las autoridades en 1824. En 1827, siguiendo el consejo de algunos amigos, Reb Noson imprimió una nueva edición del *Likutey Tefilot* en una imprenta establecida. Consistía de dos partes, correspondientes a las dos partes del *Likutey Moharán*, conteniendo ciento cincuenta y ocho de las doscientas diez plegarias que tenemos hoy en día.

Incluso mientras esa edición estaba en imprenta, Reb Noson continuó componiendo nuevas plegarias. Algunas de ellas estaban basadas en lecciones adicionales del *Likutey Moharán*, mientras que otras trataban con temas tales como el Decreto de los Cantonistas, etcétera. (Algunas de las plegarias de Reb Noson fueron censuradas y muchas se perdieron cuando sus escritos fueron confiscados durante los Años de Opresión, y luego de su fallecimiento). Las plegarias adicionales fueron impresas en un volumen separado en 1848.

Toda la obra fue impresa en un solo volumen en 1876. Desde entonces ha aparecido en varias ediciones y en repetidas reimpresiones en muchos formatos diferentes. En 1968, el rabí Najmán Burstyn de Jerusalén le agregó el uso del hebreo vocalizado, haciéndolas más accesibles para aquellos con dificultades en la lectura del hebreo sin vocales. Este formato ha sido ampliamente aceptado desde entonces. La edición del rabí Burstyn fue también la primera en ser impresa con agregados provenientes del *Tefilot veTajanunim* (ver más adelante) insertados en los lugares apropiados de cada plegaria. Desde la impresión original del *Likutey Tefilot*, se han agregado varios índices, incluyendo un índice general de temas, otro indicando las plegarias relacionadas con el Shabat, las festividades y el ciclo anual, y una clave para las correspondientes lecciones en el *Likutey Moharán*. Para información adicional sobre la impresión del *Likutey Tefilot*, ver *Neveh Tzadikim* p.116-131.

The Fiftieth Gate, publicado por el Breslov Research Institute, es un proyecto de traducción al inglés de todo el *Likutey Tefilot*, presentando una introducción general, el texto hebreo vocalizado, índices y, al comienzo de cada plegaria, una síntesis de la correspondiente lección del *Likutey Moharán* con un listado de los temas contenidos en la plegaria. Al presente hay editados tres volúmenes incluyendo las plegarias 1 a 66. *La Llama del Corazón* es una selección de plegarias realizada por David Sears y traducida al español.

Obras Derivadas

Siguiendo los pasos de Reb Noson, su discípulo, Reb Najmán de Tcherin, escribió un libro adicional de plegarias titulado *Tefilot veTajanunim*. Reb Najmán de Tcherin encontró que, aunque Reb Noson usualmente incluía en cada plegaria todos los temas contenidos en las correspondientes lecciones del *Likutey Moharán*, ocasionalmente algunos de los temas no estaban presentes. De acuerdo con ello, Reb Najmán escribió plegarias suplementarias sobre los temas faltantes y estos se encuentran contenidos en la primera parte del *Tefilot veTajanunim*. El resto de la obra contiene plegarias basadas en diferentes lecciones del *Likutey Moharán* volumen I y II y sobre una cantidad de otras enseñanzas del Rebe Najmán. *Tefilot veTajanunim* fue publicado por primera vez en 1876. Como se mencionó más arriba, las ediciones recientes del *Likutey Tefilot* incluyen las adiciones de Reb Najmán de Tcherin.

Al comienzo de la década de 1970, a instancias del rabí Shmuel Shapiro (1913-1989), uno de los principales líderes de los jasidim de Breslov de su generación, se recolectaron e imprimieron en un volumen las plegarias del *Likutey Tefilot* relacionadas con el Shabat, Rosh Jodesh, las festividades, los días de ayuno y el ciclo anual. La obra se tituló *Tefilot leZmanei HaShaná*. Esto facilita encontrar la plegaria relacionada con la festividad entrante y orar para tener el mérito de cumplir con las mitzvot apropiadas, con plenitud y alegría.

La Grandeza del Likutey Tefilot

Reb Najmán de Tulchin dijo que cierta vez vio el manuscrito original de Reb Noson con las plegarias sobre el *Likutey Moharán* I, 56 - "¿Por qué ocultas Tu rostro?". Todo el manuscrito estaba borroso debido a las lágrimas de Reb Noson y sólo podían leerse las palabras del comienzo, que estaban escritas con letras más grandes (*Avenea Barzel* p.72, #58; *Siaj Sarfei Kodesh* I-733).

Después de que Reb Noson imprimiese el *Likutey Tefilot*, algunos de los jasidim de Breslov le dijeron, "Eres apto para ser el Señor de la Plegaria" (El héroe del cuento del Rebe Najmán "El Señor de la Plegaria" - ver *Los Cuentos del Rabí Najmán* #12). "No", respondió Reb Noson, "el Rebe mismo es el Señor de la Plegaria. Pero si debo ser contado entre uno de los hombres del Rey, yo soy el Poeta del Rey, porque puedo encontrar mérito incluso en alguien que ha transgredido ochocientas veces toda la Torá" (*Siaj Sarfei Kodesh* I:591).

Uno de los cargos esgrimido por los oponentes de Reb Noson era su falta de *rúaj hakodesh* (espíritu sagrado) necesario en alguien que compone plegarias. En verdad, Reb Noson mostró en la Introducción al *Likutey Tefilot* que no es necesario el *rúaj hakodesh* (ver Capítulo 25, nota 2). Por otro lado, Reb Najmán de Tulchin relata que cierta vez Reb Noson estaba orando en la tumba del Rebe Najmán y recitó una de las plegarias del *Likutey Tefilot* (II:36). Más tarde, cuando estaba saliendo, le dijo en tono de sorpresa: "Ellos [los *mitnagdim*] preguntan si mis plegarias contienen *rúaj hakodesh*. En verdad ellas son más elevadas que el *rúaj hakodesh*. ¡Provienen de la Puerta Cincuenta!" (*Kojvei Or* p.77, #25).

Reb Noson dijo cierta vez, "En el futuro habrá una nación que alabará a Dios con estas plegarias". Dijo que mucha gente ya había alcanzado el Gan Edén gracias a sus plegarias (*Ibid.*). Les dijo a sus propios discípulos que las recitasen regularmente y comentó cierta vez: "Ahora que estas plegarias han llegado al mundo, la gente va a tener que rendir cuentas por cada día en que no las recite". (Reb Abraham Jazán agregó que lo mismo es verdad del estudio del *Likutey Halajot* - *Kojvei Or* p.77, #24).

Reb Noson escribe en la Introducción al *Likutey Tefilot*: "Todo aquel que quiera tomar el consejo del Rebe y seguir la senda de la plegaria hacia la vida eterna encontrará muy satisfactorias las plegarias de esta obra. No hay otras plegarias en el mundo en las que puedas encontrarte de la manera en que puedes hacerlo en estas plegarias. Ellas cubren todas las facetas del comportamiento humano y de la personalidad, todos los aspectos de la vida, tal como podrás ver por ti mismo. Afortunada la persona que las recita regularmente".

*

KITZUR LIKUTEY MOHARÁN

El *Kitzur Likutey Moharán* está compuesto por versiones resumidas de las lecciones del *Likutey Moharán*, centrándose en los consejos espirituales prácticos que contienen. Muchas de las lecciones originales del Rebe son muy intrincadas y requieren para su comprensión de un amplio conocimiento de muchas áreas diferentes de la Torá. Aun así, en todas sus enseñanzas, la intención primaria del Rebe era ofrecer una guía espiritual práctica, pues "lo más importante no es la teoría sino la *acción*" (*Avot* 1:17). De acuerdo con ello, en 1805 el Rebe le pidió a Reb Noson que recolectase los consejos prácticos que se encontraban en sus lecciones y los presentase de una manera simple y directa. Reb Noson le mostró sus primeros trabajos al Rebe, quien no los aprobó. Reb Noson intentó otro formato. Cuando el Rebe lo vio, le dijo, "¡*A shein tzetel!*" (¡una bella obra!). Éste llegó a ser el *Kitzur Likutey Moharán*.

Reb Noson imprimió esta obra por primera vez en 1811, llevándola consigo a Umán para Rosh HaShaná 5572. El trabajo fue reimpreso varias veces con el mismo formato. En 1913 Reb Israel Halperin, conocido como Reb Israel Karduner, publicó en Jerusalén una nueva edición del *Kitzur Likutey Moharán*. Algunas de las síntesis de Reb Noson eran extremadamente concisas. Reb Israel Karduner las expandió incorporando material que Reb Najmán de Tcherin había agregado al *Likutey Etzot*, una obra hermana del *Kitzur Likutey Moharán*. Reb Israel Karduner también incluyó *Tosafot uMiluim*, un apéndice que ofrece ideas sobre las lecciones del Rebe Najmán recolectadas por Reb Najmán ben Reb Baruj Efraím, cuyo padre había escrito *Belbei HaNajal*, un comentario sobre el *Likutey Moharán*. Todas las ediciones recientes del *Kitzur Likutey Moharán* han sido impresas con esos agregados. Hoy en día es posible acceder a la obra en una traducción al inglés acompañada por el texto hebreo vocalizado, publicada por el Breslov Research Institute.

*

LIKUTEY ETZOT

Likutey Etzot presenta la guía práctica contenida en las lecciones del Rebe Najmán y en sus conversaciones, tema por tema. Reb Noson comenzó a compilar esta obra en 1826. Tomó el material contenido en su *Kitzur Likutey Moharán* y lo reorganizó de manera temática, bajo cerca de sesenta y cinco encabezamientos diferentes. De este modo produjo una enciclopedia compacta y fácilmente legible de las enseñanzas del Rebe Najmán, ofreciendo un consejo claro y directo sobre cómo desarrollar los buenos rasgos evitando las trampas espirituales.

Likutey Etzot fue la primera obra publicada por Reb Noson cuando volvió a imprimir libros al comienzo de la década de 1840, luego de una interrupción forzada por los infames edictos del zar Nicolai y la persecución de los jasidim de Breslov. *Likutey Etzot* ha sido impreso muchas veces y es accesible también en una edición en hebreo vocalizado al igual que en una traducción al español, *Consejo*. Como se mencionó más arriba (ver *Likutey Halajot*), *Likutey Etzot HaMeshulash* por Reb Najmán de Tcherin está construido en base al *Likutey Etzot*.

*

IMEI MOHARNAT

Imei Moharnat está dividido en dos partes. La primera es el propio relato de Reb Noson sobre su vida hasta 1835 (el comienzo de los Años de Opresión). La segunda es un diario de su peregrinación a la Tierra Santa en 1822.

Escribe Reb Noson al comienzo de *Imei Moharnat*: "He considerado apropiado hacer un registro sintético de algunas de las cosas que sucedieron en mi vida, tal cual tuvieron lugar. Sea Su voluntad que todo sea para bien" (*Imei Moharnat* I, #1). No se sabe cuándo comenzó Reb Noson a escribir su diario, pero el contenido sugiere que no lo hizo sino varios años después de llegar a ser un seguidor del Rebe Najmán.

Reb Noson cubre los primeros años de su vida en cerca de siete renglones impresos, afirmando que nació, se casó y volvió a

Nemirov cuando tenía dieciséis años. Trata sobre los siguientes seis años de su vida en un solo párrafo, afirmando que fue introducido a la Jasidut y que sintió una cierta mejoría. "Pero aún estaba perdido en el camino, sin saber cómo distinguir entre la derecha y la izquierda, y sin un mentor apropiado".

En cuanto a Reb Noson concernía, su vida comenzó en 1802, cuando el Rebe Najmán se mudó a Breslov. Éste parece ser el motivo por el cual hay tan poca información sobre sus años anteriores: Reb Noson simplemente no se ocupó de hablar de su vida antes de su encuentro con el Rebe. Incluso después, no da mucha información hasta 1805, cuando comienza a presentar detalles más completos. Pero es sólo desde 1806 que tenemos un registro detallado de los eventos y por este motivo sugerimos que Reb Noson realmente comenzó a escribir su diario en algún momento de 1806. Para entonces ya había visto la importancia de preservar para la posteridad toda la información posible sobre el Rebe Najmán, y trató de registrar lo posible de manera inmediata, sabiendo que lo que no registrara en ese momento podía ser olvidado, tal como lo hace notar muchas veces en *Likutey Halajot*, en *Tzadik*, etcétera.

La mayor parte de *Imei Moharnat*, Parte I, gira en torno a la relación de Reb Noson con el Rebe. Luego del fallecimiento del Rebe en 1810, Reb Noson vuelve a un estilo más sintético, registrando algunos de los incidentes más importantes de su vida hasta 1835, especialmente la impresión de los libros del Rebe. Concluye la Parte I como sigue: "En 1835, la oposición del Rebe de Savrán despertó con un salvajismo del cual nunca habíamos escuchado antes sobre la tierra, como será explicado en un volumen separado... [Ese manuscrito nunca se encontró]. Gracias a Dios por habernos salvado. Dios no nos olvidará hasta que podamos contar [la salvación] a las generaciones futuras...".

La Parte II de *Imei Moharnat* comienza con el relato de Reb Noson de su fallido intento de viajar a la Tierra Santa en 1820 y de las dificultades en encontrar apoyo para la impresión de las obras del Rebe. Fue durante ese período que terminó de compilar y de ordenar *Shmot HaTzadikim* (ver más adelante), que consideró una de las causas de haber merecido alcanzar la Tierra Santa. El diario da detalles completos de su viaje desde el momento en que dejó Breslov en enero de 1822 hasta su retorno en noviembre del mismo año, y es la fuente más importante para nuestro relato de los Capítulos 27-30.

Imei Moharnat fue impreso por primera vez en 1856 por Reb Najmán de Tcherin. Hoy en día existe una edición en hebreo vocalizado y se está llevando a cabo una traducción al inglés.

Reb Noson ben Reb Leibel Rubén, quien fue un seguidor cercano de Reb Noson, se mudó a Tiberias cerca de 1875 y les escribió muchas cartas a los demás jasidim de Breslov. En una de ellas escribe, "Lean *Imei Moharnat* y contemplen lo que una persona logró - todo mediante la fe y la simpleza, lo que le permitió tomar lo que tomó del Rebe Najmán. Depende de nosotros inclinar nuestras espaldas como un buey bajo el yugo, uniéndonos al Rebe y a su discípulo en todo lo que hacemos" (*Netiv Tzadik*, Carta #116; ver *Neveh Tzadikim* p.138).

*

ALIM LETERUFÁ

Alim LeTerufá está compuesto de cerca de cuatrocientas cincuenta cartas, la gran mayoría de Reb Noson a su hijo, Reb Itzjak, y el resto a otros miembros de su familia y de sus seguidores cercanos. Ediciones contemporáneas de *Alim LeTerufá* contienen también una cantidad de cartas del Rebe Najmán, de Reb Naftalí, de Reb Najmán de Tulchin y de Reb Itzjak.

Como líder *de facto* de los jasidim de Breslov, Reb Noson escribió miles de cartas, tanto para alentar a sus seguidores como en conexión con sus diversos proyectos, tal como la publicación de las obras del Rebe Najmán, la construcción del *kloiz*, etcétera. El motivo principal por el cual sólo las cartas de *Alim LeTerufá* han sido preservadas es que la mayor parte fueron escritas a Reb Itzjak, y Reb Noson le hizo un pedido especial para que las guardase.

El primer matrimonio de Reb Itzjak tuvo lugar en 1823, cuando se mudó a Cherkassy. Después de su divorcio y de su segundo matrimonio se mudó a Tulchin, alrededor del año 1828. Él mismo le rogaba frecuentemente a Reb Noson para que le escribiese y lo alentase en sus esfuerzos espirituales. "Las cartas de Reb Noson a Reb Itzjak fueron resultado del ardiente anhelo de Reb Itzjak por oír de su padre 'palabras del Dios vivo'" (*Sijot veSipurim* p.139). La mayor parte de las cartas datan de después de 1828. Fue en 1831 que Reb Noson le dijo a Reb Itzjak, "Guarda las cartas. Serán muy valiosas en el futuro" (*Alim LeTerufá* #42). Reb Itzjak así lo hizo y *Alim LeTerufá* es nuestra fuente principal de información sobre la vida de Reb Noson desde 1830 hasta su fallecimiento en 1844.

Más que eso, las cartas en *Alim LeTerufá* revelan la esencia misma de la Jasidut de Breslov. En virtualmente todas ellas, Reb Noson menciona enseñanzas del Rebe Najmán. Vemos cómo las ponía en práctica pese a los muchos desafíos que tuvo que enfrentar en su vida, y cómo les aconsejaba a los demás para superar sus problemas. Las cartas de Reb Noson transmiten fe y alegría incluso en medio de la más profunda dificultad, dándonos la confianza de que incluso las situaciones más oscuras siempre pueden transformarse para bien. Luego del fallecimiento de Reb Noson, Reb Najmán de Tcherin se tomó el trabajo de juntar sus cartas. Otras fueron recolectadas por Reb Najmán de Tulchin. Las dos colecciones fueron impresas separadamente bajo los títulos *Alim LeTerufá* (Berdichov, 1896) y *Mijtavey Moharnat* (Jerusalén, 1911), respectivamente. En 1930, Reb Aarón Leib Tzeigelman combinó ambas colecciones en un solo volumen. Hoy en día, existe una edición en dos volúmenes, con hebreo vocalizado y notas. Existe una traducción al inglés, *Eternally Yours*, publicada por el Breslov Research Institute. *Hojas que Curan el Alma* es una selección de esas cartas, realizada por Trevor Bell y traducida al español.

Información adicional sobre la historia y el contenido de *Imei Moharnat* y de *Alim LeTerufá* pueden encontrarse en *Neveh Tzadikim* p.138-145.

*

SHEMOT HATZADIKIM

Enseñó el Rebe Najmán: "La persona que ama a Dios debe registrar en un libro los nombres de todos los Tzadikim y de los temerosos de Dios, para recordarlos" (*El Libro de los Atributos*, *Tzadik* A:19). Esto inspiró a Reb Noson a compilar una lista de los nombres de los Tzadikim que se encuentran en la Biblia, en el Talmud, en los Midrashim y en otros escritos sagrados. Lo tituló

Shemot HaTzadikim ("Nombres de los Tzadikim").

En 1811, Reb Noson imprimió una lista parcial de esos nombres como un apéndice a la primera edición de *El Libro de los Atributos*. No pudo imprimir toda la lista pues los impresores estaban apurados. En 1821, antes de partir en su peregrinación a la Tierra Santa, Reb Noson volvió a escribir y a reorganizar el *Shemot HaTzadikim*. Siempre sintió que su esfuerzo le había dado el mérito de llegar finalmente a *Eretz Israel*. Escribe: "Cada Tzadik tiene un cierto nivel de *rúaj hakodesh* que ayuda a sus seguidores a alcanzar la fe. Cuanta más grande sea la fe de la persona, más podrá experimentar la Providencia Divina, algo que se siente en la Tierra Santa más que en ninguna otra parte. La mera mención del nombre de un Tzadik invoca la santidad de ese Tzadik, que a su vez invoca la santidad de la Tierra de Israel" (*Likutey Halajot, Netilat Iadaim LiSeudá* 4:6).

La edición original de Reb Noson de *Shemot HaTzadikim* incluyó un número relativamente pequeño de Tzadikim posteriores a los periodos bíblicos y Talmúdicos. Reb Noson explicó que sólo tenía un acceso limitado a las obras de los *Rishonim* y los *Ajaronim* (los primeros y los últimos codificadores). Escribe también que muchos nombres fueron olvidados, incluyendo aquellos de los Tzadikim de las generaciones recientes. Escribe: "Todo aquel que pueda agregar a la lista de Tzadikim debe venir y hacerlo, y desde el cielo agregarán para él...".

Una de las plegarias de Reb Noson en el *Likutey Tefilot* se basa en la idea de recitar los nombres de los Tzadikim. Fue incluida en la edición de *Shemot HaTzadikim* publicada por Reb Najmán de Tcherin y ha sido impresa en todas las ediciones subsecuentes, de las cuales ha habido muchas. Hoy en día, existe una edición en hebreo vocalizado con muchos nombres adicionales, publicada por *Meshej HaNajal*, en Jerusalén, 1987. No es posible realizar una traducción al inglés, lo más que se puede hacer es transliterar los nombres. *Rabbi Nachman's Tikkun* incluye *Shemot HaTzadikim* en hebreo y un capítulo explicando los conceptos detrás del recitado de estos nombres.

*

Escribe Reb Abraham Jazán: Hoy en día, es necesario estudiar los escritos de Reb Noson más aún que los del Rebe Najmán. Es sólo a través de Reb Noson que la gran luz del Rebe se ha vuelto accesible para nuestras generaciones. La verdad es que las palabras de Reb Noson *son* de hecho las palabras del Rebe, como dijo el mismo Reb Noson: "Desde el día en que me hice seguidor del Rebe, no sólo todas mis palabras de Torá están enraizadas en las enseñanzas del Rebe, sino que toda mi rutina diaria está totalmente enraizada en las enseñanzas del Rebe. Yo soy al Rebe como una pluma en las manos de un escriba" (*Kojvei Or* p.5).

* * *

ESBOZOS BIOGRÁFICOS

Esbozos Biográficos

Para permitir que el lector pueda seguir el rastro de todas las personas mencionadas en esta obra, presentamos unos cortos esbozos biográficos de aquellos que jugaron un papel prominente en la vida de Reb Noson. Con la excepción del Baal Shem Tov, los nombres están dispuestos en orden alfabético.

***

Rabí Israel, el Baal Shem Tov (1698-1760). Nacido en Okup en Podolia, rabí Israel fue huérfano desde una temprana edad. Contrajo matrimonio con Janá, la hija del rabí Efraím y hermana del rabí Guershon Kittover de Brody. Para ocultar sus devociones, el Baal Shem Tov se hacía pasar por ignorante y llegó a ser asistente de un maestro de niños. Durante sus años de reclusión se elevó a grandes alturas de santidad. A la edad de treinta y seis años comenzó a revelarse y a atraer una cantidad de seguidores, entre los cuales se encontraban algunos de los más importantes talmudistas de su época. Con ellos, comenzó a difundir las enseñanzas jasídicas, creando lo que ha llegado a ser el más popular movimiento de masas del judaísmo de hoy en día. Sus enseñanzas muestran cómo incluso el judío más simple puede derivar beneficios espirituales de los secretos místicos de la Torá. El Baal Shem Tov estableció primero su movimiento en Tlust, pero finalmente se mudó a Medzeboz, donde está enterrado. Con la apertura de las fronteras de Ucrania, muchos miles han hecho un peregrinaje a su *tzion*.

*

Aarón ben Reb Moshé Goldstein, rabí, el Rav de Breslov (1775-1845). Siendo muy joven Reb Aarón ya era una notable autoridad halájica, sirviendo incluso como rav en Kherson, donde su padre era rabino, en vida de su padre. El Rebe Najmán dijo de él que fue a su *jupá* con una "vestimenta limpia" (es decir, que era puro). El Rebe Najmán le tenía tanta consideración a Reb Aarón que invocó sus méritos ancestrales para que Reb Aarón pudiese llegar a ser rav en Breslov. Él y Reb Naftalí fueron elegidos como los dos testigos de la promesa del Rebe Najmán de salvar a todo aquel que fuese a su *tzion*, diese caridad y recitase los Diez Salmos del *Tikún HaKlalí*. El hijo de Reb Aarón fue Reb Zvi Aryeh quien llegó a ser rav en Breslov después del fallecimiento de Reb Aarón. Su nieto fue Reb Najmán de Tcherin. Ver *Until The Mashiach*, Apéndice F.

Aryeh Leib, rabí, el Zeide de Shpola (1725-1812). Seguidor del rabí Pinjas de Koretz, el Zeide fue el maestro más anciano sobreviviente de la primera generación del movimiento jasídico. El Zeide era bien conocido por sus obras de caridad. Sirvió como *shames* en Zlatipolia, en donde llegó a ser conocido como un Tzadik y curador. Amigo cercano del Rebe Najmán en los primeros días del Rebe, se volvió en su contra luego de que el Rebe se mudó a Zlatipolia en 1800. Irónicamente, fue la constante oposición del Zeide, lo que hizo que el Rebe Najmán buscase refugio más hacia el oeste, en Breslov, lo que permitió que Reb Noson se acercase al Rebe, perpetuando así el movimiento de Breslov.

Abraham Ber ben Reb Ioske, Reb (m. 1860 aprox.). Nieto del Rebe Najmán a través de su hija, Odil, Reb Abraham Ber se casó con Miriam Raitze, la hija de Moshé Jenkes, pero se divorció de ella al comienzo de los Años de Opresión. Más tarde contrajo matrimonio con la hija de Reb Ber, uno de los primeros seguidores del Rebe Najmán proveniente de Tcherin. Reb Ber era muy rico y Reb Abraham Ber entró al negocio de la familia haciéndose muy próspero. (La comunidad de Breslovers en el triángulo de Tcherin-Kremenchug-Medvedevka era bastante rica y bien establecida, ayudando en los proyectos iniciados por Reb Noson). Reb Abraham Ber era notable por su gran piedad y actos de caridad.

Abraham Jazán, Reb (1849-1917). Hijo de Reb Najmán de Tulchin. Desde su juventud Reb Abraham demostró una increíble tenacidad en sus devociones. Solía dejar su hogar inmediatamente después del Shabat con sólo una bolsa de pan y un paquete de libros, desapareciendo en los bosques durante toda la semana. Allí meditaba y estudiaba sin ser molestado. Su profundidad puede percibirse en su comentario, *Biur HaLikutim*, que disecciona las lecciones del Rebe Najmán punto por punto, buceando en sus profundidades. Aun así, el mismo Reb Abraham dijo sobre las conversaciones simples del Rebe: "Espero que diez mil años después de la Resurrección pueda ser digno de comprender aunque más no sea una de las afirmaciones del Rebe Najmán de la manera en que el Rebe mismo las comprendía en este mundo".

El año en que falleció su padre, Reb Najmán de Tulchin (1884), Reb Abraham comenzó a registrar muchas de las historias y tradiciones de Breslov que había recibido de él. Esto formó la base para su *Kojvei Or* (cinco secciones), *Sijot veSipurim* y otras obras. Alrededor del año 1894 Reb Abraham se mudó a Jerusalén, aunque solía viajar a Rusia cada año para pasar Rosh HaShaná en Umán. Así continuó hasta que el estallido de la Primera Guerra Mundial lo dejó atrapado en Rusia, donde permaneció hasta su fallecimiento en Jánuca, 1917. Entre sus estudiantes se encontraban Reb Eliahu Jaim Rosen y Reb Leví Itzjak Bender, individuos clave para el desarrollo de la Jasidut de Breslov en Jerusalén hoy en día. *Avenea Barzel* por Reb Shmuel Horowitz se debe en gran parte a su colaboración con Reb Eliahu Jaim y Reb Leví Itzjak, mientras que Reb Leví Itzjak es la fuente para *Siaj Sarfei Kodesh*.

Abraham Dov (Ber) Auerbach de Chmelnik, rabí (m.1811). Fue el *mejuten* del Rebe Najmán y uno de los principales maestros jasídicos que visitó Reb Noson antes de volverse un jasid de Breslov. Su hijo, Reb Ioske, se casó con Odil, la hija del Rebe Najmán.

Abraham Katz de Kalisk, rabí (m. 1810). Originalmente discípulo del gaón de Vilna, se le aconsejó visitar al Maguid de Mezritch de quien se volvió seguidor. Sus plegarias eran notables por su fervor. En 1787 se unió a su amigo, el rabí Menajem Mendel de Vitebsk, en la *aliá* ("subida") jasídica a la Tierra Santa. Luego del fallecimiento del rabí Menajem Mendel, el rabí Abraham se volvió líder de la comunidad jasídica de Israel. El Rebe Najmán dijo que en el rabí Abraham vio la perfección.

Abraham Pais, Jaim Pais. Abraham Pais estuvo en el comité de bienvenida al Rebe Najmán cuando llegó por primera vez a Breslov. Socio de Moshé Jenkes, falleció en 1834 sin redactar un testamento, dejando sus propiedades sin herederos. Los problemas subsiguientes fueron un factor importante detrás del consejo de Reb Noson a Moshé Jenkes de que escribiese un testamento, lo que dio como resultado la violencia de los Años de Opresión. Jaim, el hijo de Abraham Pais, fue uno de los principales opositores de Reb Noson e hizo varios intentos para dañarlo.

Abraham Sternhartz, Reb (1862-1955), fue el hijo de Reb Naftalí Hertz, nieto de Reb Shajne y bisnieto de Reb Noson. Su madre fue Débora, la hija de Reb Najmán, el Rav de Tcherin. Se casó con Iuta Batia, hija de Reb Iosef Iona y Esther Shaindel, nieta de Janá Tsirel. Así, Reb Abraham Sternhartz era el bisnieto de Reb Noson; se casó con la nieta de Reb Noson y su suegro fue el hijo de Reb Noson. Como producto de varias ramas de la familia de Reb Noson y nieto al mismo tiempo del Rav de Tcherin, Reb Abraham tuvo acceso a todas las tradiciones familiares e historias sobre Reb Noson, lo que formó la base de su *Tovot Zijronot*, una de las fuentes principales para esta biografía.

Huérfano desde muy joven, Reb Abraham fue criado por su ilustre abuelo, cuya influencia sobre él es inequívoca. Incluso siendo niño, Reb Abraham mostró una gran diligencia en el estudio de la Torá, un rasgo por el cual se conocía a su abuelo. Después de las plegarias de la mañana solía recluirse en el ático, donde estudiaba el *Likutey Moharán* del Rebe Najmán, sin interrupción, hasta llegar a conocer de memoria la lección del día. Luego de completar todo el Talmud a la edad de dieciséis años, se casó y sirvió de escriba en Tcherin. A la edad de diecinueve años fue aceptado como rav en Kremenchug. A los veintidós años su abuelo, el Rav de Tcherin y Reb Abraham Ber lo designaron líder de la plegaria del *kibutz* de Rosh HaShaná en Umán.

Reb Abraham llegó a la Tierra Santa en 1936 y se asentó en la ciudad vieja de Jerusalén, donde fue reconocido como la persona más importante de Breslov de su generación. Continuó liderando las plegarias de Rosh HaShaná en Israel y en 1940 estableció el *kibutz* de Rosh HaShaná en Merón. Exilado de la ciudad vieja durante la Guerra de Independencia en 1948, fue reubicado en el distrito de Katamon de Jerusalén junto con muchos otros jasidim de Breslov. Entre sus discípulos se encontraban muchos de los principales líderes de Breslov de las pasadas décadas - Reb Shmuel

Horowitz (1905-1973), Reb Guedalia Aarón Koenig (1921-1980), Reb Zvi Aryeh Lippel (1903-1979), Reb Zvi Aryeh Rosenfeld (1922-1978) y Reb Shmuel Shapiro (1913-1989) - al igual que los de la presente generación: Reb Moshé Burstyn (n. 1913) y su hijo Reb Najmán Burstyn (n. 1934), Reb Michel Dorfman (1916-2006) y Reb Iaacov Meir Schechter (n. 1932).

Se dice de Reb Abraham que era un *Likutey Moharán* "viviente". Con sólo mirarlo uno podía percibir que todas sus acciones se basaban en alguna afirmación de las enseñanzas del Rebe Najmán. Al dar una lección sobre el *Likutey Moharán*, solía comenzar recitando el texto, a continuación hacía una digresión hacia algún material relacionado durante una hora, dos o incluso más y luego retomaba desde la palabra exacta en que había dejado. Lo asombroso de esto era que todo era hecho absolutamente de memoria, sin mirar ni siquiera una vez el texto escrito. Y más aún, así lo siguió haciendo hasta su fallecimiento a la edad de noventa y tres años y medio.

Abraham Ioshúa Heshel de Apta, rabí (1755-1825). Seguidor del rabí Elimelej de Lizhensk, llegó a ser conocido como el Rav de Apta. Después de 1815, fue reconocido universalmente como el líder jasídico de Ucrania. El Rebe Najmán lo elogiaba mucho.

Baruj Daian (m. 1838). Uno de los mayores oponentes y calumniadores de Reb Noson durante los Años de Opresión.

Baruj de Medzeboz, rabí (1757-1810). Uno de los tres hijos de Odil, la hija del Baal Shem Tov. Su hermano fue el rabí Moshé Jaim Efraím de Sudylkov, autor del *Deguel Majané Efraím*, una importante obra jasídica. Su hermana fue Feiga, la madre del Rebe Najmán. Como tío del Rebe Najmán, el rabí Baruj fue la mayor influencia detrás de la decisión del Rebe de mudarse a Breslov en 1802, lo que permitió que Reb Noson se volviese su seguidor (ver Capítulo 4). Poco tiempo después, en 1803, el rabí Baruj comenzó a oponerse al Rebe. El rabí Baruj vivió principalmente en Medzeboz, pero también mantenía una corte en Tulchin, cerca de Breslov. Está enterrado al lado del Baal Shem Tov en Medzeboz.

Baruj ben Reb Shlomo Brahilov, Reb. Yerno de Reb Noson (marido de Janá Tsirel) era reconocido como un brillante erudito.

Dishel (o Dishle), segunda esposa de Reb Noson, con quien contrajo matrimonio en noviembre de 1826. Fue la madre de Reb Najmán y de Reb Iosef Iona. También tenía otros dos hijos de su primer matrimonio: una hija, Janá, quien se casó con el hijo de Reb Noson, Reb David Zvi, y un hijo más joven, Rebe Shmuel Shmelke.

Dov Ber, el Maguid de Mezritch, rabí (1704-1772). Fue el líder principal del movimiento jasídico luego del fallecimiento del Baal Shem Tov. Virtualmente todos los maestros jasídicos de la generación del Rebe Najmán fueron sus discípulos. Ya era un logrado erudito Talmúdico y Kabalista cuando fue a ver al Baal Shem Tov. Era lisiado y el Baal Shem Tov dijo de él que de haber podido ir a la *mikve* habría podido traer al Mashíaj. Cuando se le comentó al Rebe Najmán que cierto Tzadik había dicho sobre el Maguid que con cada mirada podía ver a los "Siete Pastores" (Abraham, Isaac, Iaacov, Moshé, Aarón, Iosef y David), el Rebe dijo, "Uno puede creer todo lo que le digan del Maguid".

David Zvi Orbach, rabí (m.1808), suegro de Reb Noson. Conocido como el rabí David Zvi *HaGadol*, el "grande", el rabí David Zvi era reconocido como una absoluta autoridad halájica en todo Podolia. Nacido como resultado de una bendición del Baal Shem Tov, su santidad fue atestiguada por los líderes jasídicos de la generación. Sin embargo, menospreciaba las disputas entre los diferentes grupos jasídicos y como resultado, se volvió un importante oponente de la Jasidut. Reb Noson estaba apabullado por su grandeza, ¡aunque eso no le impidió volverse un jasid! El Rebe Najmán dijo del rabí David Zvi, "Es un Tzadik".

David Zvi, Reb (n. 1819?). Reb David Zvi, que era jorobado, sufrió inmensamente durante su vida. Se casó con su hermanastra, Janá (la hija de Dishel) en el verano de 1837, justo antes del encarcelamiento de Reb Noson durante los Años de Opresión. Teniendo al empobrecido Reb Noson como padre y suegro, Reb David Zvi vivió una vida de pobreza. Su único hijo falleció siendo un niño y su esposa murió pocos meses después en 1843 (ver Capítulo 46). Reb David Zvi falleció cerca de diez años más tarde alrededor de 1854-55.

Eliahú, el Gaón de Vilna, rabí (1720-1797). Fue un reconocido líder de la comunidad judía de toda Lituania y un *gaón* (notable sabio y genio) universalmente reconocido. Su oposición a la Jasidut impidió su entrada en Lituania. El Gaón de Vilna fue autor de numerosas obras sobre Halajá y Kabalá.

Efraím ben Reb Naftalí Weinberg, Reb (1800?-1883). Hijo de Reb Naftalí. Aunque el mismo Reb Naftalí fue uno de los seguidores más cercanos del Rebe Najmán y también tuvo seguidores propios, sin embargo envió a Reb Efraím a estudiar Jasidut de Breslov con Reb Noson, de quien se volvió un cercano seguidor. Pasó mucho tiempo con él y más tarde escribió dos libros estructurados a partir de las obras de su mentor. El primero es *Likutey Even*, siguiendo el estilo del *Likutey Halajot* al explicar los Códigos a la luz de las enseñanzas del Rebe Najmán. El segundo es *Tefilot HaBoker*, un volumen de plegarias basadas en las enseñanzas de Reb Noson. Reb Efraím era muy modesto y publicó ambos volúmenes de manera anónima. Se mudó a Kremenchug, donde fue un joyero exitoso y un gran devoto de Dios. Normalmente se lo encontraba dedicado al hitbodedut y llorando en sus stands de exhibición en las ferias de joyas en diferentes ciudades. Era rico y ayudó en los proyectos de Reb Noson, apoyándolo cada vez que iba al área de Kremenchug. Reb Efraím fue amigo muy cercano del hijo de Reb Noson, Reb Itzjak, y Reb Noson le tenía mucha estima.

Esther Shaindel, hija del rabí David Zvi Orbach y primera esposa de Reb Noson. Nació alrededor del año 1781 y se casó con Reb Noson en el verano de 1793. Madre de Reb Shajne, Reb Itzjak, Janá Tsirel y Reb David Zvi, falleció en septiembre de 1826.

Guedalia de Linitz, rabí (m. 1804). El rabí Guedalia fue el principal discípulo del rabí Iehudá Leib, el Maguid de Polonnoye. Fue su predicción de que terminaría la era de los milagros realizados por los maestros jasídicos la que llevó a que fuesen registrados en el

Shivjey Baal Shem Tov. Apoyó al Rebe Najmán frente a la oposición del Zeide de Shpola.

Henia (Katz) Orbach, suegra de Reb Noson.

Iaacov Itzjak Horovitz, rabí, el *Jozé* (Vidente) de Lublín (1745-1815). En su juventud visitó al Maguid de Mezritch, quien alabó su gran santidad. Estudio Jasidut con el rabí Shmelke de Nikolsberg y el rabí Leví Itzjak de Berdichov, y más tarde fue uno de los principales discípulos del rabí Elimelej de Lizhensk. La mayor parte de los maestros jasídicos de Polonia y Galicia fueron sus discípulos.

Ijiel Michel de Zlotchov, rabí (1720-1786). Su padre fue el rabí Itzjak de Drovitch, un cercano seguidor del Baal Shem Tov. Su hijo fue el rabí Mordejai de Kremenetz. Cierta vez dijo de él mismo, "No ha habido en este mundo un cuerpo tan puro como el mío desde la época del Santo Templo".

Iehudá Eliezer, Reb. Se volvió seguidor del Rebe Najmán hacia el final de la vida de éste último. El Rebe le aconsejó que hablase con Reb Noson. Reb Iehudá Eliezer fue el compañero de viaje de Reb Noson en su peregrinación a *Eretz Israel*. Para ayudarlo en su desarrollo espiritual, Reb Noson le confió algunos de los manuscritos del Rebe Najmán (algo poco común en Reb Noson). Reb Noson dijo de él, "Es único entre los jasidim del Breslov".

Israel Haupstein, rabí, Maguid de Koznitz (1737-1813). El rabí Israel fue discípulo del Maguid de Mezritch, del rabí Shmelke de Nikolsberg y del rabí Leví Itzjak de Berdichov. El rabí Jaim de Volozhin, el principal discípulo del Gaón de Vilna, encomió su erudición Talmúdica. Sin embargo, fue amargamente atacado por los mitnagdim. Nacido en Ostrovtza de padres mayores, el rabí Israel fue muy débil durante toda su vida. Pese al hecho de que estuvo en cama durante los últimos quince años de su vida, decía sus plegarias con un vigor inigualable.

Itzjak, Reb (1808-1871) fue el segundo hijo de Reb Noson. Se casó a la edad de quince años en el pueblo de Cherkassy, pero se divorció dos años después. Luego de su segundo matrimonio, con Janá, vivió en Tulchin (a quince kilómetros de Breslov). Reb Itzjak era muy estimado por la comunidad y las autoridades locales le confiaron la responsabilidad de administrar el correo (que en esos días también servía como banco gubernamental). *Alim LeTerufá*, la colección de cartas de Reb Noson, está compuesta en su mayoría por sus cartas a Reb Itzjak. Dijo Reb Noson, "¡No tenía tiempo para escribir todas las cartas que le escribí a mi hijo! Fueron escritas como resultado del ardiente deseo de Reb Itzjak por oír palabras de aliento". Reb Itzjak deseaba mudarse a la Tierra Santa, pero Reb Noson le dijo que no lo hiciese hasta después de los sesenta años de edad. Reb Itzjak se estableció allí en el verano de 1868 y falleció unos años después, en Safed, donde está enterrado junto al rabí Iosef Caro, autor del *Shuljan Aruj*. Reb Itzjak tuvo tres hijos: una hija (n. 1827) y dos hijos, Reb David Zvi y Reb Michel. Después que Reb Itzjak se mudó a *Eretz Israel*, sus hijos tomaron la administración del correo de Tulchin. Reb Michel fue conocido por algunos de los jasidim de Breslov de las últimas generaciones, que dieron testimonio de su extenso conocimiento del Talmud y del *Shuljan Aruj* al igual que de otras obras.

Itzjak Meir Alter (Rottenberg), rabí (1799-1866). Conocido como el *Jidushey HaRim* a partir del título de su *magnum opus*, el rabí Itzjak Meir fue fundador de la dinastía jasídica de Ger, en Polonia. Reb Noson se encontró con él cuando estuvo en Lemberg.

Iosef Iona, Reb (1829?-1889). El hijo más joven de Reb Noson, era conocido por su simpleza y el fervor de sus devociones. Reb Noson falleció antes de su matrimonio. Reb Iosef Iona se casó con su prima Esther Shaindel, hija de su hermana Janá Tsirel (cerca del 1846). Su hija fue Iuta Batia, quien se casó con Reb Abraham Sternhartz.

Ioske (Iosef) ben Reb Abraham Dov (Ber) Auerbach, Reb (m. 1820 aprox.). Ioske es un diminutivo de Iosef. Reb Ioske fue el yerno del Rebe Najmán, esposo de Odil. Su padre, el rabí Abraham Dov de Chmelnik fue el yerno del rabí Iaacov Iosef de Polonnoye, autor del *Toldot Iaacov Iosef*, y uno de los principales seguidores del

Maguid de Mezritch. El mismo rabí Abraham Dov fue un importante maestro jasídico y uno de los visitados por Reb Noson antes de volverse un jasid de Breslov. Reb Ioske se casó en 1800 a la edad de trece años y falleció antes de cumplir los cuarenta años en algún momento antes de 1827. Dejó un hijo, Reb Abraham Ber, una hija (que se casó en 1832) y su viuda, Odil. Esto presentó la posibilidad de la propuesta -y el rechazo- de matrimonio entre Odil y el Savraner, que fue uno de los factores que llevaron a los Años de Opresión.

Iudel de Dashev, Reb (1757?-1838). Mayor que el Rebe Najmán en cerca de quince años, Reb Iudel era ya un logrado Kabalista antes de encontrarse con el Rebe Najmán. Originario de Dashev, se mudó a Medvedevka luego de volverse seguidor del Rebe y sirvió allí durante un tiempo como rav. El Rebe Najmán le dio a Reb Iudel la capacidad de mitigar los decretos mediante un *pidion* (redención). Estuvo muy cerca de Reb Noson y decretó la excomunión de sus adversarios durante los Años de Opresión.

Janá Tsirel (n. 1817?; ver Capítulo 25) fue la única hija de Reb Noson. Se casó alrededor de 1831 con Reb Najmán, el hijo de Reb Zvi Aryeh de Breslov, pero se divorció poco después. Su segundo matrimonio fue con Reb Baruj de Brahilov. Su hija fue Esther Shaindel. Tuvo otros hijos pero no se conocen sus nombres.

Jaia Lane, la madre de Reb Noson, hija de Reb Itzjak Danzig (m. 1803).

Leví Itzjak de Berdichov, rabí (1740-1809). Se cuentan muchas historias sobre la calidez y el afecto que les demostraba incluso a los peores pecadores. Reb Noson llegó a ser especialmente amado por el Berdichover debido a su profunda sinceridad. El Berdichover solía referirse a Reb Noson como "mi Nosele".

Lipa, Reb, fue amigo de Reb Noson y colega de estudios cuando éste volvió a Nemirov después de su matrimonio. Reb Lipa provenía de una familia jasídica y fue quien convenció a Reb Noson que la Jasidut era el mejor camino. Fue debido a Reb Lipa que Reb Noson viajó a ver a los maestros jasídicos de su época y finalmente llegó a ser un jasid de Breslov.

Meir (1805-1808). Hijo de Reb Noson.

Menajem Mendel Morgenstern de Kotzk, rabí (1787-1859). Brillante talmudista, el rabí Menajem Mendel fue un líder jasídico de Polonia. Es famoso por su insistencia inflexible en los principios más elevados y sus concisos aforismos. Reb Noson lo visitó cuando ambos estuvieron en Lemberg.

Meshulam Zusia de Anipoli, rabí (m. 1800). Junto con su hermano, Reb Elimelej de Lizhensk, fueron cercanos seguidores del Maguid de Mezritch. Los dos hermanos fueron legendarios por sus extensos viajes en un autoimpuesto exilio anterior a volverse famosos. El Rebe Najmán dijo que con el ardiente deseo implantado en Reb Zusia durante su primera visita al Maguid, sirvió a Dios durante un periodo de veintidós años seguidos.

Mordejai de Kremenetz, rabí (1744-1820). Hijo de Reb Mijel de Zlotchov. Fue uno de los principales maestros jasídicos a quien Reb Noson visitó antes de volverse un jasid de Breslov.

Mordejai Twerski de Chernobil, rabí (1770-1837). Su padre, el rabí Najum de Chernobil, encontró al Rebe Najmán cuando el Rebe era joven y lo alabó sobremanera. El rabí Mordejai fue Maguid de Breslov durante los años en que el Rebe Najmán y Reb Noson vivieron allí. Estaba muy cerca de Reb Noson y apoyaba a los jasidim de Breslov.

Moshé (Breslover) Lubarsky, Reb. Reb Noson fue confrontado cierta vez por una mujer desesperada que le rogó que la bendijese con hijos. Sus dos hijos, Reb Moshé y Reb Zev (Zanvil) Lubarsky, fueron frutos de la bendición de Reb Noson. Reb Moshé fue uno de los seguidores más cercanos de Reb Noson y una importante figura de Breslov después de Reb Noson. La fe de Reb Moshé en Reb Noson se encontraba más allá de toda descripción. Cierta vez fue robado. En lugar de buscar al ladrón, Reb Moshé entró al *beit* *midrash*, tomó uno de los volúmenes del *Likutey Halajot* de Reb Noson y estudió el discurso sobre el robo. Poco tiempo después, le devolvieron sus posesiones. Luego de su matrimonio, Reb Moshé se mudó a Tcherin donde solía conversar diariamente sobre las enseñanzas del Rebe con Reb Abraham Ber, quien era nieto del Rebe Najmán y también seguidor de Reb Noson. El suegro de Reb Abraham Ber, Reb Ber, que había sido seguidor del Rebe Najmán, cierta vez le pidió a Reb Moshé que hablase con él. Reb Moshé quedó asombrado y dijo, "¿Qué puedo decirle sobre el servicio a Dios? ¡Usted conoció al Rebe!". Reb Ber le respondió, "¡Créeme! Tú has aprendido más sobre el Rebe Najmán a través de Reb Noson que lo que yo sé incluso por haber visto al mismo Rebe Najmán".

Moshé Jenkes (m. 1838). Moshé Jenkes vivió en Sherevitz, un pequeño pueblo adyacente a Breslov. Fue parte del trío de líderes comunitarios que recibieron al Rebe Najmán en Breslov en 1802. El Rebe Najmán lo bendijo a él y a sus negocios, y se volvió extremadamente rico, obteniendo una gran influencia. Fue un cercano seguidor del Rebe. No tuvo hijos de su primera esposa y luego del fallecimiento del Rebe, Reb Noson le comentó que el Rebe había dicho, "Si Moshé se divorcia, tendrá hijos". Moshé finalmente estuvo de acuerdo. Su segunda esposa, Elki, era hermana del rav de Tomoshpiel. Tuvieron dos hijos. Más tarde, el rav de Tomoshpiel incitó a Elki contra Reb Noson y eventualmente arrastró a Moshé Jenkes en la disputa. Moshé se transformó así de ser un fuerte partidario de Reb Noson a su enemigo más formidable.

Moshé Zvi de Savrán, rabí (1779?-1838). Discípulo del rabí Leví Itzjak de Berdichov y del rabí Baruj de Medzeboz, sirvió durante un tiempo como rav en Berdichov antes de asumir una posición en Savrán. Como uno de los pocos líderes jasídicos de Ucrania al comienzo del siglo XIX, sus seguidores se contaban en miles. Su oposición a la Jasidut de Breslov está descrita en nuestro texto. Su esposa falleció cuando él tenía cuarenta y cuatro años de edad y nunca volvió a casarse. Reb Noson dijo que el haber quedado viudo fue un importante factor para su oposición a las enseñanzas del Rebe Najmán y de los jasidim de Breslov. Es interesante notar que su hijo, el rabí Shimón Shlomo (m. 1848), fue amigo de los jasidim del Breslov.

Najmán Horodenker, rabí (1680-1766), abuelo del Rebe Najmán. Su hijo, rabí Simja se casó con Feiga, la nieta del Baal Shem Tov y le puso al Rebe su nombre. En su juventud, el rabí Najmán Horodenker se dedicó a devociones muy difíciles elevándose a grandes alturas espirituales. Siendo uno de los más cercanos seguidores del Baal Shem Tov, se mudó a Tiberias en la Tierra Santa en 1764, donde está enterrado. El rabí Pinjas de Koretz dijo sobre él que mientras estuviese en (lo que entonces era) Polonia, los cosacos no podrían entrar al país. La masacre en Umán de 1768 tuvo lugar poco tiempo después de su mudanza y fallecimiento.

Najmán, Reb, el quinto hijo de Reb Noson, nació al final del verano de 1827. Se casó en el verano de 1844 en Lipovec. Tuvo un hijo, Reb Noson de Dimitrivka, que se mudó a *Eretz Israel* y está enterrado en el Monte de los Olivos, y una hija, quien se casó con Reb Mordejai Shochet de Breslov. (La hija de Reb Mordejai, Rivka, se casó con Reb Noson, el hijo de Reb Abraham Sternhartz. Su hija, Mariasa, se casó con Reb Michel Dorfman).

Najmán Jazán de Tulchin, Reb (1814-1884). El abuelo de Reb Najmán fue un seguidor del Rebe Najmán. Nacido poco después del fallecimiento del Rebe, Reb Najmán recibió su nombre a partir del Rebe. Huérfano desde muy joven, creció en la casa de su tío, donde se encontró con Reb Noson cuando éste había comenzado su peregrinaje a la Tierra Santa en 1822 (ver Capítulo 27). Reb Noson dejó una impresión tan fuerte en él que el joven Najmán decidió unirse a Reb Noson. En verdad se volvió el seguidor más íntimo de Reb Noson y fue finalmente líder del movimiento de Breslov. Reb Najmán era el *jazán* (líder de la plegaria) para *musaf* del *kibutz* Breslover en Umán en Rosh HaShaná, y de ahí el nombre familiar de Jazán. Oraba con tanta intensidad que los allí reunidos sentían que estaban "suspendidos en el aire" durante el servicio. Su gran fervor sólo era igualado por su modestia. Pese al hecho de que fue líder de los jasidim de Breslov de esa época, Reb Najmán no consideraba indigno servir a los demás. Inmediatamente después de orar con gran devoción las plegarias diarias, tomaba los baldes y llevaba agua a la sinagoga.

Reb Najmán publicó el primer volumen del *Likutey Halajot* en vida de Reb Noson. Durante dieciocho años Reb Najmán vivió en Tulchin. Luego del fallecimiento de Reb Noson, se mudó a Breslov para continuar con su trabajo. Después de dieciocho años en Breslov, Reb Najmán se mudó a Umán, donde vivió por otros dieciocho años, sirviendo como *shames* del *shul* de Breslov. Esa última mudanza hizo que el foco de la Jasidut de Breslov pasase a Umán. El hijo de Reb Najmán fue Reb Abraham Jazán.

Najmán ben Reb Zvi Aryeh Goldstein de Tcherin, Reb (1825-1894). Conocido con reverencial afecto como el Tcheriner Rav, Reb Najmán fue un estudioso erudito desde muy joven. Creció en Breslov, pero en sus primeros años solía evitar a Reb Noson. Reb Noson lo llamó cierta vez y le dijo, "Tú sabes, ¡es muy posible que el Rebe Najmán haya utilizado sus méritos ancestrales para hacer que tu abuelo (Reb Aarón) viniese a Breslov sólo debido a ti!".

Después del fallecimiento de Reb Noson, Reb Najmán lamentó no haber estado más cerca de Reb Noson y se sumergió en sus escritos. Compiló el *Likutey Etzot HaMeshulash*, basado en el *Likutey Etzot* (*Consejo*) de Reb Noson donde recolectó las enseñanzas del *Likutey Halajot* sobre los temas de esa obra (ver Apéndice, Los Escritos de Reb Noson). El Rav de Tcherin fue el primero en comenzar a escribir material comentando las obras del Rebe Najmán, facilitando de alguna manera el acceso a esos complejos textos. El nivel de su erudición personal desafía toda descripción.

El Tcheriner Rav fue autor de cerca de veinte libros, varios de los cuales sólo fueron vistos por los jasidim de Breslov en forma manuscrita antes de extraviarse. Sus obras más importantes, que aún nos quedan, incluyen *Parparaot LeJojmá* sobre el *Likutey Moharán*, *Rimzey Maasiot* sobre *Sipurey Maasiot* ("Los Cuentos del Rabí Najmán") y las fuentes de referencias del *Sefer HaMidot* ("El Libro de los Atributos"). También compiló *Leshón Jasidim* y *Derej jasidim*, en el cual reúne enseñanzas del Baal Shem Tov y de sus principales discípulos sobre mucho de los mismos temas del

Likutey Etzot. Se dice que el Rav de Tcherin compiló esas dos obras como resultado de la terrible persecución de los jasidim de Breslov, siendo su objetivo mostrar la gran similitud entre las enseñanzas del Rebe Najmán y las de otros maestros jasídicos. También dijo que escribió un compendio similar de enseñanzas a partir del *Zohar*, pero ese manuscrito también se perdió.

Conocido como un notable *masmid*, solía quedarse despierto toda la noche inmerso en el estudio. Como Rav de Tcherin, siempre era invitado a las bodas de los residentes locales, aunque raramente asistía. Cierta vez, su ayudante no le transmitió una invitación de casamiento pues sabía que el Rav no iría de todas maneras. Al enterarse, Reb Najmán se disgustó sobremanera. Le dijo a su asistente, "Cada vez que hay una boda en la ciudad y yo no voy, me quedó despierto estudiando toda la noche. Esto se debe a que de ir a la boda, tampoco dormiría en toda la noche. Al no pasarme la invitación, ¡me has escatimado una noche entera de Torá!".

Luego de escribir su *Iekara DeShabata*, que profundiza en las ideas de la santidad del Shabat en base a cada una de las lecciones del *Likutey Moharán*, el Rav de Tcherin dijo que ya no podía dormir en Shabat. "Aquel que guarda el Shabat es conocido como *shomer Shabat* (*shomer* significa guardián o cuidador). ¡Todos saben que está prohibido que un cuidador se duerma mientras cumple con su tarea! ¡¿Cómo puedo entonces dormir en Shabat?!".

Contemporáneo más joven de Reb Najmán de Tulchin, el Rav de Tcherin era muy respetado y honrado por los jasidim de Breslov. Aun así, al hacer la peregrinación a Umán para Rosh HaShaná, no aceptaba ninguna clase de tratamiento preferencial debido a su posición. "En Umán, somos todos iguales", solía decir. "Cuando salgo para el *kibutz* de Rosh HaShaná, dejo atrás mi posición rabínica y mi autoridad".

Naftalí Hertz ben Reb Iehudá Weinberg, Reb (1780-1860). Compañero de infancia y el amigo más íntimo de Reb Noson, se volvió seguidor del Rebe Najmán al mismo tiempo que Reb Noson, justo antes de Rosh HaShaná del año 1802. Él y Reb Aarón el Rav fueron elegidos como los dos testigos de la promesa del Rebe Najmán de salvar a todo aquel que fuese a su *tzion*, diese caridad y recitase los Diez Salmos del *Tikún HaKlalí*. Dijo cierta vez el Rebe

Najmán, "Sólo dos personas realmente saben algo de mí, Reb Noson, y Reb Naftalí un poco". Reb Najmán le dijo a Reb Naftalí que hablase de Torá durante *shalosh seudot* en una habitación privada (pues asistirían las almas necesitadas de rectificación).

Naftalí Hertz Sternhartz, Reb, padre de Reb Noson. Nació en 1766. No tenemos indicación sobre cuándo falleció. Aún estaba con vida en 1813, pues Reb Noson menciona que perdió sus bienes en el incendio de Nemirov de ese año. No hay mención alguna de Reb Naftalí Hertz en las cartas de Reb Noson de *Alim LeTerufá*, la mayoría de las cuales datan de después de 1830. Parece probable por lo tanto que falleciese en algún momento antes del año 1830.

Ozer de Umán, Reb (m. 1818). Reb Ozer fue uno de los primeros seguidores de Reb Noson. Sus devociones eran legendarias. Su dedicación a Reb Noson casi produjo una disputa entre Reb Noson y Reb Naftalí, y Reb Noson pidió que "fuese retirado del mundo". Después de su muerte, Reb Noson ayudó a criar a su hijo, Reb Najmán ben Reb Ozer.

Pais, Abraham o Jaim. Ver Abraham Pais.

Pinjas Shapiro de Koretz, rabí (1726-1791). Nacido en Shklov, Lituania, su familia se mudó a Volhynia, donde se encontró con el Baal Shem Tov y se volvió uno de sus seguidores más cercanos. El Rebe Najmán dijo cierta vez sobre él, "Afortunados los ojos que han visto al rabí Pinjas". Sus hijos ayudaron a los jasidim del Breslov durante los Años de Opresión.

Shajne, Reb (n. 1802), el hijo mayor de Reb Noson. Se casó en 1817 y fue fundamental en ayudar a Reb Noson en la impresión de las obras del Rebe en la imprenta "clandestina" de Reb Noson. Fue el primero en imprimir el *Tikún HaKlalí* con la plegaria de Reb Noson (ver Capítulo 25 e *Ibid*. nota 2). Reb Shajne tuvo tres hijos y una hija (ver Capítulo 31, nota 11). Sus hijos fueron: Reb Najmán, Reb Naftalí Hertz y Reb David Zvi. Su segundo hijo, Reb

Naftalí Hertz (1843-1930), se casó con Débora, la hija del Rav de

Tcherin y su hijo fue Reb Abraham Sternhartz.

Shimón ben Reb Ber, de Kremenchug, Reb. Reb Shimón, quien era varios años mayor que el Rebe Najmán y ya había visitado a muchos maestros jasídicos, se encontró con el Rebe Najmán en el día de la boda del Rebe y se volvió su primer seguidor. Acompañó al Rebe en su peregrinaje a la Tierra Santa en 1798-1799. Reb Shimón mereció una promesa del Rebe Najmán de que serviría al Rebe en este mundo y en el próximo. Fue un amigo muy cercano de Reb Noson y le tenía una gran estima. Reb Shimón eventualmente se asentó en *Eretz Israel*, donde vivió en Safed. Pasaba mucho tiempo practicando sus devociones solo, en las colinas, donde cierta vez fue atacado por los árabes y falleció como resultado de sus heridas. Está enterrado en el viejo cementerio de Safed al lado del sendero que lleva desde la tumba del Ari a la del rabí Iosef Caro.

Shmuel Weinberg de Breslov, Reb. Amigo muy cercano y seguidor de Reb Noson, tenía cierta influencia con el gobierno y se mantuvo junto a Reb Noson durante los Años de Opresión.

Shmuel Isaac de Dashev, Reb (1765-1827). Reb Shmuel Isaac, junto con su amigo íntimo, Reb Iudel, se hicieron seguidores del Rebe Najmán cuando el Rebe vivía en Medvedevka. Las devociones de Reb Shmuel Isaac eran legendarias y cierta vez dijo, "Si fuera a recitar el *Shemá* hoy con el mismo sentimiento que tuve ayer, ¡ya no tendría motivo alguno para seguir viviendo!". Era muy fuerte físicamente y el Rebe Najmán le dijo que durante el hitbodedut debía hablarle a cada uno de sus miembros explicándoles la vanidad del mundo material. Cuando se quejó ante el Rebe de que sus miembros no estaban "escuchando", el Rebe dijo, "¡Lo harán!". Finalmente Reb Shmuel Isaac alcanzó un nivel en el que si alguien meramente mencionaba las pasiones de este mundo se sentía desfallecer. Su disputa con Reb Noson fue la más seria entre los principales jasidim de Breslov (ver Capítulo 31) pero afortunadamente fue superada. El Rebe Najmán le dio a Reb Shmuel Isaac la capacidad de rectificar ciertas almas.

Shneur de Breslov. Muy fluido en el idioma ruso, hospedó al investigador del estado, influenciando en su opinión sobre la expulsión de Reb Noson de Breslov durante los Años de Opresión.

Shneur Zalman de Liadi, rabí (1745-1813). Fundador del movimiento jasídico Jabad (Lubavitch). El rabí Shneur Zalman nació en Lioza, Bielorrusia y se volvió seguidor del Maguid de Mezritch en 1764. Es autor del *Tania* y del *Shuljan Aruj HaRav*. En 1774, acompañó al rabí Menajem Mendel de Vitebsk a Vilna para hacer la paz entre los jasidim y los mitnagdim, pero sin resultados positivos. Los mitnagdim lo denunciaron varias veces ante el gobierno ruso. Estuvo preso pero se defendió con éxito y fue liberado. Subsecuentemente se asentó en Liadi.

Sholom Shajne de Probisht, rabí (m. 1803). Fue el nieto del Maguid de Mezritch y uno de los principales líderes jasídicos visitados por Reb Noson antes de volverse un jasid de Breslov. El Rebe Najmán lo elogiaba mucho.

Uri, el "Seraf" de Strelisk, rabí (m. 1826). Nacido gracias a una bendición del Maguid de Mezritch, el rabí Uri estudió con muchos de los principales maestros jasídicos de su época, incluyendo al rabí Elimelej de Lizhensk, al rabí Zusia de Anipoli, al rabí Pinjas de Koretz y al rabí Shlomo de Karlin. El rabí Uri y sus seguidores oraban con extremo fervor. Cada día, antes de la plegaria, se despedía de su familia por temor a que no volviese a verlos. Su centro estaba en Lemberg, donde vivió por muchos años. Al igual que el Rebe Najmán, alentaba el estudio del *Shuljan Aruj*. ¡Se dice de él que repasó cierta porciones de los Códigos mil veces!

Zvi Aryeh ben Reb Aarón Goldstein, Reb (1799-1867). Hijo de Reb Aarón, el Rav de Breslov. En 1811, durante el primer viaje invernal a Umán luego del fallecimiento del Rebe Najmán, Reb Zvi Aryeh pasó una noche junto con Reb Shmuel Isaac. Quedó tan impresionado por las devociones de Reb Shmuel Isaac que se volvió su discípulo incondicional siguiendo el mismo sendero de intensa devoción (ver Capítulo 23). Luego del fallecimiento de Reb Aarón, Reb Zvi Aryeh fue el rav de Breslov. Sus hijos fueron Reb Najmán de Tcherin y Reb Jaim, quien se hizo rav en Breslov luego del fallecimiento de Reb Zvi Aryeh.

* * *

BIBLIOGRAFÍA

Bibliografía

Alim LeTerufá. Colección de cartas de Reb Noson de Breslov, publicadas originalmente en Berdichov, 1896, y con agregados en Jerusalén, 1911. Una edición más completa fue publicada por el Rabí Aarón Leib Tziegelman en Jerusalén, 1930. Una traducción al inglés de Iaacov Gable, titulada *Eternally Yours* ha sido publicada por Breslov Research Institute en Jerusalén, 1993. Una selección de estas cartas realizada por Itzjak Leib Bell se encuentra traducida al español con el título de *Hojas Que Curan el Alma*, editada por Breslov Research Institute.

Alshej. Comentario de toda la Biblia, conocido como Torat Moshé, por el Rabí Moshé Alshej de Safed (1498-1560). Impreso originalmente en Venecia, 1601.

Anaf Iosef. Comentario sobre el *Ein Iaacov* (ver más adelante), por el Rabí Janoj Zundel ben Iosef (m. 1867), publicado originalmente junto con su otro comentario, *Etz Iosef*, en la edición de Vilna del *Ein Iaacov* (1883).

Ari. Rabí Itzjak Luria (1534-1572). Tanto el Ari como su discípulo el Rabí Jaim Vital (1542-1620), fueron los líderes de la escuela de Kabalá de Safed. Muchos consideran al Ari el más grande de todos los Kabalistas.

Aruj. Uno de los primeros y más populares diccionarios Talmúdicos, por el Rabí Natán (ben Iejiel) de Roma (1035-1106), impreso originalmente en Roma, 1472.

Avenea Barzel. Historias y enseñanzas del Rebe Najmán y de sus discípulos, coleccionadas por un importante líder de Breslov, el Rabí Shmuel Horowitz (1903-1973), impreso originalmente en Jerusalén, 1935. Hemos utilizado la edición de Jerusalén del año 1972, impresa junto con *Kojvei Or* (ver más adelante).

Avoda Zara. Tratado del Talmud (ver más adelante).

Avot. Tratado del Talmud (ver más adelante).

Avot de Rabí Natán. Un comentario sobre Avot, por el sabio babilonio, Rabí Natán (aprox. 210 e.c.). Se encuentra impreso en todas las ediciones del Talmud. Hemos seguido los párrafos de la edición Romm del Talmud, Vilna, 1883.

Baal HaTurim. Comentario de la Torá del Rabí Iaacov ben Asher (1270-1343), famoso autor del *Tur* (ver más adelante), de Toledo, España. Esta popular obra fue impresa por primera vez en Constantinopla, 1514, y ha sido incluida subsecuentemente en muchas ediciones de la Torá.

Bahir. Una importante y antigua obra kabalista, atribuida a la escuela del Rabí Nejunia ben Hakana (aprox. 80 e.c.), impresa por primera vez en Amsterdam, 1651. Una traducción al inglés del Rabí Aryeh Kaplan (ver más adelante) fue publicada por Weiser, en York, Maine, 1979.

Bamidbar Rabah. Sección del *Midrash Rabah* (ver más adelante) que trata sobre el Libro de Números.

Bartenura. Comentario de toda la Mishná (ver más adelante), por el Rabí Ovadia Bartenura (1445-1530), publicada originalmente en Cracovia, 1542.

Batei Midrashot. Una colección de antiguos midrashim y material similar proveniente de manuscritos, editado por el Rabí Shlomo Aarón Wertheim (1866-1935), publicado originalmente en Jerusalén, 1893-97, y con agregados en Jerusalén, 1950.

Bava Batra. Tratado del Talmud (ver más adelante).

Bava Kama. Tratado del Talmud (ver más adelante).

Bava Metzía. Tratado del Talmud (ver más adelante).

Belbei HaNajal. Comentario del *Likutey Moharán* (ver más adelante), por el Rabí Baruj Efraim (ben Itzjak), impreso originalmente junto con el *Parparaot LeJojmá* (ver más adelante) en Lvov (Lemberg), 1876. Más tarde fue impreso junto con el *Likutey Moharán*, Nueva York, 1966.

Beitzá. Tratado del Talmud (ver más adelante).

Bejorot. Tratado del Talmud (ver más adelante).

Berajot. Tratado del Talmud (ver más adelante).

Bereshit Rabah. Sección del *Midrash Rabah* (ver más adelante) que trata del Libro de Génesis. Es un comentario de las Escrituras, basado en material Talmúdico.

Bikurim. Tratado del Talmud (ver más adelante).

Biur HaLikutim. Comentario del *Likutey Moharán* (ver más adelante), por el Rabí Abraham (Jazán HaLevi) ben Reb Najmán de Tulchin (1849-1917), impreso en forma parcial en Jerusalén, 1908, y casi en su totalidad en Bnei Brak, 1967. La obra completa fue publicada en 1935, por el Rabí Shmuel Horowitz, en Jerusalén.

Burstyn, Rabí Najmán (n. 1934). Enseñanzas orales, por una figura líder de Breslov en Jerusalén.

Consejo. *Likutey Etzot* en hebreo, una colección de enseñanzas concisas y consejos basados en las obras del Rebe Najmán, por Reb Noson de Breslov, publicada por primera vez en Lemberg, 1840. Una segunda edición del *Likutey Etzot*, también basada en las obras del Rabí Natán, por el Rabí Najmán de Tcherin, fue publicada por primera vez en Lemberg, 1874. Una traducción al español ha sido publicada por el Breslov Research Institute, Jerusalén, 2003.

Cruzando el Puente Angosto. Una guía práctica para las enseñanzas del Rebe Najmán, por Jaim Kramer (n. 1945), publicado por el Breslov Research Institute, 1994.

Cuatro Lecciones del Rabí Najmán de Breslov. Recopilación de cuatro pequeños libros donde se traducen y comentan cuatro lecciones del *Likutey Moharán: Azamra*, L.M. I, 282; *¿Aié?*, L.M. II, 112; *Tzoar*, L.M. I, 112; *Maim*, L.M. I, 51. Incluye también otros textos de Breslov relacionados con las lecciones.

Demai. Tratado del Talmud (ver más adelante).

Devarim Rabah. Sección del *Midrash Rabah* (ver más adelante) que trata del Libro del Deuteronomio.

Eduiot. Tratado del Talmud (ver más adelante).

Eija Rabah. Sección del *Midrash Rabah* (ver más adelante) que trata del Libro de Lamentaciones.

Erjin. Tratado del Talmud (ver más adelante).

Eruvin. Tratado del Talmud (ver más adelante).

Esther Rabah. Sección del *Midrash Rabah* (ver más adelante) que trata del Libro de Esther.

Etz Jaim. El clásico de la Kabalá, basado en las enseñanzas del Ari (ver más arriba), por el Rabí Jaim Vital, publicado originalmente por el Rabí Meir Poppers en Koretz, 1782. Hemos utilizado la edición de Jerusalén, 1988.

Etz Iosef. ver *Anaf Iosef*.

Even HaEzer. Tercera sección del *Shuljan Aruj* (ver más adelante) que trata del matrimonio, el divorcio y temas relacionados.

Ein Iaacov. Colección de *agadot* (porciones no legales) del Talmud, compilada por el Rabí Iaacov (ben Shlomo) ibn Jabib (1433-1516) y por su hijo el Rabí Levi ibn Jabib, publicada originalmente en Salónica, 1515-22. Hemos utilizado la edición Romm de Vilna, 1883.

El Jardín de las Almas. Traducción y comentario del *Likutey Moharán* I, 65, por Abraham Greenbaum, publicado por el Breslov Research Institute, en Jerusalén, 2008.

El Tikún del Rabí Najmán. *Tikún HaKlalí* (ver más adelante), con una traducción al español y trasliteración. Publicada por el Breslov Research Institute en el año 2008.

Guitin. Tratado del Talmud (ver más adelante).

Hagadá de Breslov. La tradicional Hagadá de Pesaj con su traducción al español y un comentario basado en las enseñanzas del Rebe Najmán y de fuentes generales, por Ioshúa Starret, publicado por el Breslov Research Institute, Jerusalén, 2000.

Hagah. Glosa del *Shuljan Aruj* (ver más adelante), que presenta las costumbres Ashkenazíes, del Rabí Moshé (ben Israel) Isserles (1525-1572). Conocido originalmente como *HaMapa*, fue publicado por primera vez junto con el *Shuljan Aruj* en Cracovia, 1578, y prácticamente en todas las subsecuentes ediciones. El autor fue una figura rabínica líder en Cracovia, y una de las más grandes autoridades halájicas de todos los tiempos.

HaKotev. Comentario del *Ein Iacov* (ver más arriba) que apareció con la primera y todas las subsecuentes ediciones, por los compiladores del *Ein Iaacov*, Rabí Iaacov (ben Shlomo) ibn Jabib y su hijo, Rabí Levi.

Heijalot Rabati. Importante obra sobre meditación de la escuela Kabalista de la Merkabá, atribuida al Rabí Ishmael (primer siglo de la era común) y también conocida como *Pirkei Heijalot*. Impreso por primera vez como parte del *Arzei Levanon*, Venecia, 1601. Hemos utilizado la edición publicada como parte de *Batei Midrashot* (ver más arriba).

Hishtapjut HaNefesh. Un manual de las enseñanzas del Rebe Najmán sobre la plegaria, recopilado por Reb Alter Tepliker (ver *Mei HaNajal*), publicado por primera vez en Jerusalén, 1905. La traducción al español bajo el título de *Expansión del Alma* incluye una introducción del tema del *hitbodedut*, por el Rabí Aryeh Kaplan, publicado por el Breslov Research Institute, en el volumen titulado *Meditación, Fuerza Interior y Fe*, en Jerusalén, 2002.

Horaiot. Tratado del Talmud (ver más adelante).

Iad HaJazaká. También conocido como M*ishne Torá*, el monumental Código de la Ley Judía del Rabí Moshé ben Maimón (Maimónides; 1135-1204), más conocido como el Rambam. La obra recibe su nombre a partir de sus catorce divisiones, el valor numérico de *IaD*. Fue la primera codificación sistemática de la ley judía, y la única que incluye todas las ramas de la ley de la Torá. Considerado uno de los más grandes clásicos de la literatura de la Torá, fue impreso por primera vez en Roma en 1475. Ha sido impreso en muchas ediciones, y es tema de decenas de comentarios.

Ialkut Shimoni. También conocido como *Ialkut*, una de las colecciones Midráshicas más antiguas y populares de la Biblia, compilada por el Rabí Shimón Ashkenazi HaDarshán de Francfort (aprox. 1260), publicada por primera vez en Salónica, 1521-1527. Muchos Midrashim son conocidos debido a que han sido citados en esta obra. El autor fue un predicador en Francfort.

Idra Rabah. "La Gran Asamblea", porción del *Zohar* (ver más adelante), que trata de la dinámica de los universos superiores, presentado como una disertación del Rabí Shimón bar Iojai a sus diez discípulos. Se encuentra en el *Zohar* III, 127b y siguientes.

Idra Zutta. "La Pequeña Asamblea", así llamada pues tres de los discípulos del Rabí Shimón ya habían fallecido. Se encuentra en el *Zohar* III, 287b y siguientes.

Ieraj HaEitanim. Enseñanzas de Breslov sobre el mes de Tishrei, sus festividades y rituales basado en el *Likutey Moharán*, por el Rabí Najmán de Tcherin, publicado en Jerusalén, 1951. Hemos utilizado la edición de Bnei Brak, 1978, publicada junto con *Tovot Zijronot*.

Iekara DeShabata. Enseñanzas de Breslov sobre el Shabat basadas en el *Likutey Moharán*, por el Rabí Najmán de Tcherin, publicada en Lemberg, 1876. Hemos utilizado la edición de Jerusalén, 1968.

Ierushalmi. O *Talmud Ierushalmi*. Ver Talmud.

Ievamot. Tratado del Talmud (ver más adelante).

Ioma. Tratado del Talmud (ver más adelante).

Ioré Deá. Segunda sección del *Shuljan Aruj* (ver más adelante) que trata de las leyes dietéticas y otras áreas que requieren decisiones rabínicas.

Jaguigá. Tratado del Talmud (ver más adelante).

Jalá. Tratado del Talmud (ver más adelante).

Jaredim. Importante obra sobre los mandamientos y la teología Kabalista, por el Rabí Elazar Azikri (1533-1600), publicada por primera vez en Venecia, 1601. El autor fue un importante Kabalista y líder de la escuela de Safed.

Jaiei Adam. Código de la ley judía basado en *Oraj Jaim* (ver más adelante), que trata de la plegaria, las bendiciones, el Shabat y las festividades, por el Rabí Abraham Danzig (1748-1820). Impreso originalmente en Vilna, 1810.

Jaiei Nefesh. Discusión Kabalista sobre principios de Breslov, por el Rabí Gedalia Aarón Koenig (ver más adelante), publicada en Tel Aviv, 1968.

Jeshin, Rabí Zvi. Enseñanzas orales, por una figura líder de Breslov en Jerusalén.

Joshen Mishpat. Cuarta sección del *Shuljan Aruj* (ver más adelante), que trata de la ley judicial.

Julin. Tratado del Talmud (ver más adelante).

Kalá Rabatí. Parte del tratado *Kalá*, uno de los Tratados Menores del Talmud de Babilonia.

Keilat Iaacov. Es una explicación de conceptos Kabalistas, ordenados alfabéticamente, por el Rabí Iaacov Zvi Yollish, impreso originalmente en Lemberg, 1870.

Keilim. Tratado del Talmud (ver más adelante).

Ketubot. Tratado del Talmud (ver más adelante).

Kidushin. Tratado del Talmud (ver más adelante).

Kilaim. Tratado del Talmud (ver más adelante).

Kinim. Tratado del Talmud (ver más adelante).

Kisei Melej. Comentario del *Tikuney Zohar* (ver más adelante), por el Rabí Sholom Buzaglo, impreso originalmente en Amsterdam, 1768.

Kitzur Likutey Moharán. Una versión abreviada del *Likutey Moharán* (ver más adelante), centrada en el consejo práctico que ofrecen las lecciones, por Reb Noson de Breslov a pedido del Rebe Najmán. Publicado por primera vez en Mohilov, 1811.

Kitzur Shuljan Aruj. Una versión abreviada del *Shuljan Aruj* (ver más adelante), por el Rabí Shlomo Ganzfried, impresa por primera vez en Ungvar, 1864.

Kli Iakar. Comentario de la Torá por el Rabí Shlomo Efraim (ben Aarón) de Luntschitz (1550-1619), publicado por primera vez en Lublín, 1602, y más tarde en muchas ediciones de la Torá. El autor fue un importante líder rabínico en Polonia.

Koenig, Rabí Gedalia Aarón (ben Elazar Mordejai) (1921-1980).

Enseñanzas orales, por una figura líder de Breslov en Jerusalén. El Rabí Koenig transcribió el *Tovot Zijronot* (ver más adelante) y escribió el *Jaiei Nefesh* (ver más arriba), al igual que muchos manuscritos aún no publicados sobre el pensamiento de Breslov.

Kohelet Rabah. Sección del *Midrash Rabah* (ver más adelante) que trata del Libro del Eclesiastés.

Kojvei Or. Historias y enseñanzas del Rebe Najmán y de sus discípulos, por el Rabí Abraham ben Reb Najmán de Tulchin (ver *Biur HaLikutim*), impreso por primera vez en Jerusalén, 1896.

Kritut. Tratado del Talmud (ver más adelante).

Kramer, Rabí Shmuel Moshé (n. 1937). Enseñanzas orales por una figura líder de Breslov en Jerusalén.

Kuzari. Una de las obras más importantes sobre la filosofía y la teología judía, por el Rabí Iehudá HaLevi (1074-1141). Traducida del original en árabe al hebreo por el Rabí Iehudá ibn Tibbon (aprox. 1120-1190), impresa por primera vez en Constantinopla, 1506.

Libermentsch, Rabí Natán. Enseñanzas orales por una figura líder de Breslov en Bnei Brak/Imanuel.

Likutey Etzot. Ver *Consejo*.

Likutey Halajot. Obra monumental sobre el pensamiento de Breslov y de la Kabalá, siguiendo el orden del *Shuljan Aruj* (ver más adelante), por Reb Noson de Breslov. La primera parte fue impresa en Iasse (Jasse), 1843, con las subsiguientes secciones publicadas hasta el año 1861. Hemos utilizado la edición de ocho volúmenes publicada en Jerusalén en el año 1985.

Likutey Tefilot. La clásica colección de plegarias, basadas en las enseñanzas del *Likutey Moharán*, por Reb Noson de Breslov, impresas originalmente en Breslov, 1822. Las primeras sesenta y seis plegarias han sido traducidas al inglés y editadas bajo el título

The Fiftieth Gate por el Breslov Research Institute, Jerusalén, 1992. *La llama del Corazón* es una selección y traducción al español, Jerusalén, 2009.

Likutey Torá. Comentario sobre la Torá, los Profetas y las Escrituras Sagradas (*TaNaJ*), por el Rabí Jaim Vital, basado en las enseñanzas del Ari (ver Ari), publicado originalmente en Zolkiev, 1735. Hemos utilizado la edición de Jerusalén, 1988.

Maaser Sheini. Tratado del Talmud (ver más adelante).

Maaserot. Tratado del Talmud (ver más adelante).

Maasiot u'Meshalim. Historias sobre el Rebe Najmán, registradas por su discípulo, Reb Naftalí (Hertz ben Reb Iehudá Weinberg; 1780-1860). Impreso como parte del *Sipurim Niflaim* (ver más adelante) desde la página 14 en adelante.

Mabuey HaNajal. Publicación mensual dedicada a un amplio rango de temas en la Jasidut de Breslov. Publicada en Jerusalén, 1978-1984.

Maguén Abraham. Importante comentario del *Shuljan Aruj*, *Oraj Jaim* (ver más adelante), por el Rabí Abraham Gombiner de Ostrog. Publicado por primera vez en Direnport, 1692.

Maharju. Comentario del *Zohar* (ver más adelante), por el Rabí Jaim Vital, impreso por primera vez en Zhitomar, 1862.

Maharsha. Abreviación de Moreinu HaRav Shmuel Eliezer, haciendo referencia a uno de los comentarios más importantes sobre todo el Talmud por el Rabí Shmuel Eliezer Aideles (1555-1632). La parte conocida como *Jidushei Halajot* sobre las secciones legales del Talmud fue impresa por primera vez en Lublín, 1612-1621; el *Jidushei Hagadot* sobre las secciones homiléticas en Lublín, 1627, y en Cracovia, 1631. Ambas fueron incluidas en la edición del Talmud de Praga, 1739-46, y en prácticamente todas las ediciones posteriores. El autor fue uno de los más importantes eruditos Talmúdicos de su época en Polonia.

Maharzav. Comentario del *Midrash Rabah* (ver más adelante), por el Rabí Zeev Volf Einhorn, impreso por primera vez en Vilna, 1853-1858, y luego con todas las ediciones estándar del *Midrash Rabah*.

Mei HaNajal. Comentario del *Likutey Moharán* por el Rabí Moshé Ioshúa Bezhiliansky (Reb Alter Tepliker). Escrito en el año 1897, fue publicado por primera vez por el Rabí Noson Zvi Koenig, Bnei Brak, 1965.

Makot. Tratado del Talmud (ver más adelante).

Majshirin. Tratado del Talmud (ver más adelante).

Matnat Kehuna. Comentario del *Midrash Rabah* (ver más adelante) por el Rabí Isajar Ber Katz (Ashkenazi), impreso originalmente en Cracovia, 1587-8, y luego con todas las ediciones estándar del *Midrash Rabah*.

Matok Midvash. Comentario y explicaciones del *Zohar* y el *Tikuney Zohar* (ver más adelante), por el Rabí Daniel Frisch, impreso en Jerusalén, en 1986 y 1991, respectivamente.

MeAm Lo'ez. Monumental comentario sobre la Torá, escrito en Ladino (judeo español) por el Rabí Iaacov (ben Makir) Culi (1689-1732), publicado por primera vez en Constantinopla, 1730-33. Una traducción al hebreo por el Rabí Shmuel Ierushalmi (Kreuser) fue publicada bajo el título *Yalkut MeAm Lo'ez* en Jerusalén 1967-71, y una traducción al español sobre la base de la traducción al inglés del Rabí Aryeh Kaplan (ver más arriba), publicada por Editorial Jerusalem de México, 1992. El Rabí Culi nacido en Jerusalén se mudó a Constantinopla, donde fue una figura líder de la comunidad Sefaradí.

Meguilá. Tratado del Talmud (ver más adelante).

Meguilat Taanit. Compendio de importantes fechas de la historia judía durante las cuales estaba prohibido el ayuno, por el Rabí Janania ben Jizquia (aprox. 70 e.c.; cf. *Shabat* 13b). Impreso por primera vez en Amsterdam, 1659.

Meilá. Tratado del Talmud (ver más adelante).

Mejilta. El comentario más antiguo del Libro del Éxodo, por la escuela del Rabí Ishmael (aprox. 120 e.c.), citado frecuentemente en el Talmud. Impreso por primera vez en Constantinopla, 1515.

Menajot. Tratado del Talmud (ver más adelante).

Meshivat Nefesh. Es un manual sobre las enseñanzas del Rebe Najmán y de Reb Noson de Breslov sobre cómo combatir la desesperanza y tomar de las fuentes de la alegría, recopilado por Reb Alter Tepliker (ver *Mei HaNajal*), publicado por primera vez en Lemberg, 1902. Traducido al español como *Restaura mi Alma* y publicado por el Breslov Research Institute, en el volumen titulado *Meditación, Fuerza Interior y Fe*, en Jerusalén, 2002.

Metzudot. Un par de comentarios sobre los Libros de los Profetas y las Escrituras Sagradas (*NaJ*) conocidos como *Metzudat Zion* y *Metzudat David*, por el Rabí David Altschuler, completado y editado por su hijo el Rabí Iejiel Hillel, publicado por primera vez en Liborno, 1753, (o Berlín, 1770), y más tarde con las ediciones estándar del *Mikraot Guedolot*.

Mevo Shearim. Una exposición detallada de los principios fundamentales de la Kabalá del Ari, publicado por primera vez por el Rabí Iaacov Zemaj, en Koretz, 1783.

Midot. Tratado del Talmud (ver más adelante).

Midrash Hagadá. Una colección midráshica basada en las obras de Moshé HaDarshan (aprox. 1050), compilada alrededor de 1150 y publicada por Shlomo Buber en Viena, 1893-94. Moshé HaDarshan es citado frecuentemente por Rashi (ver más adelante).

Midrash Rabah. La colección más importante de literatura midráshica, recopilada durante el período Gaónico. Los Midrashim que la componen varían ampliamente y van desde el comentario puro hasta la pura homilía, todos basados en las enseñanzas de los sabios Talmúdicos. El *Midrash Rabah* sobre la Torá fue impreso por primera vez en Constantinopla, 1502, mientras que aquel sobre las cinco *meguilot* fue editado en Pesaro, 1519.

Midrash Shmuel. Comentario sobre *Avot*, por el Rabí Shmuel (ben Itzjak) Uceda (1538-1602), impreso por primera vez en Venecia, 1579. El autor estudió bajo la dirección del Ari y del Rabí Jaim Vital (ver Ari), y estableció una importante ieshivá en Safed.

Midrash Tadshe. Antiguo Midrash atribuido al Rabí Pinjas ben Iair (aprox. 130 e.c.). Publicado por primera vez en Johannesburg, 1858 y luego impreso en *Beit HaMidrash* 3:164 y *Otzar Midrashim* p. 475 y siguientes.

Midrash Tehilim. Ver *Shojar Tov*.

Mikdash Melej. Comentario del *Zohar* (ver más adelante), por el Rabí Sholom Buzaglo, impreso por primera vez en Amsterdam, 1564.

Mikvaot. Tratado del Talmud (ver más adelante).

Mishná. El código más antiguo de la ley judía, editado por el Rabí Iehudá el Príncipe (aprox. 188 e.c.). La Mishná sirve como la base del Talmud (ver más adelante).

Mishná Berurá. Importante obra Halájica del *Jafetz Jaim*, Rabí Israel Meir (HaCohen) Kagan (1838-1933), sobre el *Shuljan Aruj, Oraj Jaim*, comenzado en el año 1883.

Mishnat Jasidim. Importante obra Kabalista del Rabí Imanuel Jai Riki (1688-1743), publicada por primera vez en Livorno, 1722.

Moed Katan. Tratado del Talmud (ver más adelante).

Najat HaShuljan. Ideas originales sobre una amplia variedad de temas halájicos basados en la primera lección del *Likutey Moharán*, por el Rabí Najmán de Tcherin, publicada por primera vez en Jerusalén, 1910. Hemos utilizado la edición de Jerusalén, 1968.

Nazir. Tratado del Talmud (ver más adelante).

Nedarim. Tratado del Talmud (ver más adelante).

Negaim. Tratado del Talmud (ver más adelante).

Neveh Tzadikim. Bibliografía histórica de todas las obras de Breslov, por el Rabí Noson Zvi Koenig (ver más arriba), publicada en Bnei Brak, 1969.

Nidá. Tratado del Talmud (ver más adelante).

Nitzutzei Orot. Comentario y explicaciones del *Zohar* (ver más adelante), por el Rabí Jaim Iosef David Azulai (Jida), publicada por primera vez en Livorno, 1815.

Ohalot. Tratado del Talmud (ver más adelante).

Olat Tamid. Una explicación de las meditaciones Kabalistas para las plegarias de todo el año del Rabí Jaim Vital (ver Ari), publicada por primera vez por el Rabí Iaacov Tzemaj en Salónica, 1854. Hemos utilizado la edición de Jerusalén, 1988.

Oneg Shabat. Colección de cartas y lecciones explicando las enseñanzas de Breslov, por el Rabí Efraim Zvi (ben Alter Benzion) Krakavski de Pshedbarz (1880-1946), publicada en Nueva York, 1966.

Onkelos. Ver Targum.

Oraj Jaim. Primera sección del *Shuljan Aruj* (ver más adelante), que trata de la plegaria, las bendiciones, el Shabat y las festividades.

Orla. Tratado del Talmud (ver más adelante).

Otiot de Rabí Akiva. Comentario del alfabeto hebreo, atribuido al Rabí Akiva (aprox. 100 e.c), publicado por primera vez en Constantinopla, 1516. Hemos utilizado la edición publicada como parte de *Batei Midrashot* (ver más arriba).

Pará. Tratado del Talmud (ver más adelante).

Pardes Rimonim. Una de las más importantes obras Kabalistas, del Rabí Moshé Cordovero (1522-1570), publicada por primera vez en Salónica, 1583. El autor dirigió la escuela de Kabalá de Safed antes del Ari (ver más arriba).

Parparaot LeJojmá. Importante comentario del *Likutey Moharán* por Reb Najmán de Tcherin, publicado por primera vez en Lemberg, 1876.

Peá. Tratado del Talmud (ver más adelante).

Pesajim. Tratado del Talmud (ver más adelante).

Pesikta de Rav Kahana. Antiguo texto midráshico sobre varias porciones de la Torá y de las *haftarot* leídas en las festividades y Shabats especiales, atribuido a Rav Kahana y compilado aproximadamente en el año 500 e.c.. Muchos tomaron de esta obra original, incluyendo compiladores de otras colecciones midráshicas y los autores del *Tosafot* (ver más adelante). Publicada por primera vez por Shlomo Buber en Lemberg, 1868.

Pesikta Rabati. No debe ser confundida con *Pesikta de Rav Kahana*, esta colección midráshica medieval, aproximadamente del año 845 e.c., consiste de homilías sobre porciones de la Torá y de las *haftarot* leídas en las festividades. Publicada por primera vez por Meir Ish-Shalom (Friedmann) en Viena,1880.

Pinto, Rabí Ioshía (1565-1648), autor de *Meor Einaim* sobre el *Ein Iaacov* (ver más arriba), publicado en Amsterdam, 1643, y como el

"Rif" en la edición de Vilna de 1883 del *Ein Iaacov*. Importante talmudista y kabalista, el autor vivió en Damasco y luego emigró a Jerusalén y Safed.

Pirkei de Rabí Eliezer. Importante obra midráshica de la escuela del Rabí Eliezer (ben Horkanus) HaGadol (aprox. 100 e.c.), publicada por primera vez en Constantinopla, 1514.

Pri Etz Jaim. Importante obra Kabalista sobre meditaciones para diversas plegarias y rituales, basada en las enseñanzas del Ari (ver más arriba), por el Rabí Jaim Vital, publicada por primera vez en Koretz, 1782. Hemos utilizado la edición de Jerusalén, 1988.

Radak. Sigla de Rabí David Kimchi (1157-1236), es de notar su importante comentario sobre la Biblia, impreso por primera vez en el *Mikraot Guedolot*, Venecia, 1517. El autor, que vivió en Narbona, Provenza, buscó determinar el significado preciso de la escritura.

Radal. Sigla de Rabí David (ben Iehudá) Luria (1798-1855), autor de un importante comentario sobre *Pirkei de Rabí Eliezer* (ver más arriba), publicado por primera vez en Varsovia, 1852.

Rambam. Ver *Iad HaJazaká*.

Rambán. Sigla de Rabí Moshé ben Najmán (1194-1270); es de notar su comentario sobre la Torá, impreso por primera vez en Roma, 1472. El autor fue un importante líder espiritual de su época, quien escribió más de cincuenta obras esenciales sobre la Biblia, el Talmud, la ley judía, filosofía, Kabalá y medicina. Vivió en Gerona, España, donde mantuvo una ieshivá.

Rashba. Sigla de Rabí Shimón ben Abraham Aderet (1235-1310), denotando sus comentarios del Talmud, muchos de los cuales fueron publicados junto con el *Ein Iaacov* (ver más arriba) en Salónica, 1515. Discípulo del Rambán (ver más arriba), el autor fue rabino en Barcelona y uno de los más importantes líderes judíos de su tiempo.

Rashbam. Sigla de Rabí Shmuel ben Meir (aprox. 1080-1174), autor de un importante comentario sobre la Torá y de comentarios sobre porciones del Talmud. Era nieto de Rashi (ver más adelante) y hermano mayor del Rabí Iaacov Tam, líder de la escuela que produjo el *Tosafot* (ver más adelante).

Rashi. Sigla de Rabí Shlomo (ben Itzjak) Iarji (ver *Shem HaGuedolim*) o Itzjaki (1040-1105), autor de los más importantes comentarios sobre la Biblia y el Talmud, impresos en casi todas las ediciones. Su comentario de la Torá fue el primer libro impreso en hebreo (Roma, aprox. 1470). Encabezó ieshivot en Troyes y Worms, Francia. Sus comentarios son famosos por ser extremadamente concisos, extrayendo de inmediato la idea más importante del texto.

Reshit Jojmá. Una obra enciclopédica sobre la moralidad (*musar*), que se basa esencialmente en el *Zohar* (ver más adelante), por el Rabí Eliahu (ben Moshé) de Vidas (1518-1592), publicada por primera vez en Venecia, 1579. Discípulo del Rabí Moshé Cordovero (ver *Pardes Rimonim*), el autor tenía reputación de sabio y santo.

Rif. Ver Pinto, Rabí Ioshía.

Rif. Sigla de Rabí Itzjak (ben Iaacov) Al-fasi (1013-1103), autor de una versión abreviada del Talmud para ser utilizada como código legal práctico, impresa por primera vez como *Hiljot Rav Alfasi*, Hijer, España, aprox. 1845. Nacido en Argelia, se estableció en Fez, por lo que es conocido como Al-fasi (la persona de Fez). Su código, que fue el más importante antes del de Maimónides, cerró el período Gaónico.

Rimzey Maasiot. Comentarios del *Sipurey Maasiot* (ver más adelante), por el Rabí Najmán de Tcherin. Impreso por primera vez en Lemberg, 1902, y con todas las ediciones subsecuentes de los cuentos del Rebe Najmán.

Rimzey Maasiot, Hashmatot. Comentarios adicionales sobre los cuentos del Rebe Najmán, por el Rabí Abraham ben Najmán de

Tulchin, impreso en la edición de *Sipurey Maasiot* de Lemberg, 1902.

Rokeaj. Importante código de la ley judía y de la práctica piadosa, del Rabí Elazar (ben Iehudá) Rokeaj de Worms (1164-1232), impreso por primera vez en Fano, 1505. Además de ser una importante autoridad en la ley judía, el autor fue uno de los maestros de la Kabalá más sobresalientes de su tiempo.

Rosen, Rabí Eliahu Jaim (1899-1983). Enseñanzas orales de uno de los más prominentes líderes de Breslov en Jerusalén. El Rabí Rosen, alumno de Reb Abraham Jazan (ver *Biur HaLikutim*), fue decano de la Ieshiva de Breslov de Jerusalén, que él fundó en la ciudad vieja de Jerusalén en el año 1937.

Rosenfeld, Rabí Zvi Aryeh Benzion (1922-1978). Muy destacadas son las notas marginales y las numerosas cintas grabadas de las lecciones del Rabí Rosenfeld, que fuera uno de los líderes de los Jasidim de Breslov en América. Era descendiente del Rabí Aarón, el rabino de Breslov en la época del Rebe Najmán, y discípulo del Rabí Abraham Sternhartz (ver más adelante).

Rosh (1250-1327). Sigla de Rabí Asher (ben Iejiel), denotando el *Piskey HaRosh*, una importante obra legal, publicada por primera vez junto con el Talmud, Venecia, 1523, y con la mayor parte de las ediciones subsiguientes. El Rosh fue un importante talmudista en Alemania, pero luego de un período de persecución, se estableció como rabino en Toledo, España.

Rosh HaShaná. Tratado del Talmud (ver más adelante).

Rut Rabah. Sección del *Midrash Rabah* (ver más arriba) que trata del Libro de Rut.

Saadia Gaon, Rav (882-942). El erudito más grande del período Gaónico, autor de una traducción/comentario de la Torá en árabe, que fue publicada en París, 1893, y en Jerusalén como *Keter Torá*, 1894-1901. Una traducción al hebreo de las partes más importantes fue publicada por Rabí Iosef Kapaj, en Jerusalén, 1963. El autor fue el erudito más grande del período Gaónico, y como director de la Ieshiva de Pumbedita, Babilonia, fue el líder de los judíos de todo el mundo.

Sabiduría y Enseñanzas del Rabí Najmán de Breslov. Traducción del *Sijot HaRan*, Jerusalén, 1995. Compuesto por enseñanzas cortas y dichos del Rebe Najmán, compilados por Reb Noson de Breslov, publicada por primera vez junto con *Sipurey Maasiot*, en Ostrog, 1816. Una edición expandida, incluyendo mucho material nuevo, fue publicada en Zolkiev, 1850.

Sefer Baal Shem Tov. Antología de las enseñanzas del Rabí Israel, el Baal Shem Tov (1698-1760), fundador del movimiento Jasídico y bisabuelo del Rebe Najmán, compilado por el Rabí Shimón Mendel Vednik y publicado por primera vez en Lodz, 1938.

Sefer Jasidim. Leyes y costumbres de los Jasidei Ashkenaz (místicos alemanes), por el Rabí Iehudá (ben Shmuel) HaJasid (1148-1217), impreso por primera vez en Bolonia, 1538. El autor, quien vivió en Speyer y Regensburg, fue un maestro Kabalista y una importante autoridad rabínica.

Sefer HaLikutim. Comentarios de la Torá, los Profetas y las Escrituras Sagradas (*TaNaJ*) basados en las enseñanzas del Ari, por Meir Poppers, Jerusalén, 1913. Hemos utilizado la edición de Jerusalén, 1988.

Sefer HaMidot. Colección de epigramas y aforismos sobre todos los aspectos de la vida, ordenados alfabéticamente, por el Rebe Najmán de Breslov, publicado por primera vez en Mohilov, 1811. Una selección de sus aforismos, bajo el nombre de *El Libro de los Atributos*, fue publicada por el Breslov Research Institute, Jerusalén, 2005.

Sefer HaTejuna. Obra sobre astronomía del Rabí Jaim Vital (ver Ari), publicada por primera vez en Jerusalén, 1866. Hemos utilizado la edición de Jerusalén, 1967.

Sefer Ietzirá. Una de las primeras y más importantes obras místicas, se supone que fue escrita en épocas Talmúdicas o anteriores. (Hay algunos que atribuyen su autoría al Patriarca Abraham). Impresa por primera vez en Mantua, 1572, ha sido objeto de más de cien comentarios.

Shaar HaGuilgulim. Obra detallada sobre la reencarnación, la última de las *Shmone Shearim* (ver más adelante), del Rabí Jaim Vital, publicada en Jerusalén, 1863. Hemos utilizado la edición de Jerusalén, 1988.

Shaar HaKavanot. Meditaciones Kabalistas sobre los servicios de plegaria y los rituales, la sexta de las *Shmone Shearim* (ver más adelante), por el Rabí Jaim Vital, publicada por primera vez en Salónica, 1852. Hemos utilizado la edición de Jerusalén, 1988.

Shaar HaHakdamot. Una exposición detallada de los principios fundamentales de la Kabalá del Ari, la primera de las *Shmone Shearim* (ver más adelante), del Rabí Jaim Vital, publicada por primera vez en Jerusalén, 1850. Hemos utilizado la edición de Jerusalén, 1988.

Shaar HaMitzvot. Interpretaciones Kabalistas sobre los mandamientos, la quinta de las *Shmone Shearim* (ver más adelante), del Rabí Jaim Vital, publicada por primera vez en Salónica, 1852. Hemos utilizado la edición de Jerusalén, 1988.

Shaar HaPesukim. Interpretaciones bíblicas del Ari, la cuarta de las *Shmone Shearim* (ver más adelante), del Rabí Jaim Vital, publicada por primera vez en Salónica, 1852. Hemos utilizado la edición de Jerusalén, 1988.

Shaar Maamarei Rashbi. Comentario sobre enseñanzas del *Sefer Ietzirá*, *Zohar*, *Tikuney Zohar* y discursos del Rabí Shimón bar Iojai (Rashbi), la segunda de las *Shmone Shearim* (ver más adelante), del Rabí Jaim Vital, publicada por primera vez en Salónica, 1862. Hemos utilizado la edición de Jerusalén, 1988.

Shaar Maamarei Razal. Comentario sobre enseñanzas de los sabios, la tercera de las *Shmone Shearim* (ver más adelante), del Rabí Jaim Vital, publicada por primera vez en Salónica, 1862. Hemos utilizado la edición de Jerusalén, 1988.

Shaar Rúaj HaKodesh. Métodos de meditación, la séptima de las *Shmone Shearim* (ver más adelante), del Rabí Jaim Vital, publicada por primera vez en Salónica, 1862. Hemos utilizado la edición de Jerusalén, 1988.

Shaarei Ora. Importante clásico Kabalista del Rabí Iosef (ben Abraham) Gikatilla (1248-1345), impreso por primera vez en Riva de Trento, 1561. El autor, quien vivió en Italia, fue alumno del Rabí Abraham Abulafia.

Shaarei Tzion. Importante colección de plegarias Kabalistas, del Rabí Natán Nata (ben Moshé) Hanover (fallecido en 1683), publicado por primera vez en Praga, 1662. El autor fue un importante Kabalista.

Shaarei Zohar. Indice y comentario del Talmud, con referencias cruzadas al *Zohar*, por el Rabí Rubén Margolios (1889-1971), publicado en Jerusalén, 1956.

Shabat. Tratado del Talmud (ver más adelante).

Shaj. Abreviación de *Siftei Kohen*, un importante comentario del *Iore Dea* y *Joshen Mishpat*, por el Rabí Shabetai (ben Rabí Meir) HaKohen Rapaport, importante discípulo del Rabí Heschel de Cracovia. Líder de los judíos de Europa, fue instrumental en la reorganización de las comunidades judías después de las masacres de Chmelnitzky de los años 1648-49. Publicado por primera vez en Cracovia, 1646-47 y más tarde con la mayor parte de las ediciones estándar del *Shuljan Aruj* (ver más adelante).

Shapiro, Rabí Shmuel (1913-1989). Enseñanzas orales, de uno de los más prominentes líderes de Breslov en Jerusalén.

Shechter, Rabí Iaacov Meir (n. 1932). Enseñanzas orales, de una de las más prominentes figuras de Breslov en Jerusalén.

Shekalim. Tratado del Talmud (ver más adelante).

Shmone Shearim. Las "Ocho Puertas": *Shaar HaHakdamot, Shaar Maamarei Rashbi, Shaar Maamarei Razal, Shaar HaPesukim, Shaar HaMitzvot,* Shaar HaKavanot, *Shaar Ruaj HaKodesh, Shaar HaGuilgulim*; una colección en ocho tomos de las enseñanzas del Ari (ver más arriba), por el Rabí Jaim Vital, editado por el Rabí Shmuel Vital. (Publicado entre los años 1850-1863, en Salónica o Jerusalén, cada uno enumerado aquí por separado).

Shemot HaTzadikim. Una lista de los nombres de los Tzadikim desde Adán hasta el presente, compilada por Reb Noson de Breslov siguiendo el consejo del Rebe Najmán en *Sefer HaMidot, Tzaddik*, A:19, "Aquél que ame a Dios registrará en un libro todos los nombres de los Tzadikim y de los temerosos de Dios, para poder recordarlos". Publicada por primera vez en 1821 como un apéndice al *Sefer HaMidot*. Ediciones subsecuentes incluyen nombres adicionales.

Shemot Rabah. Sección del *Midrash Rabah* (ver más arriba) que trata del Libro de Números.

Shivjei HaAri. Historias sobre el nacimiento y la vida del Ari y de sus discípulos, tomadas de la introducción a la obra Kabalista *Emek HaMelej* del Rabí Shlomo Shimmel (ben Reb Jaim Meinstril). Publicada por primera vez en Spalov, 1795.

Shivjei HaRan. Relatos de la infancia del Rebe Najmán de Breslov y su peregrinación a la Tierra de Israel. Traducida al español como *Alabanza del Tzadik*, Jerusalén, 1996.

Shivjei HaBaal Shem Tov. Una colección de historias sobre el Baal Shem Tov y algunos de sus más cercanos seguidores, cuya veracidad fue confirmada por el Rebe Najmán. Compilada por Reb Dov Ber (ben Reb Shmuel) Shubb de Linetz, yerno del escriba del

Baal Shem Tov. En vida del Rebe Najmán el libro fue distribuido en forma manuscrita. Publicado por primera vez en Berdichev en 1815.

Shivjei Moharán. Anécdotas y enseñanzas del Rebe Najmán, compiladas por Reb Noson de Breslov, impresas junto con *Tzadik* (ver más adelante).

Sheviit. Tratado del Talmud (ver más adelante).

Shevuot. Tratado del Talmud (ver más adelante).

Shir HaShirim Rabah. Sección del *Midrash Rabah* (ver más arriba) que trata del Cantar de los Cantares.

Shiur Komá. Libro de conceptos Kabalistas por el Rabí Moshé Cordovero (ver *Pardes Rimonim*), publicado en Varsovia, 1883.

Shloh. Abreviatura de *Shnei Lujot HaBrit*, obra enciclopédica de Torá, por el Rabí Ishaia Horowitz, impresa por primera vez en Amsterdam, 1698.

Shojar Tov. También conocido como *Midrash Tehilim*. Un antiguo Midrash sobre los Salmos, impreso por primera vez en Constantinopla, 1515. Una edición crítica, basada en el manuscrito fue publicada por Shlomo Buber, Vilna, 1891.

Shuljan Aruj. El código estándar de la ley judía, por el Rabí Iosef (ben Reb Efraim) Caro (1488-1575), publicado por primera vez en Venecia, 1564. Dividido en cuatro partes, *Oraj Jaim, Ioré Deá, Even HaEzer* y *Joshen Mishpat*. Nacido en España, el autor emigró a Turquía luego de la expulsión del año 1492, y más tarde a Safed, donde ofició como rabino principal. Con la adición del *Hagá* (ver más arriba), el *Shuljan Aruj* se transformó en la obra estándar de la ley para todos los judíos.

Siaj Sarfei Kodesh. Anécdotas y enseñanzas del Rebe Najmán, de Reb Noson y de los jasidim de Breslov, al igual que historias no publicadas anteriormente, provenientes de la tradición oral de

Breslov. Éstas fueron transcriptas por Abraham Weitzhandler a partir de conversaciones con el Rabí Levi Itzjak Bender (ver más arriba). A la fecha se han publicado cinco volúmenes en Jerusalén, 1988 y 1994, por Meshej HaNajal.

Sijot HaRan. Ver más arriba, *Sabiduría y Enseñanzas del Rabí Najmán de Breslov*.

Sijot veSipurim. Exposición de las enseñanzas del Rebe Najmán, por Reb Abraham Jazán, publicada en Jerusalén. Reimpresa como parte de *Kojvei Or* (ver más arriba).

Sidur Ari. Existen una cantidad de libros de plegarias que llevan este título: a) un libro de plegarias impreso junto con el *Mishnat Jasidim* (ver más arriba), Zolkiev, 1744; b) un libro del plegarias con las meditaciones del Ari, Zolkiev, 1781; c) el *Sidur de Rabí Asher*, por el Rabí Shlomo Margolios, Lvov (Lemberg), 1788; d) el *Kol Iaacov*, Koretz, 1794; e) el *Sidur de Rabí Shabetai* (Rashkover), Koretz, 1797 (que incluye las unificaciones del Rabí Israel, el Baal Shem Tov).

Sifra. También conocido como *Torat Kohanim*, uno de los *Midrashei Halajá*. Es uno de los primeros comentarios del Levítico, escrito por Rav (aprox. 220 e.c.), y citado frecuentemente en el Talmud. Publicado por primera vez en Constantinopla, 1530.

Sifri. Uno de los *Midrashei Halajá*. Es el comentario más antiguo sobre Números y Deuteronomio, escrito por Rav (aprox. 220 e.c.), y citado frecuentemente en el Talmud. Publicado por primera vez en Venecia, 1546.

Siftei Jajamim. Supercomentario del comentario de Rashi (ver más arriba), por el Rabí Shabetai Bass (1641-1718), publicado por primera vez en Francfort am Main, 1712, y reimpreso en muchas ediciones de la Torá.

Siftei Kohen. Ver *Shaj*.

Sipurei Maasiot. Las historias del Rebe Najmán. Publicadas por primera vez en Ostrog, 1816, y con una nueva introducción en Lemberg, 1850. Traducido al español como *Los Cuentos del Rabí Najmán*, Jerusalén, 1999.

Sipurei Niflaim. Anécdotas y enseñanzas del Rebe Najmán, al igual que cuentos no publicados anteriormente, compilados por el Rabí Shmuel Horowitz (ver *Avenea Barzel*). Publicado por primera vez en Jerusalén, 1935.

Sotá. Tratado del Talmud (ver más adelante).

Spector, Rabí Eljanan (aprox. 1898-1984). Enseñanzas orales, por una figura líder de Breslov en Jerusalén.

Sternhartz, Rabí Abraham (Kojav Lev) (1862-1955). Enseñanzas orales, por uno de los más prominentes líderes de Breslov en Uman y Jerusalén. Bisnieto de Reb Noson de Breslov, autor del *Tovot Zijronot* (ver más adelante) y fundador del *kibutz* en Merón para Rosh HaShaná, fue mentor de muchos de los líderes de Breslov de las últimas generaciones.

Suká. Tratado del Talmud (ver más adelante).

Sulam. Traducción al hebreo del *Zohar* (ver más adelante), con explicaciones y notas, por el Rabí Iehudá HaLevi Ashlag, publicado por primera vez en Jerusalén, 1945.

Taamei HaMinaguim. Enciclopédica colección y explicación de las costumbres judías, por el Rabí Abraham Itzjak Sperling (1851-1901), publicado por primera vez en Lvov (Lemberg), 1891.

Taamei Mitzvot. Interpretaciones Kabalistas de los mandamientos, publicado por primera vez en Zolkiev, 1775. Hemos utilizado la edición de Jerusalén, 1988.

Taanit. Tratado del Talmud.

Talmud. La redacción de la Torá Oral, tal como fue enseñada por los grandes maestros desde el año 50 a.e.c. hasta alrededor del año 500 e.c. La Mishná fue la primera codificación, dispuesta en su forma presente por el Rabí Iehudá el Príncipe, alrededor del 188 e.c. Subsecuentes debates fueron recopilados en la *Guemará* por Rav Ashi y Ravina en Babilonia cerca del año 505 e.c., y es conocido en general como el Talmud de Babilonia. Junto con la Biblia, es la obra más importante de la ley y de la teología judías. Volúmenes individuales del Talmud fueron impresos en Soncino, Italia, ya en el año 1482, pero el Talmud entero fue impreso por primera vez por David Bomberg en Venecia, 1523, junto con los comentarios de Rashi y Tosafot. Una segunda compilación del Talmud, que se cree fue redactada alrededor del año 240 e.c. por el Rabí Iojanan (182-279 e.c.) y sus discípulos en Tiberias, con la concurrencia de los sabios de Jerusalén, es el Talmud *Ierushalmi* (el Talmud de Jerusalén). Es también una obra de suprema importancia, aunque considerada secundaria al Talmud de Babilonia. Fue impresa por primera vez en Venecia, 1523.

Tamid. Tratado del Talmud.

Tana deBei Eliahu en dos partes, Raba y Zuta. Un antiguo Midrash atribuido a las enseñanzas del profeta Elías, impreso por primera vez en Venecia, 1598.

Tanjuma. Un antiguo Midrash homilético sobre la Torá, atribuido al Rabí Tanjuma bar Abba (aprox. 370 e.c.), pero con agregados hasta cerca del año 850. Impreso por primera vez en Constantinopla, 1522.

Targum. La traducción autorizada de la Torá al arameo, por el converso Onkelos (aprox. 90 e.c.). En épocas Talmúdicas era leída junto con la Torá, para que la congregación pudiera comprender su lectura.

Targum Ierushalmi. Antigua traducción de la Torá al arameo, usualmente incluida junto con el *Targum Ionatán* y probablemente escrita alrededor de la misma época, o un poco antes.

Targum Ionatán. Traducción de la Torá al arameo, atribuida por algunos a Ionatán ben Uziel (aprox. 50 e.c.). Es probable que algunas porciones hayan sido enmendadas en la época Gaónica.

Taz. Abreviatura del título de la obra halájica *Turei Zahav*, uno de los principales comentarios del *Shuljan Aruj*. Escrito por el Rabí David ben Reb Shmuel HaLevi, un importante discípulo del Rabí Heschel de Cracovia. Publicada por primera vez en Lublín, 1646.

Tefilín. Traducción del texto clásico de Reb Noson de Breslov, *Likutey Halajot, Tefilín*, 5, por Abraham Greenbaum, que trata de los significados profundos de casi todos los aspectos de la mitzvá de los tefilín. Publicado en español, por el Breslov Research Institute, Jerusalén, 2008.

Temurá. Tratado del Talmud (ver más arriba).

Terumot. Tratado del Talmud (ver más arriba).

Tevul Iom. Tratado del Talmud (ver más arriba).

Tiferet Israel. Importante comentario sobre la Mishná por el Rabí Israel Lipschutz (1782-1860), publicado por primera vez en Hanover, 1830.

Tikún Haklalí. Los Diez Salmos recomendados por el Rebe Najmán como el "Remedio General" para los pecados sexuales y otras transgresiones, publicado por primera vez por el Rabí Natán en Breslov, 1821. Traducido al español como *El Tikún del Rabí Najmán*.

Tikuney Zohar. Parte de la literatura Zohárica, que consiste de setenta capítulos sobre el comentario de la primera palabra de la Torá, por la escuela del Rabí Shimón bar Iojai (aprox. 120 e.c.), impreso por primera vez en Mantua, 1558. Sin embargo, una segunda edición, Orto Koy, 1719, constituye la base para todas las ediciones subsecuentes. La obra contiene algunas de las más importantes ideas de la Kabalá y es esencial para comprender el sistema del *Zohar* (ver más adelante).

Tikuney Zohar Jadash. Agregados al *Zohar Jadash* (ver más adelante) a la manera del *Tikuney Zohar*.

Tehorot. Tratado del Talmud (ver más arriba).

Torá Temima. Comentario enciclopédico de la Torá, por el Rabí Baruj Epstein (1860-1942), publicado por primera vez en Vilna, 1904. La obra es notable por citar las referencias Talmúdicas más importantes a cada versículo, ofreciendo un extensivo comentario sobre ellas. El autor vivió en Rusia y era el hijo del Rabí Iejiel Michel Epstein autor del *Aruj HaShuljan*.

Torat Natán. Comentario del *Likutey Moharán* basado en el *Likutey Halajot* (ver más arriba), por el Rabí Noson Koenig, Bnei Brak.

Tosafot. Colección de comentarios del Talmud utilizando metodología Talmúdica. La obra fue el producto de las Ieshivot de Francia y Alemania entre los años 1100 y 1300, comenzada por los discípulos de Rashi (ver más arriba) y sus nietos, especialmente, el Rabí Iaacov Tam (aprox. 1100-1171). Se encuentra impreso en prácticamente todas las ediciones del Talmud.

Tosefta. Adiciones a la Mishná (ver Talmud) por el Rabí Jia y el Rabí Oshia (aprox. 230 e.c.), publicada junto con la mayor parte de las ediciones del Talmud y comúnmente citada allí.

Tovot Zijronot. Tradiciones de Breslov, por Reb Abraham Sternhartz (ver más arriba), transcriptas por Reb Guedalia Aarón Koenig (ver más arriba) y publicada en Jerusalén, 1951. Hemos utilizado la edición de Bnei Brak, 1978, publicada junto con *Ieraj HaEitanim*.

Tur. O *Arba Turim* ("Cuatro Columnas"), por el Rabí Iaacov (ben Rav Asher, el *Rosh*; ver más arriba) de Toledo, España. El primer código sistemático de la ley judía basado en el Talmud y en las obras de los Gaonim y Rishonim. El *Tur* es el antecesor del *Shuljan Aruj*. Impreso por primera vez en Mantua, 1476.

Turey Zahav. Ver Taz.

Tzadik. *Jaiei Moharán* en hebreo, es una importante obra biográfica sobre el Rebe Najmán, incluyendo su peregrinaje a la Tierra Santa, escrita por su principal discípulo, Reb Noson de Breslov, impresa por primera vez en Ostrog, 1816 y luego, con notas agregadas por el Rabí Najmán de Tcherin, en Lemberg, 1874. Traducida al español, con notas y publicada como *Tzadik* por el Breslov Research Institute, Jerusalén, 2007.

Uktzin. Tratado del Talmud (ver más arriba).

¡Uman, Uman, Rosh HaShaná! Colección de información sobre el Rosh HaShaná del Rebe Najmán en Uman, publicada por el Breslov Research Institute, Jerusalén, 1993.

Until The Mashiach. Un relato cronológico completo de la vida del Rebe Najmán, por el Rabí Aryeh Kaplan (arriba), publicado en Jerusalén, 1985, por el Breslov Research Institute.

Vaikrá Rabah. Sección del *Midrash Rabah* (ver más arriba) que trata del Libro del Levítico.

Zavim. Tratado del Talmud (ver más arriba).

Zevajim. Tratado del Talmud (ver más arriba).

Zimrat HaAretz. Enseñanzas sobre la importancia de la Tierra de Israel basadas en el *Likutey Moharán*, por el Rabí Najmán de Tcherin, publicada en Lemberg, 1876. Hemos utilizado la edición de Jerusalén, 1968.

Zohar. El clásico fundamental de la Kabalá, de la escuela del Rabí Shimón bar Iojai (aprox. 120 e.c.), compilado por su discípulo, el Rabí Abba. Luego de haber estado restringido a un pequeño y cerrado círculo de Kabalistas y oculto por siglos, fue finalmente publicado cerca del año 1290 por el Rabí Moshé (ben Shem Tov) de León (1239-1305). Luego de considerable controversia, el Rabí

Itzjak Ioshúa (ben Iaacov Bonet) de Lattes (1498-1571) emitió una opinión considerando que estaba permitido imprimir el *Zohar* y fue publicado en Mantua 1558-1560. Ha sido reimpreso más de sesenta veces y es tema de decena de comentarios.

Zohar Jadash. El "Nuevo *Zohar*", por la escuela del Rabí Shimón bar Iojai, consiste de manuscritos encontrados en posesión de los Kabalistas de Safed, agrupados por el Rabí Abraham (ben Eliezer HaLevi) Barujim (1516-1593), e impreso en Salónica, 1597. Fue llamado "Nuevo *Zohar*" pues fue impreso luego del *Zohar* original.

Zohar HaRakia. Comentarios del *Zohar*, por el Ari (ver más arriba), y editado por el Rabí Iaacov Tzemaj, impreso por primera vez en Koretz, 1785.

GLOSARIO

Glosario

Adumim. Ducado polaco que contenía 3,559 gramos de oro. También eran llamados en hebreo *zehuvim*. Aparentemente *adumim* (lit. rojo) se refiere al color rojizo del cobre en contraste con las monedas (rublos) de plata que eran llamadas generalmente *lovonim* (blanco).

Eshet Jail. Mujer de Valor, palabras de apertura del pasaje en Proverbios 31:10-31 cantado antes del *kidush* de la noche del viernes

Alef. Primera letra del alfabeto hebreo

Amidá. La "plegaria de pie", la plegaria central de la liturgia judía, recitada tres veces por día

Asader LiSudoso. "Me prepararé para la fiesta", palabras de apertura de la canción compuesta por el rabí Itzjak Luria (el Ari) para la comida de la mañana del Shabat

Azamer Bishvojin. "Cantaré con alabanza", palabras de apertura de la canción compuesta por el rabí Itzjak Luria (el Ari) para la comida de la noche del Shabat

Azamra. "Cantaré", (Salmos 146:2), título dado a la lección del Rebe Najmán en el *Likutey Moharán* I, 282

beit din. Corte rabínica

beit midrash. sala de estudios

Bein HaMetzarim. período de tres semanas de semi duelo desde el 17 de Tamuz al 9 de Av

Birkat HaMazón. gracias después de las comidas

boki beratzó. experto en correr

boki beshov. experto en retornar

brit. circuncisión (lit. pacto)

brit milá. circuncisión

jajam. sabio, rabí (usado en las comunidades sefardíes)

jametz. levadura, prohibida en Pesaj

jatán. novio

jatzot. medianoche, el lamento de medianoche

jazán, pl. jazanim. cantor

jeder. salón de clases donde los niños pequeños comienzan a estudiar Torá
jerem. excomunión
jidush. novedad, fenómeno único
jilul HaShem. desacralización del Nombre de Dios
Jol HaMoed. días intermedios de la festividad, con menos restricciones con respecto a la prohibición de trabajar que en el Iom Tov
Joshen Mishpat. lit. "el pectoral de juicio", (Éxodo 28:15) haciendo referencia a la cuarta sección del *Shuljan Aruj* que cubre las leyes de la propiedad, de los daños, etc.
Jumash. la Biblia, refiriéndose a los Cinco Libros de Moisés
Daven. orar
Eliahu HaNaví. el profeta Elías
Emet. verdad
emeser emet. la *real* verdad
epes (idish). no tiene un significado literal. Puede ser traducido como "algo"
Eretz Israel. Tierra de Israel
Erev Shabat. víspera del Shabat
Erev Iom Tov. víspera de la festividad
Etrog. cítrico utilizado en Sukot
Even HaEzer. tercera sección del *Shuljan Aruj* que trata de las leyes del matrimonio y del divorcio
Gan Edén. paraíso
Gaón. sabio ilustre, genio (lit. luz brillante)
Gueinom. infierno
Guematria. sistema numérico donde las letras tienen el valor de números
guemará, pl. guemarot. Talmud, volumen del
guter Id, pl. guter Iden. Tzadik (lit. buen judío)
hakafot. circuitos hechos con los rollos de la Torá alrededor del pupitre del lector en Simjat Torá (Regocijo en la Ley)
Halajá. ley judía
Halel. Salmos de alabanza (Salmos 113-18) recitados en las festividades y en la Luna Nueva
Hamber. porche cerrado
Hamotzi. "quien extrae", refiriéndose a la bendición sobre el pan

Haskalá. "iluminismo"
Havdalá. Ceremonia marcando la conclusión del Shabat (lit. diferenciación)
Hitbodedut. plegaria recluida y meditación
Hoshana, pl. *Hoshanot.* plegaria recitada al rodear el pupitre del lector con las ramas de sauce en el séptimo día de Sukot
Iorzait. lit. "tiempo del año", aniversario del fallecimiento de una persona
Iarmulke. cobertor de la cabeza del hombre judío
Israel. israelita (como diferente de Cohen o Leví)
Iom Tov, pl. *Iomim Tovim.* festividad
Iore Dea. segunda sección del *Shuljan Aruj* que cubre las leyes de kashrut, pureza familiar, intereses y otros tópicos
Kadish. lit. santificación, plegaria de alabanza dicha por una persona de duelo
Kashrut. pureza ritual del alimento
Kavanot. intenciones místicas de las plegarias
Kedushá. lit. santificación, plegaria que hace referencia a las alabanzas de los ángeles, recitada por el lector y la congregación durante la repetición de la Amidá
Kest. sistema en el cual el suegro mantiene a su nuevo yerno permitiéndole estudiar Torá en el primer año del matrimonio
Ketuvá. contrato matrimonial garantizando el pago a la esposa de una suma de dinero en el caso de divorcio o de viudez
Kibutz. reunión
Kidush. santificación recitada sobre el vino en la noche y a la mañana del Shabat y del Iom Tov
Kidush Levaná. santificación de la Luna Nueva
kiruv rejokim. acercar a aquellos que están lejos
kli. recipiente
kloiz. sinagoga
Kohen. sacerdote
Kol Nidrei. "Todas las promesas", anulación de las promesas recitada al comienzo de las plegarias en la víspera de Iom Kipur, el Día de Expiación
kvitel, pl. *kvitlaj.* trozo de papel con nombres de los miembros de la familia entregado al Tzadik con el pedido de que ore por

sus necesidades
lamdan, pl. **lamdanim**. erudito
lejaim. brindis, lit. "¡Por la vida!"
Leví. levita
Lulav. hoja de palmera tomada en Sukot
Maariv. plegaria de la noche
Majloket. conflicto, disputa
Maguid. predicador
maskil, pl. **maskilim**. "iluminado"
masmid, pl. **masmidim**. estudiante diligente, lit. constancia
mazal. destino, fortuna
mejuten, pl. **mejutanim**. suegros
Meguilá. rollo, usualmente se refiere al Libro de Esther leído en Purim
melave malka. la comida festiva tomada después de la conclusión del Shabat, lit. "acompañando a la Reina"
meshulaj, pl. **meshulojim**. enviado para recolectar fondos
mikve. pileta para inmersión ritual
Minjá. plegaria de la tarde
Minian. quórum de plegaria de diez varones
Mitnagued. oponente
Mohel. El que realiza la circuncisión
motzi Shabat. partida del Shabat, sábado por la noche
musaf. plegaria adicional recitada en el Shabat, la Luna Nueva y en las Festividades
Neilá. plegaria de conclusión de Iom Kipur, el "Día de Expiación"
ner tamid. lámpara votiva
oifruf. celebración en Shabat, antes de una boda, donde el novio es llamado a la lectura de la Torá
Oraj Jaim. primera sección del *Shuljan Aruj* que trata de las leyes de las plegarias, las bendiciones, del Shabat y las Festividades, etc.
Prushim. lit. aquellos que se han separado del mundo para vivir una vida de santidad, refiriéndose a las comunidades de los que no eran jasidim, es decir, los *mitnagdim*
Parnasá. sustento
Parashá. porción de la Torá leída en el Shabat
parashá Pará. lectura adicional de la Torá relacionada con las

cenizas de la vaca roja y de la pureza ritual (Números 19:1-22) leída en Shabat inmediatamente después de Purim
peer. belleza, gloria
periá. separar y retraer la membrana bajo el prepucio hecha como parte de la circuncisión
peiot. rulos a los costados de la cabeza
pidion. redención, se refiere a una suma de dinero dada a un Tzadik al pedirle que ore para que la persona se vea liberada de los juicios severos
pidion haben. redención del primogénito
pilpul. dialéctica Talmúdica
pitum. protuberancia en la base del etrog utilizado en Sukot
pitum haketoret. ingredientes del incienso utilizado en el Templo
prustock. persona simple
rav. rabí
Rosh HaShaná. Año Nuevo
rúaj hakodesh. espíritu sagrado, alto nivel de visión y de comprensión espiritual
ruch. rublos de plata rusos
sandek. aquel que tiene al niño durante la circuncisión
seder. programa de estudio
Sefer. libro
Sefer Torá. rollo de la Torá
Sefirat HaOmer. cuenta del Omer, cuenta de los días desde Pesaj hasta Shavuot (Entrega de la Ley)
Sefarim. libros
Slijot. plegarias penitenciales recitadas diariamente antes de Rosh HaShaná y hasta Iom Kipur y en varios días de ayuno público durante el año
Semijá. lit. apoyar las manos, ordenación de un rabí
Shabat Bereshit. primer Shabat después de Sukot, cuando se lee la primera porción del libro de Génesis
Shabat Jazón. Shabat anterior al ayuno del 9 de Av, cuando se lee la visión (*jazón*) de Isaías (Capítulo 1)
Shabat HaGadol. el Shabat anterior a Pesaj
Shabat Najamú. Shabat posterior al ayuno del 9 de Av, cuando se lee el Capítulo 40 de Isaías, *Najamú*
Shabat Shekalim. un Shabat pocas semanas antes de Purim cuando

se lee una porción adicional de la Torá relacionada con la entrega del regalo de caridad anual al Templo (Éxodo 30:11-16)

Shabat Shirá. Shabat durante la primavera cuando la lectura de la Torá (Éxodo 13:17-17:16) incluye la Canción (*Shirá*) cantada después del cruce del Mar Rojo

Shabat Shuvá. Shabat de Arrepentimiento, entre Rosh HaShaná y Iom Kipur

Shajarit. las plegarias de la mañana

shalosh seudot. la tercera comida del Shabat, tomada en la tarde del Shabat

shames. encargado de la sinagoga

Shavuot. Festividad de las Semanas celebrando la Entrega de la Torá

Shejiná. la Presencia Inmanente de Dios

Shemá. "Oye, Israel" (Deuteronomio 6:4-9 y 11:13-21 y Números 15:37-41) recitada en las plegarias de la mañana y de la noche

sheva berajot. siete bendiciones de la novia y el novio recitadas en la ceremonia del matrimonio y en las comidas festivas durante la semana siguiente

shiduj pl. shidujim. arreglo matrimonial

shiraim. restos de los platos de los cuales comió un rebe, que se distribuyen entre sus seguidores

shiur pl. shiurim. sesiones de estudio

shiva. período de duelo de siete días para los parientes cercanos

shleimazelnik(es.) literalmente, "con un terrible Mazal" o "mucha mala suerte". Puede ser interpretado como infortunado, bueno para nada, etc.

shnaps. licor fuerte

shofar. cuerno de carnero hecho sonar en Rosh HaShaná

Shalom Aleijem. lit. bienvenido. También título de una canción del viernes por la noche cantada al retornar de la sinagoga

shalom zajor. celebración del viernes por la noche después del nacimiento de un niño varón

shtreimel. sombrero de piel utilizado en Shabat y en las festividades, etc.

shul. sinagoga

Shuljan Aruj. Código estándar de la Ley Judía por el rabí Iosef Caro

y con glosas por el rabí Moshé Isserles
Simja. alegría, felicidad
Suká. cabaña utilizada para la festividad de Sukot
Taanit Esther. Ayuno de Esther usualmente en el día anterior a Purim
Tajlit. propósito final
talet pl. *taletim.* manto de plegaria
talmid jajam. erudito (lit. alumno de un sabio)
tanaim. términos de acuerdo para el matrimonio de una pareja
TaNaJ. acrónimo de Torá, Neviim (Profetas) y Ketuvim (Escritos)
Tashlij. ceremonia realizada al lado de un arroyo, un lago, etc. en la tarde de Rosh HaShaná simbolizando el perdón de los pecados
Tefilín. filacterias
Teshuvá. arrepentimiento
tikún, pl. *tikunim.* arreglo, remedio, rectificación
Tikún HaKlalí. El Remedio General, los Diez Salmos prescritos por el Rebe Najmán para esto
Tikún Leil Shavuot. sesión de estudio durante toda la noche de Shavuot en la cual se leen secciones de todos los libros de la Biblia, de todos los tratados de la Mishná y extractos de otras obras
Tisch. mesa, refiriéndose a la comida ceremonial tomada por el Rebe y sus seguidores
Tzion. tumba
Tzadik, pl. *Tzadikim.* persona recta
Urim veTumim. el pectoral del Sumo Sacerdote
veHu Rajum. "Él es misericordioso", plegaria recitada antes de la lectura de la Torá en la mañana del lunes y del jueves
vav. sexta letra del alfabeto hebreo
vidui. confesión
viduinik. que se confiesa
zemirot. canciones entonadas en la comida del Shabat

MAPA DE LA ZONA DE ASENTAMIENTO

www.ingramcontent.com/pod-product-compliance
Lightning Source LLC
Chambersburg PA
CBHW071955150426
43194CB00008B/886